KB039565

국제경제법의 쟁점

통상 · 투자 · 경쟁

일본국제경제법학회 편

박덕영 · 오미영 · 이경화 · 김경우 공역 / 유혁수 감수

박영사

이 저서는 2013년도 정부(교육부)의 재원으로 한국연구재단의 지원을 받아 수행된 기초연구사업입니다. (NRF－2013S1A3A2054969)

역자 서문

본서의 원전은 일본에서 일본국제경제법학회 창립 20주년을 기념하여 출간한 「국제경제법강좌 I」이다. 일본국제경제법학회는 창립 20주년을 맞아하여 「국제경제법강좌 I, II」를 2012년 11월에 출간한 바 있으며, 제1권은 국제통상법, 투자보호, 국제경쟁법을 다루고 있고, 제2권은 주로 국제거래법과 국제소송, 국제사법 문제들을 다루고 있다. 우리나라 국제경제법에서 주로 다루는 국제통상법과 투자보호문제를 포함하는 제1권을 번역하게 출간하게 된 것이다.

본서는 목차에서 보는 바와 같이 국제통상법과 투자보호문제, 국제경쟁법의 핵심적인 쟁점사항들을 일본의 저명교수들이 나누어 맡아서 저술한 책이다. 우리나라의 국제경제법 책들이 주로 사례를 포함한 WTO 규범해석을 위주로 하고 있다면, 본서는 쟁점이 되는 문제들을 심도 있게 분석하여 검토한 수준 높은 논문모음집에 가까운 것으로 보인다. 우리나라 책들과 비교하여 보면 약간은 다른 일본의 연구동향을 엿볼 수 있을 것으로 생각된다. 특히 국제경쟁법 장들의 경우 우리나라에서 많이 다루고 있지는 않지만, 경쟁법의 적용 관련 국제적인 이슈들을 들여다보는데 커다란 도움이 될 것으로 생각한다.

본서의 출간도 이전의 일본 국제법서 번역 출간과 마찬가지로 동국대학교 오미영 교수님과의 협업으로 진행되었다. 역자와 오미영 교수 및 이경화 박사가 국제통상법 / 투자와 경쟁법 부분으로 나누어 연세대학교 일반대학원에서 수업을 진행하고, 이때의 초벌번역을 바탕으로 하여 역자들이 1년여에 걸친 수정과 다듬는 작업을 진행하여 본서를 출간하게 되었다.

본서의 출간을 맞이하여 특별히 두 분의 일본 교수님들께 감사의 마음을 표하고자 한다. 먼저 일본국제경제법학회 회장을 역임하신 동경대학의 코테라 아키라 교수님은「국제투자협정과 ISDS」번역출간을 무상으로 허락해 주셨고, 본서의 출간과정에도 많은 도움을 주셨다. 역자는 고인의 유작이 된「에너지 투자중재 사례연구 – ISDS의 실제」라는 책 또한 번역출간을 준비하고 있다. 암 투병 끝에 금년 봄 고인이 되신 코테라 교수님의 명복을 빈다. 일본 요코하마 국립대학의 유혁수 교수님께도 특별한 감사의 마음을 전한다. 역자의 연세대학교 선배님이시기도 한 유혁수 교수님은 일본국제경제법학회 국제교류위원장으로서 본서의 번역출간을 처음부터 주선해 주셨고, 일본 출판사와의 연락을 맡아 가교역할을 해 주셨다. 또한 한국어와 일본어 모두에 능통하여 번역 감수를 맡아 모든 원고를 꼼꼼하게 읽고 수정작업을 지도해 주셨다.

본서가 나오기 까지 많은 분들의 도움을 받았다. 일일이 거명할 수는 없지만, 수업에 참여하여 초벌번역을 맡아준 수업참여 학생들에게 깊은 감사의 마음을 전한다. 수업진행과 수정 및 출판 과정에서 지대한 역할을 한 연세대학교 일반대학원 박사과정 김경우 군의 경우 학생들을 대표하여 역자로 등재하기로 하였다. 국제법 전공 박사과정 유형정 양은 수업진행 과정뿐만 아니라 초안을 마무리하는 과정에서 수정작업을 자신의 일처럼 열심히 해 주었다. 법제연구원 조혜신 박사는 역자들에게 익숙하지 않은 국제경쟁법 부분을 세밀하게 읽고 한국 독자들이 읽기 편하도록 가독성을 높여주었다.

본서는 일본 원서의 저작권을 갖고 있는 일본국제경제법학회의 허락 하에 번역될 수 있었으며, 번역을 허락해 주신 일본국제경제법학회 이사장 네기시 교수님께 감사드린다. 어려운 출판시장 상황에서 시장이 불투명한 번역서 출간을 결정해 주신 박영사 안종만 회장님께 감사드리며, 본서의 원고를 세밀하게 읽고 정성스럽게 편집해 주신 김효선 선생님께도 감사의 말씀을 올린다. 본서의 출간이 최근의 서먹서먹한 한일 관계를 넘어 한일 학자들 간의 학술교류에 조금이나마 도움이 되기를 기대해 보면서, 본서의 출간에 힘을 보탠 모든 분들에게 다시 한 번 감사의 말씀을 드린다.

공동번역 집필진을 대표하여

2014년 초가을 박덕영 씀

감수의 말씀

본서의 감수를 담당한 일본 요코하마국립대학의 유혁수입니다. 현재 일본국제경제법학회의 국제교류위원장을 맡고 있습니다. 먼저 저 역시 집필자의 한 사람으로 참가한 이 책이 여러분들의 노력으로 번역되어 한국에 소개된 것에 일본국제경제법학회 회원의 한사람으로 말할 수 없는 보람과 기쁨을 느끼고 있습니다.

일본국제경제법학회는 한국의 국제거래법학회보다 조금 늦은 1991년에 출범했습니다만, 한국하고는 달리 국제법·국제경제법 및 경제법 등 (국제)공법계 학자들이 주류를 형성하며 발전해 왔는데 현재 419명의 회원이 가입해 있는 일본에서는 중규모의 학회입니다. 2009년에 출범한 제7기 집행부는, 2011년 창립 20주년을 맞이하여 기념 학술대회를 기획함과 동시에 국제경제법에 대한 강좌를 발행하기로 하고 편집위원회를 발족시켰습니다.

본서는 이러한 경위를 거쳐 발간된 『국제경제법강좌 I (통상, 투자, 경쟁)』, 『국제경제법강좌 II(거래, 재산, 절차)』 중 전자를 번역한 것입니다. 서문에서 당시 일본국제경제법학회 이사장이셨던 코테라 아키라교수가 말하고 있듯이 본서는 창립 20주년을 맞이하여 나름대로 학문의 한 분야로서 시민권을 획득한 국제경제법의 의의와 내용을 세상에 보다 명확히 제시하기 위해 일본국제경제법학회의 총력을 경주하여 만든 것입니다.

본서 번역의 감수를 담당하며 본서에 수록된 25편의 논고를 정독하면서 새삼 느낀 것입니다만, 여기에 실린 한편 한편의 논고들은 단순한 개설적인 내용이 아니고 현대적 과제에 정면으로 도전한 수준 높은 작품들입니다. 독자 제현들께서는 문제해결 지향적인(problem-solving oriented) 한국의 연구 풍토와는 다르게 좀 더 이론/진단 지향적인 일본의 연구 풍토에 접할 수 있으리라 생각합니다. 감수한 사람으로서 감히 말씀드리건데 이 책에 집약되어 있는 일본의 국제경제법 연구 수준은 다른 선진국들의 그것과 비교해도 결코 뒤떨어지지 않은 높은 수준이란 점입니다.

마지막으로 일본국제경제법학회 네기시 아키라(根岸 哲) 이사장님 이하 회원들을 대표하여 본서가 한일 양국의 학문적 교류에 이바지하기를 기원드리면서 감수의 말씀에 대신하겠습니다.

2014년 5월

요코하마국립대학 유혁수

간행의 변

일본국제경제법학회는 1991년에 결성되어 2011년에 창립 20주년을 맞이하였다. 국제경제법은 이 기간에 일본에서도 충분히 시민권을 얻었다고 할 수 있을 것이다. 국제경제법은 서서히 법학부의 교수과목이 되어 2004년부터 시작한 법과대학원에서는 국제경제법이 정식 교수과목으로 널리 채택되기에 이르렀다. 일본국제경제법학회의 활동이 기여하였다는 점은 말할 필요도 없을 것이다.

그러나 국제경제법이 무엇을 의미하는지에 대해서는 현재까지도 의견의 일치가 있다고는 할 수 없다. 학회가 설립된 1990년대는 WTO/GATT가 국제경제법의 대명사로 WTO/GATT 연구가 국제경제법의 중심분야라는 인식이 널리 존재하였다. 물론 설립시부터 일본국제경제법학회에는 국제법이나 경제법을 전공하는 연구자뿐만 아니라 널리 국제사법이나 국제거래법, 그리고 국제조세법, 지적재산권법을 전공으로 하는 연구자도 모여 있었다. 연구대회에서는 반드시 공법계 분과회와 함께 사법계 분과회가 열려, 전체회의에서도 공법계와 사법계의 보고가 이루어졌다. 21세기에 들어오면 WTO 도하개발어젠더 협상의 정체에 따라 국제통상분야에서의 WTO에 대한 관심이 약해지고 이에 비례하여 경제제휴협정(EPA)/자유무역협정(FTA)이나 투자협정에 대한 관심이 높아졌다. 당연히 이러한 상황을 반영하여 연구대회에서는 이에 대한 연구보고가 증가하였다.

학회에 모인 연구자의 전공분야가 다양하고 학회에서의 연구관심의 변화 때문에 국제경제법이란 '국제경제에 관한 법학'라는 막연한 이미지가 일부 생겼다는 것은 부정할 수 없다. 당연히 국제경제법이 시민권을 얻은 이상, 이러한 상황은 방치할 수 없다는 인식이 학회원간에 널리 공유되게 되었다.

일본경제법학회는 이러한 상황을 토대로 창립 20주년을 기회로 국제경제법이 무엇을 관념하는가를 명확히 하기 위하여 "국제경제법강좌" 전 2권을 편집하고, 국제경제법의 내실을 세상에 보여주기로 결정하여, 학회의 총력을 기울여 편집작업을 진행하여 오늘 이곳에서 간행하기에 이르렀다.

"국제경제법강좌"는 학회의 관심을 반영하여 제1권을 공법계, 제2권을 사법계로 하고, 제1권에 대해서는 선대 학회이사장인 村瀬信也 교수에게, 제2권에 대해서는 전이사장인 柏木昇 교수에게 편집대표를 부탁하였다. 제1권의 부제가 '통상·투자·경쟁'인 것과 같이 공법계 연구분야의 중심은 국제통상법, 국제투자법, 국제경쟁법이며, 같은 형식으로 제2권의 부제가 '거래·재산·절차'인 것과 같이 사법계 연구분야의 중심은 국제거래법, 국제사법, 국제민사절차법인 점을 알 수 있다. 구체적인 편집방침의 책정이나 편집작업은 두 대표하에서 각각 학회의 현재 및 미래를 담당할 중견, 신진 회원으로 구성된 편집위원이 담당하였다.

본강좌에서는 각 항목에 대하여 개설의 집필을 부탁한 것이 아니라 현대적 과제를 정면에 두고 하나의 논문으로도 충분히 평가할 수 있는 원고를 요청하였다. 이것은 국제경제법학회 설립이후의 20년간에 대하여 각 분야의 상황을 총괄하고 그 위에 미래를 향해 국제경제법의 과제를 제시하는 것을 기대하는 것이다. 독자분들은 이러한 편집의도를 이해하여 본강좌로 국제경제법의 현재 상황과 과제를 이해하기를 바란다.

집필자는 원칙적으로 학회원에게 부탁하였고 구체적인 인선은 편집위원회가 하였다. 학회가 편집하는 강좌의 경우에는 간행계획이 매우 늦어지는 경우가 많으나 본강좌는 편집위원이 매우 노력하여 당초 책정된 간행계획대로 편집이 진행되었다. 이사장으로 村瀬信也, 柏木昇 두 편집대표를 비롯하여 편집위원들에게 마음에서 감사드린다.

본강좌의 출판은 오랫동안 일본국제경제법학회 연보의 출판을 맡고 있는 법률문화사에 신세를 졌다. 특히 동사에서 본강좌의 출판사무를 담당하신 舟木和久에게는 본강좌의 기획단계에서부터 적잖은 신세를 졌다. 학회를 대표하여 감사를 표한다.

2012년 11월

일본국제경제법학회 이사장

小寺 彰

제1권 서문

미국의 저널리스트 프리드먼에 의하면 시장과 노동력을 구하는 기업의 세계화,, 즉 '세계화 2.0'은 1800년대부터 2000년까지 계속되어 지금의 시대는 인터넷의 보급, '베를린 장벽'의 붕괴에 의한 서구적 가치관의 보편화, 공급사슬의 세계적인 전개 등에 의해, 개인 수준에서의 세계화가 실현되는 '세계화 3.0'으로 이행하고 있다. 상품, 금융, 정보의 흐름에 이미 국경은 없으며 확실히 세계는 '블록화'되고 있다고 말한다("フラット化する世界" 伏見威 번역, 2010년).

1991년에 설립된 일본국제경제법학회의 발자취는 바로 이 경제블록화의 심화와 전환이라는 시기와 겹쳐있으며, 이 시기의 국제경제법, 특히 제1권에서 다루는 공법적 규율의 구조적 변화도 세계화의 동태와 궤를 같이 하고 있다. 프리드먼도 '블록화'의 한 원인으로 중국의 WTO 가입에 수반하는 오프쇼어링(offshoring)의 실현을 들고 있는데, 국제경제 규범의 존재는 한층 경제 세계화를 쉽게 만든다. WTO나 FTA에 의한 관세나 비관세장벽의 저감은 소비재뿐만 아니라 중간재무역을 자유롭게 하고 글로벌 공급사슬의 형성을 용이하게 하고 있다. 밤낮을 가리지 않고 미국과 인도의 기업이 교대로 동일 소프트웨어 개발을 계속할 수 있는 것도 국경을 넘는 서비스 자유화로 이루어진 기술이며, 서비스 제4모드 자유화는 생산요소로서의 노동력의 국제적 이동을 가능하게 한다. 더군다나 직접투자가 BIT나 제3모드 약속에 의해 자유화되고 보호되면 기업의 오프쇼어링은 좋든 말든 가속된다.

아울러 '블록화'란 국경규제가 없어지기 때문에 각국의 국내규제나 경쟁환경이 그대로 국제적 차원으로 드러나 그 장벽화가 중요한 이슈가 된다는 것을 의미한다. 예를 들어, 세제, 식품안전, 환경규제 등 무역·투자상 통제를 원래 의도하지 않았던 규제가 WTO 분쟁이나 투자중재에서 수없이 다루어졌다. 또한 어느 일국에서의 경제제한적인 기업행동이나 시장구조, 그리고 국제적으로 전개되는 경쟁제한적인 기업행동, 혹은 세계적으로 활동하는 기업간의 합병은 바로 국제거래나 각국 시장의 경쟁질서에 영향을 미친다. 최근 Google이나 마이크로소프트 등 세계적 기업이 복수의 법역에서 동시에 경쟁법 심사와 관련되어 있는 것도 또는 중국이나 베트남 등 사회주의 국가가 경쟁법을 정비하는 것도 세계화의 필연이라고 할 수 있다.

한편, 경제 세계화는 부정적인 측면을 수반하는 점도 널리 지적되어 왔다. 스티글리츠는 미국의 승자독식과 개도국과의 격차를 지탄한다("世界に格差をバラ撒いたグローバリズムを正す" 楡井 浩一 번역, 2006년). 이러한 세계화의 '그림자'는 빈곤, 환경오염, 문화적 아이덴터티의 상실, 노동기준의 낙후와 인권, 음식 안전의 침해 등 일일이 셀 수 없으며, 세계화의 옹호자인 바그와티조차 이러한 마이너스 측면에 대한 관심의 필요성을 주장한다("グローバリゼーションを擁護する" 鈴木主税·桃井緑美子 번역, 2005년). 이 20년의 국제경제법은 '무역과 환경'을 비롯하여 경쟁적 국제시장의 실현과 비경제적인 관심사항이 교착하는 이슈에서 볼 수 있듯이, 한편으로는 지나간 세계화와 다른 사회적 가치의 조정기능도 담당하였다.

♧ ♧ ♧

본서의 전체를 꿰뚫는 날실은 학회 설립 후 20년간 경제의 세계화 심화가 국제법·경제법의 상황에 초래한 구조변화, 아울러 그것이 각국의 정책이나 기업행동에 미친 영향이며, 그 동태적인 조감도를 보여주고자 의도하였다. 구체적으로 우선 본서 'I. 총론'에서는 '국제경제법'의 개념과 국제법에서의 위치를 보여준다. 계속해서 각론은 이 20년간 국제경제법의 주역인 WTO법의 동태를 중심으로 검토하는 'II. 국제통상법', 도하라운드 정체에서 경제자유화에 대한 존재감을 높이고 있는 FTA, EPA 등을 논하는 'III. 지역경제협정', 수많은 BIT의 네트워크와 독자적인 발전을 이루어낸 투자자 대 국가 중재제도에 초점을 맞춘 'IV. 국제투자법', 그리고 국내규범의 국제화와 국제집행협력체제의 구축 등 경쟁법 질서의 세계화를 설명한 'V. 국제경쟁법'으로 구성된다. 편집은 관련 법영역을 균형 있게 다루면서도 중요한 논점을 깊게 파 들어간 연구논문집으로 하는 방침에서 이루어졌다. 각 집필자에게는 최근 이슈를 중심으로 한 '읽기 쉬운' 원고를 의뢰하였다. 각장의 논고를 통하여 이후 10년·20년의 국제경제법의 나아갈 방향을 내다보기 위한 관점을 제공하고 싶다고 생각하였다.

또한 국제경제법은 '실무의 뛰어난 지혜'의 집적이기도 하다. 단순한 학문적인 관심에서 추상적인 논의를 쌓아 올리는 것이 본서의 목적은 아니다. 우리들에게는 국제경제에 종사하는 많은 실무가들의 비평에 도움이 될 수 있는 논문집을 만들려고 노력하였다.

각 집필자는 편집위원회의 이러한 의도를 충분히 고려하여 역작을 만드셨다. 이러한 논고는 현재 국제경제법학회의 도달점을 보여주는 것이라고 말해도 지장이 없다. 본서가 다음 세대를 담당하는 국제경제법 연구자에게 이 분야의 연구를 한층 더 발전시키는 계기가 되기를 간절히 바라고 있다.

♧ ♧ ♧

본서의 출판에는 법률문화사의 각별한 배려를 받았다. 특히 舟木和久씨에게는 편집 각 단계에서 큰 신세를 졌으며, 감사의 마음을 전한다. 또한 京極(田部) 智子(캐논 전략연구소 연구원/도쿄대학 대학원 종합문화연구과 박사과정), 渕川和彦(게이오대학 대학원 법학연구과 조교) 세분에게는 편집위원회의 실무를 지원하고, 원고의 조정·교정·색인 작성 등 많은 협력을 받았다. 세분에게는 여기에 특별히 기록하여 깊은 감사를 드린다.

본기획의 제1회 편집위원회는 대지진 직후인 2011년 3월 11일 오후 3시부터 메이지대학에서 이루어졌다. '이번 지진은 심각하군'이라고 말하면서 여진 속에서 어쨌든 편집방침을 확정하였고 간신히 이곳에서 출판할 수 있었다. 이재민들의 노고를 그리면서 감사의 마음을 담아 본서를 세상에 보낸다.

2012년 8월
편집위원회를 대표하여
村瀬信也

'국제경제법강좌' 제1권 편집위원

村瀬信也(주임)	죠치대학 법학부 교수
泉水文雄(위원)	고베대학 대학원 법학연구과 교수
川瀬剛志(위원)	상지대학 법학부 교수
伊藤一頼(위원)	시즈오카 현립대학 국제관계학부 전임강사

차 례

I부 총 론

제1장 '국제경제법의 개념'에 대하여

제2장 국제법의 '파편화'와 국제경제법

Ⅱ부 국제통상법

제 3 장 서비스무역 자유화와 규제개혁

제 4 장 WTO법과 회원국의 비경제규제주권

제 5 장 농업협정의 의의와 해석의 전개

제 6 장 무역구제제도의 대한 WTO법의 규율

제 7 장 WTO체제와 개발도상국

제 8 장 WTO법과 다른 국제법간의 조화

제 9 장 사실심으로서의 WTO 패널의 기능

第10장 WTO 상소기구 안건심의의 문제점

第11장 WTO에서의 사인(私人) 참가

Ⅲ부 지역경제통합법

제12장 WTO체제에서의 지역경제통합법

제13장 동아시아의 지역경제통합

제14장 EU 시장통합의 심화와 비무역적 관심사항

Ⅳ부 국제투자법

제15장 국제투자법의 발전

第16장 공정형평대우규정과 투자보호의 국제최소기준

第17장 수용·국유화

第18장 외국자본규제와 국제법

V부 국제경쟁법

제19장 국제적 기업결합과 역외적용

제20장 국제카르텔과 역외적용

第21장 규제개혁과 경쟁정책

第22장 지적재산권과 경쟁정책

제23장 경쟁법의 국제적 집행 및 국제적 집행협력

第24장 동아시아 경제법상 공정경쟁과 자유경쟁의 균형

第25장 중국의 개혁개방과 경제법 발전

약어표

ACP	Africa, Caribbean, Pacific (Countries)
AD	Anti-Dumping
AFTA	ASEAN Free Trade Area
ASEAN	Association of South-East Asian Nations
BIT	Bilateral Investment Treaty
CVD	Countervailing Duties
DSB	Dispute Settlement Body
DSU	Dispute Settlement Understanding
EC	European Communities
ECJ	European Court of Jusitice
ECN	European Competition Network
EEA	European Economic Area
EEC	European Economic Communities
EFTA	European Free Trade Association
EPA	Economic Partnership Agreement
EU	European Union
FTA	free trade agreement
FTAIA	Foreign Trade Antitrust Improvements Act
FTC	Federal Trade Commission
GATS	General Agreement on Trade in Services
GATT	General Agreement on Tariffs and Trade
HHI	Herfindahl-Hirshman Index
ICJ	International Court of Justice
ICN	International Competion Network
ICSID	International Centre for Settlement of Investment Disputes
IIA	International Investment Agreement

ILC	International Law Commission
ILO	International Labour Organization
IMF	International Monetary Fund
ITC	International Trade Commission
ITU	International Telecommunication Union
MAI	Multilateral Agreement on Investment
NAFTA	North American Free Trade Agreement
OECD	Organisation for Economic Co-operation and Development
SG	Safeguards
TPP	Trans-Pacific Strategic Partnership Agreement
TSG	Transitional Safeguard
UNCITRAL	United Nations Commission on International Trade Law
UNCTAD	United Nations Commission on Trade and Development
UNESCO	United Nations Educational, Scientific and Cultural Organization
WCO	World Customs Organization
WIPO	World Intellectual Property Organization
WTO	World Trade Organization

조약 및 법령 약칭표
(약어표에 수록된 것은 제외)

AD 협정	Agreement on Implementation of Article VI of the General Agreement on Tariffs and Trade 1994
EC 조약	Treaty establishing the European Community
EU 조약	Treaty on European Union
EU 기능조약/운영조약	Treaty on the Functioning of the European Union
ICSID 협약	Convention on the Settlement of Investment Disputes between States and Nationals of Other States
SCM 협정	Agreement on Subsidies and Countervailing Measures
SPS 협정	Agreement on the Application of Sanitary and Phytosanitary Measures
TBT 협정	Agreement on Technical Barriers to Trade
TRIMs 협정	Agreement on Trade-Related Investment Measures
TRIPs 협정	Agreement on Trade-Related Aspects of Intellectual Property Rights
WTO 설립협정	Marrakesh Agreement Establishing the World Trade Organization
일반지정	불공정한 거래방법(쇼와 57년 공정위 고시 15호)
합병규칙(EC)	Council Regulation(EC) No. 139/2004
카르타헤나 의정서	Cartagena Protocol on Biosafety to the Convention on Biological Diversity
국가책임조문초안	The International Law Commission's Draft Articles on Responsibility of States for Internationally Wrongful Act
조약법 협약	Vienna Convention on the Law of Treaties
세이프가드 협정	Agreement on Safeguards

도쿄라운드 AD 협정	Agreement on Implementation of Article VI of the General Agreement on Tariffs and Trade
도쿄라운드 SCM 협정	Agreement on Interpretation and Application of Articles VI, XVI and XXIII of the General Agreement on Tariffs and Trade
뉴욕협약	Convention of the Recognition and Enforcement of Foreign Arbitral Award
농업협정	Agreement on Agriculture
MERCOSUR	Mercado Comun de Sur
리스본 조약	Treaty of Lisbon amending the Treaty on European Union and the Treaty establishing the European Community

총 론 I

제1장

'국제경제법의 개념'에 대하여

柳赫秀 (유혁수)

Ⅰ. 서　　론

Erler는 새로운 개념과 이를 활용한 연구의 성과는 학문적 고찰의 대상이 되는 현상이 "어느 정도 학문적으로 해명 가능한가(유의성)", "학문적으로 고찰되는 전체 현상 가운데 어느 정도 효과적으로 범위가 확정되고, 질서 있게 정리되는가(타당성)"에 따라 좌우된다고 하였다. 법학에서도 법적으로 의미가 있고 법규범화할 가치 있는 사실들이 규칙적으로 출현하여 그에 맞추어 학문체계가 구축되는 것보다 빠르게 발전되어 왔다.[1) Erler는 국제경제법의 존재 및 인접 학문분야와의 경계에 대하여 논의할 때 경제법의 틀 속에서 충분한 관심이 기울여지지 않았던 새로운 개념의 도입의 합목적성 여부가 학문적 시야에 포함되었는지, 거기서 제시된 개념에 따른 해명이나 범위의 확정이 정당화 되는지, 새로운 개념의 의미있는 연결점은 무엇인지, 동 개념이 기존에 알려진 법개념 전체 구조 가운데 어떻게 구분될 것인지에 대해 생각할 필요가

1) Erler, G., *Grundprobleme des Internationalen Wirtschftrechts* (Verlag Otto Schwartz & Co., 1956), pp.1-2. 본문에 사용된 번역은 佐藤和男의 번역에 저자가 일정 부분 추가한 것이다. ゲオルグ・エルラー(佐藤和男), 『国際経済法の基本問題』(嵯峨野書院, 1989年), 3-4면.

있다고 하였다.[2)]

Erler의 "국제경제법의 근본문제"가 간행된 지 벌써 57년이 지난 오늘날, '국제', '경제', '법' 3중성의 구조는 더욱 복잡하게 얽혀 있다. 글로벌화와 (자연)과학의 발전에 의해 국제경제법의 규율대상은 분야별로 불균형한 발전이 이루어지면서 계속 확대되어 왔기 때문에 국제경제법에는 '규제의 다이나믹스(Regelungsdynamik)'가 내재되어 있다고 할 수 있다.[3)] Jackson이 '국제경제법을 정의하려는 것은 아무리 빨리 묘사하려고 해도 그보다 더 빨리 달리는 전차의 창문을 통해 바깥의 풍경을 그리는 것이다'라고 지적한 것은 그러한 핵심을 통찰한 것이다.[4)]

본장에서는 Erler가 언급하였듯이 새로운 학문분야를 정립할 때 언급하는 모든 전제 및 국제경제법 분야의 다이나믹스를 이해하고, 국제경제법에 대해 고찰하고, 정의를 내려왔던 기존의 학문적 성과에 근거하여, 하나의 입장을 취하여 국제경제법의 개념에 대해 가능한 한 체계적으로 정리해보고자 한다. 제II절에서는 Erler와 카나자와 요시오(金沢良雄)가 국제경제법의 발생기반을 어떻게 탐구하였는지에 대해 살펴본다. 제III절에서는 국제경제법의 정의에 대한 두 가지의 접근방식을 대비하면서 설명한다. 제IV절에서는 현행 국제경제질서는 어떠한 성격을 가지고 있고, 어떠한 지도원리를 국제경제법에 부여하고 있는지를 살펴보면서 국제경제법의 기능과 규율대상에 대해 논한다. 제V절에서는 국제경제법의 근본적, 현대적 과제 중 몇 가지를 고찰한다. 제VI절의 결론에서는 국제경제법의 미래를 간략하게 전망해 본다.

Ⅱ. 국제경제법의 발생기반 – Erler와 카나자와의 분석을 기반으로

본절에서는 국제경제법의 역사를 시대구분에 따라 자세하게 살펴보는 대신, 1950년대 중반 국제경제법 연구에 있어서 금자탑이라고 할 수 있는 저서를 저술한

---

2) Erler, *Ibid.*, pp.1-2.

3) Tiejie, C. (Hrsg.), *Internationales Wirtschaftsrecht* (De Gruyter Recht, 2009), p.3. 제2차 세계대전 이후의 국제경제법 분야별 불균형한 전개에 대해서는 柳赫秀, 「国際経済法における『市場 vs. 政府』についての歴史·構造的考察」, 『日本国際経済法学会年報』第21号(2012年)을 참조.

4) Jackson, J. H., *Legal Problems of International Economic Relations* (West Publishing Co., 1977), p.XV.

Erler와 카나자와 요시오(金沢良雄)의 분석을 토대로 국제경제법의 발생의 근원에 대하여 생각해 본다.

Erler는 ‘국제경제법의 기본적 문제’의 제2부 서두에서[5] 새로운 규범영역을 생성하기 위해서는 ① 유형화가 가능한 인간생활 관계를 형성하는 새로운 사회적 상황의 축적, ② 시대적 특성이 반영된 질서이념의 출현 및 ③ 새로운 상황을 규제할 필요성을 인식하고 시대특정적인 질서이념의 요청과 이에 대한 승인을 바탕으로 구체적인 규범화를 결정하고 이행하는 사회적 권위의 존재 등 세 가지의 조건이 필요하다고 하였다. 그리고 중상주의 이전 상사분야에 외국인법이 적용된 시대, 중상주의 국가의 시대, 18세기 이후 자유무역 시대, 19세기 후반 이후 기술·금융분야에서 보편적인 조화가 이루어진 시대 및 제1차 세계대전 후 각국의 자립적 규제의 시대순으로 국제경제법의 시대적 특성이 반영된 발전연혁을 자세히 살펴보고 있다.

그럼에도 불구하고 Erler는 ‘개념’으로서의 국제경제법의 기원을 1930년대 세계불황기에서 찾고 있다. 1930년까지 경제법은 국내조직경제에 관한 법으로서 국가의 경계 안으로 한정되었다. 1931년 ‘바젤지불유예협정’을 계기로 국가들간에 지불, 청산협정이 체결되어 ‘국가간’ 조직의 확대가 이루어져 ‘국제적인 조직경제’라는 새로운 현상이 법학연구의 대상으로 부상하였다.[6] 국제경제법의 발생을 국내경제법의 연속선상에서 바라본 Erler에게 있어서 ‘국제적인 조직경제’는 ‘조직경제’를 국제적인 평면선상에서 유추적용한 것이다. “공고한 내부적인 구조의 총합에 그치지 않고 더욱 충실하게 발전하는 국제경제법의 규범은 국내경제법의 경우보다 더 규범의 동질성을 추구하고 있다. 따라서 새로운 개념의 목적적인 정의를 구현하기 위한 구속적인 관련기준은 확실히 ‘조직’으로 보아야 할 것이다”.[7] 이때 ‘조직의 개념’은 “자유와 구속 사이의 양극적인 긴장관계의 여러 요소를 포함한 것으로서 개인에 대한 일정한 자유로운 활동의 확보 및 개인에 대한 엄격한 관리, 지시에 이르기까지 여러 가지 형식과 가능성을 포함한 광범위함을 갖고 있다”고 한다.[8]

그러면 Erler가 국제경제법을 ‘국제적인 조직경제에 관한 법’으로서 이해하고 그 발생기반을 세계대전 사이 기간으로 두고 국제경제법의 시대적 특성이 반영된

5) Erler, *supra* note 1, p.43.
6) *Ibid.*, p.5. 본장의 Erler 책 번역 대부분은 카나자와(金沢)의 번역을 차용하였다. 金沢良雄, 『国際経済法序説』(有備閣, 1979年), 68면.
7) 金沢 · 상동, 69면.
8) 상동, 76면.

발전을 살펴본 의도는 무엇일까? 아마도 조직의 개념이 "자유와 구속 사이의 양극적인 긴장 가운데 여러 가지 요소를 포함한다"고 하기 때문에 국제경제의 조직화에 관한 문제에 대처하기 위해서 당시 고유의 상황과 이념을 반영한 규범들을 탐구하여 오늘날 국제경제규범의 기술적이고 개념적인 내용을 파악할 수 있는 규범의 구성요소를 탐구하기 위해서였을 것이다. 국제경제법의 시대적 특성을 반영한 발전을 살펴보는 것은 자유와 구속, 보편적 조화와 자립적 규제의 양극적인 긴장을 유지하면서 국제사회가 조직화 되고, '기능적 일체화(funktionale Einheit)'되어 가는 흐름을 법규범의 형식, 내용, 법기술적인 다양한 측면에서 살펴보는 것이다.

이에 반해 카나자와는 국제경제에 관한 법규제의 발생과정을 (경제)국제법의 역할과 기능의 확대를 중심으로 고찰하였다. 제1차 세계대전 이전의 국제경제에 관한 법규제는 주로 자본주의 사회에서 시민의 자유로운 국제경제활동을 촉진하기 위한 것으로서 통상항해조약을 국제적인 법적 근거로 하였고, 금본위제에 의하여 다각적이고 자동적인 국제통상이 이루어졌다. 그러나 제1차 세계대전 후 세계대공황이라는 고도 자본주의의 모순이 발생하자 동질적인 시민법 체계를 근간으로 하는 자동조절작용만으로는 국민경제의 유지 및 발전이 이루어지지 않으므로 국가권력과의 결합이 요청되었다. 즉 자본주의 경제의 내재적 모순의 해결을 위해 국내경제법이 등장하게 된 것이다. 이처럼 경제적 국가주의에 기반을 둔 경향은 한편으로는 권력에 의한 해결(전쟁)을 추구하지만 다른 한편으로는 국제적인 규제를 추구한다. 그런데 국내경제법은 법체계의 내재적 모순해결에 도움이 될 것으로 기대되는 역할을 수행하지 못하고 국제적인 무대에서의 해결, 즉 국제적인 법규제를 필요로 하고 있었던 것이다.[9] 카나자와도 Erler와 마찬가지로 경제법과 국제경제법의 발생기반은 같다고 생각하였다.

두 차례의 세계대전 사이의 기간에 국제경제의 법규제는 각국이 무역통제나 환율관리를 하는 경우 상호 조정을 위한 국제협정과 같이 국가적인 통제를 보강하거나 보충하는 역할을 주로 담당하였다. 이보다 더 나아가, 단순히 사기업의 국제카르텔의 규제 차원을 넘어 생산국뿐만 아니라 소비국을 포함한 정부들간의 상품협정과 같이

---

9) 상동, p.13. 제2차 세계대전이 시작된 직후인 1941년 Q. Wright는 국가에 대해 큰 폭의 규제권한을 부여하는 현재의 국제법은 상호 의존이 진행되고 있는 국제사회의 현상에 적합하지 않기 때문에 국가의 경제주권이 실정국제법에 의해 제한되어야 한다고 강조하였다. Wright, Q., "International Law and Commercial Relations," *Proceedings of the American Society of International Law at Its Annual Meeting*, vol.35 (1941), p.30.

국제경제의 총체적인 입장에서 행해지는 규제가 등장한다. 소위 국제경제법이 태동하는 과정이라고 볼 수 있다. 제2차 세계대전 이후에는 다수의 국제적인 경제문제를 해결하기 위해 경제의 국제법이 현저하게 발전하게 되었다. 아울러 법규제의 내용도 종래와 같이 대공황발생 후 사후수습적인 조치가 아니라 사전예방적인 것, 즉 국제통상의 확대와 균형을 모색하는 조치, 자유통상을 위한 조건을 만들어내는 조치에 초점이 주어졌다. 국제경제를 그 총체적인 입장에서 통합 내지 조정하려는 국제경제의 법질서화가 본격적으로 시작된 것이다.[10)]

이처럼 Erler와 카나자와는 세계대공황의 도래라는 고도 자본주의 모순의 발생에 국제경제법의 발생기반을 두고 있고 국내경제법의 연장선상에서 국제경제법이 등장하였다고 보고 있다는 점에서 서로 일치한다. 그러나 Erler가 '국제적인 조직경제'라는 개념을 제안하고, 국제법과 국내법, 공법과 사법을 포괄한 '기능적인 일체성'의 지향을 지적한데 반해, 카나자와는 국제법의 역할 확대라는 현상에 착안하여 국제경제에 대한 법규제(국가통제의 보강 또는 보충)의 측면에서 국제경제가 법질서화(국제경제를 총체적 입장에서 통합 내지 조정)되는 경향을 지적하고 있다는 점에서 대조적이다. 이러한 두 사람의 접근방식의 차이는 국제경제법에 대한 정의의 차이에서 고스란히 나타난다.

Ⅲ. 국제경제법에 대한 두 가지의 접근방식

Erle와 카나자와가 보여주듯이 어떤 법분야를 정의하는 것은 그 분야에 대해 어떠한 시각을 가지고 있는지와 밀접한 관련이 있다. 국제경제법의 정의를 둘러싸고 다음 두 가지의 접근방식이 경합하고 있다.

1. '경제에 관한 국제법(international law of economy)' 접근방식

카나자와는 국제경제법을 '국제사회에서 경제활동에 대해 일정한 규제를 가하는 국제법(조약의 총체)'이라고 하며 규범의 국제법적인 연원에 착안하여 정의하였다. 일찍이 1948년 런던대학의 Schwarzenberger는 국제경제법을 국제법의 특수분야로 정의

10) 金沢, 『전게서』(각주 6), 11-18면.

하였다. '경제에 관한 국제법'이라는 접근방식은 현재 영국과 일본에서 널리 지지를 얻고 있다.[11]

이러한 접근방식은 현재 국제법체계와 국내법체계가 아닌 제3의 법체계가 부재하는 상황에서 법체계의 일체성을 유지하고 발전시켜나가기 위해서는 국제경제법을 하나의 법체계, 즉 국제법의 일부로 한정하여 바라보아야 한다는 것이다. 국내법의 경우 국내경제정책의 목적을 바탕으로 제정되고 그 해석도 국내법질서의 틀 내에서 이루어지기 때문에 국제경제법에 국제법과 국내법 양쪽을 포함할 경우 재판소의 입장에서 보면 법의 적용, 해석 및 분쟁해결에 있어서 불필요한 혼란을 야기하고, 법규범으로서 '최소한의 기능적 통일(a minimum of functional unity)'[12]조차 확보할 수 없게 된다.

'경제에 관한 국제법' 접근방식이 카나자와가 언급한 것처럼 제2차 세계대전 후 경제분야에서 국제법이나 국제제도가 괄목할 만하게 발전하고 그에 따라 국제경제가 법질서화된 것에 착안한 점을 감안할 때, 국제경제법의 범주를 국제경제활동에 관한 국제법에 한정하고 이에 공통되는 규제원리를 추출하여 나가는 접근방식이 국제경제법의 연구방법으로서 유력한 수단의 하나라는 점은 의심할 여지가 없다.[13]

반면, Erler가 지적한 바에 따르면 (경제)국제법의 역할이나 비중이 당대의 사회적 상황이나 질서이념의 양태에 따라 다르기 때문에 국제경제법 연구가 당대의 경제국제법의 양태에 따라 크게 좌우될 수 있다. 그 결과 실정국제법규가 존재하지 않거나 발달하지 않은 분야의 경우 국제경제법 연구의 범주에서 누락되거나 또는 소홀히 넘어가기 쉽다. 최근까지 국제경제법의 연구가 규범대상이 확대되고 분쟁해결절차가

---

11) Schwarzenberger, G., "The Principles and Standards of International Economic Law," *Recueil des Cours*, t.117 (1966), p.7; Seidl-Hohenveldern, I., *International Economic Law* (Martinus Nijhoff Publishers, 1989); Van Themaat, p.Ⅴ., *The Changing Structure of International Economic Law* (Martinus Nijhoff Publishers, 1981); Qureshi, A. H., and Ziegler, A. R., *International Economic Law*, 2nd ed. (Sweet & Maxwell, 2011). 中川淳司 외, 『国際経済法(第2版)』(有備閣, 2012年).

12) Schwarzenberger, *Ibid.*, p.7.

13) 예를 들어, 반덤핑세에 관한 국제합의와 판례가 지금처럼 축적된 상황에서는 덤핑연구를 경제의 국제법에 한정하여 고찰하는 것이 불가능하다고는 할 수 없다. 그러나 그렇게 할 경우 결과적으로 '시장질서(orderly market)'에 대한 '비정상적 경쟁(abnormal competition)'에 관한 100년 이상에 걸친 각축의 역사와 반덤핑세 제도 그 자체의 '존재의 이유(raison d'etre)'에 대한 의문이라는 문제의식이 누락되고, (국제합의가 있기 때문에 담담하게 사용하게 된 것은 아닌가라는 논의처럼) 국제합의를 소정의 전제로 하는 실증주의 해석법학으로 빠지게 된다.

강화된 WTO체제를 중심으로 한 국제통상법에 편중되어 온 점을 상기해 보라. 다시 말하자면 법분야로서 일체성에 치중한 결과 국제경제현상의 전체적인 파악이 누락되고 그 체계성이 시대적인 상황에 종속변수화 되는 경향을 비판할 수 있다.

다만, 카나자와와 Qureshi는 국제경제법을 '경제에 관한 국제법'으로 정의하는 것과 어떤 사회적, 경제적 현상을 법적으로 고찰하는데 있어 국제법과 국내법을 총체적으로 고찰하는 것은 양립이 가능하다고 한다. 카나자와는 "국제경제에 관한 국제법은 이에 관한 국내법의 이해 없이 충분히 규명하는 것이 어렵고, 또한 국제경제에 관한 국내법도 국제법의 이해 없이는 충분히 규명할 수 없다"고 명시하면서도 "그렇다고 하더라도 당장 양자를 포함하는 새로운 법분야를 인정하여야 한다는 것은 아니다"라고 하였다.[14] Qureshi도 국제경제법을 '경제에 관한 국제법'이라고 정의하더라도 국내법과 국제법이 적용되는 배경이나 문맥을 무시하는 것은 아니라고 하였다.[15] 결국 두 가지 접근방식은 학문분야로서 '체계성'이냐 아니면 대상의 총체적인 파악이라는 '실천성'이냐의 차이점 밖에 없다는 견해가 있을 수도 있다. 그러나 국제법의 한 분야로 보는 입장인 '경제에 관한 국제법' 접근방식과 하나의 독립적인 법분야를 지향하고 있는 '국제경제에 관한 법' 접근방식간 학문적인 입장의 차이는 나름대로 크다고 할 수 있겠다.

2. '국제경제에 관한 법(the law of international economy)' 접근방식

국제경제법을 규범의 국제적인 연원이 아니라 규범의 국제적인 대상에 착안하여 '국제경제에 관한 법'이라고 보는 접근방식은 유럽이나 미국의 연구자 중에 많은데 Erler의 영향력이 크게 미친 독일 학계에서는 거의 압도적인 다수설이다.[16]

14) 金沢, 『전게서』(각주 6), 81면.

15) Qureshi and Ziegler, *supra* note 11, pp.10, 16.

16) Erler, *supra* note 1; Fisher, P., "Das Internationale Wirtschftrecht," *German Yearbook of International Law*, vol.19 (1976), pp.143-157; Petersmann, E. U., *Constitutional Functions and Constitutional Problems of International Economic Law* (University Press Fribourg, Switzerland, 1991); Jackson, *supra* note 4; Carreau, D., Juillard, P., et Flory, T., *Droit International Economique* (L.G.D.J., 1998); Tiejie, *supra* note 3; Behrens, V. P., "Elemente eines Begriffs des Internationalen Wirtschatsrechts," *Rabels Zeitschrift für ausländische und internationales Privatrecht*, vol.50 (1986), p.483; Joerges, C., "Vorüberlegungen zu einer Theories des Internationalen Wirtschaftsrecht," *Rabels Zeitschrift für ausländische und internationales Privatrecht*, vol.43 (1979), p.6. マテイアス・ヘアデゲン(栖崎みどり監訳), 『国際経済法(第2

이 접근방식이 강조하는 것은 국제경제라는 규율대상에 관한 여러 규범의 복합성인데, 그러한 규범을 분리해서 고찰하는 것은 무의미하고 허용되어서는 안 된다고 한다.

Erler는 국제경제에 관하여 국제법과 국내법 두 개의 규범영역을 분리하여 고찰의 대상으로 하는 것은 무의미하다고 하였다. 즉 경제의 영역에서는 우선 국내법이 선행되고 그것이 국제적 연대성을 해하게 될 때에 국제법적인 합의에 의한 질서화가 이루어지면서 국내법이 국제법적 규범에 동화되는 것처럼 "두 개의 규범영역이 하나의 통일적인 사회현상으로 나타난다"고 하였다. 다시 말하자면 국제법적 규범은 한편으로는 국내법적 조치의 결과이고 다른 한편으로는 그 후 국내입법의 원인이 되는 것이다. 반면 국내입법은 국제법적 규제의 구성사실 및 법적 효과를 형성하는 하나의 통일적인 사회현상을 나타내는 법적 규율의 통합적 연계라고 볼 수 있다.[17] Fisher도 (자본수입국의) 투자법령과 자본수입국과 선진국기업간의 컨세션(concession) 계약이 기업투자의 승인과 수입에 관한 조건에 관해 뚜렷한 유사성을 보이며, 석유산업 분야에서도 선진국기업과의 계약관행이 반영된 국내법이 성립되고 이후 외국기업과의 계약을 규율하게 되는 연동관계가 관찰된다고 하였다.[18]

이러한 접근방법은 국제경제에 관한 법규범이 공법에 속하는지 사법에 속하는지 여부를 묻지 않는다. Erler는 조직경제의 현상은 공법에 의해서건 사법에 의해서건 규율된다고 하고, 사법적 수단으로서 국제카르텔 및 은행협정에 의한 구조적 규제, 국제적인 지불정지, 청산, 신용, 투자의 사법적 형성, 공적 채무의 상업화 등을 들고 있다.[19] Herdegen도 "문제가 되는 모든 법률관계를 … 공법과 사법으로 나누는 것은 실질적인 근거를 가지고 다양하게 연관되어 있는 것을 분리하는" 것이고, 하나의 실체를 작게 나누는 분할적 사고가 영미계의 법사고에서는 자연스럽게 받아들여질지 모르나 독일의 법사고에서는 우려를 갖게 하는 한 원인이라고 한다.[20]

版)』(中央大学出版部, 1999年); 柳赫秀, 「国際経済法序論」, 『法学教室』第275号(2003年), 99면. '국제경제의 법'이라고 정의하면서도 Hoffmann은 '국제경제의 법'은 경제입법의 국제법과 국제경제관계의 법으로 구성된다고 말하며, Schöbener는 사법(私法)을 제외한 '국제경제의 법'으로 정의한다. Hoffmann, J., *Theorie des internationalen Wirtschaftsrechts* (Mohr Siebeck, 2009); Schöbener, B., Herbst, J., und Perkams, M., *Internationalen Wirtschaftsrechts* (C. F. Miller, 2010).

17) Erler, *supra* note 1, p.15.

18) Fisher, *supra* note 16, pp.147-149.

19) Erler, *supra* note 1, pp.32ff.

20) ヘァデゲン, 『전게서』(각주 16), 3면.

이러한 접근방식의 바탕에 놓인 것은 Savigny 이래 근대 시민법 체계를 중심으로 하는 국내법 질서와 국제경제를 규율하는 법 사이의 기능적인 연속성에 대한 신념이다. 그러한 전통은 그 후 실증주의 국제법관이 대두하고, 국제법과 국내법을 엄격하게 구분하는 국가중심적인 이원론이 지배적으로 대두함에 따라 후퇴할 수밖에 없었다. 그런데 국제사회의 글로벌화가 진행되고, 국가중심적인 견해가 수정되어 이분론에 의문이 제기되기 시작하였다. 국제(경제)관계에서 NGOs 및 (다국적)기업이 차지하는 비중이 크게 확대됨에 따른 국가 위상의 상대적 약화, 국가간 관계를 초월하는 공공분야(public domain)의 글로벌화[21] 및 국제인권의 발달 등에 따라 국제법과 국내법의 '기능적 일체화'가 이루어지는 점이 강조되고 있다.[22]

요약하자면 '국제경제에 관한 법' 접근방식은 국제경제라는 법률대상에 관한 모든 규범의 복합성 및 규범간의 '기능적 일체화'를 강조하는 것으로서 국제경제현상에 대해 실천적이고 중층적인 법적 고찰을 지향하고 있다.[23] 이러한 접근방식의 과제는 Behrens가 언급한 바와 같이 국제적인 경제관계에 통일적인 의미관계를 상정하고 그에 관련된 모든 규범의 '기능적 일체화'를 단순히 선언하는 것에 그치지 않고 기존의 법분과에서 독립된 규범 복합체로서의 일체성의 근거를 명확히 해나가는 것이라고 생각된다.[24]

21) 국가간 관계를 넘어 글로벌한 공공 공간의 출현에 대해 선구적인 논고로서는 다음을 들 수 있다. Ruggie, J., "Reconstituting the Global Public Domain-Issues, Actors and Practices," *European Journal of International Relations*, vol.10-4 (2004), p.411.

22) Tiejie, *supra* note 3, pp.9-13.

23) 金沢는 다음과 같이 언급하였다. "Erler가 언급한 바와 같이 국제적인 구조의 경제를 하나로 정리된 사회현상으로 보고, 이에 관한 국내법과 국제법을 통일적으로 취급하여 국제경제법을 이해하려는 입장은 … 현실적이다. 이러한 현실적인 방법, 사회적·경제적 방법은 … 특히 기성 개념에 얽매이기 쉬운 법학의 발전에 위해서는 필요한 것이다." 金沢, 『전게서』 (각주 6), 82면.

24) Joerges는 국제관계론에서 근거를 삼는 것을 시도하였고(Joerges, *supra* note 16), Behrens은 세계시장의 일체성론을 전개하였다(Behrens, *supra* note 16).

Ⅳ. 국제경제법의 의의

1. 국제경제질서와 국제경제법

인간이 사회생활에서 기대하는 질서는 단순히 인간 개인이나 인간 집단 사이의 관계양식이나 규칙성이 아니라, 일정한 목표나 가치를 촉진하는 사회생활의 배열에서 특정한 결과로 이어지는 행동양식이다. 그러한 의미의 질서는 ① 이들 목표나 가치에 대한 공통된 이해관계 ② 이를 목표로 삼는 행동양식을 규명하는 규칙 및 ③ 이들 규칙을 실효성 있게 만드는 제도에 의해 유지된다. 국제사회에도 경제생활에서 기대되는 일정한 목표나 가치를 촉진하는 국제경제질서가 존재하고 국제경제법은 이를 뒷바침하는 요소의 하나이다.[25] 이하에서는 국제사회에 존재하는 국제경제질서는 어떠한 성격(내용)을 가지고 어떠한 지도원리를 국제경제법에 부여하고 있는지를 살펴보겠다.

(1) 국제경제질서의 성격

Tumlir는 '국제경제질서'라는 개념은 비교적 새로운 것으로서 1941년 영미간 무기대여 교섭시 처음으로 논의되고, 이어서 브레튼우즈 회의 및 하바나 회의를 통해 확산되었다고 하였다. 일련의 과정에서 두 차례의 대전 사이의 연방주의자적 발상으로부터 다소 영향을 받으면서, 보호주의를 차단하고 경제전쟁의 재발을 막기 위한 국제적인 약속을 체결할 필요성을 인식하여 '외교당국자들'에 의해 만들어진 국제경제질서 개념이 정립된 것이다.[26]

이처럼 영미의 주도로 합의된 국제경제질서는 '의도적으로 심어진 자유주의(embedded liberalism)'의 개념에 기반을 두고 있는데, 20세기 이후 국가의 역할 확대라는 사태를 제도적으로 받아들여 각국의 국내안정의 추구를 보호하고 원조하면서 다른 한편으로는 경제활동에 대한 정부개입을 최소화시키고 시장가격기구의 기능을 활성화하기 위한 다각적인 국제제도의 구축을 내용으로 하는 것이다.[27]

25) Bull, H., *Anarchical Society* (Oxford University Press, 1977), pp.3-4, 51.

26) Tumlir, J., "International Economic Order and Democratic Constitutionalism," *ORDO*, vol.34 (1983), pp.73-74.

27) 柳赫秀, 『ガット19条と国際通商法の機能』(東京大学出版会, 1994年), 제1장을 참조. 또한

이러한 국제제도는 당초에는 '무역과 거래의 장벽을 적절한 수준으로 경감하고, 모든 국가들에게 비차별적으로 적용되는 시스템'이라는 단순한 것으로서 통화의 안정 및 태환성의 확보, 통상에서의 비차별대우와 보호수준의 안정성 확보가 주요 목적이었다.[28)]

그러나 1970년대와 1980년대를 통하여 '신자유주의(neo-liberalism)'가 국제경제질서의 지배적인 이념의 위치를 점하게 됨에 따라 분야별로 고르지 못한 발전이긴 하지만, 국제경제의 법질서화가 크게 진일보하였다. 통화분야의 경우 고정환율제에서 변동환율제로 규율형식의 퇴행이 있었지만 금융시장의 글로벌화에 따른 국제금융구조의 구축이 추구되고 통상 및 투자분야에서는 '법제화(legalization)'와 '사법화(司法化, justiciability)'를 통해 국제규율이 현저하게 확대되었다.[29)] 더 이상 국제경제질서의 정립은 '외교당국자들'의 전유물이 아니었다.[30)]

단, 국제경제질서에서의 '공공이익'은 국가들이 개별적으로 대처하는 것만으로는 해결되지 않는 이익이지만 자국의 국가(국민)이익을 증진하기 위해서 타국에 '상응하는(equivalent)' 행동을 요구하는 것으로 국제경제법 분야에는 계약적 요소, 상호주의적인 요소가 현저히 나타난다는 점을 유의하여야 한다. 특히 통상 분야에서는 상호주의에 근거한 무역의 자유화(freer trade)가 게임의 법칙상 공정성(fairness)에 따라 보장되어야 할 정도로 계약적·상호주의적 요소가 철저하다.[31)]

마지막으로 국제경제질서가 원만히 기능하기 위해서는 각국이 입헌주의적인 법질서를 확립하고 다원주의 원리에 기반하여 민주적으로 운영할 것이 전제가 된다. 즉 사인의 소유권 보장, 계약자유보장 및 효과적인 분쟁해결에 따른 권리보호는 기능적인 시장경제질서의 규범적인 기초조건으로 국민경제의 확립, 국제경쟁의 개방성, 민주적 대의제 및 입헌적인 운영은 국제경제질서와 국내헌법질서의 원만한 연동의 필요조건이다.[32)] 그래야만 모든 국가의 정부가 자국에게 해롭다는 이유로 세계시장

Carreau et al., *supra* note 16, p.81도 참조.

28) Tumlir, supra note 26, p.71. Gardner, R. N., *Sterling-Doller Diplomacy in Current Perspective: The Origine and the Prospects of Our International Economic Order* (Columbia University Press, 1980), p.13.

29) 자세한 경과와 내용에 대해서는 柳赫秀, 「전게논문」(각주 3)을 참조.

30) WTO 분쟁해결에 있어서 발생하고 있는 변화에 대해서는 Weiler, J. H. H., "The Rule of Lawyers and the Ethos of Diplomats: Reflections on the Internal and External Legitimacy of WTO," *Journal of World Trade* vol.35, p.191를 참조.

31) GATT체제에 있어 상호주의의 의미에 대해서는 柳, 「전게서」(각주 27), 198-204면을 참조.

32) Herdegen, 『전게서』(각주 16), 9, 79면.

의 원만한 기능을 방해하는 행동을 취하지 않도록 함과 동시에 국익개념이 특정 이익집단의 '지대 추구(rent seeking)'의 구실로서 활용되는 것을 막을 수가 있다. 요약하자면 정당한 국내헌법질서가 국제경제질서의 전제이고, 국제경제질서가 각국 정부가 합리적인 국가로서 소임을 다하는 것을 가능하게 한다는 의미에서 "국제경제질서는 국내헌법의 두 번째 참호이다"라고 할 수 있다.33)

(2) 국제경제질서의 지도원리34)

국제경제질서의 지도원리는 국경을 넘는 경제활동을 자유화하는 것이다. 국가는 경제목적 또는 비경제목적을 위해서 국경을 넘는 경제활동을 규제하는 다양한 통상·국내정책수단 -관세 및 비관세조치- 을 활용한다. 그 가운데는 확실히 국민경제의 효율적인 운영이나 비경제적인 목적을 위해 정당화 될 수 있는 것도 포함되어 있지만, 상당부분 국제경제활동의 원만한 수행을 위해 필수불가결한 가격메커니즘을 저해하는 것도 있다. 국제경제법은 무엇보다도 사적인 경제활동에 대한 정부의 개입을 최소화하여 무역, 자본, 금융의 자유화를 모색하는 것이 가장 우선시되는 임무이다.35)

다음으로는 국제경제질서의 부차적인 지도원리로서 구성원의 경제적 격차를 배려하고 부를 재분배하는 것이다. 국제사회에서 경제발전이 더딘 국가에 대해 연대감이 전혀 없는 것은 아니다. 선진국이나 국제경제기구들은 양자 또는 다자간 원조를 제공하고 있다. 그러나 복지정책의 일환으로서 소득의 재분배를 실시하고 있는 국내사회와 달리 국제사회에는 국제공동체 전체적 입장을 반영한 제도적 장치가 매우 불충분하다. 1970년대 개발도상국들이 '신국제경제질서(new international economic order)'를 요구한 것은 기존의 국제경제질서가 일부 선진국들의 이익에 봉사하도록 수립되었다는 것에 대한 저항감을 나타낸 것이었다. 이것이 GATT에 반영되어 현재의 WTO협정에는 개도국에게 낮은 수준의 의무를 부과하거나 의무이행상의 유예를 인정하는 '개도국 우대(special and differential treatment)'조항이 다수 포함되어 있다. 이는 기본적으로 다른 회원국과 동등한 권리와 의무를 부담하기에 이르기까지 잠정적으로 적용되는 조치로서 경제의 자유화라는 핵심 지도원리를 수정하는 것은

33) Tumlir, supra note 26, pp.78ff; Tumlir, J., "International Economic Order: Rules, Cooperation and Sovereignty," in Oppenheimer, p.(ed.), *Issues in International Economics* (Oriel Press, 1980), pp.71-80.

34) 지도원리(Leitprinzipien)라는 용어는 Herdegen, 『전게서』(각주 16), 57면에서 차용하였다.

35) 柳, 「전게논문」(각주 16), 107면.

아니다.[36)]

마지막으로 국제경제질서에는 '공정경쟁(fair competition)' 이념이 어느 정도 반영되어 있는 것일까? 현행 국제경제질서에서는 경쟁 감시를 통한 경제 권력의 남용을 억제하는 측면이 매우 약하다. 주요 국가들은 자국의 경쟁질서를 보호하기 위해 자국의 경제법을 역외적용하는 등 마찰이 끊임없이 있었지만 현재는 '효과이론'이 역외관할권의 기초(base) 중 하나로서 인식되어 '합리성의 원칙'이 관할권의 행사 지침으로서 활용된 점은 주지하는 바와 같다.[37)] 그러나 국제경제법상 공정의 기준은 국내경제법과 마찬가지로 시장에서의 경쟁 그 자체의 보호가 아니라 생산자간의 경쟁조건의 유사성을 의미하는 '같은 토양(a level playing field)'을 지칭한다. 즉 수입품과 경쟁에 취약한 국내산업을 보호하기 위한 소위 '생산자 입장'에 기초한 경쟁자 보호를 말한다.[38)] 현재 단계에서는 '공정경쟁'의 유지가 국제경제법의 지침 중 하나라고 말하기는 어렵다. 다만, 이것이 없다면 경제의 자유화가 어렵게 된다는 점에서 부차적인 조건이라고 말할 수 있을 것이다.

2. 국제경제법의 기능과 규율대상

(1) 국제경제법의 기능

국제경제법은 현재 국제경제질서의 신자유주의적 지침에 근거하여 국제경제거래에 참가하는 국가, 국영기업, 국제기구, 기업 및 개인의 행동이나 활동을 규정하여 국제경제관계의 질서 정립을 담당하는 법적·제도적 장치로서 주로 국경을 넘어 수행되는 경제활동을 가능하게 하고 활성화하기 위한 법적 구조가 되는 법 전체를 의미한다. 국제경제법은 국제법, 국내법 및 상관습법 전체를 포함하며 이것이 공법에 속하는지 사법에 속하는지는 문제되지 않는다.

카나자와는 크게 국제사회에서 시민적 경제활동을 가능하게 하는 법과 이에 대

36) 柳赫秀, 「WTOと途上国-途上国の『体制内化』の経緯と意義(上)-(下-2·完)」, 『貿易と関税』第46巻7月号/同·10月号/第48巻7月号/同·9月号(1998年/2000年).

37) 역외적용에 대해서는 Quresho and Ziegler, *supra* note 11, p.81 이하 참조.

38) 柳赫秀, 「国際通商法における『公正·不公正貿易の区分』のレゾン·デートル」, 『エコノミア』(横浜国立大学)第40巻4号·第41巻2号(1990년). Jackson은 '같은 토양(a level playing field)'론은 의미가 명확하지 않지만 종종 정책목표로서, 정치적으로 강한 호소력을 갖는다고 한다. Jackson, J. H., The World Trading System: Law and Policy of International Economic Relations, 2nd ed. (The MIT Press, 1997), p.21.

해 일정한 규제를 가하고 있는 법으로 나누었다. 그리고 후자에 대해서만 국제경제법으로 규정하고 있는데, 본장에서는 시민적 경제활동 자체와 그에 대한 국가의 활동을 규제하여 시민적 경제활동을 가능하게 하는 법 전체를 국제경제법이라고 정의하겠다. 부연하여 말하면 국제경제법은 ① 시민적 경제활동을 가능하게 하는 법적·제도적 구조이자, ② 때로는 경제적 국가주의의 발현으로서 국가통제를 보강 또는 보충하고,[39] 때로는 경제적 국가주의를 복지국가 이념의 제도적, 사전승인이라는 형태로 법적 절차화함에 따라 정치로부터 분리하고(예를 들어 무역구제법의 존재와 기능), ③ 국가가 가하는 경제규제에 대해 일정한 제한을 두거나, 일정한 허용범위를 설정하는(정당한 간섭과 부당한 간섭의 구분을 위한 기준 설정) 등의 기능을 수행한다.

(2) 국제경제법의 규율대상

국제경제법(의 규율)이 어떠한 국제경제활동을 대상으로 하는지에 대해서는 일정한 주제를 열거하는 입장도 있고 보다 추상적으로 언급하는 입장도 있다.

Schwarzenberger는 국제경제법이란 ① 천연자원의 보유와 개발 ② 재화의 생산 및 분배 ③ 경제 또는 금융 관련 보이지 않는(invisible) 국제거래 ④ 화폐 및 금융 ⑤ 관련 서비스 및 ⑥ 이들 활동에 종사하는 사람들의 자격이나 관련 조직에 관한 분야를 대상으로 한다고 열거하고 있는데 노동, 사회, 교통 및 지적재산 분야는 제외하고 있다.[40] Carreau는 "국제경제법이란 한편으로는 외국에서의 인적 및 물적 생산요소 구성, 다른 한편으로 재화, 서비스 및 자본의 국제거래를 규율하는 분야"라고 하였다.[41] 이에 대해 Qureshi는 경제에 관한 국제법의 여러 분야가 규율대상이 되며 이를 핵심부분과 주변부분으로 나누어 핵심부분에 재화와 서비스의 국제무역, 국제통화 및 개발과 투자분야를 포함시키고 있다.[42]

본장에서는 규율대상의 유동성을 전제로 하고, 국경을 넘어 이루어지는 경제활동을 가능하게 하는 통화의 안정과 태환성을 중심으로 하는 통화·금융, 국경을 넘어 이루어지는 상품, 서비스 및 자본의 거래, 국제적인 생산요소의 이동 및 이들 활동에 종사하는 사람들의 자격이나 조직에 관한 분야(Erler가 말하는 국제경제운영법)를 국제경

39) 국제경제법이 경제적 국가주의의 발전으로서 국가통제의 보강 또는 보충으로서 기능하는 경우를 이론상 어떻게 정립할 것인가라는 난제는 금후의 과제로 삼겠다.
40) Schwarzenberger, *supra* note 11, p.7.
41) Carreau et al., *supra* note 16.
42) Qureshi and Ziegler, *supra* note 11, p.16.

제법의 규율대상으로 고찰하고자 한다. '국제개발법'을 포함해야 하는 것인가에 대해서는 확실히 1960~70년대 남북격차현상이 국제경제관계에 수반되는 규범적 차원으로서 학문적으로 거론된 바가 있지만,[43] 후술하는 것처럼 국제경제사회의 구성원의 다양성은 구성원이 부담하여야 하는 권리의무에 어떠한 영향을 미치는지의 차원에서 논의되어야 할 것이다.

Ⅴ. 국제경제법의 구조와 문제

국제경제법의 구조적 특징으로서 조약중심, soft law의 비중이 큰 점, 그리고 규범의 중층적·복합적 구성 등을 들 수 있는데, 이에 대하여는 이미 별고에서 기술했으므로[44] 여기에서는 몇 가지 본원적·현대적 과제를 언급하는 데 그치고자 한다.

1. Rule 또는 재량

통상 Rule은 사회질서의 한 요소이지만 Rule이 아니면 사회질서가 존재할 수 없는 것은 아니다.[45] 국제경제질서의 경우도 어디까지가 'Rule'에 의해 결정되고, 어디까지를 '재량'에 맡길 것인가가 오래된 논제이면서 새롭고, 그럼에도 불구하고 좀처럼 결론이 나지 않는 문제이다.[46]

일찍이 1933년 국제연맹 주최로 열린 런던통화경제회의에서 살아 있는 객체로서의 경제의 특성과 법률가에 통상문제를 위임하는 것에 대한 우려 속에서 표준적인 법적 계약의 흠결을 인지한 통상실무가들에 의해 통상기회의 균형을 해하는 무역상대국에 대해 보다 유연한 대응을 허용하는 조항의 필요성이 논의되었다. 이에 따라 협의조항, 그리고 '무효화 및 침해(nullification and impairment)'조항이 수립되었다. 즉 법적 의무의 형태는 남겨두어도 '분쟁당사국 상호간 해결'이 우선시되는 양자간 통상

43) 이에 대해서는 柳, 「전게논문」(각주 36)을 참조.
44) 柳, 「전게논문」(각주 16), 107-111면.
45) Bull, *supra* note 25, pp.6-7.
46) 통화에 대해서는 James, H., *International Monetary Cooperation since Bretton Woods* (Oxford University Press, 1996), ch.2 & 3, 통상에 대해서는 Trimble, P. R., "International Trade and the 'Rule of Law'," *Michigan Law Review*, vol.83, no.4 (1985), p.1016 참조.

조약과 GATT 규범의 근간이 세워진 것이다.47) 이에 대해 1944년 브레튼우즈 합의는 국제적인 통제 및 국가의 자립성 사이의 타협의 산물로서 의무의 '유연(soft)'성을 염두에 두고 환율의 안정 및 자유롭고 다방면적인 결제를 위한 행위기준(code of conduct)을 제공하기 위한 항구적인 국제적·법적·제도적 조직이 설립되었다는 점에서는 어떤 면에서 'rule base'의 국제통화질서에 결실한 것이라고 할 수 있다.48)

그 후 국제통화질서가 고정환율제의 붕괴에 따라 변동환율제로 바뀌고 'rule에서 감시(surveillance)'로 후퇴한 데 비하여, 국제통상 분야에서는 '영속성이 있는 다자적 무역체제(WTO 설립협정전문)'인 WTO의 출범에 의해 '외교에서 법으로' 무게중심이 이동하게 된 점은 주지하는 바와 같다.

국가는 한편으로는 타국과 협력하여 국제시장기구의 원활한 운영을 통해 결실을 극대화 하려고 하지만 다른 한편으로는 국민경제의 주체로서 상대적인 지위향상을 위하여 고유의 가치를 추구하는 야누스적인 면을 가진 존재이다. 전자를 위해서는 국제경제질서에서 '법의 지배'를 촉진하고 국내 헌법질서하의 민주적 통제에 의한 건전한 공공선택의 확대의 병행 추진이 필요하다.49) 이에 따라 때로는 국가가 가지는 양면성이 서로 충돌하거나 대치하게 되는 것이다. 따라서 'rule인가 재량인가'의 양자택일적으로 문제를 설정하는 것이 아니라 문제의 해결을 위한 유연성을 염두에 두고, hard인지 soft인지에 구애받지 말고 각 분야별로 적합한 규범을 설계하여 이를 투명하게 운영하도록 하여야 할 것이다.50)

2. 규율대상의 확대와 법률형태

WTO는 GATT에 비해 그 규율대상을 상품에서 서비스 및 지적재산으로 크게 확대하였다. 특히 무역과 관련한 '시장접근(access)'을 목적으로 하지 않는 TRIPs협정이 도입되어 상품무역상 시장진입의 활성화를 주요임무로 하는 GATT를 승계한

47) 이 경과와 내용에 대해 상세히 분석한 것은 Hudec, R. E., *The GATT Legal System and World Trade Diplomacy*, 2nd ed. (Butterworth Legal Publisher, 1990), pp.3-61 참조.

48) 柳赫秀, 「国際通貨·金融に関する法」, 『法学教室』第280号(2004年), 99-102면.

49) Tumlir, *supra* note 26, pp.80f.

50) 1997년 아시아금융위기 후 '국제금융구조' 개혁을 둘러싼 논의에 대하여 금융시장의 구조적 특징 및 주권자와 사적 주체와의 차이를 이유로 'rule base' 접근의 한계를 설명한 것은 Tarullo, D. K., "Rules, Discretion, and Authority in International Financial Reform," *Journal of International Economic Law*, vol.4, no.4 (2001), p.613.

WTO의 성격을 어떻게 할 것인지가 문제되었다. WTO의 규율범위는 어디까지인지, 그에 따라 그 규범양태에 어떠한 변화가 일어나는지의 문제가 제기되었다.[51)]

GATT의 목적은 체약국들의 시장접근을 촉진하는 것이지, 시장에서의 경쟁조건을 '통일시키는(harmonize)' 것이 아니다. 체약국은 상품을 원산지에 따라 차별하지 않는 한 국내정책에 관하여 거의 완전한 재량을 보유하고 있었다. 규율대상의 확대는 종래의 통상정책과 국내정책의 구분을 어렵게 하고 국내조치의 차이가 미치는 영향이 눈에 띄게 되어 일정 부분 'harmonization'의 필요성이 강조되게 되었다. 즉 정당한 간섭과 부당한 간섭의 구분을 위한 기준설정이 요구되는 것이다.[52)]

그런데 TRIPs협정의 도입에 따라 열린 '판도라의 상자'의 한계는 무엇일까. 일찍이 Carreau는 '국제경제법(제4판, 1998년)'에서 통화, 노동, 환경, 경쟁, 재정 및 투자분야를 WTO체제의 (잠정적인) '법적 흠결'이라고 평가하였다.[53)] 국제통상체제로서 WTO상 '비경제적 목적'을 받아들이는 것, 즉 비교역적 관심사항(non-trade concern)의 수용 한계가 의문시되고 있는데 그 배경으로는 '자유주의적' 국제경제질서가 이미 '사회·환경적 가치'를 무시하면서 지속되는 것이 어려워진 점을 들 수 있다.[54)]

3. 구성원의 다양성과 의무내용의 일체성

어떤 사회질서도 그에 참가하는 구성원이 동질적일수록 안정적일 가능성이 높다. 그러나 현실적으로 국제사회를 구성하는 국가들의 경제발전수준의 격차가 크기 때문에 그 국가들을 일률적으로 취급하는 것은 불공평한 것이 아닌가? 발전수준에 따라 다른 취급을 받아야 하는 것이 아닌가? 그렇다면 그 근거는 무엇인가? 이는 구성원이 갖는 권리나 부담하는 의무수준의 차이를 용인하는 것을 의미하는 것일까. 요약하자면 발전수준이 다른 구성원을 '체제 내에 수용'하기 위하여 일정한 의무에 대한 일체성을 포기하는 것은 필요불가결한 것인가, 아니면 어디까지나 한 구성원으로서 온전한 의무를 이행할 수 있도록 하기까지의 과도적인 것인가의 문제이다.

51) 다음 문헌을 참조. 小寺彰編著, 『転換期のWTO-非貿易的関心事項の分析』(東洋経済新報社, 2003年).

52) 柳赫秀, 「WTOと『貿易と労働』問題-Why, Where, and How」, 상동, 제8장.

53) Carreau et a.l., supra note 16, pp.184-210.

54) Muchlinski, P., "Multinational Enterprises and International Economic Law: Contesting Regulatory Agendas over the Last Twenty Years," 『日本国際経済法学会年報』(2012년), pp. 53-92.

이 문제는 제2차 세계대전 후에 식민지에서 독립하여 국제사회에 등장한 개발도상국이 '자유, 평등, 상호주의'를 주된 원칙으로 하는 국제경제질서의 제도적·규범적 구조가 기존의 국가들에게 유리하게 되어 있다고 주장하면서 제기되었다. 불평등한 대우를 평등하게 고치고, 일률적인 상호주의를 추구하지 않도록 하는 '새로운' 국제경제질서의 수립을 요청한 것이다. 개발도상국가들의 요청에 의해 특히 통상분야에 있어서 '개도국 대우'에 근거하여 차등적인 의무를 부담하도록 반영되었지만, '자유주의적인' 국제경제질서의 성격 그 자체를 바꿀 수는 없었다. 그리하여 GATT에서 WTO로 이행될 때 '개도국 대우'는 존속하면서도 내용이 변질된 채로 오늘날까지 이르렀다.[55]

구성원간 의무의 일체성이 관철되지 않은 현상은 IMF에서도 찾아볼 수 있다. 즉 IMF의 동의가 없는 평가(平價) 변경은 의무위반에 해당되지 않고 단순히 IMF의 자금이용자격을 자동적으로 상실하는데 그치기 때문에 의무준수 유인에 있어서 국제수지의 적자국과 흑자국간에 비대칭성이 존재한다. 소위 적자국만에 대한 'conditionality'의 문제이다.[56] '조약적용의 보편성과 조약내용의 일체성간의 갈등'이라는 일반적 문제가 국제경제관계에서도 특유한 양태로 나타나고 있는 것이다.

4. 사적 주체의 위상

오늘날 국제(경제)질서에서 사적 주체의 위상에 대하여 서로 연관된 두 가지 현상이 보인다. 하나는 오늘날 '공공영역(public domain)'이 글로벌화되고 국가간(inter-state) 관계를 넘어서는 것이다. 다른 하나는 그러한 변화가 가져오는 국제경제질서상 사적 기업의 법적 위상의 변화이다. 전자는 종래 동일선상에 놓였던 '공공영역', '국가간 관계' 및 '거버넌스' 3가지의 요소가 비국가주체의 성장에 따라 국가간 관계를 초월한 글로벌한 공공영역이 출현한 것이다.[57] 후자는 자유주의적인 국제경제질서를 근간으로 성장해 온 다국적기업(MNEs)의 법주체성의 문제이고 국제투자법 분야에서 '투자가'로서 국제적인 청구권을 획득하는(인권분야와 유사) 등 실제 보유하는 권리, 역할이나 힘의 크기에 상응하는 사회책임(international corporate social responsibility)을 부담하여

55) 자세한 경위에 대해서는 柳, 「전게논문」(각주 36)을 참조.
56) 柳, 「전게논문」(각주 48), 103-104면.
57) Ruggie, *supra* note 21, pp.499f.

야 한다는 논의이다.[58)]

그 배후에는 NGOs의 대두 및 활동의 확대뿐만 아니라 기업의 활동이 사회적·환경적 문맥에서 벗어나서는 존립할 수 없다는 의식상의 변화를 들 수 있다. 자유주의적 경제질서는 다른 자유주의적 가치와 조화하면서 사적 부문의 성장이라는 현실을 수용하면서 존립하지 않으면 안 된다. 전술한 WTO법 규율대상의 확대와 같은 맥락의 화두로서 금후 국제경제법을 고찰할 때에 피할 수 없는 문제이다.

Ⅵ. 결 론

확실히 현재의 국제경제법은 하나의 독립한 법분과 또는 하나의 자립한 학문분야의 수준까지 성숙하였다고는 말하기 어렵다. 게다가 앵글로색슨형 금융자본주의의 붕괴 및 중국의 대두에 의한 '국가자본주의(state capitalism)' 논쟁이 상징하는 바와 같이 자본주의가 전례 없는 위기에 처하고 있고 도하라운드의 교착과 지역주의의 부상이라는 형태로 권력이 분출하는 상황에서 오늘날 국제경제질서는 점점 혼란스러워지는 한편 국제경제법의 본원적·현대적인 과제가 다시금 부각되고 있다. 그 가운데 Erler, 카나자와의 저술과 같이 1956년에 간행된 '*transnational law*'에서 국제(경제)교류가 국가간 관계의 구조에서는 수용될 수 없게 된 것을 날카롭게 지적한 Jessup의 문제 제기를 떠올리면서,[59)] Erler가 말하는 '국제적인 조직경제의 법'으로서의 국제경제법, 즉 국제경제와 관련한 법현상의 '기능적 일체성'을 계속 추구할 필요성은 이전보다 더 높아졌다고 볼 수 있을 것이다.

58) Muchlinski, *supra* note 54. Ruggie는 국제기업의 사회적 책임으로서 (i) 권리와 의무간 불균형, (ii) 기업의 악행(bad behavior) 및 (iii) 사회적 역량강화(capacity building)의 3가지를 들고 있다. Ruggie, *ibid.*, pp.511ff.

59) Jessup, p.C., *Transnational Law* (Yale University Press, 1956).

제 2 장

국제법의 '파편화'와 국제경제법

村瀨 信也 (무라세 신야)

Ⅰ. 서　론

국제경제법은 국제경제를 대상으로 하는 법이다. 또한, 그 대부분이 국제법에 의존하는 법이다. 최근 20년에 걸친 국제경제법 구조의 변화가 특별한 주목을 받은 이유는 국제경제의 전지구적 규모의 '통합화(globalization)' 추세 가운데, 다른 한편으로는 이에 반비례하여 국제법과 국제관계가 '파편화(fragmentation)' 되어가는 경향 때문이다. 통합과 파편화의 이율배반적인 동시 진행이야말로 현재 국제경제법을 둘러싼 법현상의 특징이라고 말할 수 있다.[1)] 본장에서는 이러한 현상을 바탕으로 국제경제법의 위상과 특성을 개관하도록 한다.

국제경제법의 개념을 어떻게 확정할지(국제법의 일부에 불과한지 아니면 국내법도 포함시킬지, 공법에 한정할지 아니면 사법도 포함시킬지 등)에 대해서는 주지한 바와 같이 Erler[2)]와 Schwarzenberger[3)]간에 고전적인 논쟁이 있었고, 이 논쟁은 반세기가 지난

1) Ian Clark, *Globalization and Fragmentation: International Relations in the Twentieth Century* (1997). イアン·クラーク(滝田賢治譯), 「グローバリゼーションと国際関係論ーグレート·ディヴァイドを越えて」(2010年).

2) Georg Erler, *Grundprobleme des Internationalen Wirschaftsrecht* (1956).

지금도 지속되고 있다.[4] 그 개념을 어떻게 확정할 것인가는 별도로 하더라도 국제경제법의 대부분에 국제법이 자리 잡고 있다는 점은 명백하다. 따라서 국제법을 둘러싼 법현상의 변화는 국제경제법의 존립방식에도 영향을 미칠 수밖에 없는데, 현재 국제법은 체계적인 통일성을 상실하는 '파편화'의 위기를 겪고 있는 것이다. 한편, 최근 20년간 국제경제법의 발전은 눈에 띄게 두드러져, 특히 WTO를 중심으로 하는 국제레짐의 형성과 발전이 주목을 받고 있다. 그러한 국제경제법의 자립적 발전을 국제법적 측면에서는 어떻게 평가할 수 있을까?

전통적인 국제법학의 관점에서는 최근 국제경제법의 발전이 두각을 나타내는 것을 국제법의 '파편화'를 한층 가속화시키는 계기로서 부정적으로 평가하는 입장이 많았다. 특히 보수적인 국제법 원리주의 관점에서는 이것이 '특별법'의 특수한 발전에 불과하며, '일반법'인 국제법에 근본적인 영향을 미치는 것은 아니라고 이해하는 것으로 어떻게든 논란을 매듭지으려고 하였다.[5] 국제법은 주권국가들의 병존을 기반으로 하는 이질적인 체제의 공존을 전제로 한 후 일원적인 규율을 지향하는 법이기 때문에 통합원리로의 수렴이야말로 국제법의 존립을 좌우하는 것으로 여겨져 왔다. '파편화'는 일원적인 국제법의 성립에 있어서 그 존립 자체를 위협하는 '병리(病理)'로 인식되고 있다. 따라서 국제경제법의 특수한 발전이 국제법 체계를 와해시킬 수 있는 요인으로서 인식되어 온 점은 부정하기 어렵다.

---

3) Georg Schwarzenberger, "The Principles and Standards of International Economic Law," Recueil des cours, t.117 (1966), pp.1-98.

4) 국제경제법의 개념에 대해서는 본서의 제1장에서 다루었으므로 여기서는 논하지 않으나, 金澤良雄, '国際経済法の概念に関する若干の見解,' 「現代国際法の課題－横田先生還暦祝賀」(1958), 501-532면; 村瀬信也, '国際経済法における主権概念の発現形態(試論),' 「国際法廷研究」제10호(1971년), 28-50면(村瀬信也, 「国際法の経済的基礎」(2001), 204-223면에 재수록) 참고. 최근에도 Charnovitz가 그 후의 논의를 발전에 대해서 깔끔하게 정리해두고 있다. Steve Charnovitz, "What is International Economic Law?," *Journal of International Economic Law*, vol.14, no.1 (2011), pp.3-22.

5) 이미 알려진 바와 같이 조약법 분야에서 WTO 분쟁해결 및 투자중재 사안이 급격하게 늘어난 결과, 새로운 국가실행 내지는 조약관행이 형성되고 있다고 평가되는 경우가 적지 않다(Donald McRae, "Treaty Interpretation by the WTO Appellete Body," *in* Enzo Cannizzaro (ed.), *The Law of Treaties beyond the Vienna Convention* (Frestschrift für Professor Giorgio Gaja, 2011), pp.64-186). 그러나 전통주의적인 국제법의 입장에서는 이들 모두를 '특별 레짐(special regimes)' 분야에서의 한정적인 현상으로서 받아들어야 한다고 생각한다. 국가와 회사간의 투자중재를 국제법상의 (국가간의) 중재사안과 동렬로 두는 것에 대해서는 특히 반발이 강하다.

또한, 국제경제법 역시 내부적으로 '불균형 발전'의 모순을 가지고 있다. 앞서 언급한 바와 같이 국제무역(통상)법 분야의 발전은 눈에 띄게 두드러지지만, 국제투자법이나 국제금융법, 국제경쟁법의 분야에서 다자조약의 체결은 좀처럼 이루어지고 있지 않다. 우선 국제투자 분야를 살펴보면 주지하는 바와 같이 1990년대 MAI 체결이 시도되었지만 결국 그 교섭은 1998년 좌절되었다.[6] 그 후 각국은 개별적인 BIT 체결에 노력하여 현재 그 수가 3,000건을 상회하고 있다. 또한 이들 협정의 해석과 적용을 둘러싼 투자가와 국가간 분쟁이 중재에 회부된 사건의 합계도 2002년 이래 300건을 상회한다.[7] 이러한 배경 가운데 BIT상 공통된 기본구조나 개념을 기초로 통합한 '국제투자법의 기본원칙(최혜국대우,[8] 공정·형평 원칙, 보상·배상 등 실체법 원칙이나 관할권·수리가능성, 입증 등에 관한 절차법)'이 형성되어 국제투자법의 '헌법화(constitutionalization)'가 진행되는 한편, '사법화(judicialization)'도 진행되고 있다는 견해도 눈에 띈다.[9] 그러나 각각의 BIT협정에 근거한 각각의 중재재판소에 의해 내려지는 판정을 통해 통일적인 해석과 적용이 보장되어 있다고 평가할 수는 없을 것이다. 즉 투자에 있어서는 무역에 상응하는 것과 같은 다자체제가 형성되지 않았다. 따라서 이 분야에서 법은 처음부터 다분히 '파편화' 되어 있다고 할 수 있다.[10]

국제금융·통화의 측면을 살펴보면 환율에 대해 고정환율제가 적용된 1971년까지는 IMF협정을 중심으로 국제적 규제가 있었지만, 그 후 주요 국가들이 변동환율제

6) 小寺彰, '補論: 多數国間投資協定(MAI-投資自由化体制の意義と課題) 小寺彰, 「WTO体制の法構造」(2000년), 181-197면 참조.

7) 자세히는 小寺彰 편, 「国際投資協定ー仲裁による法的保護」(2010년) 참조.

8) ILC에서는 2008년 이후 '최혜국대우'에 대해서 연구작업반이 조직되어(좌장: Donald McRae 위원), ICISD 중재판례를 참고로 국제투자조약에서의 최혜국대우의 의미와 기능에 관한 검토가 계속되고 있다. *See, Official Records, Sixty-sixth Session of the General Assembly, Supplement no.10 (A/66/10), Report of the International Law Commission*, Sixty-third Session (2011), pp.285-289.

9) José Enrique Alvarez, "The Public International Law Regime Governing International Investment," *Recueil des cours*, t.344 (2009), pp.193-541. ILC에서는 새로이 다루어야 할 주제로서 '국제투자법에서의 공정·형평기준'이 제안되고 있으며 (Stephen Vasciannie 위원), 현대에는 '국제투자법'이라는 새로운 독립된 법분야가 성립되었다고 주장되고 있다. *See, Official Records, supra* note 8, pp.335-350.

10) 국제투자법에서의 '파편화'에 대해서 Alvarez, *supra* note 9, pp.364-367, 394-433 참조. 국제투자분쟁에 있어서도 후술하는 소송경합(복수의 중재를 신청하는 것) 현상이 보여진다. 中村達也, '並行的手續の規制´ 調整', 小寺彰, 「전게서」(각주 6), 242면 이하 참조. 아르헨티나 경제위기에 관한 일련의 투자중재에 있어서의 판단의 불일치에 관하여 Alvarez, *supra* note 9, pp.308-433.

를 채택함에 따라 국제적인 제도가 붕괴되었다. 현재는 은행의 적정자본비율에 대하여 1988년 '바젤합의', '증권감독자국제기구(International Organization of Securities Commissions, IOSCO)' 및 관련 양해각서(MOU) 등 soft law에 의해 규율될 뿐이다.11) 그리하여 국가는 국제법상 재정·금융·통화에 대해서는 각각의 주권을 토대로 광범위한 자유재량을 인정받고 있다. 그러한 상황에서 시장은 규제를 받지 않는 자유분방한 거래의 장을 확보하게 되었고, 그 결과 금융·화폐는 투기의 대상이 되어 왔다. 2008년 리먼 쇼크12)나 현재 진행 중인 유럽에서의 경제위기(국가재정·통화문제)를 살펴보면 이 분야에서 다자간 실효성 있는 국제법 규제가 필요한 점은 명백하다. 하지만 이는 향후 입법에 기대할 수밖에 없는 상황이다.13)

그리하여 국제경제법 가운데 결국은 국제통상법만이 두드러지게 자기완비적인 국제법의 소우주를 형성하게 되었다. 투자, 금융 등의 분야는 아직 성운(星雲) 상태로 남아 통일적인 법규제가 존재하지 않는다. 따라서 국제경제법을 고찰할 때 현재 상황에서는 어디까지나 국제통상법을 중심으로 고찰할 수밖에 없게 되었다.

국제통상법 그 자체에도 부분적이라고 할지라도 유사한 '파편화' 경향이 나타난다. WTO의 후퇴(도하라운드의 교착)와 자유무역협정 또는 경제제휴협정의 확대 등이 두드러진다. 한-미·한-EU FTA의 체결이나 TPP(Trans-Pacific Partnership) 등이 향후 중요한 문제로 부각될 가능성이 있다. 이는 GATT 제24조에서 상정하고 있는 자유무역협정이나 관세동맹 등의 수준을 훨씬 넘어서는 지역적 경제통합을 내용으로 하는 것으로, 분쟁해결절차의 관점에서도 국제통상법의 파편화 문제로서 심각하게 여겨지고 있다.14)

---

11) 中川淳司, "金融規制の国際的調和," 中川淳司, 『経済規制の国際的調和』(2008년), 244-302면 참조. 또한 통일된 주제로 "世界金融危機後の国際経済法の課題," 『日本国際経済法学会年報』第20号(2011년)에 있는 각 논문 참조.

12) 리먼 쇼크를 염두에 두고 금융위기에 대처하는 국제경제법(특히 국제차원의 금융규제에 의한)의 기능적 단편화에 대해서 Joel p.Trachtman, "The International Law of Financial Crisis: Spillovers, Subsidiarity, Fragmentation and Cooperation," *Journal of International Economic Law*, vol.3, no.3 (2010), pp.719-742 참조.

13) EU 회원국은 2012년 3월, 재정규율 강화를 위한 조약(European Fiscal Compact)을 체결하고, 가입국 각국의 헌법 내지는 동등한 국내법에 재정수지균형을 명기할 것을 강제하는 한편, 이를 준수하지 못했을 경우에는 제제를 가할 것을 규정하고 있다. 지금까지는 주요국 정상회의(G-7)와 같이 연성법(soft law)에도 이르지 못하는 수준의 완화된 재정정책협조 등으로 대응해 왔던 분야에 갑자기 집행력을 가진 경성법(hard law)을 적용한 것으로, 과연 실효성을 확보할 수 있을 것인지가 의문시되지 않을 수 없다.

14) 川瀬剛志, "WTOと地域経済統合体の紛争解決手続の競合と調整(1)·(2·完)," 「上智法学論

한편, 국제법 학자들이 '파편화'에 대해 비관적인 시각을 가지고 있는데 반해, 국제경제법 학자 사이에는 반드시 '파편화'에 대해 강한 위기의식이 있는 것 같지는 않다. 국제경제법의 모든 원칙들은 '실무의 예지(叡智)'를 축적해오면서 국제법과는 독자적으로 형성되어온 법분야이기 때문에, 국제경제법이라는 고유의 학문분야가 존재할 수 있는가에 대한 관심이 그다지 크지 않았다. 게다가 국제경제법 분야에서는 국제법 분야와 같이 통합원리가 완고하게 제창되어 온 것도 아니었다.[15] 국제법이 실무에 우둔한 '학설법'을 기반으로 형성되어 온 점과 대조적이라고 할 수 있겠다. 따라서 국제경제법에서는 '파편화'를 어떻게 받아드리는가는 국제법과 상당히 차이가 있다고 생각한다.

그렇다면 국제법의 파편화는 국제경제법에 있어서 어떠한 의미를 가지는 것일까. 이는 과연 '본가의 일대사(一大事)'일까, 단순히 '다른 집안의', 기껏해야 '먼 친척'의 가정사로 치부될 것일까, 아니면 국제경제법이 국제법으로부터 독립한 '일가(一家)'가 되는 계기일까, 역으로 양쪽 집안 모두 '파편화'의 큰 흐름에 휩쓸리게 되는 것일까. 본장에서는 그에 관한 문제점을 명백히 밝히고자 한다. 그러한 작업은 단순히 국제법과 국제경제법의 관계를 어떻게 파악할 것인가에 그치지 않고 학문으로서 국제경제법학의 존립기반을 다시 한 번 생각해보게 되는 계기가 될 것이다.

Ⅱ. 국제법의 파편화

근대 국제법이 형성된 17세기에는 자연법이 국가간 관계를 일원적으로 규율하는 보편적인 질서로서 인식되어 왔지만, 실정법으로서 국제법은 '유럽공법'으로서 지역적으로 한정된 법이었다. 19세기에 들어서 국제법을 기반으로 통합되기(적어도 그렇게 인식되기) 전에는 세계는 지역적으로 분리되어 있었다. 그러나 이렇게 통합된 국제사회마저도 현실에서는 세력균형에 의존하는 취약한 것이었다. 국제연맹의 성립은 통합을 달성한 듯 보였지만 보편적인 국제조직으로서는 불완전하고, 영속성 면에서 실제로 한계가 있었다. 국제사회는 제2차 세계대전 후 UN이 설립되고서야 비로소 '통합'되었다고 말할 수 있게 되었다. UN헌장이 헌장 제103조를 통해 국제법상 상위

集」第52卷1 · 2 合併号(2008년), 149-183면, 同3号(2009년), 1-109면.

15) 예를 들어 松下満雄, 「国際経済法」(2001년), 4-6면.

법과 같은 위치를 차지하게 된 점과, ILC를 통해 많은 다자조약이 체결됨에 따라 '일반국제법'의 형성이 촉진된 것이 통합을 가속화시켜 왔다.[16]

국제경제법에서도 마찬가지로 통합이 이루어져 왔다. 국가간 경제관계를 규율하는 기본적인 틀인 통상조약이 국가들간에 체결되어 최혜국대우조항을 통해 자본주의의 흐름이 세계 전체를 관통하여 활기를 띄게 된 것도 19세기였다.[17] 그 후 최혜국대우조항의 공동화(空洞化)나 지역적 특혜제도의 확산에 의해 세계시장은 다시 파편화되었지만, 두 차례의 세계대전 사이 기간에 경제의 블록화를 거쳐 국제경제사회가 일원적인 것으로 성립된 것은 제2차 세계대전 후 브레튼우즈 체제에 의해서였다.[18]

그러나 넘치는 것은 부족함의 시작이라는 말도 있듯이, 국제법상 통합의 완성은 새로운 파편화의 시작을 예고하였다. 최근 문제가 되고 있는 국제법의 '파편화(fragmentation)'는 국제법이 아직 국제사회의 부분질서에 불과하였던 시대의 '파편화' 상태와는 달리, 일정부분 통합된 전체 질서의 존재를 전제로 하고 내부적으로 기능의 분열이 발생하는 상황을 문제 삼고 있다. 다시 말하자면, 일단 달성된 국제법의 일원성이 확보되지 못한 채 '파편화' 되어 가는 것이 문제인 것이다.

특히 주목하여야 할 현상은 경제, 인권, 환경, 형사 등 개별분야에서 다자조약이 비약적으로 발전하고, 각각이 일반국제법으로부터 괴리되어 독자적인 발전을 이루고 있는 점이다. 각각의 분야에 관한 조약 가운데 단순히 실체법 규정뿐만 아니라 자체적인 분쟁해결조항이나 재판제도를 갖추고 있는 것도 적지 않다. 국제법의 제1차 규범(실체법)이 증가하고 있는 것 자체는 물론 환영해야 할 사안이다. 만약 저촉하는 법규가 병존하는 사태가 발생하여도 최종적으로 단일한 재판소에서의 재판에 따라 판정될 수 있다면 문제는 발생하지 않을 것이다. 그러나 제2차 규범(절차법)의 증가·확산에 의해 다수의 서로 다른 재판소가 상호간 조정이 없는 채 각각의 판정을 내리게 되면 문제는 심각해진다.[19] 1990년대 이래 국제해양법재판소(International

16) 村瀬信也·鶴岡公二 編, 「革命期の国際法委員会-山田中正大使傘寿記念」(2011년) 참조.

17) 村瀬信也, 「最恵国条項論」, 村瀬, 「전게서」(각주 4), 32-59면. 최혜국대우의 원시형태는 이미 11세기부터 발견되지만 16~17세기에 비약적인 발전을 하였고, 자유주의경제체제의 완성을 실현한 것으로 정점이라고 할 수 있는 것이 19세기 중반, 1860년의 영불통상조약에서의 무조건·무제한 최혜국조항의 채택이었다.

18) 상동, 59-77면.

19) *See,* Statement by Shinya Murase on the Peaceful Settlement of Disputes, Provisional Summary Records, International Law Commission, 63rd Session, 31 May 2011, A/CN. 4/SR. 3095, pp. 8-10.

Tribunal for the Law of the Sea, ITLOS), 국제형사재판소(The International Criminal Court, ICC), WTO 분쟁해결기구 등이 각각 설립되어 국제재판소의 '경합' 내지 '확산'현상이 표출하여 왔다. 종래에는 (지역적인 인권재판소나 개별적인 중재재판소는 별도로 하고) ICJ가 유일한 사법적인 국제분쟁의 해결기관으로서 사실상 국제사회에서 상급재판소와 같은 지위를 가지고 있었지만, 최근에는 이러한 '확산'현상에 따라 다른 재판소가 각각 판정을 내리는 경우도 현실적으로 상정할 수 있게 되었다.[20] 이처럼 실체법과 절차법이 일체화되어 일반국제법으로부터 상대적으로 독립한 '특별 레짐(special regimes)'이 지속적으로 형성되는 가운데 '자기완비적 제도(self-contained regime)'라고 불리는 경고한 특별 레짐이 형성되어 국제법의 체계적인 일체성이 저해되는 사태에 이르게 된 것이다.

그러한 가운데 ILC는 2002년 이래 연구회를 설치하여 '국제법의 파편화'에 관한 연구를 수행하여, 2006년 42개 항목의 '결론(conclusions)'이 최종문서로 정리되어, 같은 해 UN총회는 이 보고서를 회람(take note)하였다.[21] 이 최종문서는 우선 국제법이 하나의 법체계인 점(international law as a legal system)을 확인하고(결론 1), 어떤 현상에 대해 다수의 국제법 규범이 적용가능한 경우 그 규범들의 내용이 서로 모순되지 않는 경우에는 중첩적으로 적용될 것이지만, 서로 저촉하는 경우에는 조약법협약의 해석규정(제31~33조)에 따라 의무가 조정될 것(결론 2~3)이라고 하였다. 어떤 경우에도 보편

20) 다른 재판소에 의한 판례법의 '파편화' 사례로서는 ICJ가 니카라과 사건 본안판결(1986년 6월 27일, *Military and Paramilitary Activities in and against Nicaragua* (Nicaragua v. United States of America), Merits, Judgment, ICJ Reports 1986, pp.61-64)에서 의거한 '실효적 지배(effective control)' 기준을 배척하고 구유고국제형사재판소(The International Criminal Tribunal for the former Yugoslavia, ICTY) 상소재판부 본안판결(1999년 7월 15일)이 *Tadic* 사건에서 보스니아에서의 세르비아인 부대의 지위의 평가기준으로 채택하였던 '전반적 지배(overall control)' 기준(*The Prosecutor v. Duško Tadic*, Case no.IT-94-1-A, Jugdment (Jul. 15, 1999), paras.87-162)을 들 수 있다. Antonio Cassese, "The *Nicaragua* and *Tadic* Tests Revisited in Light of the ICJ Judgment on Genocide in Bosnia," *European Journal of International Law*, vol.18 (2007), pp.649-668 참조. 동일사건이 복수의 재판소(내지는 분쟁해결기관)에 부탁된 사례로서는 MOX Plant 사건(ITLOS, ECJ, OSPAR (Oslo and Paris Conventions for the Protection of Marine Environment of the North-East Atlantic) 조약분쟁해결절차에 부탁되었다)과 특정재산 사건(ICJ와 유럽인권재판소) 등이 있다. GATT, WTO의 분쟁해결절차가 다른 재판소와 경합한 사례에 대해서는 후술.

21) 상세히는 宮野洋日, "国際法の断片化," 村瀬·鶴岡 編, 「전게서」(각주 16), 423-452면 참조. United Nations, *The Work of the International Law Commission*, 7th ed., vol.1 (2007), pp.395-409.

적으로 '조화의 원리(principle of harmonization)'가 강조되어(결론 4) 일원성 확보의 중요성이 강조되었다.

이 '결론'에서는 '특별법 우선의 원칙'을 확인(결론 5)하면서 특별법이 우선한다고 하더라도 일반법이 소멸하는 것은 아니라는 점(결론 9), 마찬가지로 특별 레짐(자기완비적 제도)의 일반국제법에 대한 우위를 인정하면서(결론 14), 특별 레짐에서 흠결이 발견되는 경우에는 일반국제법이 흠결 보충(gap-filling)의 역할을 담당하고, 특별 레짐이 실패(기능 마비)하게 되는 경우 일반국제법에 회귀(fall back)하는 점(결론 16) 등을 지적하고 있다. 어느 경우라고 하더라도 조약법협약에 규정된 해석원칙에 따라 조약의 해석은 국제법의 체계적 통일성의 확보를 염두에 두어야 할 것이라고 강조하였다(결론 17~19). 또한 국제법의 서열과 관련하여 강행규범(jus cogens)의 의의가 명기되고(결론 31~33), UN헌장 제103조의 취지에 따라 다른 조약, 국제관습법에 대한 헌장의 우위성(결론 34~36)이 강조되었다.

이처럼 ILC가 제출한 '국제법의 파편화' 최종문서는 법체계로서의 국제법이 다원적으로 파편화 되어가는 점에 대한 강한 위기감을 배경으로 그 일원적인 통일성 확보 필요성을 강조하고 있다. 개별 분야에서의 법의 발전이 '특별 레짐'의 형성을 촉진한다고 하더라도 이는 해석적용을 통하여 소위 '일반국제법의 틀 내에' 머물도록 염두에 두어야 한다는 기대감이 존재하는 것이다. ILC를 구성하는 위원은 주로 일반국제법 전문가(상당히 보수적인 경향의)이기 때문에 일반국제법의 쇠퇴를 저지하고, 통일성을 확보하는 것이 항상 위원회의 지상과제이다. 반면 국제인권법, 국제환경법, 국제경제법 등 특별 레짐에 대한 위원들간의 편견, 멸시는 잘 알려져 있다. 최종문서는 그러한 위원회의 성향을 일면 뚜렷하게 반영한 것이지만, 파편화에 대한 위기의식 자체는 국제법 전문가들 다수가 강하게 공유하고 있다고 하여도 좋을 것이다. 그렇다면 이러한 국제법상 파편화 경향은 국제경제법에서 어떻게 받아들여지고 있는 것일까.

Ⅲ. 국제경제법에 미치는 영향

1. 내부 규율

GATT는 주지하는 바와 같이 국제무역기구(International Trade Organization, ITO) 헌장의 좌절을 거쳐, 그 탄생이 결코 축복 속에서 일어나지 않았기 때문에 기구적인 메커니즘의 결여, 규율 체계의 유연성, 법의 다원적 분립(소위 'Mini GATT'의 존재), 그리고 분쟁해결절차의 비공식성, 비법성, 다원성(발칸화) 등 다양한 결함을 가지고 있었다.[22] 분쟁해결절차만을 보더라도 GATT 말기에는 12개의 절차가 병존하고 있었고, 분쟁해결을 위한 패널의 설치나 패널 보고서의 채택이 당사국 일방의 반대로 불가능하게 되는 점, 패널절차의 지연 등의 문제도 지적되어 왔다. 그러한 분쟁해결절차에서의 미비점으로 인해 미국 등의 국가가 GATT 틀 밖에서 일방적 조치를 취하는 자유방임으로 이어지게 되었다.

이에 반해 1995년 발족한 WTO는 그러한 흠결을 극복하고 명실공히 국제조직으로서의 체제 정비, 특히 분쟁해결절차의 정비에 박차를 가하였다. WTO상 분쟁해결은 우선 DSB를 중심으로 일원적으로 통제되어 그 절차는 전 회원국에 대해 구속력을 갖는 DSU에 따라 이루어지게 되었다. 패널과 상소기구의 2심제가 채택되고, 패널의 설치나 패널·상소기구의 보고에 대해 역총의제(negative consensus) 방식이 적용되어 실질적으로 자동화되었다. 또한 분쟁해결절차(심리·채택·이행)의 각 단계에 명확한 기한을 설정하여 신속한 분쟁해결을 도모하였다. 한마디로 말하자면 종래의 GATT가 조화적·화해지향형의 분쟁해결방식임에 반해 WTO는 재판지향형의 방식으로 전환한 것이다.[23] 이러한 분쟁해결절차의 개선과 강화(일원화, 구속화, 사법화)를 전제로 하여 DSU 제23조는 "회원국이 다른 회원국에 의한 WTO협정의 위반 등에 대해 시정을 구하는 경우에는 이 양해규칙 및 절차에 따르지 않고 일방적인 조치를 가해서는 안된다"는 점을 규정하고 있다. 적어도 협정 기초자들의 의도에서는 WTO 분쟁해결절차가 '자기완비적 제도'로서 확립되어야 한다는 방향성이 명확

22) 村瀬信也, "GATTの規範的性格に関する一考察," 「法学」52巻5号(1988년), 779-813면(村瀬, 「전게서」(각주 4), 275-305면에 재수록).
23) 岩沢雄司, 「WTOの分争処理」(1995년), 203-215면.

히 보인다.[24)] 이러한 WTO 분쟁해결은 그 성립 직후부터 타의 추종을 불허할 정도로 막대한 수의 분쟁을 처리하게 되었다.

또한 WTO 분쟁해결절차에서 주목할 점은 한편으로는 이처럼 자기완비적인 제도의 확립을 지향하면서도 동시에 일반국제법과의 강한 연대 및 통일성을 확보하려고 한다는 점이다. 즉 DSU 제3조 2항은 WTO 분쟁해결제도가 "해석에 관한 관습법적인 규칙에 따라 대상협정의 현행 규정의 해석을 명확히 한다"고 규정하고 있다. 주지하는 바와 같이 조약법협약 제31~33조에서 규정하고 있는 조약해석의 방법은 기존의 국제관습법을 성문화한 것으로 인식되기 때문에, 패널·상소기구도 조약법협약의 인용에 여념이 없다. 특히, WTO 발족 후 상소기구가 최초로 다룬 1996년 *US-Gasoline* 사건에서는 국제법의 고전적인 판례나 학설까지 인용하는 등 '과하다'고 생각될 정도로 각고의 노력이 기울여졌다.[25)] 상소기구는 보고서에서 "GATT는 국제법으로부터 고립되어(in clinical isolation) 해석되어서는 안된다"[26)]고 강조하였는데, 이 견해는 그 후에도 빈번하게 인용되어 왔다.[27)]

그러나 다른 한편으로 조약법협약 이외에 WTO가 어떠한 형태로 국제법의 다른 법원(다른 조약, 국제관습법, 법의 일반원칙(국내법상 공통되는 원칙으로서 재판소·분쟁해결기구의 판정에 따라 국제관계에 적용 가능한 것) 또는 판례·학설 등 기타 보조적 법원)을 수용할 수 있을 것인지는 명확하지 않다.[28)] WTO 설립협정은 전문 서두에 '환경을 보호하고 보존하며 … 지속가능한 개발이라는 목적에 일치하는 … '이라는 문장을 삽입하여 국제환경법의 모든 원칙이 적용될 여지를 열어두었다고 할 수 있다. *US-Shrimp* 사건에

---

24) P. J. Kuyper, "The Law of GATT as a Specialized Field of International Law: Ignorance, Further Refinement or Self-Contained System of International Law," *in* L. A. N. Barnhoorn, *et al.* (eds.), *Diversity in Secondary Rules and the Unity of International Law* (1995), pp.252, 257; Shinya Murase, "Unilateral Measures and the WTO Dispute Settlement," *in* Simon S. C. Tay and Daniel Esty (eds.), *Asian Dragons and Green Trade: Environment, Economics and International Law* (1996), pp.137-144, *reproduced in Shinya Murase, International Law: An Integrative Perspective on Transboundary Issues* (2011), pp.67-275.

25) 岩沢雄司, "WTO紛争処理の国際法上の意義と特質," 国際法学会 編, 「紛争の解決(日本と国際法の100年, 第9巻」(2001年), 236면.

26) Appellate Body Report, *US-Gasoline*, WT/DS2/AB/R (Apr. 29, 1996), WTO DSR 1996: I, p.16.

27) 平 覚, "WTO紛争解決における適用法-多数国間環境協定は適用法になりうるか," 「法学雑誌」 第54巻1号(2007년), 175면.

28) David Palmeter and Petros C. Mavroidis, "The WTO Legal System: Sources of Law," *American Journal of International Law*, vol.92, no.3 (1998), pp.398-415.

서는 GATT 제20조(b)의 해석에 UN 해양법협약(United Nations Convention on the Law of the Sea, UNCLOS) 및 '멸종위기에 처한 야생 동식물의 국제거래에 관한 협약(Convention on International Trade in Endangered Species of Wild Fauna and Flora, CITES)'의 규정이 참조되었는데[29] 그 참조의 근거가 반드시 명확한 것은 아니다. *EC-Hormones* 사건에서는 역으로 피제소국이 '사전주의 원칙'을 적용법규로서 원용하려 하였지만 상소기구가 이를 인정하지 않았다.[30]

분쟁해결의 과정 중 판단기준으로서 다른 조약이나 국제관습법의 실체규정을 수용하기 위해서는 그러한 편입을 가능하게 하는 전철기(轉轍機)와 같은 전환장치가 필요하다. 그러한 역할을 수행하는 것이 조약법협약 제31조 3항(c)에 규정되어 있는 '당사국간의 관계에 적용되는 국제법의 관련 규칙'이다. *US-Anti-Dumping and Countervailing Duties* 사건에서 ILC 국가책임에 관한 초안이 '국제법의 관련 규칙'으로서 수용되었다.[31] 이러한 방식으로 WTO 분쟁해결에서 국제법과의 일체성을 확보하려고 노력한다면 국제법의 파편화도 그만큼 후퇴할 것으로 평가할 수 있겠다.

WTO 분쟁해결에서의 해석의 양태에 대해서는 앞서 언급하였지만,[32] 조약법협약이 규정하는 해석기법 중 상소기구는 특히 조문의 '문언해석(용어의 통상의 의미)'을 중시하는 입장이 적어도 초기에 있어서는 주류를 점하였다. GATT 시대에는 '역사적 해석'이 유력하여 패널은 종종 조문 기초과정의 '준비작업'을 근거로 하였지만 WTO에서는 조약법협약에 따라 '준비작업'은 조약해석의 보충적 수단으로 '평가절하'되었다고 할 수 있다.[33] 최근 문언해석에 더하여 문맥, 대상, 목적을 고려한 일체적이고 통합적인 해석이 행해지고 있다. 하지만,[34] 전통적인(orthodox) 해석기법이 채택되어

---

29) Appellate Body Report, *US-Shrimps*, WT/DS58/AB/R (Oct. 12, 1998), paras.130-132; Duncan Brack, "The Shrimp-Turtle Case: Implications for the Multilateral Environmental Agreement-World Trade Organization Debate," *Yearbook of International Environmental Law*, vol.9 (1998), pp.13-19; Thomas Schoenbaum, "The Decision in the Shrimp-Turtle Case," *Yearbook of International Environmental Law*, vol.9 (1998), pp.36-39.

30) Appellate Body Report, *EC-Hormones*, WT/DS26/AB/R, WT/DS48/AB/R (Jan. 16, 1998), paras. 123-124.

31) Appellate Body Report, *US-Anti-Dumping and Countervailing Duties (China)*, WT/DS379/AB/R (Mar. 11, 2011), paras.304-316.

32) Isabelle Ban Damme, *Treaty Interpretation by the WTO Appellate Body* (2009) 참조.

33) 岩沢, 「전게논문」(각주 26), 236면.

34) 清水章雄, "WTO紛争解決における解釈手法の展開と問題点," 「日本国際経済法学会年報」第19号(2010), 21면. McRae, *supra* note 5, pp.169-170.

온 것은 변하지 않는다. '추후의 관행(subsequent practice)'에 근거한 해석이나 '발전적 해석(evolutionary interpretation)'에 대해서는 상소기구는 ('*US-Shrimp* 사건'은 예외로 하고) 극히 제한적인 입장을 보이고 있다.[35)]

이처럼 형식주의라고도 할 수 있는 조문 문언 중심의 해석방법의 강조는 WTO 분쟁해결이 '특별 레짐'으로서의 지위를 쟁취하는데 있어서 법적 안정성과 체계적 통일성의 확보를 가장 중요한 요소로 생각하였기 때문이라고 볼 수 있다.[36)] 그리하여 WTO 분쟁해결은 '대상협정(DSU 제3조 2항)'이 규율하는 범위 내의 협의의 무역사항에 관한한 대체로 자기완비적 제도로서의 조건, 즉 실체법과 절차법에 따라 일정 범위·유형의 분쟁에 대해서는 항상 일정한 절차에 따라 일원적이고 실효적으로 처리된다는 보장, 예측가능성, 신뢰성을 충족하게 되었다고 할 수 있다.

2. 대외관계

앞서 살펴본 것처럼 무역사항에 대해서는 '자기완비적 제도'로서 성공한 WTO 분쟁해결도 한편으로는 자신의 성공의 희생자(a victim of its own success)가 되고 있는 점도 분명히 드러났다. WTO 분쟁해결이 사실상 강제관할권을 가지고 있기 때문에 환경, 인권, 노동, 문화 등 '비교역적 관심사항'에 관한 분쟁도 무역사항과 관련되어

35) WTO 상소기구는 이하의 사건에서 패널이 의거하였던 '사후합의 관행'에 기초한 판단을 번번히 기각하고 있다. Appellate Body Report, *Japan-Alcoholic Beverages*, WT/DS8/AB/R, WT/DS10/AB/R (Oct. 4, 1996), WTO DSC 1996, I, pp.106-107; Appellate Body Report, *EC-Banana III*, WT/DS27/AB/RW2/ECU, WT/DS27/AB/RW/USA (Sep. 9, 1997), para.389; Appellate Body Report, *EC-Computer Equipment*, WT/DS62/AB/R, WT/DS67/AB/R, WT/DS68/AB/R (Jun. 5, 1998), para.92; Appellate Body Report, *Chile- Price Band System*, WT/DS207/AB/R (Sep. 23, 2002), para.212; Appellate Body Report, *US-Gambling*, WT/DS285/AB/R (Apr. 7, 2005), para.193; Appellate Body Report, *EC-Chicken Cuts*, WT/DS269/AB/R, WT/DS286/AB/R (Sep. 12, 2005), paras.272, 276. ICJ는 *Certain Expenses of the United Nations* 사건(Advisory Opinion, ICJ Reports 1962, p.160), *Temple of Preah Vihear* 사건(Cambodia v. Thailand, Merits, ICJ Reports 1962, p.22), *Kasikiri/Sedudu Island* 사건(Botswana/Namibia, Judgment, ICJ Reports 1999, p.1076), *Legal Consequences of the Construction of a Wall in the Occupied Palestine Territory* 사건(Advisory Opinion, ICJ Reports 2004, p.148) 등에서 '사후관행'에 비교적 관용적인 자세를 보여온 것과는 사뭇 대조적이다. Georg Nolte, "Subsequent Practice as a Means of Interpretation in the Jurisprudence of the WTO Appellate Body," Cannizzaro (ed.), *supra* note 5, pp.138-144.

36) Nolte, *supra* note 35, p.142.

있는 한 우선은 WTO 분쟁해결절차에 회부하게 되었기 때문이다. 여기에는 WTO의 목적인 자유무역이라는 가치와 그 밖의 가치가 국내법에 근거한 국가의 일방적 조치라는 형식으로 또는 WTO협정과 다른 다자조약과의 저촉이라는 형식으로 충돌하게 되었다. 그런데 이러한 충돌을 조정하는 메커니즘이 국제경제법은 물론이고 국제법상으로도 충분히 갖추어지지 않은 것이 파편화의 심각한 문제로 제기되고 있다고 생각된다. 무역사항과 다른 인접영역과의 연관성이 의문시되는 경우에는 WTO 분쟁해결에 회부하는 것이 반드시 적정하다고 볼 수 없다. 물론 원론적으로는 WTO협정을 넘어선 고차원의 조정이 필요하다고 생각한다. 그러나 국제법상 대부분의 분쟁해결절차가 합의관할을 원칙으로 하고 있는데, 반해 WTO 분쟁해결은 사실상 강제관할을 구현하고 있다는 불균형이 존재하기 때문에 이들 인접영역형 분쟁도 WTO 분쟁해결에 부탁하게 되는 것이다. 이러한 문제를 염두에 두고 여기서는 국제경제법과 다른 국제법 분야와의 충돌과 조화의 문제에 대하여 환경과 인권을 대표적인 예로 들어 검토해보자.37)

우선 '무역과 환경' 문제는 주지하는 바와 같이 GATT 말기의 '*US-Tuna* 사건(Ⅰ), (Ⅱ)'38)를 계기로 큰 주목을 받았다. 현행 GATT 제20조의 '일반적 예외' 가운데 (b) '인간, 동·식물의 생명 또는 건강 보호' 및 (g) '유한천연자원의 보호'가 이와 관련한 규정이다. 두 조항 모두 대상범위가 한정되어 있기 때문에 일반적인 환경보호를 위한 조치를 자유무역원칙의 예외로 간주하기에는 상당한 무리가 따른다.39) 따라서 WTO 설립협정에서는 전문에서 환경보호의 태도를 분명하게 밝힘과 동시에 WTO 발족 직후 '무역과 환경위원회(Committee on Trade and Environment, CTE)'를 설치하여

---

37) Joost Pauwelyn, *Conflict of Norms in Public International Law* (2003), pp.201-240; Asif H. Qureshi, *Interpreting WTO Agreements: Problems and Perspectives* (2006), pp.160-169.

38) GATT Panel Reports, *US-Tuna (Mexico)*, DS21/R (Sep. 3, 1991, unadopted), GATT BISD 39s, p.155f; GATT Panel Reports, *US-Tuna (EEC)*, DS29/R (Jun. 16, 1994, unadopted).

39) GATT 제20조는 특히 국경에서의 통관절차를 염두에 둔 규정으로 마련된 것으로, '환경'이라는 넓은 이익의 보호를 대상으로 한 것이 아니라는 점. (b)는 조치를 취하는 '국가 내의' 사람과 동식물의 생명과 건강의 보호를 대상으로 한 규정이며, (g)는 '국내의 생산 또는 소비에 대한 제한과 관련되어 있는' 유한천연자원의 보존을 목적으로 한 규정이며, 이를 타국 내지는 국가의 관할권을 넘는 구역의 환경보호나 자원보존으로 확대할 수는 없다는 것이다. 村瀬信也, 「『環境と貿易』 問題の現象と課題」, 森島昭夫他편, 『環境問題の行方(ジュリスト増刊』(1999), 314-318면(村瀬信也, 『國際立法』(2002), 456면에 재게재). Shinya Murase, "Perspectives from International Economic Law on Transnational Environmental Issues," *Recueil des cours*, vol.253 (1995), pp.283-431; Murase, *International Law*, *supra* note 25, pp.6-127(재게재).

WTO법하에서 양자간의 조화를 모색하기 위한 입법조치를 강구하였다. 그러나 CTE에서의 논의는 막다른 골목에 이르러 어떠한 합의도 얻지 못하였다. GATT의 개정 내지 양해의 작성도 기대와는 달리 실현되지 못하였다. 도하라운드에서는 'WTO협정과 다자간 환경협정(MEA)과의 관계'에 대해 검토할 것이 예정되어 있었지만(도하각료선언 제31항) 이 역시 좌절되었다.[40] 결국 적용법규가 없는 채로 환경보호를 위한 무역조치를 둘러싼 분쟁이 WTO 분쟁해결절차에 계속 회부되었다. '입법의 부작위'에 따른 '법의 흠결'에 대해 통상의 재판소라면 사법자제적 대응을 할 것이지만 1998년 *US-Shrimp* 사건에서 상소기구는 사법입법적인 판정을 내려서 그에 대한 평가는 나뉘게 되었다.[41]

'무역과 환경'에 대한 혼선은 2000년 생물안정성에 관한 '카르타헤나 의정서'의 기초과정에서도 보인다. 동 의정서 전문의 마지막 3항은 우선 쌍방이 대등하고 보완적인 지위를 가지고 있다는 전제하에 '현행의 국제협정(WTO협정)'이 우선한다는 취지로 규정하였다. 그러나 가장 마지막 항에서는 역으로 동 의정서가 '다른 국제협정(WTO협정)'에 종속하는 것은 아니라고 못을 박았다.[42]

그리하여 사안이 WTO 분쟁해결절차에 회부되는 한, 그리고 '대상협정'에 비추어 판정이 내려지는 한 결론은 자유무역원칙이 우위라고 내려질 수밖에 없고, 환경보호라는 가치가 대등한 위치를 점하는 것은 불가능하게 되었다. 만약 환경 우위의 시각에서 세계환경기구(World Environmental Organization, WEO)와 같은 조직이 만들어지고 여기에 강제관할권을 가진 환경분쟁의 해결절차가 실현된다면 비로소 '무역과 환경'이 대등한 지위를 점하게 될 것이다.[43] 그리고 양자의 판정이 충돌할 경우 최종적인 조정이 상소기구의 지위를 가지는 ICJ에 회부되는 체제가 구축된다면 국제법체계로서 일원성이 확보될 것이다. 그러나 가까운 장래에 그러한 체제가 실현된다고

---

40) Ministerial Declaration, WT/MIN(01)/DEC/1 (Nov. 20, 2001), para.31; Shinya Murase, "Trade and the Environment: With Particular Reference to Climate Change Issues," Harald Hohman (ed.), *Agreeing and Implementing the Doha Round of the WTO* (2008), pp.391-419.

41) Shinya Murase, "Pathology of 'Evolutionary Interpretations': GATT Article XX's Application to Trade and the Environment," Paper presented for ILC Study Group on Treaties over Time, July, 2011 (mimeo, on file with the author).

42) Asif H. Qureshi, "The Cartagena Protocol on Biosafety and the WTO-Co-existence or Incoherence?," *International and Comparative Law Quarterly*, vol.49, Issue 4 (2000), pp.835-855.

43) WEO에 대한 구상은 村瀬信也, "環境開発サミット―「壮大なゼロ」―国際立法の視点から," 「法学教室」2002년 12월호, 2-3면(村瀬信也, 「国際法論集」信山社2012, 333-337면에 재게재).

보장하기는 어렵다. 그렇기 때문에 현재의 불균형한 체제에서는 점점 더 파편화가 진행된다고밖에 말할 수 없을 것이다.

마찬가지로 무역과 인권문제와 관련해서도 WTO는 심각한 도전에 직면하고 있다. GATT 제20조의 일반적 예외 규정 가운데 인권과 관련이 있다고 생각되는 규정을 들자면 '공중도덕의 보호 및 형무소 노동' 정도이고 인권보호를 정면에서 다룬 규정은 없다. 무역과 인권 문제가 WTO 분쟁해결제도 내에서는 식량안보[44]나 담배규제,[45] 잡지규제[46] 등과 관련하여 당사국에 의해 주장된 것 외에 인권 문제가 국가간 권리의 무관계를 둘러싸고 법적 분쟁으로서 전개된 적은 아직 없다. 도하라운드에서는 도하각료선언 제17항에 추가하여 TRIPs협정과 공중의 건강에 관한 선언이 채택되어 에이즈 치료약 등 접근에 관한 TRIPs협정의 유연한 해석적용을 호소하였다.[47] 이 쟁점만이 도하라운드 틀 밖에서 2003년 의무면제(waiver) 그리고 2005년 TRIPs협정 제31조의 개정이 일반이사회에서 채택되어 개발도상국에 대해 전염병 치료약에 관한 강제실시의 요건이 완화되었다.[48]

환경의 경우는 그 보호법익이 특정되어 있는 한 법의 정립 내지 해석적용단계에서 상당 정도 기술적으로 조정이 가능하다고 생각된다. 그런데 인권의 경우 문제제기시 권리의 범위가 극히 광범위하여 곤란에 처할 것으로 예상된다. 인권규범의 일부가 강행규범(jus cogens)이라고 하더라도 어떠한 인권이 강행규범에 해당하는지에 대한

---

44) 伊藤一頼, "食の安全の確保におけるWTOの役割—法化·立憲化の視点から," 「法律時報」 제79권6호(2007), 27-31면.

45) 담배규제에 대해서는 WHO 담배규제협약이나 호주의 Plain Packaging Act과 관련하여 몇 개의 사건이 WTO 분쟁해결과 투자중재에 부탁되어 있다. Tania Voon & Andrew Mitchell, "Implications of WTO Law for Plain Packaging of Tobacco Products," Melbourne Legal Studies Research Paper, no.554 (2011), http://papers.ssrn.com/sol3/ parers.cfm?abstract_id=1874593.

46) 문화적 권리와 자유무역의 관계에 대해서는 2005년 UNESCO 문화다양성협약의 채택을 계기로 논의가 계속되고 있다. 祈田正樹, "ユネスコ 「文化多様性条約」をめぐる法的論点についての考察ー複数の条約の適用調整を中心に," 「ジュリスト」제1321호(2006), 100-104면 참조.

47) Ministerial Declaration, *supra* note 43, para.17; Declaration on the TRIPS Agreement and Public Health, WT/MIN(01)/DEC/2 (Nov. 20, 2001). Lutz Strack, "Health, Environment and Social Standards in the Doha Round: Comparison of Visions and Reforms Needed and Results Achieved," in Hohman (ed.), *supra* note 40, pp.438-470.

48) General Council, Implementation of Paragraph 6 of the Doha Declaration on the TRIPS Agreement and Public Health; Decisions of the General Council of 30 August 2003, WT/L/540 and Corr. 1 (Sep. 1, 2003); General Council, Amendment of the TRIPS Agreement: Decision of 6 December 2005, WT/L/641 (Dec. 8, 2005).

국제사회의 합의는 아직 이루어지지 않았고 더구나 인권법이 무역법에 우선한 지위를 가진다는 견해가 수용되고 있는 것도 아니다.[49)]

무역과 인권은 글로벌화의 견인차 역할을 한 WTO체제 자체에 대한 근원적인 비판으로서 언급되는 측면이 강하다. 따라서 법적·기술적 조정의 문제로 삼는 것은 애당초 한계가 있다고 할 수 있다. 글로벌화에 대한 평가를 둘러싼 주지의 대립은 사회생활수준의 균일화가 세계적으로 확산되어 전체적으로 복지의 증진에 기여한다고 주창되는 한편 그 흐름에 동참하지 않은 국가들이나 지역, 그곳에 살고 있는 사람들을 냉혹하게 소외시키고 있다고 비판되고 있다. 그리하여 무역과 인권은 현 단계에서는 아직 다분히 이데올로기적인 대립에 그친다고 할 수 있다.[50)]

Ⅳ. 결 론

이상에서 살펴본 바와 같이 현대 국제사회에서는 국제법의 파편화뿐만 아니라 WTO법을 중심으로 한 국제경제법도 파편화 경향 역시 뚜렷하다고 할 수 있다. ILC가 제출한 국제법의 파편화에 관한 연구보고서가 지적하는 바와 같이 "기존의 국제법 또는 다른 어떠한 법에서도 법의 위계 면에서 상위규범이 존재하지 않기 때문에 레짐간 충돌에 대해서 조정기능을 하는 단순명쾌한 기준을 도출할 수 없다"[51)]는 것이다.

이러한 파편화 현상을 어떻게 평가할 것인가에 대해서는 일반국제법의 후퇴, 관할권의 충돌과 판례법의 분열, 법적 안정성, 통일성의 상실 등 매우 비판적으로 보는 입장이 일반적이다. 그러한 관점에서 대응책은 현재로서는 기술적인 합리화와 조화에 따라 대처가능한 것을 개별적이고 임상법적으로 보완해나가는 수단 이외에는 기본적으로 존재하지 않는다. 그러나 그러한 방법으로 파편화의 폐해를 극복할 수 있는지는 별개의 문제이다.

한편 파편화를 부정적으로 바라보지 않고 오히려 태도를 달리하여 파편화를 국

---

49) Gabrielle Marceau, "WTO Dispute Settlement and Human Rights," *European Journal of International Law*, vol.13, no.4 (2002), pp.753-814.

50) Andrew Lang, *World Trade Law after Neoliberalism: Re-imagining the Global Economic Order* (2001), p.57.

51) ILC, Fragmentation of International Law: Difficulties Arising from the Diversification and Expansion of International Law, A/CN. 4/L. 682 (2006), para.493.

제적인 법활동의 증가에 수반하여 발생하는 불가피한 현상으로 간주하여 긍정적으로 바라보는 입장도 있다. 난조 속에서 미가 있듯이, 파편화를 받아들여 이를 정면으로 마주보아 적용법규에 모순이나 충돌이 있어도 무리하게 이를 조정하려고 하지 않고, 재판소나 분쟁해결기관은 내키지 않더라도 '재판불능*(non liquet)*'을 선언하는 것도 각오하는 것이다. 법학 전문가로서 매우 무책임한 입장이라고 비판받을지도 모른다. 그러나 '사회가 있는 곳에 법이 있다'라는 법격언을 '각각의 사회에 각각의 법이 있다'라는 역사적 현상으로 이해하여야 할 것이다. 그렇다면 파편화는 무엇보다도 현대 국제사회의 현상을 반영할 뿐만 아니라 법의 군웅할거(群雄割據) 가운데 결국 '기세'가 등등한 쪽의 법이 서서히 우선하게 될 수밖에 없다는 현상이라고 평가할 수 있다. 만약 그렇게 생각한다면 국제법 전문가도 국제경제법 전문가도 결국은 각각의 영역에서 각각의 법을 발전시키도록 최대한의 노력을 기울일 수밖에 없다는 결론에 이르게 된다. 그 결과 점점 더 파편화가 진행된다는 역설적인 결과를 초래할지도 모르겠지만 이는 현대 모순적 세계에 살고 있는 법학자의 숙명이라고도 할 수 있다.

* 본장의 집필당시 川瀬剛志 교수(죠치대학)로부터 많은 귀중한 가르침을 받았습니다. 깊이 감사드립니다.

국제통상법

Ⅱ

제 3 장

서비스무역 자유화와 규제개혁

東條 吉純 (도조 요시즈미)

Ⅰ. 서 론

1970년대 오일쇼크 및 그에 이은 세계적 경기후퇴 속에서 선진국들이 지향해 온 국가 모델은 크게 동요하였다. 또한 케인즈형 경제정책에 따른 총수요 관리기법이 결국 재정적자를 증가시키는 결과를 가져오는 악순환 속에서 신자유주의 경제사상이 일반적으로 받아들여졌고 공적규제의 유효성에 관해서는 종래의 '시장실패'론을 대신하여 '정부실패'론이 넓게 침투하였다. 즉 시장에 대한 공적개입을 최대한 배제하여 시장에 의한 자유와 공정한 경쟁을 확보하는 것이 경제후생의 최대화에 있어서 가장 유효한 방책이라는 사고방식이다.

일본에서의 규제완화론도 이러한 문맥에서 이해되는데, 규제완화 또는 규제개혁을 촉진하는 모멘텀으로는 내부로부터의 수요와 함께 국제적 요인도 또한 중요한 기능을 하고 있다. 특히 국제교섭을 통한 국제적 약속이 법적 구속력을 가질 경우 가장 강력한 모멘텀으로 작용하게 된다. 한편, 국내 규제개혁은 무역자유화를 추진하기 위한 중요한 전제조건 중 하나로 본래 양자간에는 상호 촉진적 관계가 성립한다.

본장에서는 서비스 산업분야를 검토대상으로 하여 GATS 및 PTA를 통한 서비스

무역 자유화가 왜 서비스 분야에 있어 각국의 국내 규제개혁을 촉진하는 국제적 요인으로 기능하지 않는지, 그 저해요인에 관하여 고찰하기로 한다. 서비스무역 자유화 추진에서의 고유한 저해요인을 파악하고 이를 극복할 수 있다면, 서비스무역 자유화와 각국의 국내 규제개혁이 상호 작용하면서 추진되는 본래의 관계성의 재구축으로 향하는 문이 열리게 될 것이다.

Ⅱ. 규제개혁과 서비스무역 자유화

세계적인 규제완화의 조류를 이해하기 위해서는 내부로부터의 요인과 함께 국제적 요인에도 주목하는 것이 중요하다. 1970년대 이후, 정보통신기술의 발전 등 기술혁신 및 GATT하에서의 관세장벽 제거에 따라 경제의 글로벌화가 진전되자 진출한 외국시장에서의 내적규제(공적규제)가 공적 장벽으로 인식되게 되어 시장접근 개선이라고 하는 규제완화의 요구가 강해졌다. 게다가 기업이 진출시장을 선택할 때 자국과의 공적규제의 차이 및 규제대응 부담을 고려요인으로 중시하게 되었다. 특히 대외직접투자의 문맥에서는 '제도간 경쟁'이라고 하는 현상을 낳게 되었다.[1)] 이러한 국제적 요인은 각국의 규제완화 프로세스를 촉진하는 모멘텀으로 기능하게 되는데,[2)] 그 구체적 형태는 각양각색이다. 예를 들면, ① 국제교섭을 통한 국제적 약속으로서 법적 구속력을 동반하는 경우, ② 구속력을 동반하지 않는 국가간 상호검토(peer review)의 형태로 규제완화의 진전상태를 심사보고하고 이를 토대로 한 요청 및 지침이 제시되는 경우, ③ 규제완화를 먼저 추진한 국가들의 경험이나 노하우가 다국간 포럼 등에서 공유되어 기술지원을 통해 전달되거나 수입국 측에서 자주적으로 모방·학습하는 경우[3)] 등을 들 수 있다.[4)] 모멘텀의 강도는 ①에서 ③의 순으로 약해지는 반면, 수입국

1) J. P. Trachtman, "Regulatory Competition and Regulatory Jurisdiction," *J. of Int'l Econ. Law* vol.3, pp.331-348 (2000).

2) 中川淳司, 「規制緩和の国際的文脈」橋本寿朗·中川淳司編著」, 『規制緩和の政治経済学』(有斐閣, 2003年), 13-14면.

3) 이러한 프로세스는 정책이전 내지 정책전파라고 불리는데, 상대국으로부터 정책변경의 압박을 받는 정책강제와는 다른 선택적 정책수용이므로 모멘텀으로써는 약하지만, 동시에 상대국에 의한 압박이 없기 때문에 단순한 모방에 그치지 않고 자국의 사회·경제상황에 맞추어 독자적 아이디어 및 정책기술을 조합하는 것이 가능하다는 점에 특징이 있다. 土田大洋, 「ネットワークの中立性と政策のエミュレーション」, 『法学研究』第83巻3号(2010年), 219-241면.

의 재량은 강해진다. 본장에서는 ①의 사례를 중심으로 검토하고자 한다.

일본에서의 규제완화 논의도 이러한 국제적 요인에 강한 영향을 받으면서, '작은 정부'의 실현을 목표로 한 행정·재정개혁과 그 구체적 시책으로서 정부사업 민영화 및 경제활동에 대한 공적규제완화를 추진해 왔다. 규제완화론의 문맥에 있어서는 경제적 규제와 사회적 규제를 구별하여 '경제적 규제는 원칙적 폐지·철폐, 사회적 규제는 필요최소한'이라고 하는 방식이 정부방침으로 정해져 사람들에게 넓게 회자되었다.[5] 이러한 규제의 전형적인 예로써 경제적 규제로는 비용체감성, 생활필수서비스의 제공(보편적 서비스), 과당경쟁방지, 소득재분배 등을 규제의 근거로 한 진입규제 및 가격규제 등이, 사회적 규제로는 환경보전, 안전성확보, 노동자보호, 소비자보호 등을 규제근거로 한 공적규제를 각각 예시로 들 수 있다. 다만, 사실상 공적규제를 이와 같이 둘로 나누는 것은 용이하지 않다. 양규제는 그 목적에 따라 구별할 수 없는 경우도 많고 경제활동 내지 시장경쟁에 대한 영향이라고 하는 점에서도 구별이 어렵기 때문이다.[6] 이 문제의 곤란성은 경제적 자유에 대한 공적규제의 위헌심사를 둘러싼 최고재판소 판례의 변천 및 이를 둘러싼 헌법 학설의 혼란을 보면 쉽게 상상할 수 있을 것이다.[7]

---

4) 中川, 「전게논문」(각주 2), 15-20면. 또한 小寺彰, 「現代国際法学と『ソフトロー』」, 小寺彰·道垣内正人編著, 『国際社会とソフトロー』(有斐閣, 2008年), 9-22면도 참조.

5) 八代尚宏, 『規制改革「法と経済学」からの提言』(有斐閣, 2003年), 29-30면. 야시로(八代)는 양규제를 구별할 필요성으로 ① 사업자와 소비자 사이의 정보의 비대칭성 크기, ② 사회적 안전망의 필요성, ③ 소득재분배와 연결된다는 점 등을 들고 있다. 그러나 공적규제를 이론적으로 정리하는 기준으로는 유용하지만, 개별 구체적인 제도개혁 작업에서의 기준으로는 그다지 유효하다고는 볼 수 없다고 생각된다. 야시로 자신도 '정부는 시장경쟁이 적정히 이루어지고 있는 환경을 정비하기 위한 규제나 제도 형성에 중점을 둘 필요가 있다고 한 점에서 사회적 분야의 규제도 경제적 분야의 규제와 다른 것이 없다'고 설명하고 있다.

6) 舟田正之, 『情報通信と法制度』(有斐閣, 1995年), 2-6면. 또한 후나다(舟田)는 법적으로는 양자의 구분이 곤란하다는 인식을 전제로 하면서, 정책결정시 일단의 기준으로는 구분의 의미를 인정하고 '시장경제에의 직접적인 연관'을 기준으로 경제적 규제와 사회적 규제의 구별을 시도하고 있다. 또한 「[座談会]規制緩和と法の視点」, 『ジュリスト』第1044号(1994年), 6, 12면(舟田発言)도 참조.

7) 약국개설의 거리제한에 관한 最高裁 50年 4月 30日, 民集29巻 第4号, 572면은 직업의 자유에 대한 규제목적 및 양태에 관하여 '사회정책 및 경제정책상의 적극적인 것에서부터 … 안전확보나 질서유지 등 소극적인 것에 이르기까지 천차만별'이어서 그 합헌성은 일률적으로 논할 수 없고, '규제의 목적, 필요성, 내용 및 제한의 정도를 검토하여 이들을 비교형량한 후에 신중히 결정하여야 한다'는 일반론을 전개하고 있다. 동 판결에 따라 사회·경제적 정책목적에 따른 적극규제와 경찰적 목적을 위한 소극적 규제와의 이분론이 형성된 듯 보이기도 하지만, 본래 적극목적·소극목적의 구별은 상대적이다. 그 후 경제적 자유를 규제하

이 때문에 '사회적 규제'로 구분되는 공적규제라고 하더라도 경제주체 및 시장경쟁에 주는 파급효는 경제적 규제와 마찬가지이고 사회적 규제의 옷을 두른 경제적 규제도 많을 뿐 아니라, 실제 특정 산업이나 기존 기업의 이익을 보호하는 공적규제가 많이 존재하는 것이 현실이다.[8] 또한 제2차 세계대전 이후 오랫동안 이어져 온 평등주의적인 경제사상은 신자유주의의 총론에 찬성하는 여론이 형성된 후에도 각론적으로는 뿌리깊게 남아 있어, 이러한 사상을 근거로 도입된 소득재배분 목적의 공적규제는 그 후 기득권층에 이익을 주는 형식으로 변모하여 현재에 이르고 있다. 이 때문에 일본에서의 규제완화 정책은 그 구체적 실시과정에서 개별업계의 실태인식 및 완화대상규제에 미치는 구체적 영향 등 개별규제의 정당성에 대한 충분한 검증작업 없이, "총론 찬성, 각론 반대"라고 하는 상황을 낳아 상당 부분 결실을 맺지 못하고 있는 실정이다.[9]

이러한 상황을 자유롭고 공정한 시장경쟁의 관점에서 다시 설명한다면, 먼저 첫째, 규제완화론의 활성화에 정당성의 이론적 근거를 제공하는 신자유주의 경제사상의 영향력이 언급될 것이다. 둘째, 규제완화는 완화대상이 되는 공적규제에 기대되던 기능의 상당수를 경쟁을 통한 시장메커니즘의 자동조정기능으로 대체하는 것이라는 점에서 자유롭고 공정한 시장경쟁을 유지하기 위하여 독점금지법을 중심으로 한 경쟁정책법의 중요성이 높아지고, 동시에 시장경제를 충분히 기능시키기 위한 법제도의 구축이 필요하게 된다.[10] 즉 규제완화는 궁극적으로 공적규제의 공백상태를 의미하는 것이 아니라, 같은 정책목적을 실현하는 공적규제의 방법·형식에 있어서 기득권을 배제하고 사회적 낭비를 줄인다는 의미에서 정부의 역할에 관한 설계·구상의 개혁이다. 1990년대 이후 일관된 독점금지법 강화의 흐름은 이를 뒷받침하는 것으로, 개별사업법을 중심으로 한 경제적 규제도 종래 경쟁제한적 규제에서 경쟁정책적 관점을 도입한 규제로 변용되고 있다.[11] 또한 시장경쟁의 촉진과 함께 사회적 합의로

는 공적 규제에 대한 최고재판소의 위헌심사 판례의 변천을 살펴보면, 더 이상 적극목적 규제에는 '명백의 원리' 내지 '완만한 합리성' 기준, 소극목적 규제에는 '엄격한 합리성' 기준이라고 하는 정식을 취하고 있지 않아, 개별 사안별로 공적 규제의 '필요성 및 합리성'에 관하여 입법재량에 대한 사법통제가 이루어져 왔다고 보아야 할 것이다. 芦部信喜(高橋和之(補訂)),『憲法(第5版)』(岩波書店, 2011年), 216-222면.

8) 八代,『전게서』(각주 5), 21, 29-33면.

9) 橋本寿朗,「規制緩和と日本経済」,『전게서』(각주 2), 101-122면은 일본의 평등주의와 규제완화의 정체와의 상관관계를 정치경제학적 관점에서 선명히 그려내고 있다.

10) 舟田,『전게서』(각주 6), 39-47면; 座談会,『전게서』(각주 6), 9면(舟田発言).

11) 土田和博,「独禁法と事業法による公益事業規制のあり方に関する一考察」, 土田和博·須網隆

서의 보편적 서비스 제공 및 사회안전망의 형성, 정보의 비대칭성 해소 등, 필요한 공적규제에 관해서는 오히려 강화의 필요성이 요구된다. 최근 '규제완화'가 아닌 '규제개혁'이라는 용어가 많이 사용되는 이유가 여기에 있다. 셋째, 개별규제에 관한 경쟁촉진적 규제개혁이 부진한 상황에 대해서는 대상산업의 거래실태 변화를 정밀하게 심사한 후 해당 규제의 목적에 비추어 방법이나 기능(특히 시장경쟁에의 영향)을 포함한 '정당성'의 검토·검증작업이 필요할 것이다.

이상의 전제적인 이해를 바탕으로 본장에서는 서비스산업 분야의 규제개혁을 추진하는 국제적 요인으로서의 서비스무역 자유화에 관하여 검토한다. 검토대상으로 서비스 산업을 삼은 것은 다음과 같은 이유에서이다.

첫째, 주요 각국에서 경제 서비스화가 진전되어 세계경제 속에서 서비스산업의 중요성이 일관되게 높아지고 있다는 점이다. 예를 들면, GDP에서 차지하는 서비스산업의 부가가치 비중의 추이를 살펴보면 1970년대 이후 거의 일관되게 증가 경향에 있는데 일본에서는 70%를 조금 밑돌고 있고, 기타 선진국에서는 70%를 조금 상회하고 있다. 또한 중국, 인도 등 신흥국에서도 1990년대 후반부터 급격히 점유율이 증가하고 있다. 또한 전체 기업의 고용자수 중 서비스산업의 고용자수가 차지하는 비율에서도 일본의 경우 약 70%를, 기타 선진국에서는 70%를 약간 상회하고 있다.[12)]

또한 이와 밀접하게 관련하여 서비스산업의 효율성 향상은 각국의 경제성장에 막대한 영향을 미치는 엔진이라는 점이다. 즉 제조업 및 서비스산업을 포함한 전 산업분야에서 그 생산성 및 경쟁력은 정보·통신, 운송, 금융, 유통을 비롯한 저렴·양질의 서비스 제공에 크게 의존하고 있어, 인건비를 제외하면 생산비용의 가장 큰 부분을 차지하기 때문이다.[13)]

둘째, 일본 서비스산업의 글로벌한 전개는 일본의 제조업 또는 미국·유럽의 서비스산업과 비교하더라도 크게 뒤떨어지는데, 그 큰 요인 중 하나가 일본 서비스산업의 생산성이 낮은 것으로 추측된다는 점이다.[14)] 이와 관련해서 전력·가스, 운송 등 공익사업 분야, 금융·보험, 물류, 의류·복지 등 1990년대 이후 책정되어 수차례에

夫編著, 『政府規制と経済法—規制改革時代の独禁法と事業法』(日本評論社, 2006年), 153-176면.

12) 経済産業省, 『通商白書2007』(2007年), 158-161면.

13) B. Hoekman and A. Mattoo, "Services Trade and Growth," World Bank Policy Research Working Paper 4461 (2008).

14) 通商白書, 전게각주 12, 162-164, 178-196면.

걸쳐 개정된 규제완화 추진계획에서 규제가 심하고 규제완화의 효율성 향상효과가 크다고 상정되는 산업분야로 지정된 거의 대부분이 서비스산업이라는 점이다. 그럼에도 불구하고, 위에서 설명한 바와 같이 서비스산업에서의 규제개혁은 부진할 뿐 아니라, 일본시장에 대한 외국계 서비스기업의 진입이 매우 저조하므로 신규진입을 촉진하고 가격·품질에 기초한 시장경쟁을 활성화시키기 위한 규제개혁이 긴요한 정책과제라는 점이다.

셋째, 정도의 차이는 있으나, 일본과 같은 문제 상황을 다른 나라들도 갖고 있어 이러한 점이 국제적 합의로써의 서비스무역 자유화를 저해하는 요인이 되고 있다는 점이다. 정당한 경제정책·사회정책 실현과 기득권 집단의 저항과의 틈새에서 각국 정부가 가장 우려하는 점은 국제법상 구속력 있는 자유화약속의 결과 규제권한을 상실해 버리는 것이다.[15] WTO협정하에서의 시장접근 자유화는 중상주의 모델에 근거한 '시장접근이익'과 동등하게 가치가 평가되어 추진되기 때문에 시장접근의 가치와 병립하여 존중되어야 할 다른 정당한 가치가 적절히 균형을 이룰 수 없다고 하는 '시장접근·편향성'에 대한 우려가 항상 떠나지 않는다.[16] 더욱이 후술하는 바와 같이 상소기구에 의한 WTO 협정문언 및 자유화 양허표의 '객관적' 해석방법을 전제로 하면, 자유화교섭시에는 의도하지 않았던 형태로 규제권한을 잃어버릴 위험마저 있다.

한편, 세계경제에서 서비스산업의 중요성 및 서비스무역에 대한 공적장벽이 상품무역에 대한 장벽보다 높은 수준에 있는 현 상황을 고려하면, 서버스무역 자유화에 따른 수입국 경제후생의 개선여지[17] 및 글로벌 경제후생의 개선여지는 매우 크다고 생각된다.[18] 또한 경제글로벌화와 각국의 규제개혁이 상호 촉진적인 관계에 있다는 점, 그리고 서비스무역 자유화가 동시에 국내규제개혁을 실현하는 경우가 적지 않다

15) B. Hoekman and A. Mattoo, "Services Trade Liberalization and Regulatory Reform," World Bank Policy Research Working Paper 5517 (2011) (hereinafter referred to as "Regulatory Reform").

16) 東條吉純, 「WTO法による市場支配力コントロール」, 『ジュリスト』第1336号(2007年), 71-81면, 72-73면; Hoekman & Mattoo [Regulatory Reform], *Ibid.*, pp.10-11.

17) J. Arnold, B. Javorcik, M. Lipscomb, and A. Mattoo, "Services Reform and Manufacturing Performance: Evidence from India," CEPR Discussion Paper 8011 (2010).

18) B. Hoekman and A. Mattoo, "Regulatory Cooperation, Aid for Trade and the GATS," Pacific Econ. Rev. 12: 4, pp.399, 400-403 (2007); D. Konan and K. Maskus, "Quantifying the Impact of Services Liberalization in a Developing Countries," *J. of Development Economics*, vol.81, pp.142-162 (2006).

는 점을 감안하면, 규제개혁에 드는 국제적 요인으로서의 서비스무역 자유화가 일본을 포함한 각국의 규제개혁 프로세스를 촉진하는 모멘텀으로 적절히 기능하는 것이 바람직하다.

Ⅲ. 서비스무역 자유화의 현황과 분석

1. 서비스무역 자유화의 현황

법적 구속력을 가진 자유화약속 합의를 목적으로 하는 서비스무역 자유화교섭은 WTO 및 현재도 계속 증가하는 수많은 특혜무역협정(Preferential Trade Agreements: PTAs[19])에서 추진되고 있으나, 전체적으로 보면 서비스무역 자유화교섭이 각국의 규제개혁 프로세스를 촉진하는 모멘텀으로 기능하는 예는 드물고, 자유화약속 수준은 각국에서 이행하고 있는 국내 자유화수준을 하회하는 경우가 대부분이다.

(1) WTO

WTO에서는 선행된 GATT 우루과이라운드 협상에서 처음으로 서비스무역이 새로운 협상영역으로 추가되어, 협상결과 GATS의 합의가 이루어졌다. GATS는 정부권한의 행사로써 제공되는 서비스를 제외한 '서비스무역에 영향을 주는' 조치를 망라하여 다루고 있는데(제1조 1항), 거래 형태에 따라 ① 국경간 공급(제1모드), ② 해외소비(제2모드), ③ 상업적 주재(제3모드), ④ 자연인 이동(제4모드)의 4개로 분류된다(동조 2항).

실체적 규범에 관해서는 모든 분야에 보편적인 의무로 최혜국대우(제2조),[20] 투

19) 두 나라간 또는 지역의 특혜적인 경제통합협정을 총칭하는 명칭으로 사용한다. 자유무역협정(FTA), 지역무역협정(RTA), 경제제휴협정(EPA) 등의 명칭이 동일한 성격을 가지는 국제협정으로 사용되고 있다.

20) 다만, GATS 발효시(또는 WTO 신규 가입시)에 동 2항에 근거한 적용배제등록이 허용되었다. 이러한 적용배제는 '제2조의 면제에 관한 부속서' 제6항에 의거 원칙적으로 10년 후 종료하는 것으로 되어 있어("…should not exceed a period of 10 years"), 도하라운드의 교섭대상이 될 것으로 예상되었으나, 동 라운드의 정체로 '조부조항화' 되어 있다. R. Adlung & A. Carzaniga, "MFN Exemptions under the General Agreement on Trade in Services: Grandfathers Striving for Immotality?," *J. of Int'l Econ. L.* 12(2), pp.357-392 (2009). 또한 제5

명성(제3조) 등이 있고, 자유화약속을 이행한 분야에 관하여 발생하는 의무로 시장접근(제16조), 내국민대우(제17조), 추가적 약속(제18조), 국내규제(제6조) 등이 있다. 또한 시장접근 및 내국민대우의 자유화약속에 대해서는 양허표 안에 자유롭게 유보조건을 추가할 수 있다. 이러한 법구조가 합의된 것은 서비스무역에 대한 제한적 규제가 오로지 국내규제에 의해 실시된다고 하는 특성을 고려한 것이나, 결과적으로 GATT에 비해 혼합적 성격이 강한 규제구조로 되어 있고[21] 또한 후술하는 바와 같이 이러한 GATS 각 주요조문의 적용범위 및 조문간의 상호관계에는 여전히 불명확한 부분이 많다.

GATS하에서의 자유화약속의 현황은 앞에서 설명한 서비스무역 자유화의 중요성을 감안한다면 한마디로 '불충분'하다고 표현할 수 있다. 회원국의 자유화약속 수준은 각국에서 실행하고 있는 국내 자유화수준을 현저히 하회하는 것으로, 자발적으로 실현한 규제완화의 일부를 국제적 의무로 정하여 약속한 정도에 머무르고 있다. 또한 도하라운드에서 각국의 요구 수준도 국내 자유화수준을 크게 하회하고 있다.[22] 하물며 GATS 자유화교섭을 통한 국내 서비스산업 분야 규제의 새로운 자유화 내지 규제개혁추진에는 요원한 상황이라고 할 수 있다.[23]

또한 2000년부터 시작된 GATS 자유화교섭은 오랜기간 정체가 계속되고 있으며 각국의 과대한 요구(request)에 비해 제안(offer)은 매우 적다.

각국의 이러한 신중한 교섭태도에는 다음 항에서 설명하는 바와 같은 저해요인이 관찰된다. 상술한 바와 같이 서비스산업 분야에는 각국의 사회·경제정책이 강하게 반영된 산업 부분이 상당수 포함되어 있다. 그런데 서비스 거래의 무형성이라고 하는 성질상, 이를 시장거래에 맡기게 되면 수요자는 제공된 서비스의 '질'에 관하여 사전에 적정한 평가를 할 수 없다고 하는 정보의 비대칭성에 의한 시장실패가 우려된다. 또한 자유화·규제완화 후 독점적 사업자에 의한 시장지배력 행사에 대한 염려도

조에 근거한 서비스무역에 관한 경제통합이 최혜국대우의무의 큰 예외 영역으로 되어 있다.

21) Delimatsis and Molinuevo, "Article XVI GATS," *in* Wolfrum, Stoll and Feinaugle (eds.), *WTO-Trade in Services* (Martinus Nijhoff, 2008), pp.367-395, 369.

22) Regulatory Reform, *supra* note 15, pp.4-6. 93개국의 WTO 회원국을 대상으로 한 실증연구에 의하면, 우루과이라운드의 자유화약속 수준은 각국의 실행적 규제수준과 비교하여 평균 2.3배나 규제적이었다. 이는 각국이 GATS 자유화약속에 위반하지 않고 서비스무역에 대한 제한 수준을 2배 이상 인상할 수 있다는 것을 의미한다.

23) *Ibid.*; Report of the Council for Trade in Services, "Negotiations on Trade in Services," TN S/36, 21 April 2011.

존재한다. 그리고 공익사업과 같이 경제합리성을 일정 정도 희생하더라도 사회적 합의를 통하여 사회구성원에게 두루 낮은 요금으로 서비스를 제공(보편적 서비스)하도록 국가가 의무화하는 경우도 있다. 또한 제4모드와 같이 자연인의 (일시적) 초국경적 이동을 동반하는 경우에는 각국 사회의 형태와 직접적으로 관련되는 이민정책이 영향을 받을 수도 있다.

(2) PTA

PTA는 1990년대 이후 급증하여 현재 PTA 체결수는 약 300개에 달하고 있다.[24) 특히 최근 체결된 PTA에서는 규율대상 영역과 자유화수준의 쌍방에서 통합을 심화시키고 있다. 즉 상품무역, 서비스무역, 지적재산 등은 물론 WTO협정의 규율대상 외의 모든 영역(노동, 투자, 환경, 자원·에너지, 자연인 이동, 빈곤 등)에까지 규율 내지 국제협력의 범위를 확대시키고 있다.

서비스무역 분야는 상당수 PTA에서 중요한 규율대상 영역 중 하나가 되고 있을 뿐만 아니라, 자유화교섭의 대상사항이 되기도 한다. 특히 금세기 이후 체결된 최근 PTA에서는 GATS보다도 광범위한 자유화대상 분야에 관하여 GATS 자유화수준을 상회하는 'GATS Plus'의 자유화약속을 실현한 예도 많다.[25) 또한 개별분야에 관하여 부속서의 형태로 특별한 규율을 합의하는 예도 있다. 더욱이 투자, 환경법, 노동기준, 경쟁정책, 전자상거래 등 WTO 규율대상 외의 영역에 관하여 독립된 형태로 합의된 PTA규범이 서비스무역에 중요한 영향을 미치는 경우도 있다.[26)

특히 개발도상국은 선진국과 비교하여 GATS하에서의 서비스무역 자유화약속 수준이 대체적으로 낮기 때문에 PTA를 통하여 실현한 'GATS 플러스' 약속의 비율도 높아서,[27) PTA 서비스무역 자유화가 국내규제개혁을 촉진하는 모멘텀으로 기능할 것이 기대된다. 또한 서비스 분야에서 상품무역의 원산지규범에 대응하는 혜택부인(否認)조항은 많은 PTA에서 대체로 느슨하므로, PTA에서 서비스무역 자유화의 이점이 다수 국가간에 미친다는 분석에는 주목할 만하다.[28)

24) WTO, World Trade Report 2011, pp.54-63.

25) 이들 PTA에서는 네거티브 리스트 형식이 채택되는 경우가 많다. 네거티브 리스트 형식에서는 예외 리스트에 등록하지 않는 한, 모두 자유화 대상이 되기 때문에 제한적 규제에 관한 투명성이 높아 일반적으로 자유화 수준도 높아진다고 여겨진다.

26) WTO Report, *supra* note 24, pp.128-137.

27) *Ibid.*, p.136.

28) C. Fink and M. Jansen, "Services Provisions in Regional Trade Agreements: Stumbling of

다만, 전체적인 자유화약속 수준의 관점에서 보면, PTA를 통한 현저한 자유화진전이라는 것을 인정할 수는 없고, 각국이 실제 이행하고 있는 국내 자유화수준을 넘어서는 것은 소수이다.29)

2. 서비스무역 자유화의 저해요인

(1) 서비스무역 자유화교섭에서의 중상주의 게임의 한계 – '이익'의 비대칭성

중상주의 게임에 기초한 상호주의적인 '시장접근이익'의 교환을 통한 자유화교섭이 추진력을 얻기 위해서는 국내 보호주의 세력에 대항하는 수출산업 세력을 결집시킬 필요가 있다고 알려져 있다. 그런데 서비스무역 분야에 있어서는 다음과 같은 이유로 중상주의 게임에 의한 자유화교섭이 제대로 기능하지 않을 가능성이 높다.30)

먼저, 서비스무역 분야 규제는 국경조치에 의한 제한이 곤란하기 때문에 오로지 국내규제를 통한 규제가 이루어지고 또한 정당한 정책목적과 보호주의 목적과의 식별이 용이하지 않다. 이 점이 상품무역의 자유화대상인 관세와 크게 다른 점인데, 관세의 경우에는 주요 목적이 국내산업 보호에 있기 때문에 관세인하의 경제적 효과도 널리 인식되어 있다. 이에 반해 서비스무역에 대한 각종 국내규제는 많은 경우 정당한 사회·경제적 정책 목표를 포함하고 있어서 단순한 자유화 내지 규제완화를 받아들일 수 없는 경우가 많다. 이와 같이 복잡하고 어려운 규제개혁을 불가피하게 동반하는 자유화 프로세스를 '시장접근이익'의 교환게임을 통하여 실현하는 것은 애초부터 곤란한 일이다.31)

또한 서비스무역 분야는 교환해야 할 '이익'이 일방적으로 제공되는 분야에서부

Building Blocks for Multilateral Liberalization?," *in* R. Baldwin and P. Low (eds.), *Multilateralizing Regionalism: Challenges for the Global Trading System* (Cambridge U. Pr., 2009), pp.221-261. 상당수 PTA에서는 다른 체약국 법인이 당해 체약국 내에서 '실질적 사업활동'을 하고 있으면 PTA 이익의 제공을 받을 수 있다. 또한 渡邊伸太郎, 「サービス貿易の自由化を伴うFTAにおける利益否認条項―FTAの非柔軟性に直面する締約国のための『裏口』は開くのか？」, RIETI Discussion Paper Series 07-J-036(2007年)도 참조.

29) Regulatory Reform, *supra* note 15, pp.8-9.

30) B. Hoekman, "The General Agreement on Trade in Services: Doomed to Fail? Does It Matter?," *J. of Industry, Competition and Trade* 8, pp.295-318, 303-310 (2008); Regulatory Reform, *supra* note 15, pp.9-12.

31) G. Feketekuty, "Needed: A New Approach to Reduce Regulatory Barriers to Trade," VOX, 19 June 2010, http://www.voxeu.org/index.phd?q=node/5208.

터 애당초 사실상 교환대상으로 제시되지 않는 분야에 이르기까지 매우 광범위하다. 그리고 다양한 산업이 포함되어 있어서 상호주의적인 '이익' 교환의 성립이 어렵다. 예를 들면, 제1모드의 산업 프로세스 아웃소싱(BPO) 및 여행관련 서비스 등 일부 서비스는 애당초 규제가 없는 데 반해, 제4모드의 서비스는 선진국 측의 회답이 거의 전무한 상태여서 사실상 자유화교섭의 대상에서 제외되어 있다. 개발도상국 측의 최대 '시장접근이익' 및 비교우위는 제4모드의 서비스제공에 있기 때문에, 이 분야의 자유화가 이루어지지 않는 한 '이익'교환의 성립은 어렵다.[32)]

한편, 정보·통신, 금융 등 몇몇 중요한 서비스 분야에 관해서는 이를 투입요소로 하는 모든 산업분야 및 경제 전체에 영향을 미치기 때문에 그 필요성이 높기 때문에 내발적으로 규제개혁이 실현되는 경우도 적지 않다. 즉 서비스산업에서는 '시장접근이익'의 교환이라고 하는 국제적 요인에 의한 자유화의 동기가 상품무역의 관세의 경우보다 적다고 추측된다.

또한 어느 국가의 요구에 응하여 특정 분야에서 국내규제를 완화·자유화하는 경우 종종 실현된 시장접근이익을 자동적으로 다른 모든 국가가 향유한다고 하는 서비스무역 자유화의 특질도 상호주의적 이익교환모델과는 다른 교섭 룰의 필요성을 시사하고 있다.

(2) 자유화 후의 법제도 설계 및 집행에 수반되는 염려

개발도상국을 중심으로 각국이 국제약속을 통한 법적 구속을 받는 자유화에 소극적인 이유 중 하나는 자유화 또는 규제완화 후에 발생하는 신규진입 및 시장경쟁의 활성화 상황에 직면하여 종래의 공적 규제 기능이 곤란해질 우려가 있다는 점이다. 즉 안전성, 환경보전, 소비자보호, 약자보호, 보편적 서비스 등 다양한 가치를 보전하기 위해 기능하던 시책이 곤란해지거나, 규제완화 후의 독점사업자의 시장지배력에 대비하여 경쟁정책법을 설계하고 집행하는 데에는 많은 어려움이 내포되어 있기 때문이다.

GATS하에서의 자유화교섭은 시장접근이익의 실현에만 관심이 집중되어 차별

32) 제4모드 자유화에 관해서는 수입국의 일방적 자유화 의무에만 착안한 '이익' 교환 모델이 아니라, 자유화에 동반한 출입국 관리에 관한 송출국에도 규제상의 의무를 분담시키는 이민협정의 규제방법이 참고가 될 것이다. Regulatory Reform, *supra* note 15, pp.19-20; 東條吉純, 「地域経済統合における『人の移動』の自由化―越境労働力移動に対する新たな国際的取組の形」, RIETI Discussion Paper Series 07-J-008(2007年).

적 규제의 경우를 제외한 각국의 국내규제의 형태에는 원칙적으로 관심이 없다. 하지만 서비스산업의 상당수는 단순히 종래의 공적규제를 완화하여 시장진입을 촉진하는 데에만 그칠 경우, 오히려 시장실패를 초래하여 그 국가의 경제후생을 악화시키기만 하는 경우도 적지 않다.

또한 1980년대 이후 세계적으로 광범위하게 받아들여진 신자유주의 경제사상은 각국의 규제완화 추진에 이론적 정당성을 부여하는 역할을 해 왔으나, 구 CIS 국가들의 시장경제이행에 따른 혼란, 아시아 금융위기, 리먼 쇼크와 유럽 통화위기 등 힘든 경험을 거쳐 그 정당성이 의문시되고 있다. 적어도 "one size fits all"의 접근방식은 적절하지 않고, 각국의 경제발전단계 및 역사·사회·문화 등의 상황에 맞게 적절한 수정을 가할 필요성이 있게 되었다. 즉 규제개혁의 제도설계의 구체적인 형태 및 필요한 규제의 선택과 방법에서 차이가 발생하는 것은 당연하다는 사고방식이 국가들간에 공유되고 있다.33)

이상의 의미에서 서비스무역 자유화에 있어서는 중상주의 게임의 한계가 노정되고 있다고 할 수 있을 것이다.

(3) GATS 협정문언의 불명확성과 '사법화'의 대상(代償) – 텔레콤(Telecoms)·갬블(Gambling)의 트라우마

GATS의 각 주요 조문의 적용범위 및 그 상호관계에는 불명확한 점이 적지 않다. 보다 구체적으로는 제16조의 적용범위, 제16조와 제17조의 관계 및 제16조·제17조와 제6조의 관계 등이 문제된다.34) 특히 분쟁대상이 되는 공적규제가 자유화약속의무의 규율대상이 되어 있어 양허표에 기재한 문언의 해석을 통해 위법성을 판단하여야 하는지, 아니면 제6조의 '합리적, 객관적이고 공평한 형식'에 의거한 실시의무를 준수하는 데 그치는지의 문제는 회원국에게 있어서 매우 중대한 관심사이다.

WTO협정의 법구조상, 회원국에 의한 시장접근규제와 국내규제와의 규범적 구분은 규율 정도의 차이와 직접 연결된다. 즉 시장접근에 대한 규제에 대해서는 엄격히 규율되지만, 국내규제의 경우에는 외국서비스 및 외국서비스사업자에 대한 차별적 대우를 동반하지 않는 한 원칙적으로 광범위하고 자유로운 규제권한이 회원국에게

33) Hoekman & Matto, *supra* note 18, p.412; Regulatory Reform, *supra* note 15, pp.12-13.

34) E. H. Leroux, "Eleven Years of GATS Case Law: What Have We Learned?," JIEL 19(4), pp.749-793 (2007); J. Pauwelyn, "*Rien ne Va Plus?*: Distinguishing Domestic Regulation from Market Access in GATT and GATS," *World Trade Review* 4(2), pp.131-170 (2005).

인정된다.

다만, 상품무역과 서비스무역에서는 문제되는 규제조치의 구체적 성질 결정 및 적용조문을 선택하는데 있어 큰 차이가 있다. 상품무역의 경우 그 구분은 외견상으로도 비교적 명확하며, 시장접근규제는 관세, 수량제한 등의 국경규제조치이다.[35] 그에 반해 내국규제는 국경을 넘어 수입국의 국내경제에 놓여져 있는 상품에 대한 유통규제 및 물품세 등의 규제조치를 의미한다. 또한 국경규제조치는 그 목적이 국내산업의 보호라고 하는 추정이 작용하므로 원칙적으로 엄격한 자세로 접근하게 된다. 반면, 국내규제는 다양한 사회·경제정책 목적에 기초하여 실시되는 조치이므로, 각국이 서로 규제권능을 허용해야 할 정당성을 가지는 경우가 많다. 서비스무역의 경우 상술한 바와 같이 국경에서 시장접근을 제한하기가 곤란하기 때문에 시장접근규제도 국내규제조치를 통해 이루어지기 때문에 외형상 양자를 구분하기가 어렵다.

이러한 각 조문 및 조문 상호간의 관계의 불명확성은 관점을 바꾸어 생각하면 국제협정의 체결을 실현하기 위한 교섭자의 지혜 내지 국제교섭상의 타협이 반영된 것으로 볼 수 있다. 그런데 WTO 이후의 '법적 제도화' 내지 분쟁해결절차의 '사법화'가 진전됨에 따라 교섭시 의도적으로 애매하고 불명확한 채 남겨놓았던 협정문언의 의미가 '명확화'되면, 그것이 명백히 입법자의 의사에 반하게 되는 경우도 있다.

이 점과 관련하여 상소기구는 지금까지 일관되게 조약법협약 제31조 이하의 조문해석 기준에 따른 문언중심의 해석을 통해 애매한 협정조문으로부터 실질적이고 객관적인 의미를 추출하여 왔다. 이와 같은 해석태도에 관해서는 규율의 명확성·예측가능성의 향상이라는 측면에서 크게 공헌하였다는 평가가 있는 반면, 교섭시의 각 회원국의 주관적 의도가 배제된다는 점에서 협정의 개서 또는 의무의 추가라는 등의 심한 비판에 직면해 왔다.[36] 특히 무역상 이익 이외의 정당한 가치(비교역적 관심사항)와의 조화를 요하는 안건에 있어서는 객관적 해석에 의한 조문규정의 명확화를 통하여 WTO협정의 법구조 그 자체에 내재되어 있는 '시장접근이익' 편향이 전면

35) 다만, 분쟁대상이 되는 조치의 양태 여하에 따라서 상품무역에서의 GATT 제3조(내국민대우)와 동 제11조(수량제한금지)와의 구분도 큰 문제가 될 수 있다. Pauwelyn, *ibid.*, pp.141-148.

36) 川島福士雄, 「WTO紛争解決手続における司法化の諸相—DSU運用の10年を振り返って」, 『日本国際経済法学会年報』(2005年), 92-117, 103-105면, D. K. Tarullo, "The Hidden Costs of International Dispute Settlement: WTO Review of Domestic Anti-Dumping Decisions," 34 *L. & Pol'y Int'l Bus.* 109 (2002).

에 드러나게 된다. 그 결과 양자간의 적절한 균형을 결하게 되어 오히려 WTO협정의 '정당성'이 훼손될 우려가 있다.[37)]

상술한 대로, 서비스무역 분야의 규제는 오로지 국내규제를 통해 이루어지고 또한 정당한 정책목적과 보호주의 목적간의 식별이 애당초 용이하지 않다. GATS 위반이 분쟁해결절차에 부탁되는 건수가 적은 수준에 그치고 있는 것은 아직 새로운 법규범에 대한 이해가 충분하지 못한 탓도 있으나, 동시에 구체적인 분쟁사건을 통해 GATS 규정의 의미가 '명확화'되는 것을 회피함으로써 해석의 자유도를 남겨 두는 것이 이익이라는 점을 많은 회원국이 발견한 결과일 것이라는 지적도 있다.[38)]

이와 같은 상황하에서 제기된 소수의 GATS 분쟁사건인 *Mexico-Telecoms* 사건[39)] 및 *US-Gambling Services* 사건[40)]의 상소기구보고서는 다시 한 번 상기 리스크의 존재를 느끼게 하기에 충분하였다고 할 수 있다. 특히 *US-Gambling Services* 사건의 상소기구보고서는 GATS의 주요 조문에 관하여 처음으로 법적 해석을 내놓았는데, 그 결과 커다란 논쟁을 불러오게 되었다. 또한 동시에 결과적으로 모든 회원국에게 일정한 위축효과를 미쳐 GATS 자유화교섭의 진전에 적잖이 부정적인 영향을 주게 되었다.[41)] 양분쟁의 개요에 관하여 간략히 소개한다.

---

37) 川島·상동, 102-103면; 東條吉純, 「WTO協定違反勧告の履行における法規範の正当性―FSC税制を巡る米欧紛争を題材として」, 川瀬剛志·荒木一郎編著, 『WTO紛争解決手続における履行制度』(三省堂, 2005年), 245-286면; 東條, 「전게논문」(각주 16).

38) R. Aldung, "Public Services and the GATS," *J of Int'l Econ. L.* 9(2), pp.433-485 (2006), pp.483-485.

39) Panel Report, Mexico-Telecoms, WT/DS204/R (Apr, 2, 2004).

40) Appellate Body Report, US-Gambling Services, WT/DS285/AB/R (Apr, 7, 2005); Panel Report, US-Gambling Services, WT/DS285/R (Nov. 10, 2004).

41) Leroux, *supra* note 34; Pauwelyn, *supra* note 34; S. Wunch-Vincent, "The Internet, Cross-Border Trade in Services, and the GATS: Lessons from US-Gambling," *World Trade Review* 5(3), pp.319-355, 345 (2006); D. Prévost, "Services and Public Policy Regulation in WTO Law: The Example of the US-Gambling Case," in EU and WTO Law on Services (J. Gronden ed., 2009), pp.215-245; I. Van Damme, "The Interpretation of Schedules of Commitments," *J. of World Trade* 41(1), pp.1-52 (2007); P. Delimatsis, "Don't Gamble with GATS: The Interaction Between Articles VI, XVI, XVII and XVIII GATS in the Light of the US- Gambling Case," *J. of World Trade* 40, 1059-1080 (2006).

1) *Mexico-Telecoms* 사건[42)]

본건 분쟁은 국제전기통신과 관련된 멕시코의 국내법이 GATS 전기통신 부속서 및 멕시코 양허표 중 참조문서의 규정문언에 위반된다고 하여 미국이 제소한 사안으로 패널은 멕시코의 협정위반을 인정하였다. 참조문서란 전기통신서비스에 관한 규제개혁 모델 조문을 말하는데, 전송망과의 상호접속을 확보할 의무 및 전송망을 가진 사업자의 반경쟁적 행위 방지의무 등을 규정하고 있다. 참조문서 그 자체에는 법적 효력이 없으나, 그 실체규범의 내용은 회원국의 자유화약속을 통하여 WTO협정상의 의무로 실체화되어 있었는데, 멕시코는 이 모델 조문의 의무를 거의 그대로 양허표안에 기재하였다. 참조문서 방식은 전기통신서비스의 다음과 같은 특질에 따라 고안된 것이었다.

전기통신서비스는 전송망 등 전기통신 네트워크시설에 대한 접속 없이는 제공할 수 없다는 특성을 가지고 있어서 회원국에 의한 자유화 후에도 공정한 조건으로 필수적인 시설에 대한 제3자의 접근을 확보하고 네트워크시설을 보유하고 있는 시장지배적 사업자의 반경쟁적 행위를 억지하지 않고서는 실질적인 시장접근이익을 확보할 수 없다. 그러한 의미에서는 참조문서·전기통신 부속서 모두 회원국간의 시장접근이익을 실질적으로 담보하기 위한 규정으로서의 성격을 가지고 있다고 볼 수 있다.

이하에서는 참조문서 중 상호접속의 '원가에 비추어 합리적인 … 요금' 및 '반경쟁행위'의 각 조문에 대한 법해석 부분만을 소개하겠다. 패널보고서는 참조문서 중 '원가에 비추어(제2.2항(b))', '반경쟁행위(제1.1항)'라고 하는 중요한 법개념에 대하여 다음과 같이 교섭시의 주관적 의도를 배제한 상당히 대담한 해석을 하였다고 볼 수 있다.[43)] 즉 상호접속요금에 관한 '원가에 비추어'의 의미에 관해서는 ITU의 D.140 권고·D.150 권고를 참조하고 WTO 각 회원국의 국가실행상으로도 장기증분비용방식이 전기통신 분야의 상호접속요금에서 사실상 WTO 회원국간의 국제표준이 되고 있다고 설명한 다음, 동 개념은 장기증분비용을 의미한다고 해석하였다. 멕시코는 '합리적인'의 해석으로 전기통신망의 정비비용 등을 고려할 수 있다고 주장하였으나 배척되었다. 또한 '반경쟁적 행위'의 의미에 관해서도 제1.2항의 구체적 행위 유형의

42) 小寺彰, 「電気通信サービスに関するGATSの構造—米国·メキシコ電気通信紛争·WTO小委員会報告のインパクトと問題点」, RIETI Discussion Paper Series 05-J-001(2005年); 東條, 「전게논문」(각주 16), 78-81면.

43) 小寺·상동, 20-21면.

예시에 제한되는 것이 아니라, WTO 회원국 각국의 국내 경쟁법제가 금지하고 있는 반경쟁적 행위를 참조하여 이 개념에 가격 카르텔·시장분할 카르텔 등이 포함된다고 해석하였다. 각 회원국의 국내 법제상으로는 공적 규제에 의한 강제가 경쟁법의 적용에서 배제되는 경우도 많으나, 그러한 점은 고려되지 않았다. 참조문서 중 '반경쟁적 행위' 개념은 각국에 고유한 경쟁정책 및 정책조합(policy mix)의 다양성과는 별개인 WTO협정상의 법개념이고, 법해석상으로도 시장접근이익의 관점이 강하게 의식되었음을 시사하고 있다.

2) *US-Gambling Services* 사건[44)]

본건 분쟁은 미국의 3개 연방법 등에 의한 월경 도박서비스 금지규제에 대하여 안티구아(Antigua)가 미국이 자유화약속을 위반하였다고 제소한 안건으로 상소기구는 미국의 협정위반을 인정하였다. 본건에서는 제14조의 일반적 예외에 의한 정당화 여부도 큰 논점이었으나, 여기서는 양허표의 문언해석 및 제16조의 적용범위에 관한 상소기구의 법해석을 소개한다.

미국은 양허표의 '10.D 기타 레크레이션 서비스(스포츠 제외)'의 항에서 유보조건을 붙이지 않고 제1모드의 자유화를 약속하였으나, 한편으로는 우루과이라운드 협상 이전부터 연방법으로 월경 도박서비스(주간(州間)·국제 모두를 포함)를 엄격하게 단속하고 있었다. 즉 우루과이라운드 교섭시에 미국에 월경 도박서비스를 자유화할 주관적 의도가 없었다는 것은 명백하였으나,[45)] 상소기구는 GATT 관세양허표에 관한 해석선례를 답습하여,[46)] 양허표의 문언은 모두 회원국간의 공통 양해를 표현한 것이라고 한 다음, 미국의 주관적 의도를 배제하고 그 객관적 의미를 문언해석으로 확정하여 미국의 양허의무 위반을 인정하였다.[47)]

---

44) 松下満雄, 「米国の国境を越えた賭博サービス規制措置(DS285)·パネル報告」, 『2004年度版WTOパネル·上級委員会報告書に関する調査研究報告書』(2005年), 151-167면; 同「米国の国境を越えた賭博サービス規制措置(DS285)·上級委員会報告 『2005年度版WTOパネル·上級委員会報告書に関する調査研究報告書」, 『2005年度版WTOパネル·上級委員会報告書に関する調査研究報告書』(2006年), 129-139면.

45) Panel Report, US-Gambling Services, *supra* note 40, para.6.136.

46) Appellate Body Report, EC-Computer Equipment, WT/DS62/AB/R, WT/DS67/AB/R, WT/DS68/AD/R (Jun, 5, 1998), para.84.

47) GATS 자유화약속의 복잡성에 기인하여 각국의 양허표 기재에는 애매한 표현이나 기재오류가 다수 존재한다. 또한 의도적으로 애매한 표현을 사용함으로써 양허표 기재의 해석의 자유도를 확보하려고 한 회원국도 있었을 것으로 생각되지만, 본건 판단에 따라 그러한 기대

또한 제16조의 적용범위에 관하여 패널은 제16조와 제6조가 상호 배타적인 관계에 있다고 한 다음,[48] 미국연방법은 실질적으로 서비스 제공자 수를 '0'으로 제한하는 것으로 제16조 2항(a)의 적용범위에 포함된다고 판시하였다(서비스 사업 수에 관한 (c)에 관해서도 마찬가지). 미국은 상소절차에서 제16조의 적용대상은 수량제한의 효과를 가지는 조치와는 구별되고 미국의 조치는 도박서비스의 '특성(characteristics)'을 제한하는 국내규제라고 주장하였다. 그러나 상소기구는 제16조 해석의 '문맥'으로서 제6조를 참조하지 않고, 결과적으로 '제로 할당'이 되는 미국의 조치는 양적 성질(quantitative nature)을 가지고 있어 제16조의 적용범위에 포함된다고 결론지었다.[49]

본건 상소기구의 판단은 매우 심각하고 중요한 함의를 가질 가능성이 있다. 본건 상소기구 판단에 비판적인 Pauwelyn은 "Rien Na Va Plus?(더 이상은 안 돼?)"라는 제목을 붙인 논문을 발표하여 본 상소기구보고서는 각 회원국의 규제권한과 시장접근 규제와의 적절한 가치조화가 결여된 것으로 이러한 선례를 답습한다면 수많은 국내규제가 제16조 위반인지 여부가 문제되는 위험을 면할 수 없다며 경종을 울리고 있다.[50]

Ⅳ. 결론 – 규제개혁과 서비스무역 자유화의 연결

서비스무역 자유화의 정체상황 및 저해요인에 관한 분석결과를 바탕으로 규제개혁을 촉진하는 국제적 요인으로서 서비스무역 자유화가 그 기능을 회복하고, 규제개혁의 진전으로 서비스무역 자유화를 추진할 수 있다고 하는 양자 본래의 상호 촉진적 관계를 재구축하기 위해서는 어떠한 대처가 필요할 것인가?

먼저, 서비스무역 자유화에서는 중상주의 게임의 한계를 분명히 인식하여 각국

는 어긋나게 되었다. R. Adlung, P. Morrison, M Roy and W Zhang, "FOG in GATS Commitments- Why WTO Members should Care," *World Trade Review*, pp.1-27 (Published online, Mar. 15, 2012), p.7.

48) Panel Report, US-Gambling Services, *supra* note 40, para.6.306.

49) 상소기구는 제16조에 관하여 '효과'접근방식(=수량제한효과를 가진 조치가 모두 제16조의 적용범위에 포함된다)을 취한 것은 아니라고 주의 기재하고 있으나(para.232), 실제는 그와 거의 동일한 해석을 서술한 것으로 볼 수 있다. 또한 '수량'제한과 '질적'제한의 구별에 관해서는 아무런 언급이 없다.

50) Pauwelyn, *supra* note 34.

의 규제상 이익을 단순히 존중하는 데에서 그치지 않고 보다 적극적인 국제협력을 위한 대처가 필요하다. 각국이 직면한 각종 정책상 과제에서는 많은 공통점을 발견할 수 있지만, 규제완화 후에 도입된 보완적 규제의 구체적 방법의 선택지 및 집행형태에는 각국의 역사·사회·문화 등의 개별 사정에 따른 적절한 수정이 필요하다. 다만, 이 경우 규제비용에 충분히 유의하면서 경쟁을 통한 시장기능 활용에 따른 효율성의 실현 및 이를 지지하는 자유롭고 공정한 경쟁환경을 확보하기 위한 경쟁정책법이 중심적인 역할을 하는 것은 분명하다.51)

보다 구체적으로는 개별 서비스 분야마다 가능한 한 다양한 선행국의 경험지식이 관계국간에 공유·전파되는 것이 바람직하다. 이때에는 대상이 되는 서비스 분야의 공적규제에 관하여 전문적 지식 및 규제상의 관심을 가진 규제담당 및 서비스제공자가 이해관계자(stakeholder)로서 참가·학습하는 것이 필요하다.52)

또한 인적·물적 자원이 궁핍한 개발도상국에 대해서는 기술원조 등의 국제협력을 통하여 전문적 인재육성에서 규제의 집행 노하우·규제조직 운영에 이르기까지 미비점을 보충할 수 있는 규제능력 개발의 원조가 필요하다. 이를 통해 원조 대상국가의 자유화·규제완화 후의 법제도 설계 및 제도상의 염려를 불식시킬 수 있다면 규제개혁 및 서비스무역 자유화 양자를 촉진하는 큰 유인이 될 것이다.

GATS 각 조문의 적용범위 및 상호관계에 관해서는 앞으로의 GATS 분쟁사건의 심리에서 상소기구가 각국 규제의 정당성 내지 규제권한에 대하여 보다 심도 있는 적극적 이해를 표명한 다음, 그것과 시장접근개선의 이익간의 새로운 균형점을 재정립하는 것이 바람직하다.

마지막으로 PTA에 의한 서비스무역 자유화의 경우 필요에 따라 다양한 국제협력조항을 포함시키는 것이 가능하고 자유화의 충격을 완화하는 구조를 유연하게 편입시킬 수도 있다. 이는 PTA가 경험지식의 공유를 통하여 모방·학습의 장으로써 기능할 수 있다는 것을 의미한다. 또한 PTA에 의한 서비스무역 자유화가 국내 규제개혁의 형식을 취하는 경우 그 영향은 역외의 제3국에도 자동적으로 미치게 된다. 그 이상의 경우에도 많은 PTA에서 혜택부인(否認)조항의 요건이 비교적 느슨하다는 점

51) 이 점에 대해서는 100개국을 넘는 경쟁당국이 경쟁법·경쟁정책에 관한 경험지식의 공유 및 국제협력을 추진하는 포럼으로 2001년 발족한 국제경쟁네트워크(ICN)는 경쟁법·경쟁정책 분야의 가장 중요한 국제조직으로 변모하였다. ICN에서 공유한 경험지식은 데이터베이스화 되어 홈페이지 내에 축적되어 있다(http://www.internationalcompetitionnetwork.org/).

52) Regulatory Reform, *supra* note 15, pp.13-16.

을 감안하면 적어도 법인에 관해서는 역외에 자회사 등의 거점을 설립하여 ‘실질적 사업활동’을 함으로써 역외 제3국의 서비스제공자는 비교적 용이하게 PTA 자유화의 이익을 향유할 수 있다. 이러한 PTA 규율의 ‘다자화’는 틀림없이 GATS 서비스무역 자유화의 추진력이 될 것이다.[53)]

53) 伊藤一瀬, 「相互主義の時代—その国際法上の意義と日本のEPA政策」, 『ジュリスト』第1418号(2011年), 8-14, 13-14면.

제 4 장

WTO법과 회원국의 비경제규제주권

- GATT, SPS협정, TBT협정에 의한 새로운 질서

內記 香子 (나이키 쿄코)

Ⅰ. 서 론

WTO와 회원국의 비경제규제주권의 관계는 WTO가 회원국의 비경제규제주권의 행사를 얼마나 제한하는가 하는 우려의 맥락에서 논의되어 왔다. WTO의 전신인 GATT가 국제경제질서를 규율하게 된 이래, GATT 및 WTO에 의한 경제질서의 규율은 회원국의 경제적인 규제뿐만 아니라 비경제적 분야의 규제에도 깊이 관련된 것으로 인식되어 왔다. 예를 들어 국가가 지구온난화대책의 일환으로 친환경상품의 수입·판매·유통만을 인정하게 되면, 그렇지 아니한 외국의 상품은 수입·판매·유통이 불가능하게 된다. 이러한 경제적 규제에는 WTO의 규율이 미치지만, 이는 곧 회원국의 환경정책의 타당성을 평가하는 것이 된다.

GATT의 내국민대우조항(제3조) 및 예외조항(제20조), SPS협정과 TBT협정은 자유무역이라는 목적과 회원국이 가진 규제권한 사이의 균형을 잡기 위한 것이다.[1] 국가가 비경제적인 정책목적에 따라 규제를 한 결과가 무역에 영향을 미치는 경우, 이를 WTO가 어떻게 규율할 것인가라는 문제에 관련된 조문이다. 본장에서는 이들

1) Appellate Body Report, *U.S.-Clove Cigarettes*, WT/DS406/AB/R (Apr. 4, 2012), para.174 참조.

세 협정의 WTO 분쟁해결절차에서의 해석·적용 추이를 살펴 보면서, WTO와 회원국의 규제권한간의 미묘한 관계에 대하여 검토해 나갈 것이다. 이에 대해서는 세 협정의 상호관계와 이 분야의 최신 동향을 파악하는 것을 목적으로 하여 다음의 사항을 중심으로 고찰한다. 제II절에서는 WTO의 설립과 함께 SPS협정과 TBT협정이 성립되어 이들 협정들과 GATT의 존재가 어떻게 경제질서에 영향을 주었는가를 시간의 흐름에 따라 살펴본다. 제III절에서는 세 협정 가운데 현재 가장 주목받고 있는 TBT협정을 둘러싼 분쟁과 이 협정의 해석·적용상 쟁점에 대하여 검토한다. 제IV절에서는 SPS협정과 TBT협정의 성립과 함께 중요성이 높아진 국제기준설정기관과 WTO의 관계에 대하여 논의한다.

Ⅱ. GATT · SPS협정 · TBT협정의 상호관련성 및 각 협정의 발전

전통적으로 통상협정은 국가의 국내상품에 대한 보호주의적인 조치를 금지하기 위하여 수입품에 대한 '차별적 대우'가 없는지 여부를 심사하여 왔다. 이것이 GATT 제3조가 규정하는 내국민대우이다. 그러나 어떠한 대우를 차별적이라고 판단할 것인지, 그 인정기준을 확립하기까지는 GATT시대를 포함하여 90년대 판례가 변경되어 왔는데, WTO 설립 이후에 몇 가지 유명한 사건에 의하여 명확하게 되는 과정이 있었다. 이미 많은 문헌이 이를 분석하고 있으므로 이하에서는 간단한 흐름을 소개하겠다.

WTO 설립 후 곧바로 일본이 피소되어 분쟁이 생긴 *Japan-Alcoholic Beverages II* 사건에서는 과세조치에 관한 GATT 제3조 2항의 해석 적용을 둘러싸고 '동종상품'의 인정기준이 명확하게 되었다고 널리 알려져 있다.[2)] 즉 차별적인지 여부의 판단을 위해서는 우선 수입상품과 국내상품이 동종인지 여부에 관한 판단이 요구되는데, 이러한 동종성은 물리적 특성·소비자의 선호·최종용도·관세분류라는 객관적 기준에 따라 판단하는 것으로 알려졌다. GATT 제3조의 주요 목적은 동종상품간의 평등한 '경쟁관계(competitive relationship)'를 확보하는 것인데, 그것을 상술한 네 가지 객관적 기준으로 판단한다는 것이다. 이전의 판례에서는 동종상품을 회원국 조치의 목적,

2) Appellate Body Report, *Japan-Alcoholic Beverages II*, WT/DS8/AB/R, WT/DS10/AB/R, WT/DS11/AB/R (Oct. 4, 1996).

이를테면 건강의 보호 등과 같은 비경제적 목적에 따라 판단한다는 견해도 있었으나, 이 사건에서는 이러한 입장을 부정하였다. 이는 '목적-효과 테스트'를 부정하고 '객관성 테스트'를 채택한 것으로 이해된다.[3)]

또한 *Korea-Various Measures on Beef* 사건[4)] 및 *EC-Asbestos* 사건[5)]에서는 과세조치 이외의 조치를 다루는 제3조 4항의 해석이 명확해졌다. 제2항과 마찬가지로 동종상품 여부를 결정하고 더 나아가 동일한 수입상품에 대한 '불리한 대우'가 있는지 여부가 심사되었지만, 그것은 수입상품에 악영향을 주는 형태로 '경쟁조건의 변경'을 야기한 조치인지에 따라서 판단된다고 하였다.[6)]

전술한 바와 같이 WTO 설립의 성과의 하나가 SPS협정과 TBT협정의 성립이다. SPS협정은 식품의 안전이나 동식물의 생명·건강의 보호를 목적으로 한 조치, 즉 위생·식물검역조치를 규율대상으로 하고 있다. SPS협정의 전문(前文)에 의하면 회원국은 '사람, 동물 또는 식물의 생명 또는 건강을 보호하는 데 필요한 조치를 채택하거나 실시하는 것을 방해받지 아니한다'고 하는 한편, 이 협정은 '위생·식물검역조치의 무역에 대한 악영향을 최소화하기 위하여' 제정한다고 하고 있다. 전술한대로 이 협정도 회원국의 규제권한과 자유무역이라는 두 목적의 균형을 잡기 위한 협정이라고 이해할 수 있다. 마찬가지로 TBT협정도 그 전문에서 회원국은 '자국의 수출품의 품질을 확보하기 위하여 사람, 동물 또는 식물의 생명 또는 건강을 보호하거나 혹은 환경의 보전을 위하여 또는 기만적 행위를 방지하기 위하여 필요하고 적당하다고 인정하는 수준의 조치를 취하는 것을 방해받지 아니한다'고 하는 한편, '기술규정 또는 표준이 … 국제무역에 불필요한 장애를 초래하지 않도록' 하는 것을 목적으로 성립된 것이다. 기술규정과 표준의 정의는 제III절에서 상세하게 기술한다.

이들 두 협정의 성립은 국제경제질서의 규제구조에 어떠한 변화를 가져왔는가.

---

3) 자세한 사항은 内記香子, 『WTO法と國內規制措置』(日本評論社, 2008年), 제2장을 참조.

4) Appellate Body Report, *Korea-Various Measures on Beef*, WT/DS161/AB/R, WT/DS169/AB/R (Dec. 11, 2000).

5) Appellate Body Report, *EC-Asbestos*, WT/DS135/AB/R, WT/DS135/AB/R (Mar. 12, 2001).

6) Appellate Body Report, Korea-Various Measures on Beef, supra note 4, para.187. 다만 이 요건의 해석에는 불명확하게 남는 것이 있는데, 이 점에 대해서는 Marceau, G. and Trachtman, J., "The Technical Barriers to Trade Agreement, the Sanitary and Phytosanitary Measures Agreement, and the General Agreement on Tariff and Trade- A Map of the World Trade Organization Law of Domestic Regulation of Goods," Journal of World Trade, vol.36, no.5 (2002), pp.820-821; 内記香子, 전게서(각주 3), 90-94면을 참조.

GATT · SPS협정 · TBT협정의 관계에서 보면, 그 당시까지 GATT의 적용만을 받고 있던 회원국의 조치가 SPS협정 혹은 TBT협정의 적용을 받게 되고, 종래의 차별금지의 원칙과는 다른 규칙의 적용을 받는다는 점이 새로워졌다. 특히, SPS협정의 적용을 받는 조치인지 여부는 국제경제질서의 규제구조에 변화를 주게 되었다.[7)]

어쨌든 SPS협정의 적용을 받는다는 것은 GATT나 TBT협정보다는 엄격한 규율의 적용을 받는 것을 의미한다. SPS협정의 적용을 받는지 여부는 동 협정 부속서 A1에 정의된 '위생 · 생물검역조치'에 해당되는지 여부가 기준이 된다.[8)] SPS협정의 적용을 받는 조치는 TBT협정의 적용을 받지 않으므로, 두 협정은 배타적 관계에 있다.[9)] 한편 SPS협정과 GATT는 이론상으로는 중첩적 적용이 가능하지만,[10)] 신청국은 GATT보다 엄격한 규율을 부과하는 SPS협정의 적용을 우선하여 주장할 것이고, SPS협정의 위반이 인정되면 소송경제의 측면에서 GATT는 적용되지 않을 것이다.

GATT · TBT협정과는 다른, SPS협정의 가장 두드러지는 특징은 정당한 위생 · 식물검역조치와 그렇지 아니한 조치를 판단하는 기준으로서 '과학'을 채택한 것에 있다. 즉 회원국이 위험평가 · 과학적 근거에 따라 조치를 취할 것을 의무화한 것이다. 구체적으로 보면, 중요한 조문으로서 제2조 2항과 제5조 1항을 참조하면 된다.[11)] WTO가 설립된 직후 이 과학적 근거에 따를 의무와 관련하여 SPS협정상의 분쟁이

7) Scott, Joanne, *The WTO Agreement on Sanitary and Phytosanitary Measures: A Commentary* (Oxford University Press, 2007), p.77.

8) SPS협정 부속서 A1의 정의에서 언급된 '위생 · 식물검역조치'는 TBT협정이 대상으로 하는 조치에 비하여 협소하게 설정되어, 그 범위에 해당하는 조치에 대하여 과학적인 의무를 적용한다는 인식이 일반적이었다. Motaal D. A., "The 'Multilateral Scientific Consensus' and the World Trade Organization," *Journal of World Trade*, vol.38, no.5 (2004), p.856. 그러나 실제로는 '위생 · 식물검역조치' 속에는 유전자변형상품의 규제조치도 포함되고 있는데 SPS협정의 대상이 되는 조치의 범위가 당초 예상하였던 것보다 넓어지고 있는 점을 문제라고 보는 견해도 있다. Peel, J., "A GMO by Any Other Name ··· Might Be an SPS Risk! Implications of Expanding the Scope of the WTO Sanitary and Phytosanitary Measures Agreement," *European Journal of International Law*, vol.17, no.5 (2006), pp.1009-1031.

9) TBT협정 제1.5조. 단, 하나의 조치가 SPS협정상의 건강의 보호를 목적으로 하는 부분과 그렇지 않은 부분(예컨대, 소비자의 오인을 방지하는 부분)을 겸하고 있는 경우, 전자에는 SPS협정, 후자에는 TBT협정이 적용된다. 이 점은 SPS협정 제1조 4항을 참조.

10) SPS협정과 GATT의 관계에 대해서는 SPS협정 제2조 4항을 참조.

11) 이 과학적인 요건은 통상협정에서 전통적인, 차별적인지 여부를 판단하는 요건을 넘어선 요건이라는 의미에서 특수하다고 설명된다. 즉 차별적이지 않더라도 위반을 구성한다는 것이다. Hudec, R. E., "Science and 'Post-Discriminatory' WTO Law," *Boston College International & Comparative Review*, vol.26, no.2 (2003), pp.187-188.

주목을 받았는데, *EC-Hormones* 사건[12]과 *EC-Biotech(GMOs)* 사건[13]은 정치적으로도 주목을 받은 분쟁이고 일본의 식물검역조치도 지금까지 2번에 걸쳐 WTO에 제소되었다.

이러한 과학적 근거에 따를 의무는 후에 WTO 분쟁해결절차에 있어 다양한 어려움을 제공하였는데 SPS협정 당시 협상에 참여한 주체들은 이를 어느 정도 예상하였을 것일까? 기존의 많은 문헌이 다루고 있기에 본장에서는 상세하게는 다루지 않을 것이나,[14] 과학적 근거에 따를 의무의 도입으로 인하여, 예컨대 패널의 과학적 지식에 대한 접근이 문제가 되었다. 구체적으로는 패널이 과학적 결과에 대해 과도한 특정을 요구하고 있는데, 이는 과학이 항상 결정적이며 확실한 결론을 제시할 수 있는 것처럼 이해하고 있다는 점에 문제가 있다.[15] 현실적으로 과학적 결과에는 잠정성과 불확실성이 포함되어, 확실하다고 알려진 사실에 대해서도 과학·기술의 발전과 함께 지식이 증가하여 지금까지 알려지지 않은 리스크가 밝혀지는 경우도 있다.[16] 물론 SPS협정 제5조 7항에 의하면, '관련된 과학적 증거가 불충분한 경우'에는 사전주의적으로 잠정조치를 취할 수 있지만, 무엇이 과학적 증거가 '불충분'한 상태라고 이해해야 할 것인지에 대한 과학적 지식에 접근하기 어려운 점은 똑같이 패널의 앞을 가로막는 문제인 것이다.

이처럼 SPS협정에 대해서는 과학적 의무라는 특수한 요건을 둘러싸고 논란이 커진 반면, WTO 설립 후 TBT협정에 대한 분쟁은 거의 없었다. 그러나 현재 GATT·SPS협정·TBT협정 가운데 가장 주목받는 것은 TBT협정이다. 2011년에 TBT협정을 쟁점으로 한 3건의 패널 보고서가 나왔는데, 이들이 *US-Clove Cigarettes* 사건[17] *US-Tuna Ⅱ* 사건[18] 및 *US-COOL* 사건[19]이고 학계의 집중적인 주목을 받았다. 왜

12) Applellate Body Report, *EC-Hormones*, WT/DS26/AB/R, WT/DS48/AB/R (Jan. 16, 1998).

13) Panel Report, *EC-Approval and Marketing of Biotech Products*, WT/DS291/R, WT/DS292/R, WT/DS293/R (Sep. 29, 2006).

14) 예컨대, 内記香子, "WTOにおける科學の役割-SPS協定の限界と近年の體制の變化-,"『國際法外交雜誌』제111호(2012년), 1-19면 참조.

15) Herwig, A., "Whither Science in WTO Dispute Settlement?," *Leiden Journal of International Law*, vol.21, no.4 (2008), pp.843-845; Peel, Jacqueline, *Science and Risk Regulation in International Law* (Cambridge University Press, 2010), pp.251-252.

16) 이 점은 *US-Continued Suspension* 사건(호르몬)에서 논의되었다. Appellate Body Report, *US-Continued Suspension*, WT/DS320/AB/R, WT/DS321/AB/R (Oct. 16, 2008), para.703.

17) Panel Report, *U.S.-Clove Cigarettes*, WT/DS406/R (Sep. 2, 2011).

18) Panel Report, *U.S.-Tuna II (Mexico)*, WT/DS381/R (Sep. 15, 2011).

19) Panel Report, *U.S.-COOL*, WT/DS384/R, WT/DS386/R (Nov. 18, 2011).

이와 같은 변화가 나타나게 되었는가? 일찍이 TBT협정의 분쟁이 적었던 이유 중 하나는 TBT협정과 GATT상 이용되는 조치가 중복되고 있다는 점 때문이었다. TBT 협정과 GATT는 국내규제조치에 중첩적으로 적용되는 관계에 있기 때문에,[20] 만약 GATT 제3조가 먼저 적용되고 위반이 인정된 경우에는 패널과 상소기구는 소송면제를 이유로 TBT협정을 적용하지 않을 것이다. 게다가 다음에서 언급하는 바와 같이 TBT협정 조문이 가지는 애매모호한 점이 동 협정의 이용을 기피하게 하는 배경으로 작용하였다.

최근 TBT협정에 관한 분쟁이 많아진 이유의 하나로는 GATT상 조문의 해석·적용이 차츰 명확하게 되어, TBT협정의 같은 취지 조문에 이를 참조할 수 있게 됨으로써 어느 정도 TBT협정의 해석·적용의 경향이 예견가능해진 것을 들 수 있을 것이다. TBT협정의 조문 중 애매모호한 부분으로서 특히 TBT협정 제2.1조와 제2.2조의 문맥 부분이 지적되고 있었는데, 다음에서 보는 바와 같이 GATT와 TBT협정에 동일한 문언이 이용되고 있는 경우에는 협정 상호간에 유사한 해석이 대체로 이루어지고 있어, 협정 상호간의 일관성이 유지되도록 노력하고 있다.[21] 제III절에서는 TBT협정 적용상의 쟁점으로서 ① '기술규정'의 정의의 문제, ② TBT협정 제2.1조의 비차별원칙, ③ TBT협정 제2.2조의 필요성 테스트에 대해서 살펴보기로 한다. 또한 본장의 집필시점(2012년 5월 7일)에서 상소기구의 보고서가 나온 것은 *US-Clove Cigarettes* 사건뿐이지만, 나머지 2건도 항소되어 있다.[*]

Ⅲ. TBT협정의 논점

TBT협정이 규제대상으로 하는 것은 다음의 세 가지이다. 즉 '기술규정(technical regulations)', '표준(standards)', '적합성평가절차'[22]등이다. 기술규정의 정의는 *EC-Asbestos* 사건에서 상소기구가 명확히 하였다. 즉 기술규정은 '상품의 특성을 적극적으로 혹은 소극적으로 규정하는 문서'로 '대상상품을 특정'하고 '준수가 강제적'이

20) WTO 설립협정의 부속서 1A에 관한 해석을 위한 일반적 주석은 '충돌'되는 한 2가지 협정이 중첩적으로 적용될 것이라고 시사하고 있다.

21) Marceau and Trachtman, *supra* note 6, p.813.

*) 역자주: 2012년 말 현재 이들 세 개의 사건 모두 상소기구의 판정이 나왔다.

22) 각각의 TBT협정상 정의는 부속서 1을 참조.

다.[23] *EC-Asbestos* 사건에서는 '모든 상품은 석면을 포함해서는 아니 된다(all products must not contain asbestos fibres)'[24]는 전면적 금지조치가 모든 상품을 대상으로, '소극적으로' 특성을 규정하고 있다고 해석하였다.

'기술규정'과 '표준'을 구별하는 것은 준수가 의무화되어 있는지 여부이지만, 이 점이 문제가 된 것이 *US-Tuna Ⅱ* 사건이다. 이 사건에서 문제가 된 것은 돌고래에게 친화적인 어획방법으로 포획된 참치를 사용한 상품에 대해서는 미국법에 따라 돌고래보호의 라벨표시를 한다는 미국의 조치였다. 미국법에 의하면 라벨표시가 없어도 미국시장에서 참치를 판매할 수 있으나, 돌고래에게 친화적인 방법으로 포획한 참치를 표시하는 라벨을 붙일 경우에는 미국법의 요건에 따를 것이 요구되고 있었다. 이것은 준수를 강제하는 '기술규정'인지 '표준'인지 논의가 있었다. 3인의 패널 중 2대 1로 견해가 나뉘었는데 다수의견은 라벨표시를 하는 경우에는 특정 요구사항의 강제적인 부분에 착안하여 '기술규정'이라고 하였으나,[25] 반대의견은 라벨이 없어도 시장에서 판매가 가능하다는 점에서 본건의 라벨표시제도는 강제적인 것은 아니고 따라서 '표준'이라고 보았다.[26] 사견으로는 본건 조치의 라벨표시가 없더라도 시장에서 판매가 가능하므로 이는 표준이라고 생각되나, '기술규정'인지 '표준'인지 여부의 문제는 실제 의무판정의 단계에서는 큰 문제가 되지 않는다고 본다. 왜냐하면 '기술규정'이라면 다음에서 보는 TBT 제2조의 적용을 받는데, '표준'인 경우에도 부속서 3의 실체규정 부분의 적용을 받아 이는 제2조와 조문상 크게 다르지 않은 의무이기 때문이다.

다음은 '기술규정'의 실체규정인 제2조를 본다. 우선 제2.1조는 '모든 회원국의 영역에서 수입되는 상품에 대해서도 동종의 국내산 또는 다른 어떤 국가를 원산지로 하는 상품에 주어지는 대우보다 불리함이 없는 대우를 제공하는 것을 확보'할 것을 규정하고 있으며, GATT상의 최혜국대우원칙과 내국민대우원칙의 두 가지 원칙을 동시에 규정하고 있다. 차별적인가의 판단에 대해서는 '동종상품'과 '불리하지 않은 대우'라는 두 가지의 요건이 적용되는데, TBT협정상의 이러한 문구가 GATT 제3조

23) Appellate Body Report, *EC-Asbestos*, *supra* note 5, paras.68-70.
24) *Ibid.*, para.72.
25) Panel Report, *U.S-Tuna II (Mexico)*, *supra* note 18, para.7.111.
26) *Ibid.*, para.7.150. 덧붙여 탈고 후에 접한 *US-Tuna II* 사건의 상소기구는 본건 조치를 기술규정으로 보았다. Appellate Body Report, *U.S.-Tuna II (Mexico)*, WT/DS381/AB/R (May 16, 2012), para.199.

의 관계에서 어떻게 해석되어야 하는지가 자주 논의되어 왔다.

우선 동일성의 판단에 있어, 가령 *US-Clove Cigarettes* 사건과 *US-Tuna Ⅱ* 사건의 패널은 GATT 제3조와 TBT협정 제2.1조의 관계를 다음과 같이 판단하였다. 두 사건에서 똑같이 *EC-Asbestos* 사건 상소기구의 견해를 인용하고,[27] 협정 상호간에서 동일하게 '동종'이라는 문구가 사용되고 있었다고 하여도, 모두 동일한 해석이 내려질 필요는 없으며, 각 규정의 문맥, 목적 및 대상에 비추어 '동종상품'이라는 문구를 해석하여야 한다는 입장을 보였다.[28] 요컨대, GATT 제3조에 관한 판례가 고려되기는 하였으나,[29] 어디까지나 TBT협정의 문맥에서 문구가 해석된다고 하고 있다. 그러나 실제로 어느 정도 GATT 제3조의 판례와는 달리 TBT협정의 고유의 문맥을 강조하는 지는 패널에 따른 차이도 나온다. 대체로 세 건의 패널 보고서는 GATT 제3조의 판례와 유사한 해석을 하고 있다고 보아도 좋을 것이다. 이를테면 *US-Clove Cigarettes* 사건의 패널은 다음과 같이 언급하였다. 패널은 TBT협정의 목적이 (GATT 제3조의 평등한 경쟁조건의 확보와는 상이하게) 그 전문 6에서 말하는 것처럼 회원국이 '인간, 동물 또는 식물의 생명 또는 건강을 보호하거나 혹은 환경의 보전을 위하여 또는 기만적 관행을 방지하기 위하여 필요하고 적당하다고 인정하는 수준의 조치를 취하는 것을 방해하는 것은 아니다'라고 지적하고, 이 사건에서 문제가 된 기술규정의 '규제목적(regulatory objectives)'을 고려하면서, '동종상품'과 '불리하지 않은 대우'와 같은 문언을 해석하였다.[30] 구체적으로는 미국이 정향(clove)이 첨가된 담배 수입·판매를 금지하는 것은 젊은 층의 건강보호를 목적으로 하고 있다(정향과 같은 향미가 들어간 담배를 주로 젊은 층들이 좋아하기 때문에 그것을 금지시켜 청년층의 흡연율 감소를 도모하는 것)는 점이 참작되었다. 이와 같이 목적을 중시한 해석은 다른 두 건에서는 나타나지 아니한다.

이에 반하여, *US-Clove Cigarettes* 사건의 상소기구는 제2.1조의 해석에 있어서 그 문구에 주목하고 문맥을 구성하는 GATT 제3조 4항도 고려하는 일반적인 견해를 나타낸 다음,[31] 패널의 동종성 판단에 있어 기술규정의 '목적'을 고려한 해석을 부정

27) Appellate Body Report, *EC-Asbestos*, *supra* note 5, paras.88-89.
28) Panel Report, *U.S.-Clove Cigarettes, supra* note 17, para.7.118; Panel Report, *U.S.-Tuna II (Mexico), supra* note 18, para.7.220.
29) Panel Report, *U.S.-Clove Cigarettes, supra* note 17, para.7.117; Panel Report, *U.S.-Tuna II (Mexico), supra* note 18, para.7.223.
30) Panel Report, *U.S.-Clove Cigarettes, supra* note 17, para.7.255.
31) Appellate Body Report, *U.S.-Clove Cigarettes, supra* note 1, para.100.

하고, GATT 제3조와 마찬가지로 '경쟁조건'에 주목한 동종성의 판단을 지지하였다.[32] 상소기구는 그 이유로서 기술규정이 종종 복수의 목적으로 성립되고 그 조치의 구조로부터 목적을 파악·특정하는 것이 곤란한 점을 들고 있는데,[33] 이는 일찍이 GATT 제3조의 동종성에 관한 '목적-효과 테스트'를 둘러싼 논란이 있었음을 생각나게 한다. 다만, 상소기구는 규제상의 목적(regulatory concerns)을 고려하는 것을 완전히 부정하지 않고, 목적이 상품간의 경쟁관계에 영향을 주는 한 관계가 있다고 하고 있다.[34] 구체적인 동종성의 판단에 따라, 인도네시아로부터 주로 수입되는 정향이 첨가된 담배와 미국에서 판매유통이 가능한 멘솔(menthol)담배의 동종성이 검토되었는데, 상소기구는 패널의 견해를 일부 부인하였지만 결론적으로 물리적 특성, 최종용도, 소비자의 선호, 관세분류의 관점으로 미루어 동종상품으로 판단하였다.

제2.1조의 '불리한 대우' 요건에 대해서는 *US-Clove Cigarettes* 사건의 상소기구가 흥미로운 판단을 하고 있다. 이 요건에 대해서는 GATT 제3조 4항의 관련 판례에 따라, 수입상품에 악영향을 주는 형태로서 '경쟁조건의 변경'을 하는 것과 같은 기술규정인지 여부가 검토된 것으로 알려졌다.[35] 그러나 무엇을 경쟁조건의 변경이 있는 것으로 볼 수 있는지에 대해서는 GATT 제3조를 둘러싸고도 논의가 있었다. 본건에 대해서도 수입상품에 대한 '불리한 효과(detrimental impact)'가 있으면 경쟁조건의 변경이 있었다고 본 인도네시아와 반드시 그런 것은 아니라고 주장하는 미국 사이에서 의견 충돌이 있었다. 상소기구는 '불리한 대우'란 '법률상 및 사실상의 차별(*de jure* and *de facto* discrimination)'의 존재에 의하여 확인된다고 하면서, 수입상품에 대한 불리한 효과가 있다고 하여 그 자체만으로 차별을 의미하는 것은 아니라고 하였다.[36] 즉 그와 같은 수입상품에 대한 효과가 '정당한 규제에 따른 구별(legitimate regulatory distinction)'에서 비롯된 것인가(그 경우는 불리한 대우라고 말할 수 없다) 수입상품에 대한 차별에 근거하고 있는 것인가를 문제된 기술규정의 구조와 운용(design, architecture, structure, operation and application)으로부터 판단하지 않으면 안 된다고 하였다.[37] 결론적으로 인도네시아로부터의 주요 수입품인 정향이 첨가된 담배의 수입·유통·판매가

32) *Ibid.*, paras.108, 112.
33) *Ibid.*, paras.113, 115.
34) *Ibid.*, paras.117-120.
35) *Ibid.*, paras.179-180, GATT 제3조 4항에 관한 각주 6을 참조.
36) *Ibid.*, paras.181-182.
37) *Ibid.*, para.182.

금지되는 반면, 미국 내에서 주로 생산되는 멘솔담배에 대한 규제가 없는 조치의 구조와 운용은 인도네시아에서 수입되는 정향을 첨가한 담배에 대하여 차별을 구성하는 편향된 효과가 있다고 하여, '불리한 대우'가 인정된다고 판단하였다.[38)]

나머지 하나 남은 의문은 이 상소기구의 TBT협정상 '불리한 대우'의 요건론이 GATT 제3조 4항의 문맥에서도 동일하게 적용되는지 하는 점이다. 이 점은 제2.1조에 위반된다고 인정된 경우에 그것을 정당화하는 조문이 없다는 점과도 관련되어 있으며, 이것이 TBT협정의 불명확한 점 중 하나였다. GATT의 경우 GATT 제3조의 위반은 GATT 제20조를 원용하여 정당화할 수 있다. GATT 제20조와 같은 조문이 TBT협정 제2.1조에 없는 것은 어떻게 받아들여야 할 것인가. 이것에 대해서는 학설상으로는 세 가지의 견해가 있었다. 제1설은 제2.1조의 위반을 후술하는 제2.2조를 통하여 정당화하는 방법이다.[39)] 제2설은 TBT협정 제2.1조의 정당화를 GATT 제20조를 통하여 시도하는 방법이다. 단, TBT협정과 GATT가 별개의 협정인 것을 감안한다면 이 견해의 이론적 근거는 빈약하다고 보아야 한다.[40)] 제3설이 제시하는 방법은 정당화 조문이 없는 것을 TBT협정 제2.1조의 '동종상품'과 '불리한 대우'의 문구 해석을 유연하게 함으로써 대처하는 것이다.[41)] 이 점에서 *US-Clove Cigarettes* 사건의 상소기구에서 언급한 제2.1조의 '불리한 대우'에 대한 요건론이 GATT 제3조 4항과는 다르다고 한다면, 정당화 조문의 결여에 대처하려는 제3설의 입장을 취한 것인지도 모르지만 아직 명확하지는 않다.

마지막으로 간단히 TBT협정 제2.2조의 해석·적용에 대해서 소개한다. 제2.2조는 이른바 필요성의 요건을 규정하는 것으로 알려져 있는 바, 특히 그 제2문이 "기술규정은 정당한 목적이 달성될 수 없어 발생하는 위험성을 고려하여 정당한 목적을 달성하기 위하여 필요한 이상 무역을 제한하는 것이어서는 안된다"라고 하고 있다.

---

38) *Ibid.*, paras.222, 224, 226. 나아가 *US-Clove Cigarettes* 사건의 상소기구 보고서의 해설로는, Voon, T., "The WTO Appellate Body Outlaws Discrimination in U.S. Flavored Cigarette Ban," *American Society of International Law Insights*, vol.16, Issue 15 (2012). 이에 관하여, http://www.asil.org/insights120430.cfm (as of May 5, 2012)를 참조.

39) Peter Van Den Bossche, *The Law and Policy of the World Trade Organization* (Cambridge University Press, 2008), p.818.

40) TBT협정상의 위반을 GATT 제20조에 의한 정당화가 가능한지 여부를 논의하는 사건으로, Panel Report, *U.S.-Clove Cigarettes, supra* note 17, paras.7.308-7.309가 있다. 동일한 문맥에서, SPS협정상의 위반을 GATT 제20조에 의한 정당화가 가능한지 여부도 논의되었다. Panel Report, *U.S.-Poultry (China)*, WT/DS392/R (Sep. 29, 2010), para.7.481.

41) Marceau and Trachtman, *supra* note 6, pp.874-875.

정당한 목적은 예시·열거되어 있는데, '국가의 안보상 요건, 기만적 관행의 방지, 인간의 건강 또는 안전의 보호, 동물 또는 식물의 생명 또는 건강의 보호 내지는 환경의 보전'을 들고 있다. 이 조문과 유사한 것이 GATT 제20조이며, 여기서도 GATT 제20조의 관련 판례가 어느 정도 TBT협정 제2.2조의 해석에 영향을 미치는지가 쟁점이 된다.

본장에서는 지면 관계상 위 GATT 제20조의 관련 판례에 대해서는 언급하지 못했으나, 동조의 필요성 테스트에 대해서는 '밸런싱 테스트(weighting and balancing process)'라고 불리는 규제국이 설정한 보호수준과 동일한 보호수준을 달성할 수 있으면서 보다 무역에 제한을 적게 가하는 대체조치가 없는지 검토한다.[42] *US-Clove Cigarettes* 사건이나 *US-Tuna Ⅱ* 사건의 패널은 GATT 제20조(b)가 TBT협정 제2.2조의 해석에 있어서 어느 정도 관련성이 있는지 논의하였다. 두 패널은 대체로 GATT 제20조(b) 관련 판례의 취지에 따랐다.[43]

Ⅳ. 국제기준의 지위

TBT협정과 SPS협정의 성립이 국제경제의 규제구조에 변화를 준 것으로 알려져 있는 바, 이제 하나의 논점은 ISO(국제표준화기구)나 CODEX 등 국제기준설정기구에 의하여 설정된 국제기준과의 관계와 관련된 문제이다. 두 협정은 국제기준을 다음과

42) GATT 제20조의 필요성 요건에 대해서는, 예를 들어 内記香子, "カット第20條における必要性要件-WTO設立後の貿易自由化と非貿易的關心事項の調整メカニズム," 『日本國際經濟法學會年報』제15호(2006년), 217-256면을 참조.

43) *US-Clove Cigarettes* 사건의 패널은 ① 미국의 조치가 달성하고자 하는 보호수준의 특정, ② 미국의 조치가 그러한 보호수준에 있던 목적 달성에 실질적 공헌을 하는지에 대한 판단, ③ 보다 무역제한적이지 않은 대체조치의 유무의 순으로 검토를 하였다. 결론으로서 미국의 조치는 TBT협정 제2.2조 위반은 아니라고 판단하였다. 또한 이 점은 상소기구에서 쟁점이 되지 않았다. *US-Tuna II* 사건의 패널은 ① 미국의 조치가 달성하려고 하는 보호수준의 인정, ② 그 보호수준과 같은 수준의 보호를 달성할 수 있는 대체조치 유무의 검토를 실시하고, 결론적으로 미국의 돌고래 보호의 표시에는 참치를 잡는 데 돌고래가 보호되지 않는 경우가 있다는 점에서 소비자에게 어느 정도의 오인을 제공하고 있으며, 그와 같은 보호수준이라면 멕시코가 주장하는 대체조치에 의해서도 달성가능하다고 하면서, TBT협정 제2.2조 위반으로 하였다. 또한 *US-Tuna II* 사건의 상소기구는 대체조치에 따라서는 미국측 조치의 보호수준을 달성할 수 없다면서 패널이 위와 같이 제2.2조 위반이라고 본 판단을 파기하였다. Appellate Body Report, *U.S-Tuna II (Mexico), supra* note 26, paras.330-331.

같이 평가하고 있다. TBT협정은 제2.4조에서 관련된 국제규격이 존재할 때 해당 국제규격 또는 그 관련부분을 기술규정의 기초로 이용하기로 하고, SPS협정도 제3조 1항에서 국제적 기준이 존재하는 경우에는 위생·식물검역조치를 해당 국제적 기준에 따라 취하는 것으로 규정하고 있다. 또한 국제기준의 정의에 대하여 SPS협정에서는 그 부속서 A3에서, CODEX 외 국제수역사무국(OIE)과 국제식물방지구제역협약사무국(IPPC)이 명시적으로 거론되고 있으나, TBT협정에서는 SPS협정과 같이 명시적으로 거론되고 있는 국제기구는 없고, 동 협정 부속서 1(4)에서 '적어도 모든 회원국의 관계기관이 가입할 수 있는 기관 또는 제도'[44]로 규정되어 있을 뿐이다. 여기에 상정되는 것은 ISO나 IEC(국제전기표준회의)의 기준이라고 한다.

이렇게 두 협정에 국제기준의 사용이 규정된 것은 WTO로서는 외부 국제기구의 결정을 WTO 내로 편입한다는 의미를 갖고, 외부 국제기구에(WTO 내에서는 컨센서스 규정 때문에 진행되지 않는) 입법행위의 일부를 위임한 것으로 이해되고 있다(즉 '규율의 위임(regulatory delegation))'.[45] 그로 인해 국제경제질서에 있어서의 국제기준설정기관과 그 국제기준의 역할에 큰 변화를 가져왔다. 국제기준은 법적 구속력이 없고, 이른바 'soft-law'로 기능한다. 그러나 그 두 협정에 국제기준에 대한 규정이 반영됨에 따라 ISO나 CODEX의 활동에 시선이 집중되게 되었다.[46] 그것은 soft-law에 있어서 국제기준의 '경성화' 주장으로 이어진다. 즉 국제기준을 사용할 의무가 없는 상황에서 국제기준에 근거하지 아니하고 높은 보호수준의 조치를 취한 경우, WTO 분쟁해결절차에 있어서 협정 위반을 추궁 당할지도 모르기 때문이다. 이는 미리 정해진 국제기준의 사용이 사실상 의무가 되는 결과를 의미하므로,[47] 이러한 이유로 국제기구에서

44) 여기서 말하는 회원국의 '관계기관'이란 정부 그 자신은 아니지만, 예컨대 일본의 경우, 일본공업표준조사회(Japanese Industrial Standards Committee, JISC)와 같은 기관이 해당된다. 또한 *US-Tuna Ⅱ* 사건의 상소기구는 TBT협정에서 국제규격의 의미에 대하여 상세하게 분석하고 있다. 또한 국제규격과 관련하여 TBT위원회에서는 2000년에 결정을 채택하고 있는 것도 주목할 만하다. WTO, Decision of the Committee on Principles for the Development of International Standards, Guides and Recommendations with relation to Article 2, 5 and Annex 3 of the Agreement, G/TBT/9, 13 Nov. 2000.

45) Shaffer, G. C. and Trachtman, J. P., "Interpretation and Institutional Choice at the WTO," *Virginia Journal of International Law*, vol.52, no.1 (2011), pp.112-113; Büthe, T., "The Globalization of Health and Safety Standards: Delegation of Regulatory Authority in the SPS-Agreement of 1994 Agreement Establishing the World Trade Organization," *Law and Contemporary Problems*, vol.71, no.1 (2008), p.220; Marceau and Trachtman, *supra* note 6, p.840.

46) Motaal, *supra* note 8, p.865.

47) But see, F. Fonatanelli, "ISO and CODEX Standards and International Trade Law: What Gets

국제기준을 설정하는 방법에 시선이 집중되는 것은 필연적이다. 그것과 동시에 국제기구의 기준설정이 정치적으로 어렵게 되어 지연되는 상황도 지적되고 있다.[48)]

이러한 국제기준설정기구의 지위 향상은 국제경제질서에 관한 다음과 같은 분석관점에도 반영되어 있다. 즉 ISO나 CODEX가 국제기구로서 WTO와 동일한 레벨의 국제질서 차원에서 기능하고 'regime complex'라는 상황을 만들어 내고 있다는 관점이다. 'regime complex'란 하나의 이슈에 여러가지 체제(regime)가 혼재되어 있는 상황을 가리키는 개념으로, 국가가 그 복수의 체제를 자국의 이익을 위하여 어떻게 이용하고 있는지, 혹은 문제의 해결을 위하여 체제간에 어떠한 협력관계가 이루어져 있는지 등이 연구되고 있다(이른바, 체제간 상호작용(regime interaction, institutional interplay)).[49)] 자주 거론되는 사례로서 전술한 유전자변형상품을 둘러싼 미국과 유럽의 분쟁이 있다.[50)] 유전자변형상품의 수출과 유통을 촉진하고자 하는 미국과 이를 저지하려는 EU가 WTO 분쟁해결절차라는 체제 이외에도, 생물다양성협약이나 CODEX의 유전자변형상품의 라벨링(labeling)에 관한 기준설정의 부분을 들어 서로 다투었던 것이 주목을 받았다.

이와 같이 국제기준의 위상이 높아진 것으로 보이지만, WTO협정의 해석에서 중요한 것은 국제기준의 이용이 절대적인 것이 아니라는 점이다.[51)] 다음에 보는 것과 같이, 협정에는 국제기준에서 벗어나는 것이 가능한 경우가 규정되어 있고 또한 전문가로부터 국제기준이용의 '경성화'에 대한 우려도 제시되어 오고 있다.

Said is not What's Heard," *International and Comparative Law Quarterly*, vol.60, no.4 (2011), p.915. 이 논문은 당초 국제기구에서 SPS 관련분야의 기준이 설정될 때는 소비자의 건강보호 등 국가가 최저기준으로서 지켜야 할 것을 설정하려는 의도가 있었는데도 불구하고 그것이 WTO의 국면에서 그 최저기준을 지키고 있는지 여부는 문제되지 않고(즉 국제기준보다 낮은 기준이 설정되었다 해도 이것은 문제가 되지 않고), 오히려 국제기준보다 높은 수준의 조치를 취하면 SPS협정의 위반으로 되어 WTO 분쟁으로 이어지는 귀결을 지적한다.

48) M. A. Livermore, "Authority and Legitimacy in Global Governance: Deliberation, Institutional Differentiation, and the Codex Alimentarius," *New York University Law Review*, vol.81, no.2 (2006), pp.786-787.

49) Margaret Young (ed.), *Regime Interaction in International Law: Facing Fragmentation* (Cambridge University Press, 2012).

50) Nico Krisch, Beyond Constitutionalism: *The Pluralist Structure of Postnational Law* (Oxford University Press, 2011), Chapter 6; Pollack, Mark and Shaffer, Gregory, *When Cooperation Fails: The International Law and Politics of Genetically Modified Foods* (Oxford University Press, 2009). 일内記香子, 「『貿易と環境』問題とレジーム間の相互作用-WTOと國際基準設定機關の關係から」, 『國際政治』제153호(2008년), 106-121면 참조.

51) Scott, *supra* note 7, p.274.

우선, 협정상의 규율과 그 해석에 대하여 SPS협정을 검토한다. *EC-Hormones* 사건에서는 SPS협정 제3조 1항이 '위생·식물검역조치가 가능한 한 넓은 범위에 걸친 조화를 위한' 국제기준을 근거로 하고 있는 점에 관하여, 이것이 국제기준에 기초한 조화(harmonization)가 의무화된 것인지가 논점이 되었다. 상소기구는 그것을 각 국가의 조치를 국제기준에 따라 조화시킬 의무라고 보지 않고, '장래의 목적(as a goal, yet to be realized, in the future)'으로 해석하였다.[52] 그리고 SPS협정 제3조 3항은 일정의 조건 아래에서 회원국이 국제기준에 근거하지 아니하고 그것보다 높은 수준의 보호조치를 도입하는 것을 인정하고 있다. 그러나 그 조건은 '과학적으로 정당한 이유가 있는 경우 또는 … 제5조 1항부터 8항까지의 관련 규정에 따르는 경우'로 되어 있다. 다시 말해, 여기에서도 과학적 근거가 있는 경우라는 조건을 부과하고 있다.

SPS협정 제5조에 대해서는 제1항과 제7항에 대해서 전술하였지만, 제7항의 경우 국제기준에 관련된 논점에 대해서만 소개하자면, *US-Continued Suspension* 사건에서는 CODEX 기준(식품 중의 동물용 의약품의 최대 잔류기준치에 관한 국제기준)이 존재하였다. 전술한 바와 같이, 제7항에서는 과학적 증거의 불충분함이 요건이 되지만, 이 CODEX 기준의 존재가 과학적 증거의 '충분함'을 나타내는 것인지 여부가 쟁점이 되었다. 이 사건에서는 국제기준의 존재는 과학적 증거의 충분함을 확정하는 것이 아니라, 후에 새로운 과학적 지식이 축적되고 제7항에서 말하는 과학적 증거가 불충분한 경우에 상황이 변화하는 경우도 있는 점이 중요하게 다루어졌다.[53] 즉 국제기준의 존재는 과학적 증거의 하나일 뿐이지 그 존재가 다른 과학적 증거에 대하여 반드시 우월하지는 않다는 것이다.[54]

다음으로는 TBT협정이 국제기준에서 벗어날 수 있는 경우에 대하여 어떻게 규정하고 있는지 살펴본다. 전술한 바와 같이 제2.4조의 1문은 국제규격을 기초로 이용하도록 되어 있는데, 동조 2문이 '단, … 해당 국제규격 또는 그 관련부분이 추구되는 정당한 목적을 달성하는 방법으로서 효과적이지 않거나 적당하지 않은 경우는 이에 해당되지 않는다'라고 규정하고 있는 점이 중요하다. 여기에서 정당한 목적은 전술한 TBT협정 제2.2조에서 말하는 '정당한 목적'과 동일한 이해선상에서 보면 된다. 그렇다면, 국제규격이 효과적이지 않거나 적당하지 않은 경우는 어떠한

52) Appellate Body Report, *EC-Hormones, supra* note 12, para.165.

53) Appellate Body Report, *US-Continued Suspension,, supra* note 16, para.708.

54) Joanne Scott, *The WTO Agreement on Sanitary and Phytosanitary Measures: A commentary* (Oxford University Press, 2009), p.vii, see also, Motaal, *supra* note 8, p.869.

경우인가.

이 부분의 해석은 *EC-Sardines* 사건에서 나타났다. 이 사건에서는 Sardina pilchardus를 원료로 하는 통조림만 '정어리(sardines)'로 표시하는 것을 인정하고 원고인 페루 수출품인 Sardinops sagax를 포함한 다른 종류의 원료를 사용한 경우에는 '정어리'라는 표시를 인정하지 않는 EU 규칙이 문제가 되었다. 이와 관련하여 CODEX가 국제규격을 정하고 있는데, 이에 따르면 Sardinops sagax를 포함한 다른 종류의 원료를 사용한 것도 '정어리'로 표시하는 것을 인정하고 있었다. EU는 해당 CODEX 규격을 기초로 하지 않는 이유로서, 제2.4조의 2문에 의하여 이 CODEX 규격은 정당한 목적을 달성하는 방법으로 효과적이지 않거나 적당하지 않다고 주장하였다. 구체적으로는 소비자보호를 정당한 목적으로 꼽으면서, EU 회원국의 소비자가 Sardina pilchardus를 원료로 한 통조림만 '정어리'로 인식하고 있으므로, 다른 원료를 사용한 것을 '정어리'라고 표시할 경우 혼란을 초래한다는 것을 이유로 내세웠다.

이에 대하여 상소기구는 우선 '효과적이지 않다'는 것은 '정당한 목적이 달성되지 않는 것'을 말하고, '적당하지 않다'는 것은 '정당한 목적의 추구를 위한 수단이 적당하지 않다는 것'이라고 해석하였다.[55] 게다가, 다수의 EU 회원국의 소비자(consumers in most Member States)들은 EU가 주장하는 것과 같이 Sardina pilchardus를 원료로 한 통조림만 '정어리'로서 인식하고 있다는 사실이 증명되지 않았다고 하였다. CODEX 규격은 시장의 투명성과 소비자보호의 관점에서 '정어리'의 표시 앞에 원산지와 어종을 기재하는 것을 인정하였는데, CODEX 규격은 EU의 목적을 달성하는데 효과적이지 않고, 적절하지 않다고 판단하였다.[56]

이러한 판단에 대해서는 다음과 같은 비판이 있다. 이 사건에는 다수의 EU 회원국 소비자의 인식이 어떠한 것인지가 논의되었으나, 만일 EU 내 다수 국가에서 Sardina pilchardus를 원료로 한 통조림만 '정어리'로서 소비자가 인식하고 있음이 증명되었다면, 어떤 결과를 초래할 것인가(이들 다수의 국가를 위한 소비자보호의 목적은 인정되지 않을 것인가).[57] 또다른 지적으로, 동조의 입증책임은 원고인 페루 측에 있으

55) Appellate Body Report, *EC-Sardines*, WT/DS231/AB/R (Sep. 26, 2002), para.285.

56) Panel Report, *EC-Sardines*, WT/DS231/R (May 29, 2002), paras7.131-7.133; Appellate Body Report, *ibid.*, para.290.

57) J. Scott, "International Trade and Environmental Governance: Relating Rules (and Standards) in the EU and the WTO," *European Journal of International Law*, vol.15, no.2 (2004), p.329.

나, 국제규격이 효과적·적절하다는 것을 입증하는 페루의 부담은 가벼운 반면, 규격이 효과적이지 않고 적절하지 않다고 반증하는 EU 측의 부담은 무겁다는 상황에 대한 비판도 있었다.[58] 이러한 비판은 국제규격이 효과적이고 적절하다고 상정되기 쉽다는 점에 대한 비판인 것이다.

또한 이러한 견해는 국제기준에 대한 보다 구조적인 비판으로 이어진다. 즉 WTO 분쟁해결절차에서 국제기준이 어떻게 설정되었는지, 즉 컨센서스 혹은 다수결로 성립하였는지를 포함하여 이를 정하는 절차(process)에 대하여 전혀 검증이 이루어지지 않은 것이 문제이다.[59] 국제기구에서 설정된 국제기준은 다양한 이해관계자가 참가하는 논의를 통하여 작성되었고,[60] 그 점에서 WTO보다는 민주적 절차를 거치는 것이라는 일반적 이해도 가능하겠지만,[61] 개별의 국제기준의 설정절차를 검증하지 않고 국제기준의 타당성을 상정하는 것은 위험하다는 것이다. 이러한 주장은 WTO 분쟁해결절차에서 국제기준의 이용이 '경성화'됨에 따라 국가의 자유로운 규율을 가로막는 현상에 대하여 경종을 울리는 것이다.

Ⅴ. 결　　론

현재 국제사회에서는 국가가 각자의 국내사항에 대한 자율성(regulatory autonomy)을 확보하는 것이 중시되어 국가의 규제다양성(regulatory diversity)이 보호되어야 한다고 주장하는 목소리가 크다. WTO가 회원국 각국이 규제를 유지할 자유를 얼마나 허용하는지, WTO에 의한 규제에 얼마나 유연성이 있는지, 국제사회는 WTO의 분쟁을 항상 이와 같은 비판적인 관점에서 보고 있는 것이다. 본장에서 다룬 GATT, SPS협

58) H. Horn and J. H. H Weiler, "European Communities–Trade Description of. Sardines: Textualism and its Discontent," in Horn H. and Mavroidis P. C. (eds.), *The WTO Case Law of 2002* (Cambridge University Press, 2005), pp.272-273.

59) R. Howse, "A New Device for Creating International Legal Normativity: The WTO Technical Barriers to Trade Agreement and 'International Standards'," in Joerges, C. and Petersmann, EU. (eds.), *Constitutionalism, Multilevel Trade Governance and Social Regulation* (Hart Publishing, 2007), pp.387-389.

60) 다만, CODEX의 기준설정과정에서 이해관계자가 참가할 수 있는 것으로 평가되고 있으나, 소비자단체보다 산업계의 목소리가 보다 크게 반영되는 불균형이 있다는 점이 지적된다. Livermore, *supra* note 48, pp.784-786.

61) Howse, *supra* note 59, p.394.

정, TBT협정의 관련 조문의 해석·적용은 회원국의 비경제적 규제주권의 범위를 다양하게 신축시켜 왔는바, 앞으로도 그 전개가 주목된다.

제 5 장
농업협정의 의의와 해석의 전개

濱田 太郎 (하마다 타로)

Ⅰ. 서　　론

농업협정은 농산물무역을 다른 상품무역과 공통된 일반원칙의 규율에 따르도록 하는 것을 궁극적인 장기목적으로 한다. 농업협정은 그러한 목적실현을 향한 획기적 성과를 올렸다. GATT에서는 농산물무역에 일반원칙으로부터의 일정한 예외를 인정하고 있었기 때문에, 이에 대해서는 역사적인 전환이 이루어진 것으로 평가된다.[1] 하지만 그와 같은 농업협정의 목적을 완전히 달성할 수는 없었기 때문에, 농업협정은 협상을 통해 변경된 규율을 제정하여 그러한 목적을 실현하려 한다. 분쟁해결제도 또한 이러한 장기목적 실현을 위한 일정한 역할을 수행한다. 본장에서는 이러한 농업협정의 의미를 평가하고, 그러한 장기목적 실현을 향해 분쟁해결제도가 수행하는 역할을 논한다.

1) 지면의 부족으로 인해 선행연구에 관한 상세한 각주는 포기하고 가능한 한도 내에서 지적한다. GATT·WTO에서의 농산물무역에 관해서는, 平覚, '農業貿易,' 中川惇司 외, "国際経済法(第2版)"(有斐閣, 2012년), 166-183면; 佐伯尚美, "ガットと日本農業"(東京大学出版会, 1990年), 本間正義; "農業問題の政治経済学-国際化への対応と処方"(日本経済新聞社, 1994年); 同 "現代日本農業の政策過程"(慶應義塾大学出版会, 2010年)을 참조.

WTO의 분쟁해결제도는 문언에 충실한(문언주의적) 해석[2)3)]뿐만 아니라, 문언이 애매한 경우[4)] 대상과 목적에 근거하여 통상적 의미를 확정하는 목적론적 해석을 통하여 농업협정의 장기목적을 향한 적극적인 역할을 수행하고 있다. 농업협정에 관한 분쟁(이하 농업협정분쟁)사례를 조사하면, 문언주의적이라고는 하지만 당사국의 의도와는 다르다는 비판을 받는 해석을 통해, 또한 조약문이 애매한 경우에 있어서는 농산물무역의 보조 및 보호의 실질적이고 점진적인 삭감이라는 결과를 초래하는 목적론적 해석을 통해 패널 및 상소기구가 장기목적을 향한 적극적 역할을 수행해 왔다. 무엇보다도 이러한 경우에 있어서 패널과 상소기구는 문언의 통상적 의미의 해석을 일반적인 사전을 참조하는 데에서 시작하여, 다음으로 문맥과 대상·목적을 의미의 확정에 사용한다. 이러한 해석의 경우에는 외형상 의미가 불명확한 경우나 불합리한 경우에만 조약체결의 준비작업 또는 체결사정을 고려하여 당사국의 의도를 탐구하는 단계적 해석방법·논리구성을 유지한다. 본장에서는 분쟁해결제도가 수행하는 농업협정의 장기목적을 향한 적극적인 역할을 비판적으로 고찰한다.

Ⅱ. 농업협정의 의의

GATT는 농산물무역에 대해 수입수량의 제한과 수출보조금을 허용하는 등 일반원칙의 예외를 인정하고 있었다. 1980년대 말 이후에 이르러서야 수량제한금지 규정의 확대해석을 통해 분쟁해결절차를 거쳐 일반원칙의 엄격한 적용이 담보되었

2) 각료회의 및 일반이사회는 WTO협정의 해석을 채택하는 배타적 권한을 가진다(WTO 설립협정 제9조 2항). 분쟁해결제도는 WTO협정의 규정의 해석을 명확화 하는 일에 기여한다(DSU 제3조 2항). 분쟁해결제도의 권고 또는 결정은 WTO협정에 합치되어야 한다(동조 5항). 분쟁해결제도의 권고 또는 결정은 통상의 경우 역총의(negative consensus) 방식에 따라 채택된다. 이러한 의미에서 패널 및 상소기구의 판단은 그러한 권고 및 결정으로서 WTO협정의 해석이 된다는 것이 통례이다.

3) WTO의 분쟁해결제도에 관한 연구는 매우 많다. 특히 清水章雄, 'WTO紛争解決における解釈手法の展開と問題点,' "日本国際経済法学会年報"第19号(2010年); 岩沢雄司, "WTO(世界貿易機関)の紛争處理"(三省堂, 1995年)을 권한다.

4) 이론적으로는 애매한 경우와 애매하지 않은 경우 모두를 고찰해야 할 것이다. 하지만 후자의 경우에는 재판 불능(non liquet), 규범완벽성(completeness), 법의 흠결 등 별도로 논의해야 할 문제가 포함된다. 이 논문의 범위를 초과하므로, 침묵(silence)에 대하여 논한 Van Damme, Isabelle, *Treaty Interpretation by WTO Appellate Body* (Oxford University Press, 2009), pp.110-156을 참고.

다.[5] 또한 수출보조금 금지규정은 문언이 애매하여 위반의 입증이 어려웠다. GATT 제16조는 수출보조금을 유해한 영향을 끼치는 것으로 간주하여 일반적으로 금지하고 있으나, 일차상품은 그러한 금지의 예외로서 가능한 한 허용하지 않아야 할 노력의무에 지나지 않고, 과거의 대표적인 기간 동안 당해상품의 세계수출무역에서 당해체약국의 공평한 몫을 넘어 확대되는 방법으로의 교부가 금지되었다. 도쿄라운드 SCM협정 제10조는 규율을 확대하였지만 공평한 몫이라는 문구의 애매함에 더해, 수출보조금이 그러한 확대를 가져왔다고 하는 점에 대한 입증이 어려워 실효적인 규율이라 말하기 어려웠다.[6] GATT의 규율이 애매한 국영무역기업이나 가변부과금도 농업보호수단으로 많이 이용되어 왔다.[7] 아울러, 미국은 농업조정법에 근거한 농산물 수입제한에 대해 기한이나 품목을 제한하지 않는 형태의 폭넓은 의무면제를 취득하였다. 또한 GATT는 제정 경위에서부터 자체적 효력이 없었으며, 잠정적용의정서, 가입의정서 등에 의하여 법적 효력이 부여되었다. 동 의정서에는 소위 조부조항이 들어있어, GATT 제2부의 규정에 관해서는 동 의정서 체결시의 현행 국내법령에 위반하지 않는 정도를 준수하는 것으로 충분하였는데 조부조항에 근거하여 다수의 농업보호가 정당화되었다.[8]

WTO협정은 회원국이 자국의 법률·행정절차를 WTO협정에서 정한 의무에 합치하도록 만들 의무를 규정하고 있다(WTO 설립협정 제16조 3항). WTO협정을 구성하는 농업협정 등의 협정 및 관련 법적 문서는 불가분의 일체이다(동 협정 제2조 2항). 유보는 원칙적으로 인정되지 않으며(동 협정 제16조 5항) 일괄하여 수락하여야만 한다.

농업협정의 전문(前文)은 공정하고 시장지향적인 농산물 무역체제의 확립, 협상을 통한 보조 및 보호의 점진적 삭감, GATT 규칙 및 규율의 강화에 더해 더욱 효과적인 운용을 장기적 목표로 하고, 그러한 장기적 목표가 농산물시장 제한과 왜곡을 시정하고 방지하는 결과를 가져올 것이라고 규정한다. 회원국은 이러한 장기목표의 실현을 위해 농협협정에 의거한 시장접근, 국내보조 및 수출경쟁의 각 분야에서 구속력을 가진 약속을 이행할 것을 약속하고 있다.

---

5) 平, '前掲論文'(각주 1) 168면.
6) 本間, "前掲書"(2010年, 각주 1) 208면; 佐伯, "前掲書"(각주 1), 77면; 平, '前掲論文'(각주 1) 169-170면; 濱田太郎, 'WTO補助金協定にいう補助金による "著しい害" の概念一米国·綿花事件お中心に'(経済産業研究所, Discussion Paper Series 10-J-030, 2010年), 3-7면.
7) 本間, "前掲書"(1994年, 각주 1), 51-53면; 佐伯·同上, 80-84, 95-99면; 平·同上, 169면.
8) 本間·同上, 48면; 佐伯·同上, 87-91면; 平·同上, 168면.

농업협정은 부속서 1에 열거된 어류 및 수산제품을 제외한 일정한 농산물에 대해서만 적용된다(본장의 농산물은 농업협정의 대상상품을 가리킨다). 제4조 2항은 수입수량제한, 가변수입부과금, 최소수입가격, 재량적 수입허가, 국영무역기업을 통해 유지되는 비과세조치, 수출자율규제 및 이와 유사한 통상적인 관세 이외의 국경조치를 관세화할 의무를 부과하였다. GATT 제25조에 근거한 의무면제의 결정 중에서 WTO 협정의 효력발생일에 유효한 것은 1994년 GATT의 일부로서 유효(GATT 1994 제1조 (b) (iii))하지만, 미국은 WTO에 이러한 광범위한 의무면제를 신청하지 않았다. 게다가 EC의 가변부과금이 농업협정 제4조 2항 각주에서 명문으로 금지된 것은 획기적이었다.[9] 그리고 회원국은 관세를 양허한 양허표에 따라 관세를 점진적으로 감축할 것을 약속하였다. 제4조 2항은 제5조 및 부속서 5에서 달리 규정된 경우를 예외로 두고 있다. 전자는 종량제 혹은 종가제의 특별 세이프가드(safeguard)이고, 후자는 일본과 한국 등이 일찍이 쌀에 적용했던 특별조치이다.

게다가 기초 농산품의 생산자를 위해 농산품에 행해지는 보조(상품특정적 보조)를 원칙적으로 양허하여, 양허표에 따라 점진적으로 감축할 것을 약속하였다('Yellow Box'). 다만 부속서 2가 규정하는 기준을 만족시키는 보조('Green Box'), 제6조 2항에서 말하는 농업 및 농촌의 개발촉진을 위한 정부의 지원조치, 제4항에서 말하는 상품특정적 보조에 대해 그 총액이 당해연도의 당해상품 생산총액의 일정비율을 초과할 수 없는 등('*de-minimis*') 제5항에서 말하는 생산제한대상상품에 대한 일정한 직접지급('Blue Box')은 감축대상이 되지 않는다.

또한 수출이 이루어진 사실에 근거하여 교부되는 수출보조금을 양허표에 따라 점진적으로 감축하기로 약속하였다. 이러한 시장접근, 국내보조, 수출보조금에 대해 규율하는 것은 모두 획기적인 것이었지만 실제로는 관세화에 따른 금지적 고관세 품목의 출현, 관세할당 및 특별 세이프가드의 빈번한 사용, 다액의 국내보조 및 수출보조금의 유지 등으로 인하여 자유화 수준은 낮았다.[10] 농업협정 제20조에서는 장기목표가 진행 중인 과정에 있다는 것을 인식하고, 이행기간의 종료 1년 전에 비무역적 관심사항 등을 고려하여 그러한 과정을 계속하기 위한 협상을 시작하기로 합의하고 있다. 이와 같이 협정에서 협상개시를 예정하고 있는 것을 기설정 의제(Built-in Agenda)라 한다. 본래 이러한 장기목표를 향한 역할은 계속적 협상을 통해 수행하여야 한다.

9) 本間, "前揭書"(2010年, 각주 1), 215면.
10) 本間·同上, 213-222면; 平, '前揭論文'(각주 1), 174-178면.

그러나 다음에서 지적하는 바와 같이 분쟁해결절차는 농업협정에 대한 문언주의적 또는 목적론적 해석을 통해 장기목표의 실현을 향한 적극적 역할을 수행하고 있다.

Ⅲ. 농업협정분쟁의 특징과 판례의 경향

DSU 제3조 2항은 패널 및 상소기구가 WTO협정에서의 권리·의무에 새로운 것을 추가하거나 뺄 수 없다고 규정하고 있다. 분쟁해결제도는 해석에 관하여 국제법상의 관습규칙에 따라 현행규칙의 해석을 명확화하는 데 기여하는 것으로 되어 있다. 상소기구는 이러한 관습규칙으로 조약법에 관한 비엔나협약 제31조, 제32조를 든다.[11] 상소기구에 따르면 조약의 문언이 해석의 기초이고, 조약의 조항에서는 그 문맥에 따라 통상의 의미가 주어지며, 그러한 의미를 확인할 때 대상·목적이 고려된다. 문맥과 대상·목적은 통상의 의미가 주어지지지 않을 때 고려되는 것으로, 대상·목적은 해석의 독립된 근거가 아니다.[12] 문맥은 문법, 구문 등 당해조항의 직접적인 (immediate) 문맥과, 다른 조문과의 관계를 고려한 관련문맥으로 구성된다.[13] 상소기구에 따르면 특정한 조항의 문언을 문맥을 고려하여 해석하여도 의미가 불명확하거나 결정되지 않는 경우, 또는 문언해석의 정확도를 확인하기 위해 조약 전체의 대상·목적을 고려한다.[14] 상소기구는 통상의 의미는 일반적인 사전을 '유익한 출발점'으로 참조하고,[15] 문법, 구문 등의 직접적인 문맥이나 다른 조문과의 관계를 고려하여 관련문맥을 고려하며,[16] 그래도 문언의 의미가 불명확하거나 결정적이지 않은 경우에 협정 전체의 대상·목적을 고려하는 해석방법을 취하고 있다.[17] 상소기구는 조약의

11) 조약법에 관한 비엔나협약에 관한 연구는 매우 많다. 특히 山形英郎, '国際司法裁判所おける条約解釈手段の展開一ヴァッテル規則からの脫却', "日本国際経済法学会年報"第19号(2010年) 및 Gardiner, Richard, *Treaty Interpretation* (Oxford University Press, 2008)을 권한다.

12) 清水, '前揭論文'(각주 3), 12-13면. Appellate Body Report, *Japan-Alcoholic Beverages Ⅱ*, WT/DS8/AB/R, WT/DS10/AB/R, WT/DS11/AB/R (Oct. 4, 1996), p.10.

13) Gardiner, *supra* note 11, pp.178-184. Van Damme, *supra* note 4, pp.223-225.

14) 清水, '前揭論文'(각주 3) 14면. Appellate Body Report, *US-Shirimp*, WT/DS58/AB/R (Oct. 12, 1998), para.114.

15) Appellate Body Report, *US-Softwood Lumber Ⅳ*, WT/DS257/AB/R (Jan. 19, 2004), para.59. 清水·同上, 15면. Van Damme, *supra* note 4, pp.226-227.

16) Van Damme, *supra* note 4, pp.232-251.

17) 清水, '前揭論文'(각주 3), 15면. Mavroidis, Petros C., "No Outsourcing of Law? WTO Laws as Practiced by WTO Courts," *American Journal of International Law*, 102(3), (2008), pp.446,

준비작업이나 체결사정을 통상의 의미에 따르는 해석에서 의미가 불명한 경우 혹은 분명하게 상식에 반하거나 불합리한 결과가 초래되는 경우에만 고려하고, 그와 같은 역할은 어디까지나 보충적인 것이라 하고 있다. 그러나 ILC는 제31조 및 제32조의 관계를 이러한 단계적인 관계로 해석하지 않는다.[18] 무엇보다도 경직적인 단계적 해석방법에는 많은 비판이 가해지고 있다. 상소기구는 이러한 해석방법을 근본적으로 변경하지는 않았지만, 일반적인 사전이 가지는 한계를 지적하고,[19] 통상의 의미를 상황에 따라 당사국의 의도에 비추어 이해하며, 해석의 일체성을 강조하여[20] 그러한 해석방법은 변화하고 있다.

이러한 문언주의적인 해석에 의해 분쟁해결제도는 농업협정의 장기목표 실현에 기여하여 왔다. *Chile-Price Band System* 사건에서 상소기구는 농업협정 제4조 2항은 각주에서 가변수입부과금, 최소수입가격 등을 예시열거하고 있어, 이들과 유사한 통상적인 관세 이외의 국경조치가 금지되도록 관세화해야 할 의무가 부여되는 것으로 해석하였다.[21] 용어의 통상적 의미에 따르면 가변부과금은 세율의 가변성을 함께 포함하고 있어 그 운용에 투명성과 예견가능성이 부족하다.[22] 가격유지제도(價格帶)는 가변수입가격 또는 최소수입가격과 완전히 동일하지는 않지만,[23] 세계가격에 조정을 가한 하한가격을 설정하는 등 투명성 및 예견가능성이 결여된, 가변수입부과금 및 최소수입가격에 유사한 국경조치에 해당한다.[24] *Turkey-Rice* 사건에서 패널은 터키가 쌀의 수입시에 제출을 의무화한 증명서는 발급정지를 통하여 쌀의 수입량을 제한하는 것이며 그것의 발급조건에는 투명성 및 예견가능성이 부족하며, 따라서

456, 470.

18) Gardiner, *supra* note 11, pp.306-310. 의미가 불명확한 경우 및 상식에 반하는 경우가 아니더라도 보충적 수단을 사용할 수 있다. ILC는 제31조에 포함된 모든 규칙의 적용에 있어서 명료한 의미 또는 합리적인 의미가 분명하지 않다는 사실이 확인된 이후에 준비문서 등이 고려되어야 한다고 규정하는 것은 비현실적이며 적절하지 않다고 하고 있다(小川芳彦訳, '国際法委員会条約法草案のコメンタリー(3),' "法と政治"19巻4号(1968年), 130면).

19) 清水, '前揭論文'(각주 3), 16면. Van Damme, *supra* note 4, pp.226-229; Appellate Body Report, *US-Gambling*, WT/DS285/AB/R (Apr. 7, 2005), para.164.

20) 清水·同上, 17면. Appellate Body Report, *EC-Chicken Cuts*, WT/DS269/AB/R (Sep. 12, 2005), paras.175-176.

21) Appellate Body Report, *Chile-Price Band System*, WT/DS207/AB/R (Sep. 23, 2002), paras. 204-210, 21.

22) *Ibid.*, paras.233-234.

23) *Ibid.*, para.242.

24) *Ibid.*, para.252.

사실상의 수입수량제한에 해당하므로 동항에 위반한다고 해석하였다.[25] *EC-Poultry* 사건에서 브라질은 EC 양허표에서의 냉동계육의 관세율 할당이 GATT 제28조에서 말하는 보상적 조정을 위한 양자간 합의에 기반한 것으로 브라질에만 배타적으로 할당된 것이라고 주장하였다. 그러나 상소기구는 EC 양허표의 다른 조건(terms and conditions)에 그와 같은 규정이 없고,[26] 양자간 합의를 EC 양허표에 관한 당해 약속의 해석을 위한 보조적 수단으로 이용한다고 해도 거기에서 말하는 '국제(global) 년간 관세율 할당'이라는 명칭은 그것의 대상이 모든 나라인 경우로 해석되므로,[27] 브라질의 주장을 인정하지 않았다. 양허표 또는 보상적 조정을 위한 양자간 합의로 WTO협정의 의무를 위반할 수 없다고 지적하고 있지만,[28] 그러한 의도를 가진 양허표상의 문언은 존재하지 않는다 하였다. *US-Upland Cotton* 사건에서 패널은 허용보조금의 지위가 부여된 미국의 일정한 보조금 지불은 채소와 과일을 그와 같은 대상상품에서 제외하고 있으며, 부속서 2의 6항(b)에서 말하는 지불액이 생산의 형태에 관련되거나 또는 근거하여서는 안 된다는 조건을 만족하지 않는다고 하였다.[29]

한편 조약문이 애매한 경우에도 외형적으로 종전의 문언주의적인 단계적 해석방법·논리구성을 취하고 있으나 이와 같은 해석은 당사국의 의도에 반한다는 비판을 받아왔다. *EC-Poultry* 사건에서 상소기구는 특별 세이프가드의 발동조건에 관한 농업협정 제5조 1항(b)에서 말하는 회원국에 수입될 때의 가격은 문언의 통상적 의미와 그 문맥을 고려해도 관세를 포함하지 않은 당해 농산물의 보험료 및 운임을 포함한 수입가격(CIF가격)을 가리킨다고 해석하였으며,[30] 동 협정 제5조 5항은 발동가격과의 엄격한 비교의무를 부과하고 있어 동항 위반에 해당한다고 해석하였다.[31] 그러나 그와 같은 발동조건의 해석은 패널과 상소기구에서 차이가 있으며 상소기구는 패널의 반대의견에 가까운 해석이다. 문언상 "~에 따라 결정된다"로 되어있기 때문에 관세 및 CIF가격의 합계인지 혹은 CIF가격만을 나타내는지가 명확하지 않다. 상소기구에 따르면 관세액 및 CIF가격의 합계를 발동조건으로 해석하면 첫째, 발동가격을 상회하는 종량세를 부과하는 경우는 항상 특별 세이프가드의 발동이 인정되지 않아

25) Panel Report, *Turkey-Rice*, WT/DS334/R (Sep. 21, 2007), paras.7.120-7.121.
26) Appellate Body Report, *EC-Poultry*, WT/DS69/AB/R (Jul. 13, 1998), para.90.
27) *Ibid.*, paras.91-92.
28) *Ibid.*, paras.99-102.
29) Panel Report, *US-Upland Cotton*, WT/DS267/R (Sep. 8, 2004), paras.7.366, 7.384, 7.385, 7.388.
30) AB Report, *EC-Poultry*, *supra* note 26, para.153.
31) *Ibid.*, paras.164-171.

기초자의 의도에 반한다. 둘째, 특별 세이프가드의 발동 여부가 관세화의 결과인 관세액의 대소에 의존한다고 하는 해석도 기초자의 의도에 반한다고 한다.[32] 그러나 제4조 2항은 제5조 및 부속서 5의 별단의 규정을 예외로 하고 있으며, 특별 세이프가드를 제4조 2항에서 말하는 관세화의 영향 완화를 위한 조치라고 해석한다면, 발동가격을 상회하는 관세를 부과하는 경우 언제나 특별 세이프가드의 발동이 인정되지 않더라도 불합리하지 않다.

US-Upland Cotton 사건에서 수출보조금의 인정 및 수출보조금약속 우회방지의무에 관한 해석에 협상 경위를 반영하지 않아 당사국의 의도에 반한다는 비판이 있다.[33] 상소기구는 농업협정 제21조의 규정에 대해 동 협정에 동일한 사항에 관한 명시적 특별규정이 있는 경우를 제외하고는 동 협정 및 1994년 GATT, 부속서 1A의 그 밖의 다자간 무역협정의 규정이 중첩적으로 적용된다고 해석하였다.[34] 그리고 SCM협정 부속서 1(j)에 비추어 일정한 수출신용보증제도는 장기적인 운용에 관한 비용 및 손실을 보전하기에 충분한 과율(科率)로 운용되지 않아 SCM 제3.1조(a) 및 제3.2조에 위반한다.[35] 또한 수출신용보증은 농업협정 제10조의 규율대상이다.[36] 제10조 2항에 따라 제10조 1항의 적용이 면제된다는 미국의 주장에 대해서는 문언의 통상적 의미 및 협상경위에 대한 해석으로부터 제10조 2항에 그와 같은 의도가 있다고 생각할 수 없다고 하였다.[37] ① 동항이 굳이 수출신용보증의 공여에 관하여 규율하

32) *Ibid.*, para.151-152.

33) Benitah, Marc, "U.S. Agricultural Export Credits after the WTO Cotton Ruling: The Law of Unintended Consequences," *The Esty Centre Journal of International Law and Trade Policy*, 6(2), (2005), pp.107-114.

34) Appellate Body Report, *US-Upland Cotton*, WT/DS267/AB/R (Mar. 3, 2005), para.532. 이러한 해석에 기초하여, TRIMs협정 및 TBT협정 등도 농업협정과 동일한 사항에 관하여 명시적인 특별규정이 없기 때문에 적용되게 되지만, 이러한 해석은 당사국의 의도에 반한다고 비판된다(平覚, '前揭論文'(각주 1), 180-181면). 예를 들어, TBT협정은 라벨링(labelling)에 적용되는 것으로 간주된다(Kerr, William A., "The Next Step will be Harder Issues for the New Round of Agriculture Negotiations at the World Trade Organization," *Journal of World Trade*, 34(1), (2000), p.135).

35) AB Report, *US-Uplan Cotton*, supra note 34, para.612.

36) *Ibid.*, para.615.

37) Ibid., para.608-627. 패널은 제10조 2항의 의미는 문언, 문맥, 대상·목적에 비추어 명확하다고 말하며(Panel Report, US-Upland Cotton, supra note 29, para.7.933), 협상경위를 검토할 필요는 없다고 판단하였다. 그러나 상소기구는 협상경위를 포함하여 검토하였고 미국의 주장은 정당하지 않다고 지적하였다(AB Report, US-Upland Cotton, supra note 34, para. 623).

는 문언을 사용하고 있는 점,[38] ② 제10조 2항에는 제10조 1항의 적용을 면제하는 문언이 없는 점,[39] ③ 제10조와의 일체성[40]으로부터 살펴보면 동조의 기초자는 수출신용보증 등에 적어도 농업협정 제10조 1항이 적용되는 것을 상정하였다고 해석하였다.[41] 또한 만약 국제적 규율이 합의될 때까지 수출신용보증이 어떠한 규율에도 복종하지 않는다고 하면 수출신용보증에 의해 수출보조금의 감축약속을 손쉽게 우회하는 것을 기초자는 인식하고 있었을 터이다. 미국의 해석은 수출보조금의 감축약속의 우회방지라는 농업협정의 중심적인 목적달성을 저해한다[42]는 목적론적 해석도 전개하였다. 한편 상소기구의 반대의견은 제10조 2항은 애매하므로 기초자가 보다 명확히 규정하였어야 한다고 지적하면서,[43] ① 규율작성을 위해 노력할 것과 ② 규율에 합의한 이후에는 규율을 준수할 것을 의무화한다고 해석하였다.[44] 우루과이라운드의 종료시점에는 규율이 존재하지 않는 것을 보여주는 것인데,[45] 다시 말하면, 규율할 필요성은 인식되었지만 합의를 보지 못하고 결과적으로 장래의 합의시점까지는 규율이 미치지 않는 규정이 된 것이다.[46]

상소기구의 다수설에는 다음과 같은 문제가 있다. 첫째, 만약 미국이 우루과이라운드에서 수출신용보증이 수출보조금 감축약속 우회방지의무의 대상이 된다는 사실을 인식하고 있었다고 한다면, 농업협정 제9조에서 수출신용보증도 규율하는 것에 합의하고 양허표에서 그 예산상의 지출 및 수량에 관한 약속을 행하면 일정한 감축의무를 부담하더라도 적어도 그 범위에서는 정당화될 수 있었을 것이다. 나중에 분쟁해결제도를 통하여 위법이라고 판정될 것이 예상되는 데에도 불구하고 우루과이라운드에서 미국이 감축약속을 행하지 않은 채로 감축약속 우회의무에 합의하는 것은 미국이 굳이 스스로의 조치가 위법이 되도록 행동하였다는 것이 되어 자연스럽지 못하다. 둘째, 수출신용보증이 수출보조금에 해당하는지 아닌지 여부가 SCM협정 부속서 1(j) 및 (k)에 근거하여 결정된다는 제안이 결국은 단념되었던 협상경위를 무시하고 있

38) AB Report, *US-Upland Cotton*, *supra* note 34, para.612.
39) *Ibid.*, paras.608-611.
40) *Ibid.*, para.616.
41) *Ibid.*, para.615.
42) *Ibid.*, para.617.
43) *Ibid.*, para.634.
44) *Ibid.*, para.632.
45) *Ibid.*, paras.633-634.
46) *Ibid.*, para.636.

다.[47] 셋째, 수출보조금약속을 하고 있지 않은 국가나 당해 상품에 대해서 약속을 하고 있지 않은 국가는 설령 식량원조를 목적으로 하고 있다고 하더라도 수출보조금 감축약속의 우회에 해당되어, 이러한 해석은 당사국의 의도에 반한다는 비판이 있다.[48]

US-Upland Cotton 사건에서 농업협정 제13조에서 말하는 평화조항의 적용조건도 문언상으로는 애매하다. '특정 품목에 대한 … 보조(support to a specific commodity)'(제13조(b)(ⅱ))는 상품특정적 보조합계량을 가리키는 것인지 단순히 각각의 상품에 대한 보조액의 합계를 말하는 것인지 명확하지 않다.[49] 패널은 '특정 품목에 대한 보조'는 문언의 통상적 의미, 문맥, 대상·목적으로부터 보아, 상품특정적 보조뿐만이 아닌 보조대상상품을 명확하게 정의한 허용보조금(Green Box) 이외의 모든 보조를 가리킨다고 해석하며,[50] 이러한 해석이 협상경위에서도 확인된다고 하였다.[51] 패널은 이러한 해석에 따라 제도적으로 면화를 보조대상상품으로 명확하게 규정한 일정한 보조를 합계하였다.[52]

평화조항은 1992년 11월 제1차 블레어 하우스(Blair House) 합의에 의해 만들어졌다.[53] 패널 및 상소기구는 평화조항의 기안에 주도적으로 관여하였던 미국의 해석을 문언의 통상적 의미, 문맥, 대상·목적, 협상경위 중 어떤 것에 비추어 보아도 잘못되었다고 판단하였다.[54] 그러나 패널에 의한 협상경위의 검증[55]이라고는 해도 예를 들어 보조합계량을 상품특정적 보조와 상품비특정적 보조의 합계로 규정한 합의가 이루어진 후에도 본조항의 '특정 품목에 대한 보조'라는 문언이 변경되지 않았다는 점을 지적할 수 있을 뿐이다. 이는 '특정 품목에 대한 보조'가 상품특정적 보조와

---

47) *Ibid.*, Panel Report, *US-Upland Cotton*, *supra* note 29, para.7.937. McMahon, Joseph, *The WTO Agreement on Agriculture A Commentary* (Oxford University Press, 2007), p.145.

48) 미국도 동일한 주장을 하였지만 상소기구는 동의하지 않았다(AB Report, *US-Upland Cotton*, *supra* note 34, paras.618-619.). 仙下一仁, 'WTO 農業協定の問題点とDDA交渉の現狀·展望-ウルグアイ·ラウンド交渉參加者の觀点,' "日本国際経済法学会年報"第14号(2005年), 60-63면.

49) 山下一仁, "詳解 WTOと農政改革-交涉のゆくえと21世紀の農政理論"(食料農業政策研究センター, 2001年), 155면.

50) Panel Report, *US-Upland Cotton*, *supra* note 29, para.7.494.

51) *Ibid.*, para.7.495.

52) *Ibid.*, paras.7.509-7.520.

53) *Ibid.*, para.7.321.

54) 작성자불리(*contra proferentem*)의 원칙은 WTO 분쟁해결절차에서 인정받은 것이 아니다(Van Damme, *supra* note 4, p.62).

55) Panel Report, *US-Upland Cotton*, *supra* note 29, paras.7.495-7.501.

동일한 내용을 의도한다면 기안자가 문언을 변경했을 것이라는 선입관을 함의하고 있다. 그러나 민감한 고도의 정치적 합의는 이후 법적으로 수정이 필요하게 되고 그것이 수사적인 것에 불과하더라도 그 수정을 곤란하게 한다.[56)]

US-Upland Cotton 사건에서 상소기구가 협상경위를 고찰하지 않고 통상의 의미나 문맥으로부터 SCM협정 제3.1조(b)에서 말하는 국내상품 우선사용보조금이 농산물에 적용됨을 인정한 점에 대해서는 당사국의 의도에 반하는 것이라는 비판이 있다.[57)] 동일한 사항에 관하여 농업협정에 명시적 특별규정이 존재하는가에 대해서는 평가가 나뉜다. 애초부터 SCM협정에서의 보조금과 농업협정에서의 보조금 또는 보조는 개념상 완전히 일치하기 때문이다. 농업협정에 보조합계량은 시장가격유지, 감축대상이 되는 직접지불 외의 보조금의 합계이다. 시장유지가격은 농산물의 내·외가격차에 생산량을 곱하여 계산하는 것으로, 내·외가격차는 고정된 외부기준가격과 시장가격이 아닌 관리가격(applied administered price)과의 차이이다(부속서 3항, 8항). 또한 농업협정에서는 SCM협정에서 말하는 이익의 개념이 요구되지 않는다. 농업협정 제9조 1항(c)에서 말하는 수출보조금은 반드시 정부의 행위가 아니어도 되고, 공적 계산에 의하지 않는 경우도 포함한다. 이러한 수출보조금은 SCM협정에 규정된 보조금의 일반적 정의를 충족하지 않는다. 농업협정에서 말하는 보조 또는 보조금과 SCM협정에서 말하는 보조금이 겹치는 경우도 있으나 양자는 상이한 개념이다. SCM협정과 농업협정이 동일한 사항을 규율하고 있다고는 반드시 말할 수 없다. 더군다나 두 협정에서는 상호간 적용을 인정하거나 배제하는 규정이 보인다. 상소기구처럼 농업협정 제21조를 해석하면 농업협정에 어떤 규정이 있어야만 양자의 관계가 결정될 수 있다고 생각된다.[58)] 농업협정 부속서 3의 제7항 2문은 농산품의 가공업자에 대한 조치는 기초농산품 생산자에게 이익이 되는 한도에서 보조합계량에 포함된다고 규정하고 있으나, SCM협정 제3.1조(b) 규율의 적용면제를 명시적으로 규정하고 있지는 않다.[59)] 수출보조금에 있어서는 농업협정과 SCM협정에서의 규율이 전혀 다르다.

56) Kuijper, Pieter Jan, "A Legal Drafting Group for the Doha Round: A Modest Proposal," *Journal of World Trade*, 37(6), (2003), pp.1031-1036. 山下, '前揭論文'(각주 48), 64면.

57) 山下·同上, 53-56면.

58) 상소기구의 해석에 따르면 반대로 SCM협정에 농업협정의 적용을 제외하는 규정을 두어도 의미가 없다. 따라서 SCM협정 제3.1조 두문(柱書)에 의한 농업협정의 적용제외를 무시하고 있다(AB Report, *US-Upland Cotton*, *supra* note 34, para.547.). 이러한 해석은 특별법 우위의 원칙이 적용된 결과로 생각된다. 무효인 적용제외 규정을 굳이 인정하는 것은 부자연스럽다.

59) *Ibid.*, para.541.

이러한 규율의 차이를 이유로 농업협정에는 SCM협정 제3.1조(a)의 적용을 제외하는 규정이 없음에도 불구하고 동일한 사항에 관한 특별한 규정이 있는 것으로 간주되었다. 보조합계량은 원칙적으로 농업협정 제6조에서 말하는 점진적 감축의무를 부담하고 있다는 점에서 수출보조금과 동일하게 국내상품 우선사용보조금에 대해서도 농업협정 및 SCM협정에서의 규율이 다르다고 해석하는 것은 그다지 부당하지 않다고 생각된다. 이 점에 대해서 상소기구는 국내상품 우선사용보조금의 규제를 질적 규제로, 농업협정 제6조에서 말하는 점진적 감축을 양적 규제로 파악하여 각각은 별개의 규제라고 말한다.[60] 가령 수출보조금을 양적 규제로 파악한다고 해도 애초에 양협정에서 수출보조금의 개념은 상이하다. 더구나 농업협정에서의 보조금이 SCM협정에서의 보조금에 해당하는 때에만 SCM협정에서의 국내상품 우선사용보조금 규정의 적용 가능성이 있다.[61]

Canada-Dairy 사건에서 농업협정 제9조 1(c)에 대해서 상소기구는 통상의 의미나 문맥으로 보았을 때 지불에는 현물지불이 포함되고, 시장가격을 하회하는 등의 값싼 가격의 현물지불이 동호에서 말하는 지불에 해당한다고 해석하였다.[62] 이행확인 상소기구는 국내시장가격을 기준으로 한 이행확인 패널의 인정을 번복하여, SCM협정부속서 1(j)(k)에 비추어 장기적 시야의 중요성을 언급하면서 평균 총생산비용을 기준으로 하는 것이 적절하므로 모든 생유(生乳) 생산의 고정비용과 변동비용을 총생산량에서 제외하여 가격을 산출하기로 하였다.[63] 그러나 이행확인 패널이 계산에 필요한 사실인정을 행하지 않아[64] 이행확인 상소기구 스스로 판단할 수는 없었다.

---

60) *Ibid.*, para.544.

61) 결국 SCM협정에서 말하는 현저한 손해에 대하여 패널 및 상소기구는 SCM협정에서 말하는 보조금만을 분별하지 않고 모든 보조·보조금을 일괄하여 그 영향을 계산하고 있다(예를 들어, Panel Report, *US-Upland Cotton*, *supra* note 29, para.7.1192 참조). SCM협정 제6.3조(c)에서 말하는 '보조금(subsidy)의 영향'이 하나의 subsidy라는 것 등을 이유로 하지만, 농업협정에서의 보조 및 보조금 중 SCM협정에 일치하는 것만을 포함시켜야 할 것이다.

62) Appellate Body Report, *Canada-Dairy*, WT/DS103/AB/R, WT/DS113/AB/R (Oct. 13, 1999), para.104-114.

63) Appellate Body Report, *Canada-Dairy (Article 21.5-New Zealand and US)*, WT/DS103/AB/RW, WT/DS113/AB/RW (Dec. 3, 2001), para.96. *US-Upland Cotton* 사건에 있어서도 면화농가의 비용수입분석에 해당하는 장기적 시야의 중요성이 확인되었다(AB Report, *US-Upland Cotton, supra* note 34, para.453).

64) 이행확인 패널이 국내시장가격을 기준으로 사용한 것은 상소기구가 낮은 가격(安價)의 기준으로 '시장가격을 하회하는 등'에 언급했기 때문일 것이다(AB Report, *Canada-Dairy*, *supra* note 62, para.113). 이러한 부주의한(不用意) 언급 혹은 이행확인 상소기구가 이행확인 패널

또한 농업협정에서의 국내보조와 수출보조금의 구별이 애매하게 된다는 비판을 염두에 두어,[65] 이행확인 상소기구는 국내보조를 무제한적으로 수출지원을 위해 사용할 수 있도록 한다면, 국내보조와 수출보조금을 구별하는 의미가 훼손된다고 지적하거나,[66] 평균 총생산비용을 기준으로 하는 해석이야말로 정부행위에 의한 자금지원에 의하여 총생산가격을 하회하는 수출판매를 인정하지 않겠다는 수출보조금 금지규정의 의의에 적합하다고 서술함으로써 목적론적 해석을 전개하고 있다.[67] 이러한 이행확인 상소기구의 목적론적 해석에 따라 제2차 이행확인 패널은 산업별 평균생산비용이 아닌 개별생산자의 평균비용을 평균 총생산비용의 계산기준으로 사용해야 한다는 캐나다의 주장을 배척하였다.[68]

EC-Export Subsidies on Sugar 사건에서 상소기구는 EC 양허표 각주 1문의 "어떠한 감축약속도 하지 않은(is not making any reduction commitments) ACP 국가들 및 인도에서 생산된 설탕의 수출을 포함하지 않는다" 혹은 각주 2문의 "1986년부터 1990년까지의 평균수출은 60톤이다"라는 문언은 그 통상의 의미나 문맥으로부터 보았을 때 수출보조금을 제한하려는 약속으로 보이지 않는다고 하였다.[69] 가령 이러한 각주들이 수출보조금에 관한 약속이라고 하더라도 농업협정 제3조 3항에서 말하는 예산상의 지출을 포함하고 있지 않아 동항 위반에 해당하고,[70] 제9조 1항에 해당하는 수출보조금은 제9조 2항에 의해 그것들에 대한 매년의 약속수준을 양허하지 않으면 안 되기 때문에 제9조 1항 위반에 해당한다고 하였다.[71]

의 인정을 파기한 것을 들어, 이러한 설득력의 부족과 이행하여야 할 의무의 불명확 등이 이행장기화의 원인이 되었다고 지적된다(内記香子, '農業案件の履行·不履行問題-統計的アプローチからの時唆; 川瀬剛志·荒木一郎編著,' "WTO紛争解決手続における履行制度"(三省堂, 2005年), 301-302면.

65) 鈴木宣弘, 'WTO·FTAの潮流と農業-新たな構図を展望', "農業経済研究"79巻2号(2007年). 이 점에 있어, *EC-Export Subsidies on Sugar* 사건에서 패널 및 상소기구는 농업협정 제9조 1항 (c)에서의 지불은 수출에서 이루어져야 한다고 지적하고, 수출의무에 대한 이유에서 동 호에 해당하는 지불의 존재를 인정하고 있다(예를 들어, Appellate Body Report, *EC-Export Subsidies on Sugar*, WT/DS265/AB/R, WT/DS266/AB/R, WT/DS283/AB/R (Apr. 28, 2005), paras.274-275).

66) AB Report, *Canada-Dairy* (*Article 21.5*), *supra* note 63, para.91.

67) *Ibid.*, para.92.

68) Panel Report, *Canada-Dairy (Article 21.5-New Zealand and US Ⅱ)*, WT/DS103/AB/RW2, WT/DS113/AB/RW2 (Jul. 26, 2002), paras.5.49-5.51.

69) AB Report, *EC-Export Subsidies on Sugar*, *supra* note 65, paras.174, 175, 181, 188.

70) *Ibid.*, para.200.

71) *Ibid.*, paras.209-210.

그러나 이러한 각주를 설정할 정도라면 ACP 국가들 및 인도로부터의 설탕수입에 상당하는 수준으로 지역 내에서 생산되는 설탕 등에 대한 수출보조금의 예산상의 지출 및 수량을 양허하면 적어도 그 범위 내에서 수출보조금을 정당화할 수 있었을 것이다.[72] EC가 이러한 약속을 이행하지 않은 것은 *Canada-Dairy* 사건에서 수출보조금으로 인정된 제도를 근거로 하는 내부상호보조는 수출보조금에 해당하는 않는다고 우루과이라운드에서 생각하였던지,[73] 아니면 농업협정에서의 수출보조금의 점진적 감축의무의 감면이 양허표에 의해 인정된다고 생각하였다고 밖에 생각할 수 없다. 우루과이라운드에서 EC가 감축약속을 이행하지 않은 것은 EC가 굳이 스스로의 조치가 위법하게 되도록 행동하였다는 것이 되어 부자연스럽다.

국내보조 및 수출보조금에 관한 약속은 1994년 GATT의 불가분의 일체를 이룬다(농업협정 제3조 1항). 양허표는 각 회원국이 작성하여 관련 이사회·위원회에서 검증(verification)을 받는다. 상소기구는 양허표를 당해회원국만이 아니라 모든 회원국에 공통된 합의가 있는 것으로 해석하고 있다.[74] 따라서 EC가 착오로 양허표를 작성하였을 가능성이 있다. 이 점에 대해서 EC는 패널 및 상소기구에 대해 ① 제소국이 이러한 제소를 하는 것은 DSU 제3조 10항 및 신의성실(good faith)원칙에 위반하며, ② 제소국이 이러한 제소를 하는 것은 금반언(*estoppel*)원칙에 위반한다고 주장하였다. 패널 및 상소기구는 이러한 주장을 인정하지 않았다. 상소기구는 금반언원칙은 제소를 제한하는 의미를 가지고 있고, DSU에서는 이러한 제소에 대한 제한이 없다고 지적하였다.[75] 또한 제소를 제한하는 의미가 아닌 금반언원칙이 가령 분쟁해결절차에 적용된다고 하여도, 본건의 사실에 비추어 볼 때 적용을 인정할 수 없다고 하였다.[76]

EC의 주장은 황당무계한 것으로 생각되기 쉽지만 회원국의 합의가 모두 WTO협정에 반드시 조문화되어 있는 것은 아니라는 점을 보여주는 것이라고 생각된다. 예를 들어 모델리티 페이퍼(Modalities Paper)[77]는 각국이 양허표를 작성할 때 참조하는 것인

72) 山下, '前揭論文'(각주 48), 57면.
73) 山下·同上.
74) Appellate Body Report, *EC-Computer Equipment*, WT/DS62/AB/R, WT/DS67/AB/R, WT/DS68/AB/R (Jun. 5, 1998), para.109. 양허표의 해석에 대해서는 Van Damme, *supra* note 4, pp.93-109 참조.
75) *Ibid*., para.312. Mavroidis, *supra* note 17, p.441.
76) *Ibid*., paras.309-317.
77) 우루과이라운드의 농업협상의 모델리티 페이퍼(Modalities Paper)는 GATT Document, Modalities for the Establishment of Specific Binding Commitments, Note by the Chairman of the Market Access Group, MTN. GNC/MA/W/24 (Dec. 20, 1993.).

데 상소기구에 의하면 이는 회원국의 합의가 아니며, WTO의 분쟁해결절차의 기초가 되는 것이 아니다.[78] 그러나 모든 국가들이 이를 참조하고 있으며 본래 모델리티 페이퍼는 조약법에 관한 비엔나협약 제31조 2항(a)에서 말하는 조약의 체결에 관련하여 모든 당사국간에 이루어진 관련 합의라고 해석해야 한다.[79] 모델리티 페이퍼는 각국의 양허표 작성기준이고, 그 조건이 모든 회원국의 양허표에 구현되고 있다고 생각되고 있을지 모른다. 그러나 수출보조금의 기준기간은 당사국이 선택하는 것이 가능하므로, 실시기간 내 매년 정률감축 등의 일정한 조건하에 감축 개시시점에서 보다 거액의 수출보조금을 선택하여 실시기간 중의 수출보조금을 최대화하는 것은 가능하다.[80] 따라서 감축약속이 준수되고 있는지 아닌지 또는 이들의 조건이 충족되고 있는지 아닌지의 판단시 모델리티 페이퍼의 적용은 불가결할 것이다. 모델리티 페이퍼의 수출보조금에 관한 대부분의 규정은 농업협정에 조문화되었지만, 기준기간의 선택에 관한 규정은 조문화되지 않았다.

미국이나 EC가 상소기구의 해석이 당사국의 의도와 다르다고 비판하는 것은 그들의 주장이 인정되지 않았기 때문이다. 그러나 패널이나 상소기구에서의 반대의견, 패널과 상소기구와의 상이한 판단, 학설에 의한 비판 등 해석이 나뉘고 있는 것도 사실이다. 경직적인 단계적 해석방법에 의한 협상경위의 해석은 충분하지 않으며, 자국이 스스로 위반하도록 조문화하였다고 하는 부자연스러움도 부인할 수 없다.

농업협정분쟁은 면화문제 등 분쟁당사국과 비당사국 쌍방에 미치는 정치적 영향이 크다. 게다가 분쟁당사국 외에도 유사한 법제도를 보유하고 있는 국가가 있다. 내부상호보조뿐만 아니라 양허표 속의 이해가 불가능한 각주, 특정국에 대한 배타적인 관세율 할당도 많은 국가들에서 볼 수 있다. 이러한 것들이 기설정 의제(Built-in Agenda) 계속협상에서는 당연히 폐지된 것으로 간주되어 대가없는 자유화를 가져올 수 있다. 즉 분쟁해결기구의 판단이 협상에 있어서 회원국별 유·불리를 가져오는 것이다.

농업협정분쟁에 있어서도 일반적인 사전을 참조하여 통상의 의미를 확정하는데 이용하는 전형적인 문언주의적 해석이 보인다. 이러한 문언주의적 해석이 농업협정의 장기목표 실현에 기여한다는 높은 평가를 받는 경우도 있는 반면, 당사국의 의도에

78) AB Report, *EC-Export Subsidies on Sugar*, *supra* note 65, para.199.

79) Mavroidis도 상소기구가 모델리티 페이퍼에 유의하여야 한다고 주장한다(Mavroidis, *supra* note 17, p.472).

80) GATT Document, MTN. GNG/MA/W/24, *supra* note 77, paras.5(c), 5(d), p.20.

반한다는 비판을 받는 경우도 있다. 한편 문언이 애매한 경우에도 정면으로 목적론적 해석을 취하여 당사국의 의도에 반한다고 비판받는 경우가 있다. 이러한 경우에도 정면으로 목적론적 해석을 인정하지 않고 문언의 통상적 의미해석을 일반적인 사전을 참조하는 것으로부터 시작해 문맥 및 대상·목적을 의미 확정에 이용하고, 협상경위문서의 해석에 따라 당사국의 의도를 확정하는 것을 가능한 한 회피하는 종래의 단계적 해석수단·논리구성이 취해지고 있다. 종합적으로 말할 수 있는 것은 첫째, 농업협정분쟁에 있어서 패널 및 상소기구는 무역제한의 철폐에 기여하여, 농업협정의 장기목표의 실현에 어느 정도 적극적 역할을 수행하고 있다.[81] 둘째, 단계적 해석방법·논리구성에 문제가 없지 않다는 것이다. 이와 같은 분쟁해결제도의 역할이 기설정 의제의 계속협상에 미치는 영향을 평가할 필요가 있다.

Ⅳ. 결 론

첫째, 당사국의 의도와 다른 해석이 분쟁해결제도에서 나타나면 협상에 악영향을 미친다. 협상을 통해 조문화한다고 해도 당사국의 의도가 정확하게 반영되지 않으면 협상의욕에 찬물을 끼얹게 된다. 둘째, 협상결과를 정확하게 조문에 반영하기 위한 조문화 노력이 지금까지 해온 것 이상으로 필요하다. 침묵이나 복수해석을 허용하는 건설적 애매함은 본래 대립회피와 협상의 신속한 타결촉진에 의의가 있는 반면, 분쟁해결제도에 최종적인 판단을 맡겼다고 해석될지도 모른다. 협정 내 또는 타 협정과의 규칙적인 배열을 바로 보기 위한 노력·시간이 지금까지 이상으로 필요하다. 셋째, 강대국을 달랠 수 있는 수단이 없어진다. 강력하게 반대하는 강대국의 주장에 특별한 배려를 제공하는 일 없이 모든 국가의 합의로서 어떠한 형태로이든 조문화하지 않으면 안 된다. 그러나 강대국에 대한 특별한 배려를 다른 나라를 드러내지 않는 형태로 편입시키는 것은 불가능하므로, 협상타결이 어렵게 되거나 또는 협상이 장기화될 우려가 있다.

US-Upland Cotton 사건에서 패널은 허용보조금(Green Box)의 요건에 대해서 소송경제 형태를 취하면서도 실질적으로는 협상에의 영향을 고려하여 해석을 자제하였다. 허용보조금은 부속서 2의 2 내지 13의 각 항의 구체적 기준 및 조건뿐만 아니라

81) McMahon, *supra* note 47, p.144.

제1항에서 정하는 조건을 충족시키지 않으면 안 된다고 생각된다. 후자는 이른바 두문요건이라고 생각된다.[82] 하지만 패널은 각 항의 개별요건의 위반을 인정하였으므로 무역왜곡성의 두문요건에 대한 판단을 회피하였다.[83] 허용보조금으로 통보된 조치가 진실로 무역을 왜곡하는 것인지 여부를 심사하는 권한을 행사하면, 많은 분쟁이 위탁되어 판도라의 상자를 열게 되는 것이 아닌가 우려하였을 것이다. 이러한 자제를 행할 정도라면 기설정 의제의 계속협상에 대한 영향도 고려해야 한다. 분쟁해결제도와 협상은 자동차의 양 바퀴라고 말해진지 오래이다.[84]

해석은 일체적 과정으로서 통상의 의미, 문맥이나 대상·목적 등의 구성요소를 엄밀하게 구분할 수 없다. 그러나 지금까지의 해석방법·논리구성에서는 일반적인 사전의 참조로부터 시작하는 통상의 의미해석에 대한 설명이 장황하고, 협상경위나 대상·목적은 이러한 문언주의적 해석을 단적으로 확인하는 의미로 사용되고 있는 것에 지나지 않는다.[85] 협상경위는 경시되고 있다[86]고 지적될 정도로 설명이 적다. 실질적으로는 목적론적 해석이라 하더라도 이를 정면으로 인정하지 않고서 문언주의적 해석을 단적으로 확인하기 위한 것만으로 삼고 있다. 그러나 경직적인 단계적

82) '따라서(Accordingly)'라는 문언을 2부터 13까지에 정하는 정책유형은 당연히 1에서 정한 조건을 만족하여야 한다는 의미가 있다고 해석하는 것이 불가능하지는 않다. 그러나 문맥상 그러한 해석을 취하기는 어렵다. 동 5항의 생산자에 대한 직접지불과 동 항의 직접지불도 동 항을 두문으로 한다. 동 항에서는 1에서 정한 기본적 기준에 더해(plus, in addition to), 6부터 13까지 각항의 조건과 기준을 만족하지 않으면 안 된다고 규정하고 있다. 여기에서는 1에서 정한 기본적 조건이 6부터 13까지의 개별적 조건과는 독립된 것일 수 있다는 것이 상세히 설명되어 있다.

83) Panel Report, *US-Upland Cotton*, *supra* note 29, para.7.412.

84) 이 문제는 회원국과 분쟁해결기구의 권한배분, 각료회의 등 정치적 기관과의 권한배분 등 흥미로운 논점을 포함하여 많은 논자들이 지적하고 있다. 지면사정으로 상세한 논의를 하지 못한다. 예를 들어 Supachai, Panitchpakdi, et. al., *The Future of the Wto-Addressing Institutional Challenges in the New Millennium, Report by the Consultative Board to the Director-General* (World Trade Organization, 2004), p.55; Weiler, J. H. H., "The Rule of Lawers and the Ethos of Diplomats Reflections on the Internal and External Legitimacy of WTO Dispute Settlement," *Journal of World Trade*, 35(2), (2001), pp.191-207; Davey, William F., "Has the WTO Dispute Settlement System Exceeded its Authority? A Consideration on Deference Shown by the System to Member Government Decisions and its Use of Issue-avoidance Techniques," *Journal of International Economic Law*, 4(1), (2001), pp.79-110; Ehlermann, Claus-Dieter, "Tensions between the Dispute Settlement Process and the Diplomatic and Treaty making Activities of the WTO," *World Trade Review*, 1(3), (2002), pp.301-308 참조.

85) Mavroidis, *supra* note 17, p.446.

86) *Ibid.*, p.472.

해석수법·논리구성이 오히려 설득력을 흠결하고 분쟁해결제도에의 신뢰를 잃게 만들어 협정의 이행을 장기화할 우려가 있다. 종래의 해석방법·논리구성에 사로잡히지 말고 유연하게 검토순서를 바꾸어 협상경위 또는 목적론적 해석을 더 많이 제시하여야 한다. 협상경위에 대해서는 문언주의적인 통상의 의미에 따른 해석에서 의미가 불명한 경우에 문언주의적 해석을 확인하기 위한 것뿐만이 아니라, 문언주의적 해석과는 다른 해석이 나온 경우 협상경위에 따른 의미를 담아야 한다. 또한 목적론적 해석을 정면으로 인정하되, 주관적인 해석이라는 비판을 염두에 두어 자제하며 전개하여야 한다. 조문이 애매한 경우에는 상소기구가 지적하듯이 제한적 해석(*dubio mitius*)원칙을 적용하여 해석을 전개하도록 해야 한다.[87]

87) Appellate Body Report, *EC-Hormones*, WT/DS26/AB/R, WT/DS48/AB/R (Jan. 16, 1998), para. 165.

제 6 장

무역구제제도에 대한 WTO법의 규율

- "사법적 국제통제"의 발전

川瀬 剛志 (카와세 츠요시)

Ⅰ. 서　　론

무역구제제도(trade remedy)란 일정한 수입압력으로부터 일시적으로 국내산업을 보호하는 제도이다. 이를 위해 회원국의 조사당국으로서는 이러한 "제도에 준하여 사용하는 권리가 국내산업에 있으며," "국민경제 전체의 조화를 꾀하는 제도운영을 도모한다"는 인식에 기반을 둔 것은[1] 자연스러운 일이다. 한편 무역구제제도에 관련된 사안은 WTO 분쟁 전체 436건 중에서 3분의 1을 상회하는 150건을 차지하여,[2] 규범의 명확화가 가장 시급한 WTO협정의 과제가 되었다. 아울러 다음의 내용과 같이 WTO에서의 일련의 사법판단은 오히려 조사당국의 유연한 재량행사를 허용하지 않는 방향으로 발전해 왔다.

일본국제법학회 설립 후 20년간, 무역구제제도를 채용한 회원국의 재량에 대한

1) '(座談會) 特殊關税制度の改革とその意義 "特殊關税制度に關するワーキンググループ報告" めぐって', "國際商事法務"제37권2호(2009년), 138(財務省・村松武人氏發言), 144면(經産省・藤井敏彦氏發言).

2) 반덤핑협정 91건, 보조금협정(제5부 한정) 33건, 세이프가드협정 41건에서 중복된 15건을 뺀 것임. WorldTradeLaw.net에서 저자가 산출(2012년 4월 말 현재).

규율강화의 중요성이 항상 전 세계적인 통상법연구 및 실무의 중심적인 관심사항의 하나였다는 것에 대해 이의를 제기할 수 없을 것이다. 이 문제에 대하여 이미 코테라(小寺) 교수가 사법적 국제통제론(judicial supervision)의 관점에서, GATT 1947 말기의 도쿄라운드 코드하의 사안을 면밀히 분석한 바 있다(후술Ⅱ.1). 본장은 이런 문제의식을 이어받아 WTO 설립 후 개별분쟁에서의 협정해석을 통한 무역구제제도에 대한 규율강화의 과정을 살펴보고자 한다.[3)]

Ⅱ. WTO의 사법적 국제통제와 무역구제제도

1. DSU에 의한 협정의 명확화와 사법적 국제통제

DSU는 제3조 2항에서 DSU의 기능을 '대상협정의 현행조항의 해석을 명확히 하는 것'이라고 규정하고 있다. 코테라 교수는 이러한 부분에 착안하여 이를 "국제통제(international control)"의 증거로 든다. 국제통제란 '객관적 의무·기준의 회원국에 의한 이행확보를 목적으로 하는 다자적 국제제도에 의한 감시 및 지도행위'라고 정의된다. 특히 분쟁해결절차를 통한 그러한 실현이 사법적 국제통제지만, 이러한 절차에는 단순히 자국의 권리보호를 넘어서 일반적 이익의 보장을 위한 행동을 허용하여야 한다.[4)] 코테라 교수는 분쟁해결의 높은 법준거성, 주관적 권리, 이익침해의 추상적 요구(특히 DSU 제3조 8항의 무효화 및 침해의 추정규정)로부터 DSU의 이러한 성질을 인식하고 있다.[5)] 이와사와(岩沢) 교수도 소의 이익의 추상성, 복수국 신청, 제3국 참가, mootness[*)]의 비적용(철폐제 조치에 대한 판단의 완수) 등을 증거로 하여 같은 견해이다.[6)]

3) 회원국에 의한 무역구제제도의 채용은 어느 정도 회원국 조사당국에 사실인정에 관한 재량을 부여하느냐에 따라서도 통제될 수 있다. 이와 같은 사실에 관한 심사기준(standard of review)의 문제는 본서 제9장에서, DSU 제11조 및 반덤핑협정 제17.6조(i)의 적용을 통한 패널의 사실심으로서의 기능의 문맥에서 서술되어 있다.

4) 森田章夫, "国際コントロールの理論と実行"(2000年), 12, 97-102면.

5) 小寺彰, "WTO体制の法構造"(2000年), 89-93면.

*) 역자주: Mootness의 법리란 쟁송성의 요건은 소제기시 뿐만이 아니고 소송의 모든 단계에서 요구되므로 소송의 도중에 쟁송성의 요건이 없어지면 법원은 사건의 실체 판단을 내리지 않고 각하할 수 있다는 의미로 쓰여지고 있다.

6) 岩沢雄司, 'WTO紛争処理の国際法上の意義と特質,' "国際法学会編"紛争の解決(日本と国際法の100年, 第9巻)"(2001年), 228-234면.

원래 WTO협정도 다른 조약과 같이 불완전 계약인 이상, 사법(패널·상소기구)이 일반적인 문언에 흠결된 정보를 부가하여 특정의 문맥에 적용하여 합의를 완성하지 않으면 안 된다.7) 이 경우 코테라 교수에 따르면, 어느 조문에 복수의 해석이 가능한 경우에는 협정의 공통이익 증진의 관점에서 그 하나를 선택하는 권리가 통제기관에 있다.8) 즉, 객관적 의무라고 하더라도 그 의미 내용은 전혀 외생적으로 주어진 것이 아니고, 그 실질은 통제기관 자신이 결정한다.

WTO 패널 및 상소기구는 협정의 명확화로 "권리와 의무를 증가시키거나 축소시킬 수 없음"으로(DSU 제3조 2항, 동 제19조 2항), 이론적으로는 정책재량(policy space)의 신축성은 없다.9) 그러나 불완전한 조약은 다수의 실체적·절차적 법의 흠결(*lacuna*)이나 문언이 애매하여, 현실에 대한 협정의 기계적인 적용으로는 재판불능(*non liquet*)을 선언하지 않을 수 없게 된다. 이 때문에 WTO를 포함한 국제분쟁해결기구는 개별안건에서 법을 적용할 때 결함을 보충하기(filling gaps) 위한 법창조(law-making)를 하여 왔다.10) 이는 통상분야의 정책재량의 폭이 실질적으로 패널 및 상소기구의 협정해석에 의존한다는 것을 의미한다.

한편, WTO협정이 국제통제를 체현하는 것이라면 그 실체적 의무는 '다자간에 통일적으로 충족해야 할 사무'의 달성을 위해 설정되어, 회원국 각각의 주관적 권리·의무에 대응하는 것이 아닌 대세적 성질을 갖는 객관적 의무이어야 한다.11) 만약 상기 협정해석에 개별안건을 넘어선 일반적 타당성이 없다면 이 객관성은 담보될 수 없다. 따라서 일정한 선례구속성은 사법적 국제통제에 필수적이라고 할 수 있다. 실제로 DSU는 "다자간 무역체제에 안정과 예견가능성을 부여한다"고 스스로 규정하고 있고(제3조 2항), Jackson에 의하면 '선례(precedents)'의 축적에 의한 상기 목표 확보도 중요한 DSU의 정책목표이다.12) WTO 초창기의 *Japan-Alcoholic Beverages* 사건

7) Petros C. Mavroidis, "Licence to Adjudicate: A Critical Evaluation of the Work of the WTO Appellate Body So Far," in James C. Hartigan (ed.), *Trade Disputes and the Dispute Settlement Understanding of the WTO: An Interdisciplinary Assessment* (2009), pp.75-76.

8) 小寺, "전게서"(각주 5), 118면.

9) Mavroidis, *supra* note 7, pp.74, 76.

10) Jose E. Alvarez, International Organizations as Law, Makers (2005), ch.8; Joel P. Trachtman, "The Domain of WTO Dispute Resolution," Harvard International Law Journal, vol.40, no.2 (1999), pp.336-346.

11) 森田, "전게서"(각주 4), 80-87면.

12) John H. Jackson, *Sovereignty, the WTO, and Changing Fundamentals of International Law* (2006), pp.145-146.

에서 상소기구는 GATT 1947하에서 채택된 패널보고서는 'GATT 법체계(GATT *acquis*)'를 구성하고 '합리적인 기대(legitimate expectation)'를 가져오는 것으로, 이후의 관련사안에서 참작된다고 언급하였다.[13] 이는 WTO 상소기구 및 패널의 판단에도 해당한다.[14] 이미 2001년의 시점에 Bhala는 상소기구의 해석에는 이제 사실상의 선례구속성(*de facto stare decisis*)이 인정된다고 논하고 있는 데 반해, Jackson은 강한 선례적 효과는 있어도 강제력은 한정적이고 유동적이라고 신중하게 평가한다.[15]

그러나 *US-Stainless Steel* 사건에서 상소기구는 본건 패널에 의한 선례를 무시한 제로잉 시인을 파기하여 상소기구의 선례효과를 한층 명확히 하였다. 상소기구의 선례는 WTO 분쟁해결제도의 법체계(*acquis*)를 형성하고, DSU 제3조 2항에 있는 안정성 및 예견가능성 확보에 비추어, 설득력이 있는 이유(cogent reason)가 없으면 동일한 법적 문제는 이후에도 동일하게 해결된다.[16] 이를 받아들여 Van Damme은 엄밀한 선례구속성은 아니지만 결정의 이유(*ratio decidendi*)에 관하여는 확립된 판례의 법리(*jurisprudence constante*)가 인정된다고 논한다.[17] McRae도 또한 이제 개별분쟁에서의 해석을 무시하고 WTO협정의 의무의 범위를 이해하는 것은 불가능하다고 지적한다.[18]

---

13) Appellate Body Report, *Japan-Alcoholic Beverages II,* WT/DS8/AB/R, WT/DS10/AB/R, WT/DSll/ABIR (Oct. 4, 1996), WTO D.S.R 1996: I. pp.106-108.

14) 최근의 비판은 다음을 참조. Appellate Body Report, *US-Anti-Dumping and Countervailing Duties (China),* WT/DS379/ABIR (Mar. 11, 2011), para.325.

15) Jackson, *supra* note 12, pp.173-177; Raj Bhala, "The Precedent Setters: De Facto Stare Decisis in WTO Adjudication (Part Two of a Trilogy)," *Journal of Transnational Law & Policy,* vol.9, Issue 1 (1999), pp.1-152.

16) Appellate Body Report, *US-Stainless Steel (Mexico),* WT/DS344/ABIR (Apr. 30, 2008), paras. 160-161. 무엇보다 이유가 어떠하더라도 패널이 상소기구의 선례에 따르는 것이 좋은지 여부는 명확하지 않다. Andreas Krallmann, "WTO Dispute Settlement: The Establishment of 'Binding Guidance' by the Appellate Body in *US Stainless Steel* and Recent Dispute Settlement Rulings," *European Yearbook of International Economic Law,* vol.2 (2011), pp.422-424. *Cf* Appellate Body Report, *US-Continued Zeroing,* WT/DS350/AB/R (Feb. 4, 2009), paras. 358-365.

17) Isabelle Van Damme, *Treaty Interpretation by the WTO Appellate Body* (2009), pp.195-203. 해당 원칙은 선례구속성의 원리만큼은 선례의 법리에 엄격하게 충실할 것을 요구하지는 않는다. *Black's Law Dictionary, 9th ed.* (2009), p.933.

18) Donald McRae, "What is the Future of WTO Dispute Settlement?," *Journal of International Economic Law,* vol, 7, no.1 (2004), p.5.

2. WTO협정의 무역구제규율의 성질과 사법적 국제통제

한편, 무역구제제도에 관한 WTO의 규율은 어떠한 것인가. 다시 코테라 교수의 견해에 의하면, WTO의 무역구제제도에 관한 협정과 국내무역구제법의 관계는 이미 각국에 존재하는 제도의 국제적 영향을 감안하여 여기에 일정한 '단서'를 붙이는 것이다(국내법제약형). 무역구제조치의 발동 그 자체는 의무는 아니고, 협정은 단지 발동을 예외적으로 인정하고 그 최소조건을 정하는 것에 불과하다. 확실히 이들 요건도 의무이지만 애초에 무역구제조치를 원용하지 않으면 회원국을 구속하지 않는다. 이렇게 협정이 부과하는 제약을 충족하는 한 무역구제제도의 제도설계와 운용에는 개별회원국에 넓은 재량이 부여된다.[19]

그러나 한편으로 앞에서 서술한 것처럼 회원국의 무역구제제도에는 상당한 사법적 국제통제가 미치고 있다. 이때 패널·상소기구의 선례 집적에 의한 '명확화'가 본래 협정이 보증하고 있는 국내제도의 설계·운용에 관한 재량에도 영향을 미치는 것은 위 통제기관의 해석재량, 특히 법창조에 관한 논의를 보아도 명확하다. 일반적으로 협정의 문언의 추상성·일반성이 높을수록 통제기관의 재량이 크다는 것이 지적되는데,[20] 예컨대 코테라 교수는 도쿄라운드 반덤핑협정 제3조 1항에 있는 '실증적 증거'나 '객관적인 검토' 등의 불확정 개념의 해석이 실질적으로 패널의 심사기준을 결정하는 역할을 하고 그 해석에는 폭이 있다는 것을 지적한다.[21] 이는 무역구제제도와 관련된 합의에 관하여 패널·상소기구의 법창조의 여지가 크다는 것을 시사한다.

Ⅲ. 총론적 검증 - 반덤핑협정 제17.6조(ⅱ)와 상소기구의 해석재량

제II절에서 살펴본 바와 같이 무역구제제도에 사법적 국제통제가 미치는 경우, 통제기관의 해석태도에 따라 조사당국의 재량에 크게 영향을 미친다는 것을 엿볼 수 있었다. 무역구제제도의 규율에 관한 상소기구의 해석태도는 반덤핑협정의 해석에 관한 심사기준을 둘러싼 일련의 판단에서 파악할 수 있다.

19) 小寺彰, '国際通商分野における国際条約の位置―国内ダンピング法とWTO協定,' "ジュリスト"第1387号(2009年), 87-94면.

20) Alvarez, *supra* note 10, p.478; Trachtman, *supra* note 10, p.335.

21) 小寺, "전게서"(각주 5), 100, 104-105면.

전술한대로 코테라 교수는 어느 조문에서 가능한 복수의 해석 중 한 가지를 선택하는 재량을 통제기관에 인정하지만, 역으로 보면 해당 기관이 이를 행사하지 않는 경우도 있을 수 있다. 이 재량의 제약을 담보하는 것이 반덤핑협정 제17.6조(ⅱ)이다. 동 항은 패널이 반덤핑협정의 규정이 "둘 이상의 해석이 가능하다고 판정하고 당국의 조치가 그러한 허용되는 해석 중 하나에 근거하는 경우 패널은 당국의 조치가 이 협정에 일치하는 것으로 판정한다"고 규정하고 있다.

반덤핑협정 제17.6조(ⅱ)는 WTO의 심사를 회원국 조사당국에 의한 협정해석의 합리성에만 한정한 미국과 이에 반대하는 기타 교섭참가국간의 타협의 산물이다. 그 결과 2문에서는 '허용가능한(permissible)'이라는 문언이 삽입되었고, 반면에 1문에 반덤핑협정은 '해석에 관한 국제법상의 관습적 규칙에 따라 해석'된다고 규정하게 되었다.[22] 일반적으로 국제법상의 관습적 규칙, 즉 조약법에 관한 비엔나협약 제31조·제32조에 따르는 경우에는 단일한 해석이 도출되어 '허용가능한' 해석의 여지는 없어, 2문은 의미가 없어진다. 그러나 조약을 실효적으로 해석하는 원칙에 비추어 이러한 해석은 허용되지 않기 때문에, 조약법에 관한 비엔나협약에 의해 특정 조문의 해석이 명확하게 되는 것이 아니라, 2문에 의해 패널의 해석재량 행사에 자제를 구하는 경우가 있을 수 있다고 해석해야 한다.[23]

종래 상소기구의 판단은 추상적으로는 복수의 해석이 발생하여 2문이 기능할 여지를 인정하면서도, 2문을 DSU 제3조 2항을 반영한 1문을 보완하는 것으로 파악하고, 조문의 구조에 충실하게 1문의 적용 후에 2문을 적용하는 순서를 중시하여 왔다. 그 결과 1문에서 조약법협약에 의해 도출된 '"적절" 혹은 "올바른"("proper" or "correct")' 해석에 적합하지 않은 해석은 2문에서 허용되지 않는 것으로 거부되기 때문에, 상소기구가 2개 이상의 해석을 검토하게 될 가능성은 없다.[24)]

22) Steven P. Croley and John H. Jackson, "WTO Dispute Procedures, Standard of Review, and Deference to National Governments," *American journal of International Law,* vol.90, Issue 2 (1996), pp.198-200.

23) Roger P. Alford, "Reflections on *US-Zeroing*: A Study in Judicial Overreaching by the WTO Appellate Body," *Columbia journal of Transnational Law,* vol.45, Issue 1 (2006), pp.201-202; Matthias Oesch, *Standards of Review in WTO Dispute Resolution* (2003), pp.93-95.

24) Donald McRae, "Treaty Interpretation by the WTO Appellate Body: The Conundrum of Article 17(6) of the WTO Antidumping Agreement," *in* Enzo Cannizzaro (ed.), *The Law of Treaties beyond the Vienna Convention* (2011), pp.170-173. *See, e.g.,* Appellate Body Report, *US-Hot-Rolled Steel,* WT/DS184/AB/R (Jul. 24, 2001). paras.50-62, 130.

이 점에 관하여 비교적 최근의 *US-Continued Zeroing* 사건 상소기구가 '해석의 폭(the range of interpertation)'을 언급하여, 복수해석이 발생할 가능성을 보다 명확하게 지적했다. 그러나 한편으로 조약법에 관한 비엔나협약은 모순된 해석의 병존을 예정하지 않는다고도 언급하여, 직접 1문에서 이끌어낸 해석에 적합하지 않은 미국의 해석을 거부하였다.[25] 그 결과 '해석의 폭'은 극히 좁은 것이 되었고, 모순된 해석의 병존을 인정하지 않으면 애초에 2문은 무의미하게 된다고 비판받았다.[26]

상소기구의 태도는 반덤핑협정 해석에 관한 심사의 자제를 이론상 인정한 것으로, 실제로 복수의 해석을 인정하여 '판도라의 상자'를 여는 것에 신중하다고 평가되고, 학계의 다수의견도 이러한 해석의 안정성을 지향하는 태도를 환영하고 있다.[27] 그러나 한편으로 반덤핑협정 제17.6조(ⅱ)를 이렇게 해석하는 것은 특히 Ⅳ에서 논하는 것처럼 본래 보장된 회원국 조사당국의 해석재량에 과도하게 개입하는 것이라는 비판을 받는다. 게다가 상소기구에 의한 반덤핑협정 제17.6조(ⅱ) 자체해석의 불충분도 지적된다. McRae에 의하면 *US-Continued Zeroing* 사건에서는 상소기구는 동항 1문에 대해서는 조약법에 관한 비엔나협약 제31조를 고집하면서, 2문의 해석에서는 '허용할 수 있는'의 통상의 의미조차 검토하지 않았다. 심지어 2문을 1문의 문맥에서 해석하면서 그 반대는 검토하지 않았다.[28]

상소기구 해석의 타당성은 제쳐두고, 상기의 논의에서 반덤핑조치 발동을 통제하고 있는 협정해석에 관하여 상소기구가 극히 넓은 재량을 보유하고 단일한 해석을 지향하는 것은 명백하다. 물론 이는 반덤핑협정 고유의 논의이며 이를 그대로 DSU 제11조의 일반적인 심사기준에 적용하기에는 타당하지 않다.[29] 그러나 패널 및 상소기구에 해석에 관한 신규의 심사(*de novo* review)를 보장하는 후자 하에서는 한층 재량이 넓어,[30] 같은 무역구제조치에 해당하는 보조금협정, 세이프가드협정의 해석에 대

---

25) Appellate Body Report, *US-Continued Zeroing, supra* note 16, paras.272-273.

26) McRae, *supra* note 24, pp.173-176.

27) Oesch, *supra* note 23, pp.95, 98.

28) McRae, *supra* note 24, pp.176-180.

29) 무역구제제도 관련 협정을 포함하여, 반덤핑협정 제17.6조는 동협정 이외에의 적용이 없다. *See, e.g.,* Appellate Body Report, *US-Lead and Bismuth II,* WT/DS138/AB/R (May 10, 2000), paras.45-51.

30) Croley and Jackson, *supra* note 22, pp.209-211; Claus-Dieter Ehlermann and Nicolas Lockhart, "Standard of Review in WTO Law," *Journal of International Economic Law,* vol.7, no.3 (2004), pp.496-498; Andrew T. Guzman, "Determining the Appropriate Standard of Review in WTO Disputes," *Cornell International Law journal,* vol.42, no.1 (2009), pp.59-60.

해서는 자제적 태도는 거의 기대할 수 없다.

이러한 상소기구의 태도는 구체적인 조문해석에 투영되어 있다. 이점이 뚜렷이 드러나는 사례 몇 건을 다음에서 간단히 다루기로 한다.

Ⅳ. 구체적 사례

1. 구제조치의 범위

미국의 1916년 반덤핑법 및 버드수정법은 전자가 덤핑수입자에 대한 형사벌 및 징벌적 손해배상을, 후자가 신청자인 국내산업에 반덤핑관세 및 상계관세의 세수배분을 규정하고 있었다.[31] *US-1916 Act* 사건, *US-Offset Act* (*Byrd Amendment*) 사건에서 상소기구는 덤핑 및 보조금에 대한 관련 대항수단을 부인하였다.

양 사건에서는 이들 법령에 근거한 조치가 덤핑이나 보조금의 존재, 혹은 반덤핑관세·상계관세의 과세 및 징수와 밀접하게 결부되어 있었기 때문에 반덤핑협정 제18.1조 또는 보조금협정 제32.1조에 규정된 덤핑 및 보조금'에 대한 … 조치(specific action against …)'에 해당한다고 인정하였다. 그런 다음 반덤핑협정·보조금협정을 문맥으로 해석하여, GATT 제6조는 구제조치를 확정과세, 잠정과세, 가격약속(보조금에 관하여는 이에 더해 대항조치)에 한정한다고 해석하여, 어느 것에도 해당하지 않는 상기 법령에 대하여 반덤핑협정 제18.1조 혹은 보조금협정 제32.1조 위반을 인정하였다.[32]

US-Offset Act 사건의 판단은 이익집단의 보호주의적 행동의 억제라는 점에서 정책적으로 평가되지만,[33] 반면에 해석으로는 논의의 여지를 남긴다. 본건에서 미국은 'against'에는 특히 '접합(接合)하여(in contact with)'의 함의가 있어 개별덤핑 또는 보조금 및 관련수출자에 직접적으로 대처하는 조치만을 의미하고, 국내산업에 대한

31) 15 U.S.C. § 97 (repealed); 19 U.S.C. § 1675c (repealed).

32) Appellate Body Report, *US-Offset Act (Byrd Amendment),* WT/DS217/AB/R, WT/DS234/AB/R (Jan. 16, 2003); paras.237-245, 264-274; Appellate Body Report, *US-1916 Act,* WT/DS136/AB/R, WT/DS162/AB/R (Aug. 28, 2000). paras.103-138.

33) Mark L. Movsesian, "Actions against Dumping and Subsidization-Antidumping and SCM Agreements-United States Continued Dumping and Subsidy Offset Act of 2000 (Byrd Amendment)-Interest Group Legislation," *American journal of International Law, vol.98, Issue 1 (2004),* pp.150-155.

세수배분은 이에 해당하지 않는다고 주장하였다. 이에 대하여 상소기구는 'against'를 '부정적 영향을 가져오는(have an adverse bearing on …)'이라고 해석하여, 국내산업은 세수배분에 의해 덤핑/보조금수입에 대항하는 경쟁력이 강화되는 점에서 동 법이 이에 해당한다고 판단하였다.34) 그러나 상소기구의 해석은 사전적(辭典的)으로 반드시 일반적인 의미를 이끌어낸 것만은 아니다. 나아가 미국의 해석도 마찬가지로 사전적으로 반드시 특수하지 않아, 후자에 관하여 반덤핑협정 제17.6조(ii)의 '허용할 수 있는' 해석의 여지가 검토될 필요가 있었다.35)

한편, *US-1916 Act* 사건에서 미국은 문제의 법령은 독점금지법이고 WTO법의 규율을 받지 않는다고 주장하였지만, 이에 대한 상소기구의 판단은 위에서 서술한 바와 같다. 그러나 마츠시타(松下) 교수는 반덤핑협정 및 GATT 제6조의 문언은 확정과세 등 이외의 구제조치에 중립적이라고 해석하여, 상소기구의 해석은 주요 회원국이 채택한 부당한 덤핑규제를 협정위반으로 하여 WTO상의 합의 없이 회원국의 경쟁정책을 실질적으로 규제한다고 지적한다.36)

어떤 국내법의 국제법상의 성질결정(characterization)에 관한 국제적 사법판단은 국제합의의 적용범위, 나아가서는 국가의 규제재량의 나아갈 방향을 규정한다. Bhuiyan은 이를 감안하여 구제조치나 요건 등의 차이에도 불구하고, 덤핑을 규율한다는 점에서 문제의 미국법령을 반덤핑조치로 본 판단을 협정의 실효성 확보의 관점에서 평가한다.37) Trachtman은 영미법상의 법리에 비추어 문언해석(interpretation)과 대치하여, 문언에 특별히 명시되지 않은 사항에 관하여 조약당사국의 의도를 찾는 목적해석(construction)의 방법을 제시한다.38) 상기 2건은 관련 방법에 의해 성질을 결정한 일례이다.

다만, 이러한 목적해석을 필요로 하는 상황과 법의 흠결과의 구별은 애매하다.

---

34) Appellate Body Report, *US-Offset Act, supra* note *32, paras.*246-259.

35) 川瀬剛志, '"法それ自体" の違反に関するDSB勧告の履行一米国の事案を中心として,' 川瀬剛志·荒木一郎編著, "WTO紛争解決手続における履行制度"(2005年), 381-382면. John Greenwald, "WTO Dispute Settlement: An Exercise in Trade Law Legislation?," *journal of International Economic Law, vol.6, no.1 (2003), pp.118-122.*

36) 松下満雄, 'WTO協定と米国1916年アンチダンピング法', "国際商事法務"第129巻3号(2003年), 273-274면.

37) Sharif Bhuiyan, *National Law in WTO Law: Effectiveness and Good Governance in the World Trading System (2007),* pp.124-134.

38) Trachtman, *supra* note 10, pp.339-340. construction 및 interpretation의 뜻은 小山貞雄編 "英米法律語辞典"(2011年), 225, 574면에 의한다.

가령 경쟁법이나 세수배분에 관한 규율의 결합으로 보면, Lotus Principle*)에 의해 회원국이 문제의 조치를 취하는 것은 방해받지 않는다.[39] 이 문제를 흠결이라고 논하는 Bourgeois는 DSU 제3조 2항이 권리·의무의 증감을 금지하는 점에 비추어, WTO 분쟁해결절차에 그 충족권한을 부여하는 것에는 신중한 태도를 보인다.[40]

2. 덤핑방지세 및 상계관세의 병과

US-Anti·Dumping and Countervailing Duties 사건에서는 동일한 수입에 대한 반덤핑관세 및 상계관세의 병과(이중구제)의 가능여부가 다투어졌다. 패널은 GATT 제6조 5항이 수출보조금에 한정하여 이중구제를 금지하고 있으므로 본건에서 문제가 된 다이아몬드산업, 철강산업 등에 대한 국내보조금(우대융자 및 원재료지급 등)에는 반덤핑관세 및 상계관세의 병과가 가능하다는 견해를 보였다.[41] 한편 상소기구는 보조금협정 제19.3조가 '각각의 경우에 있어 적정한 액'의 상계관세를 징수하라고 규정한 것에 주목하였다. 나아가 상소기구는 '적정한 액'은 우선 보조금협정 제19.2조 등의 문맥에서 손해에, 다음으로 보조금협정에서 언급하여 GATT 제6조에, 마지막으로 반덤핑협정과 보조금협정의 규율 및 구제조치의 형식·효과의 공통성에서 반덤핑관세에 각각 관련되어 결정된다고 해석하였다. 그 결과 상소기구는 동일한 손해의 제거에 병과된 반덤핑관세·상계관세에 관하여 비시장경제국에 대한 조사에서는 시장경제국의 비용데이터의 대용(代用)에 따라 문제의 보조금이 덤핑마진(DM)에 반영되므로, 이중으로 동일보조금을 상계한 것이 되어 '적정한 액'일 수 없다고 설명하고 있다.[42]

상소기구의 판단은 GATT 제6조 5항의 구체적인 문언보다도 보조금협정 제19.3조의 문맥에서 '적정한 액'의 해석에 기초를 둔다. 그러나 보조금협정 제19조는 보조

---

*) 역자주: Lotus Principle은 주권국가들이 명시적으로 금지되지 않는 한, 원하는 모든 방식대로 행동할 수 있다는 것으로서 국제법의 원리로 간주되고 있다.

39) Trachtman, *supra* note 10, pp.340-341.

40) Jacques H. J. Bourgeois, "WTO Dispute Settlement in the Field of Anti-Dumping Law," *Journal of International Economic Law*, vol.1, no.2 (1998), pp.271-272.

41) Panel Report, *US-Anti-Dumping and Countervailing Duties (China)*, WT/DS379/R (Oct. 22. 2010), paras.14.112-14.123.

42) Appellate Body Report, *US-Anti-Dumping and Countervailing Duties (China)*, *supra* note 14, paras.547-583.

금 총액보다 적은 금액의 관세(lesser duty)를 포함하는 당국의 과세권한(제19.2조), 징수의 원칙으로서 비차별성 및 적정성(제19.3조), 징수의 구체적 상한으로서의 보조금액(제19.4조)으로 단계적으로 규정하고 있다. 따라서 적절성요건이 다루는 범위는 과세결정 후의 실제 징수액조정(전형적으로는 미국의 소급방식과세시의 납세액 확정)에 한정된다고도 해석되며,[43] 이 한도에서는 상소기구가 논하는 대로 상계관세액의 계산에까지 거슬러 올라가 그 방법을 통제하는 것이라고는 할 수 없다.

나아가 상소기구는 GATT 제6조 5항이 명시적으로 국내보조금에 대한 이중구제를 금지하지 않는 것은 국내보조금은 국내판매가격·수출가격을 동등하게 억제하는 것이기 때문에 덤핑과 '동일한 사태', 즉 가격차별이 발생하지 않고, 반덤핑관세 및 상계관세의 병과는 일어날 수 없기 때문이라고 설명한다.[44] 이러한 이해는 수출보조금의 완전한 이전(즉 수출가격만을 억제하여 덤핑이 생긴다)을 전제하고 있는데, 보조금의 이전과 귀착은 단순하지 않고 또한 정확한 평가는 매우 곤란하다.[45] 이러한 의미에서 상소기구가 GATT 제6조 5항에 대해 명시적으로 국내보조금에 대한 이중구제의 금지를 요하지 않는 이유로서 제시한 경제적 논의도 견고한 것은 아니다.

상소기구는 GATT 제6조 1항을 근거로 덤핑마진의 산출은 원칙적으로 국내 판매가격에 기초하고(동항(i)), 반면에 제3국 수출가격·구성가격의 사용은 예외이지만(동항(ii)), 이중구제의 문제는 오로지 후자에서만 발생한다고 말하고 있다. 상소기구는 GATT 제6조 5항의 적용범위를 국내판매가격에 기초한 덤핑마진에 의한 과세에 한정한 해석의 문맥으로서 이렇게 논하지만, 동 항은 '덤핑 또는 수출보조금에서 발생하는 동일한 사태'로 규정하고 있고, 이 덤핑의 정의는 동 1항 전체에 기초한 것이다. 여기에서 동항 (i)의 경우에만 동 5항이 미친다고 하는 상소기구의 해석에 자의성이 있음을 부정할 수 없다.

---

43) Dukgeun Ahn, "United States-Definitive Anti-Dumping and Countervailing Duties on Certain Products from China," *American Journal of International Law,* vol.105, no.4 (2011), p.767. 공정한 의미는 어느 쪽으로든 '부과한다'이지만, 제19.2조는 오로지 과세(impose), 제19.3조 및 제19.4조는 주로 징수(levy)에 대해 각각 규정하고 있다.

44) Appellate Body Report, *US-Anti-Dumping and Countervailing Duties (China), supra* note 14, paras.565-569.

45) John R. Magnus, "Double Remedies and DS379," *ABA Section of International Law, International Trade Committee Newsletter,* vol.V, no.2 (2011), pp.4-5; WorldTradeLaw.net Dispute Settlement Commentary for *US-Anti-Dumping and Countervailing Duties (China) (AB)* (2011), pp.33-34. available at http://www.worldtradelaw.net/dsc/dscpage.htm.

3. 제로잉과 공정한 가격비교

제로잉이란 가격비교의 결과 마이너스 마진(즉 수출가격 > 정상가격)의 거래를 제로로 전환하는 방법에 의하여, 최종적인 덤핑마진을 높게 산출하는 방법이다. 반덤핑협정 제2.4.2조 1문은 정상가격·수출가격의 비교에 있어 쌍방의 가중평균간(W-W) 혹은 동 기간의 개별거래간(T-T)의 비교는 인정하지만, 상소기구는 이들 모두에 대하여 제로잉을 금지하여 왔다.[46)]

그 이유로서 첫째, 수출자·해외생산자마다 '(1개의) 상품(a product)'(GATT 제6조 1항, 반덤핑협정 제2.1조), 즉 '상품 전체(a product as a whole)'에 대하여 1개의 덤핑마진이 '(1번만의) 비교(a comparison)'(동 제2.4.2조)에 의해 결정된다고 해석되고, 그때까지의 개별 T-T나 모델마다의 W-W의 비교결과는 중간재(input)가 된다. 둘째, 그 중간재인 가격비교에 있어서는 반덤핑협정 제2.4.2조는 W-W비교에 관하여는 '모든(all)' 비교가능한 수출에, 또한 T-T비교에 관하여는 무한정·복수로 '수출가격(export prices)'에 각각 언급하고 있기 때문에, 모든 수출거래를 감안하여야 한다.[47)] 쌍방의 전제로부터, 중간의 가격비교 자체는 덤핑마진이 아니고 마이너스의 결과도 무시할 수 없기 때문에 제로잉은 금지된다. 나아가 덤핑의 정의는 반덤핑협정 전체를 통하여 적용되는 것으로(제2.1조), 정기재심(제9.3조), 신규수출자재심(제9.5조), 일몰재심(제11.3조)에서도 제로잉은 금지된다.[48)]

그러나 *US-Zeroing* 사건 패널은 반덤핑협정 제2.1조 및 제2.4.2조에 '상품 전체'의 문언은 없고, 특히 T-T비교에서 개별거래마다 덤핑마진이 발생한다(당연 마이너스 마진은 덤핑은 아니라고 하여 무시된다)고 해석하였다. 나아가 반덤핑협정 제2.4.2조 2문은 정상가격의 가중평균과 개별수출가격의 비교(W-T)를 허용하고 있고, 상품 전체에 단일한 덤핑마진을 구하는 상소기구의 해석은 타겟덤핑의 포착을 무의미하게 한다고

---

46) 일련의 제로잉 분쟁의 내용은 일례로 康瀬孝, '米国のアンチ·ダンピング手続に おけるゼロイングーWTO紛争解決手続による是正をめざして(1)-(9·完)', "国際商事法務"第34巻10号 ー35巻6号(2006~2007年)을 참조.

47) Appellate Body Report, *US-Zeroing (Japan),* WT/DS322/AB/R (Jan. 9, 2007), paras.108-138; Appellate Body Report, *US-Softwood Lumber V (Article 21.5-Canada),* WT/DS264/AB/RW (Aug. 15, 2006), paras.85-123; Appellate Body Report, *EC-Bed Linen,* WT/DS141/AB/R (Mar. 1, 2001), paras.54-66.

48) Appellate Body Report, *US-Zeroing (Japan), supra* note 47, paras.149-166, 182-187; Appellate Body Report, *US-Zeroing* (EC), WT/DS294/AB/R (Apr. 18, 2006), paras.123-134.

논한다.[49)]

또한 W-W 제로잉에 관하여 *EC-Bed Linen* 사건 상소기구는 반덤핑협정 제2.4.2조의 '비교가능한(comparable)'을 '비교될 수 있는(able to be compared)'으로 해석하여 전 조사대상 수출의 검토를 이끌었다.[50)] 그러나 이것도 '비교에 적합한(suitable for compare)'이라고 해석하면 일부 수출의 마진 계산에서 제외될 가능성이 발생한다. Greenwald는 상소기구가 반덤핑협정 제17.6조(ii)에 반하여 이것이 '허용될 수 있는' 해석인가의 여부의 검토를 게을리하여, 전 조사대상 수출을 포함한다고 해석하여 문언을 무의미화하였다고 비판한다.[51)]

나아가 반덤핑협정 제9.3조의 과세단계에 있어 제로잉에 관해서도 *US-Zeroing* 사건 패널은 수출자마다 결정되는 덤핑마진과 달리 과세액은 수입자마다 결정되고, 특히 제9.3.2조의 예측과세에서는 제9.4조(ii)를 문맥으로 하여 '지출액(the liability for payment)'이 어디까지나 개별거래의 수입시점에 확정되고, 그 환불이 후일 정기적으로 이루어진다고 해석하였다. 동 패널은 미국이 채택한 제9.3.1조의 소급과세에도 이 논리가 해당한다고 하여, 과세가 발생하지 않는 정상가액 이상의 개별수입을 감안할 필요성은 없다고 설명한다.[52)] 미국도 이에 따라 제2.1조의 덤핑마진 개념을 예측과세에 부연하여 제로잉을 금지하면, 예측과세에 있어 세액확정의 양태·방식과의 사이에 어긋남이 발생한다고 논하고 있다.[53)]

반덤핑협정에는 제로잉에 관한 명확한 규율은 없다. 특히 '상품'을 '상품 전체'로 이해하는 것에 제로잉 금지를 기초한 점은 문언해석의 체제를 취하면서도 사전적 의미에서 출발하지 않고 반덤핑관세 남용억지라는 정책목표에 입각한 목적해석이라고 할 수 있다. 나아가 상소기구는 제로잉에 대한 포괄적 금지의 근거를 '비교는 공정하게(A fair comparison)'라는 극히 추상적인 요건으로 구하고 있다. 상소기구는 공정을 '불편, 공평, 혹은 왜곡이 없는 모양(impartiality, even-handeness, or lack of bias)'이라고 해석하여 수출가격의 일부만을 참조하여 DM을 인위적으로 늘리는 제로잉은 공정하지 않다고 판시하고 있는데,[54)] 이도 목적해석의 표상일 것이다.

---

49) Panel Report, *US-Zeroing (Japan),* WT/DS322/R (Sep. 20, 2006), paras.7.90-7.143.
50) Appellate Body Report, *EC-Bed Linen, supra* note 47, para.57.
51) Greenwald, *supra* note 35, pp.118-120.
52) Panel Report, *US-Zeroing (Japan), supra* note 49, paras.7.189-7.209.
53) Communication from US, *US-Zeroing* (EC), WT/DS294/16 (May 17, 2006), paras.9-12.
54) Appellate Body Report, *US-Softwood Lumber V (Article 21.5-Canada), supra* note 47, paras. 137-146.

문언에서 명확히 도출되지 않는 상소기구의 해석에 관하여는 반덤핑협정 제17.6조(ii)의 '허용될 수 있는' 해석이 그렇고, 상기 패널의 해석도 마찬가지이고, 상소기구가 이 검토를 게을리 하였다는 것에 비판이 있다.[55] 해석의 정통성의 결여는 후에 상소기구 보고의 선례성에 의문을 제기하는 패널의 판단을 가져오게 되었다.[56]

4. 피해요건의 판단범위

제II절의 2에서 다루었듯이 코테라 교수는 도쿄라운드 반덤핑협정하의 피해인정요건인 '실증적인 증거' 및 '객관적인 검토'의 추상성과 그 아래에서의 통제기관의 해석재량의 폭을 언급하였는데, 현행 반덤핑협정 제3.1조에도 동일한 요건이 규정되어 있다. *US-Stainless Steel* 사건 상소기구는 전자를 증거가 '긍정적, 객관적 및 검증가능한 성질이고 … 신뢰가능한 것(of an affirmative, objective and verifiable character, and … credible)'이라고 해석하였다. 후자에 관하여는 특정한 이해관계자를 이롭게 하지 않는 '치우침 없는(in an unbiased manner)' 조사가 이루어질 것, 혹은 관련요소의 특정, 평가 등이 '공평할(even-handed)' 것이라고 해석하였다.[57] 상소기구는 이 규정을 '포괄적(overarching)'이고, 반덤핑협정 제3조 다른 항에 의해 상세한 의무에 의미를 부여하는 것으로 위치를 부여하였는데,[58] 관련된 일반적 성질에 의해 반덤핑협정의 틈을 메우는 법창조에 이용되어 조사당국의 절차재량을 제약하도록 운용되고 있다.

그 일례가 덤핑마진 산정 및 피해의 조사대상기간에 관한 판단이다. 이 기간에 관해서는 2000년에 반덤핑위원회에서 일응의 지침이 정하여졌지만,[59] 협정상 특별하게 정해진 것은 없다. *Mexico-Anti-Dumping Measures on Rice* 사건에서 멕시코 당국은 조사대상기간을 조사개시의 15개월 전, 확정과세의 3년 전에 종료하는 기간으로 설정하여, 이 기간설정을 반덤핑협정 제17.6조(ii)의 '허용될 수 있는 해석'에 근거한

55) Alford, *supra* note 23, pp.205-207.

56) Panel Report, *US-Orange Juice (Brazil),* WT/DS382/R (Mar. 25, 2011), para.143; Panel Report, *US-Continued Zeroing,* WT/DS350/R (Oct. 1, 2008), paras.7.180-7.182; Panel Report, *US-Stainless Steel (Mexico),* WT/DS344/R (Dec. 20, 2007), paras.7.107-7.150.

57) Appellate Body Report, *US-Hot-Rolled Steel, supra* note 24, paras.191-196.

58) Appellate Body Report, *Thailand-H-Beams*, WT/DS122/AB/R (Mar. 12, 2001), para.106.

59) Committee on Anti-Dumping Practices, *Recommendation Concerning the Periods of Data Collection for Anti-Dumping Investigations-Adopted by the Committee on 5 May 2000,* G/ADP/6 (May 16, 2000). 통상은 DM의 조사대상기간이, 가능한 한 조사개시에 가까운 시점에서 끝나는 12개월간의 손해의 조사대상기간이, 위 DM의 조사대상기간을 포함한 3년간으로 여겨진다.

조사당국의 재량이라고 주장하였다. 상소기구는 과세요건은 조사시점에서의 현황에 관한 것인 점에서 가능한 한 최근의 데이터를 이용해야 하므로, 멕시코의 조사대상기간 설정을 반덤핑협정 제3.1조 위반이라 하였다.[60] 한편 상소기구는 판정이 본건 사건에만 근거한 것으로, 조사대상기간과 조사·과세와의 시간적 격차를 직접 협정위반으로 하는 원칙을 정립하는 것은 아니라고 하고 있지만, 피해요건의 해석으로부터 본래 명문규정이 없는 조사대상기간에 관한 규율을 이끌어내고 있다. 또한 상계관세의 조사대상기간도 마찬가지로 보조금협정 제15.1조의 '실증적인 증거'의 '객관적인 검토'에 의해 규율되는 것이 패널의 판단에서 확인되고 있다.[61]

다음으로 피해인정에서 검토되는 덤핑수입에 관해서도 '실증적인 증거'의 '객관적인 검토'가 그 범위를 규정하고 있다. *EC-Bed Linen* 사건 이행확인심에서 EC는 덤핑마진의 재산정시에 샘플링을 채택하였지만, 비대상인 인도의 수출자 및 생산자로부터의 조사대상상품수입 모두를 덤핑수입으로 하여 피해를 인정하였다. 상소기구는 EC의 방법은 샘플링 대상수입에 덤핑이 인정된다면 항상 비대상수입도 덤핑되어 있다고 가정한 것으로, 국내산업의 피해인정에 유리하게 작용한다고 지적하였다. 이 때문에 반덤핑협정 제3.1조의 '객관적인 검토' 요건에 적합하지 않는다고 판단하였다.[62]

본건 패널은 반덤핑협정이 덤핑수입의 결정에 관하여 지침을 규정하지 않은 점, 샘플링 비대상의 수입에도 이른바 '기타' 세율(제9.4조)의 설정에 의해 반덤핑관세가 부과된 점을 근거로 EC의 입장을 지지하였다.[63] 상소기구는 반덤핑협정 제9.4조는 덤핑수입에 관하여 규정한 조항이 아니라고 하여 이를 배척하고, 앞에서 서술한 바와 같이 오로지 '객관적인 검토' 요건에 부적합하므로 EC의 피해인정을 반덤핑협정 위반이라 하였다. 그러나 상소기구는 단지 '실증적인 증거'의 '객관적인 검토'에는 복수의 허용가능한 해석은 없다고만 하였고, EC의 주장과 패널 판단의 타당성을 문언에 근거하여 충분히 검토하지 않았다.[64] Grossman과 Sykes는 EC의 주장은 요컨대 반덤

60) Appellate Body Report, *Mexico-Anti-Dumping Measures on Rice,* WT/DS295/AB/R (Nov. 29, 2005), paras.158-172.

61) Panel Report, *Mexico-Olive Oil,* WT/DS341/R (Sep. 4, 2008). paras.7.281-7.290.

62) Appellate Body Report, EC~Bed *Linen (Article 21.5-India),* WT/DS141/AB/RW (Apr. 8, 2003), paras.108-133.

63) Panel Report, *EC-Bed Linen (Article 21.5-India),* WT/DS1411RW (Nov. 29, 2002), paras. 6.127-128, 6.135-6.137.

64) Appellate Body Report, *EC-Bed Linen (Article 21.5-India), supra* note 62, para.118.

핑관세 부과대상이 될 가능성이 있는 수입 전부에서 피해인정의 객관적 증거를 얻을 것을 의미하고, 이 해석이 반덤핑협정 제17.6조(ii)하에 허용되지 않는다고는 단정하기 어렵다고 논하여 상소기구의 판단을 비판하였다.[65)]

5. 인과관계에 있어서의 귀책성문제

세이프가드협정 제4조 2항(b)에 의하면 국내산업에 발생하는 '중대한 피해'와 수입증가 사이의 인과관계가 요구되고, 수입증가 이외의 요인이 피해에 기여하고 있는 경우는 "그 요인에 의한 피해의 책임을 수입의 증가에 돌려서는 안된다"고 하고 있다. 이른바 비귀속규칙(non-attribution rule)이다.

US-Wheat Gluten 사건, *US-Lamb* 사건의 상소기구에 의하면, 이 문언은 수입증가와 조사당국이 인지하고 있던 기타의 피해에 관하여 기여요인(예를 들면 기술혁신, 부적절한 경영판단 등)을 '준별하여(sepatated and distinguished)', 각 요인으로의 피해의 배분을 구하는 것이라고 이해되고, 그 결과 수입증가와 피해 사이에는 '진정하고 실질적인 원인과 결과의 관계(a genuine and substantial relationship of cause and effect)'가 입증되어야 한다.[66)] *US-Line Pipe* 사건 상소기구는 더 나아가 수입증가와 기타의 요인 각각이 일으키는 피해에 관하여 '성질과 정도(the nature and extent)'의 명확화를 요구하였다.[67)] 특히 '정도'는 양적 평가를 시사하고, 이후에 US-Steel Safeguards 패널은 경우에 따라서는 계량적 분석을 요한다고 설명하였다.[68)]

요인의 준별은 문언이 다른 요인에 의한 기여의 수입으로의 전가를 금하는 이상, 불가피하다. 그러나 다른 요인의 한편으로 수입도 피해에 일부 기여하고 있는 것만 입증되면, 적어도 전자에 의해 야기된 피해를 후자에 돌리는 것은 회피할 수 있고, 제2단계의 기여도의 배분은 문언의 논리적인 귀결로 도출하기는 어렵다. 특히 상소기

65) Gene M. Grossman and Alan O. Sykes, "European Communities-Anti-Dumping Duties on Imports of Cotton-Type Bed Linen from India: Recourse to Article 21.5 of the DSU by India," *in* Henrik Horn and Petros C. Mavroidis, *The WTO Case Law of 2003* (2006), p.29.

66) Appellate Body Report, *US-Lamb,* WT/DS177/AB/R, WT/DS178/AB/R (May 1, 2001), paras. 179-180; Appellate Body Report, *US-Wheat Gluten,* WT/DS166/AB/R (Dec. 22, 2000), paras. 67-69.

67) Appellate Body Report, *US-Line Pipe,* WT/DS202/AB/R (Feb. 15, 2002), paras.212-215.

68) Panel Report, *US-Steel Safeguards,* WT/DS248/R, WT/DS249/R, WT/DS251/R, WT/DS252/R, WT/DS253/R, WT/DS254/AB/R, WT/DS258/R, WT/DS259/R (Jul. 11, 2003), paras.10.340-10.342.

구는 수입증가가 단독으로 '중대한 피해'를 일으킬 필요는 없다고 하고 있으므로, 비귀속분석이 배제를 상정하는 것은 오로지 다른 요인만이 피해의 원인이고 수입이 전혀 기여하고 있지 않은 상황이라고 해석된다.[69] 따라서 수입증가로 귀책시킬 피해의 정도를 명확히 할 필요성은 없고, 제2단계의 의의는 희박하다. 나아가 계량분석은 문언상의 명확한 근거가 있는 것은 아니다.[70]

예를 들어 상기한 *US-Wheat Gluten* 사건에서 미국의 ITC는 동시성에 의한 수입증가가 피해의 '실질적인 원인(a substantial cause)'이라고 인정하였다.[71] 이는 미국법상 수입이 '중요하고 다른 어떠한 원인보다 적지 않은(important and not less than any other cause)' 것을 의미한다.[72] 그러나 상소기구는 적어도 부분적으로는 피해가 수입에 기인하는 것은 명확함에도 불구하고, ITC가 과잉설비에 의한 수익저하와 수입증가의 구분을 태만히 한 것을 이유로 비귀속분석 요건에 대한 위반을 인정하였다.[73]

애초에 수입량과 국내생산은 시장에서 수요의 상호작용에 의해 동시에 결정된다. 따라서 Sykes는 상소기구가 다른 요인에 의한 외생적 사정들은 수급관계에 기초해 있기 때문에 수입증가와의 준별은 불가능하다고 설명한다.[74] 이 점에서도 적어도 피해의 배분을 요구하지 않는 해석이 타당성을 갖는다.

나아가 이 세이프가드협정의 문맥에서 확립한 분석의 절차는 반덤핑협정 제3.5조 및 보조금협정 제15.5조의 해석에서도 세이프가드협정과의 문언이나 문맥의 차이를 충분히 검토하지 않은 채 이식되어 있다.[75] 특히 반덤핑협정의 귀속성 문제의

---

69) Alan O. Sykes, *The WTO Agreement on Safeguards* (2006), p.179. Appellate Body Report, *US-Lamb, supra* note 66, paras.162-171; Appellate Body Report, *US-Wheat Gluten, supra* note 66, paras.69.

70) 공중위생의 문맥에서는 문언에 명시되어 있지 않은 것을 이유로 상소기구는 계량적 분석은 불필요하다고 판단하고 있다. Appellate Body Report, *EC-Asbestos,* WT/DS135/AB/R (Mar. 12, 2001), para.167.

71) 19 U.S.C. §2252(b)(1)(A) (2010). Wheat Gluten, USITC Pub. 3088, Inv. no.201-TA-67 (Mar. 1998), pp.I-14-I-18.

72) 19 U.S.C. §2252(b)(1)(B) (2010). ITC의 비귀속분석에 관한 관행에 대해서는 Sykes, *supra* note 69, pp.167-174를 참조.

73) Sykes, *supra* note 69, p.180. *See also* Appellate Body Report, *US-Wheat Gluten, supra* note 66, paras.80-92.

74) Sykes, *supra* note 69, pp.158-166, 190.

75) *See, e.g.,* Panel Report, *EC-Countervailing Measures on DRAM Chips,* WT/DS299/R (Jun. 17, 2005), paras.7.404-7.405; Appellate Body *Report, US-Hot-Rolled Steel, supra* note 24, paras. 221-233.

경우, 만약 상소기구와 다른 해석이 동 제17.6조(ii)에 의해 허용된다면 패널 및 상소기구는 이를 인정해야만 한다. 예를 들어 미국법에서는 실질적인 피해는 덤핑수입'에 의해(by reason of)' 발생된다고 규정되어 다른 요인 각각으로의 피해의 배분을 요하지 않고, 단순히 수입에 귀책시킬 것만을 요한다고 해석된다.[76] 만약 반덤핑협정과 세이프가드협정에서 비귀속원칙을 동일시하는 것이 옳다고 해도, 이러한 해석이 반드시 배제되지 않는 것은 상기 세이프가드협정에 관한 논의에 비추어보면 명백할 것이다.

V. 결 론

이상과 같이 무역구제제도의 운용은 오늘날 상당히 세부적인 것까지 상소기구의 협정해석에 의해 제약된다. 물론 일련의 반덤핑관세 및 상계관세의 일몰재심을 둘러싼 판단처럼 협정에 단서가 없는 이상 상소기구는 조사당국의 재량을 억제하는 데 극히 신중하다.[77] 그러나 한편으로 문맥 등에 시사점이 있는 경우, 추상적·일반적인 문언에 명시되지 않은 상세·구체적인 규율을 과감하게 이끌어낸다. 상소기구의 '침묵의 소리(sound of silence)'[78]*)를 듣는 태도는 '법창조'인가 혹은 문맥, 대상 및 목적에 의한 문언의 통상적 의미의 발견에 그치는가에 따라 그 평가가 나뉘어질 것이다. 코테라 교수는 도쿄라운드 코드하의 사안에서 패널은 협정의 권리·의무의 증감이 금지되어 스스로의 권능의 한계를 인식하여 높은 법준거성을 확보하는 것으로 판단의 정통성을 유지하였다고 평가한다.[79] 이에 대하여 위에서 서술한 사안의 해결은 난항을 겪고 있고, 상소기구의 판단에 대한 피신청국의 규범인식이 이행에 영향을 준 점을 감안하면 그러한 정통성은 낮다고도 할 수 있다.[80]

---

76) 19 U.S.C. §1673 (2010). Joseph E. Pattison, *Antidumping and Countervailing Duty Laws,* vol.1, 2011 ed. (2011), §4:13.

77) *See, e.g.,* Appellate Body Report, *US-Oil Country Tubular Goods Sunset Reviews,* WT/DS268/AB/R (Nov. 29, 2004), paras.271-280; Appellate Body Report, *US-Corrosion-Resistant Steel Sunset Review,* WT/DS244/AB/R (Dec. 15, 2003), paras.123-127; Appellate Body Report, *US-Carbon Steel,* WT/DS213/AB/R (Nov. 28, 2002), paras.58-97.

78) Niall Meagher, "The Sound of Silence: Giving Meaning to Omissions in Provisions of World Trade Organization Agreements," *Journal of World Trade,* vol.37, no.2 (2003), pp.425-427.

*) 역자주: 조문에 없는 부분에 의미를 부여하는 것.

79) 小寺, "전게서"(각주 5), 118면.

80) 川瀨, '전게논문'(각주 35), 381-383면. Tsuyoshi Kawase, "Implementation Issues under the

한편 무역구제제도의 남용과 규율강화의 반세기, 나아가 오늘날 신흥국에 의한 다용·남용이 싹트고 있음을 생각해 보면 상소기구의 태도는 긍정적으로 보아야 할 것이다. 불이행도 극히 소수의, 그것도 미국을 피신청국으로 하는 사안에 한정되어 있다. 그러한 의미에서는 제로잉문제로 대표되듯이 적어도 정책적으로는 사법적 국제통제를 통하여 상소기구는 유효하게 보호주의적 남용을 방지하고 있다고 평가해도 좋다. 그 자체가 상소기구의 과도한 법창조로 귀책되지만,[81] 도하라운드에서 규범교섭이 정체되고 있어 신규입법을 기대할 수 없는 현재,[82] 사법판단에 의한 남용방지에 한층 적극적인 역할을 인정할 수밖에 없다.

무엇보다 신흥국의 대두나 회원국의 증가에 의해 향후 발동국·피발동국의 구도도 변화하여 무역구제제도를 둘러싼 패러다임의 변화는 필연적이다. 그 때에 상소기구의 접근법 또는 그 타당성의 평가도 변할 수 있다. 이 점은 차세대 학자들의 평가에 맡기고자 한다.

WTO Dispute Settlement Procedure: Thoughts on Procedural Factors and Proposals for Improvement," *in* Akira Kotera et al. (eds.), *The Future of the Multilateral Trading System: East Asian Perspectives* (2009), pp.220-226.

81) Daniel K. Tarullo, "Paved with Good Intentions: The Dynamic Effects of WTO Review of Anti-Dumping Action," *World Trade Review,* vol.2, Issue 3 (2003), pp.388-389.

82) 대략적인 것은 Jun Kazeki, "Anti-dumping Negotiations under the WTO and FANs," *Journal of World Trade,* vol.44, no.5 (2010), pp.931-965를 참조.

제 7 장

WTO체제와 개발도상국

- 차별주의와 비시장경제국이 미치는 영향의 분석

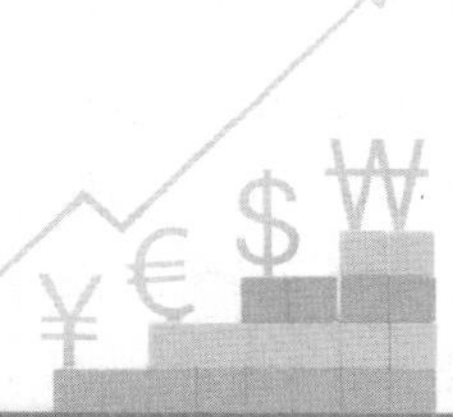

伊藤 一頼 (이토 카즈요리)

Ⅰ. 서　　론

1990년대 개발도상국은 선진국 중심의 자유주의적인 경제시스템에 편입되어 '체제내화(体制内化)'하였다고 할 수 있다.[1] 기존의 이른바 수입대체 공업화정책을 기초로 자국경제를 국제통상체제로부터 분리하여, 국가의 지도와 개입에 의한 국내산업의 육성을 목표로 해온 개발도상국은 그 대부분이 고액의 보조금이나 해외로부터의 자본재조달로 인하여 정부지출의 증대와 대외채무의 누적을 초래하였다. 제2차 석유위기를 계기로, 이러한 국가들은 국제적인 신용경색이 발생하면서 자금조달이 막혀 줄줄이 채무위기에 빠지게 되었고, IMF와 세계은행의 융자를 받기 위하여 급속한 자유화 개혁을 단행하였다. 때마침, 냉전의 종결로 인해 구사회주의 국가들도 시장경제로의 이행을 시작하게 되었고, 1990년대에는 자유로운 국제경제질서의 이념하에 많은 국가들이 결집하게 되었다.[2]

1) 柳赫秀, 「WTOと途上国-途上国の『体制内化』の経緯と意義(上)-(下2·完)」, "貿易と関税"(1998년 7월호·10월호, 2000년 7월호·9월호).

2) 이러한 경위에 대하여서는 中川淳司, 「第11章 WTO体制と途上国」; 中川淳司他, 『国際経済法(第2版)』(有斐閣, 2012년)도 참조.

이렇게 개발도상국을 체제내화하여 성립된 WTO는 GATT시대에 비하여 확연히 고도의 포섭성(包攝性)을 갖춘 조직이 되었다. 그러나 지난 20년 동안 법질서의 성격면에서 발생한 중요한 변화는 통합성·안정성의 증대라기보다는 오히려 그것을 위협하는 확산적·비균질적 요소의 강화는 아니었을까? 발전단계, 경제체제, 주요선진국과의 관계 등의 측면에서 다양한 성격을 가진 개발도상국이 참가함으로써 WTO의 법규율은 개별적인 사정이나 법관계 사이에서 타협해야 할 필요에 직면해 있다. 물론 예전의 GATT시대에도 개발도상국 그룹의 국제통상체제에 대한 도전은 있었지만, 이는 수입대체 공업화정책의 성격상 단순히 무역자유화의 기본원칙에서 일탈을 인정하면 되는 것이므로, GATT의 법질서 자체는 서방 선진국들간에 높은 통합성을 유지할 수 있었다. 반면 현재의 WTO체제는 대부분의 개발도상국을 실질적으로 내부화하였지만, 이에 따라 역설적으로 그 법적 일체성에 대해 강한 긴장과 동요가 생겨나고 있다.

본장에서는 이러한 사태를 보다 정확하게 파악하고, 국제통상법과 개발도상국의 향후 관계를 고찰하기 위하여 다음의 두 가지 점에 주목하고자 한다. 첫째, 차별의 확대이다. 최혜국대우에 근거한 경쟁조건의 평등은 원래 국제통상체제의 중요한 기반을 이루는 것이지만, 최근 특히 개발도상국간의 대우의 차별화가 두드러지고 있다. 이는 선진국이 개발도상국과의 관계에서 보다 실질적인 호혜성을 요구하기 시작하여, 예를 들어 특혜부여 조건설정을 엄격하게 한 것 등에서 유래하는 것이다. 이처럼 국가마다 대우의 개별 분산성이 늘어나고 있는 상황은 WTO체제에 있어서 개발도상국의 법적 지위에 어떠한 영향을 미치게 될 것인가? 본장에서 다루는 두 번째 테마는 비시장경제국의 문제이다. 구사회주의 국가들은 시장경제로의 이행을 추진하면서, 여전히 정부와 시장이 미분화된 측면이 남아있는 경우도 많다. 자유주의경제를 전제로 하는 WTO법에 있어서 이들 국가의 경제체제와 산업정책을 어떻게 자리매김해야 할 것인가라는 문제는 이미 여러 분쟁을 통해 표면화되었고, 법질서에 심각한 긴장을 던져주고 있다. 물론, 비시장경제국이라는 범주는 개발도상국 가운데 부분집합에 불과하지만, 그것이 국제통상법의 성격에 미칠 수 있는 영향의 정도를 감안하여 본장에서 상세히 논의하고자 한다.

Ⅱ. 개발도상국에 대한 특혜대우의 차별화

1. 개발도상국의 '체제내화'와 그 귀결

본절에서는 개발도상국이 자유주의적 국제통상체제에 편입된 경위를 법적 관점에서 약술하고, 그러한 점이 통상법질서에 어떤 의미를 가지는 것인지를 고찰하고자 한다. 앞서 언급한 바와 같이, 1980년대 채무위기에 직면한 개발도상국은 IMF·세계은행이나 개별 선진국에 긴급융자와 채무삭감을 요청하였지만, 이러한 원조의 조건으로서 경제체제의 철저한 자유화를 요구받았고, 따라서 많은 국가가 기존의 수입대체정책을 포기하고 통상규제를 철폐하기로 하였다. 그러므로 1986년에 시작된 GATT의 다자간 무역협상인 우루과이라운드에서 개발도상국은 지난 라운드에서와는 달리 적극적으로 자유화를 받아들일 자세를 보였다.

첫째, GATT 제18조 B는 개발도상국에 대한 수입수량제한을 예외적으로 인정하고 있었지만, 이번 라운드에서 채택된 '국제수지에 관한 양해'는 수량제한조치를 가능한 한 관세로 대체한다는 것에 합의하였고, 대부분의 개발도상국이 이에 따라 수량제한을 철폐하였다.[3] 또한 개발도상국은 관세인하에도 적극적으로 임하여, 이번 라운드에서 선진국의 인하폭이 평균 3.2%였던 것에 반하여 개발도상국은 평균 8%의 폭으로 인하하였다.[4] 다시 말해 개발도상국은 더 이상 선진국간의 관세인하의 성과에 '무임승차'하는 방관자가 아닌, 오히려 스스로 관세양허를 제공하면서 실질적으로 협상에 참여하는 주체가 된 것이다.

둘째, 이번 라운드의 쟁점의 하나였던 서비스무역의 자유화와 지적재산권 보호, 외국인투자규제의 철폐 등 '새로운 분야'의 규범형성에 대해서도 개발도상국이 동의

---

3) 1996년 6월 시점에 GATT 제18조 B하에 선언된 수량제한을 유지하고 있는 나라는 튀니지, 인도, 파키스칸 3국에 불과하였다. Finger, J. M. and Winters, L. A., "What can the WTO do for developing countries?," *in* Krueger, A. O. (ed), *The WTO as an International Organization* (The University of Chicago Press, 1998), pp.376-377.

4) 개발도상국 중에서도, 남아시아와 동아시아 국가들이 특히 대폭적인 관세인하에 합의하였다(각각 16.5%, 9.4%). 또한, 이번 라운드까지 개발도상국의 양허율(전 품목 중 GATT 관세양허표에 기재하고 있는 품목의 비율)은 평균 22%였으나, 라운드를 거쳐 72%까지 상승하였다. Krueger, A. O., *Trade Policies and Developing Nations* (The Brookings Institution, 1995), p.50.

하였다. 이러한 분야는 특히 미국이 기존 GATT에서 도입을 요구하였던 것으로, 동 분야에 대하여 비교우위에 있지 않은 개발도상국은 이를 반대하여 왔으나, 개발정책의 전환에 따라 다국적 기업의 유치와 해외에서의 자금조달을 촉진하는데, 이러한 분야의 규범정비가 유익하다고 판단한 것이다. 아울러 이번 라운드에서는 다양한 분야의 합의를 모든 국가가 일체적으로 받아들이는 '일괄수락원칙(single-undertaking)'이 채택되었기 때문에 개발도상국은 새로운 분야의 도입에 동의하는 것에 대한 대가로, 농업무역과 섬유제품무역이라고 하는 관심분야에서 선진국으로부터 자유화약속을 이끌어내는 데 성공하였다.

셋째, 이번 라운드는 선진국에 대한 요구를 제시하기 위하여 기존에 개발도상국들 사이에서 당연히 성립하여 온 연대행동이 모습을 감추고, 오히려 관심분야를 공유하는 정부간에는 선진국과 개발도상국이 혼합된 기능적인 협상연합체가 형성되었다.[5] 예를 들어 미국의 1974년 통상법 제301조에 따른 제재 위협에 의해 수출자율규제의 실시를 강요당하고 있던 국가들의 일치된 협력에 의해, 일방적 제재조치의 위법화(DSU 제23조 2항)와 수출자율규제금지(Safeguard협정 제11조 1항)를 가능하게 되었다.

이러한 남북간의 통상정책의 수렴경향이 보편적 기구로서의 WTO 설립을 가져왔고, 여기에 기능적인 과제에 있어 고도의 동질성을 기반으로, GATT시대에 비해 현저히 정치화(精緻化)된 실체규칙이나 분쟁해결절차가 도입되었다. 그러나 이것이 가지는 가장 중요한 의미는 다음의 것이다. GATT시대에는 개발도상국에 상당한 예외조치를 인정함으로써 선진국은 개발도상국을 이른바 외부화하여 자율적으로 제도운영을 할 수 있었지만, WTO에서는 선진국과 개발도상국이 함께 동일한 규범의 나아갈 방향을 둘러싸고 다투기 때문에, 개발도상국의 신뢰와 만족을 확보하지 못하면 전체 의사결정기능이 훼손되는 결과가 초래된다.[6] 즉, GATT시대의 '규범의 이중성'이 해소되고 WTO에서 '규범의 일체화'가 실현되어, 오히려 제도운영에서의 어려

---

5) 예를 들어 농업무역 협상의 Cairns Group의 성립에 대하여, *Cf.* Tussie, D., "Holding the balance: The Cairns Group," *in* Tussie. D. and Glover. D., *The Developing Countries in World Trade: Policies and Bargaining Strategies* (Lynne Rienner Publishers, 1993), pp.181-203.

6) 이미 1999년 WTO 시애틀 각료회의에서 이러한 우려는 현실화되었고, 주로 선진국과 개발도상국간의 의견 대립으로 협상은 결렬되었다. 이에 따라 선진국들은 WTO의 신뢰구축조치의 도입에 합의하였고, 이는 2000년 5월 WTO 일반이사회 결정에서도 지지되었다. 예를 들어, 여러 선진국의 자금지원으로 개발도상국의 협정 준수와 분쟁해결절차 이용을 지원하는 WTO법 지원센터(Advisory Center on WTO Law)와 WTO 훈련센터(WTO Training Institute)가 개설되었다.

움은 증대한 것이다.

이러한 점은 현실적으로 WTO의 무역자유화협상이나 규칙개정협상이 정체되는 결과를 초래하여, 많은 선진국은 WTO 밖에서 양자 혹은 다자간 FTA를 체결하는 방향으로 전환하고 있다. 이는 개발도상국에게 이중적인 의미에서 불이익이 될 수 있다. 첫째, 선진국과 개발도상국간에 FTA가 체결될 경우, 다자간 협상에서보다 경제력·협상력의 차이가 표면화되기 쉽고, 선진국시장의 자유화에 대한 충분한 성과를 얻지 못할 우려가 있다. 둘째, 선진국은 통상전략에서 중요성이 높은 개발도상국을 선택하고 FTA를 협상·체결하기 때문에 개발도상국간 FTA 유무에 따라 선진국시장으로의 접근에 격차가 생길 수 있다. 이는 경제력에 따른 개발도상국의 계층분화를 조장하고 WTO협상에서 개발도상국간의 단결을 약화시켜, 선진국에 대한 협상력을 보다 더 약화시킨다.

2. 일반특혜제도 운영에 있어서 차별주의의 강화

이러한 개발도상국간의 분화를 더욱 촉진시키고 있는 것이 일반특혜제도(GSP)이다. GSP는 선진국이 개발도상국에서 수입되는 상품에 대하여 관세혜택을 주는 제도이며, 이를 위하여 선진국에 최혜국대우의무의 면제를 인정하는 결정(이른바 수권조항(Enabling Clause))이 GATT시대에 만들어졌다. 그런데, 예를 들어 EC는 일정한 조건을 만족하는 개발도상국에는 GSP 특혜세율에 더하여 추가감축을 인정하는 제도(GSP plus)를 도입하고, 그에 대한 조건으로 노동기본권의 존중과 환경보호의 촉진, 마약대책의 실시 등을 요구하였다. 말하자면 우대조치를 대가로 개발도상국에 인권상황 등의 개선을 촉구하는 정책이다.

이러한 추가특혜대상에서 제외된 인도는 이 제도가 수권조항의 요건을 위반한다고 하여 WTO에 제소하였다. 인도가 근거로 내세웠던 것은 수권조항 제2항(a) 각주 3에 있는 '비차별' 문언이며, 패널은 이 주장을 인정하여, 특혜제공국은 모든 개발도상국에 대하여 동일한 특혜대우를 제공하지 않으면 안 된다고 하였다.[7] 그러나 상소

7) *EC-Tariff Preferences* 사건 패널보고서(Panel Report, *EC-Tariff Preferences*, WT/DS2246/R (Dec. 1, 2003)). 패널은 수권조항의 기초과정을 검토한 후, 이러한 비차별 조건은 특정지역을 선택적으로 우대하는 '식민지특혜'에 대한 반성으로부터 이루어졌다고 이해하고, 그 위에 엄격한 해석을 취할 필요가 있다고 하였다.

기구는 이 결정을 뒤집었다. 즉 비차별이라는 문언은 '같은 상황에 있는 모든 수익국에 대하여 동일한 특혜관세를 이용가능하게 하는 것'을 의미하며, 수권조항 제3항(c)에서는 특혜제공의 목적이 개발도상국의 '개발요구'에의 대응이라는 점에서 다른 개발요구에 직면한 개발도상국에게는 다른 특혜대우를 제공할 수 있다고 해석하였던 것이다.[8)]

상소기구가 이렇게 비차별 조건의 해석을 완화한 배경은 GSP의 법적 성격에 있다. 즉 수권조항은 특혜를 제공하는 권리를 선진국 측에 인정하는 것이기 때문에, 만일 패널처럼 비차별 조건을 엄격하게 해석하여 '교환조건'을 도입할 여지를 완전히 부정하면, 선진국 측이 특혜를 제공하는 인센티브 자체를 잃게 되어 GSP가 해체될 우려가 있다. 이는 당사국 모두에게 바람직하지 않은 결말이다. 다만, 교환조건 설정을 제약 없이 인정하면, 개발도상국 측의 불만을 초래하여 역시 분쟁의 원인이 해소되지 않는다.

여기서 상소기구는 바로 '정치적'이라고 평가할 수 있는 절충적 입장을 취하면서, 특혜제공의 조건설정을 일정한 기준에 따를 것을 전제로 하여 인정하였다.[9)] 즉 GSP에서 대응해야 할 개발요구는 객관적 기준(objective standard)에 따라 선정할 필요가 있다고 하면서, 다른 국제조직 등에서 채택된 다자간 합의에 따라, 어느 특정 요구가 국제적으로 널리 인지되면, 그것은 객관적 기준으로서 역할을 할 수 있다고 하였다. 요컨대, 상소기구는 특혜제공에서의 조건설정을 전면적으로 위법이라고는 하지는 않았지만, 제공국에 완전한 재량을 인정한 것도 아니며, 각 분야에서 국제기준에 맞는 조건설정인지 여부를 보아 합법성을 결정한다는 가이드라인을 제시한 것이다.[10)]

---

8) *EC-Tariff Preferences* 사건 상소기구보고서(Appellate Body Report, *EC-Tariff Preferences*, WT/DS246/AB/R (Apr. 7, 2004), paras.154, 162).

9) *Ibid*., para.163.

10) 이 점에 있어, 패널의 판단은 모든 조건설정을 일의적으로 위법이라고 하는 입장으로, 이는 전술한 바와 같이 선진국에 특혜제공의 인센티브 자체를 잃게 할 위험이 있다. 한편 수권조항의 타협적 성격에 비추어 모든 조건설정을 일의적으로 합법이라고 해석하는 입장의 학자도 있다(*see, e. g.,* Howse, R., "India's WTO challenge to drug enforcement conditions in the European Community Generalized System of Preferences," *Chicago Journal of International Law,* vol.4, no.2 (2003), pp.385-405). 이는 기존의 GSP 제도운용실태에도 가까운 입장이지만, 개발도상국에 대하여 선진국 측의 정책가치수용을 단적으로 요구하는 것이기 때문에, WTO체제에 대한 개발도상국의 신뢰가 저하될 우려가 있다. 이와 같이 조건설정을 일의적으로 합법 또는 불법이라고 확정하는 입장에는 각각 심각한 문제점이 있다. *Cf*, Shaffer. G.

어쨌든, 이는 선진국이 특혜를 제공하는 대신 개발도상국에 특정 정책적 가치의 실현을 요구하는 기존의 관행을 WTO가 법적으로 공인해주었다는 것을 의미한다. GSP제도 자체가 선진국의 일방적인 혜택의 제공이라는 매우 불안정한 토대 위에 성립하고 있는 이상, 이러한 결론을 피하기는 어렵고, 기껏해야 상소기구처럼 조건설정의 내용에 일정한 제한을 가할 수 있을 뿐이다. 그리고 실제로 이 사건을 계기로 EC와 미국은 특혜제공에 있어 조건설정을 더욱 체계적으로 확충하기 시작하였다.

EC는 2005년 7월 기존의 조건부특혜제도를 대신하여 새로운 '지속가능한 개발과 바람직한 통치를 위한 특별제도'를 도입하였다(Council Regulation no.980/2005). 이는 추가적인 특혜관세혜택을 희망하는 개발도상국에 대하여, 인권·노동기본권에 관한 16개의 국제조약 및 바람직한 통치에 관한 11개의 국제조약의 비준을 요구한 것이다. 그리고 이러한 조약의 비준과 국내이행조치를 향후에도 계속 유지할 것을 약속하고, 조약에 규정된 이행감시제도를 받아들일 것을 요구하였다. 이러한 조건설정에서 EC는 GSP에서 대응해야 하는 '개발요구'를 국제조약의 존재를 기준으로 결정하고 있으며, 이는 상소기구가 말하는 '객관적 기준'에 기초한다는 것의 증거가 될 수 있다. 한편, 이러한 조약의 선정은 EC가 자체적으로 판단하고 있으며, 예를 들어 UN이 중시하는 이주노동자권리협약 등이 포함되지 않은 점에서 자의성이 여전히 높다는 지적도 있다.[11)]

또한 미국은 지역별 조건부특혜제도로서, 아프리카 성장 및 기회법(African Growth and Opportunity Act, AGOA), 카리브연안국 무역협력법(Caribbean Basin Trade Partnership Act, CBTPA), 안데스 무역협력 및 마약퇴치법(Andean Trade Partnership and Drug Eradication Act, ATPDEA)의 세 가지를 소개하고 있다.[12)] 이 중 가장 조건설정이

---

and Apea. Y., "Institutional choice in the Generalized System of Preferences Case: Who decides the conditions for trade preferences?," *Journal of World Trade*, vol.39, no.5 (2005), pp.977-1008.

11) Bartels. L., "The WTO legality of the EU's GSP+ arrangement," *Journal of International Economic Law*, vol. 10, no.4 (2007), pp.869-886.

12) AGOA는 서브-사하라(Sub-Sahara) 아프리카 38개국, CBTPA는 카리브해 연안의 24개국, ATPDEA는 볼리비아, 콜롬비아, 에콰도르 및 페루를 대상국으로 하고, 모든 수익국으로부터의 수입품은 원칙적으로 무관세가 된다. 그러나 CBTPA의 주요 대상 국가는 미국·중미·도미니카 공화국 자유무역협정(Dominican Republic-Central America Free Trade Agreement, CAFTA-DR)에 근거하는 상호주의적인 무역자유화로 이행하고 있어, 특혜제도의 혜택을 실질적으로 받고 있는 나라는 아이티 뿐이다. 또한 ATPDEA에 대하여서는 볼리비아가 수익조건으로 되어 있는 마약의 생산·유통 대책이 불충분하다는 이유로 2008년 대상국으로부

상세한 AGOA는 다음의 세 가지를 충족할 것을 요구하고 있다. ① 이하의 사항이 확립되어 있거나 확립을 위한 지속적인 개선이 가능할 것, 사적소유권에 근거한 시장경제, 법의 지배·정치적 다원주의·공정한 재판, 미국에 대한 무역·투자 장벽의 철폐, 빈곤퇴치·보건위생·교육기회, 반부패대책(예를 들어, 국제상거래에 있어서 외국공무원에 대한 뇌물방지에 관한 OECD협약의 비준과 이행 등), 노동기본권 보호(최저임금·근로시간·노동안전 위생문제도 포함), ② 미국의 안보·외교 정책을 해치는 행위가 없을 것, ③ 인권침해나 테러지원이 없을 것, 이러한 AGOA 조건설정에 대하여는 거기에 열거된 항목이 대상국인 아프리카 국가들 특유의 '개발요구'라고 할 수 없고, 다른 지역의 개발도상국을 배제할 근거가 명확하지 않기 때문에, 수권조항에 위반된다는 지적도 있었다.[13] 미국은 2009년 이들 3개 지역별 계획에 대하여 WTO에서 시한적인 의무면제(waiver) 승인을 얻는 데 성공하였지만,[14] 이러한 사실 자체는 이러한 조건부특혜협정의 정합성(整合性)이 반드시 자명한 것은 아님을 나타내고 있다.

이처럼 오늘날에는 특혜제도의 일반성·비차별성이 크게 손상되고 있으며, 교환조건을 받아들일지 여부에 따라 개발도상국간의 격차와 분단이 확대될 우려가 강해지고 있다. 특히 선진국시장에서 개발도상국 제품과 직접적인 경쟁관계에 있는 것은 대부분 다른 개발도상국의 제품이기 때문에 특혜제공 여부에 따른 경쟁조건의 격차는 종종 사활적인 문제가 되고, 개발도상국이 일치하여 조건을 붙이는 것에 대하여 비판적인 태도를 취하는 것을 어렵게 하고 있다. 과거 Hudec은 개발도상국이 GSP를 포기하고 일반 최혜국대우원칙으로 돌아가는 것이 선진국과의 관계에서 우대는 없어지겠지만, 개발도상국간 차별은 피할 수 있으므로 바람직하다고 주장하였고, 현재의 상황은 이러한 견해가 충분히 귀를 기울일 만한 것이었다는 것을 보여주고 있다.[15]

터 제외되었다.

13) Moss, K., "The consequences of the WTO Appellate Body decision in *EC-Tariff Preferences* for the African Growth Opportunity Act and Sub-Saharan Africa," *New York University Journal of International Law and Politics*, vol.38, no.3 (2006), pp.665-706.

14) General Council Decision of 27 May 2009 (WT/L/754, WT/L/755).

15) Hudec, R. E., *Developing Countries in the GATT Legal System* (Trade Policy Research Centre, 1987) (小森先夫 편역, 「ガットと途上国」(信山社, 1992년), ch. 11).

3. 일반특혜제도에 의하지 않는 차별적 특혜

위에서 말한 바와 같은 GSP제도를 통하지 않고 특정 개발도상국에 차별적 특혜를 제공하는 방법도 존재한다. 특히 EC는 역사적으로 깊이 결부되어 있는 아프리카·카리브해·태평양(ACP) 국가들의 상품에 대하여, 로메협정(Lomé Convention)을 통해 우대적인 시장접근을 제공해 왔다. 특히 바나나에 관하여, ACP산 바나나에만 무관세 수입쿼터를 부여하는 제도가 도입되었지만, 미국과 에콰도르가 이를 WTO에 제소하여, GATT 제1조 최혜국대우 위반 등이 인정되었다.[16] 이에 따라 EC는 로메협정의 후속으로 2000년에 체결된 코토누협정(Contonu Agreement)에서 ACP 상품에 대한 우대조치를 계속하는 한편, 2008년 1월 1일까지 EC와 ACP 국가들간의 경제제휴협정(EPA)을 발효시켜 이러한 우대조치를 WTO에 합치되는 것으로 하는 방침을 나타내었다. 따라서 WTO는 2007년 말까지를 유효기간으로 하여, EC의 바나나수입제도에 GATT의무의 면제를 인정하는 결정이 이루어졌다(이른바 Doha Waiver).

실제로 EC는 2002년 9월부터 ACP 국가와 EPA협상을 시작하였지만, 2007년 말까지 합의에 도달하지 못하고, 당면 조치로 향후 완전한 EPA협정으로의 전환을 목표로 잠정협정(interim agreements)을 각 지역별로 체결하였다. 이는 당사국의 모든 상품(쌀·설탕 제외)에 대하여 EC시장에 무관세-무쿼터(duty-free, quota-free) 접근(access)을 부여하는 것이다. 이후 카리브해 지역 국가들간에는 2008년 10월 15일에 완전한 EPA협정의 서명에 이르렀고, 다른 지역과도 완전한 협정체결을 위한 협상이 계속되고 있다.[17] 그러나 문제는 이러한 EPA가 GATT 제24조의 요건을 충족하는지 여부이다.

GATT 제24조 8항은 EPA의 당사국·지역간에 '실질적으로 모든(substantially all)' 무역을 자유화하도록 요구하고 있으며, 이는 일반적으로 양자간 무역액의 대략 90%를 최대 10년 이내에 자유화하는 것을 의미한다. 그러나 EU는 선진국과 개발도상국간에 EPA를 체결하는 경우에는 개발도상국의 개발의 필요성을 고려하여 개발도상국

16) *EC-Bananas Ⅲ* 사건 상소기구보고서(Appellate Body Report, *EC-Bananas III*, WT/DS27/AB/R (Sep. 25, 1997)).

17) 후발개발도상국(LDC)에 대하여서는 EC가 2000년에 도입된 추가적 특혜제도인 EBA(Everything But Arms) 프로그램에 따라 무기를 제외한 모든 상품에 무관세·무쿼터의 시장접근이 가능하기 때문에 EPA협상에 참여하는 인센티브가 별로 없다. ACP 국가 중 31개국이 EBA의 이용을 선택하고, EPA협상에 참여하고 있는 것은 36개국(이 중 LDC가 10개국)이다.

측의 자유화 수준을 상대적으로 억제하고(비대칭성), 나아가 일정한 이행기간을 두고 점진적으로 자유화를 추진해야 한다고 주장하고 있다. 구체적으로 EU는 즉시 100% 자유화하는 대신 개발도상국 측은 80%의 자유화를 15년 정도 실시하면 제24조 8항의 요건에 합치한다고 하였다.[18] 실제로 예를 들어 카리브해 지역과의 EPA는 EU가 무관세-무쿼터의 시장접근을 즉시 제공하는 한편, 카리브해 지역은 15년에 83%, 25년에 87% 자유화하는 것으로 되어 있으므로, 다른 지역과의 EPA 잠정협정도 거의 비슷한 구조를 갖는다.[19] 하지만 이렇게 장기간에 걸친 자유화약속은 향후 예정된 시점에서 정말 자유화가 이루어질 것인가에 대한 우려를 낳고, 또한 카리브해 이외의 지역에 대하여는 잠정협정이 완전한 협정으로 이행할 것인지조차 확실하지 않다.[20] '비대칭의 자유화'에 따라 개발도상국 측의 자유화수준을 낮게 유지시킬 수 있다고 하는 EU의 논리도 독자적인 해석에 지나지 않게 된다.

이미 GATT시대에 로메협정에 관하여 일방 당사국만이 편무적으로 자유화의무를 부담하는 협정은 제24조 8항에서 말하는 자유무역지역에 맞지 않는다고 패널은 판단하였다.[21] 최근 '비대칭' EPA는 개발도상국 측도 일응 자유화의무를 부여하지만, 그것이 성실히 이행된다는 보증이 없고 실제로 거의 편무적인 협정이 되기 쉽다. 상기 바나나분쟁은 결국 협정 정합성을 도외시 한 채 타협에 의한 정치적 결착을 보였지만,[22] 그 이외의 품목에 관한 차별적 특혜는 향후 그것이 EPA의 명목하에 유지된다면 비수익국 측의 불만으로 새로운 분쟁으로 발전할 가능성도 있을 것이다.

---

18) European Commission, "An overview of the interim agreements," 27 Jan. 2009, p.3 http://trade.ec.europa.eu/doclib/docs/2009/january/tradoc_142188.pdf(2012년 5월 1일자).

19) 예를 들어 동부 아프리카(탄자니아 등 5개국)와의 EPA 잠정협정에는 25년간 82.6% 자유화하는 것으로 되어 있다. 한편, 아프리카 남부지역(보츠와나 등 4개국)과의 잠정협정에는 이행기간이 짧게 설정되어 4년간 86% 자유화하는 것으로 되어 있다.

20) GATT 제24조 5항(c)에 따르면, 잠정협정은 '합리적인 기간 내(within a reasonable period of)' 완전한 협정으로 이행할 필요가 있고, 동조의 해석양해 para. 3에서는 합리적인 기간 내라고 하는 것은 예외적인 사정이 없는 한 10년을 초과해서는 안 된다고 되어 있다.

21) *EEC-Bananas II* 사건 GATT 패널보고서(미채택) (GATT Panel Report, *EEC-Bananas II*, DS38/R (Feb. 11, 1994), unadopted, para.159).

22) 모든 중남미 바나나 수출국과 미국은 2009년 12월 15일, EU가 ACP 국가에 대한 바나나의 무관세 수입 제도를 앞으로도 계속하는 대신, 비ACP 국가에 대한 바나나 수입에 대한 관세를 기존의 176 유로/톤에서 114유로/톤까지 단계적으로 인하할 것을 약속하는 협정에 서명하였다. "Geneva Agreement on Trade in Bananas(WT/784)" 참조.

Ⅲ. 비시장경제국이 국제통상법질서에 미치는 영향

1. 무역구제법에 있어서 비시장경제국의 대우

반덤핑 및 보조금 상계는 생산자의 덤핑행위나 정부의 보조금을 통해 시장조건보다 저렴한 상품에 대하여 추가 관세 등의 부과를 허용하는 것이다. 그런데 비시장경제국은 원래 비교기준이 되는 정상적인 시장가격이 없기 때문에, 그 상품에 대하여 다른 국가가 무역구제조치를 발동하려는 경우 기존에 없었던 새로운 문제를 발생시키게 되었다.

원래 미국과 EU는 지금까지 비시장경제국에 대하여서는 보조금 상계조치를 적용해 오지 않았다. 예를 들어 미국 상무부는 1984년 체코슬로바키아·폴란드산 강선재(carbon steel wire rod) 결정에서 보조금은 시장에 있어서 자원배분의 왜곡이라고 정의한 뒤, 중앙정부의 계획에 의해 자원배분이 이루어지는 비시장경제국에서는 보조금에 의한 시장왜곡을 찾아내는 것은 불가능하기 때문에 미국관세법 제303조에서 말하는 상계가능한 보조금은 없다고 설명하였다.[23] 그러나 최근 그 정책이 전환되어, 2007년에는 미국이, 2011년에는 EU가 중국산 코팅지에 대하여 상계가능한 보조금이 존재한다고 인정하였다. 이러한 이유로 미상무부는 중국은 이미 소비에트형 경제와는 크게 다르며, 어떤 제품에 대하여 정부가 '보조금'을 지불하고 있는지 여부를 확인할 수 있다고 설명하고 있다.[24]

그러나 상계관세 금액의 기초가 되는 '보조금 혜택(benefit)'(SCM협정 제1.1조(b))의 계산에 관해서는 중국 내에 비교기준(benchmark)으로서 이용할 수 있는 정상적인 시장가격이 존재하지 않는다고 하여, 결국 중국과 비슷한 조건을 가진 다른 시장경제국가의 데이터를 이용하였다. 이러한 방법에 대하여 WTO 상소기구는 SCM협정 제14조의 해석에 의해 허용될 수 있다고 판단하면서도, 동시에 시장왜곡의 입증 및

23) 이 결정에 대하여서는 미국의 국내기업으로부터 소송도 제기되었었지만, 결국 연방순회항소법원은 상무부의 결정을 지지하는 판단을 하였다. *Cf. Georgetown Steel Corp. v. United States*, 801 F. 2d 1308 (United States Court of Appeals, Federal Circuit, Sep. 18, 1986).

24) *Cf.* Countervailing Duty Investigation Coated Free Sheet Paper from the People's Republic of China-Whether the Analytical Elements of Georgetown Steel Opinion Are Applicable to China's Present-Day Economy (Mar. 29, 2007) ("*Georgetown Steel* Memo"), pp.9-10.

대체국의 선정방법에 대하여서는 일정한 수준의 엄격성을 요구하였다.[25] 또한 정부가 소유하는 국유기업은 일반적으로 '공공기관(public body)'(SCM협정 제1.1조(a)(1))이며 보조금교부 주체가 될 수 있다고 하는 미국 상무부의 입장에 대해서도, 상소기구는 공공기관이란 정부의 기능수행에 필요한 권위를 행사하는 주체이며, 그 인정은 사안별 평가를 요한다고 하였다.[26] 이와 같이 미국과 유럽이 비시장경제국에 대하여 보조금 상계조치의 발동을 단행함으로써, 거기서 사용된 다양한 특수방법론을 둘러싼 분쟁이 표면화되고 있고, 상소기구는 단지 이러한 방법론 사용이 무역구제제도의 남용을 초래하지 않도록 제어를 시도하고 있는 것이다.

이러한 상황은 반덤핑조치에 대해서도 발생하고 있다. 예를 들어, EU의 규칙에서는 비시장경제국의 기업은 정부와 일체라는 생각에서 반덤핑관세율도 개별기업별로 할 것이 아니라 국가단위로 일률적으로 산출하는 것으로 하였다. 그러나 상소기구는 반덤핑협정 제6.10조가 개별 수출자별 세율계산을 요구하고 있기 때문에 국가단위로 일률적인 반덤핑관세율을 적용하는 것은 원칙적으로 인정되지 않는다고 판단하였다.[27]

또한 비시장경제국으로부터의 수입상품에 대하여 반덤핑조치와 보조금 상계조치가 동시에 부과된 안건에서는 세금의 이중징수가 문제되었다. 즉 덤핑마진을 계산할 때, 시장왜곡을 이유로 제3국의 데이터를 이용하여 정상가격을 산출하면 거기에는 보조금의 국내가격 하락분이 반영되지 않고, 다른 정상가격과 비교되는 수출가격은 보조금효과에 의해 실제로 인하된 가격이기 때문에, 결과적으로 덤핑마진은 덤핑효과 이외에 보조금효과도 포함한다. 그러므로 덤핑마진에 따라 반덤핑관세를 부과하는 것에 더하여 보조금 전액분에 대하여 보조금 상계관세를 부과하면 동일한 보조금이 중복하여 상계되는 것이다. 이에 관하여 상소기구는 SCM협정 제19.3조가 '적절한 금액'의 상계관세 부과를 규정하고 있는 점 등으로 각국 당국은 이러한 이중구제를 해결하는 방법론을 채택할 필요가 있다고 하였다.[28] 이로 인하여 미국은 두 조치를 동시에 부과할 때 이중구제를 금지하는 규정을 담은 관세법 개정을 실시하였지만,

25) *US-Anti-Dumping and Countervailing Duties* 사건 상소기구보고서(Appellate Body Report, *US-Anti-Dumping and Countervailing Duties (China)*, WT/DS379/AB/R (May 11, 2011), paras. 446, 479-486.

26) *Ibid.*, para.317.

27) *EC-Fasteners* 사건 상소기구보고서(*Appellate Body Report, EC-Fasteners*, WT/DS397/AB/R (Jul. 15, 2011), para.364).

28) AB Report, *US-Anti-Dumping and Countervailing Duties (China)*, *supra* note 25, paras.571-572.

이를 가능하게 하는 구체적인 방법이 제시되어 있다고 하기는 어렵다.[29)]

이처럼 원래는 시장경제를 상정하고 만들어진 무역구제법의 구조를 비시장경제국으로부터의 수입품에 대해서도 적용하기 위하여 미국과 유럽 등이 다양한 방법론의 개발에 몰두하고 있지만, 관련 협정에 포함되는 규율들 사이의 상호 조율은 아직 충분히 확립되어 있지 않다고 할 수 있다.

2. 개발도상국의 자원관리·에너지정책과 WTO체제

다음으로 개발도상국의 무역체제를 살펴보면, 1980~90년대에 워싱턴 컨센서스(Washington Consensus)에 기초하여 무역자유화를 포함한 제반 개혁들이 진전되고, 개발도상국 대부분이 개입주의적 개발전략으로부터의 탈피를 도모한 것과 달리, 2000년대 이후 중국을 비롯한 신흥국의 눈부신 성장을 계기로 정부주도의 산업정책의 의의를 재평가하려는 움직임이 있다. 과거의 수입대체 공업화론과 같은 전반적인 무역제한이 아니라 수출산업의 육성에 필요한 범위 내에서 적절하게 설계된 통상규제를 하는 것은 적어도 발전의 초기단계에서는 유효한 수단이고, 이를 가능하게 하는 정책재량(policy space)이 WTO체제에서도 보장되어야 한다고 주장하는 논자도 있다.[30)] 다만, 수입수량제한 등의 허용에 관한 논의는 현재 WTO 규율에 비추어 입법론에 그칠 수밖에 없는 경우가 많아 즉시 통상법질서에 영향을 미치는 것은 아니다. 이에 대하여, 최근 주목받고 있는 것은 자원관리·에너지정책으로서의 수출제한이고, 현행 협정에서는 이러한 점에 관한 규율이 부족한 면도 있어, 통상법질서에 동요를 가져올 가능성을 내포하고 있다.

물론 수출제한은 개발도상국만이 채택한 정책은 아니지만, 천연자원·에너지가 상대적으로 개발도상국에 많이 저장되어 있고, 이들 국가의 중요한 수출품목이 되고 있다. 오늘날 신흥국들의 경제성장에 따라, 자원·에너지의 세계적 쟁탈전이 격화되었

29) H. R 4105 (Mar. 7, 2012). 이 개정법에 따르면 보조금효과에 의해 덤핑마진이 얼마나 증가하였는지를 조사 당국이 합리적으로 추정(reasonably estimate)할 수 있는 때에는 그만큼만 반덤핑관세액을 줄일 필요가 있다. 그러나 이러한 방법의 단점은 덤핑마진 중 보조금효과로 증가한 부분을 덤핑분과 구별하여 정확하게 파악하는 것이 실제로는 매우 어렵다는 점이다.

30) 예컨대, Chimni, B. S., "Developing countries and the GATT/WTO system," *in* Thomas C. and Trachtman, J. P. (eds.), *Developing Countries in the WTO Legal System* (Oxford University Press, 2009), pp.21-44; Trachtman, J. P., "Developing Countries, the Doha Round, preferences, and the right to regulate," *in* Thomas and Trachtman, *Ibid.*, pp.111-126 참조.

다는 점에서, 이러한 자원수출국의 전략적 중요성이 점차 높아지고 있다. 이들 국가가 국내생산을 위한 자원을 확보하기 위하여 수출제한조치를 취하면, 수급불균형에 의해 국제가격의 상승을 초래하고 이로 인하여 다른 국가의 생산자는 경쟁에 상당한 어려움을 겪게 된다.[31)]

수출을 제한하는 수단으로서 수량제한(할당 및 허가제도 포함)은 GATT 제11조 1항에서 금지되어 있지만, 수출관세는 현재 일반적으로 양허가 이루어지지 않았고, 만일 양허가 이루어졌다 하더라도 그것이 GATT 제2조의 규율에 부합하는 것인지에 대하여 다툼이 있다.[32)] 중국과 2011년 WTO 가입이 승인된 러시아처럼 가입시의 조건으로 수출관세의 철폐와 상한액을 약속하는 경우도 있지만, 이러한 의무를 지지 않는 국가가 수출관세를 부과하거나 또는 이를 인상하는 것에 대하여 현행 협정은 거의 규정하고 있지 않기 때문이다.[33)] 만일 이러한 국가에 대해서도 의무를 부과하려고 하는 경우, 향후 양자간 내지 지역적인 FTA협상 등을 통해, 어떤 형태로든 대가를 지불하고 새로운 약속을 부담하게 할 수밖에 없을 것이다.

또한 만일 협정에 위반되는 수출수량제한 등을 하는 경우에도, GATT 제20조의 예외조항으로 정당화할 수 있는 가능성이 있다. 자원·에너지정책과 가장 관련이 있는 것은 제20조(g)의 '유한천연자원의 보존에 관한 조치'일 것이다. 무엇보다, *China- Exportation of Raw Materials* 사건에서 패널은 중국의 희귀금속(rare metal) 수출제한과 천연자원보호의 관련성이 불명확하여, 중국이 국내에서 자원생산제한을 거의 이행하지 않았기 때문에 제20조(g)의 요건을 채우지 않았다고 하였다.[34)] 즉

31) 또한 수출제한과 같은 효과를 가진 정책으로서 이른바 이중가격제도(dual pricing system)가 있다. 이는 정부가 다양한 기초 물자·서비스에 대한 가격통제를 통해 동일한 제품이라도 수출용과 내수용에 가격 차이를 두는 구조이다. 따라서 국내기업은 다른 나라에 비해 저렴하게 원재료 등을 조달할 수 있기 때문에, 사실상의 보조금효과가 생겨 부당한 가격경쟁력을 얻게 된다. 특히 러시아의 WTO가입 협상에서 각국이 이러한 점에 우려를 나타냈기 때문에, 가입합의에서 러시아는 정부의 가격통제에 따르는 상품·서비스의 목록을 공개하는 것과 국내산업보호를 목적으로 가격통제를 하지 않을 것을 약속하였다. Report of Working Party on the Accession of the Russian Federation to the World Trade Organization, WT/ACC/RUS/70, 17 Nov. 2011, para.133.

32) 이에 대하여서는 松下満雄, 「天然資源·食科輸出制限とWTO/GATT体制」, 『貿易と關稅』(2008년 11월호), 20-22면 참조.

33) 다만, 극단적으로 높은 세율의 수출관세를 부과하고, 그것이 사실상 수출수량제한에 해당하는 경우에는 GATT 제11조 위반이 될 수 있다. *Cf. India-Autos* 사건 패널보고서(Panel Report,, *India-Autos*, WT/DS146/R (Apr. 5), paras.254-277.

34) Panel Report, *China-Exportation of Raw Materials*, WT/DS/394, 395, 398/R (Jul. 5, 2011),

수출규제의 목적이 자원의 보존 그 자체라기보다는 오히려 국내생산을 위한 자원확보에 있는 점을 간파하여 지적한 것이다. 제20조 각호 및 동조 주석의 요건을 감안할 때, 산업정책의 일부로서 실시되는 수출규제를 동조에서 정당화하기는 어려울 것이다.

3. 환율조작 문제의 국제통상법상의 위치

마지막으로 환율조작 문제를 다룬다. 이는 반드시 개발도상국에 특유하거나 공통적인 문제는 아니지만, 특히 중국 등의 아시아 국가들은 수출주도형 개발을 추진하기 위하여 외환시장에의 개입을 전략적으로 실시하고 있어, 개발도상국 통상정책과 밀접한 관련을 가지고 있다. 그러므로 특히 이 문제를 다루고자 한다.

이른바 신흥국의 경제성장은 전적으로 선진국으로의 수출증대에 유래하고 있지만, 이에 따른 무역흑자의 축적은 기본적으로 자국통화의 가치를 증대시켜 수출경쟁력을 점진적으로 하락시키는 요인이 된다. 이때, 수출주도형 개발전략을 취하는 국가들은 자국통화의 가치증가를 막기 위하여 외환시장에 달러매수개입을 실시하여 무역흑자분의 전부 또는 일부를 흡수하려고 하는 것이다. 이러한 환율의 인위적인 유지를 통해 그 국가의 생산자는 수출경쟁력을 유지하고, 한편으로 정부 부문에는 다량의 외환보유액이 축적된다. 또한 선진국으로부터의 투자가 유입되어 신흥국은 자본도피에 대한 취약점을 가지게 되고, 위기시 자국통화를 매입하여 급격한 가치하락을 막을 필요가 있기 때문에, 외환보유고 축적 그 자체도 중요시되고 있다.

그런데, 이러한 환율조작의 국제법상 합법성을 먼저 IMF협정에 비추어 생각해 보고자 한다. 관련 규정은 제4조 1항이며, 이는 그 주석에서 '각 회원국은 … 질서있는 환율협정을 확보하고, 안정적인 환율제도를 촉진하기 위하여 기금 및 다른 회원국과 협력할 것을 약속한다'는 일반적인 협력의무를 규정하였다. 그리고 동 (iii)호에서 각 회원국은 "국제수지의 효과적인 조정을 방해하거나 다른 회원국에 대한 불공정한 경쟁우위를 얻기 위하여(in order to) 환율 또는 국제통화제도를 조작하지 않아야 한다"는 구체적인 의무를 규정하고 있다. 이 조항은 환율조작을 명확하게 금지하고 있지만, 동시에 이러한 환율조작의 주관적 의도도 요건의 일부로 하고 있는데, 다른 국가가 이를 입증하는 것은 매우 어렵다. 따라서 사실상 IMF협정에는 환율조작 중단을 회원

paras.7.356-469.

국에 요구할 수 있는 법적 근거가 존재하지 않는다.[35)]

그런데, WTO협정은 환율조작을 규율할 수 있을까? 경제학적으로는 자국통화의 과소평가는 수출을 유리하게 하는 보조금효과와 수입품의 가격을 높게 하는 관세효과를 모두 갖는다. 먼저 후자의 경우인데, 이는 GATT 제2조의 관세양허의 의의를 실질적으로 잃어버리게 하는 것이며, 따라서 GATT 제15조 4항('체약국은 외환조치에 의하여 본협정 규정의 취지를 좌절시켜서는 안되고 …')에 위배된다는 주장이 있다.[36)] 그러나 실제로 규정의 '취지의 좌절(frustrate the intent)' 여부를 인정하는 것은 어렵다. 환율조작이 해당국의 물가수준에 어느 정도의 영향을 미치는지에 대하여서는 다양한 견해가 있을 수 있으며, 과거 어느 시점에서의 환율수준을 비교기준으로 할지도 문제이다.[37)]

환율조작의 보조금효과에 관해서는, 그것이 SCM협정에서 말하는 수출보조금에 해당하는지가 문제이다. 첫째, 동 협정 제1.1조(a)(1)는 정부의 재정적 기여로 4가지 유형을 들고 있으나, 환율조작행위는 이 중 어느 것에도 해당하지 않을 가능성이 높다. 둘째, 보조금혜택의 유무(동 협정 제1.1조(b))는 다른 다양한 요인이 관련되는 가운데, 환율의 저평가가 수출기업에 혜택을 가져다주었는지 여부를 엄격하게 평가하는 것은 쉽지 않다. 셋째, 수출조건성의 유무(동 협정 제3.1조)에 관하여, 과소평가된 환율의 혜택을 받는 것에는 수출이 필요조건이 아니고, 예를 들어 국내의 관광산업과 외국투자자 등도 유익할 수 있다. 이처럼 환율조작이 수출보조금에 해당한다고 간주하는 것은 SCM협정의 규율에 비추어 곤란하다고 생각된다.

상술한 바로부터 현재의 국제통화법·국제통상법에는 환율조작을 유효하게 규

35) IMF협정 제4조 3항은 회원국의 통화제도 및 협정의무 준수를 IMF가 감독하는 것으로 정한다. 2007년 이사회 결정은 감독의 기준으로서, '회원국은 대외적 불안정(external instability)을 초래하는 환율정책을 피해야 한다'는 원칙을 추가하였다. 이는 해당국의 의도에 관계없이 환율정책의 결과가 대외적 불안정을 초래한다는 사실만을 가지고, IMF가 적절한 정책으로의 이행에 관하여 해당국에 조언할 수 있다는 것을 의미한다. 단, 감독기능은 협력·협의 과정에 머무르기 때문에 회원국에 대한 압력으로서는 미약하다. *Cf.* Zimmermann, C. D., "Exchange rate misalignment and international law," *American Journal of International Law*, vol.105. no.3 (2011). pp.430-437.

36) Miranda, J. "Currency undervaluation as a violation of GATT Article XV (4)," *in* Evenett, S. J. (ed.), *The US-Sino Currency Dispute* (A VoxEU.org Publication, 2010), p.123.

37) 가령 관세양허를 한 시점을 비교기준으로 한다면, 예를 들어 중국처럼 WTO 가입시부터 환율을 조작하고 있는 경우 관세양허에 대한 기대 자체가 환율조작의 존재를 전제로 한 것이 된다. Trachtman, J. P., "Yuan to fight about it? The WTO legality of China's exchange regime," *in* Evenett, *supra* note 36, p.130.

율할 수 있는 방법은 없다고 할 것이다. 그러나 이것이 환율을 조작하는 국가가 아무 염려 없이 수출촉진에 매진할 수 있다는 것을 의미하지는 않는다. 오히려, 환율조작을 활용하여 장기간 수출공세를 계속하여, 이러한 국가들이 막대한 무역흑자를 축적하고 세계적인 대규모 수지불균형(global imbalance)을 초래하고 있다. 이러한 불안정한 상태가 지속될 수 있는 것은 신흥국들이 무역흑자의 자국통화의 가치증가를 억제하기 위해 외환시장에 개입하여 흡수한 달러를 미국국채 구입을 위하여 미국으로 환류시킴으로써 미국의 무역적자에 따른 달러가치하락을 막고 있기 때문이다.

이러한 상황은 '제2의 브레튼우즈(Bretton Woods II)' 체제의 출현으로도 알려져 있다.[38] 제2차 세계대전부터 1971년까지 존속한 브레튼우즈 체제에서는 달러를 중심으로 하는 고정환율제에서 독일이나 일본과 같은 무역흑자국은 자국통화의 달러에 대한 환율을 안정시키기 위하여 외환시장에 개입하고, 축적한 외화준비자산을 미국으로 환류시켰다. 오늘의 제2의 브레튼우즈 체제도 이와 비슷한 구도이지만, 여기에는 본질적인 불안정성도 내재하고 있다. 즉 미국의 대외채무가 계속하여 확대되면, 달러기준 자산의 가치하락에 대한 불안이 높아지고, 미국으로의 자본유입이 중지되며, 달러·미국국채·미국주식의 폭락으로부터 세계적인 공황·금융위기가 발생할 우려가 있다. 게다가 과거 브레튼우즈 체제에서는 주요 회원국이 미국의 동맹국이었기 때문에, 달러자산의 일방적인 매도행위에 나서서는 안된다는 암묵적인 이해가 존재하였지만, 오늘의 세계금융시스템에 영향을 미치는 주체는 각양각색이며, 달러를 지지하는 체제는 이전보다 구조적으로 취약할 수 있다.[39]

물론 달러의 가치하락이 일어나면, 각국이 보유하고 있는 외화준비자산의 평가손실도 거대한 금액이 되기 때문에 신흥국들도 당장은 자금을 미국으로 계속 환류시킬 것이다. 이러한 의미에서 미국경제가 신흥국으로부터의 금융에 의존하는 것과 같이, 신흥국의 수출주도의 경제성장과 거기에서 생겨나는 외화준비자산의 가치도 달러가치(나아가 미국의 재정금융정책)에 의존할 수밖에 없을 것이며, 쌍방이 서로에 대하여 취약점을 안고 있는 형태로 당분간 수지불균형 상태가 계속될 것으로 생각된다. 다만 각국의 정부가 협조적인 행동을 취한다 하더라도 민간은행과 투자자들이 불안을 강조하여 달러자산을 매도하기 시작하면 달러의 신용을 유지하는 것은 결국

38) Dooley, M. Falkerts-Landau, D. and Garber, P., "An essay on the revised Bretton Woods system," *NBER Working Paper*, no.9971 (2003).

39) Eichengreen, B. *Global Imbalances and the Lessons of Bretton Woods* (MIT Press, 2007); 松林洋一·畑瀬真理子譯, 『グローバルインバランス』(東洋経済新報社, 2010年), 27-28면.

불가능하게 되는 것이고, 그 전에 세계적인 대규모 수지불균형을 해소해 나가는 것이 필수 과제인 것이다.

1985년 플라자합의(Plaza Agreement)에서는 엔화의 대달러 환율을 크게 평가절상시키고 내수주도의 성장으로의 전환을 시도함으로써 수지불균형 개선을 도모하였다. 한편, 최근 G20 정상회의에서는 '지속 불가능한 세계경제의 불균형을 방지하는 건전한 거시경제정책을 수행할 책임'이 강조되었지만, 그 구체적인 방안에 대하여는 합의점을 찾지 못한 상태이다. 불균형이 한계에 도달하면 어느 국가에나 심각한 피해를 미치는 이상, 지속가능한 경제성장의 중요성을 신흥국 스스로가 인식하고 수출과 환율조작에 의존하는 수출주도의 통상정책으로부터 점진적인 전환을 도모할 필요가 있을 것이다.

Ⅳ. 결 론

앞서 제II절에서 보았듯이, 차별주의의 증가는 개발도상국 전체가 아니라 선진국과의 개별적인 상호관계 속에서 개발을 추구하는 상황을 만들어 냈다. 이러한 차별적 특혜에 근거한 경쟁우위는 전 세계의 자유화가 진행되면 사라져버리기 때문에(preference erosion), 협상에서 관세인하의 진전을 바라지 않는 국가도 나타나는 경향이 있다. 2001년 '개발'의 간판을 내걸고 출범한 도하라운드는 2011년에 그 좌절이 거의 명백해졌지만, 여기에는 개발도상국 자신이 협상타결을 위하여 결속하지 못하였다는 사정도 영향을 주었을 것이다. 비차별성 기반이 무너져 회원들간의 법적 일체성이 없어지면, WTO라고 하는 다자간 틀을 통한 무역자유화는 작동하지 않을 것이며, 특히 개발도상국들간의 '특혜' 쟁탈전이 계속되는 한 이러한 경향은 앞으로도 변화하지 않을 것이다. WTO가 자유화와 규범형성의 관점에서 기능을 회복할지 아니면 FTA와 특혜의 확산에 의한 법관계의 개별분산 속에 매몰되어 갈지는 이러한 개발도상국을 둘러싼 동향에 의존하는 바가 크다고 할 것이다.

한편 개별국가의 경제체제에 관심을 돌려보면 정부가 시장을 주도하여 자원배분이나 가격결정을 통제하고, 인위적으로 국제경쟁력 있는 산업을 창출하려는 유형의 개발전략이 향후에도 일정한 영향력을 가질 수 있을 것이다. 그러나 이는 제III절에서 논의한 바와 같이, 시장경제를 전제로 하는 WTO 규율과 그것을 실시하는 선진 각국의 통상법제와의 문제로 종종 원리적인 마찰을 발생시키고 있다. 또한 신흥국이 수출촉진정책의 일환으로 실시하는 환율조작은 국제통화법의 기본원칙(환율제도의 안정, 경쟁적인 가치하락 방지)에 대한 중대한 도전이기도 하다. 무엇보다도, 이로 인한 세계적인 대규모 수지불균형은 신흥국 자신의 취약점도 증가시키고 있어, 조만간 수출촉진에서 내수주도로 성장전략을 전환해야 할 필요가 발생할 것이다. 그때 거대화한 국내시장을 포함하며 수입국으로서도 중요한 위치를 차지하게 될 신흥국들이 지금까지 수출국으로서 혜택을 받아왔던 자유무역질서에 대하여 어떠한 태도를 취하게 될 것인가? 국제통상법의 미래 발전의 원동력은 이러한 개발도상국의 세계경제에 차지하는 위상의 변화에서 나온다고 해도 과언이 아닐 것이다.

제8장

WTO법과 다른 국제법간의 조화

-규범적 구조의 내용 및 WTO 분쟁해결기구의 대응

平 覚(타이라 사토루)

Ⅰ. 서 론

주권국가간의 평화와 안전보장이 핵심 과제였던 전통국제법에서는 개인의 지위나 사인의 경제활동은 주변분야에 지나지 않았다. 그러나 전후 국제법에서는 이 두 가지 분야가 대조적인 발전을 이루어 왔다. 개인의 지위에 대해서는 UN을 중심으로 한 보편적인 인권개념의 등장과 함께 국제인권법이 급속하게 발전하였고, 이것이 전후 초기 국제법의 주류가 되었다. 이에 비해 사인의 경제활동은 전쟁 직후 GATT가 설립되고, 국제통상법이 발전하였지만 국제법에 있어서는 상당히 긴 기간 동안 주변영역에 머물러 있었다.[1)] 국제통상법이 국제법상 주목받게 된 것은 1990년 이후가 되어서야, 특히 세계무역기구(WTO)의 성립 즈음부터라고 생각된다. 이는 실로 일본국제경제법학회가 창설된 이후 최근 20년간 발생한 일이다.

1948년 성립된 GATT는 국제무역기구(ITO)의 창설이 실패함에 따라 예상치 못하

1) Cottier, T., "Trade and Human Rights: A Relationship to Discover," *Journal of International Economic Law*, vol.5, Issue 1 (2002), p.112; McRae, D., "The Contribution of International Trade Law to the Development of International Law," *Recueil Des Cours*, Tome 260 (1996), pp.109-131.

게 세계무역질서의 구축이라는 큰 역할을 부담하게 되었는데, 오히려 기능주의를 통하여 스스로 '영광스럽게 고립'되는 길을 선택하였다. 따라서 본연의 역할을 착실하게 수행하여 왔음에도 불구하고 국제법에서는 자리를 잡지 못한 존재가 되었다. 국제통상법이 국제인권법이나 기타 국제법분야와 충돌하는 사례는 실제로 드물었고, 국제통상법은 국제법 이론 가운데서 고립하여 발전하여 왔다고 할 수 있다.[2)]

그러나 WTO 설립 전후로 상황이 일변하였다. 경제가 글로벌화됨에 따라 모든 국가들의 상호의존관계가 심화되고, 무역문제와 다양한 사회경제문제가 서로 영향을 미치게 되었다. 따라서 무역가치의 실현을 지향하는 국제통상법은 필연적으로 비교역적 가치의 실현을 지향하는 국내법 및 국제법과 점차 충돌하게 되었다. 예를 들면 1990년대 초부터 '무역과 환경'의 문제가 주목을 받게 된 것을 들 수 있다. 지구환경문제에 대한 세계적인 관심이 높아지는 가운데 각국의 환경규제와 당시 급속히 발전해 온 국제환경법의 환경가치의 실현을 위한 무역제한조치의 규정이 무역가치의 실현을 지향하는 국제통상법과 충돌하게 되었다. 따라서 이 두 가지 법분야의 조화문제가 긴급한 과제로 부상한 것이다.[3)]

그리하여 최근 20년간 '무역과 환경' 외에 '무역과 인권', '무역과 노동', '무역과 문화', '무역과 경쟁' 등 소위 '무역과 …'라는 표제를 건 일련의 문제가 등장하였고, 국제통상법과 다른 다양한 국제법간 조화의 문제가 국제법상 중요한 과제로서 주목을 받게 되었다.[4)] WTO체제하의 국제통상법(이하 WTO법)이 현재 국제법상 주류에 진입하게 된 것이다.

이하에서는 우선 이와 같이 국제통상법이 국제법 이론상 주변에서 주류에 위치를 점하게 되기까지 변화하여 온 구조적 요인을 고찰한다(Ⅱ). 여기서는 국제통상법의 규범적 구조의 변화에 초점을 둔다. 다음으로 WTO 분쟁해결절차를 중심으로 WTO법과 다른 국제법간의 충돌을 피하고 양자간의 조화를 확보하기 위해 적용가능한 방법을 고찰하도록 한다(Ⅲ). 이러한 절차에 의한 해결이 현재 가장 시급하면서도 실질적으로 논의되고 있기 때문이다. 마지막으로 이러한 고찰을 통해 내려진 결론을 제시한다(Ⅳ).

---

2) Cottier, *ibid.*, pp.112-113.

3) Bodansky, D. and Lawrence, J. C., "Trade and Environment," in Bethlehem, D., McRae, D., Neufeld, R. and Van Damme, I. (eds.), *The Oxford Handbook of International Trade Law* (Oxford University Press, 2009), Chapter 19, pp.513-515.

4) *Ibid.*, Part Ⅳ, Chapters 17-23.

Ⅱ. 국제통상법의 규범적 구조의 변화

국제통상법과 다른 국제법간의 충돌의 가능성이 증가하고, 국제통상법이 국제법 이론상 주변에서부터 주류로 위치를 점하게 되도록 변화하여 온 구조적인 요인은 어떤 것일까? 여기서는 국제통상법의 규범적 구조의 변화를 살펴본다.

1. 구(舊) GATT의 규범적 구조

구(舊) GATT를 기반으로 형성된 국제통상법은 자유주의와 보호주의간 타협의 산물로서 '의도적으로 심어진 자유주의(embedded liberalism)'[5] 또는 '소극적 통합(negative integration)'[6] 으로 표현할 수 있는 규범적 구조를 채택하였다고 볼 수 있다. 즉, 여기서 국제통상법은 외국상품에 대한 시장접근을 확보하고 차별하지 않는 한 국가의 국내적 규율권한을 존중하는 국제적 규율에 지나지 않았다.[7] 그렇기 때문에 GATT는 자유롭고 비차별적인 국제통상체제의 구축과 유지라는 보다 경제적 가치의 실현을 위하여 기능적이고 전문적으로 특화된 조약체제에 지나지 않았다. 따라서 인권문제나 환경문제는 주권국가의 국내문제 또는 다른 국제기구나 조약체제의 문제에 해당하고 소위 'GATT 문제'로서는 간주되지 않았다.

예를 들어 상술한 '무역과 환경' 문제의 계기가 된 *US-Tuna* 사건(Ⅰ)[8]에서 GATT 패널이 돌고래혼획을 동반하는 방식으로 어획된 참치에 대해 미국이 수입금지 조치를 취한 것은 GATT 위반이라는 판정을 내려 환경 NGO들로부터 혹독한 비판을 받았다. 그러나 패널의 견해는 상술한 구(舊) GATT의 규범적 구조를 단적으로 반영하고 있다. 패널은 다음과 같이 언급하였다.

---

5) Ruggie, J., "International Regimes, Transactions, and Change: Embedded Liberalism and the Post-war Economic Order," *International Organization*, vol.36, no.2 (1982), p.379.

6) Pauwelyn, J., *Conflict of Norms in Public International Law: How WTO Law Relates to Other Rules of International Law* (Cambridge University Press, 2003), p.66; 内記香子, 『WTO法と国内規制措置』(日本評論社, 2008年), pp.189-190.

7) Bartels, L., "Trade and Human Right," Bethlehem et al., *supra* note 3, Chapter 20, pp.583-584.

8) GATT Panel Report, *United States-Restrictions on Import of Tuna*, DS21/R, unadopted, *circulated* 3 September 1991, BISD 39S/155, *reproduced in International Legal Materials*, vol.30 (1991), p.1598.

> 본 패널은 그 임무가 '관련 GATT 규정에 비추어' 문제를 검토하는 것에 한정되어 있다는 점을 상기하기를 바란다. …[9]
> 본 패널은 본건 심리 중 밝혀진 사실, 즉 GATT 규정은 체약국에 의한 국내환경정책의 이행에 대해 거의 제약을 가하지 않고 있다는 점을 유의하기를 바란다. 패널은 국내규정에 근거하여 체약국이 조세나 규제에 있어 수입상품을 차별하지 않고 국내생산자에 대해 특별한 보호를 제공하지 않는 한, 자유롭게 수입상품 및 동종의 국내상품에 대해 과세하거나 규제하는 것이 가능하고, 체약국은 또한 환경목적을 위해 자유롭게 국내상품에 대해 과세하거나 또는 규제하는 것이 가능하다는 … 본 패널의 판정을 상기한다.[10]

패널은 또한 "동 보고서의 채택은 자국의 국내환경정책을 추구하고 또한 그러한 정책을 조화시키기 위해 타국과 협력하는 개별 체약국들의 권리나 일반협정인 'GATT'의 현행규칙과 충돌하는 조치를 통해서 해결할 수밖에 없는 국제적인 환경문제에 대처하기 위해서 공동으로 행동하는 체약국단의 권리에 영향을 미치는 것은 아니다"[11]라고 덧붙였다.

이러한 의견은 상술한 '의도적으로 심어진 자유주의'에 기반을 두어 GATT는 오로지 무역가치의 실현에 관여할 뿐 비교역적 가치의 실현은 체약국 국내문제이거나 국제협력의 문제로서 GATT는 이에 관여하지 않는다는 태도를 표명한 것으로 보인다.

또한 구(舊) GATT가 무역에 특화된 개별 조약체제에 불과하다는 것은 당시 국제법의 일반적인 성격과도 관계가 있다. 전통국제법은 본질적으로 주권국가의 동의를 기초로 한 계약법의 형식으로 발전하여 왔다. 전후 국제법은 '공존의 법(law on co- existence)'에서 '협력의 법(law on co-operation)'으로 변화하여 왔다고 평가되지만,[12] 계약법으로서의 본질적인 성격은 변하지 않았다. 따라서 당시 국제법은 전체로서 보면 개별 계약법의 축적물로 조차 볼 수 있었던 것이다.[13] 그 결과 개별 분야의 통합화라는 발상은 존재하지 않고, 개별 분야를 포괄하는 통일적인 원칙이나 규범의 충돌 및 위계질서에 관한 원칙이 발달하지 않은 채 개별 조약체제가 각각 독자적으로 다른 조약체제의 존재를

---

9) *Ibid.*, para.6.1, p.1622.
10) *Ibid.*, para.6.2, p.1622.
11) *Ibid.*, para.6.4, p.1623.
12) Pauwelyn, *supra* note 6, pp.31-32.
13) Cottier, *supra* note 1, p.113.

무시하며 발전을 거듭해 온 상황이었다.[14] 실로 '국제법의 파편화'[15]로 불리는 현상이 나타난 것이다. GATT도 그러한 개별 체제의 하나에 지나지 않았다.

2. WTO의 규범적 구조

상술한 바와 같이 국제법은 공존의 법에서 협력의 법으로 변화하여 왔다. 그러나 오늘날 국제법은 다시 '통합의 법(law of integration)'으로 발전하고 있다. 이는 인권이나 환경 등 개별 조약체제가 각각 독자적으로 국제적 기준을 설정하고 국가에 대해 이행이나 이행의 방법까지 규율하도록 발전한 것을 의미한다. 전통적인 국제법이 '결과의 의무'를 규정하는데 그치는 데 반해, 통합의 법으로서의 국제법은 국가의 국제적 의무의 이행을 위해 국내적으로 무엇을 어떻게 달성할 것인가를 적극적으로 규율하게 된 것이다.[16]

이처럼 일정한 국제기준을 설정하여 국가에게 그 국내적 이행의 의무를 부과하는 규범적 구조는 '적극적 통합(positive integration)'으로 불리고 상술한 소극적 통합과는 대비된다.[17] 예를 들어 국제인권법은 당초부터 본질적으로 적극적 통합의 법으로 볼 수 있다. 이는 개인에 대한 국가의 행동에 제약을 가할 뿐만 아니라 인권의 실현을 위해 국가로 하여금 자국 내에서 적극적으로 행동할 의무를 부과하기 때문이다. 국제인권규약 중 사회권 규약이 전형적인 예에 해당한다.[18]

국제인권법보다는 늦었지만 국제통상법도 당초의 소극적 통합의 법에서 점점 적극적 통합의 법으로 변화되어 왔다. '의도적으로 심어진 자유주의'라고 불린 구(舊) GATT의 규범적 구조는 시장접근의 확보와 차별의 철폐에 있어서는 일정한 성과를 달성하였지만 이는 다른 한편으로 각국의 국내규제의 차이점이 현저하게 드러나 무역장벽으로 인식되게 되었다. 이 때문에 국제통상법은 각국의 국내규제의 조정(coordination) 또는 국제기준으로 조화(harmonization)를 지향하게 되어 점차 적극적 통합의 법으로 변용되어 왔다.[19]

---

14) *Ibid.*
15) *Infra* note 30.
16) Cottier *supra* note 1, pp.117-118.
17) *See supra* note 6.
18) Cottier, *supra* note 1, p.117.
19) Hoekman, B. M. and Kostecki, M. M., *The Political Economy of the World Trading System*, Third Edition (Oxford University Press, 2009), pp.582-583.

오늘날 WTO법의 규범적 구조는 그러한 적극적 통합의 성격을 현저히 드러낸다고 평가되고 있다. 특히, 우루과이라운드에서 합의된 농업협정·GATS·TRIPs협정·SPS협정 및 TBT협정 등은 일정한 국제기준을 창설하고, 회원국이 그 국제기준을 국내적으로 실시하도록 하는 적극적인 규율을 담고 있다.[20] 예를 들어 TBT협정이나 SPS협정은 국내조치의 국제기준과의 조화를 지향하고, 국제기준에 기반을 두지 않은 조치에 대해서는 비차별원칙을 요구할 뿐만 아니라, 필요성의 요건이나 과학적 증거 등 일정한 정당화의 의무를 부과하고 있다.[21] 또한 *US-Gambling Services* 사건에서 상소기구가 도박서비스 시장접근약속을 한 미국이 비차별이라는 명목으로 도박서비스의 제공을 전면적으로 금지한 것이 GATS의 시장접근의무(제16조)를 위반하는 것이라고 한 것은[22] 적극적 통합으로의 변화를 상징하는 것이다. WTO법은 현재 신자유주의(neo-liberalism)를 기반으로 주권국가의 규율이 미치지 않는 새로운 자유방임주의(laissez-faire) 체제를 구축하고 있다고 할 수 있다.[23]

그러나 한편 WTO법이 이렇게 적극적으로 국내규율에 침투하는 것은 전통적으로 국내문제로 구분된 분야에서 주권국가의 규제자유를 제한하는 것을 의미한다. 또한 상술한 것처럼 인권이나 환경 등 다른 조약체제도 각각 적극적 통합이 이루어지고 있는 상황에서는 WTO법이 이들 조약체제가 설정한 국제기준의 국내적 이행을 방해할 가능성도 있다.[24] 그리하여 WTO법과 다른 국제법간의 충돌을 우려하여 WTO법이 국가의 인권보호조치를 제한하고 인권의 신장을 저해하는 것은 아닐까, 또는 국가의 환경보호조치 발동을 제한하고 환경파괴적으로 변용되는 것은 아닐까라는 우려의 목소리가 종종 들린다. '무역과 환경'이나 '무역과 인권'이라는 가치들의 충돌과 그 조화의 문제가 주목을 받게 된 것은 국제법 전체가 '통합의 법'으로 발전하는 가운데 WTO법, 즉 국제통상법의 규범적 구조 역시 변화되어 왔다는 거시적 요인에 의한 것이라고 생각할 수 있다. 향후에 WTO법과 다른 국제법의 관계는 국제법

20) Cottier, *supra* note 1, p.117; Bartels, *supra* note 7, p.584.

21) TBT협정 제2.2조, SPS협정 제3조 3항 및 제5조 1~8항.

22) Appellate Body Report, *United States-Measures Affecting the Cross-Border Supply of Gambling and Betting Services*, WT/DS285/AB/R and Corr. 1, adopted 20 April 2005, para.265; Bartels, supra note 7, p.591.

23) Driesen D., "What is Free Trade?: The Real Issue Lurking Behind the Trade and Environment Debate," *Virginia Journal of International Law*, vol.41, no.2 (2001), p.300. 단, 주권국가는 스스로 정당한 규제 목적 또는 보호수준을 설정할 권리를 여전히 보유한다는 지적도 있다. Bartels, *supra* note 7, p.589.

24) Cottier, *supra* note 1, pp.118-119.

이론에서 더욱 주목을 받을 것으로 예상된다.

Ⅲ. WTO 분쟁해결절차상 WTO법과 다른 국제법간의 조화

WTO법과 다른 국제법간의 조화문제가 제기되는 전형적인 사례는 WTO 회원국이 국제환경법이나 국제인권법에 근거한 환경보호 또는 인권보호를 목적으로 하여 무역제한조치를 발동하고 이에 대해 다른 WTO 회원국이 해당 조치의 WTO법 적합성을 다투는 경우일 것이다.

현재 국제사회에서 이와 같은 전형적인 사례에 직면하여 그 해결을 모색할 가능성이 가장 높은 사법기관은 WTO 분쟁해결기구(DSB)인 패널과 상소기구이다. WTO DSU 제23조에 의해 WTO 분쟁해결기구는 WTO법 적합성 문제에 대해 배타적인 관할권을 가지고 있고 또한 WTO 분쟁해결기구는 패널 설치의 의사결정이 역총의 방식(reverse consensus system)에 의하여 이루어지기 때문에[25] 설치된 패널은 사실상 강제적 관할권을 가지고 있기 때문이다. 결국, 해당 무역제한조치의 WTO 법적합성을 다투는 WTO 회원국은 언제라도 일방적으로 이 분쟁해결절차에 회부하는 것이 가능하다. 따라서 WTO법과 다른 국제법의 조화라는 문제를 고찰하는 경우에는 WTO 분쟁해결절차를 중심으로 WTO 분쟁해결기구(패널 및 상소기구)가 상술한 전형적인 사례를 어떻게 처리할 수 있을지를 검토하는 것이 더욱 현실적인 접근방법이라고 생각할 수 있다.

WTO 분쟁해결기구가 이와 같은 사건을 처리하는 방법으로서 적어도 다음의 두 가지 방법을 생각할 수 있다. 첫째, 다른 국제법을 고려하여 WTO법을 조화롭게 해석 적용하는 것, 둘째, WTO법과 다른 국제법이 충돌하는 경우 이용가능한 국제법의 법선택 규칙에 따라 어느 한편의 법을 우선적으로 적용하는 것이다. 본장에서는 이하 WTO 분쟁해결절차에서 이들 두 가지 처리방법의 이용가능성을 고찰하고자 한다.

25) DSU 제6조 1항.

1. WTO법의 조화적 해석

(1) 상호조율을 위한 조약법협약 제31조 3항(c)

일반적으로 규범의 충돌은 두 가지 규범이 상호 모순하는 의무를 부과하고 동시에 준수하는 것이 불가능한 상태를 말한다.26) 그러나 충돌이 존재하는지 아닌지 또는 일응(*prima facie*) 충돌에 대해 어떻게 대처할 수 있을지는 관련된 규범의 해석방법에 의존한다. 규범은 해석의 결과로서 양립하거나 충돌하기 때문이다.27) 따라서 WTO의 분쟁해결기구가 WTO법과 다른 국제법과의 충돌을 회피하고 양자의 조화를 확보하기 위해서는 우선 무엇보다도 WTO법을 다른 국제법과 조화롭게 해석하는 것이 가능한지 여부를 탐구할 필요가 있다.

WTO 분쟁해결제도를 규율하는 DSU는 제3조 2항에서 WTO의 분쟁해결제도가 "대상협정에 따른 회원국이 권리와 의무를 보호하고, 일반국제법의 해석에 관한 관례적인 규칙에 따라 대상협정의 현존 조항을 명확히 하는데 기여함을 인정한다"라고 규정하고 있다. 즉, 이 규정은 WTO 분쟁해결기구가 WTO법을 '해석에 관한 관례적인 규칙'에 따라 해석하는 것을 추구하고 있다. 상소기구가 실제로 최초의 보고서를 제출한 *US-Gasoline* 사건에서 DSU 제3조 2항은 WTO법이 "국제법에서 극도로 고립되어(in clinical isolation) 해석될 수 없다"는 점을 인정한다고 언급하였다.28)

동 사건에서 상소기구는 또한 조약법협약 제31조 1항에 규정된 '해석에 관한 일반적인 규칙'이 그러한 '해석에 관한 국제법상 관습규칙'을 법전화한 것이라고 확인하였다.29) 그 후 WTO의 다수 판례는 조약법협약의 '조약의 해석'에 관한 제3절의 제31~33조가 '해석에 관한 국제법상 관습규칙'에 해당한다고 인정하여 왔다.

그런데 조약법협약에서 규정된 해석규칙의 한 요소로서 제31조 3항(c)는 조약의

---

26) Jenks, W., "The Conflict of Law-Making Treaties," *The British Yearbook of International Law*, vol.30 (1953), p.425. 단 Pauwelyn은 더 넓은 충돌개념을 제창하고 있다. Pauwelyn, "The Application of Non-WTO Rules of International Law in WTO Dispute Settlement," in Macrory, P., Appleton, A. and Plummer, M. (eds.), *The World Trade Organization: Legal, Economic and Political Analysis*, vol.1 (2005), p.1420.

27) *ILC Study Group Rep.*, *infra* note 30, para.412, pp.207-208.

28) Appellate Body Report, *United States-Standards for Reformulated and Conventional Gasoline*, WT/DS2/AB/R, adopted 20 May 1996, p.16.

29) *Ibid.*, pp.15-16.

해석에 있어서 문맥과 함께 '당사국간 관계에 적용되는 국제법의 관련 규칙'을 고려하여야 한다고 규정하고 있다. 2006년 '국제법의 파편화'에 관한 보고서[30]를 공표한 ILC 보고서에 의하면 이 규정은 '체계적 통합(systemic integration)의 원칙'이라고 불리는 것을 표명하고 있다고 한다. 즉, 조약은 국제법체계의 일관성과 유의성을 확보하기 위하여 그 규범적 환경, 즉 일반국제법과 다른 조약국제법을 고려하여 조화적으로 해석하지 않으면 안 된다는 원칙이다.[31] 따라서 이 규정은 WTO법과 다른 국제법을 연결하는 소위 '연결고리(interface)'의 역할을 수행하여 본래 WTO의 분쟁해결기구에 대해 WTO법을 다른 국제법과 조화적으로 해석하기 위한 더욱 중요한 방법을 제공하는 것으로서 기대할 수 있을 것이다.

그런데 제31조 3항(c)는 고려하여야 할 다른 조약국제법의 범위에 대해 곤란한 문제를 제기하고 있다. 즉, 특히 다자조약의 경우, 해석의 대상인 조약의 모든 당사국이 고려하여야 할 다른 조약의 당사국일 필요가 있는지의 문제이다.[32] 이 문제는 해석의 대상인 조약이 WTO법과 같은 다자조약의 경우 더욱 심각해진다.

(2) 조약법협약 제31조 3항(c)의 패러독스

2006년 *EC-Biotech* 사건[33]은 EC에 의한 유전자변형(GMO)상품 수입규제조치에 관련한 것이다. EC는 SPS협정 등 WTO법 해석에 대해서 GMO상품의 국제적 규율로서 생물다양성협약[34]과 카르타헤나 의정서[35]를 고려하여야 한다고 주장하였지만 이들 다자조약은 본 사건의 분쟁당사국을 포함하여 모든 WTO 회원국을 당사국으로 하고 있지는 않았다.[36]

---

30) Report of the Study Group of the International Law Commission as finalized by the Chairman, M. Koskenniemi, *Fragmentation of International Law: Difficulties Arising from the Diversification and Expansion of International Law*, ILC, UN Doc, A/CN. 4/L. 682 and Corr. 1 and Add. 1 (Apr. 13, 2006) (ILC Study Group Rep.).

31) *Ibid.*, paras.413-414, pp.208-209.

32) *Ibid.*, para.422, p.212.

33) Panel Report, *European Communities-Measures Affecting the Approval and Marketing of Biotech Products*, WT/DS291/R, WT/DS292/R, WT/DS293/R, Add. 1 to Add. 9, and Corr. 1, adopted 21 November 2006 (EC-Biotech Products).

34) '생물다양성협약', 1993년 12월 29일 발효, 2012년 5월 현재 192개국 및 유럽연합이 가입.

35) '생물다양성협약의 생물안정성에 관한 카르타헤나 의정서', 2003년 9월 11일 발효, 2012년 5월 현재 162개국 및 유럽연합이 가입.

36) 본건 당시 생물다양성협약의 경우 EC, 아르헨티나 및 캐나다가 당사국이었지만 미국은 서명만 한 상황이었다. 또한 카르타헤나 의정서의 경우 EC는 당사국이었지만 아르헨티나와

본건에서 패널은 특히 제31조 3항(c)에서 '당사국(parties)'의 의미에 대해서 다음과 같이 주목할 만한 해석을 하였다. 즉 제31조 3항(c)는 제31조 2항(b)와 같은 '당사국 하나 또는 둘 이상(one or more parties)', '분쟁의 당사자(the parties to a dispute)'라고 명시하고 있지 않다. 조약법협약의 용어 정의규정인 제2조 1항(g)에 의하면 '당사국'이란 '조약에 대한 기속적 동의를 부여하였으며 또한 그에 대하여 그 조약이 발효하고 있는 국가'를 의미한다. 이 점에서 '당사국'간 관계에 적용가능한 국제법 규칙이란 해석의 대상이 되는 조약에 구속되는 것에 동의하는 한편 자국에 대해서 조약의 효력이 발생하는 모든 국가간 관계에서 적용되는 국제법 규칙이라고 추론된다.37) 그 결과 패널은 WTO법 해석에 있어서 WTO 모든 회원국이 당사국인 조약만이 제31조 3항(c)를 근거로 고려될 수 있다고 해석한 것이다.

패널이 이러한 해석에 도달한 이유의 하나는 "해석에 관한 일반적인 규칙"인 제31조 전체 가운데 제31조 3항(c)가 담당한 역할에 대해 패널이 다음과 같이 이해하였기 때문이다. 즉, 이 규정은 조약해석자로 하여금 국제법의 다른 규칙을 고려하는 것을 의무화하고 있다. 확실히 이 의무는 그러한 규칙을 '고려하는' 것이다. 따라서 어떠한 특정한 결과도 의무화하지는 않는다. 그러나 제31조 1항은 조약을 '성실히' 해석하여야 한다고 명시하고 있기 때문에 제31조에 규정된 다른 모든 해석요소의 고려가 하나 이상의 해석을 가져오는 경우 제31조 3항(c)의 지시를 성실히 따라야 하는 조약해석자는 적용가능한 다른 국제법 규칙에 의해 더욱 적합한 해석을 승인할 필요가 있다.38) 패널에 따르면 제31조 3항(c)가 적용가능한 다른 국제법규칙의 고려를 의무화함에 따라 이러한 고려는 성실한 해석의무와 부합하게 조약해석자에게 어떤 특정한 해석의 채택을 촉구하게 된다고 한다.39) 그 결과 패널은 "실제 주권국가는 자국이 당사국인 조약의 해석이 결과적으로 자국이 수락하지 않은 것을 결정한 다른 국제법규칙에 의해 영향을 받게 되는 조약해석의 의무적 규칙에 어떻게 동의할 수 있는가"라는 의문을 제시하고 있다.40) 그리하여 패널에 의한 '당사국'의 해석은 어떤 조약의 해석에 있어 자국이 당사국이 아닌 다른 조약에 유래하는 해석에 조약당사국

캐나다는 서명만 한 상황이었는데, 미국은 서명도 하지 않았다. *EC-Biotech Products*, *supra* note 33, paras.7.74-7.75.

37) *Ibid.*, para.7.68.

38) *Ibid.*, para.7.69.

39) *Ibid.*, para.7.70.

40) *Ibid.*, para.7.71.

이 구속되지 않는 것을 확보함에 따라 주권국가의 의사를 최대한 존중한다는 의미를 가진다고 할 수 있다.[41)]

본건에서 분쟁당사국 및 의견서를 제출한 제3국은 모두 '당사국'을 '분쟁당사국'으로 해석하여 자기의 주장을 전개하였다.[42)] 이와 같은 해석에 따르면 분쟁에서 고려하여야 할 국제법 규칙이 다르게 되어 WTO법 해석은 분열되고 일관성을 잃게 될 것이다. 패널은 '당사국'의 의미를 해석의 대상이 되는 조약 전체의 당사국으로 해석함에 따라 모든 국가에 적용 가능한 국제법 규칙의 일관성을 확보하고 관련한 규칙간 충돌을 회피하는 데 공헌한다는 장점을 지적하고 있다.[43)]

패널의 이러한 해석은 조약법협약의 엄밀한 문리해석과 함께[44)] 국제법상 동의의 원칙에 충실하게 따름으로서 매우 설득력이 있는 것으로 보인다. 그러나 이러한 해석은 적어도 WTO법과 같이 다자조약에 대해서는 당사국이 증가하면 할수록 고려할 수 있는 다른 조약 규칙이 적어진다는 결과를 초래하게 된다. 국제사회에서 중요한 다자조약일수록 상호참조의 필요성이 높아진다는 점을 감안하면, 그러한 조약간 상호참조가 오히려 보다 어렵게 된다는 패러독스에 처하게 되는 것이다.[45)] 특히 WTO 회원국(비국가 주체인 '관세동맹'인 EU, 대만, 홍콩, 마카오 포함) 모두가 당사국인 다른 조약법협약이 제31조 3항(c)을 근간으로 WTO법 해석에 있어서 국제환경법이나 국제인권법 분야에서 중요한 다자조약을 고려할 수 없을 것이다.[46)] 제31조 3항(c)는 WTO법에 대해서는 기대되는 연결고리(interface)로서 역할을 수행하지 못하고 다른 조약과의 관계에 있어서 WTO법의 조화적 해석의 가능성은 현저하게 저하된다.

---

41) 清水章雄, 「WTO紛争解決における解釈手法の展開と問題点」, 『日本国際経済法学会年報』第19号(2010年), p.20.

42) *EC-Biotech Products*, *supra* note 33, para.4.543(미국의 주장), para.4.600(캐나다 주장), para.4.688(아르헨티나 주장), para.5.12(제3국 참가한 호주 주장). 단, 캐나다는 후에 주장을 변경. *Ibid*., para.7.60.

43) *Ibid*., para.7.70.

44) 패널은 스스로 해석을 보강하기 위해 자세한 문언주의 해석을 하고 제31조 전체 가운데 제31조 3항(c)의 정립을 모색하고 있다. Ibid., n.242 and n.243.

45) Presentation by Pauwelyn in Andenas, M. and Oritino, F. (eds.), *WTO Law and Process* (British Institute of International and Comparative Law, 2005), p.496.

46) Young, M., "The WTO's Use of Relevant Rules of International Law: An Analysis of the Biotech Case," *International Comparative Law Quarterly*, vol.56 (2007), no.4, pp.915-916.

(3) 패러독스의 해결책

제31조 3항(c)를 '체계적 통합의 원칙'으로 부르는 상술한 ILC 보고서도 *EC-Biotech* 사건의 패널에 의한 해석은 다자조약을 '고립된 섬'으로 만들고 그 적용에서 상호 참조를 허용하지 않게 된다고 비판하고 있다.[47] 흥미로운 점은 이 보고서가 시사하는 2가지의 해결책이다. 첫째, '당사국'의 의미를 분쟁당사자로 해석하는 방법이다. 둘째, '당사국'의 의미에 대해서는 *EC-Biotech* 사건의 패널 해석을 유지하면서 해석의 대상이 되는 조약당사국에 의해 다른 조약에의 '묵시적' 동의를 탐구하는 방법이다.

ILC 보고서에 따르면 첫 번째 방법은 어느 국가가 분쟁당사국인지에 따라 최종적으로 분열된 해석이 될 가능성이 생기지만 이는 해당 다른 조약을 참조함에 따라 명확해진다. 본질적으로 이는 다른 당사자 의사를 존중할 필요성과 예를 들어 유보, 조약의 내부적 수정(*inter se* modification) 및 동일한 사항에 대한 전·후 조약의 적용에 관한 국가실행에 따라 지지된 대부분의 조약의 이변적(二辺的) 성질을 반영한 데 지나지 않는다. 따라서 ILC 보고서는 이러한 해석의 분열은 조약에서는 흔히 일어나는 일이지만 그러한 현상이 수반하는 위험성은 한편으로는 '상호적(reciprocal)' 또는 '쌍무적(synallagmatic)'인 조약과, 다른 한편으로는 '일체적(integral)' 또는 '상호의존적(inter-dependent)'인 조약(혹은 '당사자간 대세적으로(*erga omnes partes*) 체결된 조약') 사이에 구별을 함에 따라 완화된다고 한다. ILC 보고서에 따르면 전자 유형의 조약에서는 해석상 '분열'은 문제가 되지 않는다. 해석상 해당 다른 조약의 참조가 해석의 대상인 조약의 일관성을 위협하는 것을 허용해서는 안되는 것은 후자 유형의 조약뿐이다.[48] 그러나 이 점에 대해서 ILC 보고서는 WTO법이 어느 유형의 조약으로 간주되는지 명시적으로는 언급되지 않았다. 그러나 이 논리에 따르면 WTO법이 일체적인 조약 유형이라면 *EC-Biotech* 사건의 패널 해석이 유지되어야 하기 때문에 ILC 보고서는 WTO법을 상호적인 유형의 조약으로 보고 있는 것 같다.

그런데 WTO법이 전체로서 상호적인 조약인지, 일체적인 조약인지에 대해서는 학설상 대립이 있어서 양자택일적으로 판단하는 것은 반드시 용이하지는 않다.[49]

47) *ILC Study Group Rep.*, *supra* note 30, para.471, p.237.

48) *Ibid.*, para.472, pp.238-239.

49) WTO법을 상호적 또는 양자적 조약에 속한다고 생각하는 입장을 지지하는 논조는 Pauwelyn, "A Typology of Multilateral Treaty Obligations: Are WTO Obligations Bilateral or Collective

WTO법을 전체로서 보면 상호적인 성질의 실체적 의무를 규정하는 것과, 제도적으로 일체적 의무를 규정하는 것처럼 보이는 것이 혼재하고 있어, 무리하게 양자택일적으로 구별하려면 각각의 실체적 규정마다 어느 쪽인지 분류하여 두는 것이 필요할 것이다. 게다가 그러한 분류가 설득적일 수 있을지도 의문이다. 그리하여 ILC 보고서가 시사하는 첫 번째 해결책은 적어도 WTO법에 있어서는 현실적이지는 않다.

한편, ILC 보고서가 시사하는 두 번째 해결책은 상술한 바와 같이 '묵시적' 동의 또는 일정한 국제적 컨센서스를 탐구하는 것이다. ILC 보고서는 참조되는 다른 조약이 '해당 용어의 의미에 대해서 전체 당사국 공통의 의사 또는 이해를 표명하는 것이라고 합리적으로 볼 수 있는 의미로서' 어느 정도까지 다른 당사국에 의해 '묵시적으로' 수락되어, 또는 적어도 허용되어 왔다고 말할 수 있는 것인지,[50] 아니면 참조되는 다른 조약이 해석의 대상인 조약의 대상 및 목적 또는 특정 용어의 의미에 대해서 당사국 '공통의 이해'의 증거를 제공하는 것인지[51] 여부를 검토하는 것이 유익하다고 말하고 있다.

이러한 해결책은 엄격한 동의원칙을 완화하는 것으로서 WTO법과 같은 다자조약에 대해서는 보다 현실적으로 실효적인 접근이 될 수 있다고 생각한다. 실제 WTO법에 대해서 말하자면 엄격한 동의원칙은 이미 제도적으로도 관행적으로도 완화되었다는 점을 지적할 수 있다.[52] 예를 들어 WTO법의 유권적 해석은 전 회원국의 4분의 3 동의로 전 회원국을 구속한다.[53] 또한 SPS협정이나 TBT협정에서는 다수결에 의해 성립한 외부의 국제기준이 WTO 회원국을 일정 범위로 구속한다고 되어 있다.[54] 더욱이 분쟁해결절차의 실행에 있어서도 *EC-Chicken Cuts* 사건에서 상소기구는 제31

---

in Nature?," *European Journal of International Law*, vol.14, no.5 (2003), p.907. WTO법을 일체적 또는 다자적인 조약으로 생각하는 입장을 지지하는 논조는 Carmody, C., "WTO Obligations as Collective," *European Journal of International Law*, vol.17, no.2, p.419 및 伊藤一頼, 「WTOの紛争処理における対抗立法の意義と射程」, 『日本国際経済法学会年報』第16号 (2007年), pp.20-22.

50) ILC Study Group Rep., supra note 30, para.472, p.239.

51) Conclusion of the Work of the Study Group on the Fragmentation of International Law: Difficulties arising from the Diversification and Expansion of International Law, United Nation, *Report of the International Law Commission*, Fifty-eighth session, GAOR, Sixty-first session, Supplement no.10 (A/61/10), pp.414-415.

52) Young, *supra* note 46, p.917.

53) WTO 설립협정 제9조 2항.

54) TBT협정 제2.4조 및 SPS협정 제3조.

조 3항(c)에 가장 가까운 문맥의 일부인 제31조 3항(b)의 이용에 대해서 이미 '묵시적'인 합의의 탐구를 인정하고 있다. 이 규정은 조약 해석자가 문맥과 함께 '조약의 해석에 관한 당사국의 합의를 확정하는 그 조약 적용에 있어서의 추후의 관행'을 고려할 것을 요구하고 있다. 상소기구는 조약의 해석에 관한 '당사국의 합의'는 실제 해당 관행에 따라 당사국의 행동에서뿐만 아니라 다른 조약당사국의 긍정적인 반응 또는 부대적인 사정에 따라 이들 국가의 묵인에 따른 수락으로부터도 이끌어낼 수 있다고 언급하고 있다.55)

따라서 이러한 점에서 보면 제31조 3항(c)에서 WTO법을 해석하는 데 있어 반드시 엄격한 동의원칙을 유지할 필요는 없는 것으로 생각된다.56) 제31조 3항(c)의 패러독스에 대처하기 위해서는 ILC 보고서의 두 번째의 해결책이 지지된다. 이와 관련하여 최근 *EC-Asbestos* 사건에서 상소기구는 상소기구로서는 최초로 제31조 3항(c)의 '당사국'의 의미를 언급하였다.57) 상소기구는 최종적으로 '당사국'의 의미의 확정적인 해석을 할 필요성을 본건에서는 인정하지 않았지만58) 매우 신중하게 ILC 보고서의 두번째의 해결책과 같은 접근을 채용하는 점을 시사하는 것 같이 보인다. 상소기구는 특히 상술한 *EC-Chicken Cuts* 사건에서 제31조 3항(b)에 대해서 상소기구의 해석에 대해 언급하면서59) 다음과 같이 설명하였다.

> 제31조 3항(c)상 '당사국'의 해석은 "조약해석의 목적은 해당 조약의 당사국 공통의 의사를 확정하는 것이다"라는 상소기구의 의견60)을 지침으로 하여야 한다. 이 점은

55) Appellate Body Report, *European Communities-Custons Classification of Frozen Boneless Chicken Cuts*, WT/DS269/AB/R and Corr. 1, adopted 27 September 2005 (*EC-Chicken Cuts*), para.273, p.107.

56) Young, *supra* note 46, p.917.

57) Appellate Body Report, *European Communities and Certain Member States-Measures Affecting Trade in Large Civil Aircraft*, WT/DS316/AB/R, adopted 1 June 2011 (*EC and Certain Member States-Large Civil Aircraft*), para.844-845, pp.363-364. 또한 본 사건 직전의 *US-Anti-Dumping and Countervailing Duties* 사건에서 상소기구가 제31조 3항(c)를 근거로 ILC 국가책임조문 초안을 국제관습법으로서 참조할 수 있는지를 검토하였는데, '당사국'의 의미에 대해서는 언급하지 않았다. Appellate Body Report, *US-Definitive Anti-Dumping and Countervailing Duties on Certain Products from China*, WT/DS379/AB/R, adopted Mar. 25, 2011, paras. 304-316, pp.117-122.

58) *Ibid.*, para.846, p.364.

59) *Ibid.*, n.1916. 또한 각주 55와 관련한 본문도 참조.

60) Appellate Body Report, *European Communities-Customs Classification of Certain Computer Equipment*, WT/DS62/AB/R, WT/DS67/AB/R, WT/DS68/AB/R, adopted 22 June 1998, para.93,

반드시 모든 WTO 회원국이 당사국이 아닌 국제협정을 원용할 때에 주의하지 않으면 안 되는 점을 시사한다. 동시에 우리들은 '당사국'이라는 문언의 적절한 해석은 조약법협약 제31조 3항(c)가 '체계적 통합의 원칙'의 표명으로 보인다는 사실도 또한 고려하지 않으면 안 된다는 점을 인정한다. 동 원칙은 ILC 문언에 의하면 '국제적 의무는' 법적 해석의 과정에 '일관성과 유의성'을 부여하는 것처럼 '그 규범적 환경에 비추어 해석된다'는 점을 확보하려는 것이다. WTO와 같이 다각적인 문맥에서 WTO협정의 규정해석을 위해 비WTO규칙이 원용되지 않으면 안 될 때에는 한편으로 WTO 회원국의 국제적 의무를 적절히 고려하는 점과 다른 한편으로 모든 WTO 회원국간에 WTO법 해석에 대한 일관되고 조화로운 접근을 확보하는 것 간에 미묘한 조화를 찾지 않으면 안 된다.[61]

(4) 정보제공적인 다른 국제법 규칙의 고려

EC-Biotech 사건에서 상술한 바와 같이 EC는 패널이 WTO법을 해석할 때 반드시 분쟁당사국 전부가 당사국이 아닌 다자조약을 고려하여야 한다고 주장하였는데 그 근거로서 *US-Shrimps* 사건 상소기구의 접근방식을 지적하였다.[62] 동 사건의 상소기구는 확실히 GATT 제20조(g)의 '유한천연자원'이라는 용어를 해석하는 데 있어 분쟁당사국을 포함하여 모든 WTO 회원국에 적용가능하지 않은 조약을 참조하였는데 그 법적 근거를 명확히 명시하지는 않았다.[63]

엄격한 동의원칙에 따라 제31조 3항(c)를 근거로 모든 WTO 회원국이 당사국이 아닌 다른 조약을 의무적인 고려의 대상으로부터 배제한 패널은 *US-Shrimp* 사건 상소기구 접근방식을 패널 자신의 해석과 조화시킬 필요에 직면하였을 것이다. WTO 회원국 전부가 당사국이 아닌 조약에 대해서도 고려의 대상이 될 여지를 열어두었다.

즉, 패널은 그러한 국제법규칙이라도 조약법협약 제31조 1항에서 '용어의 통상적 의미'를 확정하거나 또는 확인하기 위해서 고려하는 것이 가능하다는 점을 인정하였다. "그러한 규칙은 법적 규칙이라는 이유로 고려되어야 하는 것이 아니라, 마치 사전과 마찬가지로 용어의 통상의 의미의 증거를 제공한다고 볼 수 있는 이유로 고려

cited by *EC and Certain Member States-Large Civil Aircraft, supra* note 57, n.1913.

61) *EC and Certain Member States-Large Civil Aircraft, supra* note 57, para.845.

62) *EC-Biotech Products, supra* note 33, para.7.52.

63) Appellate Body Report, *United States-Import Prohibition of Certain Shrimp and Shrimp Products*, WT/DS58/AB/R, adopted 6 November 1998, paras.130-131.

되는 것이다.” 패널에 의하면 모든 WTO 회원국이 당사국이 아닌 조약규칙이더라도 그것이 정보제공적(informative)인 이상 패널이 고려할 수 있다고 하였다.[64] 해석의 대상이 되는 조약의 “당사국 하나 또는 둘 이상이 그 조약의 당사국이 아니라는 단순한 사실은 어떤 조약이 해석의 대상이 되는 조약용어의 의미와 범위를 명확히 할 수 없다는 점을 반드시 의미하는 것은 아니다”[65]라고 하였다.

US-Shrimp 사건의 상소기구가 패널이 주장하는 이러한 해석방법에 따른 것인지는 별론으로 하더라도[66] WTO 회원국 전체가 명시적으로 또는 묵시적으로 동의하지 않은 다른 조약규칙을 참조하는 것이 가능하다는 패널의 해석방법에 대해서는 다음과 같은 문제를 지적할 수 있다. 즉, 제31조 1항은 “문맥에 의해 … 부여되는 용어의 통상적 의미”의 탐구를 추구하고 있다. 그리고 제31조 2항은 문맥을 어디까지나 해석의 대상이 되는 조약에 관련한 문서로 당사국이 동의하고 있는 것에 한정하고 있다. 또한 제31조 3항이 문맥과 함께 고려해야 할 것으로서 들고 있는 것도 (c)를 제외하면 결국 해석의 대상이 되는 조약과 관련하여 당사국이 명시하거나 또는 묵시적으로 합의하고 있는 것이다. 또한 제31조 4항은 조약상의 용어가 특별한 의미를 부여하고 있을 가능성이 있는 것을 인정하고 있다. 이 때문에 적어도 참조하는 다른 조약상의 용어가 해당 조약 자체의 문맥에 비추어 특별한 의미를 부여하고 있지 않은 것을 확인할 필요가 있을 것이다.[67] 따라서 이처럼 제31조의 전체적인 구조를 고려하면 해석의 대상이 되는 조약당사국이 명시적이든 묵시적이든 동의하지 않는 전혀 별개의 조약용어가 제31조 1항의 ‘문맥에 의해 … 부여된 용어의 통상 의미’를 나타내는 것으로서 채택할 수 있는지는 의문이다.[68] 향후 상소기구의 대응에 주목하고자 한다.

2. 적용법으로서 다른 국제법

극히 드문 경우라고 생각되지만[69] WTO법을 다른 국제법과 조화적으로 해석하

---

64) *EC-Biotech Products, supra* note 33, paras.7.92-7.93.

65) *Ibid.*, para.7.94.

66) Young은 의문이라고 언급하였다. Young, *supra* note 46, p.920.

67) 패널은 적어도 이 점은 인식하고 있는 것 같았다. *EC-Biotech Products, supra* note 33, n. 269.

68) Young, supra note 46, p.921.

69) 본래 국가는 자국이 체결한 조약을 성실히 이행하여야 한다(*pacta sunt servanda*). 거기서 도출된 신의성실원칙은 국가가 모든 조약을 자국의 다른 모든 국제법상 의무를 고려한 후 성

는 것이 곤란한 경우에는 WTO법과 다른 국제법간의 충돌이 발생하게 된다. 그러한 상황에 직면한 WTO 분쟁해결기구는 부탁받은 분쟁을 어떻게 처리해야 할까? 생각해 볼 수 있는 방법은 상술한 바와 같이 적용가능한 국제법의 법선택규칙에 따라 어느 쪽인가 한 쪽의 법을 우선적으로 적용하는 것이다. 그러나 그 경우 문제가 되는 것은 WTO 분쟁해결기구가 그러한 국제법의 법선택규칙[70]을 적용할 수 있는지, 또한 WTO법이 아닌 다른 국제법이 선택되는 경우 그러한 다른 국제법을 적용하는 것이 가능한가라는 점이다. WTO 분쟁해결절차에서 과연 WTO법 이외의 다른 국제법은 적용법이 될 수 있는 것일까.

DSU에는 ICJ규정 제38조 1항이나 UN해양법협약 제293조 1항에 상당하는 분쟁해결절차의 적용법에 관한 일반적인 규정이 존재하지 않는다. 상술한 DSU 제3조 2항이 WTO 분쟁해결제도는 '해석에 관한 국제법상 관습규칙'에 따라 WTO법 규정의 해석을 명확히 한다고 규정하고 있고, 거기서 적어도 WTO법 그 자체와 '해석에 관한 국제법상 관습규칙'이 적용법이라는 점이 시사되고 있다. 그 때문에 그 외에 다른 국제법이 WTO의 분쟁해결기구에 따라 적용법이 될 수 있는가는 학설상 극히 논쟁적인 문제가 되어 왔다.[71]

그러나 적어도 다음 두 가지 점에 대해서는 학설상 의견의 일치가 인정된다. 첫째, 어떠한 내용의 분쟁을 처리하는 것이 가능한가라는 의미에서 WTO 분쟁해결기구의 실체적 관할권이 적용법에 일정한 제약을 가한다는 점이다. 즉, DSU의 많은 규정이 WTO 분쟁해결기구의 실체적 관할권은 WTO 대상협정에 근거한 제소에 한정한다는 점을 강하게 시사하고 있다.[72] 더욱이 WTO법 이외의 다른 국제법을 적용법으로 하여 그 위반에 근거한 어떠한 제소도 WTO 분쟁해결기구에는 제기될 수 없게

실히 교섭할 것으로 추정한다. 따라서 국가의 모든 의무는 중층적이고 동시에 준수되어야 한다. Marceau, G., "Conflicts of Norms and Conflicts of Jurisdiction: The Relationship between the WTO Agreement and MEAs and Other Treaties," *Journal of World Trade*, vol.35, no.6 (2001), p.1089.

70) 관련조약 중 명시적인 충돌규정 외에, 조약법협약 제30조 및 제59조의 후법우선원칙과 특별법우선원칙이 있다.

71) WTO법이 아닌 법이 적용법이 되는 것을 주장하는 Pauwelyn(*supra* note 6 and 26)과 원칙으로서 WTO법만이 적용법이라고 주장하는 Trachtman, J.("The Domain of WTO Dispute Resolution," *Harvard International Law Journal*, vol.40, no.2 (1999), p.333)의 논쟁에 대해서는 平覚, 「WTO紛争解決手続における適用法-多数国間環境協定になりうるか」, 『法学雑誌』 第54巻1号(2007年), p.161 참조.

72) 특히 DSU 제1조 1항, 제3조 2항, 제7조 1항 및 2항, 제11조 및 제23조 1항 등.

된다.73) 예를 들어 국제환경법이나 국제인권법을 준수하지 않거나 일반국제법(예를 들어 강행규범이라고 하더라도)의 위반에 관한 제소는 인정되지 않을 것이다. 이는 적어도 제소에 있어서 다른 국제법을 적용법으로 하는 것은 불가능하다는 점을 의미한다.

둘째, DSU가 적용법으로서 명시적으로 인정하는 WTO법 이외의 국제법은 DSU 제3조 2항에 규정된 '해석에 관한 국제법상 관습규칙'뿐이다. 상술한 바와 같이 WTO 분쟁해결기구는 여기에 조약법협약에 규정된 해석규칙이 포함된다고 인정하여 왔다. 그런데 WTO 분쟁해결기구는 실제로 WTO법의 적정한 적용을 위하여 또는 분쟁해결 절차의 적정한 운용에 있어서 반드시 DSU에는 규정되어 있지 않은 문제를 처리하기 위하여 조약법협약의 다른 규정뿐만 아니라 절차적 성질을 갖는 다양한 일반국제법 또는 법의 일반원칙을 적용하여 왔다. 학설은 이러한 법의 적용을 WTO의 분쟁해결기구가 사법적 기능을 수행함으로써 갖는 내재적 권한으로서 역시 일관적으로 승인하고 있다.74)

따라서 우선 두 번째 항목에서 볼 때 절차법적 성격을 갖는 일반국제법의 법선택규칙(후법 우선의 원칙이나 특별법 우선의 원칙)은 적용가능하다고 생각될 수 있다. 다만 WTO법과 충돌하는 다른 조약에 명시적인 법선택규칙이 포함되어 있는 경우 이러한 규칙을 WTO 분쟁해결기구가 직접 적용할 수 있는지는 의문이다.

학설상 논쟁이 있는 것은 WTO법 적합성을 다투는 제소가 이루어진 경우 피제소국이 항변으로서 다른 국제법을 원용할 수 있는가라는 점이다. 즉, 항변단계에서 국제환경법이나 국제인권법 등 다른 실체적 국제법이 원용되어, 이것이 국제법의 법선택규칙에 따라 선택되는 경우, 결국 적용법이 될 수 있는가의 문제이다.

지면이 한정되어 있기 때문에 자세히 언급할 수 없지만 WTO 분쟁해결기구의 지금까지의 관행을 살펴보면 조약뿐만 아니라 국제관습법75)이나 법의 일반원칙 가운데 실체적 성질을 갖는 규칙을 적용법으로서 이용하는 예는 존재하지 않는 것 같다.76)

---

73) Pauwelyn, *supra* note 26, p.1409; Trachtman, "Jurisdiction in Dispute Settlement," in Yerxa, R. and Wilson, B. (eds.), *Key Issues in WTO Dispute Settlement: The First Ten Years* (Cambridge University Press, 2005), p.134.

74) Pauwelyn, *ibid.*, p.1410; Trachtman, *ibid.*, p.136.

75) *Korea-Procurement* 사건의 패널은 국제관습법이 WTO법과 충돌하지 않는 한 적용법이 될 수 있다고 긍정하는 것처럼 보이지만 실제 동 패널이 적용을 인정한 것은 착오에 관한 절차법에 불과하였다. Panel Report, *Korea-Measures Affecting Government Procurement*, WT/DS163/R, adopted 19 June 2000, paras.7.96 and n.753.

76) Mavroidis, P. C., "No Outsourcing of Law? WTO Law as Practices by WTO Courts,"

Ⅳ. 결 론

본장에서는 WTO법과 다른 국제법의 조화의 문제가 발생하여 온 구조적 요인으로서 WTO법의 규범적 틀이 '소극적 통합'에서 '적극적 통합'으로 변용되어 온 점을 지적하였다. 그리하여 이러한 문제에 현실적으로 직면할 가능성이 있는 WTO 분쟁해결기구의 대응가능성을 검토하였다.

WTO 분쟁해결기구는 WTO법을 다른 국제법과 조화적으로 해석하고 양자의 충돌을 회피하는 것이 가능하다. *EC-Biotech* 사건에서 패널은 조약법협약 제31조 3항(c)의 '당사국'을 해석의 대상이 되는 조약 전체의 당사국으로 해석하고 엄격한 동의원칙을 따랐다. 그 결과 고려할 수 있는 다른 국제법의 범위가 좁게 한정되었다. 엄격한 동의원칙을 완화하고, '묵시적' 동의를 인정하면 고려할 수 있는 다른 국제법의 범위가 확대되고 WTO법과 다른 국제법의 조화가능성은 높아질 것이다. *EC-Asbestos* 사건의 상소기구는 그러한 방향을 시사하고 있다. *EC-Biotech* 사건의 패널은 또한 조약법협약 제31조 1항을 근거로 해석의 대상이 되는 조약의 당사국을 구속하지 않는 다른 국제법규칙으로도 이것이 정보제공적인 성격을 갖는 이상 참조할 수 있다고 하였다. 그러나 '문맥'의 의미를 한정하는 제31조 전체적인 틀에서 보면 이러한 해석방법이 적절한지는 의문이다. 이 점은 향후 상소기구의 대응을 주목하고자 한다.

극히 드문 경우라고 생각되지만 조화적 해석이 불가능한 경우 충돌이 발생하게 된다. 이 경우 분쟁해결을 위해서 충돌규칙에 따라 WTO법 또는 다른 국제법 중 어느 쪽을 직접 적용해야 하는지의 문제가 제기되는 경우 WTO 분쟁해결기구는 지금까지는 적어도 다른 실체적 국제법을 적용법으로서 인정하고 있지 않다.

이상으로 살펴본 바와 같이, WTO 분쟁해결기구는 다른 국제법을 직접 적용하는 것이 아니라 WTO법을 해석하는데 있어 다른 국제법을 얼마만큼의 범위에서 고려하는 것이 가능한가라는 점이 당면한 과제일 것이다. 그 경우 동의의 원칙을 얼마나 완화할 수 있는지가 관건이라고 생각한다.

American Journal of International Law, vol.102 (2008), pp.435-439.

제9장

사실심으로서의 WTO 패널의 기능

- 입증책임, 검토기준에 관한 법리의 전개와 그 의의

福永 有夏 (후쿠나가 유카)

Ⅰ. 서　　론

1995년에 WTO가 설립된 이래, WTO 분쟁해결제도는 WTO협정에 관한 분쟁의 해결과 WTO협정의 준수확보에 크게 공헌하여 왔다. 이러한 WTO 분쟁해결제도의 중요성은 WTO설립으로부터 20년 가까이 경과한 오늘날에도 여전하다.

WTO 분쟁해결절차에 있어 중요한 기관 중 하나는 패널[1]이다. 패널의 임무는 부탁된 분쟁에 관하여 당사국이 제출한 의견서 및 구두진술에 기초하여 검토를 하고, 그 결과를 보고서의 형태로 DSB에 제출하는 것이다.[2] 이러한 과정을 거쳐 완성된 패널보고서는 DSB에 의해 채택되지만, 분쟁당사국이 상소기구에 신청한 경우에는 상소기구보고서에 의해 일부 또는 전부가 유지(uphold), 변경(modify) 또는 파기(reverse)된 다음 DSB에 의해 채택된다.[3] 지금까지 제출된 패널보고서의 70% 가까이가 상소

1) WTO협정의 일본어 공식번역본은 영어 원문의 “panel”을 ‘소위원회’로 번역하였지만 여기서는 일반적으로 사용되는 ‘패널’이라는 용어를 사용한다.

2) DSU 제11조, 제12조.

3) DSU 제16조, 제17조.

의 대상이 되었지만,[4] 상소기구는 적어도 패널이 내린 결정의 일부를 유지하는 경우가 많았다.

패널은 부탁된 분쟁을 WTO협정에 기초하여 독립적이고 중립적인 입장에서 검토하는, 재판기관에 상당하는 기능을 가지고 있다. 1947년 GATT체제 하에서 패널은 '조정에 가까운 측면'이 있다는 지적을 받았지만,[5] 오늘날 그러한 조정기관적인 측면은 대부분 상실되었다고 할 수 있다. 또한 상소기관인 상소기구가 '법적 문제'에 대해서만 검토할 수 있는 것에 반해, 패널은 사실에 관한 문제와 법, 즉 WTO협정에 관한 문제를 모두 검토하는 재판기관의 성격을 갖기 때문에 패널은 '사실심'으로서의 지위를 갖고 있다 하겠다. 본장에서는 사실심인 패널이 부탁받은 분쟁의 검토, 특히 사실관계에 관한 검토를 어떻게 하는지에 대하여 논하도록 한다.

상소기구가 상설기관인 데 반하여 패널은 제소국의 요청이 있을 때마다 설치되는 임시(*ad hoc*)기관이다. 그러나 예를 들어, 투자자-국가간 분쟁을 위하여 설치된 임시(*ad hoc*)중재판정부와 비교했을 때 패널은 사법재판소에 가까운 성질을 가지고 있다. 그렇다 하더라도 패널은 과거 상소기구에 의한 WTO협정의 해석에 따를 것이 기대되고,[6] 개개의 실체규정의 해석은 물론 패널의 검토방법에 관해서도 상소기구의 과거의 판정을 따를 것이 기대된다. 따라서 본장의 주제인 사실관계에 관한 검토의 방법에 대해서도 지금까지 축적된 상소기구의 판정을 토대로 논의해야 할 것이다.

사실심으로서의 패널의 기능을 논함으로써 분쟁해결제도와 회원국의 관계를 명확히 할 수 있을 것이다. 즉, 패널은 한편으로는 회원국의 조치에 관한 사실인정(fact-finding)이 적절한지 여부를 직접 검토함으로써 당해 조치가 WTO협정에 합치하는지 여부를 정밀하게 조사할 수 있지만, 다른 한편으로는 패널이 직접 사실관계를 판단하는 것은 회원국의 국내정책에 대한 패널의 부당한 간섭이라는 비판을 받게 될 우려가 있다.[7] 이와 같은 비판을 피하기 위하여 패널은 회원국의 국내정책과 관련

---

4) See WTO Dispute Settlement, Proportion of Circulated Panel Reports That Have Been Appealed, at http://www.worldtradelaw.net/dsc/database/appealcount.asp.

5) 岩沢雄司, 「WTOの紛争処理」(岩波書店, 1995年), 117면.

6) *US-Stainless Steel* 사건에서 상소기구는 DSB에 의해 채택된 패널 및 상소기구보고서의 법해석은 WTO 분쟁해결제도에서 '*acquis*'의 일부가 되며, 특히 패널은 상소기구가 과거에 보여주었던 법해석에 따라야 하는 점을 확인하고 있다. Appellate Body Report, *US-Stainless Steel* (*Mexico*), WT/DS334/AB/R (Apr. 30, 2008), paras.160-161.

7) *Cf.* Fukunaga, Y., "Discontinuity in the Internalization of the World Trade Organization Rules: Assessing the Democratic Deficit Critique against the World Trade Organization Dispute

된 문제에 대하여 어느 정도 억제적으로 검토를 할 것이 요구되지만, 억제적인 자세가 지나치면 회원국의 WTO협정 위반을 묵인하는 결과를 초래할지도 모른다. 따라서 패널에 의한 사실인정은 회원국의 조치가 WTO협정에 합치하는지 여부를 명확하게 해야 한다는 요청과 회원국 국내정책의 자율성을 존중해야 한다는 요청을 모두 고려하여 시행되어야 한다.

본장은 사실심으로서의 패널의 기능에 관한 문제 중 입증책임에 관한 문제와 검토기준(심사기준)에 관한 문제를 논한다. 입증책임에 관해서는 특정의 사실이나 주장을 어느 당사자가 증명하여야 하는지의 여부가 특히 문제가 된다. 검토기준은 넓은 의미에서는 패널이 부탁된 문제에 대한 검토를 할 때 사용되는 방법 전반을 의미하지만, 좁은 의미에서는 패널이 회원국 정부가 행한 사실의 인정이나 협정해석을 검토할 때 사용하는 방법을 의미한다. 본장에서는 협의의 검토기준을 중심으로 논한다.

Ⅱ. 입증책임

GATT 제23조 1항에 의하면, 제소국의 신청이 인정되기 위해서는 피제소국이 WTO협정상 의무위반과 더불어, 그러한 의무위반의 결과로써 제소국의 WTO협정상의 이익이 무효화 또는 침해되고 있다는 것이 증명되어야 한다. 다시 말해, GATT 제23조 1항은 의무위반과 이익의 무효화 또는 침해의 두 가지에 대한 증명을 요구하고 있다.

의무위반을 증명할 책임을 부담하는 주체에 관해서 GATT도 DSU도 이를 명문화하고 있지는 않다. 이에 대하여 상소기구는 *US-Wool Shirts and Blouses* 사건에서 특정 신청 또는 항변을 하려는 당사자가 그 신청 또는 항변에 관하여 입증책임을 부담해야 한다고 판단하였고,[8] 이 사건 이후에 구성된 패널들은 동 사건에서의 상소기구 결정에 따라 입증책임을 분배하고 있다. 따라서 피제소국의 조치가 WTO협정 위반이라는 '일응의 증명(*prima facie* case)'을 할 책임은 제소국이 부담하고, 문제된 조치가 WTO협정 위반이라는 결정에 대하여 피제소국이 항변을 하는 경우에는 당해

Settlement System," *Alberta Law Review,* vol.46, no.4 (2009), p.1039.

8) Appellate Body Report, *US-Wool Shirts and Blouses*, WT/DS33/AB/R (Apr. 25, 1997), p.14.

피제소국이 항변이 인정되어야 한다는 것을 증명할 책임을 진다.[9)]

또한 이익의 무효화 또는 침해의 입증책임에 관해서는 1947년 GATT체제하에서의 분쟁해결관행에 따라, 피제소국의 의무위반이 증명되면 제소국의 협정상의 이익이 무효화 또는 침해되고 있는 것이라고 '일응추정'되었다. DSU 제3조 8항은 이 점을 명문화하였으며, 동 규정에 의거하여 WTO협정상의 의무에 위반하는 조치가 취해졌다고 인정되는 경우, 피제소국에 의한 반증이 없는 한 당해조치는 제소국의 협정상의 이익을 무효화 또는 침해한다고 인정된다. 또한 동 규정은 협정상의 이익을 무효화 또는 침해하는 위반조치가 취해졌다고 '일응추정'되는 경우, 피제소국은 이를 반증할 책임을 진다고 규정하고 있다. 다만, 실제로는 '일응추정'된 의무위반 및 이익의 무효화 또는 침해를 피제소국이 반증하는 것은 거의 불가능하다.

특히 본장의 주제인 사실에 관한 입증책임에 대하여 *US-Wool Shirts and Blouses* 사건의 상소기구보고서에 의하면, 특정 사실을 주장하는 당사자가 그 사실에 관한 증거를 제시할 책임을 부담한다고 하였다.[10)] 따라서 제소국이든 피제소국이든 관계없이 특정 사실을 주장하는 분쟁당사국이 그 사실을 증명할 책임을 부담한다.

예를 들어, *Japan-Apples* 사건에서 제소국인 미국은 '병의 징후가 없는 숙성 사과'는 화상병의 감염경로가 되지 않으므로 일본이 사과에 대하여 시행한 화상병에 대한 검역조치는 SPS협정에 위반된다고 주장하였고, 패널은 미국의 주장을 인정하였다.[11)] 일본은 이 패널 결정에 대하여 상소하였는데, '병의 징후가 없는 숙성 사과' 이외의 사과가 잘못 수입되어 이로 인해 화상병이 일본 국내에서 발생될 우려가 있음에도 불구하고 미국은 '병의 징후가 없는 숙성 사과' 이외의 사과에 관해서는 입증책임을 이행하지 않았다고 주장하였다.[12)] 그러나 상소기구는 일본의 검역조치가 충분한 과학적 증거 없이 취해졌으므로 SPS협정 위반이라는 점에 대한 입증책임

9) 다만, 입증책임의 분배는 문제가 되는 WTO협정 규정의 기능이나 의의도 고려하여 결정하여야 한다. 특히 문제가 되는 규정을 예외규정으로서 간주할 것인지 여부에 따라 입증책임의 분배가 달라질 수 있다. *See, e. g.*, Panel Report, *US-Clove Cigarettes*, WT/DS406/R (Sep. 2, 2011), paras.7.591-7.594; Appellate Body Report, *US-Clove Cigarettes*, WT/DS406/AB/R (Apr. 4, 2012), paras.281-290. WTO 분쟁해결제도의 입증책임에 관해서는 이하의 문헌을 참조. Grando, M. T., *Evidence, Proof, and Fact-Finding in WTO Dispute Settlement* (Oxford University Press, 2009), pp.151-224; 高島忠義, 'WTOにおける立証責任の分配,' 「国際法外交雑誌」第105巻1号(2006年), 111-121면.

10) AB report, *US-Wool Shirts and Blouses*, *supra* note 8, p.14.

11) Panel Report, *Japan-Apples*, WT/DS245/R (Jul. 15, 2003), paras.8.77-8.199.

12) Appellate Body Report, *Japan-Apples*, WT/DS245/AB/R (Nov. 26, 2003), paras.148-149.

은 제소국인 미국이 부담하지만, '병의 징후가 없는 숙성 사과' 이외의 사과가 잘못 수입되어 이로 인해 화상병이 일본 내에서 발생할 우려가 있다는 사실에 관한 증명을 할 책임은 그러한 사실을 주장하는 일본이 부담한다고 하며 일본의 주장을 배척하였다.[13)]

위와 같은 입증책임을 이행하기 위하여 분쟁당사국은 보통 패널에 의견서를 두 번 제출하거나 두 차례의 패널회의에서 구두진술 하는 것이 인정된다. 패널은 분쟁당사국이 제출한 증거를 그 관련성이나 사실성에 관계없이 폭 넓게 수리하고 있다.[14)] 패널은 또한 분쟁당사국에 의한 의견서 및 구두진술 이외의 증거도 고려할 수 있다. 예를 들어, 분쟁당사국 이외의 WTO 회원국도 제3국으로서 패널에 의견서를 제출하거나 패널회의에 참가하는 것이 인정되며, 패널은 제3국이 제출한 증거에 기초하여 검토를 할 수 있다.[15)]

게다가 패널은 DSU 제13조 1항에 기초하여 '적절하다고 판단하는 모든 개인 또는 기관으로부터 정보 및 기술적 자문을 구할 권리'를 가지고 있다. 즉, 정보나 자문의 제공을 요구할지 여부, 또 어떠한 개인 또는 기관에 대하여 어떠한 정보나 자문의 제공을 요구할지 여부에 관하여 패널에게 광범위한 재량이 인정되고 있다.[16)] 예를 들어, 패널은 분쟁당사국을 포함한 회원국에게 정보의 제공을 요청할 수 있고, 그러한 요청을 받은 회원국은 신속히 그리고 충실하게 이에 응답할 것이 요구된다.[17)] 패널은 또한 국제기구에 정보를 요청할 수 있으며, 지금까지 세계관세기구(World

---

13) *Ibid.*, paras.154-157.

14) 다만, 양분쟁당사국에 대한 적정절차를 확보하기 위하여 패널은 패널 절차의 종료 직전에 제출된 새로운 증거에 관해서는 수리하지 않는 경우도 있다. *See, e. g.*, Panel Report, *EC-Selected Customs Matters*, WT/DS315/R (Jun. 16, 2006), paras.6.3-6.6. *See also* Appellate Body Report, *EC-Selected Customes Matters*, WT/DS315/AB/R (Nov. 13, 2006), paras.248-250, 259.

15) *See, e. g.,* Appellate Body Report, *US-Shrimp (Thailand) / US-Customs Bond Directive*, WT/DS343/AB/R, WT/DS345/AB/R (Jul. 16, 2008), paras.301-302.

16) Appellate Body Report, *Argentina-Textiles and Apparel*, WT/DS56/AB/R and Corr. 1 (Mar. 17, 1998), para.84; Appellate Body Report, *US-Zeroing (EC)*, WT/DS294/AB/R and Corr. 1 (Apr. 18, 2006), para.260. 다만, 후술하는 DSU 제11조에 근거한 검토를 하기 위하여 어떠한 정보가 필요함에도 불구하고 패널이 DSU 제13조에 근거한 당해 정보의 요청을 하지 않은 경우에는 상소기구에 의해 DSU 제11조 위반이라고 인정될 가능성이 있다. *See, e. g.,* Appellate Body Report, *US-Continued Zeroing*, WT/DS350/AB/R (Feb. 4, 2009), paras.342-348; Appellate Body Report, *US-Large Civil Aircraft* (2nd complaint), WT/DS353/AB/R (Mar. 12, 2012), paras. 1138-1145.

17) DSU 제13조 1항. Appellate Body Report, *Canada-Aircraft*, WT/DS70/AB/R (Aug. 2, 1999), paras.186-190.

Customs Organization, WCO)[18]나 세계지적재산권기구(World Intellectual Property Organization, WIPO)[19] 등에 정보를 요청한 사례가 있다.

최근에는 패널의 요청이 없음에도 불구하고 사인이 패널에 '제3자 서면(*amicus* brief)'을 제출하기도 한다. 상소기구는 패널에게 서면을 고려할 권한이 있음을 인정하고 있으며,[20] 패널은 제출된 서면을 수리하고는 있다. 다만, 패널은 제출된 서면이 패널의 검토에 유익하지 않다는 등의 이유로 이를 거의 고려하고 있지 않다.[21]

패널은 분쟁당사국이나 기타 주체로부터 제출된 증거를 DSU 제11조에 기초하여 고려하거나 이와 같은 증거에 기초하여 입증책임이 이행되었는지를 검토한다.[22] 또한 패널은 제출된 증거를 '전반적으로' 평가하여야 하며 '모든 증거를 종합적으로 그리고 상호의 관계를 고려하면서 평가'할 것이 요구된다.[23]

지금까지의 상소기구보고서에 의하면 DSU 제11조는 어떤 증거에 따라 검토해야 하는지나, 어떤 증거를 보다 중시해야 하는지에 관하여 패널에게 일정한 재량을 부여하고 있다.[24] 패널이 재량을 일탈한 경우에는 상소기구는 패널의 DSU 제11조 위반을 인정할 수 있다. 다만, 상소기구는 패널의 재량에 '경솔하게 간섭하여서는 안된다'고 하며, 패널의 DSU 제11조 위반을 인정하는 것에 대하여 일반적으로 소극적이다. DSU 제11조 위반이 될 수 있는 것은 예를 들어, 패널이 제출된 증거를 '고의로 무시하거나 고려할 것을 거부'하거나 제출된 증거를 '의도적으로 왜곡 또는 곡해'하는 경우나[25] 증거를 '전반적으로' 고려하지 않았던 경우[26] 등에 한정된

18) Panel Report, *EC-IT Products*, WT/DS375/R, WT/DS376/R, WT/DS377/R (Aug. 16, 2010), para.2.3.

19) Panel Report, *China-Intellectual Property Rights*, WT/DS362/R (Jan. 26, 2009), paras.2.7.-2.9.

20) Appellate Body Report, *US-Shrimp*, WT/DS58/AB/R (Oct. 12, 1998), paras.101-110.

21) Fukunaga, Y., "Participation of Private Parties in the WTO Dispute Settlement Processes: Treatment of Unsolicited Amicus Curiae Submissions," *Soochow Law Journal*, vol.4, no.1 (2007), pp.120-121.

22) Appellate Body Report, *EC-Hormones*, WT/DS26/AB/R, WT/DS48/AB/R (Jan. 16, 1998), para. 133.

23) AB Report, *US-Continued Zeroing*, *supra* note 16, paras.131, 138.

24) *See, e. g.,* AB Report, *EC-Hormones, supra* note 22, paras.132, 135; Appellate Body Report, *EC-Asbestos*, WT/DS135/AB/R (Mar. 12, 2001), para.161; Appellate Body Report, *Dominican Republic-Import and Sale of Cigarettes*, WT/DS302/AB/R (Apr. 25, 2005), paras.77-78.

25) AB Report, *EC-Hormones, supra* note 22, para.133.

26) *See, e. g.,* AB Report, *US-Continued Zeroing, supra* note 16, para.348; Appellate Body Report, *EC and certain member States-Large Civil Aircraft*, WT/DS316/AB/R (May 18, 2011), paras. 1313-316; AB Report, *Dominican Republic-Import and Sale of Cigarettes, supra* note 24,

다.[27]

이상과 같이 패널절차에서는 특정 신청 또는 항변을 하려는 분쟁당사국이 그 신청 또는 항변에 대한 입증책임을 지고, 특정 사실을 주장하는 분쟁당사국이 그 사실에 관한 증거를 제시할 책임을 진다. 또한 패널은 주로 분쟁당사국이 제출한 증거를 바탕으로 검토하지만, 스스로 요구한 정보 등을 고려하기도 한다.

Ⅲ. 검토기준

지금까지는 '검토기준(standard of review)'을 심사기준이라고 번역하는 것이 일반적이었으나 검토기준이라고 번역하는 편이 보다 적절하다. 그 이유로 첫째, 일본어 공식번역은 패널에 의한 'review'나 'examination/examine'을 '검토'라고 번역하며 '심사'라는 용어는 사용하지 않는다. 둘째, 일본 국내법에서도 '심사'는 행정행위나 입법행위가 어떤 기준에 적합한가를 판단할 때의 용어로서 사용되는 경우가 많으며,[28] WTO 회원국간의 분쟁을 처리하는 패널의 기능을 적절하게 표현한 것이라고는 할 수 없다.

본장의 서론에서 서술한 바와 같이, 광의의 검토기준은 패널이 부탁된 문제를 검토하는 방법 전반을 의미한다. DSU 제11조는 패널의 검토기준에 관하여 패널은 부탁된 사안에 대한 '객관적 평가'를 해야 한다고 규정하고 있다.[29] 사안에 대한 '객관적 평가'는 '사실관계'에 대한 객관적 평가와, 관련된 WTO협정의 '적용가능성 및 해당 협정과의 적합성'에 대한 객관적 평가로 나뉘며, 전자를 사실에 대한 검토기준, 후자를 법에 대한 검토기준이라 할 수 있다. 본장에서는 사실에 대한 검토기준에 관하여 논하므로,[30] 이하 검토기준이라고 할 때는 사실에 대한 검토기준을 의미한다.

---

para.79; Appellate Body Report, *US-Wheat Gluten*, WT/DS166/AB/R (Dec. 22, 2000), para.151.

27) Bohanes, J. & Lockhart, N., "Standard of Review in WTO Law," *in* Bethlehem, D., McRae, D., Neufeld, R. & Van Dammem I. (eds.), *The Oxford Handbook of International Trade Law* (Oxford University Press, 2009), pp.423-425.

28) 위헌입법심사제나 행정불복심사법 등.

29) AB Report, *EC-Hormones, supra* note 22, para.116-119.

30) 본장에서는 법에 대한 검토기준에 관해서는 논하지 않지만, WTO협정의 해석준칙이나 WTO협정 이외의 국제법규칙의 적용가능성 등의 문제가 남아있다. 해석준칙에 관하여 DSU 제3조 2항은 WTO협정의 해석은 '해석에 관한 국제법상 관습적 규칙에 따라' 명확하게 해야 한다고 규정하고 있다. '해석에 관한 국제법상 관습적 규칙'에는 조약법협약 제31

실제 분쟁에서는 협의의 검토기준, 즉 회원국의 국내당국에 의한 사실인정에 대하여 패널이 행하여야 하는 '객관적 평가'는 어떤 것인가가 문제된다. 이 문제는 반덤핑, 세이프가드, 보조금상계조치 등의 무역구제 관련 분쟁과 SPS협정 관련 분쟁에서 종종 쟁점이 된다. 이들 분쟁에 있어서는 피제소국 당국이 행한 사실인정이 WTO협정에 비추어 적합한지 여부가 다투어지는 경우가 많기 때문이다.[31] 이하에서는 협의의 검토기준에 관하여 논한다.

협의의 검토기준에 관하여 상소기구는 *EC-Hormones* 사건에서 피제소국이 행한 사실인정에 대한 '객관적 평가'는 '신규의 검토(*de novo* review)'도, 회원국의 판단에 대한 '전적인 존중(total deference)'도 아니라고 서술하고 있다.[32] 이에 따르면 피제소국 당국이 이미 행한 사실인정을 대신하여 패널이 새롭게 사실관계를 확립하는 것은 '신규의 검토'로서 인정되지 않는다. 한편, 피제소국 당국이 행한 사실인정을 패널이 그대로 받아들이는 것 역시 '전적인 존중'으로서 인정되지 않는다. 따라서 적절한 검토기준은 '신규의 검토'와 '전적인 존중'의 사이에 있다. 사실인정에 관하여 보다 심도 있는 검토를 위해서는 '신규의 검토'에 보다 가까운 검토를 하는 것이 바람직하다고 생각되지만, 그와 같은 검토는 피제소국 당국의 사실인정에 대한 부당한 간섭이라고 비판받을 우려가 있으므로 패널은 적절한 검토기준이 '신규의 검토'와 '전적인 존중' 사이의 어디에 있는지를 신중하게 판단하여야 한다.[33]

조 및 제32조 등이 포함되지만, 패널은 주로 조약법협약 제31조 1항에 기초하여 WTO협정을 해석하는 경우가 많다. *See, e. g.*, Appellate Body Report, *US-Gasoline,* WT/DS2/AB/R (Apr. 29, 1996), pp.16-17; Appellate Body Report, *Japan-Alcoholic Beverages II,* WT/DS8/AB/R, WT/DS10/AB/R, WT/DS11/AB/R (Oct. 4, 1996), pp.10-12. 또한 반덤핑협정 제17.6조(ii)는 반덤핑협정에 관한 분쟁에 적용되어야 하는 법의 검토기준을 규정하고 있는데, 동 조항과 DSU 제11조와의 관계가 문제된다. 동 규정에 관해서는 본서 제6장 외, 이하를 참조. Croley, S. P. & Jackson, J. H., "WTO Dispute Settlement Procedures, Standard of Review, and Deference to National Governments," *American Journal of International Law*, vol.90, no.2 (1996), pp.199-211; 福永有夏, 'アンチダンピング制度の国際的調和ー協定解釈に関する審査基準に注目して,' "社會科學研究"제53권제4호(2002년), 27-33면. 또한 WTO협정 이외의 국제법규칙의 적용가능성에 관해서는 본서 제8장을 참조.

31) 검토기준이 일반적으로 '심사기준'이라고 불리게 된 배경에는, 조사당국의 사실인정에 대한 패널의 검토를 특히 미국 행정소송에 있어서의 심사에 비교하기도 하였기 때문이라고 생각할 수 있다.

32) AB Report, *EC-Hormones, supra* note 22, para.117; *See also* AB Report, *Japan-Apples, supra* note 12, paras.165-167.

33) *Cf.* Oesch, M., *Standards of Review in WTO Dispute Resolution* (Oxford University Press, 2003), pp.25-33.

이하에서는 무역구제조치 관련 분쟁과 SPS협정 관련 분쟁, 각각에 대하여 과거 상소기구의 판정을 분석함으로써 피제소국 당국의 사실인정에 대한 '객관적 평가'의 의미를 명확히 하도록 한다.

1. 무역구제조치 관련 분쟁에 대한 검토기준

WTO협정은 무역구제조치의 발동이 인정되는 조건을 상세하게 규정하고 있어 조치를 발동시키려는 회원국은 그와 같은 조건이 만족되었는지 여부에 관한 사실관계를 조사 및 판단해야 한다. 예를 들어, 반덤핑협정에 의하면 회원국이 반덤핑조치를 발동할 수 있는 것은 특정 상품이 덤핑가격으로 수입된 결과 국내산업에 실질적인 피해가 발생하고 있는 경우 등에 한정되기 때문에 반덤핑조치를 발동시키려하는 회원국은 덤핑수입이나 실질적인 피해의 유무에 관한 조사 및 판단을 해야 한다. 따라서 무역구제조치 관련 분쟁에서는 회원국(피제소국)이 조치발동요건에 관한 사실을 WTO 협정에 따라 판단하였는가가 주된 쟁점이 된다.

우선 세이프가드협정이나 SCM협정은 검토기준에 관하여 명문의 규정을 마련하지 않고 있기 때문에 이들 협정과 관련된 분쟁에 있어서는 *EC-Hormones* 사건 상소기구보고서에서 제시된 DSU 제11조에 기초한 검토기준이 이용되었다.[34] 즉, 무역구제조치의 발동요건이 충족되었는지 여부에 대하여 패널이 스스로 조사 및 판단한 결과, 피제소국의 판단과 패널의 판단이 다르다는 이유로 피제소국이 협정을 위반하였다고 판단하는 것은 '신규의 검토'에 상당하기 때문에 이는 인정되지 않는다. 한편, 그렇다고 해서 '전적인 존중'이 요구되는 것은 아니기 때문에 패널이 피제소국의 판단을 그대로 받아들여야만 하는 것은 아니다.[35] 또한 '객관적 평가'는 문제가 된 WTO협정상 실체규정의 의무의 내용도 토대로 하여 검토되어야 한다는 것을 의미한다.[36] 무역구제조치와 관련된 분쟁에 있어 패널이 해야 하는 '객관적 평가'의 의미는 이 점에 관한 상소기구 판정의 축적에 의하여 명확해지고 있다.

예를 들어, *US-Lamb* 사건 상소기구보고서는 피해요건에 대하여 규정하고 있는

34) Appellate Body Report, *Argentina-Footwear* (EC), WT/DS121/AB/R (Dec. 14, 1999), para.121; Appellate Body Report, *US-Lead and Bismuth II*, WT/DS138/AB/R (May 10, 2000). paras.44-51.

35) Appellate Body Report, *US-Lamb*, WT/DS177/AB/R, WT/DS178/AB/R (May 1, 2001), para.106.

36) *See, e. g., Ibid.,* para.105; Appellate Body Report, *US-Countervailing Duty Investigation on DRAMS,* WT/DS296/AB/R (Jun. 27, 2005), para.184.

세이프가드협정 제4조 2항 (a)의 '객관적 평가'에 관하여 패널은 첫째, 조사당국이 국내산업의 상태와 관련된 모든 요인을 평가하였는지, 둘째, 조사당국이 사실에 기초한 판단을 하였는지에 대하여 '타당하고 적절한(reasoned and adequate)' 설명을 하고 있는지를 검토해야 한다고 하였다.37) 또한 동 상소기구보고서에 의하면 패널은 조사당국의 설명이 관련 데이터의 성질을 충분히 염두에 두었는지 또는 해당 데이터에 대하여 조사당국과는 다른 설명이 가능한지도 고려해야 한다.38)

또한 *US-Countervailing Duty Investigation on DRAMS* 사건의 상소기구보고서는 보조금 상계조치의 조사시 보조금 결정에 대한 '객관적 평가'와 관련하여 패널은 조사기록에 포함되는 증거가 조사당국에 의한 사실인정을 어떻게 뒷받침하고 있는지나, 조사당국에 의한 사실인정이 보조금에 관한 결정 전반을 어떻게 뒷받침하고 있는지에 관하여 조사당국이 '타당하고 적절한' 설명을 하고 있는지를 검토하여야 한다고 서술하였다.39) 게다가 동 보고서에 의하면 패널은 당국이 스스로의 설명과 다른 설명이 가능한지에 대해서도 고려하였는지 검토해야 한다.40)

세이프가드협정이나 SCM협정과 관련된 분쟁에서 사용되어야 하는 검토기준은 DSU 제11조에 규정된 '객관적 평가'인 데 반해, 반덤핑협정 제17.6조 (i)는 반덤핑협정과 관련된 분쟁에서 사용되어야 하는 검토기준을 명문으로 정하고 있다. 즉, 동 규정 1문에 의하면 패널은 '조사당국에 의한 사실인정이 적절하였는지' 또는 '조사당국의 사실에 대한 평가가 공평하고 객관적이었는지' 여부를 검토하여야 한다. 게다가 동 규정 2문은 당국에 의한 사실인정이 적절하고 또한 당국에 의한 사실인정이 공평하고 객관적인 경우에는 패널에 의한 사실인정이나 평가가 당국에 의한 그것과 다르더라도 당국에 의한 사실인정이나 평가가 '우선한다'고 규정하고 있다.

반덤핑협정 제17.6조 (i)가 규정한 검토기준이 DSU 제11조의 검토기준과 충돌하는 경우에는 전자가 원용되어야 할 것이다.41) 그러나 *US-Hot-Rolled Steel* 사건의

37) AB Report, *US-Lamb, supra* note 35, para.103. *See also* AB Report, *Argentina-Footwear* (*EC*), *supra* note 34, para.121.

38) AB Report, *US-Lamb, supra* note 35, para.106. 세이프가드 관련 분쟁의 검토기준에 관해서는 다음의 글도 참조. 瀬領真悟, 'セーフガード紛争における審査基準-重大な損害 要件を中心として,' WTO体制下のセーフガード ー実効性ある制度の構築に向けて(東洋経済新報社, 2004년), 65-75면.

39) AB Report, *US-Countervailing Duty Investigation on DRAMS, supra* note 36, para.186.

40) *Ibid.*

41) DSU 제1조 2항.

상소기구보고서는 반덤핑협정 제17.6조(i)의 문언은 DSU 제11조가 정한 '객관적 평가'를 상당 부분 반영하고 있으며, 양 규정 사이에 충돌되는 부분은 없다는 점을 확인하고 있다.[42] 실제로 반덤핑협정 관련 분쟁에 대해서도 다른 무역구제조치 관련 분쟁에 적용되는 동일한 검토기준이 사용되고 있다.

예를 들어, *US-Softwood Lumber VI (Article 21.5-Canada)* 사건의 이행확인에 대한 상소기구보고서는 반덤핑조치와 보조금상계조치 각각에 의한 피해의 우려의 판정과 관련하여 양자를 구별하는 것이 아니라, 사용되어야 하는 검토기준을 명확하게 하고 있다.[43] 즉, 동 상소기구보고서에 의하면 패널은 조사당국이 사용한 증거가 당국에 의한 사실인정이나 피해의 우려의 판단을 뒷받침하고 있는지, 또한 조사기록에 포함된 증거에 관하여 당국이 행한 것과는 다른 해석을 해서는 안되는 것에 관하여 당국이 '타당하고 적절한' 설명을 하고 있는지 검토해야 한다.[44]

마지막으로 무역구제조치와 관련된 분쟁에서 '신규의 검토'를 회피하기 위하여 사용되는 증거법칙에 관하여 언급하도록 하겠다. 즉, 상소기구에 의하면 패널은 원칙적으로 조사당국이 조사시 원용한 증거만을 기초로 하여 검토해야 한다.[45] 또한 피제소국은 패널절차에 있어 자국의 조사당국이 조사시에 원용하지 않았던 증거나 이유를 원용하여 당국의 판단을 사후에 정당화하는 것은 인정되지 않는다.[46]

이상으로 살펴본 패널의 검토기준은 '전적인 존중'은 아니지만 무역구제조치에 관한 피제소국 조사당국에 의한 사실인정에 대하여 어느 정도 억제적인 검토를 하고 있는 것이라 할 수 있다.

---

42) Appellate Body Report, *US-Hot-Rolled Steel*, WT/DS184/AB/R (Jul. 24, 2001), para.55.

43) Appellate Body Report, *US-Softwood Lumber VI (Article 21.5-Canada)*, WT/DS277/AB/RW (Apr. 13, 2006), paras.93-99.

44) *Ibid.*, para.98.

45) *See, e. g.*, Appellate Body Report, *US-Cotton Yarn*, WT/DS192/AB/R (Oct. 8, 2001), para.78; AB Report, *US-Wheat Gluten, supra* note 26, paras.159-162; AB Report, *US Countervailing Duty Investigation on DRAMS, supra* note 36, para.161.

46) Appellate Body Report, *EC-Fasteners (China)*, WT/DS397/AB/R (Jul. 15, 2011), para.520. 다만, 조사시 이해관계자에게 공개되었는지 여부는 문제되지 않으며, 공개되지 않은 증거라도 조사에 사용된 증거라면 패널은 이를 고려할 수 있다. Appellate Body Report, *Thailand-H-Beams*, WT/DS122/AB/R (Mar. 12, 2001), paras.113-119.

2. SPS협정 관련 분쟁에 대한 검토기준

SPS협정은 제2조 1항에서 회원국이 '인간, 동물 또는 식물의 생명 또는 건강을 보호하기 위하여 필요한' 위생 및 검역조치(이하 SPS조치)를 취할 수 있음을 인정하는 동시에 제2조 2항에서 SPS조치를 '충분한 과학적 증거 없이 유지하지 않을 것' 등 회원국에게 의무를 부여하고 있다. 또한 SPS협정 제5조 1항에 의하면, SPS조치는 '자국의 여건에 따라 적절하게 인간, 동물 또는 식물의 생명 또는 건강에 대한 위험성 평가에 기초하여' 취해져야 한다. 따라서 SPS협정과 관련된 분쟁에서는 회원국이 취한 SPS조치가 '충분한 과학적 증거 없이 유지'되고 있는가, 또는 '위험성평가'에 '기초하고 있는지'가 주로 다투어진다.

상소기구가 DSU 제11조에서 규정하고 있는 '객관적 평가'에 대하여 '신규의 검토'도 '전적인 존중'도 아니라고 서술한 *EC-Hormones* 사건은[47] SPS협정과 관련된 분쟁이므로 SPS협정 관련 분쟁에 대한 '객관적 평가'도 '신규의 검토'와 '전적인 존중'의 사이에 있다고 생각된다. 그러나 실제로 SPS협정에 관한 분쟁에서는 보다 '신규의 검토'에 근접한 검토를 하는 경우도 적지 않다.[48] 예를 들어, 일본이 취한 사과검역조치의 SPS협정 제2조 2항과의 적합성 여부가 다투어진 *Japan-Apples* 사건에서 피제소국인 일본은 패널이 위험성이나 과학적 증거에 대한 일본의 접근을 토대로 검토해야 한다고 주장하였지만, 상소기구는 이러한 일본의 주장은 '전적인 존중'을 요구하는 것이라고 하여 인정하지 않았다.[49] 그러나 피제소국과는 다른 접근을 통해 위험성이나 과학적 증거의 유무를 검토하는 것은 실질적으로 '신규의 검토'에 상당하다는 점이 우려된다.

SPS협정과 관련된 분쟁에서 '신규의 검토'에 가까운 검토가 행해지는 이유로, SPS협정은 '위험성평가'의 방법 등에 관한 절차적 의무를 규정하고 있지 않아 피제소국이 '과학적 증거'나 '위험성'이라는 사실에 관한 조사를 반드시 하고 있다고는 할 수 없다는 점에서[50] 패널은 억제적인 검토보다는 스스로 사실에 관한 확립을 할 필요가 있다고 여기는 경우가 있기 때문이다.[51] 다만, SPS조치를 취한 회원국은 스스로

47) AB Report, *EC-Hormones*, *supra* note 22, para.117.
48) *See, e. g.,* Grando, *supra* note 9, pp.241-242.
49) AB Report, *Japan-Apples, supra* note 12, para.165.
50) *Cf.* AB Report, *EC-Hormones, supra* note 22, para.190.
51) Grando, *supra* note 9, p.242.

조사를 하지 않은 경우에도 '과학적 증거'나 '위험성'에 관하여 어떠한 판단을 하고 있는 것이 보통인데 패널이 그와 같은 판단 대신에 스스로 판단하는 것의 타당성에 대해서는 의문이 든다. 특히 '과학적 증거'나 '위험성'에 관한 판단의 기술적 및 정치적 곤란을 고려하면, 무역구제조치의 발동요건에 관한 사실인정에 대해서는 억제적인 검토를 하고 있음에도 불구하고 '과학적 증거'나 '위험성'에 관한 판단에 대해서는 그와 같은 검토를 하지 않는 것에는 문제가 있다.[52)]

이와 관련하여 *US-Continued Suspension* 사건 및 *Canada-Continued Suspension* 사건의 상소기구보고서는 SPS협정 제5조 2항의 검토기준에 관하여 패널이 '신규의 검토'를 해야 하는 것은 아니라는 점을 확인하고, 적절한 검토기준의 명확화를 꾀하였다. 즉, 이 두 사건의 상소기구보고서에 의하면, 패널은 피제소국이 원용한 '위험성평가'가 올바른지 여부를 결정하는 것은 아니며, 당해 "위험성평가가 일관성 있는 이유로 존중해야 하는 과학적 증거에 의해 지지되며, 그리고 이러한 의미에서 객관적인 정당화가 가능한가"를 검토하여야 한다.[53)] 이 두 사건의 상소기구보고서에 의하면 이 검토기준에는 다음의 두 가지 측면이 있다. 첫째, 패널은 피제소국이 이용한 과학적 증거가 '평가가 있는 정확'한 것을 근거로 하고, '과학적이고 방법론적 정확성'을 갖추고 있는지를 검토하여야 한다.[54)] 둘째로, 패널은 과학적 증거에 기초하여 전개된 "이유가 객관적이며 일관성이 있는가," 다시 말해, 피제소국이 이끌어낸 결론이 "당해 피제소국이 제시한 과학적 증거에 의하여 충분히 뒷받침되고 있는가"를 검토해야 한다.[55)] 이러한 상소기구의 판단은 패널이 스스로 '위험성평가'를 하지 않고 피제소국이 원용한 '위험성평가'의 타당성을 검토하는 데 머물러야 한다는 점을 시사하고 있다.[56)]

마지막으로, SPS협정에 관한 분쟁에서 사용되는 증거법칙에 관하여 언급하도록 하겠다. 이미 서술한 바와 같이 패널은 DSU 제13조에 근거하여 정보를 요구할 수

52) Guzman, A. G., "Food Fears: Health and Safety at the WTO," *Virginia Journal of International Law*, vol.45, no.1 (2004), pp.17-29.

53) Appellate Body Report, *US-Continued Suspension,* WT/DS320/AB/R (Oct. 16, 2008), para.590; Appellate Body Report, *Canada-Continued Suspension*, WT/DS321/AB/R (Oct. 16, 2008), para 590.

54) AB Report, *US-Continued Suspension*, *supra* note 53, para.591; AB Report, *Canada-Continued Suspension*, *supra* note 53, para.591.

55) AB Report, *US-Continued Suspension*, *supra* note 53, para.590; AB Report, *Canada-Continued Suspension, supra* note 53, para.590.

56) *See also* Appellate Body Report, *Australia-Apples,* WT/DS367/AB/R (Nov. 29, 2010), para.219.

있는 권리를 가지고 있지만, 특히 SPS협정 제11조 2항은 과학적 또는 기술적인 쟁점을 포함하는 SPS협정과 관련된 분쟁에서 패널은 "분쟁당사국과 협의하여 패널이 선정한 전문가로부터 자문을 구하여야 한다"고 규정하고 있으며, 실제로 패널은 종종 전문가로부터 자문을 구하고 있다.[57] SPS협정과 관련된 분쟁에서 과학적 문제의 고도의 전문성을 고려하면 패널이 전문가로부터 자문을 구하는 것이 불가결하다고 생각되지만, 패널이 전문가로부터 폭 넓은 자문을 구하고 이를 바탕으로 검토하는 것은 사실상 '신규의 검토'에 상당하다는 우려도 있다.[58]

이상과 같이 SPS협정과 관련된 분쟁에 대한 '객관적 평가'는 '신규의 검토'와 '전적인 존중'의 사이에 있다고 여겨지지만, 실제로는 '신규의 검토'에 가까운 검토가 이루어지고 있는 측면도 있다.

Ⅳ. 결　　론

DSU는 1947년 GATT하의 분쟁해결관행을 명문화함과 동시에 분쟁해결절차를 한층 정교화하는 데 성공하였다고 평가되지만, 패널의 검토절차에 관하여 상세한 규정을 마련한 것은 아니다. 그러나 WTO 설립 이후 패널 및 상소기구에 의한 판례의 축적에 의해 패널의 검토절차에 관한 규칙은 명확해지고 있다. 본장에서 논한 입증책임이나 검토기준에 관해서도 DSU 등에서 명문으로 규정하고 있는 부분은 한정되어 있으며, 상당 부분이 상소기구의 판정의 축적에 의하여 명확화되어 왔다.

본장에서 논한 것은 사실심으로서의 패널의 기능이다. 지금까지 패널의 기능에 관해서는 WTO협정의 해석과 관련된 문제에 관해 논해진 경우가 많았어도 사실인정에 관해서는 충분히 논해지지 않았다. 그러나 패널이 피제소국의 국내조치나 국내당국에 의한 사실인정을 어느 정도 심도 있게 검토하였는가는 WTO 분쟁해결제도와

---

57) SPS협정 제11조 2항은 패널은 전문가의 자문을 얻기 위하여 '기술전문가 자문단을 설치'할 수 있다고 규정하고 있지만, 실제로는 그러한 자문단을 설치하지 않고 개개의 전문가에게 조언을 구하는 것이 일반적이다. *See, e. g.*, Panel Report, *US-Continued Suspension*, WT/DS320/R (Mar. 31, 2008), paras.1.7, 7.71-7.75; Panel Report, *Canada-Continued Suspension*, WT/DS321/R (Mar. 31, 2008), paras.1.7, 7.69-7.73.

58) Scott, J., *The WTO Agreement on Sanitary and Phytosanitary Measures: A Commentary* (Oxford University Press, 2007), pp.133-136.

회원국과의 관계를 보여주는 한 단면으로서 주목할 가치가 있는 문제이다. 입증책임에 관해서도 여전히 남아있는 문제가 적지 않으므로 향후 상소기구에 의한 해석의 축적이 기대된다.

* 저자는 펠로우십 프로그램에 따라 상설중재재판소에 속해있으나, 본장에 나타난 견해는 저자 개인의 견해이며 소속기관과는 관계없다.

제10장

WTO 상소기구 안건심의의 문제점

松下 滿雄 (마쓰시타 미츠오)

Ⅰ. 서　　론

WTO가 설립된 지 17년 정도의 세월이 지났지만, 그 동안 WTO는 새로운 협정을 제정하는 데 성공하지 못하였다. 그러나 WTO협정을 둘러싼 분쟁해결 측면에서는 WTO가 큰 성과를 얻었다고 할 수 있다. 예를 들면 *EC-Hormones* 사건과 *US-Shrimp* 사건에서 패널 및 상소기구의 결정[1]은 WTO법은 물론 국제법 일반에 대하여도 중요한 시사를 주는 것이고, 최근 *China-Raw Materials* 사건의 패널 및 상소기구보고서[2]는 향후 더욱 중요하게 다루어질 수출제한의 문제에 관하여 중요한 선례를 남겼다. 이러한 WTO의 기능은 국제교섭을 통해 새로운 협정을 제정하는 측면으로부터 점차 분쟁해결의 측면으로 그 중심이 이동하고 있는 것으로 보여진다. 즉 현재 전망하여 보자면 WTO는 점차 국제교역에 있어서 국제사법재판소의 색채를 진하게 가져갈 것이라 생각된다.

1) *United States-Import Prohibition of Certain Shrimp and Shrimp Products*, Report of the Panel, WT/DSD58/R; Report of the Appellate Body, WT/DS58/AB/R (1998).

2) *China-Measures Relating to the Exportation of Various Raw Materials,* Report of the Panel, Report of the Appellate Body, WT/DS394/R, WT/DS395/AB/R (2012).

최근에는 FTA체결이 활발하고, 이 FTA에는 일정한 형태의 분쟁해결절차가 정해져 있다. 그러나 FTA의 분쟁해결은 아직 충분히 발달하지 않았기 때문에, 그 실제 운용에 있어서는 WTO의 분쟁해결의 이론과 실천이 참고가 될 것이라 생각된다.

WTO의 분쟁해결과정은 패널이 안건에 관한 사실인정과 법적 판단을 하고, 상소기구가 패널의 법적 판단에 관하여 검토를 하는 것인데, 이 과정에서 중심적 역할을 수행하는 것은 상소기구이다. 주지하는 바와 같이 WTO 분쟁해결절차에서 패널판단에 불복한 당사국은 상소기구에 상소할 수 있다. 상소기구는 이 상소를 접수하여 당해 패널의 협정해석에 관한 유지, 변경 또는 파기 결정을 하고, 그 결과를 정리한 보고서는 WTO의 DSB에 송부된다. DSB는 역총의 방식(reverse consensus system)으로 이 보고서를 채택할지 말지를 결정한다. 역총의 방식이란 만장일치로 보고서의 채택에 반대결정이 없으면 보고서는 채택된다는 것으로, 승소국은 채택에 찬성할 개연성이 높기 때문에 사실상 보고서는 자동적으로 채택된다. 이것이 automaticity이라 불리는 절차이다. 이 결과 상소기구보고서의 판단은 사실상 WTO 분쟁안건에 관하여 최종판단이 된다.

WTO 상소기구에 관하여는 이미 많은 논고[3])가 발표되고 있다. 그러므로 본장에서는 상소기구절차의 개요에 관하여는 생략하고, 저자가 WTO 상소기구 재직당시 직무상 무엇을 느꼈는지에 대하여 논하고자 한다. 저자가 상소기구 위원으로서 재직했던 것은 이미 10년 전의 일이지만 그때 당시의 문제점이 곧 현재의 문제점이기도 하기 때문이다.

Ⅱ. 상소기구의 권한범위

1. 사실문제와 법률문제

DSU 제17조 6항은 분쟁당사국에 의한 상소는 법률문제와 패널이 행한 협정해석

---

3) 많은 문헌이 있지만 상소기구의 조직과 절차를 상세하게 설명하는 것으로 다음을 든다. Victoria Donaldson, "The Appellate Body: Institutional and Procedural Aspects," in Patrick F. J. Macrory, Arthur E. Appleton & Michael G. Plummer, *The World Trade Organization: Legal, Economic and Political Analysis*, vol. Ⅰ (Springer 2005), pp.1277-1339.

에 한정된다고 규정하고 있다. 이것을 그대로 읽으면 상소는 법률문제에 한정되고 사실문제는 상소의 대상이 되지 않는다고 해석된다. 즉 상소기구는 사실문제를 심의하여 결정할 권한이 없다는 것이다. 이것은 맞는 말이지만 약간의 부연설명을 필요로 한다.

상소기구가 패널이 인정하지 않았던 사실을 새로운 증거조사에 의한 별개의 증거로 인정하고 이것에 기초하여 판단하는 것은 불가능하다. 그러나 이것은 상소기구가 패널이 인정한 판단에 기초를 구성하는 사실에 구속되어 이외의 사실에 눈을 돌리는 것이 전혀 가능하지 않다는 것을 의미하는 것은 아니다. 이를 보여주고 있는 것이 *Canada-Measures Concerning Periodicals* 사건에서의 상소기구의 판단[4)]이다.

이 사례에서 캐나다는 자국잡지의 보호를 위해 미국잡지(타임, 뉴스위크지 등)의 수입을 제한하고, 이 잡지가 캐나다 국내에서 제작되어 판매된 경우에는 그 캐나다용 광고부분에 광고세를 부과하여 이들 잡지의 국내판매를 방해하였다. 이에 대해 미국이 내국민대우 위반을 이유로 제소하였고, 패널은 미국잡지와 캐나다잡지는 동종상품(like products)이며 GATT 제3조 2항 1문에 정한 내국민대우 위반에 해당한다고 하였다. 캐나다는 상소하였고, 상소기구는 미국 및 캐나다 잡지가 동종상품이라는 패널의 판단을 파기하고 미국 및 캐나다 잡지가 직접경쟁상품(directly competitive products)이라고 판단하였다. 동종상품은 직접경쟁상품의 일부이지만 양자는 동일한 것은 아니고, 동종상품의 판단과 직접경쟁상품의 판단은 각각 별도의 사실인정을 요한다. 상소기구는 이 사건에서 패널보고서에 포함되어 있지만 패널이 판단의 논거로 삼지 않은 사실에 기초하여 미국 및 캐나다 잡지는 직접경쟁상품이라고 판단하고 GATT 제3조 2항 2문을 적용하였다.

이 사례에 의하면 상소기구는 스스로 사실인정을 한 것은 아니지만, 패널보고서에 포함된 사실로서 패널이 판단의 논거로 하지 않았던 것을 채택하여 이에 따른 판단을 하는 것이 가능하게 된 것이다. 이러한 방식에는 문제도 있다. 즉 이 경우 상소기구가 이러한 사실에 기초하여 판단하는 것은 상소기구 판단이 공표될 때까지 분쟁당사국에게 공개되지 않는다. 만일 상소기구가 이 사실에 의하여 판단한다는 것을 알고 있으면 당사국으로서는 이 사실에 관하여 무엇인가 주장을 하는 것이 가능하였을 것이고, 그 주장으로 상소기구의 판단이 달라질 가능성도 배제할 수 없다.

4) *Canada-Measures Concerning Periodicals*, Report of the Panel, WT/DS31/R; Report of the Appellate Body, WT/DS31AB/R (1997).

당사국에 이러한 진술의 기회가 주어져 있지 않은 것은 적법절차의 면에서 문제의 소지가 있을 것이다.

유명한 *EC-Hormones* 사건[5]은 EC가 호르몬투여로 사육된 식용목적의 육우로부터 얻은 쇠고기에 대한 판매 및 수입금지에 관하여 미국과 캐나다가 제소한 것이다. 이 사건에서의 초점은 이 수입금지가 SPS협정에서 규정한 위험성평가를 확실히 한 것인가, 즉 EC의 이 조치가 과학적 근거에 기초하고 있는가였다. 패널은 이 점에 관하여 다수의 과학자에게 감정의견을 구하였다. 그러한 감정의견의 대다수는 쇠고기에 포함된 호르몬이 CODEX 기준 내에 있다면 위험의 징후가 없다는 것이었다. 이에 반해 1인의 감정은 이 경우에 있어서도 100만분의 1 확률로 발암가능성이 있다고 지적하였다. 패널은 이 감정을 채택하지 않고 다수의견을 채택하여 쇠고기에 포함된 호르몬이 CODEX 기준 이하이면 발암징후는 없고 EC가 발암의 가능성을 입증하지 않았다는 것을 이유로 EC에 패소 판정을 내렸다.

EC는 이에 대해 패널이 이 감정을 무시한 것은 증거의 무시 및 왜곡이고, DSU 제11조에 위반된다고 하여 상소하였다. 상소기구는 패널보고서가 이 감정서를 검토하고, 여기에서 언급되고 있는 것을 검토하였으므로, 패널이 이 감정에 관하여도 검토하였다고 볼 수 있어 이 증거를 무시 내지 왜곡한 것은 아니라고 하여 EC의 주장을 받아들이지 않았다.

이 사례에서 상소기구는 패널에 의한 감정의 미채택이 DSU 제11조에 위반하는지 아닌지에 관하여 검토하고 있기 때문에, 이는 법률문제를 취급하고 있는 것이며 사실문제를 취급하고 있는 것이 아니다. 저자는 이 사건을 담당했었지만 여기서 상소기구가 행한 것은 추상적인 협정해석이 아니라 두꺼운 과학적 감정서를 검토하고 이것의 어떤 부분이 패널보고서의 어느 부분에 언급되어 있는가를 검토하는 것이었다. 상소기구는 해당 사건에 포함된 상세한 사실을 검토하고, 이에 대한 평가를 하고 있다. 작업을 한 소감으로는 이러한 문제는 법률문제와 사실문제의 혼합이고 상소기구가 이러한 문제를 취급하는 경우가 많다.

---

5) *EC-Measures Concerning Meat and Meat Products*, Report of the Panel, WT/DS26/R/USA, WT/DS48/R/Can; Report of the Appellate Body, WT/DS26/AB/R, WT/DS48/AB/R (1998).

2. 상소기구의 심사범위

상소기구가 패널보고서를 심사할 때, 패널이 취급한 법률문제 이외의 문제를 채택하여 심사할 수 있을지가 문제가 된다. 결론적으로는 사안의 해결에 필요하고 패널판단의 대상이 되는 사항과 어떠한 의미상 연결성이 있다면 상소기구가 패널이 취급한 법률문제 이외의 문제를 채택하여 검토하는 것이 가능하다고 해석된다. 예를 들면 이미 서술한 *Canada-Measures Concerning Periodicals* 사건에서 패널은 캐나다 국내잡지와 미국잡지는 동종상품이라고 판단하였지만, 상소기구는 이것을 뒤집어 양자가 직접경쟁상품인지를 검토하고 이것을 긍정하였다.

US-Gasoline 사건[6]에서 미국이 대기오염방지를 위하여 가솔린 품질규제를 하였지만 이 품질규제에 외국제 가솔린에 대한 차별적 요소가 있었기 때문에 브라질과 베네수엘라가 WTO에 제소하였다. 미국은 이 가솔린 품질규제가 GATT 제20조 (g)에서 정한 환경조치에 해당하여 GATT의 규율로부터 면제된다고 주장하였다. 패널은 이러한 미국의 주장을 배척하고 미국의 조치는 GATT 제20조 (g)의 요건에 적합하지 않다고 판단하였다.

상소기구는 이 판단을 번복하여 미국의 조치는 GATT 제20조 (g)의 요건에 적합하다고 하였다. GATT 제20조 (g)는 유한천연자원의 보존에 관련된 조치를 GATT 규율의 예외로서 인정하고 있지만, 두문(chapeau)에서 GATT 제20조 각호에 해당하는 행위가 동조 두문의 요건을 충족할 것을 요구하고 있다. 즉 GATT 제20조 각호에 해당한 조치가 ① 자의적, ② 부당하게 차별적, ③ 위장된 국제무역의 제한이 아닐 것을 요구하고 있다. 상소기구는 본건에서 미국의 조치가 GATT 제20조 (g)에 해당하는 환경조치이므로 GATT의 규율로부터 면제되는 적격성을 가진다고 했지만, 그 조치가 관계국과의 협의나 협력요청 없이 일방적으로 행하여져서 이는 두문에서 정한 자의적 및 부당한 차별에 해당한다고 판단하고 결론적으로는 두문 위반이라고 판정하였다.

이 사례에서 패널은 미국의 조치가 GATT 제20조 (g)에 적합하지 않다고 판정했기 때문에 당연히 GATT 제20조 두문에 위반하는지 여부에 관하여는 판단하고 있지 않다. 그러나 상소기구는 이 논점을 검토한 결과 미국의 조치가 두문에 위반한다고

6) *United States-Standards for Reformulated and Conventional Gasoline,* Report of the Panel, WT/DS2/R; Report of the Appellate Body, WT/DS2/AB/R (1996).

결정하였다.

게다가 이 사건에는 절차문제가 포함되어 있었다. 상소국인 미국은 미국의 환경조치가 GATT 제20조 (b) 및 (g)에 해당한다고 주장하였지만, 피상소국인 브라질 및 베네수엘라는 미국주장에 대한 답변서(Appellee's Submission)에서 본건에는 TBT협정이 적용되어야 한다고 주장하였다. 이에 대해 상소기구는 만일 양국이 미국조치의 TBT협정 해당성을 주장하는 것을 의도하고 있었다면 이러한 주장을 '다른 상소'(other appeal)에서 할 수 있었음에도 불구하고 하지 않은 것을 지적하였다. 상소기구는 이 논점을 상소국인 미국 의견서에 대한 답변서에서 주장하는 것은 절차적으로 잘못이라고 하여 이 주장을 배척하였다.

이러한 판단의 배경에는 이 답변서 제출부터 구두변론(oral hearing)까지 기간이 얼마 남지 않았고(약 10일) 이 기간에 제소국인 미국이 이 논점을 검토하고, 이에 대한 반론을 구두변론에서 전개하는 것이 곤란했다는 사정이 있었다. 이러한 의미에서 상소기구의 판단은 법의 적법절차에 관한 것이라 할 수 있다.

US-Shrimp 사건[7]에서도 유사한 상황이 있었다. 이 사건에서 문제가 된 것은 미국의 바다거북 보호조치였다. 미국은 바다거북의 보호를 위하여 새우어획에서 바다거북이 혼획되지 않도록 할 필요가 있다면서 어선이 새우를 잡는 경우에 바다거북을 혼획하지 않도록 하는 바다거북제외장치(Turtle Exclusion Devices, TED)를 어선에 장치할 것을 요구하고 이것을 장치하지 않은 인도, 파키스탄, 말레이시아, 태국 4개국으로부터의 새우수입을 금지하였다. 4개국은 이러한 조치가 상품수입제한을 금지하는 GATT 제11조에 위반한다는 등의 주장을 하면서 미국을 WTO에 제소하였다. 이에 대해 미국은 이 조치가 GATT 제20조 (g)로서 면책된다고 주장하였다.

패널은 본건 미국의 조치는 관계국과의 협의나 협력요청을 하지 않고 일방적으로 미국 독자적인 규제를 부과한 것이므로 결국 GATT 제20조 두문에 위반하는 것이라고 판단하고, 미국의 조치가 GATT 제20조 (g)에 해당하는지 여부에 관하여는 판단하지 않았다. 상소기구는 패널의 논리순서를 비판하면서, 패널은 우선 미국의 조치가 GATT 제20조 (g)에 해당하는가를 판단하고 해당한다고 판단하였다면 다음으로 그것이 GATT 제20조 두문의 요건을 충족시키는지를 판단하는 순서를 밟아야 하는 것이라고 하였다. 따라서 이에 대한 패널의 판단을 파기하고 미국의 조치가 GATT 제20조

---

7) *United States-Import Prohibition of Certain Shrimp and Shrimp Products*, Report of the Panel, WT/DSD58/R; Report of the Appellate Body, WT/DS58/AB/R (1998).

(g)에 해당하는지를 검토하였다. 그 결과 미국의 조치는 GATT 제20조 (g)에 해당하지만, GATT 제20조 두문의 요건을 충족하지 못하여 GATT 위반에 해당된다고 판정하였다.

이상의 사례들을 살펴보면 상소기구는 패널의 판단을 파기하고 패널이 판단하지 않았던 특정 사항에 관하여 판단하고 있다. 예를 들면 *US-Gasoline* 사건에서 패널은 미국의 조치의 GATT 제20조 (g) 적용적격성을 부정하였지만 상소기구는 이것을 긍정하고 있다. 또한 *US-Shrimp* 사건에 있어서는 패널은 미국조치가 GATT 제20조 (g)에 해당하는가의 논점을 생략한 것에 대하여 상소기구는 이를 비판하고 미국의 조치가 GATT 제20조 (g)에 해당한다고 판단하였다. 이러한 경우 사안을 원심인 패널에 파기환송하여 패널이 논점을 판단하도록 해야 할 것이다. 그러나 후술하는 바와 같이 DSU는 상소기구에게 패널에 사안을 파기환송할 권한을 부여하고 있지 않다. 상소기구는 이러한 제도적 구조 속에서 기능해야 하기 때문에 패널이 판단하지 않았던 사항이라 해도 패널판단과 밀접하게 관련되고 패널이 판단한 사항과 사실상 동일성이 있는 경우에는 이러한 판단을 할 수밖에 없다고 생각된다.

그러나 전술한 바와 같이 상소기구에는 새로운 사실인정을 할 권한이 있지는 않기 때문에 상소기구의 판단은 어디까지나 패널이 한 사실인정에 한정된다. 패널보고서에 포함된 사실만으로는 이러한 판단이 가능하지 않은 경우도 있을 수 있다. 현행제도에서 이러한 경우에 사건처리는 어중간한 형태로 종료하여 불완전하게 남게 되지만 현행제도를 전제로 하는 한 이것은 부득이하다고 할 것이다.

3. 환 송

DSU 제17조 13항은 상소기구는 패널의 법적판단과 결론을 유지(uphold), 변경(modify), 또는 파기(reverse)하는 것이 가능하다고 규정한다. 그러나 여기에 '환송(remand)'에 관한 규정이 없다. 여기에서 본 상소기구는 패널의 사실인정에 오류가 있거나 패널이 인정한 사실에서 패널이 내렸던 법적판단은 나올 수 없다고 판단하는 경우에도 사안을 패널에게 환송하여 재심사를 시킬 수 없다. 종래부터 당사국이 상소기구에 패널의 판단을 파기하고 스스로 판단하여 법적결론을 내릴 것을 청구하는 경우가 있었다. 이러한 경우 상소기구는 전술한 바와 같이 패널 보고서 중에 상소기구의 판단을 기초로 한 것이 포함되는 경우에는 이 사실을 기초로 하여 법적판단을 내리고 있다. 그러나 패널보고서 중에 상소기구의 판단을 기초로 하는 사실인정이 없는 경우에는 상소기구는 당사국이 청구하는 법적판단을 할 수 없다. 이러한 사정 때문에 상소기구보고서에는 어떤 사항에 관하여 패널이 인정한 사실이 부족하기 때문에 상소기구는 법적분석을 완결시켜 결론을 도출할 수 없다는 내용이 자주 보인다.

상소기구는 해당 사안에서 패널이 인정한 사실이 패널의 법적판단을 뒷받침하기에 불충분한 경우 이를 파기하는 결정 이외에는 방법이 없다. 그러나 다른 사실이 발견된다면 법적판단도 다르게 되는 것이 가능할지 모른다. 이러한 경우 어떻게 할 것인가. 이 패널 및 상소기구의 판단에 불복한 당사국은 WTO의 DSU에 따라 새로운 청구를 하는 것 외에는 방법이 없다. 이 경우의 청구에는 유사사안이 포함되었더라도 다른 사실에 기한 신청이기 때문에 전 사안과는 별건이고 전 사안에 관한 패널 및 상소기구 판단의 기판력(*res judicata*)이 미치는 것이 아니라고 생각된다. 이러한 문제의 처리방식이 번잡할 수도 있지만 현 상태에서는 그 외의 방법이 없다고 할 것이다.

입법론으로는 DSU를 개정하여 상소기구에 환송할 권한을 부여하면 어떨까도 생각할 수 있다. 그러나 현 상태에서 이는 시기상조이다. 현재의 패널체제를 전제로 상소기구에 사안의 환송권한을 부여한다고 해도 그것을 어디에 환송할지가 문제이다. 원심인 패널에 환송해야 하겠지만 패널은 패널의 심의가 종료하면 해산한다. 동일 패널을 재구성하는 것도 생각할 수 있지만 동일 패널위원이 참가하는 것에 동의한다는 보장이 없다. 따라서 현 상태에서는 상소기구에 환송권한을 부여하는 데 전제가 되는 패널제도가 정비되어 있지 않다. 이 권한을 마련한다고 하면 패널제도 또한 상소기구제도와 마찬가지로 상설패널로 할 필요가 있을 것이다.

Ⅲ. 심사절차상의 문제점

1. 구두변론

사건개시 후 약 1개월이 경과한 시점에 구두변론(oral hearing)이 개최된다. 여기에서 분쟁당사국 대표가 참가하여 자기주장을 전개한다. 또한 제3국 대표도 참가하여 견해를 진술한다. 여기서 문제점은 분쟁당사국이 그 의견서(제소국신청서 및 피제소국답변서)에서 주장하고 있는 사항과 구두심사에서 진술하고 있는 사항이 다른 경우, 어느 것을 그 당사국의 주장으로서 채택하고 그것을 기초로 판단을 내려야 할 것인가이다. 이러한 경우는 드물지만 발생하기도 한다.

US-Lead and Bismuth Ⅱ 사건[8]에서 논점은 영국정부의 보조금을 받아 건설된 제철건설을 소유하는 회사를 제3자가 구입하였을 때 '공정가격(즉 시장가격)'을 지불하였는가였다. 패널은 이 구매자가 회사를 매수하였을 때 공정가격을 지불하였다고 판단하였다. 피제소국인 미국은 이에 대하여 상소하고 상소의견서에 이러한 국내거래에 관하여 패널이 독자적인 조사를 하여 사실을 결정하는 것(즉 *de novo* investigation을 하는 것)이 월권행위라고 주장하였다. 그러나 미국은 구두변론에서는 이 입장을 뒤집어 이 점에 관한 패널의 사실인정을 인정한다고 진술하였다. 상소기구는 이 점에 관하여 미국이 입장을 변경한 것이라 해석하고 구두변론에서의 진술을 미국의 입장인 것으로 판단하였다.

일반적으로 당사자가 어떤 문제에 관하여 주장을 하고 후에 동일논점에 관하여 다른 주장을 하는 경우 후의 진술이 그 당사자의 그 문제에 관한 최종진술인 것이라 판단된다. 그러나 예외도 있다고 할 것이다. 즉 구두변론에 있어서 질의응답은 때로는 격렬한 경우가 있어 당사국 대표가 궁지에 몰려 부득이한 사정을 인정하는 경우도 있다. 그리고 이 진술이 당해 당사국의 의견서에 기술되어 있는 진술과 상반되는 경우도 있다. 이러한 경우 시간적으로 나중에 되었다는 것만으로 구두변론에서 말한 진술을 채택하는 것이 적절하지 않은 경우도 있을 것이다. 즉 의견서는 당해 당사국이 장시간에 걸쳐서 주의 깊게 작성되었고, 의견서에 진술되어 있는 것이 당해 당사국의 주장으로서 신빙성을 갖고 있다고 할 수 있다. 이에 반하여 구두변론에서의 진술은 추궁당하는 과정에서 본의 아니게 인정한 것일지도 모른다. 이러한 경우 어느 쪽이 그 당사국의 진의인지를 판단하는가에 대해서는 각 사안마다 판단이 필요하다고 할 수 있다.

2. 의견교환

DSU 제17조 9항은 상소기구에 스스로 작업절차규칙(Working Procedure)을 제정할

8) *United States-Imposition of Countervailing Duties on Certain Hot-Rolled Lead and Bismuth Carbon Steel Products Originating in the United Kingdom*, Report of the Panel, WT/DS138/R; Report of the Appellate Body, WT/DS138/AB/R (2000).

권한을 부여하고 있다. 그리고 상소기구는 이 규정에 기초하여 작업절차규칙을 제정하고 있다. 규칙 제4조 3항에 의하면 사안을 심의하는 담당부(division)는 7인의 상소위원 중 3명으로 구성되지만 그 사안에 대하여 최종결론을 내리기 전에 다른 4명의 의견을 청취하는 절차를 정하고 있다. 이러한 의견청취는 구두변론 후 바로 이루어지는데 이것을 '의견교환(exchange of views)'이라고 부른다. 그러나 동시에 규칙 제4조의 4에서 담당부는 스스로 담당사건에 관한 판단을 내릴 전권을 가지고 있어 다른 4명의 의견은 담당부의 판단권한을 제약하는 것이 아님을 정하고 있다. 그러므로 사안에 대하여 판단하는 것은 어디까지나 담당부이지 전체회의가 아니다.

그러면 왜 이러한 의견교환을 개최하는가. 이는 7인 상소위원간의 '공동정신(collegiality)'을 확보하기 위해서이다. 이러한 사안에 관한 인식을 같이 함으로써 공동정신을 확보하고 동일 또는 유사사안에 관한 담당부의 판단이 큰 폭의 차로 다르게 되는 것을 방지한다. 이러한 의견교환에서 담당부의 주심(presiding member)은 담당사안에 관하여 대처방침을 설명하고 해결시안이 될 수 있다면 그것을 개진한다. 그리고 다른 4명의 위원은 그에 관하여 견해를 표명한다.

그러나 이러한 의견교환을 개최하고 다른 위원의 견해를 구한 이상 다른 4명의 견해를 완전히 무시할 수는 없다. 사안해결에 있어서 이 4명의 견해가 전혀 고려되지 않는다면 의견교환을 한 의미가 없을 것이다. 이 4명 중 1명만이 담당부의 초안에 이의를 제기한 경우 담당부로서는 이를 무시하는 것이 가능하다고 생각되지만, 예를 들어 다른 4명이 일치하여 담당부의 초안에 반대하는 경우에는 간단하게 이것을 무시하는 것이 어려울 것이다. 그렇다면 이 의견교환은 담당부의 판단에 일정 영향을 미치게 된다.

여기서 고려해야 할 것은 이 사안의 처리에 있어 담당부 구성원 이외 4명의 상소위원은 구두변론에는 참가하지 않아 당사국의 주장을 직접적으로 들을 기회가 없다는 것이다. 분쟁당사국으로서는 만일 의견교환이 실질상 담당부의 판단에 영향을 주는 경우가 있을 수 있다면 담당부 구성원 이외의 자를 포함한 상소위원 전체에 대하여 이 주장을 진술할 기회를 희망할 것이다. 이 점은 적법절차라는 관점에서 검토할 수 있는 것이라 생각된다.

이러한 점도 고려한다면 제도론으로는 담당부가 사안에 관한 초기심사를 하여 잠정적인 방향성을 밝히고, 그 후 전원이 구두변론에 참가하고 당사국 대표의 진술을 청취하여 그 후에 전체회의에서 사안에 관한 결론을 도출하는 방식도 생각할 수 있을 것이다. 이를 위해서는 물론 DSU 개정도 필요하지만 현재 체제와 같이 담당부가 사안해결의 전권을 가지는 한편 의견교환이라는 제도를 통해 사실상 담당부 구성원 이외의 위원의견도 구하는 방법을 최선이라고 단정하지 말고 기존 제도를 재검토해 보는 것도 의미가 있으리라 생각된다.

3. 반대의견

DSU 제17조 11항은 사안의 해결을 담당한 상소위원의 의견이 익명일 수 있다고 정하고 있지만 이 이상의 것을 정하고 있는 것은 아니다. 사안처리의 부를 구성한 위원은 3인이고 이 중 2인이 같은 의견을 가지고 다른 1명이 다른 의견(반대의견)을 가지고 있는 경우가 있을 수 있다. DSU에는 이러한 경우에 상소기구가 이 반대의견을 보고서에 익명으로 발표하는 것을 금지하는 규정은 없다. 그러므로 반대의견을 공표할지 여부는 상소기구가 결정할 수 있는 정책문제이다. 필자가 아는 한 현재까지 상소기구보고서에서 '반대의견(dissenting opinion)'에 이름을 붙여 공표되었던 경우는 없다.

상소기구가 반대의견을 공표할지 여부에 관하여는 찬반양론이 있을 수 있다. 공표에 반대하는 견해는 다음과 같이 주장할 수 있다. 즉 만일 공표하면 당해 사안에 관한 의사결정에 반대론이 있었던 것이 명백하게 된다. 이것이 곤란한 사안이고 패소국이 상소기구보고서에 기초한 권고를 이행하는 경우 국내에 반대세력(예를 들면, 의회 내 반대파)은 상소기구내부에서 의사분열이 있었다는 것을 이유로 국내법제의 변경 등 이행조치를 인정하지 않겠다는 행동을 취하는 경우도 있을 수 있다. 이러한 사태를 방지하기 위하여도 상소기구의 의견은 통일될 필요가 있고 이 때문에 반대의견의 공표가 바람직하지 않다는 것이다.

이에 대하여 찬성론은 다음과 같이 주장할 수 있다. 즉 사안해결에 있어서 담당부를 구성하는 3인의 의견이 항상 일치한다는 보장이 없기 때문에 반대의견은 언제나 있을 수 있다는 것을 고려해야 한다. 이 경우 반대의견을 공표하지 않는다고 한다면 의사결정에 있어서 담당부 내부에서 통일적 의사결정을 하고 이것을 보고서에 포함시키는데 초점을 맞추어 타협을 도모해야 하므로 이에 따라 보고서의 논지가 불분명하게 되어 타당한 해결이 곤란하게 될 뿐만 아니라 선례로서의 가치가 감소하기 때문이다.

두 의견 모두 나름대로의 논거에 근거하고 있다고 생각되지만 사견으로는 상소기구의 의사결정에서 반대의견이 있는 경우 이것을 공표해야 한다고 생각한다. 그 이유는 종래부터 상소기구 심의과정에 관하여 '비밀주의'라는 비판이 있고 이것을 해소하기 위해서는 가능한 의사결정의 내용을 공개하는 것이 바람직하다. 또한 상기 의견이 주장하는 바에 의하면 의사결정에 있어서 실제로는 반대의견이 있기 때문에 타협을 통해 이를 무마시키고 통일적 의견을 도출한다면 결정논리가 불분명하게 된다. 그리고 예민한 독자는 이러한 불분명함을 눈치 챌 수 있기 때문에 보고서의 신빙성이 그만큼 손상될 우려가 있다. 그러므로 반대의견이 있다면 익명의 형식으로 이것을 공표하는 편이 적절할 것이다. 상소기구 발족 후 17년이 경과하여 동 기구의 지위가 확립되고 높은 평가를 받고 있다. 상소기구보고서에 반대의견이 기재되어 있다고 하여 상소기구보고서에 근거한 권고의 국내적 이행이 곤란하게 된다고는 생각하기 어렵다.

Ⅳ. 상소기구에 의한 협정해석의 문언주의

상소기구에 의한 협정해석에 관하여는 두 가지 비판이 있다. 첫째는 상소기구의 해석이 너무 문언주의에 치우쳐 있다는 것이다. 둘째는 상소기구가 법을 해석하는 것이 아니라 법을 창조하고 있다는 비판이다. 두 비판 모두 근거가 없는 것은 아니지만 이하에서는 상소기구가 경우에 따라서 엄격한 해석을 채택하거나 유연한 해석을 채택하는 적응력을 가지고 있다는 것을 보여주고자 한다.

문언해석의 예로는 많은 사례가 있지만 하나만 예로 들면 *EC-Bed Linen* 사건에서의 상소기구의 판단[9])이 이에 해당한다고 할 수 있다.

이 사례는 이른바 제로잉(zeroing)을 반덤핑협정 위반이라고 한 선례로서 유명하다. EC는 인도로부터 수입된 침구류에 관하여 반덤핑과세를 부과하였다. EC가 인도 국내 침구류의 구성가격(정상가격)을 산정할 무렵에 인도는 이것이 반덤핑협정 제2.2.2조에 위반된다고 하며 제소하였다. 동조는 당해 수출업자의 일반관리비를 입수할

9) *European Communities-Anti-dumping Duties on Imports of Cotton-Type Bed Linen from India,* WT/DS141/R/DSR 2001: VI, 2007 adopted 12 March 2001 (Panel); WT/DS141/AB/R/DSR 2001: V, 2049, adopted 12 March 2001 (Appellate Body).

수 없는 경우 또는 그것을 신용할 수 없는 경우에는 구성가격의 계산을 함에 있어 수출국에 있는 '다른 수출업자(other exporters, 복수형)'의 일반관리비를 가중평균한 수치를 사용할 수 있음을 규정하고 있다. 패널은 이 규정의 해석으로 '다른 수출업자(other exporters)'는 복수형이고 일반관리비 가중평균도 수출업자가 복수인 경우를 전제로 해도 복수는 단수를 포함하므로 1개의 수출업자의 일반관리비를 사용하여 정상가격을 계산하는 것이 반덤핑협정 제2.2.2조에 적합하다고 판단하였다.

인도의 제소를 접수하고 상소기구는 이 패널 판단의 타당성을 검토하였는데, 반덤핑협정 제2.2.2조에서 다른 수출업자가 복수형으로 되어 있는 점, 또한 가중평균은 복수의 수출업자의 현존을 전제로 하는 점을 근거로 패널의 판단이 잘못되었다고 하였다.

이 상소기구의 판단이 문언주의라고 할 수 있다고 생각되지만 이 판단은 경제합리성에 적합하다. 말하자면 구성가격이란 실제로 현존하지 않는 가격으로 산정하는 것이 아니라, 시장가격의 근사치이다. 그러나 수출업자가 하나라면 시장은 성립하지 않고 시장가격의 근사치도 산정할 수 없다. 시장가격에 근사한 가격을 구성하려면 복수의 수출업자가 현존하고 그 사이에 경쟁이 이루어져 시장이 형성되고 있는 경우에 그 시장의 자료를 사용하여 당해 수출업자 일반관리비의 근사치를 산정할 수밖에 없다. 그 때문에 반덤핑협정 제2.2.2조는 '다른 수출업자'에 관하여 복수형을 사용하고 있는 것이다. 이러한 점에서 보면 본건에서 상소기구의 문언해석은 경제실태에 부합한다고 할 만하다. 다만 욕심을 부리자면 상소기구로부터 간단한 문법적인 문언해석에 더하여 왜 이러한 해석이 경제적, 정책적으로 의미가 있는지를 설명을 받고 싶은 것이다.

그러나 상소기구가 반드시 항상 문언주의를 채택하는 것은 아니며 필요에 따라 문언의 문법적 의미에서 약간 떨어져 유연한 해석을 채택하기도 한다. 그러한 사례 중 하나는 *Canada-Aircraft* 사건[10]이다. 이 사례에서는 캐나다가 자국항공기 산업에 부여한 보조금이 SCM협정에 위반하는지가 문제되었는데, 패널은 심의과정에서 이 보조금의 성격을 판단하기 위해 캐나다로부터 일정한 자료를 받는 것이 필요하다고 판단하고 DSU 제13조에 따라 자료를 청구하였다. 캐나다는 이 자료의 제출을 거부하였는데 여기에서 문제가 되었던 것은 DSU 제13조 2문의 'should'라는 표현의 의미였

10) *Canada-Measures Affecting the Export of Civilian Aircraft*, Report of the Panel, WT/DS70/R; Report of the Appellate Body, WT/DS70/AB/R (1999).

다. 동조 1문은 패널은 당사국 등 관계자에게 자료의 청구를 하는 것이 가능하다고 규정하고, 2문은 WTO 회원국이 패널로부터 이러한 청구를 받은 경우 회원국은 이에 협력하지 않으면 안된다(A Member should respond promptly and fully …)고 규정하고 있다.

여기에서 사용되고 있는 문언은 'should'이고 이것의 문언적 의미는 도의적 의무, 즉 법적구속력이 없는 의무를 의미한다. 그렇게 되면 자료징수란 본래의 목적에는 효력이 없게 된다. 그래서 상소기구는 이 규정의 'should'를 'shall(즉 법적의무)'이라고 해석한 것이다. 이는 목적론적 해석의 예라고 할 수 있다. 이처럼 상소기구의 해석은 경우에 따라 유연한 것이 되기도 한다.

상소기구가 법의 해석 대신 '법의 창조'를 하고 있다는 비판이 있다. 그러나 WTO협정의 규정은 때로는 애매하여 해석에 의한 의미부여가 있어야 적용할 수 있는 경우가 많다. 이것은 다른 조약과 국내법에 대해서도 자주 적용된다. 이러한 경우 해석을 통해 애매한 규정에 의미를 부여하는 것이 법해석인지 법창조인지는 언어문제에 불과하다. 물론 법해석 기관이 법규정이 상정하고 있지도 않고 예상도 하지 않은 해석을 하는 것은 허용되지 않지만 해석에는 반드시 폭이 있게 마련이다. 어느 정도의 해석의 폭을 인식하지 않으면 적절한 사법판단은 있을 수 없다는 것을 알아야 한다.

DSU 규정은 전체적으로 27개 조항밖에 없는데 반해, 예를 들어 일본 민사소송법은 405개 이상의 조항으로 구성되고 민사집행법 기타의 관련법규에 의해 지지받고 있어 큰 차이가 있다. 따라서 소송법원칙 예를 들면 금반언(estoppel), 증명의 우월(preponderance of evidence), 불리한 추정(adverse inference) 등 사건처리상 중요한 사항에 관하여 아무런 규정이 없고, 이들에 대해서는 패널 및 상소기구가 법리를 창조하는 것 외에는 방법이 없다. 문제가 되었던 '제3자 서면(amicus curiae brief)' 문제[11]도 DSU에는 전혀 규정이 없고 상소기구의 판단으로서 새로운 규범을 형성할 수밖에 없었던 것이다.

---

11) '*Amicus*'는 친구이고 '*Curiae*'는 법원이다. 그러므로 *amicus curiae*는 '법원의 친구'라는 뜻이지만, *amicus curiae* brief는 사건당사자 이외의 제3자가 제출한 의견서이다. 이것이 최초로 문제되었던 것은 *US-Shrimp* 사건(주 1의 사례를 참조)이고 이 사례에서 상소기구는 패널은 *amicus* brief를 수리할 수 있다고 결정하고, 나중에 *US-Lead and Bismuth Ⅱ* 사건(주 8의 사례를 참조)에서 상소기구도 또한 수리할 수 있다고 결정하였다. 그러나 이에 대하여는 개발도상국인 회원국을 중심으로 반대가 강한 것도 사실이다.

V. 상소기구제도의 개혁은 필요한가

지금까지 상소기구제도는 전체적으로 만족할 만한 성과를 올리고 있다고 할 수 있다. 그러나 개혁의 필요가 없는 것은 아니다. 상소기구의 판단은 DSB에 의해 역총의 방식으로 채택되기 때문에 상소기구의 판단이 사실상 최종심이 되고 이 판단을 심사하는 기관은 존재하지 않는다. 다만 WTO 설립협정 제9조 2항은 각료회의 및 이사회가 3/4의 다수결로 WTO협정의 배타적 해석을 채택할 수 있다고 규정하고 있다. 이 규정에 의하면 각료회의나 이사회가 상소기구의 판단을 번복하는 것이 가능하다. 그러나 각료회의나 이사회에서 3/4의 찬성을 얻는 것은 어렵고 종래에도 각료회의나 이사회가 이 규정을 이용하여 상소기구의 판단을 번복한 실제 사례는 없다.

그렇다면 상소기구의 판단에 대하여 검토하는 기관은 없는 것이 되는가. 이것은 상소기구의 판단에 완전무결성을 요구하는 것이 된다. 이는 상소기구에 필요이상의 긴장을 강요하는 것이고 그 결과 상소기구는 협정해석에 있어서 지나친 사법적극주의를 취하거나 아니면 좁은 문언해석의 틀에 갇히는 기로에서 헤맬 우려가 있다. 이미 말했듯이 상소기구의 협정해석기법에 대한 두 가지 비판도 이 점에 관한 WTO 회원국의 우려를 표명하고 있는 것일지도 모른다.

그러나 인간이 창설한 제도인 이상 어떤 제도도 완벽할 수는 없으므로 무결성을 기대할 수 없다. 상소기구도 그 예외는 아니다. 민주제국가의 경우 대법원 판결이 어떠한 형태로든 잘못을 저지른 경우 입법부가 법률제정을 통해 이것을 수정할 수 있다. 여기에는 '견제와 균형(checks and balances)'의 원리가 작동하기 때문이다. 현 상태의 WTO에는 이 견제와 균형의 원리가 기능하고 있지 않다. 그러나 어떤 하나의 결정기관이 절대 권한을 가지는 것은 제도의 균형이 무너질 우려가 있어 바람직하지 않다고 할 수 있다.

따라서 이러한 사태에 대하여 현 상황에서 무엇을 할 수 있을지가 문제이다. 저자의 견해는 WTO 내에 소수 전문가로 구성된 상소기구보고서에 관한 검토기구를 만드는 것을 생각해 보는 것이다. 이러한 기구는 상소기구보고서를 정기적으로 검토하고 보고서에 관한 평가를 한다. 그리고 이 기구의 평가보고서는 공표될 필요가 있다. 이 기구의 견해는 상소기구를 구속하는 것은 아니고 어디까지나 참고의견에 그칠 것이다. 상소기구는 이 기구의 의견을 참고로 하여 협정해석을 하지만 이 평가보고서와는 다른 판단을 할 권한을 가진다. 이러한 기구가 존재하면 이 기구와 상소기구 사이에 협정해석의 방침, 기법 등에 관하여 유기적 교류가 생기고 장기적으로는 보다 높은 차원의 해석론으로 발전하는 것을 기대할 수 있을 것이다.

또 하나의 방법은 앞서 말한 WTO 설립협정 제9조 2항을 개정하고 그 결정을 3/4 대신 2/3으로 하는 등의 방안도 고려할 수 있다. 그러나 각료회의와 이사회는 정치적 결정기관이므로 상소기구의 판단을 번복할 권한이 너무 강하게 주어지면 상소기구의 사법적 판단에 대하여 정치적 판단이 우선할 우려가 있다. 이것은 WTO 분쟁해결절차의 사법화 경향에 역행하는 것이다. 그리고 어차피 현재 WTO에서의 교섭상태를 보면 이러한 WTO 설립협정의 개정에 관하여 합의를 얻을 수 있는 가능성은 낮다고 볼 수 있다.

제11장

WTO에서의 사인(私人) 참가

-문제는 정통성인가, 아니면 전문성인가

米谷 三以(코메타니 카즈모치)

Ⅰ. 서 론

WTO가 관세철폐뿐만 아니라, 환경보호, 기타 공공정책을 목적으로 하는 정부조치에 관해서도 규제를 가하고 있는 점이 인식됨에 따라, WTO의 투명성 내지 정통성의 문제, 특히 비정부기구(NGO)[1] 참가문제의 중요성이 부각되어 왔다.[2]

문제의 양상은 WTO협정이 추진하는 무역자유화 목표를 바라보는 관점 -수출확대로 볼 것인지, 비교우위산업에의 특화를 통한 생산효율의 향상이라고 볼 것인지-

1) 본장에서는 NGO라는 약칭을 비영리단체에 한정하지 않고, 기업 등의 영리단체를 포함하는 것으로 사용한다.

2) 이 문제에 대한 현황 및 논쟁의 정리로는 Jeffrey L. Dunoff, "The Misguided Debate over NGO Participation at the WTO," *J. Int'l Econ. L.* 1 (1998), p.433; Jens Steffek and Claudia Kissling, "Why Co-operate?: Civil Society Participation at the WTO," in Christian Joerges and Ernst-Ulrich Petersmann (eds.), "Constitutionalism, Multilevel Trade Governance and Social Regulation" (Hart Publishing, 2006), pp.135 et seq.; and Peter van den Bossche, "NGO Involvement in the WTO: A Comparative Perspective," J. Int'l Econ. L. 11 (2008), p.717. 또한 분쟁해결절차에 한정하여 논한 것으로 小林献一, 「WTO 紛争解決手続の正統性と透明性-私的利益/公的利益モデルによる DSU 交渉の現状分析」, *RIETI Discussion Paper Series* 08-J-002(経済産業研究所, 2008년), http://www.rieti.go.jp/jp/publications/dp/08j002.pdf에서 입수가능.

에 따라 전혀 다르게 전개된다.

전자로 보면 WTO에 있어 무역자유화와 그 밖의 공공정책 중 어느 쪽을 우선할지의 가치판단이 이루어지게 되어, 정통성이 확보되어 있는지 여부를 정면에서 논의할 필요가 있다.

이에 반해 후자로 보면 WTO는 무역자유화를 위해 다른 공공정책의 추구를 희생하지 않고 오히려 회원국이 최적화를 추구하도록 감시하는 역할을 수행하는데 그치며, 정통성 문제가 애초에 생기지 않는다. 기대되는 역할의 준수를 확보하기 위하여 활동을 제약하지 않는 범위 내에서 투명성을 확보하면 충분하다. NGO의 전문능력을 활용한다고 하더라도 WTO 규범교섭에의 직접참가, 분쟁해결절차에서의 의견서제출 등을 인정하는 데는 신중하여야 한다. 그러한 적극적인 참가를 인정하면 패널의 적극적 인정에 영향을 미쳐 회원국정부에 유보되어 있는 정책판단권한의 행사를 WTO가 대행하도록 허용하기에 이를 수 있다. 즉 WTO를 초국가적 존재로 만들어 버릴 위험성이 있다. NGO의 전문능력을 활용하기 위해서는 회원국 정부의 정책결정절차에서 NGO의 참가를 확대하는 행정입법절차의 규율을 발전시키는 것이 바람직하다.

Ⅱ. 국제기구에서의 NGO 참가 현황

1. WTO의 '투명성' 문제의 현재상황

1995년에 설립된 WTO는 WTO협정의 운영을 담당하는 국제기구이다. WTO협정의 전신인 GATT는 대공황에 대응하기 위해 각국이 취한 무역제한조치가 경제대립을 악화시키고, 제2차 세계대전을 유발시킨 원인이 되었다는 인식하에 이러한 소요사태의 재발을 방지하기 위해 다자간 무역자유화를 약속한 것이다. WTO협정은 GATT와 마찬가지로 관세협상을 포함하여 무역에 영향을 미치는 정부조치에 관한 규율을 정하고, 그 준수를 확보하는 것을 주요한 활동내용으로 하고 있는데, 대상분야를 확충하여 정책규율을 심화시키고 있다. 회원국은 분쟁해결절차를 통해 타회원국 정부조치의 협정합치성에 관한 분쟁에 대해서 제3자의 판단을 얻을 수 있다. WTO 설립 이래 2013년 5월 현재 458건에 이르는 분쟁이 분쟁해결절차에 회부되어 왔다.[3)]

3) WTO 홈페이지 http://www.wto.org/english/tratop_e/ruspu_e/ruspu_status_e. htm

GATT는 이전에는 오로지 관세문제를 다루는 것으로 인식되었으며, 또한 자유무역체제 유지가 외교상 우선과제로 인식되고 있었기 때문에 1990년대에 이르기까지 기업 그 밖의 생산자 이외의 민간주체가 GATT에 관심을 가지는 경우가 적었다. 그러나 GATT/WTO협정의 규율대상은 관세 등 무역에 관련된 정부조치뿐만 아니라, 환경규제 및 제품안전기준 등 무역자유화 이외의 공공정책상 조치에도 미치고 있다. GATT 제3조가 무역에 영향을 미치는 국내규제 일반에 대한 내국민대우의무를 규정하고 있는 외에, TBT협정이 상품에 대한 기술규정에 대해 필요이상으로 무역제한적이지 않을 것을 요구하고 있다.[4] WTO에서는 그러한 조치의 협정적합성을 다투는 분쟁도 늘어나고 있다.[5]

한편, 이러한 정책상의 조치에 대한 규율에 의해 환경보호 기타 공공정책의 추구가 제한될 가능성을 우려하는 목소리가 높아졌다. WTO에서의 협상 및 분쟁해결절차에 회원국 정부대표 및 WTO 사무국 이외의 참가가 인정되지 않는다고 하여 그 정통성에 의문을 제기하는 견해가 환경 NGO 등으로부터 제기되어, 투명성을 높이고 NGO의 참가를 허용하여야 한다는 논의가 이루어지게 되었다.[6] 반대로 WTO·무역정책담당자 측에서도 WTO에 대한 사회적 지지를 얻기 위하여 소위 시민사회(civil society)와의 관계긴밀화를 도모하여야 한다는 견해가 제기되고 있다.[7]

이하 분석에 들어가기 전에 우선 WTO에 있어 '투명성' 또는 정통성의 문제가 어떻게 다루어지고 있는지, 관세협상을 포함한 새로운 규범수립 국면과 개별조치의 협정적합성이 쟁점이 될 분쟁해결절차의 국면을 구분하여 개관한다.

먼저 규범제정 분야에 있어서는 NGO의 직접적인 관여(direct involvement)가 인정되고 있지 않으나, 사무국을 통한 커뮤니케이션의 확대가 도모되고 있다. WTO 설립협정 제5조 2항('관련 비정부기관과의 협의 및 협력을 위해 적절한 조치를 채택하여 정할 것')의 위임을 받아, 일반이사회는 1996년 이 문제에 대한 가이드라인을 수립하였다.[8] 이

4) TBT협정 제2.2조 2문.

5) 최근 상소기구보고서가 발표된 안건으로서, Appellate Body on *United States-Affecting the Production and Sale of Clove Cigarettes*, WT1DS406/AB/R, adopted 24 April 2012.

6) 이 입장을 취하는 것으로, 예를 들어, Daniel C. Esty. Nongovernmental Organizations at the World Trade Organization: Cooperation. Competition. or Exclusion,' *J. Int'l Econ L.* 1 (1998), p.123.

7) 예를 들어, Peter Sutherland, The Doha Development Agenda: Political Challenges to the World Trading System-A Cosmopolitan Perspective," *J. Int'l Econ L.* 8 (2008), pp.363. 373-374.

8) Decision by the General Council, "Guidelines for Arrangements on Relations with Nongovernment Organizations," WT/L/162, adopted on 18 July 1996, available at http://www.WTO.org/englishl

가이드라인에 따르면 WTO는 NGO에 기대하는 역할을 WTO의 활동에 대한 일반의 인식을 높이는 것에 한정하고 있으며, 그 관점에서 WTO의 투명성 및 NGO와의 커뮤니케이션을 개선하는 것으로 정하고 있다(제2항). 다만 NGO와 직접 접촉하는 것은 사무국이지(2001년 이후 사무국장의 발안에 의해 NGO와의 대화가 추진되어 많은 NGO의 Position Paper가 접수되고 있다),[9] WTO 이사회 등의 기관이 아니다(제4항). 이사회 등의 의장이 NGO와의 회의에 출석하는 경우에는 개인자격으로 해야 한다고 정해져 있다(제5항. 다만 1996년 제1차 싱가포르각료회의 이후 총회에 NGO의 출석이 인정되어 일정한 요건을 충족한 NGO가 참가등록을 하고 있으며, 그 수는 2005년 홍콩각료회의에서 1,000건을 상회하였다).[10] 가이드라인은 결론적으로 WTO가 회원국간에 법적 구속력을 가지는 권리·의무를 정한다는 특수한 성격을 지니고 있음을 강조하여, WTO 작업 또는 회의에의 직접적인 관여를 인정하는 것이 불가능하고, 오히려 NGO와의 협력관계는 회원국 정부차원에서 구축하여야 한다고 규정하고 있다(제6항).

이에 대해 분쟁해결절차에서는 관련문서의 공표, 나아가 당사국의 의사에 따른 절차 공개가 인정되어 온 것에서 더 나아가, '제3자 서면(amicus brief)'의 제출이 인정되는 등 당사국 이외 이해관계자의 참가가능성을 확대하여 온 것으로 보인다. 분쟁해결절차는 사실심인 패널 및 법률심인 상소기구의 2심제로 되어 있는데, 어느 단계에서도 당사국 및 이해관계가 있는 제3국이 의견서를 제출하고 패널-상소기구의 변론에서 구두진술을 하고 질문에 답변할 수 있다. 이러한 의견을 받아 패널-상소기구가 보고서를 제출한다. 대상조치가 협정에 합치하지 않는다고 판단되는 경우 이러한 보고서가 WTO의 기관인 DSB에 의해 채택되어 구속력 있는 판정이 내려진다.[11] 이하에서 살펴보는 바와 같이, 관련문서의 공표, 변론의 공개 (또는 NGO의 참가) 및 NGO에 의한 의견서 제출 등의 사항들이 논의되어 실무적으로 발전하여 왔다.

첫째, 분쟁해결절차에서 작성·제출되는 문서는 최종보고서 발표단계에 이르면 사실상 거의 공표되는 것과 다름없다. 패널과 상소기구가 당사국에 보내는 최종보고서는 모든 회원국에 송부될[12] 뿐만 아니라 WTO의 홈페이지에 원칙적으로 그대로

---

forums_eINGO_e/guide_e.htm

9) WTO의 홈페이지 http://.wto.org/englishlforums_e/ngo_e/pospap_e. htm

10) WTO의 홈페이지 http://www.wto.org/englishlforums_e/ngo_e/intro_e. htm

11) 분쟁해결절차의 일반적인 설명은 예를 들어 米谷三以, 「WTO の紛争処理手続き」(松下満雄 編, 『WTO の諸相』(南窓社, 2004년), 33면 이하).

12) DSU 제16조 1항.

일반에 공표되고 있다. 당사국으로부터의 코멘트를 얻기 위해 패널이 당사국에 보내는 중간보고서[13]는 그 시점에서는 당사국 이외에 공개되지 않는다. 그러나 당사국의 코멘트 및 코멘트에 대한 패널의 검토결과가 최종보고서에 포함되어 있기 때문에 최종보고서가 발표되면 그 내용을 파악하는 것이 사실상 가능하다. 당사국이 패널 및 상소기구에 제출하는 의견서 및 구두진술에 관해서는 공표하지 않는 회원국이 많지만, 최종보고서에 당사국의 주장을 요약하는 부분이 있기 때문에 최종보고서가 발표되면 대부분 파악하는 것이 가능하다.

둘째, 패널 및 상소기구의 변론공개는 DSU에 규정이 없어 공개가능한지 여부가 당초 불분명하였지만 모든 당사국이 요청하는 경우 인정된다는 것이 확립된 처리방식이다. 패널변론에 관해서는 당사국의 구두진술 비밀유지의 요청이 있는 것을 감안하여 제3자의 옵저버참가는 당사국의 합의가 있을 것을 전제로 하는 것이 적절하다고 한 사례가 있었다.[14] 그 후 2005년 9월, 성장호르몬을 투여하여 살찌운 쇠고기에 대해 소비자에게 악영향을 미칠 가능성을 고려하여 수입·판매를 허용하지 않고 있는 EC에 대해 미국과 캐나다가 SPS협정 위반으로 제소한 이른바 *EC-Hormones* 사건에서는 당사국의 요청으로 패널에서의 변론을 공개하였다.[15] 이에 대해서는 제3국으로부터 의문의 목소리도 있었으나, 상소기구가 이를 지지하였다. 나아가 2008년에는 *EC-Bananas Ⅱ* 사건의 상소기구 변론도 역시 당사자의 합의에 근거하여 상소기구에 의해 공개되기에 이르렀다. 그 후에도 그러한 선례가 종종 있었다.[16]

셋째, 기업을 포함하여 NGO가 패널 또는 상소기구에 의견서를 제출할 수 있는지 여부, 이른바 '제3자 서면'의 처리방식에 관해서 DSU상 명문의 규정이 없지만, 현재는 패널 등이 이를 수리할 권한이 있다는 것이 확정되어 있다.

우선 미국이 자국 어민에 대하여 요구하였던 바다거북 보호조치와 같은 보호조치를 사용하지 않은 외국어민이 잡은 새우를 수입규제하였던 것이 다투어진 이른바 *US-Shrimp* 사건에서 상소기구는 패널의 요청 없이 환경보호단체가 제출한 의견서를 수리할 권한이 없다고 한 패널판단을 파기하고, 패널에 의한 요구 여부를 불문하고

---

13) DSU 제15조 1항.

14) Panel Report on *United States-Imposition of Countervailing Duties on Certain Hot-Rolled Lead and Bismuth Carbon Steel Products Originating in the United Kingdom*, WT/DSI138/R, as amended by the Appellate Body and adopted 7 June 2000, para.6.2.

15) WTO의 홈페이지 http://www.wto.org/english/news_e/news05_e/openpanel_12sep_e.htm

16) 변론의 공개에 대해 Bossche, *supra* note 2, pp.736-738.

수리할 권한이 패널에 있다고 판정하였다.[17] 나아가 *US-Lead and Bismuth Ⅱ* 사건에서 상소기구는 상소기구 자신도 스스로의 요구에 의하지 않고 NGO에서 직접 송부된 의견서(이른바 '제3자 서면')를 수령할 수 있다고 판시하고 있지만,[18] 당사국과 제3국 이외에 그 의견을 들어줄 권리가 있지 않다는 것을 강조하고 있다.[19] 패널 또는 상소기구의 판단에 '제3자 서면'이 영향을 미친 것으로 추측되는 사례는 찾아보기 어렵다.

이들 '투명성'문제에 대한 각 회원국의 입장은 다양하다. 제출서면의 공개에 대해서는 개발도상국도 포함하여 전체적으로 찬성이 많은 반면, 변론의 공개는 미국과 EU를 비롯한 선진국의 지지가 많지만 개발도상국은 대체로 반대한다. '제3자 서면'에 관해서는 미국, EU 외 몇몇 회원국이 지지하는 데 그칠 뿐, 대다수의 국가는 반대하는 것으로 보인다.[20] 변론의 공개에 대한 반대론은 화해가능성을 해치면 안 된다는 절차론이 중심이지만,[21] '제3자 서면'에 대한 반대론은 투명성이라는 절차상의 문제가 아니라 WTO협정이 회원국정부를 당사자로 하는 것이며, 당사자 이외의 영향을 받는 것을 허용하면 안 된다는 실체상의 문제점을 근거로 한다는[22] 차이가 눈에 띈다.

2. 다른 국제기구에 있어서 NGO의 관여

WTO의 규범 수립 및 분쟁해결절차에 있어 NGO의 참가기회 확대를 주장하는 논자는 UN 등 국제기구에서 NGO의 역할 증대를 강조한다.[23] UN헌장은 UN경제사회이사회(ECOSOC)에 대해 그 권한 내에 있는 사항과 관련되는 일정한 자격요건을 충족시키는 민간단체와 협의하기 위해 적절한 협약을 체결할 권한을 규정하고 있다.[24] 이 규정에 따라 ECOSOC가 발전시킨 협약이 민간단체와의 협의에 관한 가장

---

17) Appellate Body Report on *United States-Import Prohibition of Certain Shrimp And Shrimp Products*, WT1DS58/ABIR, adopted 6 November 1998, para.108.

18) Appellate Body Report on *United States-Imposition of Countervailing Duties on Certain Hot-Rolled Lead and Bismuth Carbon Steel Products Originating in the United Kingdom,* WT/DSI38AB/R, adopted 7 June 2000, para.42.

19) *Ibid.*, para.41.

20) 이상에 대해 小林, 「前揭論文」(각주 2), 제III장을 참조.

21) 상동, 14면.

22) 상동, 21-22면.

23) E. g., Steve Charnovitz, "A Close Look at a Few Points," *J. Int'l Econ. L.* 8(2005), pp.311-312.

24) UN헌장 제71조.

상세한 것으로 알려져 있다.[25)]

ECOSOC는 민간국제단체를 그 활동영역의 대부분과 관련하여 UN의 목적실현에 공헌할 능력을 가지고 있는 단체, 특정 영역에만 관련된 전문적인 능력을 가지고 있는 단체, 그리고 기타 단체로 나누어, 각각의 카테고리에 대하여 일정한 자격요건을 충족시키는 단체를 인증하고 있다. 인증은 NGO에 관한 ECOSOC위원회가 담당한다.

NGO와의 협의관계는 이사국이 아닌 회원국에 인정되는 투표권이 없는 참가와 명확하게 구별하여, 이러한 회원국 등과 같은 참가권을 NGO에 부여하는 것은 인정되고 있지 않다.[26)] 구체적으로는 이사회의 잠정의제가 인증된 비정부조직으로 전해지며 일부 NGO가 의제제안권을 보유한다.[27)] 일부 NGO는 이사회의 업무에 관하여 의견서를 제출할 수 있으며, 제출된 의견서가 정해진 조건하에서 이사국에 배포된다.[28)] 또한 이사회 및 그 보조기관의 공개회의에 옵저버로 참가할 수 있으며,[29)] 담당 ECOSOC위원회가 인정하는 경우 회의에서 의견표명을 할 수 있다.[30)]

NGO에 기대되고 있는 역할은 '각국 정부와 UN사무국에서의 기술전문가, 고문 및 컨설턴트'이며 'UN의 작업 프로그램과 목표에 공헌하는 것'으로 규정되어 있다.[31)] 또한 회원국 국민과의 접촉을 유지하는 것이 국제기구의 결정을 일반적으로 받아들여지기 쉽게 하며, 또한 건설적 반대를 제기하는 것에 대한 기대도 있다고 표명되고 있다.[32)]

지금까지 ECOSOC 이외에도 ILO 등 많은 UN 전문기관이 NGO와의 협의규정을 두고 소정의 자격요건을 충족시키는 기관에 그 지위를 부여하고 있다.[33)] 기업도 ITU의 국제통신규격설정에서 협의를 받을 수 있다고 되어 있다.[34)] 나아가 최근 국제적인 규제, 협력이 크게 앞선 환경보전 분야에서는 이러한 NGO가 담당하는 역할이 상대적

25) Henry G. Schermers and Niels M. Blokker, "International Institutional Law" (3rd ed. Kluwer 1995), section 189. ECOSOC의 협정에 대해서는 ECOSOC Res. 311/1996 of 25 July 1996 ("ECOSOC Resolution 31/1996"), which updated ECOSOC Res. 1296 (XLIV) of 23 May 1968, which replaced ECOSOC Res 288 (X) of 27 February 1950.
26) ECOSOC Resolution 31/1996, *supra* note 25, para.18.
27) *Ibid.,* paras.27-28.
28) *Ibid.,* paras.30-31.
29) *Ibid.,* paras.29.
30) *Ibid.,* paras.32.
31) UN 홈페이지 http://unic.or.jp/information/UN_economic_and_social_council/
32) Schermers et al, *supra* note 25, section 188.
33) UN 홈페이지 http://unic.or.jp/informatioion/UN_economic_and_social council/
34) Schermers et al, *supra* note 25, section 197.

으로 큰 것으로 여겨지고 있다. 환경조약의 준비단계에서 NGO의 참가가 인정되는 경우가 많으며, 또한 환경조약 그 자체에서도 각종 회의에 옵저버로 참가할 수 있다고 규정되어 있으며, 특정 비정부조직에 대해 전문적인 조언을 구하는 것이 명시적으로 허용되어 있는 경우도 있다.[35)]

조약의 이행 또는 사법적 절차의 측면에서도 NGO의 관여확대 움직임이 있다.[36)] ILO에서는 국제노동기준의 준수를 감독하는 '조약권고적용 전문가위원회'의 심사절차에서 대상국 정부의 보고서에 대해 노사단체가 견해를 표명할 수 있다. 또한 ILO 헌장 제24조는 노사단체가 국제노동사무국에 회원국이 조약준수를 확보하고 있지 않다고 하여 신청한 경우의 처리절차를 규정하고 있다.[37)]

덧붙여 WTO가 정부간 국제기구이기 때문에 NGO의 참가도 제한적이어야 한다는 논의는 지나치게 형식적이다. 역사적으로 국제행정을 수행하는 주체로서 국제적인 NGO가 설립되어 이용된 예도 있다. 예를 들어 전쟁 전, 국제해사 분야에서 정부차원에서의 국제기관이 활동을 시작하기까지 선주들의 국제단체인 국제해운동맹이 항로와 안전기준 등을 설정하고 정부간 조약의 개정 준비작업도 담당하고 있었다.[38)] 어떤 협력관계가 문제해결방법으로서 적절한가라는 기능적인 거버넌스의 문제로서 생각해야 한다는 것을 시사한다.

35) 礒崎博司, 「環境条約の効果的な実施に向けて」(内田久司先生古稀記念, 『国際社会の組織化と法』(信山社´, 1996년) 所收), 233면 이하. 또한 환경분야의 NGO의 관여강도와 WTO의 그것을 대비하는 것으로서, Charnovitz, *supra* note 23, 318.

36) ICJ 등의 amicus brief의 취급에 대해 Gabrielle Marceau and Matthew Stilwell, "Practical Suggestions for Amicus Curiae Briefs before WTO Adjudicating Bodies," *J. Int'l. Econ. L.* 4 (2001), p.155.

37) 吾郷眞一, 「國際勞動基準-ILOと日本・アジア」(三省堂, 1997年), 제10장 및 제11장. 또한 비공개가 원칙으로 간주되는 상사중재의 흐름을 이어받은 대정부투자중재절차에 대해서도 같은 형태의 투명성 논의가 있다. 小寺彰, 「投資協定仲裁の新たな展開とその主義-投資協定「法制度化」のインパクト」, Discussion Paper Series 05-J-021(經濟産業研究所, 2005년), http:// www.rietigo.jp/jp/publications/dp/05j021.pdf에서 입수가능.

38) 城山英明, 「国際行政」(渡辺昭夫・土山實男编, 「グローバル・ガヴァナンス」(東京大学出版会´, 2001년) 제6장), 154면 이하; 城山英明, 「国際行政の構造」(東京大学出版会, 1997년) 156면 이하.

Ⅲ. WTO협정에서 무역자유화 외 공공정책의 지위 – 정통성의 보완이 필요한가?

1. WTO에 대한 정통성 비판의 진의

지금까지 본 바와 같이, 환경보호, 노동자보호 등의 분야에서 NGO가 국제기구의 활동에 직접 참가하는 현상에 대해 국가가 경제발전을 우선하는 경향이 있고, 인권, 노동, 복지, 환경 등의 문제에 대한 대처가 뒷전이 되기 십상이며, 또한 그 원인으로서 국가와 기업간의 연계 등을 원인으로 들고 있다.[39] 아울러 조약으로 취급하는 환경보전문제, 특히, 지구생태계와 생명계와 같은 글로벌 코먼즈(global commons)의 보전은 주권국가의 테두리를 넘은 문제라는 점을 강조하고 있다.[40]

WTO 활동의 정통성을 비판하며 NGO의 참가기회 개선을 요구하는 목소리도 회원국 정부에 대한 편향된 인식을 기초로 하고 있다.[41] 그러나 NGO는 가입하지 않은 개인도 대표하고 있다고 할 근거가 없는 반면, 정부는 일반적으로 선거 등 다른 방법으로 그 국민 모두를 대표하고 있다고 말할 수 있는 제도적 기초를 가지고 있다. 따라서 정통성 보완을 위해 NGO를 참가시켜야 한다는 논리는 그 자체로서 지지하기 어렵다.[42] 비민주적인 정부에 대해 국민을 대표하고 있지 않다고 지적하는 의견도 있지만,[43] 만일 그러한 정부가 있더라도 NGO 쪽이 그러한 국민을 더 대표하고 있다고 할 제도적 근거가 있다고는 말할 수 없다. 애초에 ECOSOC 기타 국제기구에서 NGO의 참가를 인정하는 것도 전문적인 정보획득과 정책집행에서의 협력 등을 기대하는 것이지, 국민의 주관적 의사를 대표하는 기관으로서의 NGO의 의견을 듣고자 하는 것은 아니다.

또한 애초에 규범교섭에서 NGO의 참가를 적극적으로 인정하더라도 WTO가

---

39) 磯崎, 「前掲論文」(각주 35), 235-236면.

40) 상동.

41) *E. g.*, Esty, *supra* note 6´, pp.126-128.

42) *E. g.*, John H. Jackson, “The WTO ‘Constitution’ and Proposed Reforms: Seven ‘Mantras’ Revisited,” *J. Int’l Econ. L.* 4 (2001), pp.67, 78; Philip M. Nichols, “Extension of Standing in World Trade Organization Disputes to Nongovernmental Parties,” *17 U. Pa. J. Int’l Econ. L.* 1, pp.295, 310-314. 또한 大沼保昭, 『国際法(新訂版)』(東信堂, 2008년), 180면 참조.

43) Esty, *supra* note 6, p.132.

무역자유화에 우선하여 정당한 규제의 시정을 요구하는 것이 받아들여질 리가 없다. WTO의 정통성에 대한 비판은 WTO협정이 무역자유화를 위해 국내규제를 희생시킬지도 모른다는 것이었을 것이다. 분쟁해결절차에 대해서도 마찬가지이다. 정통성을 보완하기 위해 NGO 등의 적극적인 참가를 인정하는 논의는 패널이나 상소기구가 무역자유화와 그 밖의 공공정책을 저울질하여 어느 것이 더 우선하는지 결정할 권한이 있다는 것을 암묵적 전제로 그 권한행사가 제대로 수행되도록 보장하는 것을 목적으로 하고 있다고 가정된다. 그러나 NGO 등이 '제3자 서면'을 제출할 수 있었다면, 패널 등이 무역자유화를 선호하는 결정을 내릴 것을 용인하였을 것이라고 보기 어렵다.

결국 WTO의 정통성에 대한 비판의 본질은 WTO의 의사결정에 절차적으로 참가하는 것을 요구하는 것이 아니라 현행 WTO협정의 해석과 적용 및 새로이 협상하는 규칙이 환경보호 등 무역자유화가 아닌 공공정책의 적절한 집행을 실체적으로 방해하는 것을 반대하는 것이다. 따라서 그러한 실체적 비판이 타당한지 여부를 검토할 필요가 있다.

2. 무역자유화 외 공공정책의 WTO 협정상 지위

무역자유화의 목적에 대해서는 중상주의에 이론적 기초를 두는 등 수출확대로 보는 사고방식과 비교우위이론을 기초로 자원이용의 최적화로 보는 사고방식이 있다.[44] 전자의 사고방식이면 WTO협정에서 무역자유화와 환경보호를 어떻게 조화시킬지가 직접적으로 문제된다. 정책목적의 여하에 불구하고 외국제품에 불리하다면 무역을 저해하기 때문에 무역자유화와 그 밖의 공공정책 중에서 어느 것을 우선시할지가 문제된다. 따라서 예를 들어 환경규제를 포함한 국내규제에 대한 규제가 적절한 균형을 이루고 있는지 등 환경보호를 중시하는 사람들의 우려를 이해할 수 있다. 또한 각국에서 규제가 다른 것이 무역에 저해가 되기 때문에 규제의 통일화를 지향하는 것도 수출확대를 목적으로 하는 경우에는 자연적이지만 최선이라고 보기 어려운 정책이 강제되어 버릴 가능성이 있다.

이에 반해 무역자유화의 목표를 자원이용의 최적화라고 생각하는 경우는 무역자

44) 이 점을 상세히 논한 것으로 米谷三以, 「国際金融危機への通商法の対応とその課題-国際経済法を貫く公共哲学の必要性」, 『日本国際経済法学会年报』第20号(2011년), 69면 이하.

유화에 의해 최적의 환경보호정책에 변경·철폐를 요구할 이유가 없고, 오히려 그러한 환경보호정책을 추진하는 것이 바람직하다. 시장 메커니즘에 따라 적절하게 처리되지 않는 경제활동이 환경에 미치는 효과, 즉 외부효과를 방치한 채로는 자원이용의 최적화를 실현할 수 없기 때문이다. 이러한 방향성이 제도적으로 보장되어 있다면 환경보호의 가치를 중시하는 측면뿐만 아니라 그것이 작동하고 있는지 여부를 감시하면 충분한 것이 아닌가.

이러한 차이는 분쟁해결절차에서도 나타난다. 무역자유화의 목적을 수출확대로 생각하면, 환경보호목적이지만 무역을 저해하는 조치가 협정 위반이 될 가능성이 있는 것이다. GATT 내에서는 일응 GATT 제20조가 '인간, 동물 또는 식물의 생명 또는 건강의 보호를 위해 필요한 조치'를 적용에서 제외하고 있지만, TBT협정, SCM 협정 등의 경우 GATT 제20조에 대응하는 예외규정이 없다. 무역자유화의 목적을 수출확대로 해석하면 환경보호를 위해 최적의 수단을 취하지 않을 가능성이 있다는 것을 논리적으로 부정할 수 없을 것이다.

이에 비해 WTO협정의 무역자유화의 목표를 비교우위산업으로의 특화를 통한 자원이용의 최적화라고 생각하면 그 밖의 공공정책목적의 추구를 타협시킬 필요가 없다. 그 전제로서 국내시장에서 '시장실패'를 적절하게 수정해 둘 필요가 있기 때문에 WTO협정 각 조항의 목적을 '시장실패'의 시정으로 하고 이를 위해 가장 좋은 방법을 선택하여 주는 한(즉 정당하고 적합한 조치일 경우), 비록 어떤 무역저해효과가 있어도 위반하지 않도록 해석하는 것, 오히려 반대로 적절하고 적합한 조치 이외의 조치를 금지하도록 해석하는 것이 요청된다. 문언상 그렇게 해석할 수 있는 한 환경보호나 기타 공공정책목적을 달성하기 위한 최적의 조치를 포기할 필요가 없다. 환경보호정책은 대상상품 또는 그 제조과정에서 발생하는 환경에 대한 효과가 관련상품의 판매에 반영되지 않는 '외부효과'인 경우 이를 내부화하여 효율성을 향상시키는 것을 목적으로 하는 것이기 때문이다.[45)]

또한 WTO협정에는 정당하고 최적인 조치를 위법으로 해버리는 규정을 무효화하는 장치가 존재하고 있다. GATT는 협정 위반조치에 대해서 협정상 회원국에 보장되어 있는 이익을 무효화·침해하고 있는 경우에 한정하여 시정을 요구한다.[46)] 마찬

45) 또한 다른 논문에서 논한 바와 같이, 인간의 지속가능성을 첫 번째 목표로 하면 소득재분배 조치도 생산효율의 최대화라는 관점에서 설명할 수 있다면, 여기에서도 가치판단의 문제가 발생하지 않게 된다. 米谷, 상동, 88면 이하 참조.

46) GATT 제23조 1항.

가지로, WTO협정상의 위반행위를 시정하기 위해 인정되는 대항조치는 위반행위로 인해 야기되는 무효화·침해의 정도와 동등한 영향의 범위로 한정하고 있다.[47] 무역자유화의 목적을 비교우위산업에의 특화로 하는 경우, WTO협정에서 보장되어 있는 회원국의 이익도 비교우위산업에의 특화에 의해서 실현되는 생산효율의 최대화라고 이해하는 수밖에 없다.[48] 따라서 정당하고 최적인 조치라면 비록 특정 조항에 위반하더라도 이러한 이익을 해치지 않는다고 말할 수밖에 없고, 대항조치도 인정되지 않는 것이다. 이러한 안전판이 기능하고 있는 한 새로 수립되는 규범이 정당한 공공정책의 추구를 방해할까 걱정할 필요는 없는 것이 아닌가?

또한 비교우위산업에의 특화를 무역자유화의 목적으로 하면 정통성의 문제가 원래 생기지 않는다고 말해도 괜찮지 않은가? WTO 회원국은 각자 자국만의 지속가능성을 추구하는 것이 아니라, 비교우위산업에 각각 특화하고 협동하여 전체적으로 지속가능성의 최대화를 추구하는 길을 선택하는 가치판단을 포함하여 정책판단을 한다고 이해된다. 각 회원국이 정당하고 최적의 조치 이외의 정부조치를 취하지 않을 필요가 있고, WTO협정은 그러한 방향으로 정책규율을 정하고 적어도 정비해 나가는 구조로 이해된다. '시장실패'의 유무, 그러한 '시장실패'를 교정하는 가장 좋은 방법이 무엇인지는 서로 얽힌 다양한 요인의 분석이 필요한 복잡한 문제이지만, 생산효율성이라는 단일기준에 따라 평가되기 때문에 개념적으로 가치판단을 포함하지 않는 기술적 문제이다. 이 문제를 해결하기 위해 참조해야 할 것은 현실의 시장상황, 정책수단에 관한 지식과 같은 객관적 정보이며, 이해관계자가 희망하는 바를 나타내는 주관적 의사가 아니다. 따라서 논리적으로는 WTO의 활동에 정통성의 문제가 존재하지 않게 된다.

그러나 정통성의 문제가 아니라고 하더라도, 단언하여 NGO의 참가를 인정할 필요가 없다고는 말할 수 없을 것이다. 조치의 정당성 및 최적성이라는 기술적 문제를 해결하기 위해 객관적인 정보가 필요하며, 그런 점에서 NGO의 전문적 지식을 활용하는 것이 필요할 수 있기 때문이다. 이 점에 대해서는 다음에 논한다.

---

47) DSU 第22조.

48) 이 점에 대해서는 米谷三以, 「GATT は何を目指しているのか-貿易紛争処理コスト削減のための一考察(上)」, 『貿易と関税』(1997년 11월호), 45면 이하 참조.

Ⅳ. 공공정책의 적절한 실시에 필요한 정보수집방안 – 전문능력의 보완

앞서 살펴 본 바와 같이, 무역자유화의 목적이 수출확대가 아니라 회원국 전체의 생산효율의 최적화에 있다고 한다면 국내정책에 대하여 조치의 정당성 및 최적성이 요구된다. 이 평가는 기술적인 것이지만, 복잡하게 얽힌 다양한 요인의 해석이 필요하며, 또한 시행착오를 겪거나 탐색을 통해 알 수밖에 없는 것이며, 다양한 데이터와 전문적 지식도 필요로 한다.

예를 들어 자동차 배기가스에 대한 환경규제를 생각해 본다. 배기가스에 포함된 물질이 대기 중에서 일정한 농도를 넘어 주민에게 건강상 피해를 미치고 있다는 문제제기가 있었을 경우, 이러한 물질이 배기가스에 포함되어 있는지, 인체에 영향을 미치는지 여부뿐만 아니라, 해당 물질 외의 원인이 없는지, 해당 물질의 방출을 줄이기 위해 어떤 대응이 실현가능한 것인지, 현 시점에서 가능하지 않다 하더라도 어느 정도의 비용과 시간이 있으면 개발할 수 있는지 등의 다양한 정보가 필요하다. 그러한 정보가 없으면 애당초 대책의 필요 여부, 필요하다 해도 어떤 대책이 최선인가라는 정책판단을 내릴 수 없다.

이러한 기술적 판단을 올바르게 하기 위해 필요한 정보를 어떻게 입수하는가? 개인은 유용한 정보를 가지고 있어도, 그것이 영업비밀 기타 경제적 가치가 있는 정보이면 공개하는 불이익을 넘어서 이익을 얻는다는 보장이 확실하지 않은 경우 제공하지 않을 것이다. 또한 정부의 조사가 자세한 곳까지 미치지 않을 가능성도 있다. 이러한 점에서, 다양한 정보지식을 축적하고 있는 비영리 NGO·기업이 정책결정과정에 참가하기가 용이해진다면, 그러한 정보가 정부에 더 쉽게 모이지 않을까. 예를 들어 특정 정책문제에 대해 정부가 어떤 정책결정을 하려 하는지를 알게 하여 자발적인 정보제공을 고무시킬 수 있을 것이다. 기업을 포함한 NGO에 대한 일반적, 추상적으로 정보제공을 요구해도 반드시 협력을 얻을 수 있는 것은 아니다. 그러나 NGO측이 자신이 가진 정보를 제공함으로써 정부의 정책결정을 유리하게 변경할 수 있는 가능성이 있다고 인식할 수 있는 경우에는 정보제공의 인센티브가 생긴다.[49)]

49) 이상의 행정입법절차법적 사고방식에 대해서는 常岡孝好, 『パブリック·コメントと参加権』(弘文堂, 2007년), 특히 제6장; 大橋洋一, 『対話型行政法学の創造』(弘文堂, 1999년), 제2장 등을 참고.

각 회원국의 정책결정·운용수준의 적정한 확보를 위해 이와 같이 NGO가 전문성의 보완을 위해 참가할 수 있는 절차를 정비하는 것이 유익할 것으로 생각된다. NGO가 참가할 수 있는 절차를 정비할 적절한 위치는 WTO가 아닌 회원국 정부에서의 의사결정인 것이 자명하다. 환경보호 등의 정책결정을 실질적으로 내리는 것은 회원국 정부이지 WTO가 아니기 때문이다. 분명히 WTO협정이 조치의 정당성 및 최적성을 요구하는 것이라고 한다면, WTO의 분쟁해결절차에서 협정적합성 평가를 위해서도 정책에 관한 전문적인 지식·정보가 필요하게 된다. 그러나 패널의 사실인정에 관한 권한은 선례를 보아도 한정되어 있으며, 회원국의 판단을 전면적으로 존중할 필요가 있는 것은 아니나, 신규심사(*de novo* review)를 행할 권한도 없다고 정해져 있어,[50] 요컨대 조치국 정부에 의한 설명이 명백하게 불합리한지 여부를 평가하는 데 그친다. 최적의 규제조치에 대해 시정이 요구되지 않도록 이 제한이 준수되게 감시하는 것은 의미가 있다. 그러나 신규심사에 가까운 적극적인 인정이 패널에 압박을 가할 수 있다고 생각하면, '제3자 서면'의 제출을 인정하는 것은 오히려 신중하여야 할 것이다.

따라서 NGO의 전문능력이 활용되게 하려면 회원국의 정책결정절차에서 NGO의 참가기회를 늘리고 실질화하는 방향으로 규범 개정이 이루어져야 할 것이다. 예를 들면 행정입법절차에 있어서 공공의견(public comment)를 요구하기에 앞서 규제안을 제시할 뿐만 아니라 기초가 되는 정부 보유의 주요한 정보나, 규제안을 최선의 방안이라고 설명하는 상세한 이유와 함께 공표할 것을 요구하고, 송부된 공공의견의 처리도 공표할 것, 또한 일단 채택된 규제조치에 대해 정기적으로 사후평가를 하여 그것을 공표하고 나아가 일정 기간마다 재검토 실시를 의무화하는 등 기업을 포함하여 NGO가 의견을 논하기 쉽게 하는 절차의 도입을 의무화하는 것을 생각할 수 있다.[51] 즉 정당하지도 않고 최적도 아닌 정부조치를 회원국이 채택하는 것을 저지하기 위하여 행정입법절차의 정비를 회원국정부에 촉구해 나가야할 것이다.[52]

---

50) Appellate Body Report on EC Measures Concerning Meat and Meat Products (Hormones), WT/DS26/AB/R and WT/DS48/ABIR, adopted 13 February 1998, paras.110-119.

51) 이러한 행정입법절차도 행정조직, 공무원의 경력형성의 구조 등의 차이에 따라 어떤 절차가 최적인가가 나라마다 다르며 또한 그 다양성 자체가 미래세대의 자산이며, 단일모델을 회원국에 강요하여서는 안 된다. 예를 들어, 독일과 미국의 차이에 대해 大橋, 『前掲書』 (각주 49), 57면 이하.

52) WTO에서 NGO의 참여를 권장하는 이유 중 하나는 국가수준에서의 정책과정의 문제를 지적하는 것에도 대응한다. 이러한 문제를 지적하는 것으로서 예를 들면 See e. g. Esty, *supra*

WTO의 규범교섭에서도 마찬가지이다. 비교우위산업에의 특화를 생각하는 한, 규범교섭은 국내정책조치에 관한 규율을 발전시키는 장이며, 일반적으로 정당하고 적합한 정책수단 이외의 것이 도입·유지되지 않도록 하려면 어떻게 하면 좋을 것인가 라는 각도에서 책정되는 것이다. 각 회원국이 국내경제상황에 맞는 최적의 정책을 채택하는 것을 방해할 뿐만 아니라, 정책의 다양성을 잃게 하고, 미래상황의 발전에 맞춘 정책수단을 고안하는 유연성을 빼앗는다. 게다가 정책일반에 대한 규율에 대해 전문적 지식을 갖는 것은 정책일반을 소관하는 정부이지 특정 정책과제에 관심을 갖는 NGO일 리 없다. 그런 의미에서 분쟁해결절차가 먼저 언급한 방향에서 일탈하지 않도록 감시하는 것을 넘어, NGO를 적극적으로 참가시키는 실익을 찾기가 어려운 것으로 보인다.

그러나 WTO협정이 무역자유화 외의 가치, 예를 들어 환경보호를 경시하고 있다는 비판은 자국의 환경규제 기타 공공정책의 추구가 희생되고 있다는 점에 한정되어 있는 것은 아니다. 자국 어업인에 대하여 부과한 참치잡이 과정 중 돌고래 혼획방지조치를 도입하지 않는 국가로부터의 참치제품의 수입을 제한한 것을 협정 위반으로 판단한 *US-Tuna* 사건[53]과 같이, 한 국가의 환경문제에 대한 대응만으로는 불충분하기 때문에 다른 국가의 교역조치를 대상으로 적절한 대처를 취하는 것을 WTO협정이 제한하고 있다는 점에도 비판이 가해지고 있다. WTO의 선례상 생산방법의 규제(소위 PPM 조치)에 대해서는 그 규제내용이 수출국의 상황을 적절히 반영하지 않는 한 허용되지 않는다고 되어있어 수입국이 자국과 동일한 환경기준 및 기타 조치의 준수를 요구하는 것이 인정될 가능성은 낮다.[54] 이러한 규율이 환경정책의 추구를 방해하고 있다는 주장이 보인다.

이러한 비판에 대해 WTO협정은 어떻게 대응하고 있는가? 무역자유화의 목적을 비교우위산업에의 특화를 통한 생산효율의 향상이라고 하면, 앞서 언급하였듯이, 무역 자유화의 전제로서 상대국에서 '시장실패'가 최적의 수단에 의하여 시정되어 있을

---

note 6, p.132. 덧붙여 본장의 주제를 약간 벗어나 있지만 본장이 주장하는 것처럼 행정입법절차가 정비되면 기업은 제품·서비스의 가격·품질 등에 더하여 규범 만들기에서도 경쟁하게 된다. 이 점에서 일본기업의 약점을 지적하는 것으로서 藤井敏彦, 『競争戦略としてのグローバル-世界市場で勝つ企業の秘訣』(東洋経済新報社, 2012년) 등.

53) GATT Panel Report on *United States-Restriction on Imports of Tuna*, 3 September 1991, DS21/R, BISD 39S/155.

54) Appellate Body Report (21.5) on *United States-Import Prohibition of Certain Shrimp And Shrimp Products*, WT/DS58/ABIRW, adopted 21 November 2001, para.142.

것이 필요하다. 그러므로 수출국에서 대처해야 할 환경문제가 방치되어 있는 것, 즉 '시장실패'가 방치되어 있는 것에 대응을 구하는 것은 WTO협정상으로도 인정되고 있다는 논의가 된다. 이 경우 무역조치(PPM 조치)에 의해 간접적으로 대응을 요구하는 것이 아니라 직접적으로 비교우위산업에의 특화를 통한 생산효율성 향상이 WTO 회원국에 보장되어 있는 이익인데 시정되지 않는 '시장실패'의 존재라는 '상황'이 이익의 실현을 방해하고 있으므로 GATT 제23조 1항(c)가 규정한 상황제소에 의하여 시정을 요구할 수 있다고 생각하는 것도 가능할 것이다.[55)]

다만 '시장실패'가 있는지 여부 및 무엇이 가장 좋은 방법인지는 해당 시장의 실정에 따르는 것이지, 세계적으로 공통된 판단이 있는 것은 아니다. 따라서 이러한 점에 대한 1차적인 판단권한은 패널도 수입국 정부도 아니고, 수출국 정부에 유보되어야 한다. 앞서 언급한 심사기준에 관한 선례에 비추어 보면, 만일 상황제소가 이론적으로 가능하다고 하더라도 '시장실패'가 없으면 수출국 정부가 일단 합리적인 설명을 하는 한 그 설명을 받아들이게 된다. PPM 조치에 관한 선례도 그렇게 이해하여야 할 것이다.

여기서도 수출국 정부에서 그 판단이 적절하게 이루어지도록 촉구하기 위해 그 정책결정과정에 NGO 등의 참가기회를 증가·실질화하여 나가는 것이 유익하다. 정부에 방치되어 있는 문제의 공론화를 촉진하는 것에는 예를 들어, 규제당국이 향후 1년간 다룰 예정의 우선순위 안을 공표한 뒤 공공의견을 요구하는 것을 의무화하고, 접수된 의견을 추가적으로 공개하게 하는 것을 생각할 수 있다. 이는 NGO 등이 우선 과제안에 들어 있지 않은 문제에 대하여 문제의 중요성, 대처하여 얻을 수 있는 편익들에 관한 정보를 제공하고, 규제 당국이 왜 다루지 않는가의 이유와 함께 공표되는 것으로, 그 판단의 타당성에 대하여 공식적으로 논의하기 쉬울 것으로 기대된다.[56)] 여기서도 이 방향으로 규범을 정비해 나가는 것을 생각할 수 있다.

---

55) 米谷三以, 「生産方法の規制に関するGATT上の規律-内国民待遇義務の本質論から(上)」, 『貿易と関税』, 1997년 4월호, 79면 이하, 각주 63.

56) 常岡, 『前掲書』(각주 49), 제8장을 참조.

V. 결 론

이상과 같이, WTO의 투명성 제고는 그 목적 완수를 보장하는 관점에서 이해할 수도 있지만, WTO체제가 회원국의 정책판단권을 보유하는 분권적 체제인 한, WTO가 아닌 회원국의 정책결정 절차에서 NGO의 적극적인 참가를 추진하여야 한다.

덧붙여 이런 점에서 유의해야 할 것은 지구환경문제 등 한 국가의 범위에 멈추지 않는 공공정책과제가 문제인 경우이다. 이러한 문제는 위의 해결법으로 충분하다고는 말하기 어려울 가능성이 높다. 이러한 문제에 대한 최선의 대처법은 각각의 국가에서 자국의 상황에 대한 정보를 수집하는 것만으로는 발견할 수 없고, 다른 나라도 협력하여 동시에 처리할 필요가 있기 때문이다.

이런 과제에 대해 국제환경협약 등이 체결되었으며, 그 계획·실시 국면에서 NGO 등의 참가가 현실적으로 요구되고 있는 것은 이미 본 바와 같다. 이것도 정보수집·전문적 지식이라는 점에서 정부에 적절한 판단을 기대할 수 없는 과제의 반영으로 보아야 할 것이다. 이런 점에서, 국경을 넘지 않는 환경보호 기타 공공정책의 문제와 구별이 될 수 있다고 생각된다.[57)]

WTO에서는 어떻게 생각해야 하는가? 이러한 문제에 대해 적절한 판단을 기대할 수 있는 것은 국제환경협약 등의 포럼이고, WTO도 어떤 회원국도 아니기 때문에, 예를 들면 글로벌 코먼즈(global commons) 보호를 위해 일정한 기준을 충족시키지 않는 수입품의 수입을 금지하는 PPM 조치는 원칙적으로 협정위반이라고 판단할 것이다. 그렇게 하지 않으면 수입국이 해당 문제의 국제규범을 일방적으로 결정하는 것을 가능하게 해 버리기 때문이다.

단지 예를 들어 국제환경협약에서 각국이 일정한 무역조치를 취하는 것이 합의되어 있으며, 한편 그 조치에 대해 협정상의 면제[58)]가 신청된 경우에는 별도의 고려가 필요할 수도 있다. 여기서의 판단은 무역자유화와 국제환경문제 중 어느 것을 우선시

57) 국경을 넘는 문제를 취급하는 ILO의 기준준수 확보절차에서 노사단체의 직접적인 참여가 인정되고 있는 것에 대해서는 ILO가 노동문제에 관한 전문기관으로서 심도 있는 결정을 내릴 능력이 있다는 점, 한편 'WTO의 분쟁해결절차와 달리, ILO에서의 권고가 그대로 적용되는 성질의 것이 아니기 때문에 심도 있는 판단을 내려도 즉시 정책적 판단의 대행이 되지 않는다고 하는 균형에 근거한 것처럼 보인다.

58) WTO 설립협정 제9조 3항.

하는가의 가치판단을 내포한다. 이런 상황에서도 회원국의 국내정책결정절차에 NGO 등의 참가기회 보장이 충분한 것인가 하는 문제는 있을 것이다.[59)]

* 본 장에서 표명된 의견은 모두 저자 개인의 견해이며, 저자가 속한 기관의 의견을 대표하는 것이 아니다.

59) 또한 관련 문제로서 사기업이 WTO의 분쟁해결절차를 주도하는 것 및 투자유치국 정부를 직접 호소하는 투자자중재절차의 문제가 있지만, 이 장에서는 언급하지 않았다. 이 점에 대해서는 中川淳司,「国際経済法の実現における私人·私企業の『関 与』」(中川淳司·寺谷広司 編,『大沼保昭先生記念飴文集-国際法学の地平: 歴史, 理論, 実証』)(東信堂, 2008年), 481면 이하에서 논하고 있다.

지역경제통합법

III

제12장

WTO체제에서의 지역경제통합

- 시장의 통합과 분리

間宮 勇 (마미야 이사무)

I. 서　　론

GATT 제24조 4항 및 GATS 제5조는 지역경제통합을 위한 협정의 체결을 허용하고 있다. 이러한 지역경제통합은 베네룩스 3국 등과 같은 비교적 소규모의 통합을 상정한 것이었지만 유럽경제공동체(EEC)나 유럽자유무역연합(EFTA)의 발족에 의해 당초부터 기초자의 상정을 넘어서 운용되어 왔다.[1] 아울러, 1990년대 이후 약 20년 동안의 GATT 우루과이라운드 혹은 WTO 도하라운드가 정체함에 따라 다수의 회원국이 지역경제통합에 관여하게 되었다. 2013년 1월 10일 현재, WTO에 통보된 지역무역협정은 546건에 달하고 있다.[2]

이와 같은 상황에 대해서는 WTO의 다자무역체제를 약화시키는 것이라는 우려가 표명되고 있는 한편, 2013년 현재 159개국의 회원국 가운데 개발도상국 또는 시장경제전환국이 다수를 차지하고 있는 WTO 내의 의사결정이 곤란하다는 이유로, 지역

---

1) K. W. Dam, "Regional Economic Arrangements and the GATT: The Legacy of a Misconception," 30 *U. Chicago L. Rev.*, p.615.

2) http://www.wto.org/english/tratop_e/region_e/region_e.htm

경제통합을 WTO체제를 보완하는 것으로서 평가하려는 입장도 있다. 현재의 자유무역협정은 높은 수준의 자유화를 목표로 하는 것이 대부분이며, 일본의 TPP협상 참가와 관련해서는 관세철폐를 원칙으로 하고 있는 것이 문제가 되고 있다.

WTO는 무역장벽의 경감 및 차별대우의 폐지를 통하여 무역을 확대하고 경제후생을 증대시키는 것을 목적으로 하여 설립되었다(WTO 설립협정 전문). WTO 설립협정에는 회원국 시장의 통합을 언급하고 있는 규정은 없으며, 그 목적은 어디까지나 무역자유화에 의한 무역의 확대이다. 그러나 WTO의 운용에 따른 국제적 기준의 형성, 국내제도의 조화, 그리고 무역장벽의 완화는 회원국 시장의 통합의 정도를 높이게 된다.

본장에서는 이와 같은 상황을 토대로 GATT 제24조에 기초한 협정을 중심으로 지역경제통합협정의 현황을 확인하고 WTO체제에서의 시장통합의 의미를 검토한다.

Ⅱ. 지역통합협정의 현황

1. 지역경제통합의 의의와 요건[3)]

최혜국대우원칙은 회원국에게 다른 회원국간에 비차별대우할 것을 의무화하는 것으로, GATT 제1조 및 GATS 제2조에 규정되어 있으며 WTO협정에서 가장 중요한 원칙의 하나이다. 이것은 두 번의 세계대전 사이의 블록경제에 대한 반성으로부터 규정된 것이며, 회원국은 다른 회원국에 대하여 '즉시 그리고 무조건적으로' 최혜국대우를 부여하여야 한다. 지역경제통합은 특정한 국가간에 무역을 자유화하는 것이며 최혜국대우원칙의 예외로서 인정되고 있다.

GATT 제24조 4항은 "당사국 경제간의 보다 긴밀한 통합을 발전시킴으로써 무역의 자유를 증진하는 것이 바람직하다"고 규정하고, 그 적극적인 측면을 강조하고 있다. 이는 통합에 의한 시장규모의 확대가 효율화를 진전시킴과 동시에 세계 전체의 자유화에도 기여하는 것이라고 생각되었기 때문이다. 이는 지역경제통합에 의한 무역창출효과를 인정한 것이지만, 다른 한편으로 지역경제통합은 역외국으로부터의

3) 여기에서는 '실질상 모든 무역'에 관하여 검토한다. 지역통합의 요건 전반에 관해서는 中川淳司 외, 『国際経済法 (第2版)』(有斐閣, 2012年), 252-260면을 참조.

효율적인 수입을 회원국으로부터의 비효율적인 수입으로 전환하는 무역전환효과도 가지고 있다. 무역전환효과를 억제하고 무역창출효과를 보다 확대하기 위해서 GATT 제24조 5항 이하는 회원국간의 무역자유화 및 역외국에 대한 장벽을 높이지 않는 등의 요건을 규정하였다. 그 중에서도 중요한 것은 구성지역간의 '실질적으로 모든 무역(substantially all the trade)'에 관하여 관세 그 밖의 제한적 상거래 규정을 폐지하는 것(GATT 제24조 8항)이다.

GATT 제24조 8항은 관세동맹 및 자유무역지역을 정의하고 있다. 이에 따르면, 관세동맹이란 '관세 기타 제한적 상거래 규정을 동맹의 구성지역간의 실질적으로 모든 무역에 관하여 또는 적어도 그들의 구성지역을 원산으로 하는 상품의 실질적으로 모든 무역에 관하여 폐지'하고, '동맹의 각 국가가 실질적으로 동일한 관세 기타 상거래 규정을 그 동맹에 포함되지 않는 지역의 무역에 적용하기' 위하여, '둘 이상의 관세지역을 단일한 관세지역으로 대체하는 것을 말한다'(동항(a)). 관세지역이란 독립된 관세 기타 상거래 규정을 적용하고 있는 지역을 말하며(동조 제2항), 보통은 회원국의 국가영역과 일치하지만, 중국과 같이 홍콩, 마카오 등의 복수의 관세지역을 가지는 회원국도 있다. 관세동맹의 경우는 국가간의 무역을 자유화할 뿐만 아니라, 공통관세 및 공통상거래 규정을 적용하는 것에 의해 복수의 회원국이 단일의 관세지역을 구성하게 된다. 따라서 관세동맹 내 어떠한 국가에 수출하여도 동일한 관세 및 상거래 규정이 적용되며, 관세동맹 역내에서 국경을 넘어 이동하여도, 역내자유이동이 회원국원산의 상품에 한정되지 않는 한, 원칙적으로 또 다시 관세가 부과되거나 상거래 규정이 적용되는 것은 아니다.

자유무역지역이란 '관세 및 그 밖의 제한적인 상거래 규정이 그 구성지역을 원산지로 하는 상품의 구성지역간의 실질적으로 모든 무역에 대하여 철폐되는 둘 이상의 관세영역의 집단을 말한다'(GATT 제24조 8항(b)). 자유무역지역 내 국가는 각각이 단일의 관세영역이며 따라서 각각이 독자의 관세 및 상거래 규정을 적용한다. 자유무역지역의 경우 역외국에게는 이전과 변함없이 각 수입국의 관세 및 상거래 규정이 적용된다. 즉, 자유무역지역 내에서 역외국을 원산으로 하는 상품이 지역 내 국가의 국경을 넘어 이동하는 경우에는 다시 당해 수입국의 관세 및 상거래 규정이 적용된다. 지금까지 일본이 체결해 온 EPA는 이 자유무역지역을 설정한 것이다.

관세동맹이든 자유무역지역이든 구성지역간의 무역이 실질적으로 모두 자유화되면 무역창출효과가 커지게 된다. 1994년도 GATT의 '제24조의 해석에 관한 양해'

는 전문에서 '협정 체약국간 경제의 한층 밀접한 통합에 의한 세계무역 확대에 대한 기여' 및 '구성 관세지역간에서 관세 기타 제한적인 상거래 규정의 철폐가 모든 무역에 미치는 경우에는 그와 같은 기여가 증가하며, 다른 한편으로 무역의 주요한 분야가 당해 철폐의 대상으로부터 제외되는 경우에는 그와 같은 기여가 감소하는 것을 인정'하고 있다. 이것은 GATT 제24조 4항이 규정한 지역통합의 적극적인 측면을 재확인한 것이며, '실질적으로 모든 무역'의 자유화가 최혜국대우원칙의 예외로서, 단순한 특혜대우와 구별되는 지역경제통합이 정당화되기 위한 중요한 요건인 것을 보여주고 있다.

'실질적으로 모든 무역'의 의미는 반드시 명확한 것은 아니지만 '실질적으로 모든'이라는 것은 약간의 제한을 남기는 것을 허용하고 있다고 해석되고 있으며, 관세 기타 제한적 상거래 규정의 유지가 어느 정도까지 인정되는가 여부가 문제된다.

EEC의 심사를 담당한 작업반보고[4]에서는 EEC조약이 제131조에서 아프리카 국가와 자유무역지역을 형성하는 것을 규정하고, 제133조 3항에서 아프리카 국가에 의한 관세징수를 허용하여 왔다는 점에 관한 논의가 있었다. EEC의 대표는 회원국간 무역총액의 80% 이상이 자유화되면 '실질적으로 모든'의 기준이 충족되는 것이라고 주장한 반면, 역외국가들은 특정한 비율을 제시하는 것은 적당한 것이 아니며 협정마다 개별적으로 검토해야 한다고 주장했다.

EFTA의 심사를 담당한 작업반보고[5]에서는 EFTA설립협약(스톡홀름협약)이 농산물을 제외하였다는 것이 논의되었는데, 역외국가들은 경제활동의 주요한 분야를 제외하는 것은 허용되지 않으며, 설령 90% 이상의 무역이 자유화된다고 하여도 이것이 고려되는 유일한 요소는 아니라고 하여, 양적인 측면과 질적인 측면 두 가지 모두에 관하여 검토되어야 한다는 것을 주장하였다. 따라서 최근에 실무 중심의 전문가들 사이에서는 이 '실질적으로 모든 무역'이 '통념상' 90% 이상의 자유화를 달성하면 충족된다고 일컬어지기도 하지만, 이것이 반드시 타당한 것은 아니라고 말할 수 있을 것이다. 또한 위에서 서술한 1994년도 GATT '제24조의 해석에 관한 양해'의 전문은 이 점을 확인한 것이라고 할 수 있다.

양적 측면과 관련해서는 무역량 및 관세양허표 품목에 관해서 검토하고, 질적 측면과 관련해서는 분야마다 검토하게 된다. 예컨대 미국-호주 FTA의 경우 호주는

---

4) GATT, BISD, 6th Supp., 1958, pp.70-109.
5) *Ibid.*, 9th Supp., 1961, pp.70-87.

2015년까지 8가지 품목(중고승용차 관련 제품)을 제외한 모든 관세를 철폐하기로 하였고, 2002~2003년 무역량의 99%가 무관세로 수입되었다.

미국은 2015년까지 관세양허표 항목기준 97.2%, 무역량기준 98.8%, 아울러 2022년에는 각각 98.4%(주로 농산물 170품목의 관세가 남는다), 99.9%가 철폐된다.[6)]

WTO설립 이후에는 지역통합이 통보되면 지역무역협정위원회에서 검토되고 동 위원회에서의 논의결과를 토대로 보고서가 작성된다. 현재까지 개별분야 및 품목자유화의 정도에 관한 질의 또는 요구가 제기되기는 하였지만, 검토의 대상이 된 협정의 적부에 관하여 언급한 보고서는 없다. GATT시대와 마찬가지로 위원회의 의사결정이 컨센서스에 의하기 때문에 여전히 양쪽 가능성을 모두 병기하는 보고서가 작성되고 있는 현실이다. EEC나 EFTA에 관한 논의를 바탕으로 최근의 규제완화·자유화 경향에 따라 지역경제통합협정 자체가 종래에 비하여 광범위한 범위에서 상당부분 자유화를 규정하고 있으며, 양적·질적으로도 큰 문제가 되는 협정이 없었기 때문에 지역경제통합의 분야에서는 그다지 큰 대립이 없는 것으로 보인다.

또한 2006년 12월에는 지역무역협정 투명성확보 메카니즘이 채택되었다.[7)] 이 제도는 지역무역협정에 참가하는 회원국에게 조기의 통보를 요구하는 것으로, 비준전에 정해진 형식에 의한 정보의 제공을 요구하고 있다. 회원국간에 정보를 공유하고 다른 회원국에게 추가적인 정보제출 요구 또는 질문·코멘트 등을 주고받음으로써 투명성을 확보하고자 하는 것이다. 이 제도는 도하라운드의 종결에 따라 수정될 가능성을 포함한 잠정적인 것이지만 일정부분 지역통합에 관한 투명성을 확보하는 기능을 수행하고 있다.[8)]

2. 포괄적 지역경제통합협정

GATT시대의 지역경제통합은 대부분 상품매매에 한정된 것이었지만, 1990년대 이후에 확대된 자유무역협정은 서비스와 지적재산권에 관한 규정뿐만 아니라 투자, 환경 나아가 노동기준에까지 이르는 포괄적인 내용을 포함하게 되었다.

---

6) WTO Doc., WT/REG184/3, 11 June 2007, pp.5-11.
7) WT/L/671.
8) 투명성 확보 메카니즘에 관해서는 Jo-Ann Crawford and C. L. Lim, "Cast Light and Evil Will Go Away: The Transparency Mechanism for Regulating Regional Trade Agreements Three Year After," 45 *JWT*, pp.375-400 참조.

이들 중 다수는 투자와 같이 여러 국가들간에 법적 구조가 존재하지 않는 분야에 있어서는 높은 수준의 규율을 확보하고, WTO협정에 포함되어 있는 지적재산권이나 사회적 규제와 관련해서는 그보다 높은 수준의 규율, 이른바 WTO플러스라고 불리는 규정을 두고 있다.

아울러 지적해두어야 할 것은 미국-호주, 한국-미국 등과 같은 선진국간의 FTA와 MERCOSUR 그룹이나 ASEAN의 FTA 등과 같은 개발도상국간의 협정도 있지만, 선진국과 개발도상국간의 포괄적인 FTA 역시 증가하고 있다는 것이다. 그리고 개발도상국간의 협정은 많은 경우 GATT 제24조 또는 GATS 제5조가 아닌 수권조항에 기초하여 체결되고 있으며 그 내용도 반드시 높은 수준인 것은 아니다. 그럼에도 1990년대 이후의 협정은 자유화를 적극적으로 진전시켜 나가고 있다.[9)]

선진국과 개발도상국간 협정의 증가는 개발도상국이 수출확대나 선진국으로부터의 투자유치 증가를 위해서 적극적이며, WTO체제하의 다자간 무역교섭인 도하라운드가 정체되어 있는 것 등 여러 가지 이유에 기인한다. 미국은 28개국과 18개의 협정을 교섭 혹은 체결하였지만 캐나다, 오스트레일리아, 한국, 이스라엘, 뉴질랜드 5개국 이외에는 모두 개발도상국과의 협정이다.[10)] FTA와는 별개로 양자간 투자협정도 40여개 국가와 체결하였지만 이들도 모두 개발도상국이다.[11)]

선진국과 개발도상국 사이의 FTA의 경우, 예컨대 미국-모로코 FTA에서 모로코는 2030년까지 125개 품목을 제외하고 모든 관세를 철폐하고 있다. 이것은 관세양허표 항목의 99.4%, 2003~2005년 무역량의 94.2%에 해당한다.[12)] 투자에 관해서는 제10장에서 설립에 관한 내국민대우와 유치국과 투자국간의 분쟁해결을 규정하고 있다. 서비스 분야에 관해서는 제11장에서 규정하고 있는데, GATS 제16조에서 규정하고 있는 제한을 유보하고 있지만, 네거티브 리스트 방식을 채택하여 원칙적으로 모든 서비스 분야의 시장개방을 상호간에 약속하고 있다. 노동기준에 관해서는 제16장, 환경기준에 관해서는 제17장에 규정이 있는데, 각 장마다 국제기준의 준수, 국내법의 이행, 재판 등과 같은 국내절차의 이용에 관하여 규정하고 있으며, 나아가 이러한

9) 예컨대 AFTA는 1977년의 ASEAN 특혜무역협정과 비교해 볼 때, 자유무역지역의 설립을 명시하며 현격하게 자유화를 진전시키고 있다. 상세한 것은 間宮 勇, 「アセアン自由貿易協定の法構造」, 『地域協力機構と法』(アジア経済研究所, 1994年), 101-125면 참조.

10) http://www.ustr.gov/Trade_Agreements/free-trade-agreements

11) http://tcc.export.gov/Trade_Agreements/Bilateral_Investment_Treaties/index.asp

12) WTO Doc., WT/REG208/3, 26 November 2007, pp.10-11.

사항이 협정에서 규정하는 분쟁해결절차의 대상이 된다는 것도 명시되어 있다.

미국-모로코 FTA는 미국이 다른 개발도상국과 체결한 FTA와 기본적으로는 동일한 내용이며, 위에서 서술한 미국-호주 FTA와도 크게 달라진 점은 없다. 특히 상품무역 분야에서는 자유화의 정도가 거의 동일하며, 시장통합의 수준이 매우 높다. EC가 개발도상국과 체결한 FTA의 경우는 개발도상국 측의 시장개방이 약간 낮아지기는 하였지만, 그럼에도 무역량의 80%를 초과하는 자유화가 달성되었다.[13] 선진국과 개발도상국을 불문하고 각국은 일부의 민감한 중요품목을 제외하고 있지만, 기본적으로는 단일한 시장을 형성해 나가고 있다. 더 나아가 노동기준이나 환경 등과 같은 사회적 규제와 관련해서도 국제기준의 준수와 국내법 및 국내절차를 정비하고 이행하는 의무가 부과되어 소위 '국제화'가 실제로는 WTO보다도 FTA를 통하여 더욱 진전되고 있다는 것을 알 수 있다.

이 포괄적 FTA에 관하여 주목해야 할 점은 투자조항의 존재이다. 국제투자와 관련하여 현재는 다자간 체제가 없어 양자간협정에 의해 투자가 규율되고 있다. 그러나 일반국제법의 경제분야에 관한 규율과 관련해서는 외국인 보호의 맥락에서 투자보호에 관한 규범이 형성되어 20세기 초반부터 후반에 걸쳐 국유화에 대한 보상을 둘러싼 논의가 활발하게 전개되었다. 이에 반하여 무역에 관한 것은 조약과 국내법의 규율에 맡겨져서 일반국제법의 맥락에서 논의된 것은 없었다. 이는 국제경제관계에서 투자의 보호가 얼마나 중요하였는가를 잘 설명해 주고 있다.

무엇보다 국유화에 대한 보상규칙과 관련해서는 '충분, 신속하고 실효적인 보상'의 의무가 부과된다는 주장이 있었지만, UN총회를 중심으로 한 국제기구의 결의와 1960년대 이후 개발도상국에 의한 국유화의 실행 등도 있어 이것이 분명하게 확립된 국제관습법의 원칙이라고는 단언할 수 없는 상황이다. 1980년대까지의 양자간 투자협정은 이 점을 명확하게 하는 것을 주된 목적으로 체결된 것이 많다. 예컨대 1988년에 체결된 일본-중국 투자협정은 오로지 투자가 유치된 이후의 투자보호를 규정하고 있으며, 국유화가 있는 경우의 보상은 시장가격을 전제로 한 보상을 명시하여 '충분, 신속하고 실효적인 보상'을 의무화 하고, 투자유치에 관해서는 '가능한 한 투자를 촉진하고 자국의 관련법령에 따라 허가한다'고 규정하여(제2조), 투자유치 그 자체는 국가의 재량하에 두고 있었다.

13) 예컨대 2007년 12월에 발표한 EC-알바니아 FTA는 알바니아의 최종적인 관세철폐는 품목으로 92.7%, 무역액으로 86.3%에 달한다. WTO Doc., WT/REG226/1, 25 January 2008, pp.6-7.

1980년대는 달러쇼크 및 오일쇼크 이후의 세계적인 불경기와 중남미 국가들의 채무위기 등의 문제가 있었으며, 개발도상국 중에서도 종래의 보호주의적인 정책을 전환하여 시장개방·규제완화정책을 채택하는 국가들이 등장하였다. 이것은 일정한 조건부이지만 개발도상국 측에도 자유로운 시장경쟁이 수용된 것을 의미하며, 무역과 투자의 자유화를 향한 교섭의 기초가 성립된 것이라고 할 수 있다. 1994년에 발효한 NAFTA는 포괄적 FTA의 선두로서, 지적재산권과 서비스 분야의 규정과 함께 투자 전의 내국민대우를 포함한 투자규범도 규정하였다. NAFTA를 계기로 이후 수준 높은 양자간 투자협정과 수준 높은 투자조항을 포함한 FTA가 체결되었으며, 한국과 일본이 체결한 한일투자협정도 네거티브 리스트에 의한 예외가 많이 있음에도 투자 전의 내국민대우를 규정하고 있다.

투자 전의 내국민대우 규정은 외국인(기업)에 의한 투자를 내국민(국내기업)과 동일하게 대우하는 것이며, 투자의 자유화를 의미한다. 위에서 서술한 바와 같이 1980년대까지의 투자협정은 투자 후의 보호, 즉 이익송금규제의 금지 또는 국유화에 대한 보상 등을 규정한 것이지, 투자의 자유화를 규정한 것은 아니었다. 이렇듯 일반국제법 차원의 규범 형성이 선행되어 온 투자분야의 논의는 1990년대가 되어서 조약이 자유화를 선행하고 있는 무역분야를 따라가기 시작하였다고 말할 수 있다.

3. WTO체제에서 포괄적 FTA의 의의

일본의 FTA교섭을 살펴보면 상대방 국가의 적극적인 자세가 엿보이며, 그 중에는 일본의 농산물 수입자유화 및 간호사·요양보호사 또는 마사지사를 받아들이는 등 상대방 국가에 이익이 되는 합의를 포함하는 것도 있다. 이는 교섭 상대방 국가의 개별적인 상황에 대응하여 다자간 교섭에서는 곤란하였던 선진국의 양보가능성이 높아지는 것으로, 개발도상국으로 하여금 양자간 교섭으로 향하게 하는 계기가 된다. 그러나 농산물 수입자유화 및 간호사 등 근로자 이동은 상당히 제한적인 것이므로, 이러한 것들과 맞바꾸어 상대국이 수입을 자유화한 품목 사이에서 적절한 균형이 확보되고 있는가는 검토를 요한다. 왜냐하면 비농업상품의 자유화 내지 투자자유화는 현재의 국제화 상황에서 당연한 것으로 받아들여지고 있지만, 농업상품의 수입과 근로자의 이동은 문화적·사회적·정치적 문제로서 여전히 특수한 영역이기 때문이다. 개발도상국이 얻은 이익이 수입자유화한 것과 비교하여 눈에 띌만한 것이 아니라

면, 우루과이라운드 합의와 마찬가지로 이행의 과정에서 다양한 문제가 발생하게 된다.14)

예컨대 멕시코는 NAFTA체결 후에도 EU, EFTA와 FTA를 체결하고 기타 중남미의 여러 국가들과도 경제적 제휴를 강화하였으며, 일본과도 FTA를 체결하는 등 적극적인 정책을 채택하여 왔다. 그러나 이 후 멕시코의 국내정세를 살펴보면 일시적일 수도 있겠지만 상황의 변화가 감지되고 있다. 2003년 11월에는 경제장관이 FTA교섭의 정지를 발표하였으며, 2004년 4월에는 무역정책문제를 촉진하는 가이드라인에서 다시 한 번 같은 입장을 확인하였다. 산업계 역시 NAFTA 이후 어려운 상황에 처하게 되었고, EU와의 FTA 이후에는 더욱 어려워졌으며, 일본과의 FTA에 대한 비판도 상당히 강해져 갔다. 그러한 가운데 경제장관과 외무장관간의 FTA정책에 관한 대립도 전해지고 있다.15)

이러한 상황은 성급한 자유화의 반동이라고 생각할 수도 있다. 그러한 반동이 일시적인 것이고 국내적으로 처리가 가능한 것이라면 큰 문제가 되지 않겠지만, 그렇지 않은 경우에는 다양한 문제가 발생하게 된다. 특히 문제가 되는 것은 개발도상국과 NGO의 불안, 불신 또는 비판이 강해지는 경우이다. 개발도상국의 경제발전에 있어 현재의 상황에서는 선진국의 자금과 기술을 이용하는 것이 필수적이다. 국제적 경제활동의 틀에 관한 기본적인 합의가 달성되지 못하고 있는 것은 단순히 선진국기업의 국제적인 사업활동에 지장을 줄 뿐만 아니라, 개발도상국의 경제발전에 있어서도 좋은 영향을 주지 못하게 된다.

다자간 교섭에 있어서는 개발도상국이 일정한 공통이익에 기초하여 어느 정도 일치하는 행동을 취하기 때문에, 선진국 주도로 합의를 형성하는 것이 곤란하게 된다.

2003년 9월 칸쿤에서 개최된 WTO 각료회의의 실패를 받아들여 선진국은 농업분야에서의 양보를 나타내는 등의 태도를 보여주었지만, 결국 싱가포르 이슈 가운데서 무역원활화(trade facilitation)만이 의제로 승인되고 경쟁규칙이나 투자규칙의 교섭개시는 받아들여지지 않았다. 이와 같이 개발도상국 전체로서는 선진국에 대하여 일정한 교섭력을 가지지만, 양자간 협상에서도 반드시 이러한 교섭력을 보유하는 것은 아니다. 게다가 양자간 교섭에 임하는 개발도상국은 외국투자를 유치한다는 요구가

14) 일본이 체결한 EPA의 실제 운용에 있어서 간호사와 요양보호사의 수입과 관련하여 일본의 국가시험합격을 요구하였기 때문에 문제가 발생한 것은 주지하는 바와 같다.

15) 「中南米投資関連制度ニュース」(日本機会輸出組合), 2003년 12월, no.54, 23-26면, 2004년 5월 no.59. 16-17면.

있고 이것이 교섭력을 떨어뜨리기 때문에, 양자간 협정에서는 선진국이 바라는 수준 높은 규율을 확보하는 것이 가능하게 된다. 나아가 투자규범이 선진국과 개발도상국 양국간에 합의되는 경우 그것은 주로 선진국의 개발도상국에 대한 투자에 적용되는 것이 되어 편무적인 성격을 갖게 된다.

이러한 가운데 많은 NGO들이 양자간 협정을 포함하여 무역 및 투자 자유화에 대한 비판적인 입장의 운동을 전개하고 있다. 이와 같은 움직임에 대한 개발도상국 내의 이해가 확대되면 양자간 협정에서도 다자간 교섭에서와 동일한 현상이 생기게 될 가능성을 부인할 수 없다.[16] 더 나아가서 다자간 교섭에서도 투자뿐만 아니라 무역자유화에 대해서 재고하여 보자는 분위기가 형성될 가능성도 있다. 따라서 선진국이 개발도상국에게 자유화를 요구하는 경우 너무 과도해서는 안 될 것이며, 상대국의 국내상황을 토대로 역량강화(capacity building)를 함께 고려하며 신중하게 단계적인 자유화를 실현하는 것을 생각할 필요가 있다. 역량강화는 상대국이 교섭내용을 이해하여 협정의 이행을 용이하게 하는 것을 목적으로 하여야 한다. 무엇보다도 상대국의 필요를 우선시하면서 개발도상국 스스로 법제도의 정비, 투명성의 확보, 절차의 간소화 및 공평한 운용의 필요성을 충분히 인식하도록 하는 것이 기술지원 및 인재육성 등의 역량강화를 의미 있게 한다. 시애틀과 칸쿤에서의 각료회의 실패는 개발도상국의 반대도 주요한 원인이며 우루과이라운드에서 충분한 인식 없이 합의한 의식(意識)에 그 기초가 있다. 상대국이 충분한 인식을 갖고 있지 않은 것을 이용하는 등의 교섭기술을 구사하여 유리한 조건을 획득한 경우 단기적인 이익은 있을지 몰라도 장기적으로는 문제가 많다는 점을 명심해야 한다.

다른 한편으로 선진국이 수준 높은 규율을 요구하면서도 자국의 국내산업 보호정책을 유지하는 자세도 문제가 된다. 현재 미국을 중심으로 진행되고 있는 국제화는 경쟁력이 쇠퇴하고 있지만 정치력이 존재하는 국내산업은 보호해 나가면서, 국제경쟁력이 있는 분야에서는 철저한 자유화를 진행하는 선별적인 자유경쟁주장에 기초하고 있는 측면이 있다. 농업과 섬유 등과 같은 노동집약형 산업분야에서 선진국시장의 개방이 추진되면 개발도상국의 경제발전에 도움이 된다. 반면에 이러한 산업은 선진

16) Oxfam은 미국·중국·도미니카공화국 자유무역협정(CAFTA-DR) 체결 당시에 미국의 정치경제적 압력하에 확대된 지역협정 또는 양자간 협정이 다자체제에서의 개발도상국의 이익을 침식하고 있다며 명확하게 반대를 표명하였다. 나아가 분야에 따라서는 개발도상국의 이익을 공동으로 지키는 것이 가능한 다자간 교섭으로 회귀해야 한다는 것을 주장하였다. See, A raw deal for rice under DR-CAFTA, Oxfam Breifing Paper no.68, November 2004, p.42.

국 내에서도 중소·영세기업 또는 가족경영으로 이루어져 지방에 분산하고 있는 경우가 많고, 그 쇠퇴는 지역적·사회적 문제의 원인이 된다. 결국 선진국에 있어서도 무조건적인 자유화는 문제가 많으며 개발도상국과 공통의 기반을 가지고 있다고 하겠다. 빈곤의 해소를 위해서는 경제의 효율화가 필요하며 그러한 의미에서 시장에서 적절한 경쟁을 확보하는 것이 필요하다. 그러한 필요성은 선진국과 개발도상국 모두에게 동일하며, 문제는 그것을 어떠한 형태로 이루어 나갈 것인가 하는 점이다.

현재 경제분야에서 구속력이 있는 합의를 형성할 수 있는 다자간 포럼은 WTO뿐이며 개발도상국의 주장을 다자간의 법제도로서 실현시킬 수 있는 장도 WTO밖에 없다. 양자간 교섭에서는 경제력이나 교섭력의 차이로 인하여 선진국이 주장하는 바가 관철되기 쉽다. 최근 WTO에 대한 비판이 강해지고 있지만 WTO는 국제기구로서 회원국에 의해 운영되고 있다. 그러한 가운데 개발도상국이 일정한 교섭력을 가지고 있는 것이 역설적이게도 시애틀과 칸쿤에서의 각료회의 실패로 명확해졌다. 또한 칸쿤 이후의 WTO교섭은 개발도상국의 주장이 중요한 의미를 갖는다는 것을 보여주었다. 더 나아가 WTO의 움직임을 변화시키려면 회원국, 특히 그 중심에서 활동하고 있는 미국, EU, 일본 등과 같은 선진국 정부를 움직일 필요가 있다. WTO는 우루과이라운드 이후 NGO 등의 비판을 받은 것을 계기로 그들 조직에 옵저버 자격을 부여하여 '시민사회'에 문호를 개방하여 왔다. 그리고 WTO가 대상영역을 확대한 것에 수반하여 환경 등과 같은 비경제적 가치와의 조정도 필요해졌다.

포괄적 FTA가 WTO플러스와 더불어 WTO가 규율하지 않는 다른 분야에까지 규율대상을 확대하고 있는 가운데, 경제문제에 관한 NGO뿐만 아니라 다양한 NGO를 포함한 '시민사회'의 국제적 연대를 통해 각 회원국의 국내개혁 및 대외경제정책에 대해서 영향을 미치는 것은 공평하고 적절한 국제경제제도를 확립하는 것으로 연결되는 것이라고 할 수 있다.

WTO 설립에 의해 나름의 자유화 및 국제적 기준 설정이 달성되었지만 시애틀 각료회의 이후에는 WTO의 틀 안에서의 자유화와 국제기준의 설정이 정체되어 있다. 이러한 가운데 FTA를 중심으로 다양한 분야에서 자유화와 국제적 공통기준의 설정이 진행되고 있다. 여기서 주의해야 할 것은 FTA는 상대국을 선별하여 체결된다는 점이다. FTA 당사자들 사이에서는 시장통합이 진행되지만 그 이외의 국가는 통합의 테두리 밖에 놓인다. 즉 '국제화'로부터 소외되는 국가가 생기고 있다. 그것이 문제인지 여부에 대해서는 평가가 나뉘게 될 것이지만 그러한 국가들의 대부분은 경제가 정체되어 있다. 그러한 현실 앞에서 개발도상국이 FTA에 적극적일 수밖에 없는 것이 현재의 상황일 것이다.

Ⅲ. 시장의 통합과 시장의 분할

1. 지적재산권 보호에 의한 시장의 분할

지금까지 시장통합이 WTO체제보다는 FTA에 의해서 진전되고 있다는 것을 살펴보았다. 그러나 WTO체제내에서 무역장벽의 철폐를 강하게 주장하는 선진국 중에 그러한 시장통합에 반대하는 움직임이 있다. 그것은 병행수입규제에 대한 태도이다. 병행수입은 하나의 거래형태이지만 그 규제는 지적재산권 보호의 성질과 그 방식, 나아가 시장의 파악방법을 여실히 보여주고 있다. 병행수입은 지적재산권자 또는 지적재산권자로부터 허락을 받은 자 이외의 자에 의해 행하여진다. 수입을 위해 외국에서 구입된 상품은 어디까지나 진정상품이며 그 시점에서의 지적재산권 침해는 없다. 그러나 선진국 특히 미국과 EU에서는 지적상품 병행수입이 규제대상이 되며 수입금지 또는 국내시장에서의 판매금지조치가 채택된다. 이것은 지적재산권의 국제적 소진을 인정하는지 여부와 관련이 있다. 일본의 판례는 종래 특허상품에 관해서는 병행수입을 규제해 오면서도 국제적 소진을 명확하게 인정하지 않았으나, 권리자가 판매지역을 한정한다는 것을 명시하지 않은 경우에는 병행수입을 인정하는 판단이 나오고 있다.[17)]

일본에서는 지적재산권의 소진이 인정되며 중고품의 판매는 지적재산권의 침해가 아니지만, 지적재산권 상품의 수입이 인정되지 않는 것은 지적재산권의 속지적인 성격을 중시하기 때문이다. 지적재산권은 각국의 국내법에 의해 보호되며 따라서 어떠한 국가에서 권리자에 의한 판매 또는 사용의 허락은 당해 국가의 국내에서만 그 효력이 있게 된다. 이 때문에 당해 상품이 수출되는 경우는 그 수입국의 지적재산법에 의해 소진 유무를 판단하게 된다. 그리고 TRIPs협정 제1조는 협정의 보호수준보다도 광범위한 보호를 부여하는 것을 인정하고 있으므로, 소진을 인정할지 여부는 특단의 규정이 없는 한, 회원국의 재량에 맡겨지게 된다.

17) 最高裁判決, 平成9年 7月 1日; 상표에 관해서는 最高裁判決, 平成15年 2月 27日.

그러나 지적재산권의 속지적 성격은 권리의 본질에서 도출되는 것이라기보다는 각국의 법제도간 차이에서 발생하는 것으로서, 제도의 국제적 조화라는 관점에서 보면 국제적으로 공통된 제도를 구축하고 국제적 소진을 인정한다는 견해도 입법정책으로는 있을 수 있다. 특허권에 관해서는 특허독립의 원칙(공업소유권의 보호에 관한 파리협약 제4조의 2)에 의해 동일한 기술에 대한 권리자가 국가에 따라서 달라지는 경우가 있기 때문에, 이와 같은 경우에 당해 상품의 수입을 규제하는 것의 정당성은 인정될 수 있을 것이다. 그러나 권리자가 동일한 경우, 수출국에 대해서 스스로 판매 혹은 사용허락을 부여한 권리자가 수입국에 대해서 권리침해를 주장하는 것을 정당화할 수 있을 것인가. 이것을 '광범위한 보호'로 볼 것인지 또는 권리의 남용으로 볼 것인지는 지적재산권 보호의 목적 및 시장에서의 자유로운 경쟁의 확보라는 관점에서 판단해 볼 필요가 있을 것이다. TRIPs협정 제6조는 최혜국대우 및 내국민대우의 문제 이외의 분쟁에 관하여 "이 협정의 어떠한 규정도 지적재산권의 소진에 관한 문제를 다루기 위하여 사용되지 아니한다"고 규정하고 있다. 그 결과 지적재산권 상품의 병행수입을 인정할 것인지 여부는 각국의 재량에 맡겨지게 된다.

병행수입이 실시되는 것은 국제적인 가격차가 크고 해외에서 구입한 상품을 수입하여 판매하여도 이익이 생기는 경우이다. 즉 지적재산권자가 국제적 가격차별을 행하고 있는 경우에 낮은 가격의 시장에서 구입된 상품이 높은 가격의 시장으로 수입되게 된다. 여기에서 병행수입을 규제한다는 것은 국제적인 가격차별을 유지하는 것이며, 낮은 가격의 시장과 높은 가격의 시장을 분할하는 것을 의미한다. 이렇게 하여 병행수입의 규제는 지적재산권자가 시장분할을 이용하여 그 이윤을 극대화하는 것을 가능하게 한다. 다른 관점에서 보면 병행수입규제는 자유로운 경쟁을 제한하고 시장통합에 의한 국제적인 가격평준화를 방해하는 것이 된다. 지역통합에서는 역내소진을 인정하는 경우가 많고, EU에서는 지적재산권 상품도 자유이동의 대상이 되며, NAFTA는 특별히 소진에 관한 규정을 두고 있지는 않지만 역내소진이 인정되고 있는 것으로 보인다.

일본에서는 병행수입규제가 그만큼 엄격하지는 않지만 병행수입과 유사한 행위를 규제하는 2004년의 저작권법 개정에 의해 국외로 반포된 음악 CD의 역수입을 방지하는 것이 가능하게 되었다(일본 저작권법 제113조 5항). 즉 일본 기업이 제작하여 아시아 국가들에 수출한 음악 CD의 역수입을 금지하는 것이다. 일본의 제작자는 아시아의 여러 국가들의 소득수준에 맞추어 가격설정을 국내 판매가격에 비하여 상당히 낮게 수출하며, 이렇게 수출한 CD가 환류하면 국내의 높은 가격을 유지하는 것이 곤란해진다. 이 때문에 일본 공정거래위원회의 반대에도 불구하고 환류방지 조치를 취한 것이다. 이것도 기본적으로는 병행수입규제와 같은 목적과 기능을 가지고 있다. 그러나 일본 저작권법 제113조 5항은 '국외 배포 목적 상업용 레코드'로 규정할 뿐이며, EPA를 체결한 국가를 제외하고 있지 않다. 병행수입을 비교적 넓게 인정하고 있는 일본이 음악 CD에 관해서는 EPA체결국가와의 사이에서도 시장을 분할하는 정책을 채택하고 있는 것이다.

다른 한편으로 GATT 제6조는 수출국의 국내가격보다도 낮은 가격으로 수출하는 경우, 덤핑수출로서 수입국 국내산업의 피해가 발생한 경우에 반덤핑조치의 발동을 인정한다. 즉 높은 가격시장으로부터 낮은 가격시장을 향한 낮은 가격으로의 수출이 규제되는 것이며, 국제적인 가격차별이 부정된다. 여기에서는 결과적으로 높은 가격시장에서의 가격인하 혹은 낮은 가격시장에서의 가격인상이 요구된다. 미국이나 EU는 지금까지 적극적으로 반덤핑조치를 발동하였으며, 나아가 그것을 '불공정 무역관행'이라고 비난하며 시장의 분할을 이용한 국제적인 가격차별을 부정하는 태도를 취하고 있다.

이와 같이 일부 선진국은 지적재산권의 보호와 반덤핑제도의 운용에 있어 일관되지 않은 태도를 취하고 있다. 시장통합이 바람직한 것이기 때문에 이를 추진하는 것이라면, 국제적인 가격차별을 유지하기 위한 정책 채택을 포기해야 할 것이다. 지적재산권의 보호라는 관점에서 보아도 진정상품의 국제적 유통 저해를 충분히 정당화해주는 이유를 찾아내는 것은 어렵다. 세계적인 시장의 통합을 촉진하는 것이라면, 그리고 국내시장에서 지적재산권의 소진을 원칙으로서 인정하고 있다면 국제적 소진도 인정하여야 한다. 실제 EU와 NAFTA에서는 역내소진이 인정되고 있으며 시장통합을 우선하고 있다. 그러나 WTO체제는 지적재산권의 보호에 관하여 최소기준을 설정한 뒤 그 이상의 보호는 상한을 정하지 않고 용인하였다. 그 결과 시장통합에 역행하는 제도의 채택을 허용한 것이다.

서로 다른 제도·분야라고는 하지만 하나의 체제 아래서 국제적 가격차별에 대한 대응이 정반대인 것은 국제시장이 아직 일관된 공통의 기준을 적용하는 단계에는 이르지 않았다는 것을 보여준다.

2. 시장의 통합과 사람의 이동

사람의 이동에 관해서도 시장의 분할이라는 관점으로 살펴 볼 수 있다. WTO는 서비스 무역의 자유화를 실현하고 있는데, 그 중에서 GATS 제1조 2항(d)는 '자연인의 주재를 통하여 시행되는' 서비스 제공의 형태(제4모드)를 규정하고 있다. 그러나 서비스 제공자인 자연인과 서비스 제공자가 고용하는 자연인이 국경을 넘는 이동에 관해서는 커다란 제약이 부과되고 있다. 우루과이라운드에서 개발도상국은 특별히 건설서비스와 관련하여 노동자의 국경이동을 교섭대상으로 해야 한다고 주장하였지만, 선진국은 이에 반대하였다.[18] GATS의 '이 협정에 따른 서비스를 공급하는 자연인의 이동에 관한 부속서'는 제2항에서 '고용시장에 진출하고자 하는 자연인에게 영향을 미치는 조치 및 영구적인 시민권, 거주 또는 고용에 관한 조치'의 적용제외를 규정하고, 제3항에서 '서비스를 제공하는 모든 범주의 자연인의 이동에 적용되는 구체적인 약속을 협상할 수 있다'고 하여 교섭의 계속을 규정하고 있다.

이는 선진국이 금융서비스 교섭의 계속과 맞바꾸어 개발도상국의 요구를 받아들인 결과이다. 교섭의 결과 양허표를 개정한 것은 오스트리아, 캐나다, EC, 인도, 노르웨이, 스위스뿐이지만,[19] 이들조차도 반드시 개발도상국의 요구에 따른 것은 아니다. 예컨대 EC는 법인에 고용된 자연인에 한정하고, 각각의 분야에서 필요한 교육 또는 자격을 보유하는 것을 조건으로 하고 있다.[20] 미국과 일본은 기업 내 이동에서 관리직에 취임한 자 또는 전문직에 한정하고 있다.[21]

FTA에 있어서도 거래나 교섭을 위하여 일시적으로 입국하는 경우 이외에는 동일하게 관리직의 기업 내 이동이나 전문적인 지식 또는 기술을 보유한 자에 한정하고 있다. 예컨대 일본-말레이시아 EPA 부속서6 '제99조에 관한 특정의 약속에 관한 표'도 기본적으로 GATS의 양허표와 동일하게 규정하고 있다. 미국의 FTA의 경우도 거의 동일하다.

일본-필리핀 EPA는 부속서8 '자연인의 이동에 관한 특정의 약속'에서 필리핀의 간호사 및 요양복지사의 이동을 규정하고 있다. 그러나 간호사의 이동에 관해서는

18) 外務省経済局国際機関第一課編, 「解說 WTO協定」(日本国際問題研究所, 1996年), 467면.
19) 상게서, 508면.
20) WTO Doc., GATS/SC/31/Suppl. 2, 28 July 1995.
21) 미국에 관해서는 WTO Doc., GATS/SC/90, 15 April 1994, pp.1-7. 일본에 관해서는 WTO Doc., GATS/SC/46, 15 April 1994, pp.1-5.

필리핀의 간호사자격을 가진 자가 간호사로서 이동하는 것뿐만 아니라, 일본에서의 자격취득을 목적으로 한 어학연수 및 일본 간호사의 감독하에서 지식 및 기술취득을 위한 1년간의 체재(2회 갱신 가능)가 인정되며, 더 나아가 일본의 자격취득을 위해서는 3년간의 체재(갱신 가능)가 인정된다. 일본-태국 EPA에서도 부속서7 '자연인의 이동에 관한 특정의 약속'에서 태국요리, 스파(Spa) 서비스, 춤 또는 음악 등의 분야에서 기술과 지식을 보유한 자의 이동을 규정하고 있다.

이와 같이 특수하거나 한정적인 분야에서 노동자의 이동을 인정하는 FTA가 체결되고 있기는 하지만 그것은 예외적이다. 우루과이라운드의 건설서비스에 관한 교섭에서 노동자의 국경이동에 관한 교섭을 거부한 선진국은 노동이동은 각 국가의 사회적 배경을 토대로 규제하고 있기 때문에 단순히 경제적 이유에 의해서만 교섭을 하는 것은 적당하지 않다고 주장하였다.[22] 그러나 이와 같은 주장은 각국의 국내산업이 각자 다양한 사회적인 상황에 놓여 있는 것을 생각하면 정도의 문제가 있기는 하지만 WTO가 규율하는 모든 분야에 적용되는 것이라고도 말할 수 있을 것이다.

이민을 받아들이는 것은 사회 전체에 큰 영향을 미치기 때문에 각 국가들은 신중하게 대응하고 있다. 그러나 시민권이나 영주권을 동반하지 않는 노동자의 이동은 노동력 부족에 대응하기 위하여 때에 따라서 확대되기도 한다. 노동은 자본 및 토지와 함께 나란히 생산요소에 해당하지만 자본이동의 자유화가 진전되고 외국인의 토지취득 역시 광범위하게 인정되고 있음에도 불구하고 노동의 이동은 여전히 커다란 제약하에 놓여 있다. 결국은 각국의 사회상황을 바탕으로 경제적인 고려와 기타 사회적인 고려의 균형을 생각하면서 규제의 모양을 결정하게 된다. 노동이동에 관해서는 명확하게 경제 이외의 사회적인 요소가 중시되고 있으며, 여전히 국경 또는 국적이 커다란 의미를 갖고 있다.

Ⅳ. 결 론

이상에서 살펴본 바와 같이 사람·상품·자본의 이동을 자유롭게 하고자 하는 흐름이 있는 한편, 그들의 이동을 제한하려고 하는 움직임도 동시에 존재한다. 확실하게 경제의 효율을 높이기 위해서는 규제완화를 추진하고 경제활동의 자유를 확대할

22) 外務省経済局国際機関第一課編, 「전게서」(각주 18), 467면.

필요가 있을 것이다. 그러나 경제의 효율화가 언제나 해당 사회에 있어 바람직한 결과를 초래한다고 한정할 수는 없다. 실제로는 경제의 효율을 희생하더라도 보호하여야 한다고 생각되는 사회적 가치가 존재하며, WTO와 FTA 모두 그러한 가치의 보호를 예외규정하에서 승인하고 있다.

문제는 국제사회에서 그렇게 보호해야 할 가치라고 각 국가들이 생각하는 것이 반드시 일치하는 것은 아니라는 점이다. 한 국가 내에서는 어느 정도 공통으로 수용될 수 있는 가치의 서열을 형성하는 것이 가능하겠지만, 역사적·문화적 배경을 달리하는 여러 국가의 모임인 국제사회에서는 공통된 가치의 서열을 형성하는 것이 어렵다고 하겠다. 그 결과 WTO를 중심으로 하는 교섭의 장에서는 교섭력의 차이에 더하여 각각의 국내경제상황에 대응하고, 각국이 가지고 있는 가치의 서열을 수정해야 하는 상황이 생길 것이다. WTO와 같은 다자적인 교섭의 장에서 합의를 형성하는 것이 곤란한 가운데, 제II절에서 살펴본 바와 같이 지역경제통합을 통하여 합의 형성이 진전되고 있는 것이 현재의 상황이다.[23] 이는 다자간 교섭보다도 특정한 두 국가 사이 또는 소수국가간 교섭방식이 합의 형성에 용이하다는 것을 생각하면 당연한 흐름이다. 이러한 움직임이 다자간 교섭으로 연결되는가, 즉 WTO 회원국 전체의 시장통합을 향한 발걸음으로서 평가할 수 있는가에 대해서는 단기적으로는 부정적이라고 할 수밖에 없다.

그것은 자유화·규제완화의 움직임이 반드시 일관적인 것은 아니며, 제III절에서 살펴 본 바와 같이 모순되는 제도가 동시에 존재하고 있기 때문이다. 특히 자연인의 이동은 지역통합에 있어서도, 상품 및 서비스와 비교할 때 거의 진전되지 않고 WTO에서의 교섭수준에 머무르고 있다. 또한 지역경제통합에서 자유화는 선진국에 의한 일방적인 강제가 아니라, WTO의 장에서는 자유화에 소극적인 개발도상국이 어떠한 이익(이익이라고 생각할 수 있는 것)과 맞바꾸어 받아들이고 있는 것이기도 하다. 그것은 원리·원칙보다는 개별적인 경제적 이익이 우선시되는 장면이 여전히 많이 남아있다는 것을 의미하고 있다. 이와 같은 상황은 국제교섭에 있어서는 불가피한 것이며, 특히 국가들간에 현격한 경제격차가 존재하고 있는 현실에서 이를 피할 수 없을 것이

---

23) 최근에는 WTO의 틀 안에서 복수국간(Plurilateral) 교섭에 의한 새로운 규범의 작성이 진행되고 있다. 복수국간 교섭에 대한 자세한 내용은 中富道隆, 「プルリの貿易ルールについての検討(ITAとACTAの実例を踏まえて)」, RIETI Policy Discussion Paper Series 12-P-002, 2012년을 참조.

다. 위에서 서술한 FTA의 현황과 더불어 일본의 TPP교섭참가 논의 및 TPP교섭의 현재 상황을 살펴보면, 지역경제통합에 의한 자유화·규제완화도 한계에 도달한 것으로 생각된다. 당장은 WTO에서는 교섭의 정체, FTA에서는 개별이익을 토대로 한 당사국의 확대라는 형태로 시장통합이 진전될 것이다. 현재 상황의 FTA가 당사국에게 일정한 성과를 가져다주고, 각국이 시장통합의 이익을 실감할 수 있게 되고, 선진국의 모순된 주장이 억제되게 된다면, FTA의 확대가 WTO의 다자간 교섭의 촉진에 결과일지도 모른다.

제13장

동아시아의 지역경제통합

- 법제화의 진전과 향후 발전 방향

中川 淳司 (나카가와 쥰지)

Ⅰ. 서　　론

1990년대 초 이래 20여년의 국제경제규율의 구조에 생긴 최대 변화의 하나는, 세계 각지에서 지역경제통합의 움직임이 가속화된 점일 것이다. 1948년부터 1990년 사이에 GATT 사무국에 통보된 지역무역협정[1)]은 합쳐서 86건이었던 것에 반해, 그 후 2001년 말까지 통보된 협정 건수는 합쳐서 500건을 넘었다.[2)] 현재, WTO 회원국 가운데 지역무역협정을 체결하고 있지 않은 나라는 몽골뿐이다.[3)]

1990년대 이후의 지역경제통합 움직임에 앞장선 것은 유럽이다. 1992년에는 유럽공동체의 역내시장통합계획에 의거한 단일시장이 형성되었다. 1993년 11월에는

1) GATT 및 WTO는 관세동맹과 자유무역협정 및 이들에 향한 중간협정의 총칭으로서 지역무역협정이라는 단어를 사용한다. 본장도 이에 따른다.
2) 지역무역협정의 누계는 지금 유효한 협정과 효력이 잃은 협정의 쌍방을 포함한다. WTO, Regional Trade Agreements, Facts and Figures, at http://www.wto.org/english/tratop_e/region_e/regfac_e.htm (as of May 5, 2012) 참조.
3) 그러나 몽골은 2012년 3월에 일본과 경제제휴협정의 교섭을 시작하는 데 합의하였다. 외무성, 「일·몽골경제제휴협정(EPA)공동발표(골자)」, 2012년 3월 12일, at http://www.mofa.go.jp/mofaj/kaidan/s_noda/pdfs/1203_mongolia_03.pdf (as of May 5, 2012) 참조.

경제·통화통합에 더하여, 정치통합을 추진시키는 마스트리히트조약이 발효되어 EU가 출범하였다. 그 후 EU에는 오스트리아, 핀란드, 스웨덴(1995년 1월), 폴란드를 비롯한 중·동부 유럽의 10개국(2004년 5월), 루마니아, 불가리아(2007년 1월), 크로아티아(2013년 7월)가 가입하여, 가입국은 28개국까지 확대되었다. EU는 또한 주변 각국과의 FTA를 적극적으로 체결하여 왔다. 1994년에는 스위스[4]를 제외한 EFTA 각국과 EEA(유럽경제지역)를 구축하는 협정을 맺어 역내의 사람, 상품, 서비스, 자본의 자유이동을 실현하였다. 지중해 연안의 각국과도 제휴협정을 체결하여 상품, 서비스, 투자의 자유화를 추진하고 있다. 게다가 주변 나라들 이외의 나라·지역과도 FTA 등을 맺어 왔다.

유럽에 이어서 미주(美洲)도 1990년대 이후에 지역경제통합의 움직임을 가속시켰다. 1994년에는 NAFTA가, 1995년에는 관세동맹인 남미공동시장(MERCOSUR)이 설립되었다. NAFTA 국가들은 중남미 국가들과도 지역무역협정의 체결을 진행하고 있다. MERCOSUR에는 2006년에 베네수엘라가 가입하였고, 1996년에는 칠레, 볼리비아와, 2003년에는 페루, 2004년에는 콜롬비아, 에콰도르와 경제보완협정을 체결하여 이 나라들을 준회원국으로 하고 있다. 1994년 12월에 개최된 제1회 미주정상회의에서, 남북아메리카 전체를 자유무역권으로 하는 구상(FTAA)이 제창되어, 2001년 4월의 제3회 미주정상회의에서 2005년 1월까지의 교섭타결을 확인하였다. 다만, 그 후 교섭분야 등을 둘러싸고 미국과 브라질 등의 사이에서 의견이 대립하여, 교섭은 사실상 중단되었다. 최근에는 미주와 기타 지역 각국 사이의 FTA도 다수 체결되고 있다.

이들 지역에 비하면, 동아시아[5]의 지역경제통합 움직임은 늦게 본격화되었다. ASEAN이 1992년에 자유무역지역(AFTA)을 추진하는 데 합의한[6] 것을 제외하고는, 동아시아의 각국이 역내에서, 또한 역외국가와 지역무역협정의 체결을 본격화한 것은 21세기에 들어와서의 일이다. 동아시아의 지역경제통합의 움직임이 그 밖의 지역

4) 그 후 스위스는 국민투표 결과, EEA에의 불참을 결정하였다. 이를 대신해, 스위스와 EU는 사람의 이동, 농산물무역, 정부조달 등 7가지 분야에 관해 제휴협정에 1999년 6월에 서명하여, 2004년 10월에는 추가적인 협정에 서명하였다.

5) 동아시아를 본장에서는 ASEAN제국을 중심으로 하는 동남아시아와 일본, 중국, 한국을 중심으로 하는 동북아시아를 포함한 지역으로 한정하여 다룬다.

6) AFTA는 1993년 1월부터 관세인하를 시작하여, ASEAN 6개국(필리핀, 태국, 말레이시아, 싱가폴, 브루나이, 인도네시아) 사이에서 공동효과특혜관세제도(CEPT)에 근거하여 2002년까지 대상품목의 관세율을 0~5%에 인하하여, 수량제한을 철폐한다. 1999년의 ASEAN 정상회의는 역내관세를 ASEAN+6개국에 대해서는 2010년까지 남은 4개국(캄보디아, 라오스, 미얀마, 베트남)에 대해서는 2015년까지 철폐하는 목표를 선언하였다. 經濟産業省通商政策局編, 「2011年 不公正貿易報告書」(日経印刷株式會社, 2011年), 478-479면 참조.

보다 늦게 시작한 이유는 무엇일까? 오늘날에 이르기까지 동아시아는 지역경제통합을 향해 어떠한 움직임을 보였는가? 본장에서는 먼저 동아시아 지역경제통합의 전개를 둘러싼 이상의 논점을 검토한다(Ⅱ). 다음으로 ① 법제도화(legalization)의 관점, ② WTO로 대표되는 다자적 포럼을 대신하는 규범 형성의 관점, ③ WTO 분쟁해결절차와의 관련성의 관점에서 동아시아의 지역경제통합이 어떻게 평가되는지를 검토한다(Ⅲ). 마지막으로 동아시아 지역경제통합의 향후 전망에 관해 검토한다(Ⅳ).

Ⅱ. 동아시아 지역경제통합의 전개와 그 배경

1. 동아시아에서의 EPA, FTA의 전개

AFTA의 움직임을 제외하면, 동아시아에서 지역경제통합의 움직임이 본격화된 것은 21세기에 들어서이다. 2002년에 발효된 일본과 싱가포르가 EPA가 효시가 되었다. 그 후, 동아시아에서는 양자간의 EPA나 FTA를 체결하려는 움직임이 활발해지기 시작하였다. 특히 적극적으로 대응한 나라는 일본이다. 일본은 싱가포르에 이어 2005년 말레이시아, 2006년 필리핀, 2007년에는 태국, 인도네시아, 브루나이와의 EPA에 서명하고, 2008년에는 ASEAN[7] 및 베트남과의 EPA에 서명하였다. 또한 2003년에 한국과의 EPA교섭을 시작하였고,[8] 2010년에는 한중일 FTA에 관한 산관학 공동연구를 시작하여, 2011년 말에 공동연구를 끝내고, 2012년에 교섭개시를 선언하였다.[9]

일본에 비하면 한국의 동아시아 지역경제통합에 대한 대응은 조금 늦어, 2005년에 싱가포르와 FTA를 체결한 것이 최초이다.[*] 그 후 2005년에는 ASEAN과 포괄적 경제협력협정을 맺어 상품, 서비스무역과 투자의 자유화를 단계적으로 진행하는 데 합의하였다.[10] 그리고 2006년에 상품무역협정, 2007년에 서비스무역협정, 2009년에

7) 일본·ASEAN 포괄적 경제제휴협정은 상품의 무역만 대상으로 하고 있다. 2010년 10월에 서비스무역, 투자에 관하는 교섭이 시작되어, 2012년 5월 지금도 교섭이 계속되고 있다.

8) 外務省經濟局, 「日本の經濟連携協定(EPA)の現況と主要國·地域の取組狀況」, 平成 24년 3월, 24면, at http://www.mofa.go.jp/mofaj/gaiko/fta/pdfs/genjo_kadai/pdf (as of May 5, 2012) 참조.

9) 상동, 27면, 참조.

*) 역자주: 한국은 2004년 4월 1일 칠레와의 FTA가 발효되었으므로, 칠레와의 FTA체결이 최초라고 할 수 있다. 동아시아 국가 내에서는 2005년 싱가포르와의 FTA체결이 최초이다.

10) 한국·ASEAN 포괄적 경제협력협정의 문언은 이하를 참조. http://www.aseansec,org/18063.htm (as

투자협정을 체결하였다.[11] 중국은 2002년에 ASEAN과 포괄적 경제협력협정을 맺어, 2010년까지 중국과 ASEAN 기존 6개 회원국 사이에 자유무역지역을 발족시키는 데 합의하였다.[12] 이 협정에 근거하여 2004년에 상품무역협정, 2007년에 서비스무역협정, 2009년에 투자협정에 서명하였다. 중국은 2008년 싱가포르와 FTA를 체결하였다.

2. 동아시아 광역적 경제통합의 구상

이상은 동아시아의 양자간 EPA나 FTA체결의 동향이며, 동아시아 지역의 광역적 경제통합에 대해서도 지금까지 몇 개의 구상이 제창되어 검토가 진행되어 왔다.

첫째, ASEAN+3(ASEAN과 한중일 3개국)의 경제통합 구상이다. 이 구상의 효시가 된 것은 1990년에 말레이시아의 마하티르 총리가 제창한 동아시아경제협력(EAEC)의 구상이다. 그러나 ASEAN과 한중일 3국 사이에서 구성되는 자유무역지역의 형성을 제창한 이 구상은 배타적인 자유무역지역의 형성에 난색을 표한 미국의 강한 반대로 좌절되었다.[13] 그 후에 아시아 통화위기가 발생한 1997년 제1회 ASEAN+3 정상회의가 개최되어, 이후 이 모임을 중심으로 ASEAN+3에 의한 동아시아 광역경제통합의 구상이 진행되었다. 1998년의 제2회 ASEAN+3 정상회의에서는 ASEAN+3의 틀 내에서 앞으로의 협력방식을 검토하기 위해 민간인사의 동아시아 비전그룹(EAVG), 정부관계자의 동아시아 연구그룹(EASG)의 설치가 결정되었다. 이듬해 제3회 ASEAN+3 정상회의는 동아시아의 협력에 관한 공동성명을 채택하여, 경제협력, 통화·금융협력, 사회개발과 인재육성 등 광범위에 걸친 협력의 추진을 제창하였다.[14] 2001년에는

---

of May 5, 2012).

11) 태국은 주요 수출품목인 쌀이 상품무역협정의 자유화 품목에서 제외된 것을 이유로 상품무역협정과 서비스무역협정에는 참가하지 않았지만, 2009년 2월 27일에 양협정에 가입하는 의정서에 서명하였다. Overview of ASEAN Korea FTA (AKFTA), at http://www.fta.gov.sg/fta_akfta.ssp?hl=3 (as of May 5, 2012) 참조.

12) 중국·ASEAN 포괄적 경제협력협정의 문언은 이하를 참조. http://www.aseansec.org/13196htm (as of May 5, 2012)

13) Terada, Takashi, "Constructing an 'East Asian' Cocept and Growing Regional Identity: From EAEC to ASEAN+3," *The Pacific Review*, vol.16, no.2 (2003), pp.251-277, at 256-257 참조.

14) 제3회 ASEAN+3 정상회의, 「東アジアにおける協力に関する声明(仮訳)」, 1999년 11월 28일, http://www.mofa.go.jp/mofai/kaidan/kiroku/s_obuchi/arc_99/asean99/kyodo.html (as of May 5, 2012) 참조.

EAVG[15]가, 2002년에는 EASG가 ASEAN+3 정상회의에 최종보고서를 제출하였다.[16] 전자는 동아시아경제공동체(East Asia Economic Community)의 구축을 장래의 목표로 내걸었고,[17] 이를 받아 후자는 중장기 목표로 동아시아자유무역지역(EAFTA)의 구축을 제창하였다. 그 후에 EAFTA의 실현가능성에 관한 공동전문가연구회가 발족하여, 2006년에는 EAFTA의 구축에 대한 정부간 협의를 시작하여야 한다는 보고서를 제출하였지만,[18] 같은 해 ASEAN+3 경제장관회의에서는 정부간 협의를 시기상조라고 보는 의견이 강해, 2007년의 ASEAN+3 정상회의는 지속적인 연구를 결정하였다. 제2단계 연구보고서는 2009년에 정리되어, EAFTA 구축에 대한 구체적인 로드맵을 보여주었다. 같은 해 ASEAN+3 경제장관회의는 이 보고서의 제언을 각 정부가 검토하기로 결정하였다.[19]

둘째, ASEAN+6(ASEAN+3 각국과 인도, 호주, 뉴질랜드)의 광역경제권 제휴구상이다. 2005년에 ASEAN+6를 참가국으로 하는 동아시아정상회의(EAS)가 처음 개최되어, EAS가 이 지역공동체의 형성에 중요한 역할을 다할 것을 제창한 공동선언을 채택하였다.[20] 일본이 2006년에 ASEAN+6를 구성국으로 하는 동아시아 포괄적 경제제휴(CEPEA, 포괄적 경제동반자협정) 구상의 연구회를 제안하여, 이것이 2007년 제2회 EAS에서 승인되었다.[21] 연구회는 2008년 제1차 보고서,[22] 2009년에 제2차 보고서[23]

15) East Asia Vision Group, Towards an East Asian Community: Region of Peace, Prosperity and Progress, 2001, at http://www.mofa.go.jp/region/asia-paci/report2001.pdf (as of May 5, 2012) 참조.
16) Final Report of the East Asia Study Group, 4 November 2002, at http://www.mofa.go.jp/region/asia-paci/asean/pmv0211/report.pdf (as of May 5, 2012) 참조.
17) East Asia Vision Group (前揭注 15), p.10, para.21 참조.
18) Joint Expert Group for Feasibility Study on EAFTA, "Towards an East Asia FTA: Modality and Road Map," 22 July 2006, at http://www.thaifta.com/thifta/Prtals/0/eafta_report.pdf (as of May 5, 2012) 참조.
19) 經濟産業省通常政策局編, "전게서"(각주 6), p.483 참조.
20) Kulala Lumpur Declaration on the East Asia Summit, 14 December 2005, para.11, at http://www.mofa.go.jp/region/asia-paci/eas/jont0512.htma (as of May 5, 2012) 참조.
21) Chairman's Statement of the Second East Asia Summit, 15 January 2007, para.12., at http://www. mofa. go.jp/region/asia-paci/eas/state0701.html (as of May 5, 2012) 참조.
22) Report of the Track Two Study Group on Comprehensive Economic Partnership in East Asia (CEPEA), 20 June 2008, at http://www.thaifta.com/thaifta/Potal/0/cepea_report.pdf (as of May 5, 2012) 참조.
23) Phase Ⅱ Report of the Track Two Study Group on Comprehensive Economic Partnership in East Asia (CEPEA), 3 July 2009, at http://www.dfat.gov.au/asean/eas/cepea-phase2_report.pdf (as of May 5, 2012) 참조.

를 정리하여, 이어진 2009년 ASEAN+6 경제장관회의는 양 보고서의 제언을 검토하기로 하였다.[24] 연구회의 제1차 보고서는 CEPEA의 3개 기둥으로, 경제협력, 무역과 투자의 원활화, 무역과 투자의 자유화를 제언하였다.[25] 제2차 보고서는 CEPEA의 3개 기둥 각각에 대하여 협력의 구체적인 진행방식에 관한 제언을 포함시켰다. 즉, 경제협력에 대해서는 정보수집에 관한 역량강화(capacity building) 등의 협력 프로젝트,[26] 무역과 투자의 원활화에 대해서는 ASEAN+6의 원산지규칙의 조화나 통관절차의 전자화 등이다.[27] 무역과 투자의 자유화에 대해서 제2차 보고서는 ASEAN+6 전체의 광역적 자유화를 궁극적인 목표로 제시한 한편, 그 실현에는 시간이 필요하기에, 우선은 기존의 양자간 또는 ASEAN+1[28]의 FTA나 EPA 네트워크의 활용과 이들 원산지규칙의 연성적인 조화 또는 조정을 제언하였다.[29] 연구회의 제언을 받아, 2010년에는 정부간 원산지규칙, 세관절차, 관세품목표, 경제협력의 4개 작업반이 발족하여, 역내 5개의 ASEAN+1의 FTA 규정의 비교검토와 장래 규범의 수렴에 대한 논의가 진행되고 있다.[30]

동아시아의 광역적인 경제통합에 관해서는 ASEAN+3을 기반으로 하는 EAFTA의 구상과 ASEAN+6을 기반으로 하는 CEPEA의 구상이 병존하고 있다. 2011년 8월의 ASEAN+6 경제장관회의에서는 전자를 제창하는 중국과 후자를 제창하는 일본이 이들 구상의 실현의 대한 정부간 교섭개시를 촉구하기 위해, EAFTA와 CEPEA를 통한 무역과 투자의 자유화를 향한 작업반의 설치를 공동제안하였다.[31] 같은 해 11월 EAS · ASEAN+3 정상회의에서는 ASEAN이 이 공동제안에 따라 동아시아 포괄적 경제제휴(CEPEA 동아시아 포괄적 경제동반자협정)를 위한 ASEAN체제(RCEA)를 제안하여, 이에 따라 ASEAN+6의 16개국에서 무역과 투자의 자유화에 관한 작업반을 설치

24) Chairman's Statement of the 4th East Asia Summit, 25 October 2009, para.19 at http://www.mofa.go.jp/region/asia-paci/eas/state0910.pdf (as of May 5, 2012) 참조.
25) 전게각주 22, pp.27-28 참조.
26) 전게각주 23, Chapter 3 참조.
27) 상동, Chapter 4 참조.
28) ASEAN+6 구성국 사이에서는, 이미 본 ASEAN과 일본, 한국, 중국과의 협정 외에, ASEAN과 호주·뉴질랜드와 FTA의 효력의 발생하고 있고(2010년 1월), ASEAN과 인도 사이에서 상품무역협정의 효력이 발생하고 있다(2010년 1월).
29) 전게각주 23, Chapter 5.2 참조.
30) 經濟産業省, 「ASEANプラス4WGの進陟」, at http://www.meti.go.jp/policy/trade_policy/asean/dl/4WG.pdf (as of May 5, 2012) 참조.
31) 經濟産業省, 「東アジア地域経済統合に向けた日中共同提案の概要」, 平成 23년 8月, at http://www.meti.go.jp/policy/trade_policy/asean/dl/JapanChinaproposal.pdf (as of May 5, 2012) 참조.

하기로 결정하였다.[32)*)]

3. 동아시아 지역경제통합의 배경

동아시아에서 유럽이나 미주보다 늦게, 21세기에 들어서야 지역경제통합을 향한 움직임이 본격화된 이유는 무엇인가? 이 질문은 2개의 질문으로 분할할 수 있다. 첫째, 동아시아는 왜 최근까지 지역경제통합에 대해 소극적이었던가? 둘째, 21세기에 들어서부터 본격화된 이유는 무엇인가?

첫번째 질문에 대해서는 2가지 이유를 들 수 있다. 첫째, 동아시아 국가들은 GATT 및 WTO와 APEC(아시아태평양경제협력)을 기축으로 하는 다자적 무역자유화 체제에 대한 지향성이 강하였다. 일본을 비롯한 동아시아 국가들은 1980년대 말까지 무역·투자 자유화를 향한 통상정책을 채택하게 되었고,[33)] GATT/WTO 또는 APEC은 이를 위한 최적의 포럼으로 간주되었다. FTA를 대하는 소극적인 자세는 이러한 상황의 반영이다.[34)] 둘째, 특히 일본에서는 농업계를 중심으로 FTA에 대한 저항이 강하였다. GATT 제24조가 FTA에 대해 '실질적으로 모든 무역의 자유화'를 요구하고 있기에, FTA에서는 농산물 무역자유화가 요구되지만 이에 대해서는 농업계의 강한 반대가 있었다.[35)] 그리하여, 동아시아에서는 21세기에 들어서까지 지역경제통합에

32) Chairman's Statement of the 6th East Asia summit, 19 November 2011, paras.31-32, at http://www.mofa.go.jp/region/asia-paci/eas/pdfs/state111119.pdf (as of May 5, 2012) 참조.

*) 역자주: RCEP(역내 포괄적 경제동반자협정, Regional Comprehensive Economic Partnership)은 ASEAN 10개국과 한중일 3개국, 호주·뉴질랜드·인도 등 총 16개국의 관세장벽 철폐를 목표로 하는 일종의 자유무역협정으로, 아시아·태평양 지역을 하나의 자유무역지대로 통합하는 'ASEAN+6' FTA이다. 아태지역 16개국 정상들은 2012년 11월 20일 캄보디아 프놈펜 평화궁전에서 열린 동아시아정상회의(EAS)에서 발표한 공동선언문에서 RCEP협상을 2013년 개시해 2015년까지 타결한다는 데 합의하였다. 제1차 공식협상이 2013. 5. 9.~13. 브루나이에서 16개국이 참여한 가운데 개최되었다.

33) Urata S., "Exclusion Fears and Competitive Regionalism in East Asias," on Solis, M., Stallings, B. and Katada, S. N. (eds.), Competitive Regionalism : FTA , Diffusion in the Pacific Rim (Palgrave MacMillan, 2009), pp.27-53, at 43 참조.

34) 예를 들면, 関沢洋一, 『日本のFTA政策— その政治過程の分析』(東京大学社会科学研究所リサーチシリーズ no.26, 2008년), 41면 참조.

35) 상동. 그러나 일본·싱가포르 EPA에서 일본에게 민감한 농산물의 관세철폐의무에서의 제외가 승인된 결과, 농업계의 EPA에 대하는 저항감은 완화되게 되었다. 이 점에 대해 寺田貴, "東アジアにおけるFTAの波及-規範の変化と社会化の視点から," 『国際問題』第566号(2007年), 27-38면, 30면 참조.

대한 소극적인 자세가 계속되었다.

21세기에 들어서부터 이러한 자세가 변화한 데에는 몇 가지 이유가 있다. 첫째, 세계 기타 지역에서 선행한 FTA의 움직임에 의해 역외국가인 동아시아 각국의 수출이나 투자가 저해되는 효과(무역·투자전환효과)가 생기자, 동아시아 국가들도 FTA를 체결할 필요가 있다는 인식이 생겼다. 이를 단적으로 보여준 것이 일본-멕시코 EPA이다. 멕시코가 NAFTA에 참가하고, 1997년에 EU와 FTA를 체결함에 따라, 일본기업이 멕시코로 수출 또는 투자를 하는데 있어서 구미기업보다도 불리한 위치에 처하게 되었기 때문에, 일본기업은 일본정부에 멕시코와 EPA를 체결할 것을 촉구하였다.[36] 둘째, 1990년대 말에 WTO의 도하라운드 교섭의 시작이 늦어져, OECD의 MAI체결교섭이 실패로 끝나는 등 다자적인 무역이나 투자의 자유화가 곤란에 직면한 가운데, 신속한 합의 형성이 가능한 FTA를 통한 무역이나 투자의 자유화나 규범 형성이 적극적인 의의를 인정받게 되었다.[37] 2001년에 시작한 WTO 도하라운드 교섭이 난항인 가운데, 이 경향에 한층 박차가 가해졌다. 셋째, 1997년부터 1998년에 걸친 아시아 통화위기 후에 새로운 위기의 발생을 방지하기 위해 동아시아 국가들이 FTA를 포함한 지역협력의 필요성을 인식하게 되었다.[38]

Ⅲ. 동아시아 지역경제통합의 법적 평가

1. 동아시아 지역경제통합과 법제도화

국제경제관계의 법제도화(legalization)가 진행되고 있다. 여기서 법제도화라는 말은 의무(obligation), 명확성(precision), 위임(delegation)을 의미하고 있다. 의무란 국가와 비국가 행위자의 행동이 국제법의 일반적 규범, 절차, 논의에 의해 정밀조사를 받는다는 의미로, 이들 행위자가 특정의 규범에 법적으로 구속되는 것이다. 명확성이란 규범이 요구하고, 허가하고, 또는 금지하는 행위가 애매함을 남기지 않고 정의되는 것을

36) 中川淳司, 「對外經濟政策-日米構造協議から東アジア共同体へ」, 東京大学社会科学研究所編, 『失われた10年を超えて(Ⅱ)小泉改革への時代』(東京大学出版会, 2006年), 313-340면, 326-327면 참조.
37) 中川·同上, 327-328면 참조.
38) Urata, *supra* note 33, p.47 참조.

말한다. 위임이란 규범을 시행·해석하고 적용하는 권한, 분쟁을 해결하는 권한, 또한 경우에 따라서는 새로운 규범을 형성하는 권한이 제3자에 주어져 있는 것을 가리킨다.[39] 법적 구속력이 있는 극히 세밀한 국제협정을 운용하고 있다는 의미에서 WTO를 중심으로 하는 국제무역관계는 법제도화가 특히 진행되고 있는 분야이다.[40]

동아시아를 포함하는 아시아태평양지역은 종래는 법제도화의 정도가 낮은 지역이라고 설명되어 왔다.[41] 1990년대 말까지 동아시아 지역경제통합의 중심은 APEC이었지만 APEC은 국제조약에 기반을 둔 조직이 아니었고, APEC 참가국은 APEC에 참가함에 따른 국제법적 의무를 질 필요가 없었다. APEC을 통한 무역이나 투자의 자유화는 참가국의 자체적인 조치로 실시되어 왔다. 이에 비해 21세기에 들어선 이후 동아시아 지역경제통합은 법적 구속력이 있는 EPA나 FTA의 네트워크로서 구축되어 왔다. 이는 동아시아 지역경제통합의 법제도화로의 진전이라고 파악된다.[42] 이하에서는 앞서 제시한 법제도화의 3개 지표에 따라 이 점을 확인한다.

동아시아 지역경제통합은 법적 구속력을 갖는 국제협정(EPA나 FTA)을 통해 진행되고 있고, 체약국이 특정의 규범에 법적으로 구속된다는 의미에서 의무에 근거하고 있다고 말할 수 있다. 다음으로, 동아시아의 EPA나 FTA의 내용은 대체로 명확하다. 다만, 시장접근이나 그 외의 실체규정에 관한 규정의 일부에는 앞으로의 교섭에 맡기는 것을 규정하거나, 노력규정에 머무는 등 명확한 의무분담이라고 말하기 어려운 것도 있다. 일본·싱가포르 EPA를 예로 들면 상품의 시장접근에 관하여 즉시 내지 단계적인 관세철폐를 약속하여 양허표에 기재된 품목 이외의 품목에 대해서는 앞으로 체약국간에 재협의에 따라 철폐하는 것을 규정하지만(제14조 2항), 재협의의 대상품목이나 시기에 관한 규정이 없다. 이와 같은 재협의에 관한 규정은 동아시아의 기타 EPA나 FTA에도 보인다.[43] 또한, 경쟁에 관한 장에서는 싱가포르가 경쟁법을 제정하고 있지 않기 때문에, "각 체약국은 필요할 경우에는 반경쟁적 행위를 효과적으로

39) Abbott, K, W., Keohane, R. O., Moravcsik, A., Slaughter, A.-M. and Snidal, D., "The Concept of Legalization," in Goldstein, J., Kahler, M. and Keohane, R. O. (eds.), *Legalization and World Politics* (The MIT Press, 2001), pp.17-35, at 17-18 참조.

40) *Ibid.*, p.21 참조.

41) Kahler, M., "Legalization as Strategy: The Asia-Pacific Case," *in supra* note 39, pp.165-187, 165-167 참조.

42) 須網隆夫,「東アジアにおける地域経済統合と法制度化」,『日本國際経済法学会年報』제13호(2004년), 190-210면, 195-196면 참조.

43) 예를 들면, 일본·ASEAN 포괄적 경제동반자협정 제16조 2항, 한국·ASEAN상품무역협정 제6조 2항, 중국·ASEAN상품무역협정 제6조, 한국·싱가포르 FTA 제3.4조 2항 등.

규제하기 위해 법령을 재검토 및 수정하고 또는 제정하도록 노력한다"라는 노력규정을 만드는 데 머물고 있다(제103조 2항). 이와 똑같은 노력규정은 일본이 체결하는 기타 EPA에도 보인다.[44)]

제3자에 의한 분쟁해결절차를 규정하는 위임에 관해서는 동아시아의 EPA나 FTA가 체약국에 의한 분쟁해결절차를 규정하고 있고, 그러한 의미에서 법제도화의 진전이 명확하게 인정된다. 그러나 몇 가지 점에서 동아시아의 EPA나 FTA 분쟁해결절차의 내용에는 유사성이 인정된다. 첫째, 분쟁해결절차에 호소하기 전에 당사국간에 협의의 자리를 갖는 것을 의무화하고 있다(협의전치의무). 예를 들면 일본·싱가포르 EPA는 체약국은 협정의 해석 또는 적용에 관한 문제에 대해서도 상대방 체약국에 협의를 요청할 수 있다고 규정하고 요청을 받은 체약국이 성실히 협의에 응할 것을 의무화하고 있다(제140조 1항, 2항). 그리고 협의가 행해졌음에도 분쟁이 해결되지 않은 것이 협의위원회(consultative committee)나 중재판정 등 분쟁해결절차에 이행하기 위한 조건이다(제140조 3항, 제143조 1항). 동아시아 EPA나 FTA는 이와 같은 협의전치의무를 규정하고 있다.[45)] 둘째, 분쟁안건마다 설치·선임되어, 안건을 검토하는 중재판정부의 판단을 요청할 권리가 각 체약국에 인정되어 있다(중재형). 예를 들면 일본·싱가포르 EPA는 협의요청부터 소정의 기간을 경과해도 문제가 해결되지 않는 경우 어느 당사국도 서면으로 중재판정부의 설치를 요청할 수 있다고 규정한다(제143조 1항). 중재판정부는 당사국이 임명하는 각 1명의 중재인과 소정의 방법으로 선임되는 제3의 중재인 등 3명으로 구성된다(제143조 3~7항). 중재판정부의 결정은 최종적이고, 양 당사국을 구속한다(제144조 2항). 중재인의 선임방법이나 중재절차의 세부절차에 대해서는 차이가 있지만, 동아시아의 EPA나 FTA의 대부분은 중재절차를 규정한다.[46)] 셋째, 법적 구속력을 갖는 판정을 내리는 중재 이외의 절차(알선, 중개, 조정)에

44) 예를 들면 일본·말레이시아 EPA 제131조 2항, 일본·필리핀 EPA 제135조 2항.

45) 예를 들면, 일본·태국 EPA 제160조, 제162조 1항, 일본·인도네시아 EPA 제140, 제142조 1항, 일본·ASEAN 포괄적 경제동반자협정 제62조, 제64조 1항, 한국·ASEAN 포괄적 경제협력협정의 분쟁해결 메카니즘에 관한 협정 제3조, 제5조 1항(이 협정의 텍스트에 대해, at http//www.aseansec.prg/18129.htm (as of May 5, 2012), 중국·ASEAN 포괄적 경제동반자협정의 분쟁해결 메카니즘에 관하는 협정 제4조, 제6조 1항(이 협정의 텍스트에 대해 at http//www.aseansec.prg/16635.htm (as of May 5, 2012) 등.

46) 예를 들면, 일본·태국 EPA 제162~167조, 일본·필리핀 EPA 제153조~159조, 한국·싱가포르 FTA 제20.6~20.16조, 한국·ASEAN 포괄적 경제동반자협정의 분쟁해결 메커니즘에 관한 규정 제5~17조, 중국·ASEAN 포괄적 경제동반자협정의 분쟁해결 메커니즘에 관한 협정 제6~15조 등.

의한 분쟁해결의 선택지를 이용할 여지가 인정되어 있다. 예를 들면, 일본·싱가포르 EPA는 당사국이 분쟁해결의 어느 단계에서도 알선, 중개, 조정을 수시로 요청할 수 있다고 규정한다(제141조). 이 규정도 동아시아의 EPA나 FTA의 대부분에서 채택되어 있다.[47] 이상의 특징에서 볼 수 있듯이, 제3자에 의한 분쟁해결절차를 규정하는 위임에 관해, 동아시아의 EPA나 FTA는 대체로 고도의 법제도화를 달성하고 있다고 할 수 있다.[48]

2. 규범 형성의 관점에서 살펴본 동아시아의 지역적 경제통합

동아시아 지역경제통합에 관한 EPA나 FTA는 상품이나 서비스의 무역이나 투자, 정부조달시장의 자유화를 규정할 뿐만 아니라, 무역 및 투자, 지적재산, 경쟁 등에 관한 실체법상의 규범도 규정하고 있고, 이를 통해 체약국의 국내법령이나 규제·제도를 일정 정도 통제하고 있다. EPA나 FTA를 통한 규범 형성에는 WTO로 대표되는 다자간포럼을 통한 규범 형성을 보완하고 보강하는 효과가 기대될 수 있다. WTO의 도하라운드 교섭이 정체되어 다자간포럼을 통한 규범형성기능 저하가 현저해지고 있는 오늘날, EPA나 FTA를 통한 규범형성의 상대적인 중요성이 증가하고 있다. 첫째, 다자간규범이 존재하지 않는 분야에는 EPA나 FTA를 통한 규범형성이 국제적인 규범형성의 주요한 수단이 된다. 예를 들면, 투자보호, 전자상거래, 경쟁법·경쟁정책 등의 분야이다. 둘째, 다자간의 규범이 존재하는 분야에서 EPA나 FTA를 통하여 규제의 강화가 도모되는 경우가 있다. 예를 들면 지적재산권 보호에 관하여, WTO의 TRIPs협정이 규정하는 것보다도 높은 보호수준을 EPA나 FTA에 포함시키는 경우(소위 TRIPs-plus), 무역원활화에 관하여 WTO나 WCO가 규정하는 것보다도 고차원의 규정을 EPA나 FTA에서 포함시키는 경우가 이에 해당한다. 동아시아의 EPA나 FTA도 이러한 규범형성기능을 담당하여 왔다. 다만, 체약국에 의한 EPA나 FTA가 담당하는 규범형성기능의 내용이나 정도에는 차이가 있다.

동아시아에서 EPA나 FTA를 통한 규범형성기능을 특별히 중시해 온 나라는

47) 예를 들면, 일본·태국 EPA 제161조, 일본·말레이시아 EPA 제147조, 일본·브루나이 EPA 제109조, 한국·ASEAN 포괄적 경제동반자협정의 분쟁해결메카니즘에 관한 협정 제4조, 중국·ASEAN 포괄적 경제동반자협정의 분쟁해결메카니즘에 관한 협정 제5조(중개와 조정만을 규정함) 등.

48) 같은 취지, 須網, 「前揭 論文」(각주 42), 196-197면.

일본이다.[49)] 먼저, 일본은 다자간의 규범이 존재하지 않는 투자보호에 관해 동아시아 국가들과 EPA를 통한 규범 형성에 적극적으로 대응해 왔다. 투자보호에 관한 일본의 EPA 투자챕터나 BIT의 실체규정은 매우 유사하다. 특히, 광범위에 걸친 이행요건(performance)의 금지, 투자유치국이 외국투자자와 체결한 투자계약상 의무준수를 국제협정상의 의무로 규정한다는 소위 의무준수조항(umbrella clause), 비즈니스 환경의 개선에 관한 제도적인 틀 등에 관해서는 일본이 동아시아 각국과 체결한 EPA 투자챕터나 BIT에서 극히 비슷한 규정을 두고 있다.[50)]

다음으로, 일본과 동아시아 각국의 EPA는 지적재산에 관해 여러 가지 TRIPs-plus 규정을 포함시키고 있는 경우가 있다. 예를 들면 일본·말레이시아 EPA는 ① 주지상표의 보호 강화(일방 체약국의 국내에서 주지되고 있는 상표가 상대 체약국에서 부정한 목적으로 출원된 경우, 당해 출원을 거절 또는 취소할 수 있다. 제121조 2항), ② 디자인 신규성 조각사유(阻却事由)의 확대(인터넷을 통해 공개된 경우를 신규성 조각사유로 들고 있다. 제120조 2항), ③ 권리침해물품정보통지의 의무화(권리침해물품의 하수인·수입자의 명칭·주소를 권리자에게 통보하는 것을 당국에 의무화한다. 제125조 제2항) 등의 TRIPs-plus의 규정을 포함시키고 있다. 또한 일본·필리핀 EPA는 ① 특허조기심사청구(특허의 출원인은 당국에 대해 출원을 조기에 심사하도록 요청할 수 있다. 제123조), ② 세관금지대상권리의 확대(세관의 침해품금지대상을 특허권, 실용신안권, 디자인권으로도 넓혔다. 제129조 1항), ③ 형사처벌대상권리의 확대(형사처벌의 대상이 되는 권리를 지적재산권 전체로 확대하였다. 제129조 3항) 등의 TRIPs-plus 규정을 포함시키고 있다. 다만, 지적재산권에 관한 TRIPs-plus 규정의 내용은 EPA에 따라 가지각색이다.[51)] 또한, 일본과 동아시아 EPA 대부분은 무역원활화에 관하여 ① 정보통신기술의 이용, ② 세관절차·요건의 간소화, ③ 세관절차에 관한 국제표준으로의 조화를 통한 세관절차의 간소화와 조화를 도모할 것을 규정한다.[52)]

---

49) 이 점에 대해 자세한 설명은 Nakagawa, J., "Competitive Regionalism through Bilateral and Regional Rule-Making: Standard Setting and Locking-in," *in Solis,* Stallings and Katada, *supra* note 33, pp.74-93, 78-83 참조.

50) Nakagawa, J., "Japan's FTA (EPA) and BIT Strategy in the Light of Competitive Dynamics," in Buckley, R. P., Hu, R. W. and Arner, D. W. (eds.), East Asian Economic Integration : Law, Trade and Finance (Edward Elgar, 2011), pp.83-103, 90-92 참조.

51) 鈴木将文, 「地域貿易協定(RTAs) における知的財産条項の評価と展望」, RIETI Discussion Paper Series 08-J-005(2008년), 13면 참조.

52) 일본·싱가포르 EPA 제36조, 일본·말레이시아 EPA 제54조, 일본·필리핀 EPA 제53조, 일본·

이에 반해 중국이 동아시아 각국과 체결하는 FTA는 규범형성에 관해서는 소극적이다. 먼저, 다자간의 규범이 존재하지 않는 투자보호에 관하여 예를 들면 중국·ASEAN 투자협정은 의무준수조항(umbrella clause)은 포함시키고 있지만, 이행요건의 금지를 전혀 규정하고 있지 않고, 비즈니스 환경의 정비에 관한 규정도 없다. 다음으로, 중국·싱가포르 FTA는 지적재산권에 관한 규정이 없고, 무역원활화에 관해서는 투명성(법령의 공표와 정보제공, 제25조)과 사전교시제도(검토 및 이의제기, 제32조)를 규정하는 데 그치며, 추가적인 관세절차 간소화나 조화를 추구하는 규정이 없다.

EPA나 FTA를 통한 규범형성이라는 관점에서 보아, 동아시아 지역경제통합에는 큰 한계가 있다. 위에서 보았듯이, 국가에 따라 EPA나 FTA를 통한 규범형성에 대한 적극성에 차이가 있다. 또한, 같은 국가가 체결하는 EPA나 FTA라도 규정 내용에 차이가 있다. 그래서 EPA나 FTA를 통한 규범의 집적이, 공통된 규범의 형성으로 이어진다고는 생각하기 어렵다. 이는 동아시아 지역경제통합이 지금까지 주로 양자간의 EPA나 FTA 네트워크를 통해 추진되어 온 것의 필연적인 귀결이다. 그러나 제II절의 2에서 보았듯이, 동아시아에는 ASEAN+3이나 ASEAN+6체제를 통한 광역적인 지역경제통합의 구상이 민간의 연구와 제언의 단계를 거쳐 최근에는 정부간의 교섭이 시작되는 단계에 있다. 앞으로는 동아시아의 광역적인 지역경제통합의 틀에 규범 형성이 도모될 것이다. 이 점에 대해서는 제IV절에서 다시 살펴본다.

3. WTO 분쟁해결절차와의 관계

동아시아 지역경제통합의 법적 평가의 마지막으로, 동아시아의 EPA나 FTA의 분쟁해결절차와 WTO 분쟁해결절차의 관계를 검토한다. EPA나 FTA의 실체 규범 속에는 WTO협정이 규정하지 않은 분야를 취급하는 규율이나, WTO협정이 규정하는 분야에서 WTO협정의 규율을 넘어서는 규범이 포함되어 있다. 그러나 이들을 제외하면 EPA나 FTA의 실체적 규범은 상당한 정도로 WTO협정 규율과 중복된다. 예를 들면 EPA나 FTA에서 특정 분야·사항에 관해 WTO협정에 준거하는 경우가 있다. 특히 무역구제제도(반덤핑·보조금상계관세, 긴급수입제한조치), 위생 및 식물위생조치의 적용에 관한 협정(SPS협정), 무역에 대한 기술장벽에 관한 협정(TBT협정)에서 현저히

태국 EPA 제53조, 일본·브루나이 EPA 제51조, 일본·인도네시아 EPA 제54조, 일본·베트남 EPA 제41조 참조.

나타난다. 그 결과, 이들 규정에 관해 체약국간 분쟁이 발생한 경우, 동일한 사안에 관해 EPA나 FTA의 분쟁해결절차와 WTO의 분쟁해결절차의 관할이 중복될 가능성이 있다. 그리고 분쟁이 EPA나 FTA의 분쟁해결절차와 WTO 분쟁해결절차의 어느 것에 부탁되는지에 따라 상호 모순된 판단이 내려진다든가, 장기적으로는 유사한 실체규정에 대해서도 EPA나 FTA의 분쟁해결절차와 WTO 분쟁해결절차에서 상이한 해석이 집적되어, 국제통상법의 일체성에 흠이 갈 우려가 있다(국제통상법의 파편화[53]). 동아시아의 EPA나 FTA의 분쟁해결절차가 실제 이용된 적은 지금까지 없고, 이러한 우려가 앞으로 어디까지 표면화될지는 명확하지 않다.[54] 그렇다고 하더라도 이러한 우려는 EPA나 FTA의 실체규정과 WTO협정 규율의 중복에서 당연히 예측되는 것이고, EPA나 FTA의 분쟁해결절차에 관한 규정이 이에 대해 어떠한 대책을 마련하고 있는지를 보는 것은 의미가 있다.

EPA나 FTA와 WTO협정에 실질적으로 동일 또는 유사한 규정이 있기 때문에 EPA나 FTA 분쟁해결절차와 WTO 분쟁해결절차 양자 모두가 이용가능한 경우에, 어느 분쟁해결절차를 이용해야 할 것인가? EPA나 FTA가 이 점에 대해 규정하고 있는데, 대체로 3개의 유형으로 분류된다. 첫째, EPA나 FTA 분쟁해결절차가 우선한다고 하는 것, 둘째, WTO 분쟁해결절차가 우선한다고 하는 것, 셋째, 제소국이 EPA나 FTA 분쟁해결절차와 WTO 분쟁해결절차의 어느 쪽을 선택할 수 있게 하는 것이다.[55] 동아시아의 EPA나 FTA는 셋째 유형에 속한다. 예를 들면 일본·싱가포르 EPA에서는 이 협정상 분쟁해결절차 외에 이용 가능한 기타 국제협정의 분쟁해결절차가 있는 경우 체약국은 어느 절차라도 이용할 수 있다고 규정하는(제139조 2항) 한편, 분쟁을 어느 절차에 부탁한 후에는 당해 분쟁에 대해서 다른 절차에 부탁할 수 없다고 규정한다(선행절차우선의 원칙, 제139조 3항). 일본이 동아시아 국가들과 체결한 EPA는 모두 이와 같은 규정을 두고 있다.[56] 동아시아의 여타 FTA도 이와 같은 규정을 두고

53) 川瀬剛志, 「WTOと地域經濟統合体の紛争解決手続の競合と調整 - フォーラム選択条項の比較·検討を中心として(1)」, 『上智法學論集』第52巻1·2号(2008年) 151-157면; 須網, 「前揭 論文」(각주 42), 199-203면 참조.

54) 小寺彰, 「FTAとWTO-代替か, 補完か?」, 『國際問題』第566号(2007年), 5-12면, 11면 참조.

55) 經濟産業省通商政策局編, 『前揭書』(각주 6), 716면 참조.

56) 일본·태국 EPA 제159조 2항, 3항, 일본·필리핀 EPA 제149조 2항, 3항, 일본·인도네시아 EPA 제138조 3항, 4항, 일본·말레이시아 EPA 제145조 2항, 3항, 일본·브루나이 EPA 제107조 2항, 3항, 일본·베트남 EPA 제116조 2항, 3항, 일본·ASEAN 포괄적 경제동반자협정 제60조 3항, 4항 참조.

있다.57) 다만, 협정에 따라서는 당사국이 합의한 경우에는 선행절차우선의 원칙을 적용하지 않고, 다른 절차에의 부탁을 승인하는 경우가 있다. 이와 같은 예로서, 일본·싱가포르 EPA(제139조 4항) 등을 들 수 있다.58)

선행절차우선의 원칙이 채택된 경우, 제소국의 의사에 따라 분쟁해결절차가 결정되게 된다. 따라서 분쟁이 EPA나 FTA 분쟁해결절차와 WTO 분쟁해결절차의 어느 것에 부탁되는지에 따라 서로 모순된 판단이 내려지거나, 장기적으로는 유사한 실체규정에 대해 EPA나 FTA 분쟁해결절차와 WTO 분쟁해결절차에서 상이한 해석이 집적되어 국제통상법의 일체성이 훼손될 우려가 해소되지 않는다. 이러한 국제통상법의 파편화를 회피하기 위해서는 WTO 분쟁해결절차 우선의 원칙을 채택하여 WTO 협정과 규율이 중복하는 EPA나 FTA의 규정에 대해서는 WTO 분쟁해결절차의 해석 적용의 축적을 촉구하는 것이 바람직하다.59)

Ⅳ. 결론 – 동아시아 지역경제통합의 미래

본장은 동아시아 지역경제통합의 전개를 추적하여 그 배경을 탐구하고(Ⅱ), ① 법제화의 관점, ② 규범형성의 관점, ③ WTO 분쟁해결절차와의 관계라는 관점에서 동아시아의 지역경제통합의 법적 평가를 진행하였다(Ⅲ). 결론으로 동아시아 지역경제통합의 향후 전망과 과제에 대해 검토한다.

동아시아의 지역경제통합은 지금까지 주로 양자간의 EPA나 FTA 네트워크를 통해 진행되어 왔다. 이를 특히 적극적으로 진행해 온 나라는 일본이다. 일본은 ASEAN과의 포괄적 경제동반자협정에 더하여, ASEAN 회원국의 대부분과 EPA를 체결하고 있다. 또한, 한국과의 EPA, 한중일 EPA의 체결을 향한 노력을 기울이고 있다. 또한, ASEAN은 일본뿐만 아니라, 한국, 중국, 인도, 호주와도 무역과 투자

57) 한국·싱가포르 FTA 제20.3조 1항, 2항, 한국·ASEAN 포괄적 경제동반자협정의 분쟁해결 메커니즘에 관한 협정 제2조 4항, 5항, 중국·싱가포르 FTA 제92조 5항, 6항, 중국·ASEAN 포괄적 경제동반자협정의 분쟁해결 메커니즘에 관한 협정 제2조 5항, 6항 참조.

58) 일본·필리핀 EPA 제149조 4항, 일본·태국 EPA 제159조 4항, 중국·싱가포르 FTA 제92조 7항, 중국·ASEAN 포괄적 경제동반자협정의 분쟁해결 메커니즘에 관한 협정 제2조 7항 참조.

59) 川瀬는 이 방식을 채택한 유일한 예로서, EC·칠레 FTA 제189조를 든다. 川瀬, 「前揭 論文(2·完)」(각주 53), 「上智法学論集」第52巻3号(2008年), 7-8면; 須網, 「前掲 論文」(각주 42), 203-204면 참조.

자유화를 향한 협정을 체결하여(ASEAN+1), 동아시아의 무역과 투자 자유화의 허브가 되고 있다. 동아시아의 양자간 EPA나 FTA 네트워크는 급속히 정비되어 왔다. 앞으로는 동아시아의 광역적인 지역경제통합의 실현이 중요한 과제가 될 것이다.

동아시아에는 광역적 지역경제통합의 구상으로, ASEAN+3을 기반으로 하는 EAFTA의 구상과 ASEAN+6을 기반으로 하는 CEPEA의 구상이 병존하고 있다. 전자를 중국이, 후자를 일본이 제창하여, 일본·중국간에 동아시아 광역적 지역경제통합의 주도권을 둘러싼 대립이 지속되어 왔다. 그러나 2011년 8월에 EAFTA와 CEPEA를 통한 무역과 투자의 자유화를 위한 작업반 설치를 일본과 중국이 공동제안하여, ASEAN+6의 16개국에서 무역과 투자 자유화에 관한 작업반 설치가 결정되었다. 이로서 동아시아의 광역적 지역경제통합은 구상의 병존과 대립의 단계에서, 구상의 실현을 향한 정부간 협의를 진행하는 단계에 진입하였다. 그렇다고 하더라도, 현재는 ASEAN+6의 16개국이 참가하는 무역과 투자의 자유화를 위한 작업반에서 기존의 EPA나 FTA 규정 검토 등의 협의가 진행되는 데 머물고 있다. 동아시아의 광역적인 지역경제통합의 실현을 향한 정부간 교섭이 시작되는 것은 한참 뒤의 일일 것이다.[60)]

EAFTA든 CEPEA든 동아시아에 광역적 FTA가 체결되면, 양자간 EPA나 FTA의 네트워크를 통해 경제통합이 도모되고 있는 현 상태에 비해, 무역이나 투자의 자유화에 따른 이익이 보다 커질 것이 기대된다.[61)] 한편, 지금의 동아시아 양자간 EPA나 FTA에 의한 무역이나 투자 자유화의 진행의 정도는 가지각색이고 광역적인 FTA가 이들을 넘어서는 무역이나 투자 자유화를 달성하는 것이 보장되는 것도 아니다. 현재는 앞으로의 광역적인 FTA의 체결을 내다보면서, 양자간 EPA나 FTA의 네트워크를 통한 경제통합을 한층 더 충실히 해간다는 양면적 접근을 하는 것이 현실적일 것이다. 그러한 의미에서 EAFTA나 CEPEA에도 관여하면서 한일 EPA이나 한중일 FTA, 일본·호주 EPA의 교섭을 진행시키려고 하는 일본의 방침은 설득력이 있다.

마지막으로, 동아시아의 광역적인 지역경제통합과 WTO 및 그 외의 지역무역협정의 관계에 대해 검토한다. 동아시아의 경제통합이 발전한 이유 중 하나는 WTO를 통한 다자적인 무역자유화나 규범 형성이 정체하는 데에 있었다. 그러나 동아시아의 광역적 지역경제통합이 무역자유화나 규범 형성에 관해 WTO를 완전히 대체하는

60) 2012년 4월 28일에 개최된 일본과 ASEAN 경제장관회의는 ASEAN+6을 구성하는 16개국에 따른 광역적 FTA교섭의 연내 시작을 목표로 삼는 데 합의하였다. 「일본경제신문」, 2012년 4월 28일, 석간 1면 참조.

61) 이 점에 대해 예를 들면 참조 *supra* note 23, Chapter 5.

것을 의미하는 것은 아니다. 동아시아 국가들은 세계 각국과 무역이나 투자관계로 얽혀 있고, WTO를 통한 다자적인 무역자유화나 규범 형성에 이바지하는 바가 크다. 그러한 의미에서 동아시아의 광역적 지역경제통합은 배타적인 경제블록 구축을 지향하는 것이 아니라, WTO를 통한 다자적인 무역체제와 병존하면서 무역이나 투자의 추진을 지향한다. 양자는 어디까지나 중층적인 구조로 자리 잡을 수 있다.

마찬가지로 동아시아의 광역적인 지역경제통합과 그 외의 지역무역협정의 관계도 택일적·배타적인 것이 아니라 병존하는 중층적인 구조로 자리 잡을 수 있다. WTO 도하라운드 교섭의 교착상태는 WTO라는 다자적 포럼을 통한 무역자유화와 규범 형성이 큰 곤란에 직면하고 있다는 것을 보여주고 있다. 이 상황에서는 지역무역협정을 통한 무역이나 투자 자유화와 규범형성의 역할이 상대적으로 보다 중요하게 된다. 동아시아 광역적 지역경제통합의 시도와 병행하여, 그 외 지역과의 지역무역협정을 통한 무역이나 투자 자유화와 규범형성을 적극적으로 진행하는 것이 중요하다. 그 중에서도 다수의 국가가 참가하여 높은 수준의 광범위한 무역·투자의 자유화 및 규범형성을 지향하는 TPP가 중요하다.[62] 동아시아 각국 가운데에서 싱가포르, 베트남, 브루나이와 말레이시아는 이미 TPP의 교섭에 참가하고 있다. ASEAN+6으로 범위를 넓히면 호주와 뉴질랜드도 TPP교섭 참가국이다. 더욱 많은 동아시아 국가들이 TPP교섭에 참가한다면, 무역이나 투자의 자유화의 측면과 규범형성의 측면에서도 동아시아 광역적 지역경제통합과의 시너지효과가 커지게 된다. 이는 일본이 한시라도 속히 TPP교섭에 참가가 요구되는 이유이다.[*]

62) 中川淳司, 「TPPで日本はどう変わるか？ 第2回 TPPの背景の交渉經緯と見通し」, 『貿易と關稅』, 2011년 8월호, 4-11면, 8면 참조.

*) 역자주: 일본은 그동안 TPP협상 참여를 미뤄왔으나 2013년 3월 15일 TPP협상 참여를 공식 선언하였다. TPP(환태평양경제동반자협력체제, Trans-Pacific Partnership)는 2015년까지 아시아·태평양 지역의 관세철폐와 경제통합을 목표로 뉴질랜드·싱가포르·칠레·브루나이 등 4개국이 2005년 체결한 자유무역협정으로 맺어진 협력체제로, 이후 미국·호주·뉴질랜드·일본 등이 참여를 선언하여 2013년 4월 현재 12개국이 교섭에 참여 중이다.

제14장
EU 시장통합의 심화와 비무역적 관심사항

須網 隆夫 (스아미 다카오)

Ⅰ. 서　　론

WTO가 직면한 과제 중 하나는 비무역적 관심사항을 해결하는 것이다.[1] 비무역적 관심사항은 WTO뿐만 아니라 지역경제통합에서도 문제가 된다. 국민의 건강·생명의 보호, 나아가 환경보호·공공서비스의 제공 등에 있어서 제1차적 책임을 부담하는 것이 주권국가인 이상, 무역자유화는 그것을 어떤 수준으로 실행하든 간에 국가가 지켜야 할 여러 가지 사회적 가치들과의 긴장을 야기한다. 이제 회원국 시장의 통합에 있어서 '역내시장(Internal Market)'의 설립은 EU의 중심과제이다. 역내시장은 상품에 더하여 사람·서비스·자본의 이동을 자유화하는 것인데, 공통통화를 갖춘 역내시장은 EU의 경제통합이 지극히 고도의 단계에 도달하였다는 것을 보여준다. 그리고 역내시장이 직면하였던 문제는 경제통합의 심화에 동반하여 발생할 문제를 시사하는 것으로 그에 대한 검토는 국제경제법 일반에 유용할 것이다.

본장은 그러한 관점에서 역내시장에서의 비무역적 관심사항에 대한 대응을 고찰하고, 지역통합법의 국제경제법에 대한 공헌가능성을 탐구하려고 한다. 시장통합의

1) 小寺彰編著, "転換期のWTO-非貿易的關心事項の分析"(東洋経済新報社, 2003년).

과정에서 4가지 자유이동은 비무역적 관심사항에 관한 회원국 국내규제와의 충돌을 야기하여 왔다. 이에 대하여 EU는 '회원국법의 조화와 상호승인', '공익상 이유에 의한 회원국법의 예외적 우선'이라고 하는 2가지 방법으로 대처하여 국내시장과 유사한 역내시장을 완성시켰다. 이하에서는 첫째, '역내시장' 개념과 역내시장에 관한 법적구조에 대하여 역내시장을 실현하였던 역내시장통합계획을 전제로 개관한다. 둘째, 역내시장의 경제통합 정도를 검토하고 그것이 높은 수준의 통합을 실현하기는 하였지만, 여전히 국내시장과는 차이가 있다는 것을 지적한다. 셋째, 그러한 역내시장에 있어서 자유이동과 사회적 가치와의 충돌이 기본조약·ECJ 양자에 의하여 어떻게 해결되었는가를 분석하여 장래의 전망을 논의한다. 그리고 마지막으로 EU법이 국제경제법 일반에 시사하는 점을 고찰한다. 다만 지면의 제약으로 상품의 자유이동을 중심으로 검토하였다.

Ⅱ. EU에서 역내시장의 개요

1. 역내시장의 개념

'역내시장'은 EU 경제통합의 핵심개념이고, 역내시장의 창설은 EU의 주요목적이다(EU조약 제3조 3항). 역내시장의 전신은 EEC의 '공동시장(Commom Market)'이었다. 역내시장은 단일유럽의정서(1987년 발효)에 의한 EEC조약의 개정에 의하여, 동 조약에서 도입된 개념인데, 그 실질은 공동시장과 거의 중복된다. 그래서 2009년 리스본조약 발효에 의하여 공동시장의 개념은 EU기본조약(EU조약 및 EU기능조약)에서 삭제되고, 역내시장으로 단일화되었다.

EU기능조약은 역내시장을 "기본조약의 규정에 따라 상품·사람·서비스·자본의 자유이동이 보장되는, 내부국경이 없는 영역으로 구성된다"고 정의하고 있다(동 조약 제26조 2항). 또한 ECJ는 공동시장을 국내시장을 통합하여 국내시장에 가능한 가까운 조건을 갖춘 단일시장이라고 판시하였는데,[2] 그 정의는 역내시장에서도 타당하다. 결국, 역내시장이란 회원국마다 존재하는 국내시장을 단일한 유럽시장에서 통

2) Case 15/81 *Gaston Schul* [1982] ECR I-409, para.33; Case 207/83 *Commission* v. UK [1985] ECR I-201, para.17.

합한 것이고, 역내시장의 내부에서는 국내시장에서 가능한 것이 원칙적으로 가능하여야 한다. 그리고 그 실현방법은 회원국간의 통상을 방해하는 장벽을 제거하는 것이다.[3)]

2. 역내시장의 법적구조

(1) 역내시장 창설과정

EU기본조약에서는 자유이동을 실현하기 위한 2가지 방법이 제시되어 있다. 그것은 '소극적 통합'과 '적극적 통합'이다. '소극적 통합'이란 국내시장을 규제하는 회원국의 자유를 원칙적으로 승인한 후, 회원국 간의 기존의 장벽을 제거함으로써 자유이동을 실현하는 것을 의미한다. 한편, '적극적 통합'은 EU가 새롭게 법을 제정하여 회원국법을 적극적으로 조화시켜 회원국의 기존제도를 개폐함으로써 장벽을 제거하는 것을 의미한다.[4)] 기본조약에서 정하고 있는 각각의 법적구조를 검토한다.

(2) 소극적 통합

EU기능조약의 많은 규정은 회원국이 자유이동을 방해하는 것을 금지함으로써 자유이동을 보장하고 있다. 상품의 자유이동 분야 중 우선 관세장벽에서는 관세동맹을 구축하여 회원국간의 '관세' 및 '동등한 효과를 가지는 과징금'을 폐지하는 것과 함께(제28조 1항, 제30조), 편향된 국내세제에 의한 관세폐지의 잠탈을 막기 위하여 '차별적 또는 보호적 내국세'를 금지하여 내국세제의 중립성을 담보하는 것으로 대응한다(제110조). 한편 비관세장벽에 대하여는 '수량제한' 및 '동등한 효과를 가지는 조치'가 금지된다(제34조, 제35조). 사람의 자유이동의 분야에서는 노동자 및 고용관계에 의하지 않은 자영업자를 구별하여 노동자에 대하여는 다른 회원국에서 일할 권리가(제45조), 자영업자에 대하여는 다른 회원국에서 새로 개업하여 사업을 영위할 권리가(제49조) 각각 보장되고, 서비스에 관하여서도 마찬가지로 회원국 국민의 다른 회원국에서의 서비스를 제공할 자유에 대한 제한이 금지되어 있다(제56조). 자본의 자유이동에 관하여도 EU 창설 이전에는 조건부 보장이었으나, 현재는 그에 관한 제한이 무조

---

3) Damian Chalmers, Gareth Davies and Giorgio Monti, *European Union Law*, 2nd ed. (Cambridge University Press, 2010), p.674.

4) 彰網隆夫, 『ヨーロッパ 経済法』(新世社, 1997년), 72-73면.

건 금지되어 있다(제63조 1항). 더하여, EU 시민권 및 국적·다른 어떠한 이유에 의한 차별금지에 관한 제반규정도(제18~20조) 자유이동에 대한 제한을 제거하는 데 공헌하고 있다.5)

(3) 적극적 통합

그러나 소극적 통합만으로는 자유이동이 실현되지 않는다. 소극적 통합은 회원국법의 내용에는 개입하지 않는 것인데, 회원국간에 존재하는 규제내용의 차이로 인해 발생하는 장벽은 완전히 제거되지 않기 때문이다. 그 때문에 EU에는 EU입법의 제정에 의해 회원국법을 조화시킬 권한이 부여되어 있다(EU기능조약 제114조, 제115조). 새로운 입법에 의하여 소극적 통합보다 더 높은 수준의 통합의 실현이 가능하게 되었는데, 특히 지침(directive)에 의한 회원국법의 조화가 EEC 설립 당시에는 시장통합의 중심수단으로 예정되어 있었다. 이것이 적극적 통합이다. 그러나 단일유럽의정서의 발효(1987년) 이전에는 지침의 채택에 있어 이사회의 만장일치가 필요했다(구 EEC조약 제100조). 그래서 각각의 제품기준에 관하여 회원국의 합의를 이끌어내는 것이 곤란하였기 때문에 1970년대 EU입법에 의한 회원국법의 조화가 정체되었다. 그 시기에 진전된 것이 ECJ의 판례법에 의한 소극적 통합이었다.

3. 소극적 통합의 진전 – 유럽사법재판소에 의한 상호승인원칙의 확립

소극적 통합은 1979년의 *Cassis de Dijon* 사건 선결적 결정에 의하여 회원국법의 상호승인이 확립됨으로써 진전되었다. 1968년의 관세동맹 완성 후, 상품의 자유이동 분야에서 금지된 비관세장벽의 범위를 구분짓는 '동등한 효과를 가지는 조치'의 해석이 쟁점이 되었다. 이 결정은 EU의 공통규범이 존재하지 않는 경우 회원국이 국내제품의 제조·판매를 자유롭게 규제할 수 있으나, 다른 회원국에 대하여, 다른 회원국에서 적법하게 생산되고 유통된 제품의 국내유통을 방해해서는 안 된다고 판시하여 회원국법간의 차이에 의해 발생하는 장벽이 동등한 효과를 가지는 조치로써 금지된다는 것을 명확히 하였다.6) 결정의 결론은 수입국이 수출국의 규제의 내용을 승인해

5) Lisa Waddington, "A Disabled Market: Free Movement of Goods and Services in the EU and Disability Accessibility," *European Law Journal*, vol.15, no.5 (2009), pp.575-576.

6) Case 120/78 *Rewe-Zentral v. Bundesmonopolverwatlung fur Branntwein* [1979] ECR 649, paras.8 and 14; 中西康, 「無差別的措置と」, 『數量制限と同等の效果を有する措置』, 中村民雄·彰綱隆

야 한다는 것이다. 결정에 의하면, 회원국이 자유이동을 제한할 수 있는 경우는 그것이 '필수적인 요건(mandatory requirements, 강제적 요청)'이라고 불리는 중요한 공익상의 이유에 기초한 경우일 때만이다(합리성의 이론).[7] 이 결정을 확립한 상호승인원칙의 적용은 다른 자유이동에 관한 그 후의 결정에도 확대되었다. ECJ는 4가지 자유이동을 가능한 동등하게 취급하기 시작하였다.[8] 상호승인원칙에 의해 역내시장에서 수입국의 차별적 규제와 함께 수출국의 규제 및 다른 비차별적 규제의 적용도 금지되기에 이르러 시장의 통합 정도가 비약적으로 높아졌다.

4. 역내시장통합계획에 의한 시장통합의 완성

(1) 시장통합계획의 개요

그러나 1980년대 중반에 이르러서도 잔존하는 많은 비관세장벽으로 인하여 역내시장은 여전히 세분화되어 있었다. 적극적 통합이 진행되지 않자 회원국은 소비자의 건강·안전 등의 이유를 근거로 하여 독자적인 제품기준을 유지 또는 책정하였고, 각각의 제품기준의 차이가 상품의 자유이동을 방해하게 되었다. 그것을 타개하고 시장통합을 완성시키기 위하여 1985년에 시작된 것이 '역내시장통합계획'이었다. EU 집행위원회의 '역내시장통합백서'는 폐지될 비관세장벽을 3종류로 구분하여 논의하였다.[9] '물리적 장벽(역내국경세관에서의 신고절차·검사 등)', '기술적 장벽(상품·서비스에 적용되는 회원국간의 기술적인 규제의 차이)', '세제상의 장벽(다른 회원국으로부터의 수입품에 대한 부가가치세·상품세의 과세)'이다.[10] 그리고 역내시장통합백서는 각 장벽의 제거에 필요한 약 300개의 입법안과 채택예정표를 밝혔다.

夫編著, 『EU法基本判例集(第2版)』(日本論文社, 2010年), 175-180면. Tamio Nakamura, Takao Suami 편저, 박덕영·이주윤 옮김, "EU법 기본판례집," 연세대학교 출판문화원, 2012, 196-201면.

7) Case 120/78, *supra* note 6, para.8.

8) Waddington, *supra* note 5, pp.582-583. 小場瀬琢磨, 「EU域内市場の基本的自由相互間の収斂と分化」, 『日本EU學会年報』第27号(2007年), 225-241면.

9) EC委員會編(太田昭和監査法人国際部訳), 『日本経済新聞社』, 1991年.

10) 須網, 『전게서』(각주 4), 305-308면. Catherine Barnard, *The Substantive Law of the EU*, 3rd ed. (Oxford University Press, 2010), p.11.

(2) 적극적 통합에 대한 '새로운 접근'

제안된 입법안의 절반은 '기술적인 장벽'의 제거에 대한 것이었는데, 통합계획은 기준의 조화를 위해 전술한 상호승인원칙을 기초로 하여 '새로운 접근'을 채택하였다. 상호승인원칙에 의하면 기준의 차이는 역내통상을 제한하지 않기 때문에 조화의 필요성도 없다. 그런데 새로운 접근은 기준의 전면적 조화를 포기하고 지침에 의한 조화의 대상을 '필수적인 요건'에 상당하는 부분에 한정하였다. 더하여 지침의 요건을 구체화하는 기술규격의 책정은 EU기관·회원국으로부터 독립한 유럽표준화기관에 맡겼다. 표준화기관이 책정한 기술규격의 준수는 의무가 아니고, 사업자의 자율에 맡겼는데, 규격에 적합하면 지침의 요건에 합치하는 것으로 추정된다.[11] 사업자는 독립한 인증기관에 제품의 시험과 기술규격에 대한 적합성의 확인을 구하여 시험의 결과에 의하여 규격에 적합함이 증명되면, 자기책임으로 지침을 충족시킨다는 것을 보여주는 'CE 표시'를 제품에 붙이는데, 표시가 부착된 상품은 역내에서 자유유통을 보장받게 되는 것이다.[12]

이렇게 소극적 통합과 적극적 통합을 조합해 자유이동의 장벽을 제거함으로써 역내시장은 예정대로 1992년 말에 일단 완성을 보았다.

Ⅲ. 역내시장의 시장통합의 정도

1. 경제통합의 종류와 역내시장

국내시장 유사의 단일시장을 목표로 하였던 역내시장의 통합 정도는 어떻게 평가할 수 있는가. 지역경제통합은 자유무역지역, 관세동맹, 공동시장, 통화동맹, 경제동맹 등으로 구분되는데,[13] 각각 통합의 정도가 다르다. 통합의 정도가 낮은 것부터 순서대로 개관한다.

첫째, 자유무역협정이 구축한 '자유무역시장'은 회원국간의 통상장벽을 제거하

11) 須網, 『전게서』(각주 4), 313-314면.
12) 同上, 314-315면. Chalmers and others, *supra* note 3, p.700.
13) Barnard, *supra* note 10, pp.8-14. 須網, 『전게서』(각주 4), 76-78면.

고, 회원국에서 생산한 상품을 대상으로 자유무역을 실현한다. 한편, 제3국으로부터 회원국으로 수입된 상품은 자유무역의 대상이 아니고, 또한 회원국은 제3국과의 통상관계를 자유롭게 규율할 수 있다. 둘째, '관세동맹'은 자유무역지역을 발전시킨 것으로 자유무역의 대상이 회원국에서 생산한 상품에 한정되지 않고 제3국으로부터 수입한 상품을 포함한 전 제품이 된다. 이 때문에 필연적으로 참가국은 제3국과의 통상관계를 독자적으로 규율하지 못하고, 제3국과의 관계는 대외 공통관세를 포함한 공통의 통상정책에 의하여 규율된다. 자유무역지역·관세동맹의 대상이 상품의 무역에 대한 것임에 반하여, 세 번째의 '공동시장'은 관세동맹을 기초로 상품만이 아닌 생산활동에 불가결한 다른 요소인 사람(노동자·자영업자)·서비스·자본의 자유이동도 실현한다. 그로 인해 공동시장 내부에서 노동·자본의 최적 배분이 가능해진다. 공동시장은 마지막 단계인 '경제·통화동맹'의 전제가 된다. '경제동맹'은 참가국간에 거시경제정책·통화정책을 포함한 경제정책을 조화시키는 것이고, '통화동맹'은 참가국 통화간의 교환율을 불가역적으로 고정하거나 참가국 통화를 공통통화로 대체하는 것으로, 그에 의하여 환율변동 리스크(risk)가 소멸한다.

EU는 관세동맹을 기초로 역내시장으로 불리는 공동시장을 완성하였는데, 유로(Euro)가 시사하듯이 경제·통화동맹을 실현하고 있다. 결론적으로 EU는 지역경제통합으로써 이미 가장 높은 수준에까지 도달한 것이다.

2. 판례법에 의한 역내시장의 발전

(1) 판례법의 발전과 시장통합의 정도 – 금지된 비관세장벽의 범위

물론 역내시장은 일단 완성되면, 완성상태가 계속해서 유지되는 정적인 존재는 아니다. 역내시장은 항상 변화하는 동적인 존재이고 특히 ECJ가 EU법의 해석을 발전시킨 것에 의해 통합의 정도는 적극적으로도 소극적으로도 변화한다. 구체적으로, 상품의 자유이동에서는 전술한 것과 같이 '동등한 효과를 가지는 조치(EU기능조약 제34조)'가 배제되어야 할 비관세장벽의 범위를 제1차적으로 결정하는 중요한 개념이다. 그 개념이 넓게 해석되면, 보다 많은 국내규제가 장벽으로써 제거되고, 그만큼 시장통합의 정도가 상승하여 국내시장의 조건에 근접하게 된다. 반대로, 그 범위가 좁게 해석되면, 그 정도에 비례하여 시장통합의 정도가 저하된다. 이하에서 판례의 변천을 검토하고, 그 영향을 분석한다.

(2) 비차별적 규제의 확대

'동등한 효과를 가지는 조치'에 대한 최초의 선도적인 판례는 1974년의 *Dassonville* 사건의 선결적 결정이다. 동 결정은 '역내통상을 직접적 또는 간접적으로, 현실적 또는 잠재적으로 방해하는, 회원국에 의해 제정된 모든 통상규칙'은 동등한 효과를 가지는 조치에 해당한다는 넓은 해석을 확립하였다.[14] 그 후 전술한 *Cassis de Dijon* 사건 결정은 차별적 요소가 아닌 회원국간의 규제내용의 차이도 동등한 효과를 가지는 조치라는 것을 확인하였다.[15] 이 결정들에 의해서 금지된 비관세장벽이 확대되어, 수입국이 수입품에 대하여 내국민 대우를 해 줌으로써 수입품을 국산품과 같게 취급하는 것만으로는 충분하지 않다는 것이 명확해졌고, 그로 인하여 시장통합이 진전되었다.

(3) 비차별적 규제의 범위의 한정

그러나 판례의 변화가 한 방향으로만 진전된 것은 아니다. 1993년의 *Keck* 사건의 선결적 결정은 회원국 규제의 차이로 기인한 장벽에 관하여 '상품 자체에 대한 규제'와 '판매방법에 관한 규제'를 구분하여 후자는 통상을 저해하는 정도가 낮은 것이기 때문에 동등한 효과를 가지는 조치에 해당하지 않는다고 판시함으로써[16] 금지의 대상범위를 한정하였다. 당연히 *Keck* 사건 선결적 결정에는 강한 비판이 제기되었다. 2가지 유형의 어느 쪽에도 해당하지 않는 규제가 있는데 그러한 경우에 대한 처리가 불명확하고, 또한 Jacobs 법무관은 판매방법에 관한 규제 중에서도 특히 광고규제는 역내통상에 대한 영향력이 크다는 사실에 주목하고 그것을 일률적으로 제외하는 유형론을 비판하였다.[17] 그 때문에 ECJ도 판매방법과 상품규제의 구별에서 실질적으로

---

14) Case 8/74 *Procureur du Roi v. Dassonville* [1974] ECR 837, at 852.

15) Case 120/78, *supra note* 6, para.8.

16) Joined Cases C-267/91 and C-268/91 *Keck and Mithouard* [1993] ECR I-6097, paras.15-17. 小場瀬琢磨, 「EC 条約 28 (現運營条約 34) 条の適用範囲－製品関連規制と販賣態様規制の区別」, 中村·彰網編著, 『전게서』(각주 6), 190-195면. Tamio Nakamura·Takao Suami 편저, 박덕영·이주윤 옮김, 「EU법 기본판례집」(연세대학교 출판문화원, 2012), 183-188면.

17) AG Opinion, Case C-412/93 *Leclerc-Siple* v. *TFI Publicité SA and M6 Publicité* [1995] ECR I-179, at I-194-198; Peter Oliver and Stefan Enchelmaier, "Free Movement of Goods: Recent Developments in the Case Law," *Common Market Law Review*, vol.44, no.3 (2007), pp.649, 673-674.

는 판매방법과 그 이외의 규제라는 구별로 발전하였고, 또한 최근의 판례는 간접차별 개념을 넓게 해석하여 마케팅(marketing) 규제의 대부분을 금지대상으로 판시하고 있다.[18)]

(4) 시장접근(access) 기준의 도입

그러나 2009년에 이르러 ECJ는 *Keck* 사건의 선결적 결정을 변경하여 시장접근(access)을 기준으로 한 새로운 기준을 채택하였다고 여겨지는 2가지 선결적 결정, 즉 *Commission v. Italy* 사건의 선결적 결정과 *Mickelsson* 사건의 선결적 결정을 내렸다. 전자는 트레일러(trailer)의 견인차량을 4륜 자동차 등에 한정하는 이탈리아법이 쟁점이 되었던 사안인데, 결정은 *Keck* 사건 선결적 결정 및 그 2가지 유형에 대하여 언급하지 않고, 상품(트레일러)의 사용제한은 수입국 시장에 대한 접근에 영향을 주기 때문에 사용금지가 동등한 효과를 가지는 조치에 해당한다고 인정하였다.[19)] 이 결정은 EC조약 제28조(EU기능조약 제34조)가 수입국 시장에 대한 자유로운 접근을 보장하는 것이라고 이해하고, 상품의 사용제한에 있어서도 자유로운 접근을 훼손하는 것은 배제되어야 한다고 판시하였다. 후자의 결정에서도 스웨덴법이 인정한 지방자치단체에 의한 개인용 제트스키의 항행수역제한이 쟁점이 되었다. 결정은 마찬가지로 *Keck* 사건 선결적 결정의 2가지 유형에 대한 언급 없이 전자의 결정을 채택하여 다른 회원국 상품의 수입국시장에 대한 접근에 영향을 발생시키기 때문에 상품의 사용을 모두 제한하는 국내법은 금지된다고 판시하였다.[20)]

이 결정들은 시장접근 기준으로의 전환을 의미하고, 그 전환에 의하여 동등한 효과를 가진 조치가 다시 확대될 가능성이 있다고 지적하는 견해가 있다.[21)] 그러나 시장접근 기준이 *Keck* 사건 선결적 결정을 전면적으로 대체한다고 판단하는 것에 신중한 입장을 취하는 견해도 있다.[22)] 분명히 그러한 결정이 *Keck* 사건 결정에 대하여 일체 언급하지 않았다는 사실은 ECJ가 사실상 그 결정을 파기한다는 것을 의미하는 것으로 보인다. 그러나 양 사건의 대상인 상품 사용제한은 상품규제와 판매방법규제

---

18) Oliver and Enchelmaier, *supra note* 17, pp.681, 704; Eleanor Spaventa, “Leaving Keck Behind? The Free Movement of Goods after the Rulings in Commission v. Italy and Mickelsson and Roos,” *European Law Review*, vol.34, no.6 (2009), pp.914, 920.
19) Case C-110/05 *Commission v. Italy* [2009] ECR I-519, paras.56-58.
20) Case C-142/05 Mickelsson and Roos [2009] ECR I-4273, paras.24 and 25-28.
21) Barnard, *supra* note 10, pp.18-25.
22) Spaventa, *supra* note 18, pp.921-923.

중 그 어느 쪽에도 해당하지 않을 가능성이 높아 과거 판례의 판단대상이 되지 않는다.[23] 그러므로 판례가 시장접근 기준으로 기울고 있다는 경향은 엿볼 수 있지만 지금까지의 기준이 변경되었다고 속단할 수는 없다. 종래 상품규제 또는 판매방법 규제로써 판단되었던 유형에 대한 새로운 판단이 기대된다고 할 것이다.

(5) 소　결

ECJ는 역내시장의 일체성·통합의 정도를 높이기 위하여 자유이동 규정을 적극적으로 해석하여 소극적 통합을 진척시킬 수 있었다. 그러나 적극적 해석은 한편으로는 회원국의 통치권의 행사를 보다 제한하는 것을 의미한다. 그 때문에 ECJ는 후술할 자유이동의 제한의 정당화와 관련하여, 해석의 과도함·상황의 변화에 대응하여 해석을 일정 정도 수정하였다. 그러한 해석의 변화는 시장통합의 정도를 미묘하게 변화시킨다. 그러나 결론적으로 보면, ECJ는 통합을 진전시킬 수 있었다.

3. 역내시장과 국내시장의 차이

(1) '공익상의 이유'에 기초한 자유이동의 제한

앞서 본 것처럼 역내시장은 지극히 고차원의 경제통합을 달성하고 있다. 그러나 '국내시장에 가능한 가장 근접한 조건을 갖추었다는 단일시장'이라고 하여도 역내시장을 국내시장과 비교하면 통합의 정도에 대하여 여전히 무시할 수 없는 차이가 있다. 따라서 역내시장은 아직 국내시장과는 다르다. 우선 각 자유이동의 보장은 절대적이지 않고, 기본조약은 회원국이 공익적 이유에서 일정한 조건을 충족할 경우[24] 자유이동을 제한할 수 있도록 하고 있다. 상품의 자유이동의 분야에서는 관세장벽의 제거에는 예외가 인정되지 않으나, 비관세장벽에 대하여는 EU기능조약 제36조가 열거한 사유를 근거로 하여 회원국이 역내수출입을 제한할 수 있다. 이 조항은 EEC조약 이후의 규정인데 공서(public policy), 치안 등에 더하여 공중도덕, 인간·동물·식물의 건강·생명의 보호 등, GATT 제20조를 참조한 것으로 생각되는 예외 사유가 열거되어 있다. 동조의 여러 가지 사유는 예시적이 아닌 한정적 열거이나 전술한 것처럼

---

23) *Ibid.*, pp.929-932.

24) 회원국의 조치는 첫째, 자의적인 차별·위장된 제한을 구성하지 않아야 하고(EU기능조약 제36조 2문), 둘째, 목적과 수단의 비례성을 충족하여야 한다.

Cassis de Dijon 사건의 선결적 결정이 '필수적인 요건'이라는 추상적인 개념으로 정당화를 인정하였기 때문에, 제36조 이외의 사유로도 자유이동의 제한을 정당화할 수 있어서 이후의 판례에 의해 갖가지 비경제적 이익이 정당화 사유로써 인정된 바 있다.[25] 자유이동의 제한이 승인된 것은 상품만이 아니다. 인간·서비스의 자유이동에서도 공익상의 이유에 기초하여 규정된(EU기능조약 제45조 3항, 제52조 1항, 제62조) 필수적 요건에 의한 정당화가 인정되고, 자본의 자유이동에도 일정한 예외가 있다(EU기능조약 제65조). 회원국의 제한이 예외적으로 정당화된 결과, 실제적으로는 자유이동이 항상 실현되는 것은 아니다.

(2) 회원국에 의한 다른 정당화 사유의 해석

단순히 자유이동의 제한만이 인정된 것은 아니다. 판례법은 제한을 정당화하는 공익상의 이유의 내용이 회원국의 상황에 따라 달라지는 것도 인정하고 있다. 즉, 공서는 서비스 자유이동의 제한 사유이나(EU기능조약 제52조 1항) 2004년의 *Omega* 사건 선결적 결정은 공서 개념의 채택을 정당화하는 구체적 상황은 회원국에 따라 달라지기 때문에 회원국이 EC조약이 부과한 제한의 범위 내에서 재량을 갖는다고 판시하였다.[26] 이 결정은 인간의 존엄이 공서를 구성함과 동시에, 공서의 이해가 회원국간에 달라진다는 것을 인정한 것이다. 정당화 사유의 해석에 대한 회원국의 재량이 긍정되었기 때문에 회원국간에도 일정한 차이가 발생하여 시장의 일체성이 훼손될 수 있다.

(3) 기본조약에 의한 회원국법간의 차이의 허용

아직 기본조약 및 조화조치(회원국법을 조화하는 EU입법)가 회원국법과의 차이를 허용하고 있지만, 공익상 이유에 의한 정당화를 전제로 한, 앞서 기술한 예외가 허용하는 것 이상의 제한이 인정되는 것은 아니다. 첫째, 역내시장의 설립·기능을 위한 회원국법의 조화조치를 규정하는 EU기능조약 제114조 4항, 5항에 의하면, EU기관의 조화조치 채택 후에도 회원국은 보다 엄격한 국내법을 독자적으로 유지·도입할 수 있다.[27] 그러나 보다 엄격한 국내법의 수입품에 대한 적용은 다른 회원국으로부터의

25) Barnard, *supra* note 10, pp.166-168.
26) Case C-36/02 *Omega* [2004] ECR I-9609, para.31; 新村とわ·中村民雄,「サービスの自由提供と構成国の公序規制」, 中村·彰網編著,『전게서』(각주 6), 243-251면.
27) Barnard, *supra note* 10, pp.620-623.

수입을 방해하는 것이기 때문에 이러한 종류의 국내법은 정당화될 필요가 있다.[28) 제114조는 보다 엄격한 국내법은 공익상의 이유(EU기능조약 제36조 및 환경·노동환경의 보장)에 의하여 정당화되어야 하고, 절차적으로는 EU집행위원회에 대한 통지와 그에 대한 승인이 필요하다고 규정한다(제114조 4~6항). 둘째, 조화조치 자체가 그 내용과 다른 회원국법을 긍정하는 경우도 있다. 예를 들어 소비자보호를 목적으로 하는 지침에는 조화가 최저한일 것을 나타내어 최저 수준의 조화조항이 삽입된 것이 있다. 그 경우, 회원국은 기본조약이 아닌 지침을 근거로 하여 보다 엄격한 국내법을 유지·도입할 수 있다.[29) 다만 국내법은 기본조약과 부합하여야 하고, 역시 정당화의 필요가 있다.

4. 소 결

이상을 요약하면 EU 역내시장은 지극히 높은 수준의 통합을 실현하고 있다. 본장에서는 언급하지 않았지만, 역내시장에서 경쟁의 왜곡을 방지하기 위하여 EU가 독자적인 경쟁법을 갖추어 역내에서 경쟁하는 사업자에 대하여 동일한 경쟁조건을 보장하고 있다는 것도 그 증거이다(EU기능조약 제101조 이하). 역내시장에서 무역자유화가 WTO·자유무역협정 등에 의한 자유화와 비교하여 현격히 심화되어 있어 후자에서 적법한 행위가 EU에서는 위법한 것이 되기도 한다.[30) 그러나 역내시장은 국내시장과는 여전히 여러 측면에서 다른 시장이고, 그 일체성이 국내시장보다 완전하지 않다. 다양한 정책분야에 관하여 회원국과 EU가 권한을 공유하고 있지만, 회원국에 전속적 권한이 남아있는 분야도 적지 않은데, 회원국은 사회보장을 시작하고, 국민을 보호할 책임을 제1차적으로 부담한다. 그런 까닭으로 회원국법간의 차이가 일정 범위

---

28) Case 382/87 *Buet and Another v. Ministère Public* [1989] ECR1235, paras.15-17; Stephen Weatherill, "Pre-emption, Harmonization and the Distribution of competence to Regulate the Internal Market," in Catherine Barnard and Joanne Scott (eds.), *The Law of the Single European Market. Unpacking the Premises* (Hart Publishing, 2002), pp.58-63.

29) Peter Rott, "Minimum Harmonization for the Completion of the Internal Market? The Example of Consumer Sales Law," *Common Market Law Review*, vol.40, no.5 (2003), pp.1107-1109. 예를 들어 지침(directive) 1999/44호 제8조 2항은 회원국이 EC조약에 적합하면, 보다 엄격한 조치를 채택 또는 유지할 수 있다고 규정하고 있다(OJ 1999, L 171/12).

30) Janja Honik, "Free Movement of Goods in a Labyrinth: Can Buy Irish Survive the Crisis?," *Common Market Law Review*, vol.49, no.1 (2012), p.324.

에서 허용될 수밖에 없어 그 한계점에서 자유이동이 방해받을 수밖에 없다. 이에 더하여 시장의 일체성이 달성되었다 하더라도 회원국이 그 후 새로운 규제를 도입하면 그 일체성이 위태로워진다. 국내시장과 다른 역내시장을 가지고 있었던 경험이 유럽시장 일반에 유용할 가능성이 여전히 존재하고 있는 것이다.

Ⅳ. 자유이동의 보장과 사회적 가치의 대립

1. 시장통합의 기본구상 – 경제와 사회의 분리

EU에서 시장통합은 경제와 사회의 분리라는 사고방식에 의거하여 만들어졌다. EEC조약이 국적에 의한 차별의 금지, 남녀 동일노동·동일임금의 원칙을 제외하고 인권규정을 갖추지 않았던 것은 그 결과로 발생하게 될 경제통합과 비경제적인 사회적 가치의 심각한 대립은 예상하지 못하였던 것이었다. 그러나 경제, 특히 시장 시스템(system)과 사회를 실제로는 명확히 구분하기 어렵다. 시장통합에 따라 역내시장 내에서 사업자간 경쟁이 발생하는 것과 함께 기업을 유치하기 위한 회원국 시장간의 경쟁도 발생하고, 그것은 사회제도간의 경쟁이 될 수밖에 없다.[31] 그래서 각국의 사회제도를 반영하는 환경법·노동법 등은 역내통상의 장벽으로 인식되어 조화조치의 대상이 된다. 역내시장의 통합 정도가 높아지면 높아질수록 회원국의 규제권한에 대한 간섭의 정도는 더 커지고 사회적 가치와의 충돌이 발생한다. 특히 회원국이 사회적 규제의 기준을 낮출 것을 장려하는 '사회적 덤핑(dumping)'의 압력에 굴복하게 되는 경우에는, 시장과 사회와의 긴장관계가 한층 더 높아지게 된다.

2. 사회적 가치에 대한 EU의 대응

EU는 경제활동이 필연적으로 개인의 건강·안전, 환경 등에 영향을 미친다는 것을 점차 인식하게 되었고, 사회적 가치를 자신의 내부에 도입해 갔다. ECJ가 1969년에 당초의 입장을 변경하여 기본적 인권의 존중이 EU법의 일반원칙의 불가결한 일부

31) Richard Giesen, "Posting: Social Protection of Workers vs. Fundamental Freedoms?," *Common Market Law Review*, vol.40, no.1 (2003), pp.143-144.

를 구성한다고 판시하였던 것은 그 출발점이었다.[32)]

물론 ECJ시대에는 경제공동체라는 성격을 반영하여 여전히 자유이동이 강조되었지만, 그 후 EU의 창설(1993년)에 의해 EEC가 EC(유럽공동체)로 개칭되고, 그 실질도 변화되었다. 즉, EC의 비경제적 임무·목적이 확대된 것과 함께 사회적인 활동범위가 대폭 확충되어(EC조약 제2조, 제3조), 자유이동과 모순되는 요소가 더해짐으로써 각 정책과제의 위치설정도 변화되었다. 예를 들어 ECJ는 차별금지를 규정한 EC조약 제119조(EU기능조약 제157조)에 관하여, 이전에는 이 조항이 평등의 달성이라는 사회적 목적과 역내기업의 경쟁조건의 평준화라는 경제적 목적의 이중의 목적을 가지고 있다고 판시하여, 양자를 같은 정도로 중요하게 보았다.[33)] 그러나 2000년의 *Deutsche Post* 사건 선결적 결정은 지금까지의 결정이 차별금지가 기본적 인권이라고 반복하여 말하여 왔던 것에 언급하고, 경제적 목적은 차별금지에 관한 규정이 추구하는 사회적 목적에 종속된다고 판시하고 있다.[34)] 분명하게 사회적 가치를 보다 중요시하는 방향으로 변화한 것이다.

3. 리스본조약 체제에서의 사회적 가치

그리고 리스본조약 발효(2009년 12월) 후의 현행 기본조약은 정면으로 사회적 가치에 대처하려 하고 있다. EU의 기초인 사회적 가치의 명확화(EU조약 제2조)와 아울러 EU가 경제활동에 관한 정책뿐만 아니라 모든 정책·활동을 일관되게 하여야 한다고 정하고 있는데(EU기능조약 제7조), 이에 더하여 불평등의 제거와 평등의 촉진, 높은 수준의 고용과 적절한 사회적 보호, 다양한 차별의 배제, 소비자보호 등의 사회적 가치가 명시되어 있는 것은(EU기능조약 제8~17조) 그러한 상황을 보여주고 있는 것이다. 그러한 점은 한편으로 EU가 정치공동체로 탈바꿈하였다는 것을 반영하는 것인데, 다른 한편으로는 시장통합의 진전이 사회적 가치의 중시를 요청한 한 결과이기도 하다.

---

32) Case 29/69 Stauder v. Ulm [1969] ECR419, at 425; 大藤紀子, 「EC 法秩序における基本權保護」, 中村·彰網編著, 『전게서』(각주 6), 134면.

33) Case 43/75 Defrenne v. Sabena [1976] ECR 455, paras. 8-11; 中村民雄, 「EC条約規定の水平的直接效果と男女労働者の同一賃金原則」, 中村·彰網編著, 『전게서』(각주 6), 43-51면.

34) Joined Cases C-270/97 and C-271/97 *Deutsche Post AG v. Sievers* [2000] ECR I-929, paras.56-57.

시장통합과 각국의 사회적 가치와의 상충은 최근 특히 그 심각성이 커지고 있다. 2007년의 세계금융위기, 아직 진행 중인 유로(Euro)위기에 기인한 경제불황에 대응하여, 많은 EU 회원국에서 보호주의적 경향이 강화되고 있기 때문이다.[35] 유로뿐만 아니라 역내시장에서도 위기가 계속되고 있고, 이에 따라 역내시장과 사회적 가치의 조화는 중요한 과제가 되었다. ECJ는 리스본조약 이전부터 자유이동이 사회정책이 추구하는 목적과 균형을 지켜야 한다는 입장을 분명하게 하고 있었다.[36] 그러나 자유이동이 우선시되는 것에 대한 우려는 뿌리가 깊고, 소비자보호를 목적으로 하는 많은 지침이 제정되어 있지만 그 지침들이 자유이동과 소비자의 이익을 적절히 균형 잡히게 하는지는 아직 논란이 되고 있으며, 노동자와 소비자의 이익이 경시되고 있다는 점에 대한 비판도 많다.[37] 2005년의 프랑스 국민투표에 의한 헌법조약의 부정은 시장에 대한 과도한 배려로 인해 프랑스 사회의 가치가 위기에 처해 있다는 인식에 기인한 것이었다고 설명하면서, 역내시장 개념을 소비자안전, 사회권, 노동정책, 환경 등의 사회적 가치를 담는 것으로 다시 개념화하는 것이 필요하다는 주장이 있다.[38] 재개념화의 단계는 리스본조약에 의하여 시장의 본연의 형태가 자유경쟁을 따르는 '개방시장경제(EC조약 제4조 1항)'로부터 완전고용·사회적 진보·높은 수준의 환경보호를 목적으로 하는 '사회적 시장경제(EU조약 제3조 3항 2문)'로 변화하는 것에 있다. 기본조약이 사회적 시장경제 개념을 정의하면서 그 내용을 명확하게 한 것은 아니지만, 리스본조약이 EU에 많은 사회적 임무를 과제로 부여했다는 것을 생각하면, 사회적 시장경제 개념이 사회적 요소에 중점을 둔 개념이라는 것은 틀리지 않을 것이다.[39]

4. 자유이동과 사회적 가치의 균형

(1) 사회적 가치에 의한 제한의 정당화

전술한 것처럼 자유이동의 제한을 정당화하는 사유는 기본조약이 규정하는 명문의 사유와 판례법이 인정하는 필수적인 요건에 들어맞는 사유이다. 그리고 판례는

35) Hojnik, *supra* note 30, pp.293, 298-301.

36) Case C-438/05 *International Transport Workers' Federation v. Viking* [2007] ECR I-10779, para.79.

37) Paul Craig and Gráinne De Búrca, *EU Law: Text, Cases, and Materials*, 4th ed. (Oxford University Press, 2008), pp.627-628.

38) *Ibid.*, pp.604, 631-632.

39) Barnard, *supra* note 10, pp.29-30.

소비자보호, 환경보호, 노동조건의 개선, 기본적 인권의 보호 등이 필수적인 요건임을 명확히 하고 있다.[40] 따라서 자유이동과 사회적 가치의 조정이 필수적인 경우 중 하나는 자유이동을 제한하는 회원국의 조치가 예외적으로 정당화되는가를 심사할 때 사회적 가치를 얼마나 고려하는가이다. 다음에서는 대표적인 예인 기본적 인권의 보호에 관하여 검토하고, 역내시장에서 사회적 가치의 의미를 분명히 한다.[41] 나아가 현재는 회원국에 공통된 헌법적 전통 및 유럽인권협약에서 도출된 기본적 인권이 EU법의 일반적 원칙을 구성할 뿐만 아니라, 리스본조약에 의하여 EU기본권헌장에 기본조약과 같은 법적 가치가 인정되었다는 것에 유의할 필요가 있다(EU조약 제6조).

(2) 상품·서비스의 자유이동과 기본적 인권

기본적 인권은 회원국이 지켜야 할 사회적 가치임에도, 역내시장의 진전에 따라 상품의 자유이동과 기본적 인권이 대립하는 경우가 발생한다. 기본적 인권의 보호는 자유이동을 제한하기도 하고 한편으로는 제한을 정당화하는 사유도 된다.[42] 양자의 충돌에 관한 선구적 판례는 2003년의 *Schmidberger* 사건 선결적 결정이다.[43] 이 사건은 환경보호단체가 한 도로상에서의 집회로 인하여 국제도로운송이 장시간 방해되었던 사건인데, 행정청이 집회를 금지하지 않고 중요운송로의 차단을 방치한 것이 자유이동을 제한하는 것인지가 쟁점이었다. 결정은 집회허가조치를 제한으로 인정한 후에 표현·집회의 자유의 보장을 이유로 한 제한이 정당화될 수 있다고 판시하였다. 그리고 결정은 첫째, EC법상의 기본권과 모순되는 조치는 위법한 것이므로 기본권보호는 자유이동을 제한하는 이유가 되고, 둘째, 기본권보호와 자유이동은 양자 모두 존중되어야 한다는 중요한 원칙이 있으나, 한편 어느 쪽도 절대적이지 않고 다른 요청에 의하여 제한될 수 있으므로 모든 이익을 종합적으로 고려하여 적절한 균형점을 발견하여야 한다고 판시하였다.[44] 결정은 균형점의 결정시에, 회원국의 넓은 재량

40) Oliver and Enchelmaier, *supra* note 18, p.690.

41) 小場瀬琢磨, 「EU域内市場の基本的自由の基本権へ-欧州憲法条約お契機として」, 『早稲田法学会誌』第55巻(2005年), 168-173면.

42) Barnard, *supra note* 10, p.171; Charles F. Sabel and Oliver Gerstenberg, "Constitutionalising an Overlapping Consensus: The ECJ and the Emergence of a Coordinate Constitutional Order," *European Law Journal,* vol.16, no.5 (2010), pp.515-516.

43) Case C-112/00 *Schmidberger v. Austria* [2003] ECR I-5659; Chalmers and others, *supra* note, 3, pp.758-760. Tamio Nakamura·Takao Suami 편저, 박덕영·이주윤 옮김, 「EU법 기본판례집」(연세대학교 출판문화원, 2012), 196-201면.

44) Case C-112/00, *supra* note 43, pp.73-74, 77-81.

을 인정하지만, 그것은 여전히 사법심사의 대상이라고 판단한 후에 의견의 공적 표명을 본질적 목적으로 하는 집회의 소극적 영향은 감수될 수밖에 없다고 하여 최종적으로 당국의 판단을 긍정하였다.[45)] 결국 자유이동과 기본적 인권은 EU법질서 내부에서 어느 하나가 다른 하나에 대하여 일반적으로 우선하는 단계적 관계가 아니고, 병렬로 존재하는 가치이다. 그 때문에 양자의 균형점이 모색되고 있다.

기본적 인권에 의한 정당화는 서비스의 자유이동에서도 똑같이 가능하다. 여기에서의 선도적 판례는 전술한 *Omega* 사건 선결적 결정이다. 이 사건에서 문제된 서비스는 게임(game)의 제공이었다. 독일은 게임 참가자를 표적으로 한 사격은 독일기본법이 보장하는 '인간의 존엄'에 반한다는 이유로, 그 서비스 제공을 금지하였다. 이 사건에서 '공서(EU기능조약 제52조 1항)'에 의하여 제한을 정당화할 수 있는가가 쟁점이 되었는데, 결정은 인간의 존엄이 국내법과는 무관하게 EC법의 일반원칙을 구성한다는 것을 인정한 후에, 기본권보호를 이유로 하여 서비스 제공의 자유를 제한하는 것을 원칙적으로 긍정하였다.[46)]

Schmidberger · *Omega* 두 사건에서 회원국은 회원국 헌법을 근거로 기본적 인권을 보호하는 조치를 취하였는데, ECJ는 두 사건에서 국내법상의 인권을 EU법상의 인권으로 인정하고, 자유이동과 조정해야 한다는 판단구조를 채택하여, EU법 내부의 문제로 그것을 처리하였다. ECJ는 국내법의 해석권한은 없고, 또한 EU법과 회원국 헌법이 보호하는 기본적 인권과의 관계는 EU법의 우위원칙에 관한 것으로 법적해결이 곤란한 논점이므로 그것을 회피한 것이다.[47)] 양 결정의 결론은 회원국의 판단을 존중하는 것이기 때문에 회원국에도 이견이 없었을 것이다. 그러나 양자의 균형을 꾀하는 이상 기본적 인권이 자유이동에 항상 우선하는 것은 아니다. 그것을 보여주는 것이 다음의 2가지 사건이다.

(3) 회사설립의 자유와 노동자의 권리

기본적 인권과 자유이동은 사람의 자유이동을 놓고도 대립한다. 역내시장에서 사업자간의 경쟁은 회원국의 회사제도도 경쟁에 끌어들이지만, 한편, EU에서도 회원국의 노동자보호입법이 전면적으로 조화되는 것은 아니므로 자유이동의 제한이 발생

45) *Ibid.*, paras.82-93.

46) Case C-36/02, *supra* note, paras.34-35, 新村 · 中村, 「전게논문」(각주 26).

47) 須網隆夫, 「EU法と国際法-多元的な法秩序觀とEU法秩序の性質」, 福田耕治編著, 『多元化するEU』(早稲田大学出版部, 2011年), 11-16면.

한다. 예를 들어, 국경을 넘어 일시적으로 파견된 노동자에 대하여 파견된 국가의 노동법을 적용하는 것은 다양한 관점에서 논의될 수 있다.48) 특히 주목할 것은 노동자의 권리와의 충돌인데, 2007년의 두 결정에서는 기본적 인권으로 인정되는 '단체행동의 권리'와 자유이동의 저촉이 발생하여 기업의 경제적 자유와 기본적 사회권의 존중의 균형점이 모색되었다.49) EC에서는 단체행동권을 규율할 권한은 없다(EU기능조약 제153조 5항). 그럼에도 불구하고, 회원국법이 규율하는 단체행동권은 자유이동의 보장에 의해 일정한 영향을 받는다.50)

여기에서의 선구적 판례는 '회사개업의 자유'와 '노동조합의 쟁의권'의 관계가 문제된 2007년의 *Viking* 사건 선결적 결정이다.51) 개업의 자유는 자영업자의 자유이동을 보장하고, 회사설립의 자유를 포함하는데, 그 주체에는 법인도 포함된다(EU기능조약 제54조). 이 사건은 회사가 개업의 자유를 행사하였던 사건이었다. 이 사건에서 노동조합의 행위는 쟁의행위(파업·보이콧)인데, 그것이 회사설립의 자유에 반하는 것이 아닌지 문제되었다. 나아가 사람·서비스의 자유이동이 규제하는 행위는 상품의 경우와 달라 공적기관의 행위에 한정되지 않는다.52) 결정은 첫째, 파업(strike)권을 포함한 단체행동권은 EC법의 일반원칙을 구성하는 기본권이지만 그 행사는 EC법에 의한 제한을 받지 않는 것이고, 둘째, 이 사건의 쟁의행위가 개업의 자유의 제한에 해당한다는 것을 인정하고, 그래서 셋째, 개업의 자유의 제한은 공공의 이익에 의하여 정당화되지만, '노동자보호를 목적으로 한' 단체행동권은 정당화 사유를 구성하기는 하나 목적달성에 필요한 한도를 초과하지 않는 범위에서만 제한을 정당화하는 것이라고 판시하여, 구체적인 쟁의행위의 목적의 인정을 국내재판소에 위임한 후 해석의

48) Giesen, *supra* note 31, pp.143-158.

49) Sabel and Gerstenberg, *upra* note 42, p.532; Christian Joerges and Florian Rödl, "Information Politics, Formation Law and the 'Social Deficit' of European Integration: Reflections after the Judgements of the ECJ in Viking and Laval," *European Law Journal*, vol.15, no.1 (2009), pp.1-19.

50) 회원국은 EU의 권한 외의 사항을 규율할 수 있지만 그 권한은 EU법에 맞게 행사되어야 한다(Case C-314/05 *Laval un Partneri* [2007] ECR I-11767, para.87).

51) C-438/05, *supra* note 36; 橋本陽子, 「労働組合の争議権と会社設立の自由の調和」, 『貿易と関税』第56巻9号(2008년), 75(1)-70(6)면.

52) C-438/05, *supra* note 36, paras.33-37; 須網, 『전게서』(각주 4), 186면. 유럽에서는 산업별로 경영자와 조합이 체결하는 집단적 노동협약이, 해당 사업의 노동조건을 규율하는 경우가 많기 때문에 자유이동규정의 효과는 사인간에도 직접 미친다(Case C-438/05, *supra* note 36, paras.57-61.)

지침을 주었다.[53] 결정은 전술한 *Schmidberger·Omega* 양 결정에 대하여 언급하면서 특히 전자와 같이 EC가 경제적·사회적 양자의 목적을 가지고 있으므로 자유이동은 생활·노동조건의 개선·적절한 사회적 보호·노사간 대화를 포함한 사회정책과 균형을 이루어야 한다고 하며, 사회적 목적을 명확하게 평가하고 있다.[54] 그러나 이 결정에 대해서는 쟁의권의 범위를 한정하여 노동조합을 약화시키는 것이 아니냐는 우려가 표명되고 있다.[55] 결정은 쟁의행위의 목적이 노동자 보호인지에 대한 판단기준으로써 조합원의 고용·노동조건에 대한 현실적 위협의 존재를 상정하고, 상부단체의 방침에 따른 쟁의행위에 관하여는 그것이 고용·노동조건에 미칠 부정적 영향 유무와 관계없이 실시된 것에 주목하여 합목적성을 부정하였다.[56] 분명히 쟁의권 행사는 무조건 허용되어서는 안 된다. 그러나 국내헌법이 보호하는 쟁의권이 EC법에 의하여 제한되는 것을 노동자가 납득할지는 의문이다.

Viking 사건 선결적 결정과 같은 비판에 처해있는 것이 직후의 *Laval* 사건 선결적 결정이다. 동 결정에서는 다른 회원국으로부터 일시적인 노동자 파견을 받은 기업에 대한 쟁의행위와 서비스 공급의 자유와의 충돌이 문제되었다. 본건 라트비아(Latvia) 기업은 스웨덴에서의 건축공사에 저임금의 라트비아 노동자를 파견하였는데, 스웨덴의 노동조합이 기업에 집단적 협약 체결을 요구하며 쟁의행위를 개시하고 현장을 봉쇄하여 라트비아 노동자의 근로를 저지하였다.[57] 결정은 *Viking* 사건 선결적 결정보다 쟁의행위의 합목적성을 더욱 더 한정하여 판단하였다. 우선 결정은 노동조합이 단체행동권에 의하여 다른 회원국의 사업자에 대하여 집단적 협약에 기초한 보다 유리한 고용조건의 설정을 강제하는 것을 서비스의 자유이동의 제한에 해당한다고 판단하였다.[58] 그리고 결정은 노동자보호를 위한 단체행동권이 정당화사유가 된다고 긍정하면서도, 결론적으로 노동조합이 노동자파견지침을 실시한 국내법보다[59] 유리한 조건의 단체협약의 합의를 위하여 본건과 같은 쟁의행위를 통해 다른 회원국의

53) C-438/05, *supra* note 36, paras.44, 72-74, 75, 77, 80, 84, 85.
54) *Ibid.*, paras.46, 79.
55) 橋本, 「전게논문」(각주 51), 71(5)면. Joerges and Rödl, *supra* note 49, p.15.
56) C-438/05, *supra* note 36, paras.81, 84, 89.
57) C-341/05, *supra* note 50, paras.30-34.
58) *Ibid.*, para.99.
59) EC는 1996년에 노동자파견지침을 채택하여 수입국에 파견된 노동자에 대하여 지침 제3조 1항이 열거하는 중요한 노동조건에 관하여 수입국법을 적용할 것을 요구할 수 있고, 스웨덴은 지침을 국내법화 하였다(OJ 1996, L 18/1).

사업자에게 압력을 가하는 것을 인정하지 않았다.[60] 이 결정도 자주 비판받는다.[61] 노동조건의 한층 더 나은 개선을 요구하는 조합활동을 일반적으로 위법하다고 하기는 어렵기 때문이다.

양 결정은 *Schmidberger*·*Omega* 양 결정과 마찬가지로 기본적 인권과 자유이동의 균형을 도모하였지만, 후자의 결정들과 반대로, 노동자의 권리보다도 역내시장의 일체성을 우선하여 해석하였다. 그 때문에 선택한 균형점의 타당성이 논란을 일으키고 있다.

(4) 역내시장의 재구성

이러한 결정들이 보여준 것은 자유이동과 기본적 인권을 조정하려고 하면 회원국 헌법이 보장하는 기본적 인권이 자유이동에 의하여 제한될 가능성이 구조적으로 발생한다는 것이다. 여기서의 근본적인 쟁점은 양자를 같은 차원으로 상정하여 조정한다는 판단구조가 옳은지이다. 분명히 *Schmidberger* 사건 선결적 결정이 기본적 인권이 공공의 복지에 의하여 제한된다는 것을 적시한 것처럼,[62] 기본적 인권의 보장이 항상 절대적인 요청은 아니다. 또한 기본적 인권과 역내시장의 기본적 목적을 모두 헌법적 기반 아래 확립된 권리라고 인식하여 자유이동에 관한 권리의 발전을 자유이동권이 기본적 인권에 수렴하는 과정으로 파악하는 견해가 상징하는 바와 같이,[63] EU법 내부에서는 양자의 구별이 명확하지 않고, 양자를 같은 차원에서 파악하는 것이 가능할 뿐만 아니라, 역내시장의 일체성의 관점에서는 차라리 그것이 바람직하다. 그러나 양자의 균형을 꾀하려면 *Viking*·*Laval* 사건 선결적 결정이 판시한 바와 같이 부분적으로라도 기본적 인권을 자유이동에 종속시키는 것이 된다. 그러한 양자의 대립은 국내헌법에서 내재적 한계가 논의되는 인권 간의 대립과는 다르다. 자유이동이 아무리 EU의 중요원칙이라도, 기본적 인권과는 성질이 다를 뿐 아니라, 국내법에서는 국경을 넘어서는 자유이동의 요소를 포함하지 않기 때문에 양자의 조정이 국내법에서 인정되는 이상의 제한을 기본적 인권에 부과하는 결과가 될 수밖에 없다. 그러한 결과에 대하여 자유이동의 우선에 대한 위기감을 갖게 되는 것은 당연하다.[64]

60) C-341/05, *supra* note 50, paras.103-111.
61) Joerges and Rödl, *supra* note 49, p.17. 橋本, 「전게논문」(각주 51), 71(5)면.
62) Caes C-112/00, *supra* note 43, para.79.
63) 小場瀬, 「전게논문」(각주 41), 184-185면.
64) Craig and De Búrca, *supra* note 37, p.634.

그리고 지금까지의 결정에 의하여 조정기준이 충분히 명확하게 되지 않은 것이 염려를 보다 크게 하였다. EU에서는 양자의 조정이 불가피한 것이라도 자유이동을 이유로 회원국의 사회적 가치에 대해 개입하는 것에 신중해야 한다는 의견이 적지 않다.[65] 재판연구관 Villalóneh는 2010년에 리스본조약 발효를 통해 자유이동에 영향을 주는 많은 사회적 조항을 기본조약 중에 삽입하는 것을 고려할 필요가 있다고 지적하였고, 자유이동의 제한을 정당화하는 이유인 노동조건을 엄격하게 해석하여야 하는 것은 아니라고 말한다.[66] 그러한 견해는 *Viking*·*Laval* 양 사건의 선결적 결정보다 시장의 통합도를 낮추게 되지만, 역내시장의 재개념화의 한 가지 방향성을 보여주는 것이다.

V. 결 론

무역자유화가 사회의 다양한 가치에 영향을 주는 이상 각국 고유의 전통·문화, 노동자의 권리·식품안전 등 사회적 가치와의 충돌은 불가피하다. 그러나 경제통합의 정도가 낮다면, 양자의 충돌은 눈에 띄지 않는다. 국내규제에 대한 영향의 정도도 낮기 때문이다. 그러나 시장의 통합도가 높아지게 되면, 사회적 가치와의 충돌은 보다 넓은 범위에서 심각한 형태로 발생한다. 그것을 회피하려고 한다면 본질적으로는 경제의 통합도를 낮추거나 사회적 통합을 진전시키거나 어느 한 쪽 밖에 없다.[67] 그러나 경제활동의 그룹화를 배경으로 경제통합의 발전에 대한 압력은 강해지는 한편 사회구조의 차이 및 주권국가의 자율성으로 인해 국가를 넘어서는 수준에서의 사회적 통합은 현실적으로는 쉽지 않다. 근본적인 대응이 곤란한 이상, 사회적 가치를 중요시하는 쪽으로 기준을 확립하는 것을 고려하여야 한다. 다만 EU의 경험은 국제적인 조정기준에 사회적 가치를 도입하는 것만으로는 충분하지 않다는 것을 보여준다. EU의 경험은 자유무역과 사회적 가치를 조정하는 것이 어렵다는 것을 보여주는 동시에 사회적 가치가 특히 국내헌법에 의하여 유래한 경우에는 자유무역을 우선하는 것이 곤란하다는 것을 의미하고 있다. 경제통합의 수준을 높이려면, 그로 인한 어려움에 직면하게 된다는 각오를 가져야 한다고도 말할 수 있다.

---

65) Joerges and Rödl, *supra* note 49, pp.18-19; Sabel Gerstenberg *supra* note 42, pp.532-534.
66) AG Opinion, Case C-515/08 *Santos Pulhota and Others* [2010] ECR I-9133, paras.51-53.
67) Chalmers and Others, *supra* note 3, at pp.709-710.

IV

국제투자법

제15장 국제투자법의 발전
제16장 공정형평대우규정과
투자보호의 국제최소기준
제17장 수용·국유화
제18장 외국자본규제와 국제법

제15장

국제투자법의 발전

- 현황과 과제

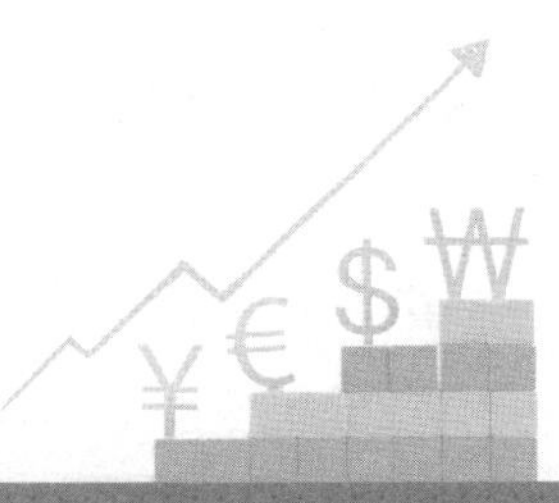

小寺 彰 (코테라 아키라)

Ⅰ. 서　　론

국제투자법이란 해외투자에 관한 국제법을 말한다. 이는 21세기에 들어 현저한 발전을 보이며 최근 10년간 세계 각지의 학계에서도 빈번하게 다루어지고 있는 주제 중 하나이다.[1)] 국제투자법의 발전이란 어떠한 것이며 그리고 현재 어떠한 과제에 직면하고 있는가.

1) 본장의 내용에 대해서는 이하 각주에 인용된 것들 외 다음의 문헌을 참조. Rudolf Dolzer and Christoph Schreuer, *Principles of International Investment Law* (2008); Peter Muchlinski, Federico Ortino and Christoph Schreuer (eds.), *The Oxford Handbook of International Investment Law* (2008); Jeswald W. Salacuse, *The Law of Investment Treaties* (2010); M. Sornarajah, *The International Law on Foreign Investment*, 3rd edition (2010).

Ⅱ. 국제투자협정의 개요

1. 국제투자협정의 의의

현대 국제투자법의 중심은 국제투자협정(International Investment Agreement, IIA)이다. IIA를 국제투자법의 핵심에 두는 것은 해외투자에 관한 일반 국제법규범이 불충분하고 IIA가 해외투자를 규율하여 왔기 때문이다. IIA의 대부분은 투자보호·투자촉진을 위한 협정인데, 자유무역지역을 설정하기 위한 자유무역협정(FTA; 일본에서는 '經濟連携協定[경제제휴협정, Economic Partnership Agreement, EPA]'이라고 불린다)의 투자챕터(章, chapter)로서 규정되는 경우도 있다.

조약의 형식을 살펴본다면, IIA는 주로 양자간에 체결되고 있어 'IIA'라는 용어를 대신하여 'BIT(양자투자협정)'라는 용어도 자주 사용되지만 다자간 조약도 존재한다. 이러한 다자간 조약 가운데 지역적인 것으로는 'ASEAN 포괄적투자협정(ASEAN Comprehensive Investment Agreement)' 등이 있고, EU조약도 투자협정의 내용을 포함한다. 그러나 세계적인 다자간 조약은 에너지 분야를 대상으로 한 '에너지헌장조약' 뿐이다. 분야를 한정하지 않은 범지구적 규모의 IIA는 과거에 몇 번 작성이 시도되었으나, 현재까지 채택된 것은 없다. 최근의 실패 사례로 주목을 받은 것은 OECD에서 교섭이 진행되었던 '다자간 투자협정(Multilateral Agreement on Investment, MAI)'에 관한 구상이다.[2)]

IIA에는 국가간에 상대국의 자국투자자 및 그 재산의 보호나 당사국 상호간의 투자자유화 등에 대한 약속이 포함된다. IIA는 자국투자자 보호 등만을 목적으로 하는 '투자보호협정'과 투자자유화를 포함하는 '투자자유화협정'으로 분류할 수 있다. 현재까지 체결된 IIA의 대부분은 '투자보호협정'인데, 미국과 일본 사이에 체결된 일부 IIA는 투자자유화협정이다. 또한 IIA는 지금까지 전 세계적으로 2,800건 이상이 체결되어 있다(그림 1 참조).

2) 小寺彰, 「WTO体制の法構造」(東京大学出版会, 2000年), 181-197면 참조.

[그림 1] BIT의 증가 추이

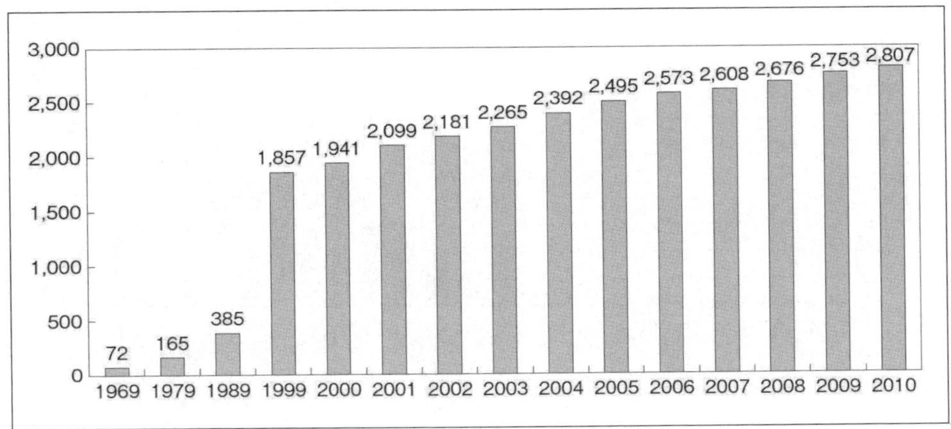

출처: 일본, 經濟產業省通商政策局編,『2012年版不公正貿易報告書』(經濟產業調査會, 2012年), 623면.

2. 투자협정중재의 의의

IIA가 21세기에 들어서 주목을 받게 된 것은 그 수가 대폭 증가된 것 때문이라기보다는 다수의 IIA에 규정되어 있는 투자자 대 국가간 중재절차가 활발하게 사용되었기 때문이다. IIA 중재란 투자유치국(host state)과의 분쟁이 발생하였을 경우 주로 기업이 IIA상의 규정에 근거하여 투자유치국을 상대로 직접 부탁하는 중재를 의미한다. IIA 중재는 IIA가 체결된 처음부터 규정되어 있었으나 이것이 실제 활용된 것은 1987년이 처음이다. 그 후 1998년경부터 사례가 비약적으로 증가하였다(그림 2 참조). IIA 중재를 포함한 투자자 대 국가의 중재는 기업간의 중재 또는 국가간의 중재(물론 전자는 국내법상의 제도이고 후자는 국제법상의 제도)와 달리 비교적 새로운 제도이다.

투자자 대 국가의 중재는 투자자와 국가간의 분쟁을 해결하기 위하여 제2차 세계대전 이후부터 나타난 것이다. 원래 그 근거는 기업과 국가간의 계약이나 투자유치국 국내법이었으나(후술하는 ICSID협약 역시 처음에는 이러한 분쟁을 염두에 둔 것이다), IIA에 근거한 사건이 1989년에 처음으로 제기되고 21세기에 들어 급격히 증가하였다.

[그림 2] 중재부탁의 동향(1987~2010년 말)

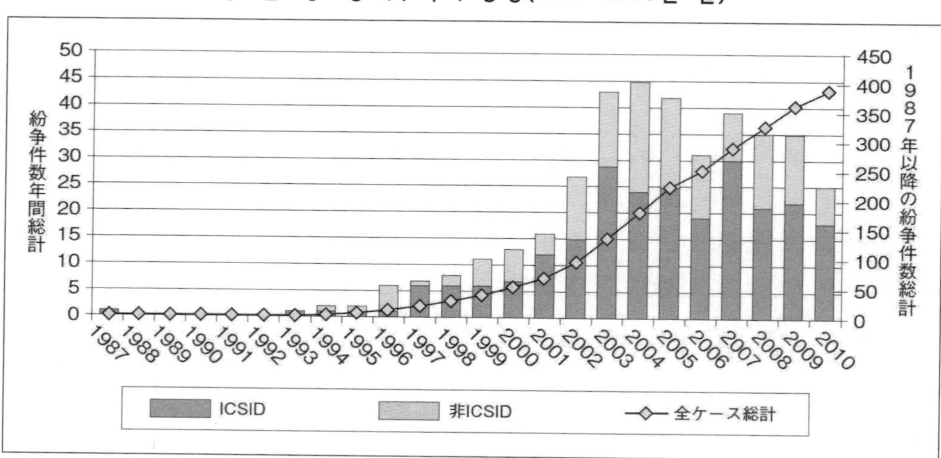

출처: 일본, 經濟産業省通商政策局編, 전게서, 642면.

3. IIA의 내용

IIA의 원형인 투자보호협정은 대체로 다음과 같은 규정들로 이루어져 있다.3) 물론 IIA는 개별적으로 따로 체결하기 때문에 당연히 각각의 조약마다 규정의 내용이 상이하다. 다만, 규정의 내용이 점점 표준화되고 있다는 견해도 있다.4)

(1) 보호범위 - 투자자 · 투자재산

IIA의 보호대상은 '투자자' 및 '투자재산'의 개념에 의해 결정된다. 협약에는 '투자자'를 '국민' 또는 '기업'으로 표기하는 경우도 많다.

IIA가 보호해야 하는 투자자의 정의는 명목회사(paper company)를 포함하는 형태로 폭넓게 정의되는 경우가 많다. 그리고 '투자재산'이란 '당사국의 투자자'가 소유 또는 지배하는 재산을 의미하여, 다수의 IIA에서는 '모든 종류의 재산'과 같이 폭넓게

3) 아래의 각 사항에 대한 자세한 내용은 小寺彰, 「国際投資協定」(三省堂, 2010年) 및 앞의 주에 제시한 여러 문헌의 각 부분을 참조. 참고로 이 책의 한국어 번역본이 우리나라에 출간된 바 있다. 코데라 아키라(小寺彰) 저, 박덕영 · 오미영 역, 「국제투자협정과 ISDS」(한국학술정보, 2012. 10)의 각 부분을 참조.

4) Stephan W. Schill, *The Multilateralization of International Investment Law* (2009), pp.65-120 참조.

정의되고 다양한 형태의 권리를 열거한다. 현지 자회사와 지점이 전형적인 투자재산이다.

(2) 투자자의 대우

IIA가 지향하는 것 중 하나는 자국의 투자자와 그 재산에 대한 대우를 확보하는 것이다. 대표적인 것으로 내국민대우의무, 최혜국대우의무, 공정형평대우의무, 수용보상의무, 의무준수조항(umbrella clause) 등이다.

내국민대우의무란 투자유치국이 상대국의 투자자 및 투자재산을 자국의 투자자 및 투자재산과 동등하게 대우할 것을 약속하는 것이다. 내국민대우에 의해 외국투자자 및 투자재산은 투자유치국의 국민 및 투자재산과 형식적으로 동일한 대우가 보장될 뿐만 아니라, 실질적으로 동등한 경쟁환경이 제공되는 것으로 해석되고 있다. 종래 내국민대우의무는 투자 후의 투자재산보호를 위한 대우로서 규정되어 있었지만, 최근에는 투자 전의 내국민대우라는 형태로서 내국민대우에 의하여 투자자유화가 확보되는 경우도 있다.

최혜국대우의무는 투자유치국이 상대국의 투자자 및 투자재산에 대하여 제3국의 투자자 및 투자재산과 동등하게 대우할 것을 약속하는 것이다. 최혜국대우의무에 따르면 투자유치국과 제3국간에 체결된 별개의 조약에 의하여 부여되는 대우 중 유리한 것을 동등하게 제공받게 된다.

공정형평대우의무란 투자유치국의 투자재산에 대하여 '공정하고 형평한 대우'를 제공할 의무를 말한다. 공정형평대우는 외국인에 대하여 국제관습법상 요구되는 최소한의 의무를 다하라는 것을 의미하는데, 그 문구가 추상적이기 때문에 IIA 중재에서는 그 구체적 내용이 자주 다투어지며, 현재는 투자유치국에 있는 투자재산, 즉 자회사와 그 지점에 대하여 자의적이거나 차별적인 대우를 받았을 경우에 구제를 제공받을 권리로서 큰 역할을 하고 있다.

수용과 관련해서는 외국인의 재산을 국가가 공공목적에 따라 취득하는 '수용'의 경우에 '충분하고 신속하며 실효적인 보상'을 의무화하는 것이 많다. 일반국제법상 투자유치국은 외국인의 재산을 수용할 권리를 가지고 있으나, 금전보상을 제공하여야 한다는 점은 분명하다. 그러나 금전보상의 기준에 대해서는 '충분하고 신속하며 실효적인 보상'이 요구되는 것인지, 아니면 '적절한 보상'으로 족한 것인지에 대하여 다툼이 있다. '적절한 보상'이라는 것은 수용하는 재산에서 종래 얻었던 수익과 투자유치국의 재정 사정 등을 고려하여 보상액을 산정하는 것을 의미한다.

의무준수조항(umbrella clause)이란 IIA에서 투자유치국이 투자자 또는 투자재산에 대하여 계약이나 인·허가에서 유래하는 의무의 준수를 강조하는 것을 말한다. 이 규정에 의하면 투자유치국이 투자자 또는 그 자회사에 대하여 부담하는, 예컨대 계약상의 의무가 IIA상의 의무로 전환되어, 국내법상의 보호와 함께 IIA에서 유래하는 국제법상의 보호가 주어진다.

(3) 분쟁해결

오늘날 많은 조약에 공정한 제3자가 관여하는 분쟁해결절차를 두는 경우가 많다. WTO 분쟁해결절차가 대표적인 사례이다. IIA에도 국가 대 국가의 중재와 투자자 대 국가의 중재에 대한 규정이 마련되는 경우가 많다.

국가 대 국가의 중재는 IIA의 해석적용에 대하여 당사국간에 분쟁이 발생한 경우, 일방 당사국이 타방 당사국을 상대로 하여 중재에 부탁하는 것이 가능한 절차이다. 그러나 현재까지 IIA에 대한 분쟁이 중재재판에 부탁된 적은 없다.

투자자 대 국가의 중재는 많은 IIA에서 투자자와 투자유치국의 분쟁해결을 위하여 투자자들이 투자유치국을 중재에 부탁할 수 있다고 규정하고 있다. 다수의 중재판정부는 3인의 중재인으로 구성되는데 주로 분쟁당사자의 지명에 의하여 선임되는 경우가 많다. 중재판정부가 내린 결론은 종국적인 것으로서 상소가 인정되지 않는다. 그러나 ICSID협약에 기초한 중재의 경우는 사건마다 설치되는 특별위원회가, 또한 다른 중재규정에 기초한 중재의 경우에는 중재지 국내법원이 판정의 취소와 승인 등과 같은 개입을 각각 예정하고 있다.

중재판단에 대해서는 IIA상의 의무로서 당사국이 준수할 것이 요구되고 ICSID 협약에 근거한 것은 ICSID협약상의 의무로서도 보장된다. 현재까지 아르헨티나를 당사자로 한 사건 이외의 대부분의 중재판정은 준수되고 있다. 중재판정이 준수되지 아니한 경우에는 ICSID협약에 기초한 중재판정의 경우에는 ICSID 당사국에 의하여 집행이 가능하고, 또 상사중재규칙에 근거하는 경우에는 중재지 법원에서 승인·집행되며 뉴욕협약에 기초하는 경우에는 동 협약 당사국에서 집행을 요구하는 것도 가능하다.[5)]

5) 뉴욕협약에 의한 집행이 가능한지에 대해서는 논란이 있지만 당사국에 의한 대처가 다를 가능성도 있다. 이 점에 대해서는 道垣內正人, "投資紛爭仲裁へのニューヨーク條約(外國仲

IIA 중재의 경우에는 투자유치국의 중재에 대한 동의가 IIA상에 명시적으로 규정되어 있기 때문에 중재에 부탁할 때에 별도로 투자유치국의 동의를 필요로 하지 않고 투자자가 일방적으로 중재에 부탁할 수 있다.

Ⅲ. IIA의 역사

1. 초기부터 1980년경까지

서독과 파키스탄이 1959년에 체결한 투자협정이 최초의 IIA이다. 당시에는 아시아와 아프리카에서 식민지가 잇따라 독립하였고, 이 국가들이 독립을 달성한 후에 경제적 자립을 표방하며 영토 내의 외국인 재산을 수용·국유화하는 사례가 증가하였다. 독립 내지 혁명 등 국내체제의 변혁과정에서 행해진 대규모의 재산수용은 '국유화(nationalization)'라 불리면서 커다란 정치문제를 야기하였다. 1951년의 이란에 의한 Anglo-Iranian 석유회사의 국유화나, 1956년의 이집트에 의한 수에즈운하 국유화가 대표적 예이다. 투자자로서 투자재산의 보전은 무엇보다도 중요한 문제이고, 수용·국유화는 어쩔 수 없다고 하더라도 적어도 그 재산가치에 상응하는 금전보상을 확보하려는 움직임이 강하였다.

국가는 자국영토 내에서 통치권을 가지고 이에 대한 국제법상의 규제는 미약하다. 서방 국가들은 독립한 여러 국가들과 우호통상항해조약을 체결하여 그 국가들과의 경제관계가 안정되기를 희망하였다. 그러나 개발도상국에는 우호통상항해조약에 일반적으로 포함되는 광범위한 의무를 부담할 의사나 능력이 없었기 때문에 우호통상항해조약의 체결은 난항을 겪었다. 투자재산의 안전을 확보할 수 없는 상황에서 기업은 개발도상국에 대한 투자에 불안을 느끼게 되었기 때문에 투자를 주저하게 되었다. 이러한 상황에서는 대외투자를 희망하는 자본수출국, 그리고 외국으로부터 투자를 받고자 하는 자본수입국 쌍방의 요구(needs)가 충족되지 않았다. 그리하여 투자재산의 안전, 즉 수용보상의 확보를 중시하여 투자보호로 목적을 좁힌 협정, 즉 IIA가 체결되었다. IIA는 선진국과 개발도상국 쌍방의 요구에 부합하였고 서방 국가들은

裁判斷の承認及び執行に關する條約)の適用可能性," "'投資協定仲裁研究會'報告書"(平成21年, 2009), http://www.meti.go.jp/policy/trade_policy/epa/fy21_IA_Report.pdf, 93면 이하 참조.

서독을 필두로 하여 개발도상국과 원활하게 IIA를 체결하였다.

1970년대 중반부터는 우호통상항해조약의 체결에 노력을 기울여 온 미국도 개발도상국과 우호통상항해조약을 체결하는 것이 여전히 곤란한 상태에서, 유럽국가들이 순조롭게 BIT체결에 나서고 있음을 근거로 방침을 전환하여 IIA를 체결하기 시작하였다. 미국은 투자재산의 보호에 더하여 투자유치국에서의 투자자에 대한 대우의 확보, 구체적으로는 내·외국인의 비차별의 대우(내국민대우)를 중시하여, 종래의 서방국가들보다 높은 수준의 조약체결을 지향하였다. 그리하여 미국은 서방국가들이 체결한 것에 비하여 적은 수의 IIA를 체결하는 데 그쳤다.

2. 1990년대 이후 현재까지

1990년대에 들어서는 사회주의체제에서 시장경제체제로 전환한 동구권 국가들이 서방 선진국과 IIA를 체결하기 시작하였고 또한 개발도상국 상호간에도 이를 체결하게 되어, IIA의 수가 대폭적으로 증가하였다. 동구권 국가들이 이러한 협정을 체결하기 시작한 것은 사회주의경제체제에서 시장경제체제로의 전환을 국제적으로 보여주기 위한 것이었다. 또한 개발도상국 상호간이기는 하지만 IIA가 등장한 것은 개발도상국의 투자자가 대외투자에 나서는 예가 증가하였음을 의미하였다.

다자간 IIA로는 비록 에너지 분야에 한정되기는 하였으나 1994년에 에너지헌장조약이 체결되었다. 또 미국은 1990년경에 이르러 투자자유화협정의 체결에 나서 NAFTA에서 이를 본격적 형태로 실현시켰다. 그 후, 이 움직임을 선진국 전체로 확대하고자 OECD에서 MAI교섭을 개시하였으나, 1995년에 시작된 교섭은 1998년에 결렬되고 말았다. 종래에는 선진국들 사이에서는 서로의 국내법제에 대한 신뢰가 있기 때문에, 투자보호에 중점을 둔 BIT는 체결되지 않았다. MAI는 OECD에서 협상이 이루어진 것으로서 그 대상이 선진국이라는 점에 특색이 있고 그 때문에 투자보호가 아니라 WTO의 관세협상을 본떠 투자자유화의 정도를 높이기 위한 협상까지 예정하고 있을 정도로 자유화에 중점을 두고 있었기 때문에 여러 가지 면에서 비판이 제기되었다. 2002년부터 시작된 '도하개발의제(DDA)'에서는 일본이 솔선하여 투자규범 교섭의 개시를 모색하였으나 2003년에 교섭의제에서 제외되었다.[6] 일본에서는

6) WTO에서는 현재 GATS가 서비스 분야에서의 직접투자를, 또 TRIMs협정이 이행요건의 부과를 규율하고, 투자에 대해서는 단편적인 규율이 존재할 뿐이다.

WTO교섭을 선도한 'WTO 투자규범(investment rules)'과 MAI를 동일시하는 견해가 있었지만, 전자는 개발도상국에서의 투자보호에 중점을 두고 있는 반면, 후자는 투자의 자유화를 표방하는 것이어서 그 성질이 서로 다르다.

현재까지 2,800건 이상의 BIT와 100건 정도의 투자챕터를 포함하는 FTA가 체결되어 왔다. 종래의 BIT에는 거의 포함되지 않았고 그러므로 다자간의 협정체결이 의미를 갖는 투자자유화의무에 대해서는 MAI 이후 개발도상국을 중심으로 완강한 반대가 있어 해외투자 전반을 규율하는 다자간 조약의 체결은 현재뿐만 아니라 가까운 장래에도 어려울 것으로 보인다. 다자간 조약에 의하여 내용상 통일성을 도모하는데 BIT는 의미가 있다는 주장도 있으나, 여러 국가들이 체결하여 온 BIT가 그동안 BIT를 체결하지 않았던 여러 국가들에 일률적으로 영향을 미친다고 한다면 BIT에 기초한 경쟁상 우위성이 상실된다. 규율의 통일성을 실현하는 것 자체가 바람직한지 여부도 자명하지 않다.

3. 일본의 IIA

일본이 최초로 체결한 IIA는 1978년 발효된 이집트와의 투자협정이다. 2011년 말 현재 발효된 양자간 IIA는 15건이고 투자챕터를 두고 있는 EPA의 경우에도 발효된 것은 10건에 지나지 않는다. 130건 이상의 IIA를 체결하고 있는 독일은 말할 것도 없고, 서방 국가나 미국과 비교하더라도 그 수가 매우 적다. 영국과 미국의 경우는 각각 104건, 47건의 IIA를 체결하였다. 그 이유 중 하나는 당초부터 미국과 같이 투자 후의 내국민대우라는 당시로서는 높은 수준으로 여겨진 투자자 대우를 요구하였기 때문이다. 또 다른 하나는 MAI나 WTO 투자규범이라는 다자간 협정에 기대를 걸었고 이후에는 MAI에 영향을 받아 체결이 쉽지 않은 투자자유화를 중시하여,[7) 양자간 투자보호협정을 맺고자 하는 시도를 적극적으로 하지 않았기 때문이다.

1990년대 후반부터 2000년대 초반까지 IIA는 한일투자협정과 같이 어디까지나 EPA체결의 전 단계로서 체결할 것인지 혹은 EPA의 투자에 관한 하나의 챕터로서 체결할 것인지를 선택하는 수밖에 없다고 생각하여, 어느 것이든 IIA는 EPA와 관련지어 파악하였다. 그러나 최근에는 투자자유화협정 체결의 어려움이 정확하게 인식

7) 투자협정은 자유화의무를 포함하는 「높은 수준」의 것이어야 한다는 언급은 정부관계자로부터 최근까지 반복적으로 제기되었다.

되고 더불어 세계적으로 활발하게 IIA가 이용됨에 따라 투자보호협정의 현대적 중요성이 평가되어, EPA와 병행하여 투자보호협정도 체결하는 방향으로 전환되고 있다. '경제재정개혁의 기본방침 2009(2009.6.23. 내각결정)'에는 EPA와 별도로 '투자협정 등의 체결을 촉진한다'라는 명문이 삽입됨에 따라(14면), 투자협정체결을 위한 민·관의 대응이 강화되어 현재는 우크라이나 등과의 BIT협상이 진행되고 있다.

4. IIA 중재의 역사

(1) 1990년대까지

IIA는 1960년대에 체결된 것부터 이미 투자자가 투자유치국을 중재에 부탁할 수 있는 구조를 갖추고 있었다. 초기에 투자는 선진국으로부터 개발도상국으로 흐르는 일방적인 것이었기 때문에 IIA에 의한 보호라는 것은 주로 개발도상국에 대한 선진국의 투자를 보호하는 것을 의미하였고, IIA중재에는 개발도상국의 국내법원을 대신하는 역할이 기대되었다. 개발도상국의 국내법원을 신뢰할 수 없다는 점 때문에 투자자와 투자유치국간의 분쟁에 대해서는 투자유치국 법에 의한 실체적인 규율을 전제로 한 다음, 그 해석·적용을 중재라고 하는 국제적 포럼(forum)에 맡겨서 투자자 지위의 안정을 도모하고자 한 것이다.

그러나 당시 투자자가 투자유치국을 상대로 중재에 부탁하는 것은 양자간 양허계약(concession)에 기초한 것이고, IIA에 근거한 것은 1987년에 제기된 *AAPL v. Sri Lanka* 사건이 처음이었다.[8] 1970년대부터 간간히 사용되어 오던 양허계약에 근거한 중재도 부탁시점으로부터 10년 이상이 소요되는 예가 있는 등 분쟁해결에 장시간이 걸렸고, 뿐만 아니라 일단 나온 중재판정의 취소를 구하는 사건도 많아서 중재제도가 투자자 대 국가간의 효과적인 분쟁해결제도라는 인식이 낮았기 때문이다.

(2) 1990년대 말부터 현재까지

IIA 중재를 둘러싼 상황이 극적으로 변화하게 된 것은 1998년 전후이다. 이러한

8) Asian Agricultural Prodicts Ltd. (AAPL) v. Sri Lanka, ICSID Case no.ARB/87/3 (United Kingdom of Great Britain and Northern Ireland/Sri Lanka BIT), Award, 27 Jun. 1990. 위의 *AAPL* 사건도 포함하여 초기의 투자자 대 국가의 중재에 대해서는 日本エネルギー法研究所編, 「投資紛争解決国際センター(ICSID)-その概要と仲裁事例」(國際エネルギー開發班報告書, 1998年) 참조.

변화를 발생시킨 사건 중의 하나는 NAFTA의 투자챕터를 근거로 한 *Ethyl* 사건이다.[9] 이 사건은 캐나다에서 기업활동을 하고 있던 미국기업 Ethyl 사(社)가 캐나다의 환경규제 강화조치로 인하여 조업을 정지하게 됨에 따라 NAFTA에 근거하여 캐나다 정부에 손해배상을 청구한 것이다. 중재절차 도중에 캐나다 정부가 화해금을 지불하여 중재가 취하됨에 따라 본안에 대한 판정은 없었다.

Ethyl 사건에서는 환경규제와 투자보호의 관계 문제가 정면으로 다루어졌는데 최종적으로는 캐나다 정부로부터 Ethyl 사에 화해금이 지급되었기 때문에, IIA에 의하여 환경보호보다 투자보호가 우선되었다는 점을 지적하며 캐나다를 비롯한 여러 국가의 NGO 등은 이러한 조치와 관련하여 중재가 가능하도록 규정한 NAFTA 투자챕터를 강하게 비난하였다. 그러한 움직임이 계기가 되어 중재절차를 규정하고 있던 MAI교섭에 대한 강한 반대운동이 일어나 이것이 MAI교섭 결렬의 중대한 원인이 되었다. 한편, 이와 같은 고조된 움직임이 유럽과 미국의 변호사들로 하여금 기업에 대하여 이 제도의 활용을 강하게 제안하는 등 IIA 중재에 대한 관심이 강화되었던 것은 명백하고, 이 무렵부터 IIA 중재에 부탁하는 사건의 수가 한꺼번에 증가하여, 현재는 IIA 중재가 활발하게 이용되고 있다.

5. IIA의 현대적 의의 – 중재에 의한 기능강화

IIA 중재의 활발한 이용은 IIA의 기능을 현저하게 강화하였다고 할 수 있다. IIA가 국제법상 조약인 이상 중재와 같이 제3자에 의한 분쟁해결절차에 부탁되지 않는다면, 조약의 해석적용은 각국 정부의 손에 맡겨진다. 따라서 투자유치국 정부의 조치가 협정 위반인지 여부가 불분명한 사안에서는 투자자와 그 국적국이 투자유치국의 조치가 IIA에 위반된다고 생각하더라도 투자자의 국적국이 그러한 위반을 문제 삼지 않을 경우 사태는 그대로 방치된다. 그러나 투자자가 직접 투자유치국을 중재에 부탁하여 손해배상을 청구할 수 있게 되면, 기업이 직접적으로 IIA의 이행을 압박하는 것도 가능하다. 종래에는 국내법상 권리 확보를 위하여 IIA 중재를 부탁하는 안건도 있었지만, 최근에는 IIA상 권리 침해를 청구 근거로 하고 있다. 나아가 IIA 중재가

9) 사건의 상세한 내용은 西元宏治(小寺彰 監修), “Ethyl事件の虚想と實像-NAFTA第11章仲裁手続とカナダにおける貿易·投資の自由化の一局面(上),” 「国際商事法務」第33巻9号(2005年), 1193면 이하 참조.

빈번히 사용되어 판정이 축적되면 IIA상의 내국민대우 혹은 공정형평대우와 같은 주요 조항의 의미가 명확하게 되고, 그 결과 상당히 폭넓은 범위의 구제가 가능함을 확인할 수 있다. 특히 IIA의 경우에는 협정마다 세부적인 차이가 있으나 표준화된 규정이 많고, 통상의 상사중재와는 달리 중재판정의 다수가 공개되어 왔으므로 IIA의 규정내용이 한층 더 명확하게 되었다. 일본 정부는 투자보호협정이 중요하다고 평가하여 이와 같은 IIA의 기능강화를 인식하기 시작하였다.

물론 IIA가 모든 사안에 대한 해결책을 제시하지는 않는다. 기업이 한편으로 투자유치국을 중재에 부탁하여 손해배상 나아가 대상조치의 시정을 요구하면서 다른 한편으로 투자유치국과 우호적 관계를 유지하면서 사업발전을 도모하는 것도 가능할 것이다. 실제로도 활동 중인 외국계 기업이 투자유치국과의 분쟁을 중재에 부탁하고 여기서 승리, 그 후에 조치의 시정을 실현하는 경우도 있다. 그 예로 *Nykomb Synergetics Technology v. Latvia* 사건[10)]을 들 수 있다. 그러나 투자유치국이 개발도상국인 경우에는 통상 이와 같은 상황을 기대할 수 없고, 투자유치국을 중재에 부탁하는 것은 곧 투자유치국을 적대적으로 보는 것으로 간주되어 여러 가지 면에서 불리한 대우를 받을 것은 피할 수 없으리라 생각된다. IIA 중재를 신청한 사건 중에서 사업파탄의 사례가 주목되는 것은 투자자가 투자유치국에서의 사업전개를 단념한 경우에 비로써 IIA가 유효하다는 것을 말해준다. 개발도상국에서 사업을 계속하고자 하는 의사를 가진 기업은 투자유치국 정부를 상대로 중재에 부탁하는 것을 주저하는 것이 보통일 것이다.

Ⅳ. IIA를 둘러싼 현대적 과제

1. 문제상황

IIA가 중재에 의하여 강력하게 변화한 것은 종래 일반국제법이 규제를 하지 않거나 매우 낮은 수준의 규제밖에 하지 않았던 사항, 또는 WTO협정이나 국제조세조약 등 다른 국제조약만 개입하였던 사항에 대하여 갑자기 IIA가 강한 규제를 행사하

10) *Nykomb Synergetics Technology Holding AB v. Latvia*, Arbitration Institute of the Stockholm Chamber of Commerce (ECT), Award, 16 December 2003.

기 시작하였다는 것을 의미한다. 당사국이 IIA의 해석을 하는 한 IIA의 강력한 규제력은 발생하지 않았을 것이다. 그리하여 BIT가 정상회담의 선물로서 자주 활용되기도 한다. 그러나 IIA가 중재와 결합하게 됨에 따라 강력한 규제력이 발생하였다. 투자자와 그 국적국은 IIA를 분석하여 투자적격지 판단의 중요한 요소로 삼고, 투자유치국은 구속을 받는 사항에 대하여 어디까지 영향이 미치는지에 대하여 진지하게 검토하는 상황이 생겨났다. 이러한 결과, IIA가 투자자의 이익을 보호하는 중요한 도구가 되었으나, 역으로 중재에 의하여 IIA의 기능이 강화된 점에 대한 강력한 비판이 일어나기도 하였다.[11]

IIA가 실질적 당사국, 특히 투자유치국을 구속하게 된다면 두 가지 논점을 들 수 있다. 하나는 IIA의 각 조항이 어느 범위의 사항을 규율하느냐, 즉 IIA의 '규율범위'라는 문제이며, 또 다른 하나는 기존의 다른 조약, 예컨대 WTO협정이나 국제조세조약과 어떠한 관계를 설정할 수 있겠느냐 하는 것이다.

2. 규율의 강화에 대한 대처 - 공정형평대우를 예로 들어

IIA 조항은 매우 일반적·추상적인 문언으로 규정되어 있는 것이 많다. 이 점을 공정형평대우를 예로 들어 설명한다.[12]

공정형평대우에 대하여 고전적으로 정의하는 일본-러시아 BIT 제3조 3항은 다음과 같이 규정하고 있다.

> 각 당사국 투자자의 투자 재산 및 수익은 타방 당사국의 영역에서, 항상 공정하고 형평한 대우를 받고 계속적인 보호 및 보장을 누린다.

일본-러시아 BIT의 공정형평대우의무는 이 규정에 표현되어 있으며 이 규정에서 말하는 '공정하고 형평한 대우'의 의미에 대해서는 여기 이외에는 전혀 단서를 찾을

11) IIA 중재 부흥기의 *Ethyl* 사건과 MAI에의 중재에 대한 비판은 그 전형이며, 그 후 NAFTA에서는 이 비판이 계속되어, 세 나라 정부까지 그것을 따랐다(NAFTA 자유무역위원회 해석노트). 2001년의 NAFTA 자유무역위원회 해석노트에 이르는 경위에 대한 자세한 사항은 坂田雅夫, "北米自由貿易協定(NAFTA)1105條の "公正にして衡平な待遇" 規定をめぐる論爭," 「同志社法學」 제55권6호(2004년), 148면 참조.

12) 수용도 동일선상에서 문제가 되는데, 이 점에 대해서는 Salacuse, *supra* note 1, pp.318-328 참조.

수 없다. 게다가 투자협정중재에 있어 공정형평대우 규정이 높은 수준의 의무를 규정하고 있다고 해석되어 투자유치국의 의무 위반이 인정되는 경우(*Pope and Talbot* 사건)[13]가 발생하였다. 그러나 이 사건 중재판정부의 해석에 NAFTA의 세 당사국이 반발하여, 2001년에 공정형평대우가 국제관습법상 최저기준을 의미하는 것이라는 해석선언을 내놓기에 이르렀다(NAFTA 자유무역위원회의 해석노트).[14] 이는 IIA의 일반적 조항이 공평한 분쟁해결절차에 의하여 해석될 때, 생각하였던 것 이상으로 강한 내용을 가질 수 있음을 보여주는 예이다. 동종의 문제가 수용과 최혜국대우에 대해서도 제기될 수 있다. 이 문제에 대해서는 규정내용을 상세화하고 당사국이 IIA에 의하여 실제로 부담하는 의무의 내용을 명확화하는 대책이 취해지고 있다.

예를 들어, 앞으로의 공정형평대우에 관해서는 최근 미국 등이 채택하고 있는 다음과 같은 규정형식이 있다. 일본-멕시코 EPA 제60조는 '각 당사국은 타방 당사국의 투자자의 투자재산에 관하여 국제법에 기초한 대우(공정하고 형평한 대우뿐만 아니라 충분한 보호 및 보장을 포함)를 제공한다'[*]라고 하면서 다음과 같은 주석을 둔다.

> 이 조(條)는 타방 당사국의 투자자의 투자재산에 주어져야 하는 대우의 최저한도의 기준으로서, 외국인의 대우에 관한 국제관습법상의 최저기준을 이용하는 것을 규정한다. '공정하고 형평한 대우' 및 '충분한 보호 및 보장'의 개념은 외국인의 대우에 관한 국제관습법상 최저기준에서 요하는 것 이상의 대우를 제공하라고 요구하는 것이 아니다. 또한 이 협정의 다른 규정 또는 다른 국제협정 위반이 있었다는 취지의 결정은 이 조의 규정에 위반이 있었다는 점을 증명하는 것은 아니다.

이는 분명히 앞의 NAFTA 자유무역위원회의 해석노트를 바탕으로 양 당사국에게 공정형평대우의무의 내용에 대한 한계를 설정하려는 것이다.

---

13) *Pope & Talbot Inc. v. The Government of Canada*, UNCITRAL (NAFTA), Award on the Merits of Phase 2, 10 April 2001.

14) Notes of Interpretation of Certain Chapter 11 Provisions (NAFTA Free Trade Commission, Jul. 31, 2001), 자세한 사항은 坂田, "전게논문"(각주 11), 148면.

*) "Each Party shall accord to investments of investors of the other Party treatment in accordance with international law, including fair and equitable treatment and full protection and security."

3. 규율범위에 대한 대처 - 포괄적 예외규정

IIA의 규제력을 경감하는 방법으로서 하나의 중요한 방법은 IIA상 의무의 적용범위를 한정하는 것이다. 종래 IIA에 포괄적 예외규정을 두는 경우는 매우 적었다. 예를 들어, 일본-파키스탄 BIT에는 포괄적 예외규정이 없고, 개별규정의 수준에서도 제8조의 송금의 자유에 관하여 동조 제3항이 '자국의 법령에 따라, 또한 국제통화기금협정 당사국이라면 동 협정에 따라 환전 제한을 부과할 수 있다'라고 정하는 데 그쳤다.

그러나 어떤 상황에서도 IIA에 기초한 보호를 제공하지 않으면 안되는 것인가. 그러한 질문에 대해서는 아르헨티나의 금융위기시의 사례를 들 수 있다. 예를 들면 아르헨티나는 미국계 기업의 시설을 사용하여 가스를 수송하였지만 금융위기로 인하여 사전에 약속한 수송요금을 지불하지 못하게 되자, 미국계 기업이 중재판정에 부탁한 사건이 있다(*CMS* 사건).[15] 이 사건에서는 일본-아르헨티나 BIT상의 예외규정인 제11조의 적용가능성이 문제되었다. 동 조는 다음과 같이 규정한다.

> 이 조약은 어느 한 당사국이 공공질서, 국제평화와 안전의 유지에 관한 의무의 이행 또는 국가 자신의 안전보장상의 본질적인 이익을 옹호하기 위해 필요한 조치를 취하는 것을 배제하는 것은 아니다.

이 규정은 명시적으로 경제위기를 포함하는 문구를 담고 있는 것이 아니었기 때문에, 금융위기에 대처하기 위하여 정부가 취한 조치에 적용할 수 있을지 논의가 있었다. 즉 IIA상의 의무가 어떠한 경우에 적용되고 또 어떠한 경우에 적용되지 않을까에 대하여 종래에는 구체적인 검토가 이루어지지 않았다고 생각된다. 최근에는 IIA에 예외규정이 폭넓게 포함되는 것이 많아지고 있다. 예를 들어, 일본-스위스 EPA의 투자챕터에서는 '일반적 예외 및 안전보장을 위한 예외(제95조)', '일시적인 세이프가드(제97조)', '신용질서의 유지를 위한 조치(제98조)', '조세에 관한 과세조치(제100조)'를 예외로 규정한다. 이들 중 일부는 일본-스위스 EPA 투자챕터가 투자자유화규정을 포함하고 있다는 점에서 필요하여 규정된 것이지만 제100조는 분명히 투자보호를 목적으로 한 예외이고, 또한 '일시적인 세이프가드' 등의 다른 규정도 투자보호

15) *CMS Gas Transmission Company v. The Republic of Argentina,* ICSID Case no.ARB/01/8, Award, 12 May 2005.

규정의 예외로 기능하는 것이 분명하다.

4. 공공규제와의 관계 설정[16)]

IIA 중재가 시작되자마자 IIA에 의한 투자보호와 환경보호 등 사회적 법익과의 모순 및 긴장이 처음으로 문제가 되었다. 당연히 최근 IIA에서는 환경보호 등의 공공규제를 IIA상 어떻게 평가할 것인가 하는 점이 주된 관심사 중 하나로 되어 있다. 캐나다의 모델 BIT 2004에는 부속서 B 제13조 1항(a)부터 (b)에서 수용과 동등한 보상의무가 발생하는 '간접수용'에 대하여 명확하게 정의하는 동시에 다음과 같은 내용을 (c)에 두고 있다.

> (c) 건강, 안전 및 환경보호 등의 공익목적(public welfare objectives)을 보호하기 위하여 취해진 당사국의 차별적 조치는, 일련의 조치가 그 목적에 비추어 심각하고 성실하게 제정 또는 적용된 것으로 합리적으로 볼 수 없는 드문 경우를 제외하고는, 간접적인 수용(indirect expropriation)으로 보지 않는다.

이 규정은 물론, 환경보호 목적으로 채택된 조치로 인하여 조업정지를 하게 된 경우 투자유치국이 보상의무를 부담하는 사태를 피하려는 것이다. 과거 *Ethyl* 사건에서는 미국과 비교하여 캐나다의 환경기준이 완화되어 있다는 점을 이유로 하여 캐나다에서 조업을 하게 된 미국기업이 캐나다가 환경기준을 강화함에 따라 조업정지의 상황에 처하게 되었다. 이 기업은 캐나다 정부를 중재에 부탁하여 그 결과 화해금을 지불받았고 이로 인하여 NGO 등으로부터 강한 비판을 받았다. 이러한 비판은 투자보호가 환경을 보전하려는 국가의 권리에 제약을 가하는 것이 의아하다는 점에서 제기되었다. 위 조항은 이러한 비판에 대한 답 중 하나이다.

그러나 이러한 대우에 대해서는 다음을 지적하여야 한다. 첫째, 수용에서만 이러한 공익목적조치 예외를 두고 있는 것이다. IIA 중재에서는 이러한 종류의 투자유치국의 조치가 자주 문제가 되는 것은 전술한 공정형평대우의무와 관계에서이지만, 그에 대해서는 전술한 일본-멕시코 EPA의 대응에 그치고 있고 공익목적조치 예외에

16) 문제의 개요에 대해서는 United Nations Conference on Trade and Investment, *The Protection of National Security* (2009) 참조.

는 미치지 않는다. 둘째, 이 규정은 공익목적의 비차별조치에 대하여 간접수용으로 보지 않겠다고 하면서도, 목적과의 관계에서 가혹한 조치이며 '성실하게 제정 또는 적용되었다고 합리적으로 볼 수 없는' 경우에는 공익목적의 비차별조치라도 '간접수용'에 해당한다고 보는 것이다. 즉 공익목적의 비차별조치라면 일률적으로 수용으로 볼 수 없다는 취급을 하지 않은 것이다. 국가의 공익실현이 중요하다는 것은 사실이라 하더라도, 그 때문에 일률적으로 투자보호를 후퇴시키는 것이 어렵다는 것을 이 예시가 보여주고 있다.

5. 다른 조약과의 관계

IIA는 그 규제범위가 넓기 때문에, 다른 조약상의 규제와 필연적으로 관련된다. 예를 들어, 종래 WTO협정이나 국제조세조약에 의하여 규율된 사항에 대해서도 IIA의 규제가 미칠 수 있어, 양자간의 조정이 필요하다. 이 문제는 IIA에 근거한 조치의 다른 협정에 대한 적합성의 문제와 다른 협정에 근거한 조치의 IIA에 대한 적합성 문제로 나뉘지만, 이 글에서 문제가 되는 것은 후자이다.

이미 국제조세조약에 관하여 일본의 BIT에는 대다수가 예외로서 취급되어 있어 국제조세조약에 근거한 조치의 BIT 적합성은 문제될 것이 없다. 이러한 명시적 조치가 붙어있지 않은 경우에는 IIA 중재에서 다른 협정과의 관계가 문제될 가능성이 있다. 실제로 *SPP* 사건[17]에서, 투자유치국인 이집트는 자국이 실시한 수용조치가 UNESCO 세계유산협약상 의무를 다하기 위한 것으로서 자국의 보상의무가 없다고 주장하였다. 중재판정부는 이집트 정부가 조치를 행할 의무가 있지만, 그렇다고 보상의무가 소멸하는 것도 아니라는 결론을 내렸다.

본 사건에서는 국제조약상 의무를 이행하는 경우에도 보상의무가 생긴다고 판단하였다. 국제조약상 의무의 이행이 수용의 요건 중 하나인 '공공목적'을 충족시키는 것은 틀림없으나 보상의무를 소멸시키는 것은 아니라는 해석이다. 그러나 이것은 특정 조약상의 의무를 준수하는 것이 IIA상의 의무 위반을 초래하는 경우는 아니다.

상호적인 의무를 규정하는 사회보장협정에는 타방 당사국의 국민에 대한 연금보험료의 면제 등의 특별한 대우를 제공하지만, 그러한 사회보장협정을 체결하지 않은

17) *Southern Pacific Properties (Middle East) Limited (SPP) v. Arab Republic of Egypt*, ICSID Case no.ARB/84/3, Award, 20 May 1992.

국가와의 BIT에서 내국민대우를 규정하는 경우 등이 타 협정과의 관계가 문제되는 전형적인 사례일 것이다. 이러한 경우에 국제조세조약과 마찬가지로 완전히 IIA와 저촉될 가능성이 생길 때는 어느 쪽을 우선시킬 것인지 명확하게 결정하고 그 취지 규정을 IIA에 두는 것이 바람직하다. 그러나 지금처럼 많은 조약이 체결되면, 서로 관계를 미리 예상할 수 없는 조약이 체결되는 경우가 충분히 있을 수 있다. 그 때문에 이들 조약과의 저촉관계는 향후 계속 문제될 것이 예상된다. 각국의 공익을 이유로 하는 국내조치일수록 양자적 관계가 문제가 될 것이다. 그리고 어떻게 다른 국제조약상 권리의무와 관계를 정립하는가 하는 문제는 향후에도 계속 IIA의 과제로 남을 것이다.

Ⅴ. 결 론

IIA 중재가 활발하게 이용됨에 따라 IIA의 효과가 강해졌고 새로운 문제도 생겨났다. 이것은 요컨대 IIA에 대하여 투자유치국을 어느 정도의 강도로 어떠한 상황에서 구속하는 것이 적당한가 하는 문제이다.

이 점에 대해서는 한편으로는 규정내용을 상세하게 함으로써 투자유치국이 부담할 의무의 내용을 명확하게 하고 또한 예외규정을 정비함으로써 IIA가 적용되는 상황을 확정하는 것이 시도되고 있다. 이러한 조치가 바람직한 것임은 언급할 필요도 없지만, 이러한 모든 조치를 취하더라도, 투자자의 보호가 필요한 상황과 그렇지 않은 상황을 명료하게 나누는 것이 반드시 가능한 것이 아니다. 중재판정의 축적에 의하여 사례별로 IIA의 규제력 및 적용범위와 관련하여 어느 정도의 국제적 합의(common sense)가 생겨나는 것에 맡길 수밖에 없는 부분은 남는다. 이는 국가적 차원에서 보았을 때 법령을 통하여 일반적인 규제내용이 정해지고, 후에 판례의 축적에 의하여 규제의 내용이 보다 명확하게 되는 것과 같다고 해도 좋다. 물론 국가들의 국제적 합의(common sense)와 다른 판례가 형성될 경우, 국가들은 조약개정이나 해석에 관한 성명을 통하여 판례의 생성을 막거나 한정하거나, 특정한 방향으로 이끄는 것도 가능하다. 각국은 IIA 중재와 교류하면서 적절한 방향으로 국제투자법을 발전시킬 책임을 부담하고 있는 것이다.

제16장

공정형평대우규정과 투자보호의 국제최소기준

- 일본의 국제투자협정에서의 지위

阿部 克則 (아베 요시노리)

Ⅰ. 서 론

일본국제경제법학회가 설립된 후 20년간 국제투자법에서 생긴 큰 변화 중 하나가 공정형평대우규정과 투자보호의 국제최소기준과의 관계일 것이다. 공정형평대우규정은 대부분의 국제투자협정에 포함되는 '황금률'이라고 불리며 모든 투자협정중재사건에서 '유비쿼터스'와 같이 빈번히 원용되어 왔지만,[1] 보호를 요구하는 투자자의 경우에는 이점이 있기 때문에 거꾸로 그 범위를 한정하려는 움직임도 일어났다. 그것이 2001년 NAFTA 자유무역위원회의 해석노트(이하 '해석노트')이다.[2] 주지하는 바와 같이 이 해석노트는 공정형평대우를 규정한 NAFTA 제1105에 관하여 '동조는 국제법상 최소기준을 상회하는 보호를 투자자에 부여하는 것이다'라고 판시한 NAFTA 중재[3]에 위기감을 느낀 NAFTA 당사국이 작성한 것으로 다음과 같은 내용이었다.

1) Jeswald W. Salacuse, *The Law of Investment Treaties* (2010), p.218.
2) NAFTA Free Trade Commission, *Notes of Interpretation of Certain Chapter 11 Provisions* (Jul. 31, 2001).
3) *Pope & Talbot Inc. v Canada*, UNCITRAL, Award, 10 April 2001.

1. 제1105조 1항은 다른 당사국 투자자의 투자에 대하여 부여해야 할 대우의 최소기준으로서, 외국인대우에 관한 국제관습법상의 최소기준을 적용하는 것에 대하여 결정한 것이다.
2. '공정하고 형평한 대우'와 '충분한 보호 및 보장'의 개념은 외국인대우에 관한 국제관습법상의 최소기준이 요구하는 대우 이상의 대우를 요구하는 것은 아니다.
3. NAFTA의 다른 규정 혹은 다른 국제협정 위반이 있었다는 취지의 결정을 한 것이 제1105조 1항 위반이 있었다는 것을 증명하는 것은 아니다.

이 해석노트를 계기로 조약상 공정형평대우와 국제관습법상의 최소기준과의 관계가 강조되어 수많은 중재판정과 학설에서 논의되어 왔다. 즉 NAFTA 제1105조에 관한 이해가 다른 국제투자협정의 공정형평대우규정에 대해서도 해당되는지의 문제이다. 그리고 최근의 학설에서는 조약상의 공정형평대우와 국제관습법상의 최소기준을 동일한 것으로 보는 경우가 많으나, 그 주된 이유는 국제관습법상의 최소기준 자체가 발전하여 투자보호의 수준이 높아졌으므로 양자의 차이가 없어졌다는 이유에서이다.[4] 즉 국제관습법상의 최소기준이 조약상의 공정형평대우와 동일한 수준까지 높아졌기 때문에 양자의 수준이 높아지는 방향으로 수렴되었다는 이해이다.

그러나 최근의 NAFTA 중재판정 중에는[5] 국제관습법상의 최소기준은 조약상의 공정형평대우규정의 보호수준보다 여전히 낮다고 판시한 것도 있으며, NAFTA 제1105조의 보호수준과 국제관습법상의 최소기준을 결부시키고 있지 않은 공정형평대우규정(NAFTA 이외의 많은 국제투자협정)의 보호수준과는 동일하지 않다고 보고 있다. 이 입장에서는 국제관습법상의 최소기준이 조약상의 공정형평대우의 수준까지 높아져 있지는 않다는 것이 된다. 처음부터 해석노트가 제1105조의 투자보호수준을 억제할 의도를 가지고 있었다는 점에서 보면 이 입장에도 타당성은 있다고 생각된다.

본장에서는 NAFTA 자유무역위원회의 해석노트 공표이후의 일련의 중재판정을 분석하여 왜 이러한 이해의 차이가 발생하고 있는지, 공정형평대우와 국제관습법상 투자보호의 최소기준과의 관계를 다시 정리하고자 한다.

4) Andrew Newcombe and Lluís Paradell, *Law and Practice of Investment Treaties: Standards of Treatment* (2009), p.275: Stephan W. Schill, "Fair and Equitable Treatment, the Rule of Law, and Comparative Public Law," *in* Stephan W. Schill, (ed.), *International Investment Law and Comparative Law* (2010), pp.152-154 참조.

5) *Glamis Gold, Ltd. v. US*, UNCITRAL/NAFTA, Award, 8 June 2009; *Cargill, Incorporated v. Mexico*, ICSID Case no.ARB (AF)/05/2 (NAFTA), Award, 18 September 2009.

이상과 같은 공정형평대우와 국제관습법상의 최소기준과의 관계를 중심으로 살펴보면, 일본의 국제투자협정이 지난 20년간을 거치면서 변모한 구조적 변화의 일면도 살펴볼 수 있을 것으로 생각된다. 다음에서 검토하는 것처럼 일본이 체결해온 BIT와 EPA에서의 공정형평대우와 국제관습법상의 최소기준의 위치는 크게 변화해왔다. 본장에서는 그 변화가 어떠한 법적 귀결을 가져오는지에 대하여 국제적인 중재판정의 동향과 관련지어 검토하고 어느 정도의 시사점을 얻는 것을 목적으로 한다. 일본의 국제투자협정을 중심으로 검토하는 것은 현재 무수히 존재하고 있는 각국의 국제투자협정상의 공정형평대우규정에 대한 하나의 관점을 제공하게 될 것이다.

Ⅱ. 일본의 국제투자협정에서의 공정형평대우규정과 투자보호의 국제최소기준

여기에서는 일본이 체결한 BIT와 EPA의 공정형평대우규정 및 투자보호의 국제최소기준에 관한 규정을 4가지로 분류하여 정리한다.

1. 공정형평대우규정이 없는 협정

일본이 체결한 초기의 BIT는 공정형평대우규정을 포함하고 있지 않았다. 일본이 처음 체결한 BIT인 일본-이집트 BIT[6]를 시작으로, 일본-스리랑카 BIT,[7] 일본-중국 BIT,[8] 일본-터키 BIT[9]에 이르기까지 공정형평대우문언을 사용한 규정은 존재하지 않는다. 일본-홍콩 BIT[10]에서 처음으로 공정형평대우의무가 규정되었으나, 그 후에

6) 투자의 장려 및 상호보호에 관한 일본국과 이집트·아랍공화국간의 협정(1978년 1월 10일 공포, 조약 제1호).
7) 투자의 촉진 및 보호에 관한 일본국과 스리랑카 민주사회주의공화국간의 협정(1982년 7월 20일 공포, 조약 제10호).
8) 투자의 장려 및 상호보호에 관한 일본국과 중화인민공화국간의 협정(1989년 5월 12일 공포, 조약 제3호).
9) 투자의 상호촉진 및 상호보호에 관한 일본국과 터키공화국간의 협정(1993년 2월 23일 공포, 조약 제2호).
10) 투자의 촉진 및 보호에 관한 일본국 정부와 홍콩 정부간의 협정(1997년 6월 18일 공포, 조약 제7호).

도 일본-파키스탄 BIT,[11] 일본-방글라데시 BIT,[12] 일본-몽골 BIT[13]에서는 공정형평대우규정은 포함되지 않았다. 일본의 국제투자협정에서 공정형평대우규정이 일반화된 것은 NAFTA 제1105조가 주목받아 해석노트가 공표된 후의 일이다.

2. 일반적인 공정형평대우규정을 포함하는 협정

일반적인 공정형평대우규정을 포함하는 협정이 있다. 일본의 BIT에서 처음으로 공정형평대우의무가 규정된 일본-홍콩 BIT도 이러한 유형이었다. 이 협정 제2조 3항은 다음과 같이 규정하고 있다.

> 각 체약국의 투자자의 투자재산 및 수익은 타방 체약 정부의 지역 내에서 항상 공정하고 형평한 대우를 받으며 완전한 보호 및 보장을 향유한다.

이 규정에는 국제법과 국제관습법상의 최소기준에 관한 언급은 없고 단순히 '공정형평대우'가 규정되어 있다. 이와 같은 규정은 에너지헌장조약 제10조 1항,[14] 일본-러시아 BIT 제3조 3항,[15] 일본-싱가포르 EPA 제77조,[16] 한국-일본 BIT 제10조, 일본-베트남 BIT 제9조,[17] 일본-말레이시아 EPA 제77조,[18] 일본-인도네시아 EPA 제61조,[19] 일본-우즈베키스탄 BIT 제3조,[20] 일본-스위스 EPA 제86조[21]에서도 볼 수 있

11) 투자의 촉진 및 보호에 관한 일본국과 파키스탄·이슬람공화국간의 협정(2002년 5월 10일 공포, 조약 제3호).
12) 투자의 촉진 및 보호에 관한 일본국과 방글라데시인민공화국간의 협정(1999년 7월 28일 공포, 조약 제8호).
13) 투자의 촉진 및 보호에 관한 일본국과 몽골국간의 협정(2002년 2월 27일 공포, 조약 제2호).
14) 에너지헌장에 관한 조약(2002년 7월 30일 공포, 조약 제9호).
15) 투자의 촉진 및 보호에 관한 일본국 정부와 러시아연방 정부간의 협정(2000년 5월 1일 공포, 조약 제3호).
16) 새로운 시대의 경제상 제휴에 관한 일본국과 싱가포르공화국간의 협정(2002년 11월 12일 공포, 조약 제16호).
17) 투자의 자유화, 촉진 및 보호에 관한 일본국과 베트남사회주의공화국간의 협정(2004년 11월 25일 공포, 조약 제15호).
18) 경제상 제휴에 관한 일본국 정부와 말레이시아 정부간의 협정(2006년 6월 15일 공포, 조약 제7호).
19) 경제상 제휴에 관한 일본국과 인도네시아공화국간의 협정(2008년 6월 5일 공포, 조약 제2호).
20) 투자의 자유화, 촉진 및 보호에 관한 일본국과 우즈베키스탄공화국간의 협정(2009년 8월

다. 이와 같이 일본의 국제투자협정에서 공정형평대우가 규정되게 된 것은 비교적 최근(1997년 이후)이다.

3. NAFTA형의 공정형평대우규정을 포함하는 협정

NAFTA형의 공정형평대우규정을 포함하는 협정이 있다. 일본의 국제투자협정에서 처음으로 이러한 형식의 공정형평대우규정이 나타난 것은 일본-멕시코 EPA[22] 이다. 이 협정의 제60조는 다음과 같이 규정한다.

> 각 체약국은 타방 체약국 투자자의 투자재산에 대하여 국제법에 근거한 대우(공정하고 형평한 대우와 충분한 보호 및 보장을 포함)를 부여한다.
>
> 주석: 이 조항은 타방 체약국 투자자의 투자재산에 부여되어야 할 대우의 최소한도의 기준으로서 외국인대우에 관한 국제관습법상의 최소기준을 적용하는 것에 대하여 정한 것이다. '공정하고 형평한 대우'와 '충분한 보호 및 보장'의 개념은 외국인대우에 관한 국제관습법상의 최소기준이 요구하는 대우 이상의 대우를 부여하는 것을 요청하는 것은 아니다. 이 협정의 다른 규정 또는 다른 국제협정에 대한 위반이 있었다는 취지의 결정을 한 것이 이 조항의 규정에 대한 위반이 있었다는 것을 증명하는 것은 아니다.

이와 같이 동조는 NAFTA 제1105조와 그 해석노트를 합친 것과 거의 동일한 내용으로 되어 있다. 이러한 규정은 일본-필리핀 EPA 제91조,[23] 일본-칠레 EPA 제75조,[24] 일본-태국 EPA 제95조,[25] 일본-브루나이 EPA 제59조,[26] 일본-라오스 BIT 제5조,[27]

28일 공포, 조약 제7호).

21) 일본국과 스위스연방간의 자유무역 및 경제상 제휴에 관한 협정(2009년 8월 14일 공포, 조약 제5호).

22) 경제상 제휴의 강화에 관한 일본국과 멕시코합중국간의 협정(2005년 3월 4일 공포, 조약 제8호).

23) 경제상 제휴에 관한 일본국과 필리핀공화국간의 협정(2008년 11월 14일 공포, 조약 제16호).

24) 전략적인 경제상 제휴에 관한 일본국과 칠레공화국간의 협정(2007년 8월 14일 공포, 조약 제8호).

25) 경제상 제휴에 관한 일본국과 태국왕국간의 협정(2007년 10월 12일 공포, 조약 제14호).

26) 경제상 제휴에 관한 일본국과 브루나이·다르살람국간의 협정(2008년 11월 14일 공포, 조약 제16호).

27) 투자의 자유화, 촉진 및 보호에 관한 일본국과 라오스인민공화국간의 협정(2008년 7월 9일 공포, 조약 제9호).

일본-페루 BIT 제5조,[28] 일본-인도 EPA 제87조,[29] 일본-콜롬비아 BIT 제4조[30]에서 볼 수 있으나 약간의 차이는 있다. 예를 들어 일본-칠레 EPA 제75조는 "외국인대우에 관한 국제관습법상의 최소기준은 외국인의 경제적 권리 및 이익을 보호하기 위한 모든 국제관습법상의 원칙을 말한다"(밑줄은 저자 추가)라고 하고 있다. 이와 같은 주석이 있으므로 동조에 근거하여 투자자에게 부여되어야 할 대우는 국제법상의 다양한 원칙으로부터 이끌어 낼 가능성이 있다.

4. 투자보호의 최소기준에 대한 언급없이 '국제법에 근거한 대우'라고 규정하는 협정

'국제법에 근거한 대우'라는 개념을 사용하면서 투자보호의 최소기준에 관한 주석이 없는 규정을 포함하는 협정이 있다. 예를 들어 일본-캄보디아 BIT 제4조 1항[31]은 다음과 같이 규정한다.

> 일방 체약국은 타방 체약국 투자자의 투자재산에 대하여 국제법에 근거한 대우(공정하고 형평한 대우와 충분한 보호 및 보장을 포함)를 부여한다.

이 조항은 NAFTA형 공정형평대우규정의 본문과 유사하지만 동조에는 어떠한 주석도 붙어 있지 않다. 이러한 규정은 일본-파푸아뉴기니 BIT 제4조 1항[32] 및 일본-쿠웨이트 BIT 제4조 1항[33]에도 나타난다. 이러한 국제투자협정의 체결시기는 일본이 NAFTA형 공정형평대우규정을 많은 국제투자협정에 채택한 시기와 겹치며, 국제관습법상의 최소기준에 관한 주석이 없으므로 이러한 규정에 독자적인 해석이 부여될 수 있는 가능성이 있다.

---

28) 투자의 촉진, 보호 및 자유화에 관한 일본국과 페루공화국간의 협정(2009년 11월 13일 공포, 조약 제11호).

29) 일본국과 인도공화국간의 포괄적경제제휴협정(2011년 7월 1일 공포, 조약 제7호).

30) 투자의 자유화, 촉진 및 보호에 관한 일본국과 콜롬비아공화국간의 협정(미발효).

31) 투자의 자유화, 촉진 및 보호에 관한 일본국과 캄보디아왕국간의 협정(2008년 7월 7일 공포, 조약 제7호).

32) 투자의 촉진, 보호 및 자유화에 관한 일본국 정부와 파푸아뉴기니 독립국정부간의 협정(미발효).

33) 투자의 촉진, 보호 및 자유화에 관한 일본국과 쿠웨이트국간의 협정(미발효).

Ⅲ. 최근 중재판정 동향과 일본의 국제투자협정에 대한 시사점

제II절에서 검토한 것처럼 공정형평대우규정과 투자보호의 국제최소기준의 지위를 중심으로 살펴보면 일본의 국제투자협정은 크게 4가지 그룹으로 분류할 수 있다. 그러나 최근 중재판정의 동향에 입각해서 살펴보면, 이러한 규정방식의 차이가 어떠한 의미를 갖는다고 평가할 수 있는가.

1. NAFTA 중재판정의 동향[34)]

(1) *Mondev* 사건 · *ADF* 사건

해석노트가 공포된 직후인 2002년의 *Mondev* 사건에서는 해석노트에서 말하는 '외국인대우에 관한 국제관습법상의 최소기준'이 소위 'Neer 기준'인지가 문제되었다. Neer 기준이란 1926년 *Neer* 사건에서 미국-멕시코 일반청구위원회가 제시한 것으로, 외국인대우가 국제법 위반이 되는 것은 "대우가 비정상적일 것(outrage), 악의, 의도적인 의무태만 혹은 국제기준에 명백히 미치지 않는 정부행위가 불충분함에 상당하는" 경우이고,[35)] 가령 이 기준이 국제관습법상의 최소기준이라면 NAFTA 제1105조 위반은 상당히 인정되기 어렵게 된다. 이에 대하여 중재판정부는 Neer 기준은 외국인의 신체적 안전에 관한 것이고 오늘날의 외국투자자의 대우에 관한 규정이 Neer 기준에 한정되는 것은 아니며, 현재 사용하는 '공정'이나 '형평'은 '비정상적'이나 '매우 심각한(egregious)'과 동일한 것은 아니라고 하였다. 중재판정부에 따르면 2,000개가 넘는 투자협정이 공정형평대우를 포함하고 있으며 이러한 일치된 관행은 현재 국제법에 영향을 주고 있기 때문에, NAFTA 제1105조에서 말하는 국제관습법은 *Neer* 사건의 시점이 아니라 현재의 시점이라고 중재판정부는 판시한 것이다.[36)] 또한 2003년 *ADF* 사건에서는 *Mondev* 사건에서의 중재판정부의 입장을 따라 국제관습법

---

34) 국제관습법상의 최소기준에 관한 NAFTA 중재판정의 동향에 대해서는 UNCTAD, *Fair and Equitable Treatment* (2012), pp.47-58도 참조.

35) *L. F. H. Neer and Pauline Neer v. Mexico*, General Claims Commission (US/Mexico), Decision, 15 Oct 1926, R. I. A. A., vol.IV, pp.61-62.

36) *Mondev International Ltd. v. US*, ICSID Case no.ARB (AF)/99/2, Award, 11 October 2002, paras. 115-116, 125.

은 *Neer* 사건의 시점에서 멈춘 것이 아니라 발전하고 있으며, Neer 기준이 현재의 외국투자자 보호에 자동적으로 적용되는 근거는 없다고 하였다.37)

(2) *Waste Management* 사건 · *Methanex* 사건 · *Thunderbird* 사건

2004년 *Waste Management* 사건에서는 과거의 중재판정을 정리하여 "국가의 행위가 자의적, 광범위한 불공정, 정의롭지 못함 혹은 특이한 것(idiosyncratic)이든, 차별적이고 당파적인(sectional) 혹은 인종적인 편견을 드러내는 것이든, 또는 판정의 적절함을 침해하는 결과를 초래하는 적정절차의 결여를 포함하고 있는 경우"에 제1105조 위반이 생긴다고 판정하였지만 이것이 Neer 기준과 어느 정도 관계가 있는지에 대해서는 명확히 하지 않았다.38) 그 후 2005년 *Methanex* 사건의 중재판정부는 이 기준에 부분적으로 의거하였다.39) 2006년 *Thunderbird* 사건에서 중재판정부는 *Mondev* 사건의 중재판정에 의거하는 형태로 투자보호의 최소기준은 *Neer* 사건 이래 국제관습법의 발전을 반영하여야 하지만, 이 기준의 위반을 인정하기 위한 장애물은 여전히 높으며, '중대한 재판거부'나 '명백한 자의성'이 필요하다고 하였다.40)

(3) *Glamis* 사건 · *Cargill* 사건

이제까지의 사건에서는 NAFTA 제1105조에서 말하는 국제관습법상의 최소기준은 기본적으로는 Neer 기준보다는 발전되어 온 것이라고 여겨져 왔으나, 2009년 *Glamis* 사건에서 중재판정부는 대우의 최소기준이 *Neer* 사건의 시점보다 발전하였다는 것을 신청인이 입증하지 않은 상태에서는, Neer 기준의 기본원리는 현재에도 적용된다고 하였다. 아울러 중재판정부는 '중대한 재판거부', '명백한 자의성', '명백한 불공정', '적정절차의 완전한 결여', '명백한 차별' 혹은 '합리성의 명백한 결여' 등 충분히 '매우 심각한, 충격적인' 행위가 있어 처음으로 NAFTA 제1105조 위반이 발생하였다고 하였다. 다만 중재판정부는 악의는 이미 최소기준 위반으로 인하여 필요하지 않다는 점에서는 Neer 기준에서 발전이 있다는 점은 인정하였다.41)

---

37) *ADF Group Inc. v. US*, ICSID Case no.ARB (AF)/00/1, Award, 9 Janurary 2003, paras.179, 181.

38) *Waste Management Inc. v. Mexico* (Number 2), ICSID Case no.ARB (AF)/00/3, Final Award, 30 April 2004, para.98.

39) *Methanex v. US*, UNCITRAL, Final Award, 3 August 2005, para.26.

40) *International Thunderbird Gaming Corporation v. Mexico*, UNCITRAL, Arbitral Award, 26 Janurary 2006, para.194.

41) *Glamis v. US*, *supra* note 5. paras.614-616, 627.

같은 해에 제기된 *Cargill* 사건에서도 동일한 견해가 제시되었다. 중재판정부는 국제관습법상의 최소기준이 Neer 기준보다 발전할 가능성은 있지만, 공정형평대우규정을 포함하는 국제투자협정이 급증한 것은 최근이며 이 규정의 내용에 관한 각국의 입장도 제시된 지 얼마 되지 않았기 때문에, 그러한 유동적인 상황에서는 국제투자협정에서의 공정형평대우규정의 확장에 큰 의미를 부여할 수 없다고 하였다. 중재판정부에 의하면 NAFTA 중재가 해 온 것은 Neer 기준을 현재의 보다 더 복잡한 상황에 적용하려는 것이며, NAFTA 제1105조 위반이 인정되는 기준은 Neer 기준과 동일하게 엄격한 채로 남아있다. 중재판정부는 '중대한 위법행위', '명백한 부정의', '악의', '의도적인 의무태만' 중 어느 하나만 있으면 동조 위반이 되지만, 이 기준은 *Tecmed* 사건 중재판정부가 스페인-멕시코 BIT의 공정형평대우규정을 해석하여 제시한 기준보다도 상당히 엄격한 것이라고 하였다.[42)]

(4) *Merill* 사건 · *Chemtura* 사건

그러나 2010년 *Merill* 사건에서는 현재의 투자보호의 최소기준은 Neer 기준보다도 높다는 견해가 다시 제시되었다. 중재판정부에 의하면 외국인의 대우에 관한 한정적인 문맥에서의 Neer 기준과는 별개로 무역과 투자에 관련된 외국인대우에 대한 보호기준이 발전하여, 이 기준에 의하면 '비정상적인' 대우를 하는 것까지 요구하는 것은 아니다. 중재판정부는 대우의 최소기준의 발전에 의해 공정형평대우가 관습법의 일부가 되었다고 한다.[43)] 이러한 견해는 같은 해 *Chemtura* 사건에서도 보여진다. 중재판정부는 *Mondev* 사건에 의거하면서 국제관습법의 발전을 고려하여 투자보호의 최소기준의 내용을 확인하고, NAFTA 제1105조 위반은 '비정상적인' 경우가 아니더라도 인정될 수 있다는 입장을 취하였다.[44)]

(5) *Grand River* 사건

2011년 *Grand River* 사건에서 중재판정부는 Neer 기준과의 관계에 대하여 언급하지 않았지만, 이전 *Glamis* 사건에서의 판시를 인용하여 국제관습법상의 최소기준은 어디까지나 최소기준이며 NAFTA 제1105조 위반은 쉽게 인정할 수 없다는 입장을

42) *Cargill v. Mexico*, *supra* note 5, paras.276, 284-286.

43) *Merill & Ring Forestry L. P. v. Canada*, UNCITRAL, ICSID Administered Case, Award, 31 March 2010, paras.205, 211-213.

44) *Chemtura Corporation v. Canada*, UNCITRAL, Award, 2 August 2010, paras.121-122, 215.

취하였다. 중재판정부에 의하면 NAFTA 제1105조 또는 국제관습법상의 최소기준은 외국투자에 대한 차별을 일반적으로는 금지하고 있지 않다. 또한 중재판정부는 투자보호의 최소기준이 다른 법원(法源)하에서 투자자에게 부여된 보호를 편입시키는 것은 아니며, 만일 그러한 일이 일어난다면 해석노트에서 NAFTA 제1105조의 범위를 한정한 것이 무의미해질 것이라는 것도 판시하였다.45)

(6) 소 결

이상 개관한 바와 같이 해석노트의 공표 후에도 중재판정부에 의한 NAFTA 제1105조의 해석에 대한 논란은 여전하며 일관되어 있지 않음을 알 수 있다. 악의의 증명이 없더라도 동조 위반이 인정될 수 있다는 점에서는 중재판정이 일치하고 있다고 생각할 수 있으나, 현재의 투자보호의 최소기준이 Neer 기준과 동일하게 행위의 '중대성'을 요구하고 있는지 여부는 이견이 분분한 채로 남아있다고 할 수 있다. 그리고 NAFTA 이외의 투자협정에서 공정형평대우규정이 일반화되어 있는 것이 국제관습법상의 최소기준의 내용에 어떻게 반영할 것인가에 대해서도 중재판정부의 입장은 다르기 때문에, NAFTA 제1105조와 통상의 공정형평대우규정이 동일한 내용인지 혹은 후자가 전자보다 유리한 대우를 규정하고 있는지는 불명확한 채로 남아 있다.

2. NAFTA 이외의 중재판정 동향

NAFTA 제1105조와 같은 당사국에 의한 해석노트가 공표되지 않은 공정형평대우규정에 관해서는 중재판정부는 어떠한 판단을 내리고 있는가.

(1) *CMS* 사건 · *El Paso* 사건

NAFTA 이외의 국제투자협정상의 공정형평대우규정에 관한 중재판정에서는 공정형평대우가 국제관습법상의 최소기준과 동일하다고 보는 것이 많으나, 여기서 말하는 국제관습법상의 최소기준은 Neer 기준에서 더 나아가 수준이 높은 것이라고 여겨지고 있다. 예를 들어 *CMS* 사건에서 중재판정부는 미국-아르헨티나 BIT의 공정형평대우규정에 대하여 "국제법의 최소기준과 관습법하에서의 발전은 다르지 않다"

45) *Grand River Enterprises, et al. v. US*, UNCITRAL, Award, 12 Janurary 2011, paras.209, 214, 219.

라고 하고 있다.[46] 또한 동일한 미국-아르헨티나 BIT가 문제가 된 *El Paso* 사건의 중재판정부도 공정형평대우를 국제최소기준과 동일하다고 보는 견해가 국제투자법의 발전과 일치한다고 하였다.[47]

(2) *Azurix* 사건 · *Rumeli* 사건 · *Saluka* 사건

형식적으로는 공정형평대우규정과 투자보호의 국제최소기준이 다르지만 실질적으로는 동일하다고 하는 중재판정도 있다. *Azurix* 사건에서 중재판정부는 미국-아르헨티나 BIT 제2조 2항(a)가 "Investment shall at all times be accorded fair and equitable treatment [⋯] and shall in no case be accorded treatment less than required by international law"라고 규정하고 있기 때문에 공정형평대우는 국제관습법상의 최소기준 보다도 높다고 해석된다는 견해를 보였지만, 실제로는 국제관습법상의 최소기준 자체가 발전하고 있기 때문에 양자의 차이는 그렇게 중요한 것은 아니라고 하였다.[48] *Rumeli* 사건의 중재판정부는 영국-카자흐스탄 BIT의 공정형평대우규정(제2조 2항)에 대하여 국제관습법상의 최소기준과 실질적으로는 다르지 않다고 하였다.[49] 동 조항은 미국-아르헨티나 BIT 제2조 2항과 다르며 국제법에 관한 언급은 없으나, 이 사건 중재판정부는 *Azurix* 사건과 *CMS* 사건의 중재판정을 원용하여 이러한 입장을 취하고 있다. 또한, *Saluka* 사건의 중재판정부는 *Azurix* 사건의 중재판정과 동일하게 조약상의 공정형평대우와 국제관습법상의 최소기준과의 차이는 표면적이라고 하면서, 다른 한편으로 공정형평대우의무 위반은 비교적 낮은 정도의 침해행위에서 인정될 수도 있다고 하여 다소 모순되는 것 같은 이해를 보여주고 있다.[50]

(3) *Genin* 사건

Genin 사건 중재판정부는 예외적으로 Neer 기준에 가까운 국제최소기준과 공정

---

46) *CMS Gas Transmission Company v. Argentina*, ICSID Case no.ARB/01/8, Award, 12 May 2005, para.284.

47) *El Paso Energy International Company v. Argentina*, ICSID Case no.ARB/03/15, Award, 31 October 2011, paras.336-337.

48) *Azurix v. Arentina*, ICSID Case no.ARB/01/12, Award, 14 July 2006, para.361.

49) *Rumeli Telekom A. S. and Telsim Mobil Telekomunikasyon Hizmetleri A. S. v. Kazakhstan,* ICSID Case no.ARB/05/16, Award, 29 July 2008, para.611.

50) *Saluka Investments BV v. The Czech Republic*, UNCITRAL, Partial Award, 17 March 2006, paras.291, 293.

형평대우가 동일하다는 입장을 취하였다. 본건에서 문제가 된 미국-에스토니아 BIT의 공정형평대우규정(제2조 3항(a))은 미국-아르헨티나 BIT 제2조 2항(a)와 동일하게, "Investment shall at all times be accorded fair and equitable treatment [⋯] and shall in no case be accorded treatment less than required by international law"라고 규정하고 있으나 중재판정부는 여기서 말하는 공정형평대우는 어디까지나 최소기준이며, '의무의 의도적 태만, 국제기준보다 현저하게 밑도는 불충분한 행위 또는 악의'가 이 최소기준에 반하는 것이라고 한 다음 에스토니아의 행위는 동 조항을 위반하지 않는다고 하였다.[51] 이와 같이 *Genin* 사건의 중재판정부는 공정형평대우가 국제관습법상의 최소기준과 동일하다고 하면서, 다른 사건의 중재판정부와 달리 국제관습법상의 최소기준의 발전은 인정하지 않았다고 할 수 있다.

(4) *Tecmed* 사건 · *Vivendi II* 사건 · *Total* 사건

NAFTA 이외의 공정형평대우규정에 관한 중재판정에서 주목되는 것이 공정형평대우규정 중에 '국제법에 따라'나 '국제법의 원칙에 따라'라는 문언이 삽입되어 있는 경우이다. 이러한 경우에 중재판정부는 소위 외국인대우에 관한 최소기준뿐만 아니라 국제법상의 원칙 등을 폭넓게 참조하여 투자자를 두텁게 보호하는 경향이 있다.

예를 들어 2003년 *Tecmed* 사건에서는 스페인-멕시코 BIT의 공정형평대우규정(제4조 1항)이 문제되었지만 동 조항은 '국제법에 따라, 공정형평대우를 부여한다'고 규정하고 있었다. 이 사건의 중재판정부는 동 조항에서 말하는 공정형평대우는 국제법상의 신의성실원칙을 나타낸 것이며 이 원칙에 따라 공정형평대우규정을 해석하면, 체약국은 외국투자자가 투자할 때 고려한 기본적인 기대에 영향을 주지 않는 대우를 부여하여야 한다는 견해를 보였다. 중재판정부는 거듭하여 투자유치국은 투자자와의 관계에서 일관된 태도로, 애매하지 않고 완전한 투명성을 가지고 행동하고, 투자자가 의거한 기존 법령 등을 자의적으로 개폐하지 않을 것을 기대하게 하고 있다고도 판시하였다.[52] 이러한 공정형평대우규정의 해석은 매우 높은 수준의 보호를 투자자에게 부여하는 것이며, 2011년 *White Industries* 사건의 중재판정부는 "이것은 완벽한 세상에 대한 기술(記述)이며 거의 실행불가능하다"고 비판하고 있다.[53]

51) *Genin and others v. Estonia*, ICSID Case no.ARB/99/2, Award, 25 June 2001, para.367.

52) *Técnicas Medioambientales Tecmed, S. A. v. Mexico*, ICSID Case no.ARB(AF)/00/2, Award, 29 May 2003, para.154.

53) *White Industries Australia Limited v. India*, UNCITRAL, Final Award, 30 November 2011,

2007년 *Vivendi II* 사건의 중재판정부도 프랑스-아르헨티나 BIT 제3조의 공정형평대우규정은 외국인대우의 최소기준과 동일한 것은 아니라고 하였다. 동조는 "국제법의 원칙에 따라 공정형평대우를 부여한다"고 규정하고 있으나 중재판정부는 동조가 '대우의 최소기준'이 아니라 '국제법의 원칙'에 따른 공정형평대우라고 규정되어 있다고 지적하고, '대우의 최소기준' 이외의 폭넓은 국제법상의 원칙을 고려할 수 있다는 견해를 보였다.[54] 동일하게 동조가 문제가 된 2010년 *Total* 사건의 중재판정부는 *Vivendi II* 사건의 중재판정부와 동일한 입장을 취하였다. 그리고 중재판정부는 국제법상 국가는 그 일방적 행위에 의해 서로 법적 의무를 지는 것도 고려한다고 하였다.[55]

3. 최혜국대우규정과의 관계

이상 살펴본 바와 같이 국제투자협정의 공정형평대우규정 내지 국제관습법상의 최소기준은 협정간에 투자자에게 유리한 정도에 있어 차이가 있다고 생각할 수 있다. 여기서 문제가 되는 것은 최혜국대우규정과의 관계이다. 가령 어느 국가가 체결하고 있는 국제투자협정(소위 '기본조약(basic treaty)')이 Neer 기준과 동일한 수준의 대우를 투자자에게 보장하고 있는 경우, 동일국가가 체결하고 있는 다른 국제투자협정(소위 '비교대상조약(third-party treaty)')이 투자자에게 보다 유리한 공정형평대우규정을 포함하고 있다면 전자의 협정상 최혜국대우규정에 따라 후자의 협정상 유리한 공정형평대우가 전자의 협정에도 적용될 수 있기 때문이다. 이에 대하여 지금까지 중재판정은 어떠한 입장을 취해 왔는가.

(1) *Rumeli* 사건 · *Bayindir* 사건

2008년 *Rumeli* 사건에서는 '기본조약'인 터키-카자흐스탄 BIT에 공정형평대우규정이 없었기 때문에 신청인이 '비교대상조약'인 영국·카자흐스탄 BIT의 공정형평대우규정을 원용하였다. 중재인은 피신청국도 이를 다투고 있지 않으므로 터키-카자

para.10.3.6.

54) *Compañía de Aguas del Aconquija S. A. and Vivendi Universal v. Argentina*, ICSID Case no.ARB/97/3, Award, 20 August 2007, paras.7.4.5.-7.4.7.

55) *Total S. A. v. Argentina*, ICSID Case no.ARB/04/01, Decision on Liability, 27 December 2010, paras.125-127, 131-134.

흐스탄 BIT의 최혜국대우규정에 근거하여 영국-카자흐스탄 BIT의 공정형평대우규정을 적용하였다.[56]

2009년 *Bayindir* 사건에서는 '기본조약'인 터키-파키스탄 BIT에 공정형평대우규정이 없었으나 동 조약의 최혜국대우규정(제2조 2항)에 근거하여 피신청국인 파키스탄이 체결하고 있던 '비교대상조약'인 스위스-파키스탄 BIT의 공정형평대우규정(제4조)의 원용을 인정하였다. 중재판정부는 터키-파키스탄 BIT 제2조 4항이 최혜국대우의 대상이 아닌 것으로 관세동맹 등의 경제통합과 조세 밖에 명시하고 있지 않은 것을 근거로 하여, 공정형평대우는 최혜국대우규정의 대상이 된다고 하였다. 아울러 중재판정부는 영국-파키스탄 BIT도 공정형평대우규정을 포함하고 있으나 동 조약이 터키-파키스탄 BIT보다 이전에 체결된 점을 고려하여 나중에 체결된 스위스-파키스탄 BIT의 공정형평대우규정의 원용을 인정하였다. 이는 파키스탄이 공정형평대우규정을 포함한 영국-파키스탄 BIT는 공정형평대우규정을 포함하지 않는 터키-파키스탄 BIT보다 이전에 체결되었기 때문에, 터키-파키스탄 양국이 그 BIT에 공정형평대우의무를 포함하고자 의도하지 않았다고 주장한 것에 대응하고 있다.[57]

(2) *Chemtura* 사건 · *Paushok* 사건

2010년 *Chemtura* 사건에서는 신청인이 NAFTA 제1103조의 최혜국대우규정에 근거하여 피신청인인 캐나다가 체결한 다른 국제투자협정상의 공정형평대우규정에서 NAFTA 제1105조보다 유리한 규정을 원용할 수 있다고 주장하였다. 이에 대해서는 캐나다뿐만 아니라 NAFTA 제1128조에 근거한 미국과 멕시코도 반대의 의견을 제출하였다. 이것은 매우 중요한 논점이지만 중재판정부는 가령 NAFTA 제1103조에 의해 다른 협정의 공정형평대우규정이 원용될 수 있다 하더라도 결론은 바뀌지 않는다(위반이 아니다)고 하여 명확한 검토를 회피하였다.[58]

NAFTA 이외의 국제투자협정에 관해서는 2011년 *Paushok* 사건에서 중재판정부는 최혜국대우규정에 근거하여 보다 유리한 공정형평대우규정의 원용은 가능하다고 판단하였다. 동 사건의 '기본조약'인 러시아-몽골 BIT의 공정형평대우규정(제3조 1항)에는 제한이 붙어 있으나, 중재판정부는 동 조약의 최혜국대우규정(제3조 2항)에 근거

56) *Rumeli v. Kazakhstan*, *supra* note 49, para.575.

57) *Bayindir Insaat Turizm Ticaret Ve Sanayi A. S. v. Islamic Republic of Pakistan*, ICSID Case no.ARB/03/29, Award, 27 August 2009, paras.156-157, 162, 166-167.

58) *Chemtura v. Canada*, *supra* note 44, para.235.

하여 보다 유리한 공정형평대우규정이라고 신청인이 주장하는 덴마크-몽골 BIT 제3조 2항의 원용을 인정하였다.[59]

4. 일본의 국제투자협정에 대한 시사점

이상의 중재판정 동향에 입각해 보면 일본의 국제투자협정 관련규정에 대하여 어떠한 시사점을 얻을 수 있을 것인가.

(1) NAFTA형의 공정형평대우규정

일본-멕시코 EPA를 시작으로 9개의 국제투자협정이 NAFTA형의 공정형평대우규정을 가지고 있지만, NAFTA 중재를 분석해보면 '외국인대우에 관한 국제관습법상의 최소기준'이 Neer 기준인가 혹은 더 발전한 조약상의 공정형평대우와 다르지 않은 것인지가 문제될 것이다. *Mondev* 사건 등의 국제관습법상의 최소기준이 발전하였다는 중재판정에 근거하면, NAFTA형의 공정형평대우규정이 굳이 주석을 두고 있는 의미는 없으며, 일반적인 공정형평대우규정과 실질적으로는 다르지 않은 것이 되지만, *Glamis* 사건이나 *Cargill* 사건의 중재판정과 같이 Neer 기준이 기본적으로는 현재에도 국제관습법상의 최소기준에 상당하다는 사고방식에서 보면, NAFTA형의 공정형평대우규정은 투자보호에 관하여 일반적인 공정형평대우규정보다도 낮은 기준을 규정하고 있다는 것이 된다. 다만, *Thunderbird* 사건의 중재판정부와 같이 투자보호의 최소기준이 Neer 기준으로부터 발전하였다고 하면서도 이 기준의 위반을 인정할 장애물은 여전히 높다는 입장도 있으며 이는 양자택일적인 문제가 아닐지도 모른다.

여기에서 핵심이 되는 것은 국제관습법의 인정방법일 것이다. 투자보호의 국제최소기준의 발전을 인정하지 않았던 *Glamis* 사건과 *Cargill* 사건의 중재판정부는 모두 국제관습법의 성립요건에 대하여 신청인에게 엄격한 입증을 요구하였다. *Glamis* 사건의 중재판정부는 국제관습법의 변화를 입증하는 것은 어렵다는 것을 인정한 후에 그 입증책임은 신청인이 부담하고 국제관습법의 성립요건인 일반관행과 법적 확신의 입증을 요구하였다. 그리고 중재판정부는 일반관행의 증거로서는 조약의 문언이나 모델 BIT도 포함된다고 하였으나 그 배후에 있는 의도를 증명하는 것이

59) *Sergei Paushok, et al. v. Mongolia*, UNCITRAL, Award on Jurisdiction and Liability, 28 April 2011, paras.571-573.

매우 어렵다고 하였다. 또한, 신청인이 의거한 다수의 중재판정에 대해서도 그 자체는 국가관행이 아니고 국제관습법을 생성하는 것이 아니기 때문에 어디까지나 국제관습법의 묘사가 될 수 있을 뿐이라고 보았고 조약상의 공정형평대우규정을 해석한 중재판정(예를 들어 *Tecmed* 사건) 등은 고려하지 않았다.[60)]

한편, 국제관습법상의 최소기준이 발전하였다고 인정한 *Merill* 사건의 중재판정부는 두 가지 요건의 엄격한 입증은 요구하지 않았다. 중재판정부에 의하면 비즈니스·무역·투자의 대우에 관한 기준을 자유화하는 흐름이 수십년에 걸쳐 계속되고 있으며, 공정형평대우는 변화하는 현실의 소산으로 바야흐로 법적 확신을 수반하는 넓은 범위에서 일관된 관행이 되고 있다고 한다.[61)] 이 사건 중재판정에서는 관습법의 발전흐름(trend)이 존재하고, 국가관행이나 법적 확신의 엄격한 입증을 신청인에게 요구하지 않았다.

이와 같이 국제관습법의 두 가지 요건의 엄격한 입증을 신청인에게 요구할 것인가 혹은 국제관습법의 '발전적 인정'에 의거하여 두 가지 요건의 엄격한 입증을 요구하지 않을 것인가에 따라 NAFTA형의 공정형평대우규정의 의미내용이 좌우될 것이라고 생각된다. 국제관습법의 인정방법을 둘러싸고 최근 ICJ도 두 가지 요건(특히 법적 확신)에 대하여 구체적인 검토를 하지 않고 국제관습법을 인정하고 있는 점이 지적되고 있다.[62)] 투자협정중재에서도 동일한 인정방법이 허용되는 것인가의 문제는 본장의 범위를 벗어나는 것이나 이후 검토되어야 할 중요한 과제일 것이다.

(2) 일반적인 공정형평대우규정

일본-홍콩 BIT를 시작으로 9개의 국제투자협정이 일반적인 공정형평대우규정을 가지고 있지만 이 규정들은 국제관습법상의 최소기준에 대한 언급도 없기 때문에 조약상의 보호기준을 정하였다고 해석될 가능성이 높다. *Genin* 사건에서는 공정형평대우규정이 Neer 기준에 따른 형태로 해석되었으나, 이것은 예외적이며 많은 중재판정에서는 보다 높은 수준의 투자보호를 부여하는 것으로 인정되어 왔다. NAFTA형의

---

60) *Glamis v. US, supra* note 5, paras.602-603, 605-611. *Cargill* 사건의 중재판정부도 동일한 판시를 하였다. *Cargill v. Canada, supra* note 5, paras.276, 280.

61) *Merill v. Canada, supra* note 43, paras.207-210.

62) 이 문제에 대해서는 예를 들어 다음 문헌을 참조. 水島朋則, '外務大臣の刑事管轄権免除に関する "慣習国際法"-逮捕状事件判決における国際立法の側面,' 坂元茂樹編, "藤田久一先生古稀記念 国際立法の最前線"(2009), 29-44면.

공정형평대우규정이 어떻게 해석되는지에 따라 다르겠지만, 일반적으로는 NAFTA형의 공정형평대우규정보다는 투자보호에 유리한 내용의 규정이라 할 것이다.

아울러 몇몇 국제투자협정은 공정형평대우와 함께 '부당한 또는 차별적인 조치'나 '자의적인 조치'에 의해 투자자를 저해하여서는 아니 된다는 점도 규정하고 있다.[63] 이들 규정에서는 '중대성'은 문제가 되지 않는다. 즉 Neer 기준과의 관계에서는 공정형평대우규정 위반이 되는 '부당성', '차별성', '자의성'의 정도가 중대한 것인지 여부가 문제될 수 있으나, 이런 규정이 있는 경우 투자보호의 수준은 공정형평대우규정과 더불어 국제관습법상의 최소기준보다도 높은 것으로 이해된다고 본다.

(3) '국제법에 근거한 대우' 규정

일본-캄보디아 BIT, 일본-파푸아뉴기니 BIT 및 일본-쿠웨이트 BIT는 공정형평대우를 포함한 국제법에 근거한 대우를 부여한다고 규정하고 있으나, 여기서 말하는 '국제법에 근거한 대우(treatment in accordance with international law)'가 무엇을 의미하는지에 대하여는 주석이 붙어있지 않는 것이 특징이다. *Tecmed* 사건, *Vivendi II* 사건, *Total* 사건에서는 '국제법(의 원칙)에 따라 공정형평대우를 부여한다'는 규정에 대하여, 외국인대우에 관한 국제관습법상의 최소기준에 한정하지 않고 국제법 일반을 고려할 수 있는 방안이 제시되었다. 스페인-멕시코 BIT나 프랑스-아르헨티나 BIT는 문언이 다르기 때문에 일률적으로 동일한 해석방법을 취할 수는 없지만, 최근에는 NAFTA형의 공정형평대우규정이 일본의 국제투자협정에 채택되는 경우가 많음에도 불구하고 상기 3개의 BIT에서 주석 없는 공정형평대우가 규정된 것은 무엇인가 의미가 있는 것으로 파악될 가능성이 있으며, 그러한 경우에는 '외국인대우에 관한 국제관습법상의 최소기준' 이외의 국제법이 고려될 여지가 생겨날 것으로 생각된다.

(4) 최혜국대우규정과의 관계

이제까지 본 바와 같이 일본의 국제투자협정에서 공정형평대우관련규정은 투자보호에 관하여 다른 수준을 설정하고 있을 가능성이 있으며, 최혜국대우규정에 근거하여 보다 유리한 대우의 보장을 투자자가 요구할 여지를 남기고 있는 것처럼 보인다. 일본의 국제투자협정의 최혜국대우규정에는 조세와 분쟁해결절차에 관한 제한이 붙

63) 일본-홍콩 BIT 제2조 3항, 일본-러시아 BIT 제2조 3항, 에너지헌장조약 제10조 1항.

어 있는 것은 있으나,[64] 공정형평대우에 대하여 제한을 둔 것은 저자가 찾아 본 바로는 없다.

NAFTA형의 공정형평대우규정은 일반적인 공정형평대우규정보다도 투자보호의 수준이 낮다고 해석될 가능성이 있으며, 그러한 경우 최혜국대우규정에 의해 다른 국제투자협정상의 공정형평대우규정을 원용하는 것이 가능할 것인가. NAFTA에 관해서는 *Chemtura* 사건의 중재판정부가 그 가능성을 부정하지 않았지만 미국-캐나다·멕시코는 모두 강하게 반대하였다.[65] 최혜국대우규정의 범위에 관한 판단기준은 현 단계에서는 중재판정부에 따라 제각각이며 일관된 판단의 틀이 존재하지 않는다.[66] 그러나 가령 *Maffezini* 사건의 중재판정부가 제시한 것처럼 '공공정책상의 고려'에 의해 최혜국대우규정의 범위가 제한된다고 하더라도,[67] 최근 일본은 같은 시기에 3가지 유형의 규정(NAFTA형, 일반형, '국제법에 근거한 대우'형)을 협정마다 구분하여 사용하며, NAFTA형의 공정형평대우규정이 일본이 국제투자협정을 체결하는 시기의 '공공정책상의 근본적인 문제를 반영'하고 있다고는 할 수 없을 것으로 생각된다.

적어도 공정형평대우규정을 포함하지 않는 BIT에 대해서는 최혜국대우규정에 아무런 제한도 없기 때문에 *Rumeli* 사건이나 *Bayindir* 사건의 중재판정부가 판시한 것처럼 다른 국제투자협정의 공정형평대우규정을 원용하는 것이 가능할 것이다.

Ⅳ. 결　　론

공정형평대우규정과 투자보호의 국제최소기준을 중심으로 보면, 20년간 일본의 국제투자협정의 구조적 변화의 일면이 명확해졌다고 할 수 있다. 거기에는 NAFTA를 중심으로 한 글로벌한 흐름이 반영되고 있으나 그 법적 의의는 여전히 유동적이다.

---

64) 조세에 관한 제한의 예로, 일본-우즈베키스탄 BIT 제2조 5항이나 일본-쿠웨이트 BIT 제3조 2항, 분쟁해결절차에 관한 제한의 예로는, 일본-페루 BIT 제4조 2항이나 일본-콜롬비아 BIT 제3조 1항 주석이 있다.

65) *Chemtura v. Canada*, *supra* note 44, para.235.

66) 졸저, '最惠国待遇規定の意味-マフェチニ事件,' 小寺彰他編, "国際法判例百選"第2版(2011년), 149면.

67) *Emilio Agustin Maffezini v. Spain*, ICSID Case no.ARB/97/7, Decision of the Tribunal on Objections to Jurisdiction, paras.62-64.

따라서 일본의 공정형평대우 관련규정이 어떻게 해석 및 적용되어야 하는가에 대해서는 현 단계에서는 불확실성이 남아 있다고 할 수 있다. 더구나 최혜국대우규정의 존재가 문제를 보다 더 복잡하게 만든다.

UNCTAD에 의하면 2010년 10월까지 공표된 중재판정에서, NAFTA 중재에서는 22%만이 공정형평대우에 관한 청구가 인정된 반면, 다른 국제투자협정의 중재에서는 62%의 사건에서 청구가 인정되었다고 한다.[68] 저자의 조사에 의하면 2010년 11월 이후 2012년 4월까지 공정형평대우에 관한 청구가 인용된 것은 NAFTA 중재에서는 1건 중 0건, 그 외 국제투자협정중재에서는 8건 중 5건이 있었다. 청구의 인정 여부는 개개 사건의 사실관계에 크게 의존하기 때문에 안이한 추론은 할 수 없으나, NAFTA형의 공정형평대우규정의 위반이 인정되기 어려운 경향은 존재하는 것으로 보인다.

오늘날의 국제투자법은 양자간 국제투자협정을 주체로 하여 구성되어 있다. 따라서 공정형평대우규정 내지는 투자보호의 국제최소기준에 관한 규정으로서 종합하여 논할 수 있는 규정들도 협정간에 문언이 다르고 일정한 공통항이 존재하더라도 협정을 관통하는 통일법리·규칙이 형성되어 있지 않다. 또한, 국제투자협정을 해석적용하는 중재판정부는 사건마다 그때 그때 구성되기 때문에 중재인에 따라 전혀 다른 모습을 보이는 경우도 있다. 조약규정과 관련 없는 국제관습법상의 최소기준의 내용에 관해서도 중재인이 바뀌면 다른 판단이 이루어져 왔다. 요컨대 국제투자법은 실체법의 수준에서도 절차법의 수준에서도 '개별화'되고 있는 것이 특징이며, 이를 고려한 다음 각 협정조문을 개별·구체적으로 해석적용하는 것이 필요하게 된다. 이후 공정형평대우나 국제관습법상의 최소기준의 내용에 대하여 어느 정도 수렴될 가능성이 있기는 하지만, 적어도 현 단계에서는 불확실성이 남아 있기 때문에 이를 전제로 하여 국제투자협정을 체결하고 운용하여야 할 것이다.

---

68) UNCTAD, *supra* note 34, p.61

제17장

수용·국유화

-투자협정중재에서 규제와 간접수용

森川 俊孝 (모리카와 토시타카)

Ⅰ. 서 론

제2차 세계대전 이후의 국제법에서 외국인재산의 수용·국유화에 관한 문제는 그것이 실시된 정치적·경제적 상황 또는 분쟁의 성질에 따라 다른 양상을 보여 왔다. 식민지로부터 독립한 신생독립국 및 개발도상국에 의한 국유화의 경우에는 천연자원에 대한 영구적 주권이 강조되어 지불되어야 하는 보상의 기준이 개발도상국과 선진국 사이에 격렬하게 다투어짐으로써 정치적으로도 가장 중요한 쟁점이 된 문제였다. 또한 이란혁명 이후에 설립된 미국-이란청구재판소 및 유럽인권재판소에서 수용에 관한 판례가 축적되어 왔다.

근래에는 체약국의 투자자가 IIA의 투자분쟁해결조항에 근거하여 중재에 부탁하는 투자분쟁에서 수용에 관한 청구를 다수 제기하여 왔다. 이는 국유화에 관한 분쟁이 아니라 그 대부분이 개별적인 수용에 관한 분쟁이고, 또한 직접수용에 관한 문제이기 보다는 간접수용에 관한 문제였다. 대부분의 경우 외국인의 재산권이 대규모의 국유화와 같이 혁명 및 사회적 구조개혁의 과정에서 또는 예외적인 상황에서의 정부행위에 의하여 침해된 것이 아닌, 정부가 일상적인 활동 중에 투자자의 경제활동을 규제하기 위하여 취한 행위·조치가 수용인지의 여부에 대하여 다투어졌다. 즉 국가의 공적 권한 또는 규제권한(police powers)은 국가주권의 본질적인 요소이므로,[1] 현대 국가는 다양한 분야에서 공공이익을 위한 규제에 의해 투자자의 사업활동에 개입하고 그에 따라 중대한 침해를 발행시키는 경우가 있다. 이러한 경우에 투자자의 투자재산을 침해하는 행위·조치가 보상의 지불을 필요로 하지 않는 정당한 규제행위인지, 또는 보상의 지불이 필요한 간접수용인지가 쟁점이 되었다. 1990년대 후반 이후에 급증하여 온 투자협정중재[2]에서 수용에 관한 최대의 논점은 보상을 요하지 않는 정부의 정당한 조치와 보상을 하여야 하는 간접수용 사이의 경계선을 어떻게 결정할 수 있는가에 있었다. 다시 말하면, 이는 간접수용이 발생하였는지에 대한 수용의 '존부'문제이다. 이 문제는 투자자에게 보상을 지불하지 않고 그 투자재산에 영향을 미칠 수 있는 규제조치의 범위에 관심을 둔 정부나 투자재산을 침해·제한하는 정부의 규제조치에 대하여 간접수용의 청구에 의한 보상의 지불을 요구하는 투자자 모두 각각 자신의 역할을 수행하는데 실제로 매우 중요한 의미를 갖는 문제이다.

본장에서는 최근의 IIA에서 나타나고 있는 간접수용에 관한 해석규정, 즉 간접수용의 존부를 결정하기 위하여 필요한 구성요소를 명시하고 있는 규정에 주목하여 투자협정중재판정, 국제기관의 조사연구[3] 및 학설[4]을 검토함으로써 그 내용 및 판단

1) 본장에서 police powers는 범죄에 대한 벌금, 과세처분과 같은 행위뿐만 아니라 경제활동 전반에 대한 국가의 개입행위 일반을 의미하는 것으로 사용되는 것으로 규제권한으로 번역하여 사용하도록 한다.

2) 투자협정중재는 당사국의 투자자와 타방 당사국간에 투자분쟁을 해결하기 위하여 투자협정의 투자분쟁해결조항에 근거하여 투자자에 의해 직접 부탁된 중재를 말한다.

3) OECD, "*Indirect Expropriation*" and the "*Right to Regulate*" in International Investment Law, Working Papers on International Investment Law, no.2004/4 (2004); UNCTAD, *Taking of Property*, Series on Issues on International Investment Agreements, UNCTAD/ITE/IIT/15 (2000); UNCTAD, *Expropriation*, Series on Issues on International Investment Agreements II, UNCTAD/DIAE/IA/2011/7 (2011).

4) 간접수용에 관한 연구는 그 10년 정도의 기간에 그 수가 매우 증가하고 있지만, 우선 이하의 자료를 참조. R. Dolzer, "Indirect Expropriations: New Developments?," *NYU Environment Law Journal*, vol.11 (2002), p.64ff; Y. Fortier and S. L. Drymer, "Indirect Expropriation in the Law of International Investment: I Know It When I See It, or Caveat Investor," *ICSID Review-Foreign Investment Law Journal*, vol.19, no.2 (2004), p.293ff; V. Lowe, "Regulation or Expropriation?," *Current Legal Problems*, vol.55 (2002), p.447ff; U. Kriebaum, "Regulatory Takings: Balancing the Interests of the Investors and the States," *Journal of World Investment and Trade*, vol.8, no.5 (2007), p.717ff; C. A. Newcombe, "The Boundaries of Regulatory Expropriation in International Law," *ICSID Review-Foreign Investment Law Journal*, vol.20,

구조를 명확히 하고자 한다.

Ⅱ. 간접수용과 IIA

국가에게 공공이익을 위하여 사적 재산권을 수용·국유화할 권리뿐만 아니라 외국투자를 규제할 권리가 있는 것은 국제법에서 일반적으로 승인되고 있다.[5] 한편, 사인이 국내법에 근거하여 유효하게 취득한 권리(재산권)를 자의적으로 박탈당하지 않는 것도 국제법상 인정되고 있는 원칙이다.[6] 수용과 보상에 관한 전통적인 국제관습법원칙은 이러한 두 가지 요청에 기초하여 형성되었으므로, 이는 이제까지 체결되었던 다수의 IIA의 수용·국유화규정에도 반영되어 있다고 할 수 있다.[7] 그러나 BIT 및 FTA/EPA 투자챕터에서는 일반적으로 당해 조약에 따라 보호되는 투자자의 투자재산(investment)에 대한 정의가 규정되어 있어 국제관습법의 보호대상이 되는 외국인의 재산보다도 넓은 범위의 재산, 권리, 이익을 포함하고 있다.

투자재산을 수용·국유화하여서는 안 된다고 규정하는 한편, 이러한 수용·국유화의 합법성에 대한 조건으로 (a) 공공목적을 위할 것, (b) 차별적이지 아니 할 것, (c) 정당한 법적 절차에 따를 것, (d) 신속한, 적절한 그리고 실효적인 보상을 지불할 것을 규정하고 있다. 그리고 간접수용의 규정에 대해서는 투자재산을 '직접 또는 간접적으로'[8] 국유화·수용할 수 없으며, 또한 투자재산에 대한 국유화·수용과 '동등한 조치',[9] '동등한 효과가 있는 조치',[10] 또는 '유사한 효과가 있는 조치'[11]를 취해서

---

no.1 (2005), p.1ff; W. M. Reisman and R. D. Sloane, "Indirect Expropriation and Its Valuation in the BIT Generation," *British Yearbook of International Law*, vol.74 (2003), p.115ff ; 松本加代, "収用ー規制と間接収用," 小寺彰編著, 「国際投資協定仲裁による法的保護」(2010년), 이 책의 번역본은 박덕영·오미영 옮김, 「국제투자협정과 ISDS」(한국학술정보, 2012)를 참조.

5) R, Jennings and A. Wats (eds.) *Oppenheim's International Law*, 9th ed. (1992), §§106, 407; OECD, *supra* note 3, pp.7-9. 국가의 경제적 권리의무헌장 제2조 2항 참조.

6) 상설국제사법재판소는 폴란드 상부 실레지아(Silesia)에서 독일인의 이익에 관한 사건에서 이미 취득한 권리는 '일반적으로 승인된 국제법의 일부를 이루고 있다'고 하였다(PCIJ Ser.A. no.7, p.42). 세계인권선언 제17조 및 유럽인권협약 제1의정서 제1조도 참조.

7) A. Newcombe and L. Paradell, *Law and Practice of Investment Treaties: Standards of Treatment* (2009), p.321.

8) NAFTA(1992년 12월 17일 서명, 1994년 1월 1일 발효), 제1110조 1항.

9) 상동.

10) 에너지헌장조약(1994년 12월 17일 채택, 1998년 4월 16일 발효), 제13조 (1)항.

는 안 된다는 것 등 다양하다. 일본의 BIT 규정은 수용·국유화와 '동등한 조치'[12]를 실시해서는 안 된다 또는 '동등한 조치를 통하여 간접적인' 수용·국유화를 하여서는 안 된다[13]고 규정하고 있는 것이 많다. 그러나 이러한 규정에서는 간접수용 또는 수용과 동등한 조치 등에 대한 정의가 없고, 어떠한 행위가 간접수용이 되는지에 대한 구체적인 기준이 명확하게 제시되어 있지 않다.[14]

이에 대하여 2004년에 작성된 미국 및 캐나다의 모델 BIT의 수용규정에 대한 부속서(Annex)의 간접수용에 관한 규정은 NAFTA에 근거한 중재사례의 경험에 따라 작성된 것이고, 간접수용의 존재를 판단할 때에 고려되어야 할 요소를 명확하게 제시하고 있는 것으로서 주목된다.[15] 미국의 모델 BIT에 따르면, 직접수용은 '투자재산이 공식적인 권원의 이전 또는 명백한 압류를 통하여 국유화되거나 그 외의 방법으로 직접적으로 수용된 경우를 말한다'고 하는 반면, 간접수용은 '체약국에 의하여 하나 또는 일련의 행위가 형식적인 권원의 이전 또는 명백한 압류 내지 직접적인 수용과

11) World Bank, "Guidelines on the Treatment of Foreign Direct Investment," *International Legal Materials*, vol.31, no.6 (1992), p.1382.

12) 일본-베트남 BIT(2003년 11월 14일 서명, 2004년 12월 19일 발효) 제9조 2항, 일본-캄보디아 BIT(2007년 6월 14일 서명, 2008년 7월 31일 발효) 제12항, 일본-인도네시아 EPA(2007년 8월 20일 서명, 2008년 7월 1일 발효) 제5조, 일본-콜롬비아 BIT(2011년 9월 12일 서명, 미발효) 제11조, 한중일 BIT(2012년 5월 13일 서명, 미발효) 제11조 등 참조.

13) 일본-멕시코 EPA(2004년 9월 17일 서명, 2005년 4월 1일 발효) 제61조 및 일본-칠레 EPA (2007년 3월 27일 서명, 동년 9월 3일 발효) 제82조.

14) 중재판정에서는 간접수용을 다음과 같이 설명하고 있다. "간접적인 수용 또는 국유화는 명백한 수용(taking)을 수반하는 것은 아니고, 재산의 향유를 실질적으로 소멸시키는 조치이다." *Ronald S. Lauder v. Czech Republic*, UNCITRAL, Final Award, 3 September 2001, para.200. 또한 *Metalclad* 사건에서 NAFTA 제1110조는 직접수용뿐만 아니라 간접수용도 포함하는 것으로, 후자에 대하여 '비록 반드시 투자유치국의 명백한 이익이 되지 않는다고 하더라도 재산의 사용 또는 합리적으로 기대되는 경제적 이익을 완전하게 또는 중요한 부분을 소유자로부터 박탈하는 효과가 있어 재산사용에 대한 감추어진 또는 부수적인 침해(interference)'라고 판정하였다. *Metalclad Corporation v. The United Mexican States*, ICSID Case no.ARB(AF)/97/1, Award, 30 August 2000, para.111.
Tecmed 사건에서는 정부의 조치가 협정상의 수용과 동등한 조치가 있는지에 대한 여부를 확정하기 위해서는 '원고는 - 처리시설에 관한 소득 또는 이익 또는 그 개발과 같은 - 투자재산에 관련된 권리가 소멸하였다는 것과 같이, 투자재산의 경제적 사용 및 향유를 완전히 박탈당한 것'이 결정되어야 한다고 하고 있다. *Técnicas Medioambientales Tecmed S. A. v. The United Mexican States*, ICSID Case no.ARB(AF)/00/2, Award, 29 May 2004, para.115.

15) US Model BIT (2004), http://www.state.gov/documents/organization/117601/pdf; Canada Model BIT (2004), http://italaw.com/documents/Canadian2004-FIPA-model-en.pdf. 최근 새로이 개정된 2012년 모델 BIT는 http://www.state.gov/documents/organization/188371.pdf를 참조.

동등한 효과가 있는 경우를 말한다'고 각각 그 정의를 규정하고 있다.[16] 또한 간접수용에 대한 결정은 사례별로 사실에 근거한 심사를 규정함과 동시에 특히 고려하여야 하는 요소를 제시하고 있다. 미국 모델 BIT의 수용에 관한 부속서 B는 다음과 같이 규정하고 있다.

> 4 (a) 체약국에 의한 하나 또는 일련의 행위가 특정 사실관계에서 간접수용을 구성하는지의 여부에 대한 결정은 사례별로 사실에 근거하여 심사하여야 한다. 심사는 특히 다음의 요소를 고려한다.
> (i) 정부행위의 경제적 영향. 다만, 체약국에 의한 하나 또는 일련의 행위가 투자재산의 경제적 가치에 악영향을 미치는 사실만으로는 간접적인 수용이 발생하였다는 것을 확정하는 것은 아니다. (ii) 정부의 행위가 명확하고 합리적으로 기대되는 투자재산에 관련된 것을 침해하는 정도, (iii) 정부행위의 성격
> (b) 예외적인 사정을 제외하고 체약국에 의한 비차별적인 규제행위로 공중위생, 안전 및 환경과 같은 정당한 공공복지의 목적을 보호하기 위하여 입안 및 적용된 것은 간접수용을 구성하지 않는다.[17]

캐나다 모델 BIT도 거의 비슷한 내용으로 되어 있지만,[18] 양국이 모델 BIT의 작성 이후에 체결한 IIA에 같은 취지의 부속서가 포함되어 있는 것이 다수 존재한다.[19] 또한 간접수용의 구성요소를 열거한 같은 취지의 조약규정은 그 외의 국가들의

16) 캐나다 모델 BIT에는 직접수용의 정의가 포함되어 있지 않지만, 간접수용의 정의는 미국 모델 BIT의 정의와 완전히 같다.

17) US Model BIT (2004), *supra* note 15, Annex B.

18) 캐나다 모델 BIT는 '행위'가 아닌 '조치(measure)'라는 용어가 사용되고 있고, 제4조 (b)항의 '예외적인 사정'의 예시로서 '하나 또는 일련의 조치가 그 목적에 비추어 과도하게 엄격한 것이기 때문에 성실하게 채택되고 적용되는 것으로 간주할 수 없는' 경우를 명시하고 있는 등 약간의 차이점은 있지만, 기본적으로 동일한 내용으로 되어 있다. Canada Model BIT (2004), *supra* note 15, Annex B 13(1).

19) 미국-칠레 FTA(2003년 6월 6일 서명, 2004년 6월 1일 발효), 미국-호주 FTA(2004년 5월 18일 서명, 2005년 1월 1일 발효), 미국-도미니크공화국 자유무역협정(CAFTA-DR)(2004년 5월 28일 서명, 2009년 1월1일 발효), 미국-콜롬비아 FTA(2006년 11월 22일 서명, 2012년 5월 15일 발효), 미국-페루 FTA(2006년 4월 12일 서명, 2009년 2월 1일 발효), 한미 FTA(2007년 6월 30일 서명, 2012년 1월 1일 발효) 및 미국-르완다 BIT(2008년 2월 19일 서명, 2012년 3월 15일 발효), 그리고 캐나다-페루 BIT(2006년 11월 14일 서명, 2007년 6워 2일 발효), 캐나다-루마니아 BIT(2009년 5월 8일 서명, 2011년 11월 23일 발효), 캐나다-라트비아 BIT (2009년 5월 5일 서명, 2011년 11월 24일 발효), 캐나다-요르단 BIT(2009년 6월 28일 서명,

BIT에서도 확대되고 있어[20] 일본이 최근에 체결한 일본-칠레 EPA 투자챕터[21]와 일본-콜롬비아 BIT[22] 및 한중일 BIT[23]에도 미국 또는 캐나다의 모델 BIT와 같은 내용의 부속서가 포함되어 있다.

이러한 조약규정은 국가의 규제권한을 중시하여 간접수용의 범위를 보다 더 한정하는 것으로 해석할 수 있지만, 이는 개발도상국이 아니라 미국과 캐나다에 의하여 주도되어 왔다는 것에 유의할 필요가 있다. 왜냐하면 투자자에 의하여 다수의 수용청구가 제기되었던 NAFTA에 근거한 투자중재의 경험에 기초하여 수용청구를 제한하기 위하여 작성되었다는 것은 쉽게 추측할 수 있지만, 이러한 규정은 일견 투자재산의 보호보다도 이를 규제하는 국가의 권한을 존중하는데 비중을 두고 있는 것으로 보이기 때문이다. 정부의 행위·조치가 간접수용을 구성하는지에 대한 여부를 결정할 때 고려하여야 할 요소로서 정부행위의 경제적 영향, 정부행위의 합리적인 기대를 침해하는 정도 및 정부행위의 성질 또는 목적은 중재판정례와 학설에서도 언급되어 온 요소 및 기준이라고 할 수 있다.[24] 그러나 이러한 요소의 의미, 내용 및 상호관계, 나아가서는 미국 모델 BIT의 제4조 (a)항과 (b)항의 관계 등 해명되어야 할 점이 적지 않다. 따라서 중재판정례와 학설을 검토함으로써 이러한 문제를 명확하게 하고자 한다.

2009년 12월 14일 발효), 및 캐나다-체코 BIT(2009년 5월 6일 서명, 2012년 1월 22일 발효)가 있다. 이러한 협정 중 BIT에 대해서는 UNCTAD 웹페이지에서 IIA Databases를 미국의 FTA에 대해서는 미국 국무성의 웹페이지에서 Existing U.S Free Trade Agreement를 참조.

20) ASEAN 포괄적 투자협정부속서 2(2009년 2월 26일 서명, 2012년 3월 29일 발효), ASEAN-호주-뉴질랜드 FTA 제11장 '수용 및 보상에 관한 부속서'(2009년 2월 27일 서명, 일부 국가를 제외하고 2010년 1월 1일 발효).

21) 일본-칠레 EPA 부속서 9.

22) 일본-콜롬비아 BIT 부속서 III.

23) 한중일 BIT 의정서.

24) 최근 학설에서는 사례별 접근법을 기본으로 하면서 이들을 고려하여야 하는 요소로 들고 있다. R. Dolzer and C. Shreuer, *Principles of International Investment Law* (2008), pp.92-115; C. F. Dugan, D. Wallace, Jr., N. D. Rubins and B Sabahi, *Investor-State Arbitration* (2008), pp.450-468; OECD, *supra* note 3, pp.9-21; A. Newcombe and L. Aradelle, *supra* note 7, pp.322-369; A Renisch, "Expropriation," *in* P. Muchlinski, F. Ortino and C. Schreuer (eds.), *The Oxford Handbook of International Investment Law* (2008), pp.438-451; J. W. Salacuse, *The Law of Investment Treaties* (2010), pp.307-318; K. Yannaca-Small, "Indirect Expropriation and the Right to Regulate," *in* K. Yannaca-Small (ed.), *Arbitration under International Investment Agreements: A Guide to the Key Issues* (2010), pp.460-476.

Ⅲ. 간접수용의 주요 구성요소

1. 정부행위의 경제적 영향

정부행위·조치가 투자재산에 미치는 경제적 영향이 간접수용을 구성하기 위하여 가장 중요하고 필요한 요소라는 것은 학설 및 중재판정례에서 공통적으로 인정되고 있다. 이는 정부행위·조치가 투자자의 투자재산에 대한 경제적 평가와 이익 및 지배에 미치는 효과가 중대하거나 또는 파괴적인 것, 그리고 상당한 기간 동안 계속될 것을 의미한다.[25] 중재판정부에 따르면 '정부에 의하여 취해진 조치가 수용을 구성하는지의 여부를 고려할 때 결정적인 요소는 그 결과로서 투자자가 받는 경제적 침해의 정도(intensity)와 기간이다'[26]라고 하는 바와 같이 특히 경제적 영향의 크기의 정도가 문제된다.

① 투자재산의 경제적 가치에 미치는 효과가 중대한 것은 그 경제적 가치의 박탈 또는 감손(減損)의 정도가 완전 또는 거의 완전한 것 또는 거기에 상당한 것을 의미하며, 이것이 부분적일 경우에는 수용이 되지 않는다. '판례법의 중점(weight)은 가치의 부분적인 박탈에 불과한 것(수용이 아님)과 가치의 완전한 또는 거의 완전한 침해(수용)를 구별하고 있는 것으로 보인다.'[27] 이와 같이, 정부의 행위·조치가 투자자의 투자재산에 대한 경제적 가치 및 이익에 미치는 효과의 정도 혹은 침해의 정도에 대하여는 그것이 중대하거나 파괴적일 필요가 있는 것이 널리 지지되고 있다. ② 또한 투자재산에 미치는 효과가 중대한 것은 투자자가 투자재산에 대한 지배를 상실하는 것을 의미한다. 즉 투자재산이 회사와 그 주식일 때 정부의 행위에 의하여 '투자자가 이미 사업활동을 지배하고 있지 않는 경우 또는 사업의 가치가 사실상 소멸한'[28] 경우에는 투자자의 법적 권원이 비록 영향을 받지 않는다고 하더라도 회사의 소유 및 경영에 대한 권리를 상실함으로써 투자재산에 대한 지배를 상실하는 것과 같은 경우를 말한

25) Dugan *et al., supra* note 24, pp.455-461; Yannaca-Smll, *supra* note 24, pp.460-468.

26) *Teleor Mobil Telecommunications A. S. v. Republic of Hungary*, ICSID Case no.ARB/04/15, Award, 13 September 2006, para.70.

27) *Compañia de Aguas del Aconquija S. A. and Vivendi Universal S. A v. Argentine Republic*, Case no.ARB/97/3, Award, 20 August 2007, para.7.5.11.

28) *Sempra Energy Interntional v. Argentine Republic*, ICSID Case no.ARB/02/16, Award, 28 September 2007, para.285.

다. 한편, 이 요소에 대하여는 투자자가 투자재산에 관련된 특정 권리를 침해받더라도 투자재산에 대한 지배를 유지하고 있는 경우에는 그것이 간접수용의 존재를 부정하는 이유가 되는 사례도 적지 않다.[29] ③ 정부조치가 지속된 기간도 간접수용을 결정하는 경우에 중요한 요소가 되고 있다. 가치의 감손 또는 지배가 상실되는 조치가 영속적이어서는 안 된다. 예를 들면, *LG & E* 사건에서 판정부는 조치의 계속기간은 투자자의 소유권의 침해의 정도에 관련되는 것으로, "일반적으로 수용은 영속적인 것으로 일시적인 성질의 수용은 있을 수 없다"[30]고 하고 있다.

2. 합리적 기대를 침해하는 정도

간접수용을 구성하는 두 번째 요소로서 들고 있는 투자자의 명확하고 합리적인 기대는 학설에서는 일반적으로 정당한 기대(legitimate expectation)로 논의되어 온 것이다.[31] 이는 투자유치국의 법령, 정부의 일정한 행위 및 설명에 의하여 투자자가 기대하게 된 것을 정부가 침해하였는지의 여부 및 그 침해의 정도를 간접수용의 평가기준으로 삼는 것이다. 이와 같은 기대는 정부와의 계약, 약속, 정부로부터의 보증, 발언 등 다양한 행위·조치로부터 발생되지만, 이러한 기대를 하게 하는 것이 어떠한 것인지가 문제된다. 기대는 '반드시 계약에 근거하는 것은 아니며 투자자가 투자를 할 때 고려하고 정부에 의한 명시적 또는 묵시적인 보증 또는 설명에 근거하고 있다'[32]고 한다는 중재판정례도 있으나 근래의 조약규정은 이를 '명확한' 그리고 '합리적인' 기대에 한정하고 있다. 그러나 이 기준은 간접수용을 구성하는 배타적인 기준은 아니며 정부행위의 경제적 영향 및 성질 등 그 외의 기준과 분리하여 적용할 수 있는

29) *Marvin Feldman v. United Mexican States*, ICSID Case no.ARB/01/12, Award, 14 July 2002, paras.142, 152; *CMS Gas Transmission Company v. The Argentine Republic*, ICSID Case no.ARB/01/8, Award, 12 May 2005, paras.263-264; *Azurix Corp. v. The Argentine Republic*, ICSID Case no.ARB/01/12, Award, 14 July 2006, para.322; *LG & E Energy Corp., LG & E Capital Corp. and LG & E International Inc. v. Argentine Republic*, ICSID Case no.ARB/02/1, Decision on Liability, 3 October 2006, para.191; *Enron Corporation Ponderosa Assets, L. P. v. Argentine Republic*, Award, 22 May 2007, para.245.

30) *LG & E v. Argentina*, *supra* note 29, para.193.

31) 정당한 기대의 개념이 공정형평대우 개념에서도 중요한 역할을 하고 있는 것에 대해서는 UNCTAD, *Fair and Equitable Treatment: A Sequel*, Series on Issues on International Investment Agreements II, UNCTAD/DIAE/IA/2011/5 (2012), pp.63-78.

32) *Azurix v. Argentine*, *supra* note 29, pp.316-322.

것은 아니라고 생각된다.[33)]

3. 효과단독요소이론

정부조치의 경제적 영향 또는 효과라는 요소가 간접수용의 존재를 결정할 때 가장 중요하고 필요한 요소인 것에 대하여는 다툼이 없다. 그러나 이것이 유일한 결정적인 요소인지에 대하여는 논쟁이 있다. 정부조치의 효과가 유일한 기준이고 정부조치의 목적과 의도를 고려할 필요가 없다는 단독효과설(sole effect doctrine)은 다수의 중재판정례와 학설에서 인정되어 오고 있다.[34)] 다수의 중재판정례에서 "정부의 의도가 아니라 조치가 투자자에게 미치는 효과가 결정적인 요소이다"[35)], "판정부는 환경보호령을 채택한 동기 또는 의도를 결정 또는 고려할 필요는 없다"[36)] 또는 "재산이 침해된 이유인 환경을 보호한다는 목적이 충분한 보상이 지불되어야 하는 수용(taking)의 법적 성격을 변경하는 것은 아니다. […] 수용이 되는 환경조치는 - 아무리 사회 전체로부터 칭찬을 받는 유익한 것이라고 하여도 - 이러한 점에서 국가가 그 정책을 실시하기 위하여 취할 수 있는 기타 어떠한 수용조치와 같다"[37)]고 하면서 이 학설을 인정하고 있다.[38)] 그럼에도 불구하고 조약규정에서 경제적 영향이라는 요소는 체약국에 의한 행위가 "투자재산의 경제적 가치에 악영향을 미친다는 사실만

---

33) J. Paulsson and Z. Douglas, "Indirect Expropriation in Investment Treaty Arbitration," *in* N. Hornand S. Kröll (ed.), *Arbitrating Foreign Investment Disputes* (2004), p.157; Newcombe, *supra* note 4, p.38.

34) 학설에는 Reisman and Sloane, *supra* note 4, p.115.

35) *Vivendi v. Argentina*, *supra* note 27, para.7.5.20.

36) *Metalclad v. Mexico*, *supra* note 14, para.111.

37) *Compañia del Desarrollo de Santa Elena, S. A. v. The Republic of Costa Rica*, ICSID Case no.ARB/96/1, Final Award, 17 February 2000, paras.71-72.

38) '수용과의 경계선을 긋기 위해서는 무엇보다도 우선 다투어지고 있는 조치가 발생시키고 있는 재산침해 또는 기업지배의 정도가 결정적인 요소여야 한다.' (*Nykomb Synergetics Technology Holding AB v. The Republic of Latvia*, Stockholm Chamber of Commerce, Case no.118/2001, Award, 16 December 2003, para.4.3.1). '정부의 의도는 조치에 의하여 영향을 받는 자산의 소유자 또는 그 자산으로부터 발생하는 이익에 미치는 효과만큼 중요하지 않다.' (*Tecmed v. Mexico*, *supra* note 14, para.116). '따라서 본질적인 문제는 재산의 향유가 실질적으로 소멸되었는가를 확인하는 것이다.' (*CMS v. Argentine*, *supra* note 29, para.262). 또는 '수용이 존재하는지의 여부를 결정하기 위해서는 투자유치국 조치의 효과가 결정적이고, 기초가 되는 의도가 아니다.' (*Fireman's Fund Insurance Company v. United Mexican States*, ICSID Case no.ARB(AF)/02/1, Award, 17 July 2006, para.176(f) 등을 참조.

으로 간접적인 수용이 있었다는 것을 확정하는 것은 아니다"[39]고 하는 점, 또한 이 요소뿐만 아니라 아울러 정부행위의 성질 및 목적도 고려하여야 할 기준이 된다는 점은 효과단독요소이론을 받아들일 수 없다는 국가들의 의사를 나타내는 것으로 이해할 수 있다.

4. 정부행위의 성질 및 목적

간접수용이 발생하였는지의 여부를 결정할 때 고려하여야 할 요소로 들고 있는 국가행위·조치의 성질(character) 및 목적(purpose)의 의미와 이것이 하고 있는 역할이 여기에서의 문제이다. 조약의 규정에서는 행위의 성질에 대하여 그것이 행위의 목적을 포함하고 있을 것,[40] 행위의 목적에 더하여 당해 행위가 그 목적보다 지나치게 엄격할 것,[41] 비차별인지의 여부도 포함하고 있을 것[42] 등 다양하다. 일본의 BIT에서는 '당해 행위가 정당한 공공의 목적을 위하여 이루어졌는지의 여부를 포함한' 행위의 목적이 행위의 성질과는 별개로 규정되어 있다.[43]

정부행위의 목적 및 성질을 간접수용의 구성요건으로 고려하고 있는 견해는 조약관행뿐만 아니라 학설과 중재판정에서도 널리 인정되고 있다. 대표적인 견해는 규제권한설(police power doctrine)이다. 이에 따르면, 국가가 규제권한을 근거로 공공의 목적을 위하여 비차별적으로 한 행위는 정당한 행위로 보상을 지불할 필요가 없다. 실제로 국가의 행위가 규제권한에 근거한 경우에는 원칙적으로 보상이 필요한 수용행위가 아니라고 하는 주장이 과거부터 있어 왔다. 규제권한은 일반국제법상 국가에게 인정되어 온 권리이고, 이러한 권리를 행사하여 비차별적으로 규제행위를 한 것은 수용이 되지 않는다는 것이다. 예를 들면, 미국의 Restatement (3rd) of Foreign Relations Law는 '국가는 성실한(*bona fide*) 과세, 규제, 범죄에 대한 벌금 또는 국가의 규제권한 내에 있는 것과 일반적으로 인정되고 있는 그 외의 행위로부터 발생한 재산의 손실 또는 기타 경제적 불이익에 대한 책임을 부담하지 않는다'[44]고 하여 국가의

39) US Model BIT (2004), *supra* note 15.
40) Canada-Romania BIT (2009), Annex B: Clarification of Indirect Expropriation.
41) ASEAN Comprehensive Investment Agreement (2009), Annex 2: Expropriation and Compensation.
42) 일본-칠레 EPA 부속서, 일본-콜롬비아 BIT 부속서, 한중일 BIT 부속서 참조.
43) 상동.
44) American Law Institute, *Restatement of the Law Third, the Foreign Relations Law of the United States*, vol.2 (1987), section 712, Comment (g), p.201.

규제권한 내에 포함되는 행위는 보상의 대상이 되지 않는다고 하고 있다. 또한 *Saluka* 사건에서도 '국가는 통상적인 규제권한의 행사로서 일반적으로 복지를 목적으로 하는 성실한 규제를 비차별적으로 할 수 있으므로 외국인 투자자에게 보상을 지불할 책임이 없다는 것은 현재 국제법에서 확립되고 있다'[45]고 함으로써 같은 견해를 보이고 있다. 미국 모델 BIT 부속서 B 제4조 (b)항도 같은 취지의 규정이라고 생각된다. 이에 따르면, 체약국은 정당한 공공의 목적을 달성하기 위하여 입안·적용한 비차별적 규제행위는 원칙적으로 간접수용이 되지 않는 한편, 그러한 규제행위가 간접수용이 되는 것은 '예외적인 사정(in rare circumstances)'의 경우에 지나지 않는다고 하고 있다. 이에 발생하는 문제로서 첫째, 국가의 정당한 공공의 목적을 위하여 취해진 규제행위의 범위에 포함되는 것은 어떠한 행위이며, 이러한 규제행위와 그렇지 않은 규제행위를 어떻게 판별하는지가 규제행위의 범위에 관한 문제이다. Restatement에서의 과세, 규제, 범죄에 대한 벌금에 관한 조치와 미국 모델 BIT에서의 공중위생, 안전 및 환경과 같은 공공복지의 목적을 보호하기 위한 규제행위를 중요한 예시로 생각할 수 있다. 그러나 이러한 규제권한의 범위 내에 있는 문제와 그렇지 않은 문제를 구별하는 기준은 명확하지 않다.[46] 어떠한 행위가 공공목적을 위한 것인지, 또는 이러한 목적을 달성하기 위한 적절한 행위가 어떠한 행위인지를 결정하는 것이 대폭적으로 당해 국가의 재량에 맡겨져 있다는 것을 감안한다면,[47] 공공목적을 위한 행위라고 고려될 가능성이 높아질 것이다.[48] 그러므로 간접수용을 구성하는 규제행위의 범위는 매우 제한되고 있다고 할 수 있다.

둘째, 이는 국가의 규제권한의 범위 내에 포함되는 규제행위라면 어떠한 행위라

---

45) *Saluka Investment BV (The Netherlands) v. The Czech Republic*, UNCITRAL, Partial Award, 17 May 2006, para.255.

46) Allen S. Weiner, "Indirect Expropriation: The Need for a Taxonomy of 'Legitimate' Regulatory Purposes," *International Law FORUM du droit international*, vol.5 (2003), p.166. Newcombe와 Paradell은 규제행위에 근거한 규제를 공서양속(public policy and morality), 인간의 건강과 환경, 과세의 세 가지 범주로 분류하고 있다. Newcombe and Paradell, *supra* note 7, pp.358-362.

47) '2000년 긴급사태법의 목적은 정부의 긴급한 재산사정에 맞서는 것이었다. 이는 아르헨티나의 정당한 관심사이며, 판정부는 아르헨티나의 공공이익에 대한 결정을 존중한다.' *Siemens A.G v. The Argentine Republic*, ICSID Case no.ARB/02/8, Award, 6 February 2007, para.273.

48) UNCTAD의 연구에 따르면, 미국 모델 BIT와 같은 조약규정은 '공공복지의 목적을 보호하기 위하여 입안·적용되어 일반적으로 적용되는 비차별적인 조치에 관해서는 수용이 아니라고 추정하고 있다'고 이해하고 있다. UNCTAD (2011), *supra* note 3, p.87.

도 간접수용이 되지 않는다는 것을 의미하는 것은 아니다. 국가가 공공목적을 위하여 규제를 할 고유의 권리를 가지는 것이 일반국제법상 인정되고 있다고 하여 국가의 규제권한의 행사가 무제한 인정된다는 것을 의미하지는 않는다. *ADC* 사건의 판정부는 이에 대하여 다음과 같이 설명하고 있다. "판정부는 피고가 원고에 대하여 취한 행위가 경제적이고 법적인 국내문제를 규제하는 국제법에 근거한 권리행사에 불과하다는 피고의 입장을 받아들일 수 없다. 주권국가는 국내문제를 규제할 고유의 권리를 가지고 있는 한편, 이러한 권리의 행사가 무제한적인 것은 아니어서 그 경계가 있어야 한다는 것이 기본적인 국제법에 대한 중재판정부의 이해이다. 원고에 의하여 올바르게 지적되고 있는 것과 같이 조약의무를 포함하는 법규제는 이러한 경계를 정하고 있다."[49] 실제로 리스테이트먼트는 규제권한에 근거한 국가의 행위는 '차별적이지 않을 것',[50] 또한 *Saluka* 사건에서는 규제권한의 '통상적인' 행사일 것, 규제가 '성실한(*bona fide*)' 그리고 '비차별적인' 것을 조건으로 제시하고 있다.[51]

이러한 조건은 모든 국가의 규제권한의 행사에 부과되고 있는 조건이지만, 학설에서는 그 밖에도 권한의 남용 또는 일탈, 자의성이라는 기준이 제시되고 있다.[52] 또한 *Methanex* 사건에서도 "일반국제법의 문제로서 공공목적을 위한 비차별적인 규제이며, 정당한 절차에 따라 규정되어 특히(*inter alios*) 외국의 투자자 또는 투자에 영향을 미치는 것이 수용이자 보상을 필요로 하는 것이라고 생각할 수 없다"[53]고 하고 있다. 이에 따르면 수용을 구성하지 않는 정당한 규제행위가 되기 위해서는 그것이 공공목적을 위한 것이며, 비차별적이고 법적으로 정당한 절차에 따라야 할 필요가 있다고 생각된다. 공공목적, 비차별성, 법적으로 정당한 절차라는 기준은 전통적인 수용원칙에서 수용의 '합법성'의 조건으로 취급되고 있는 것이지만, 이 사건에서는 간접수용이 발행했는지의 여부를 결정하기 위한 기준으로서 간접수용의 '존재'의 조건으로 역할을 하고 있다. 결론적으로, 국가의 규제제한의 행사

49) *ADC affiliate Limited and ADC & ADMC Management Limited v. The Republic of Hungary*, ICSID Case no.ARB/03/16, Award, 2 October 2006, para.423.

50) American Law Institute, *supra* note 44, p.201.

51) 전게주 45의 인용부분 참조.

52) Harvard Draft Convention on International Responsibility of States for Injuries to Aliens, Article 10(5), *American Journal of International Law*, vol.55, no.1 (1961), pp.554-562; OECD Draft Convention on the Protection of Foreign Property, Article 3, *International Legal Materials*, vol.7, no.1 (1968), pp.125-126.

53) *Methanex Corporation v. United States of America*, UNCITRAL, Final Award, 3 August 2005, Part Ⅳ, Chapter D, para.7.

를 제약하는 것으로서 제시되고 있는 이러한 기준은 미국의 모델 BIT와 기타 BIT에 규정되고 있는 '예외적인 사정'에 관련된 것으로 이해된다. 이 논점에 관하여도 규제권한의 성실한 행사의 경우에는 간접수용이 되는 행위의 범위가 매우 한정적이게 될 것이다.

5. 균 형 설

캐나다의 모델 BIT와 일본-콜롬비아 BIT 및 한중일 BIT 등에는 '예외적인 사정'에 대한 예로서 '하나 또는 일련의 조치가 그 목적에 비추어 지나치게 엄격하기 때문에 성실하게 채택된 것 및 적용된 것으로 간주할 수 없는' 경우를 규정하고 있다.[54) 일정한 정책적 목적을 달성하기 위하여 취해진 조치의 효과가 그 목적에 비추어 어울리지 않을 만큼 엄격한 경우를 예외적 사정의 예로 들고 있다. 이는 조치의 목적과 효과라는 두 개의 경합하는 요소를 고려하여 그 균형을 맞추는 것을 의도하는 것으로[55) 정부의 조치가 실현하려는 공공목적과 투자자에게 부과되는 부담과의 사이에 비례성(proportionality)이 필요하다는 '비례성 원칙'을 취하고 있는 규정이라고 할 수 있다. 이 원칙은 유럽인권재판소에서 발전하여 온 것이지만, 이를 투자자와 국가의 중재에 최초로 도입한 것은 *Tecmed* 사건의 중재판정이다.[56) 중재판정부는 규제행위·조치를 "수용으로서 성질을 결정할 수 있는지를 결정하기 위하여 이러한 영향의 중요성이 비례성을 결정할 때에 중요한 역할을 하고 있는 것을 고려하여 이러한 행위 또는 조치가 이에 따라 필시 보호되는 공공이익과 투자에 대한 법적으로 부여되고 있는 보호와 균형을 이루고 있는지를 고려할 것이다. […] 외국투자자에게 부과되는 부담 혹은 부담의 정도와 수용조치가 실현하려고 하는 목적 사이에 비례성에 있어 합리적인 관계가 존재하여야 한다"[57)고 하였다.

그 이후의 *Azurix* 사건의 중재판정부에서 이 원칙은 '규제행위가 수용이어서

54) 전게주 18 참조.

55) *LG & E* 사건의 중재판정부에 따르면, '국가의 조치가 양자간 조약 제4조 (1)항의 수용을 구성하는지를 확정하기 위하여 판정부는 두 개의 경합하는 이익의 균형을 취하여야 한다. 즉 소유권에 대한 조치에 대한 간섭의 정도와 국가의 정책을 채택한 권한이다'라고 한다. *LG & E v. Argentina*, *supra* note 29, para.189.

56) 이 사례에서는 유럽인권재판소의 *James and Others* 사건(1986년 2월 21일)을 인용하고 있다. *Tecmed v. Mexico*, *supra* note 14, para.122.

57) *Ibid.*

보상을 발생시키는지를 결정하기 위한 유익한 지침'[58]을 제공하는 것으로 지지받았고, *LG & E* 사건 중재판정부에서는 보다 명확하게 규제권한을 제약하는 요소로서 다음과 같이 평가하고 있다. '정책을 채택하는 국가의 권한에 관하여 국가는 일반적으로 사회적 또는 일반적 복지의 목적을 가진 조치를 채택할 권리를 가지고 있다고 할 수 있다. 이러한 경우, 요구와 국가의 행위가 명백하게 불균형을 이루는 경우를 제외하고 조치는 책임을 부과하는 일 없이 인정하여야 한다.'[59]

Tecmed 사건에서는 간접수용이 인정되었지만, *Azurix* 사건과 *LG & E* 사건에서는 간접수용의 청구가 기각되었다. 인권재판소에서 발전되어 온 비례성의 기준을 투자협정중재에 도입하는 것에 대하여 찬반양론의 논의가 있지만, 간접수용의 존부를 판단할 때의 판단구조의 중요한 요소를 구성하는 것으로 받아들여지고 있다고 생각할 수 있을 것이다. 이 접근법은 정부조치의 효과 또는 경제적 영향의 중요성을 인정하면서 조치가 취해진 문맥과 그 목적을 고려하는 것의 필요성을 말하는 것이지만, 최근의 학설에서 지지하는 학설은 많다.[60]

Ⅳ. 결　　론

지금까지 최근의 IIA의 부속서에서 간접수용을 구성하는 요소로서 제시되고 있는 정부행위의 경제적 영향, 합리적 기대, 정부행위의 성질과 목적 및 비례성의 내용을 중재판정 및 학설을 근거로 하여 검토하였다. 이러한 요소들은 정부행위가 특정 사실관계에서 간접수용을 구성하는지 여부를 결정하는 데 특히 고려되어야 하는 것으로 생각되고 있다. 이는 간접수용의 존재는 개별 사례마다 그 특유의 사실에 대한 심사에 근거하여 결정되는 것을 전제로 하여 상기의 요소들을 고려하여야 한다는 것이다. 이러한 사례별 접근법은 조약관행뿐만 아니라 판정 및 학설에서도 넓게 지지되고 있지만,[61] 이는 간접수용의 존재를 결정하는 것이 추상적인 법원칙의 적용에

58) *Azurix v. Argentina*, *supra* note 29, para.312.

59) *LG&E v. Argentina*, *supra* note 29, para.195.

60) Fortier and Drymer, *supra* note 4, pp.326-327; Kriebaum, *supra* note 4, pp.729-731; Salacuse, *supra* note 24, pp.316-318.

61) *Feldman* 사건에서 판정부는 'NAFTA 제1110조에 근거한 각 결정은 필연적으로 fact-specific 하다'고 하고 있다. *Feldman v. Mexico*, *supra* note 29, para.107.

의한 것은 아니며, 특정 사실의 사례별 분석·검토에 의한 것이 특히 중요하다는 것을 보여준다. 이러한 분석구조에서 정부행위의 경제적 영향·효과 및 그 목적·성질을 고려하여야 할 요소로 제시하고 있는 것에 대한 의의는 단독효과설 및 규제권한설 중 어느 쪽에 부여하는 것이 아니라, 두 학설의 기초에 있는 이익, 즉 투자재산 보호와 규제권한을 포함한 국가의 주권보호를 각각 고려하는 데 있다. 문제는 정부행위의 경제적 영향·효과와 그 성질·목적이 구체적인 사례 안에서 어떻게 적용·감안되어 간접수용의 존재가 결정되는지에 관한 것이다. 이러한 관점으로부터 2개 요소의 균형을 이루는 것을 목적으로 하는 비례성의 원칙은 이 요소의 관계를 제시하는 역할을 더하는 것으로서 중요하다.

한편, 미국 모델 BIT 부속서 제4조 (b)항에 근거한 규제권한설을 고려하는 견해에 따르면, 공공목적을 위하여 실시된 비차별적이고 성실한 규제행위는 원칙적으로 간접수용이 되지 않는다. 그러나 이 경우의 문제는 이러한 규제행위라도 간접수용이 될 수 있는 것인지, 될 수 있다면 어떠한 경우인지에 관한 것이다.[62] 이에 대하여, 캐나다 모델 BIT에서 원칙에 대한 '예외적 사정'의 예로서 비례성의 원칙의 적용이 제시되고 있는 것이 중요하다. 이 접근법에 따르면, 사례별 접근법에 기초하여 고려되어야 하는 요소들, 즉 정부행위의 경제적 영향·효과와 그 성질·목적의 고려가 '예외적 사정'을 구성한다고 이해할 수 있다. 따라서 사례별 접근법과 규제권한에 근거한 접근법을 하나로 해석하는 것이 요구되는 것으로 이해할 수 있을 것이다. 즉 사례별 접근법과 규제권한에 근거한 접근법 사이의 관계, 비례성의 원칙과 같이 고려되어야 할 그 외의 기준의 존재에 대하여는 조약규정 및 판례의 축적 등 차후의 발전을 기다려야 하는 문제라고 할 수 있다.

* 본 논문은 세이조대학(成城大学) 특별조성금의 연구성과 중 일부이다.

62) *Azurix v. Argentina*, *supra* note 29, para.310.

제18장

외국자본규제와 국제법

- 국가안전보장, 공공질서의 유지에 근거한 외국자본규제의 위상

中谷 和弘 (나카타니 카즈히로)

I. 서　　론

본장에서는 국가안전보장, 공공질서의 유지에 근거한 외국자본규제의 국제법상 지위를 명확히 하고, 일본에서의 외국자본규제에 대하여 검토하기로 한다.

국가안전보장, 공공질서의 유지에 근거한 외국자본규제는 BIT(EPA의 투자챕터, 에너지헌장조약의 투자챕터)에 의한 투자보호가 확대되는 현대 국제사회에서 이른바 유보영역이라 하여도 좋을 것이다. 국가안전보장과 공공질서의 유지를 위한 투자·무역 규제조치는 국가에 있어 국익보호를 위하여 필요한 것이지만, 개념(국가안전보장과 공공질서 유지의 한계는 어디까지인가)이 불명확하며 기본적으로 자기판단(self-judging)이 용인되고 있어 투자자유화의 의미를 상실할 정도로 지나치게 보호주의적·자의적으로 운용될 수 있다는 문제를 내포하므로 발동기준과 절차의 명확화가 급선무이다.

이하 제II절에서는 OECD 자본자유화코드상 외국자본규제의 법적 지위설정과 2009년에 OECD이사회에서 채택한 국가안전보장에 관한 투자유치국의 투자정책을 위한 지침에 대하여 개관한다. 제III절에서는 최근 주요국 정상회의, GATS 및 BIT(EPA

의 투자챕터를 포함)에서의 외국자본규제에 대하여 2008년에 문제가 된 두 가지 사안(J파워 사건 및 공항회사에 대한 규제의 바람직한 방향)에 대하여 검토한다.[1)]

Ⅱ. OECD '자본자유화코드' 및 '국가안전보장에 관한 투자유치국의 투자정책을 위한 지침'

'자본자유화코드'[2)]는 OECD 이사회의 1961년 12월 16일의 결정으로 회원국에 대하여 법적 구속력을 가지는 것이다. 이 코드는 "회원국은 실효적인 경제협력을 위하여 필요한 한도까지 자본이동에 대한 제한을 서로 점진적으로 철폐한다"(제1조 (a)항)는 것을 일반적 약속으로 정한 것이지만, 제2조 (b)항에서 자유화조치에 대한 유보가 인정되고 제3조에서는 공공질서 및 안전보장을 이유로 외국자본규제를 하는 것을 인정하고 있다. 즉 제3조는 다음과 같이 규정한다. "본 코드의 조항들은 회원국이 다음을 위하여 필요하다고 인정하는 조치를 취하는 것을 방해하는 것은 아니다. (ⅰ) 공공질서의 유지 또는 공중보건, 도덕 및 안전의 보호(the maintenance of public order or the protection of public health, morals and safety), (ⅱ) 중대한 안전보장상 이익의 보호(the protection of essential security interests), (ⅲ) 국제평화 및 안전에 관한 의무의 이행(the fulfilment of its obligations relating to international peace and security)", 즉 OECD 회원국이 외국자본규제를 실시할 경우에는 '제2조의 유보를 첨부한다'라고 하는 것과 '제3조에 해당한다고 설명한다'는 것, 이 2가지의 선택사항이 존재하게 된다.

제3조의 코멘터리는 다음과 같이 지적한다.[3)]

"특히, 공공질서 및 불가결한 안전보장에 관한 세이프가드조항들은 예외적 상황에 대처하는 것으로 간주된다. 원칙적으로 그 조항들은 회원국이 본 코드에 대한 유보에 의하여

---

1) 저자는 지금까지 이하에서 외국자본규제에 대하여 검토할 기회가 있었다. "国境を越えた企業合併·買収と国際法,"「国際法外交雑誌」제105권3호(2006년), 1-23면; "国家安全保障に基づく外資規制及び貿易規制(ロースクール国際法第2回),"「法学教室」제332호(2008년), 149-156면; "外資規制をめぐる最近の諸課題,"「ジュリスト」제1418호(2011년), 44-51면. 본장에서는 이와 일부 중복하는 부분이 있다는 것을 미리 밝혀두겠다. 아울러 본장 집필시기에 本間英一 경제산업성 국제투자실장(당시)으로부터 귀중한 도움을 받았다.

2) C (61) 96.

3) *OECD Codes of Liberalisation Users Guide 2008,* p.34.

커버되지 않는 규제를 도입, 재도입 또는 유지하는 동시에 이러한 규제를 점진적으로 자유화의 원칙으로부터 제외하는 것을 용인하는 것이다. 그러나 회원국이 국가안전보장상의 문제로 인하여 규제를 도입할 경우에는 이러한 본 코드의 규율 밖에서 규제를 유지하는 것보다 유보를 하는 것이 장려되어 왔다. 이는 투명성과 본 코드의 이용자에 대한 정보를 높이는 이점이 있을 뿐만 아니라, 특히 국가안전보장이 규제의 지배적인 동기가 아닌 경제적인 고려도 수반하는 경우에는 종국적인 자유화를 향한 첫 걸음도 되기 때문이다."[4]

제3조에 해당하는 행동인지의 여부는 동조의 문언이 '필요하다고 여겨지는 행동(action which it considers necessary)'으로 되어 있는 것(단순히 '필요한 행동'이라고 되어 있지 않다)으로도 알 수 있듯이 각 회원국이 자기판단에 근거하여 재량으로 결정하도록 되어 있다.[5] 재량적인 판단이라고 하더라도 OECD에서는 무엇이 이에 해당하는지에 대한 일정한 판단기준이 거의 형성되어 있다고 할 수 있다. 예컨대 일본은 1980년대까지 항공운송, 해운, 통신, 방송의 각 업종에 대한 외국자본규제를 제3조(ⅱ)를 근거로 하여 설명하다가(즉 안전보장 관련업종으로서 평가해 왔다), 1990년 12월부터 1991년 6월까지 OECD 국제투자·다국적 기업위원회에 의한 심사에서 이들 업종을 안전보장 관련업종이 아닌 유보업종에 포함하도록(즉 제2조의 유보 카테고리로 이동한다) 권고하였으며, 이에 따라 1992년 2월에 기존 유보업종(농림수산업, 광업, 석유업, 가죽·가죽제품제조업)에 항공운송산업, 해운업, 투자신탁업을 추가했던 바 있다(투자신탁업은 2000년 8월에 유보업종에서 삭제되었다[6]). OECD로서는 회원국이 외국자본규제를 실시한다 하

4) Essential Security Interests under International Investment Law (prepared by K. Yannaca-Small), in International Investment Perspectives: Freedom of Investment ina Changing World (OECD, 2007), p.95. 덧붙여 ICJ는 1986년 니카라과사건 본안판결에서 미국-니카라과 우호통상항해조약 제21조 1항(d)('자국의 안전보장상의 중대한 이익을 보호하기 위해 필요한 조치(measures necessary)'의 적용을 방해하지 않는 취지의 규정)의 해석에 대하여 GATT 제21조(b)('자국의 안전보장상의 중대한 이익을 보호하기 위해 필요하다고 여겨지는 조치(action which it considers necessary)'의 적용을 방해하지 않는 취지의 규정)과 문서의 차이에 주목하여 전자의 해석은 당사국의 주관적 판단의 문제가 아니라 법원의 판단에 따른다는(이에 대하여 후자는 자기판단이 가능하다)취지로 판시하였다. ICJ Reports 1986, p.116. 또한 자기판단에 따른다는 취지를 조약 중에 명시한 예로, 미국-러시아 투자보호조약의정서(1992년) paragraph 8('어떠한 조치가 자국의 안전보장상의 중대한 이익을 보호하기 위하여 이를 취할지의 여부는 자기판단에 따른다')이 있다.

5) *Ibid.*

6) 이와 관련하여 中村吉昭·深尾京司·渋谷稔, "対日直接経済投資はなぜ少ないか," 「通商産業

여도 제3조에 근거하는 것이 아니라 제2조 유보에 근거할 것을 장려하고 있다고 말할 수 있다. 제3조의 규정에 의한 행동은 투명성이 결여될 뿐만 아니라 해당 조치가 코드의 범위를 벗어나는 것에 비하여, 제2조의 유보에 의한 행동이라면 투명성을 확보할 수 있는 것과 동시에 해당 조치를 향후 감축해 나갈 가능성이 배제되지 않기 때문이다.

일본의 경우 제3조(i)의 '공공질서'에 해당하는 업종으로는 전력·가스, 열 공급, 통신, 방송, 수도, 철도, 여객운송이, '공중의 안전'에 해당하는 업종으로는 생물학적제재(生物学的製剤) 제조업, 경비업이, (ii)의 '국가의 안전'에 해당하는 업종으로는 무기, 항공기, 원자력, 우주개발, 화약류 및 이러한 산업 등에 해당되는 전자부품, 전기기계기구, 정보통신기계기구 등 제조업이 각각 해당한다.

외국자본규제가 이루어지고 있는(여전히 (iii)는 UN안보리에 의한 구속력 있는 비군사적 강제조치를 염두에 두고 있다) 업종이 (i)에 해당하는지, (ii)에 해당하는지의 여부는 다소 상대적이다. 조약에서는 public order라는 용어 대신, 영어의 public policy라는 용어가 사용되는 것이 오히려 일반적이므로 EU에서도 이 용어를 사용하고 있다. 불어로는 ordre public이라는 용어가 사용되나 이에 해당하는 영어의 용어를 찾아내는 것은 곤란하다. 한편 ICJ는 영어로 번역하지 않고 ordre public을 그대로 쓰고 있다.[7] OECD는 일본 이외의 G7국가 및 EU 등의 국가안전보장전략·계획을 조사하였는데, 국가안전보장 및 공공질서에 의해 커버되는 위협으로 상정되는 것으로 테러리즘, 대량살상무기, 외국에 의한 공격, 국제적 감염사태, 자연재해, 인위적 비상사태들과 같은 위협들을 다루고 있었으며, 에너지안전보장, 파탄국가(failed state), 조직범죄를 드는 경우도 있었다고 한다.[8]

OECD가 1976년에 채택한 '국제투자 및 다국적 기업에 관한 선언'에서는 "II-1. 각 정부는 공공질서유지, 국가안전보장, 국제평화와 안전에 관한 의무의 이행을 위한 필요성과 양립가능하도록 자국 내 외국지배기업에 내국민대우를 부여해야 한다(should)"라고 하고, "Ⅳ-3. 각 정부는 조치들을 가능한 한 투명성이 있도록 노력한다"라고 하였다. 이에 따라 OECD는 회원국으로부터 투명성을 위한 조치를 보고받고, 공공질서의 유지와 국가안전보장의 보호를 위한 조치도 보고되고 있다.

研究所研究シリーズ」제31호(1997년), 42면 참조.

7) OECD, *Security-Related Terms in International Investment Law and in National Security Strategies* (2009), pp.6-7.

8) *Ibid.*, pp.11, 14.

OECD에 수록된 일본의 조치는[9] 다음과 같다. "I. 공공질서 및 중대한 안전보장상의 고려에 근거하는 조치 a. 설립된 외국지배기업에 의한 투자, 모든 분야 횡단적 규정(trans-sectoral): 외국지배기업의 특정 투자계획은 항공기, 무기, 범용품기술, 원자력, 우주, 전력, 가스, 백신, 보안, 전신, 방송서비스와 같은 산업분야에서의 국가안전보장, 공공질서 또는 공공의 안전이 위협에 노출된다고 판단되는 경우에는 변경 또는 정지될 수 있다(근거: 외환법). 방송(케이블 TV 및 전기통신서비스 이용방송은 제외한다): 외국(지배)기업은 방송국을 개설 할 수 없으며 방송사업자로 인가되지 않는다. 임원 중 하나가 외국인이거나 의결권의 1/5(지상방송국의 경우, 간접투자를 포함한다) 또는 1/3 (수락방송사업자의 경우) 이상이 외국인인 경우에는 외국인지배기업이라고 할 수 있다 (근거: 전파법, 방송법). b. 회사조직 전기통신: NTT 및 지역회사의 이사 및 감사는 일본 국적을 가질 것이 요구된다(근거: 일본전신전화주식회사법).", "II. 정부차원에서의 투명성을 위해 보고된 다른 조치 b. 회사조직 해운: 일본선적을 취득하기 위하여 회사는 일본에 본거지를 가지며 대표자 전원 및 업무집행임원의 2/3 이상이 일본국민이어야 한다. 일본선적 없이는 선박은 카보타지(cabotage)에 종사할 수 없다(근거: 선박법)."

"I. 공공질서 및 중대한 안전보장상의 고려에 근거하는 조치, a. 설립된 외국지배기업에 의한 투자"에 관한 다른 G7국가들의 보고내용을 살펴보면, 미국은 모든 분야 횡단적으로 "대통령은 국가안전보장을 위협할 우려가 있는 외국에 의한 취득을 저지할 수 있으며" 항공운송, 해상서비스, 해운, 라디오·텔레비전·전기통신 분야에 대한 조치를, 영국은 항공우주/방위, 에너지, 제조업, 해운, 합병규제 분야에 대한 조치를, 프랑스는 제조업, 공공질서·공공의 안전·국방상의 이익에 영향을 미치는 활동들에 대하여 "외국지배기업은 통신의 감청·탐지에 관한 활동, 보안시스템의 평가·인증, 범용품기술에 관한 활동, 암호, 기밀의 국방정보를 다루는 기업에 의한 활동, 무기·탄약·군사 목적과 전쟁용 화약폭발물제조무역, 국방부와 조사·공급계약을 체결한 기업에 의한 활동, 테러활동에 의한 병원성 독성물질의 불법이용 및 그 건강상의 영향으로부터의 보호수단의 개발·제조, 도박 및 카지노에 투자할 경우 정부에 의한 사전승인을 필요로 한다"는 조치와 원자력에 대한 조치를, 독일은 모든 분야 횡단적으로 "경제기술장관은 25% 이상의 직·간접소유의 계약을 체결일로부터 3개월 이내

9) OECD, *National Treatment for Foreign-Controlled Enterprises: List Of Measures Reported for Transparency* (2010), pp.50-51.

에 공공정책·안전에 반하는지 여부를 심사할 수 있다"는 규정과 국방을, 캐나다는 모든 분야 횡단적으로 "정부는 국가안전보장을 해칠 가능성이 있는 외국인투자를 심사할 수 있다"고 규정하고 있다. 한편, 이탈리아는 설립된 외국지배기업에 의한 투자에 관하여 특별한 조치를 두고 있지 않다.[10)]

제2조의 유보에 관하여 코멘터리에서는 OECD의 기본방침으로 다음을 지적한다.[11)] ① 회원국은 유보의 범위를 제한하도록 장려된다. 예방적 유보(precautionary reservations)는 자제해야 하며, 완전한 유보(full reservation)를 삼가하고 한정적 유보(limited reservation)로 하여야 한다. ② 코드의 핵심원칙 중 하나는 새로운 유보의 도입을 금지하는 현상유지(standstill)의 의무이다. ③ 일단 유보가 이루어진 경우에도 철회가 가능할지 정기적으로 심사하는 데, 이는 원상회복(roll back)원칙의 결과이다.

비거주자에 의한 직접투자에 관하여 일본은 ① a. 농업, 임업, 어업에 관련된 제1차 산업, b. 광업 c. 석유 d. 피혁 또는 피혁제품의 제조분야에 대한 투자, ② 항공운송에 대한 투자, ③ 해상운송에 대한 투자, ④ NTT에의 직·간접적인 외국자본참가는 3분의 1 미만일 것을 유보하고 있다.[12)]

---

10) *Ibid.*, pp.16-18, 33-37, 48-49, 86-97.

11) OECD, *Code of Liberalisation of capital Movements 2010*, pp.32-34.

12) *Ibid.*, p.92. 덧붙이자면 비거주자에 의한 직접투자에 관한 다른 G7국가들의 유보는 다음과 같다. 캐나다는 ① 외국투자자에 의한 대규모 취득, WTO 회원국의 투자자의 경우 3.12억 달러 이상의 직접취득(2009년), 비회원국의 투자자의 경우 500만 달러의 직접취득 또는 5,000만 달러 이상의 간접취득), ② 캐나다 문화유산 또는 정체성과 관련된 활동들(출판, 영상, 음악, TV·라디오 등), ③ 은행·금융서비스, ④ 보험, ⑤ 항공운송, ⑥ 해상운송, ⑦ 전기통신, ⑧ 우라늄광업, ⑨ 어업을 유보하고 있다(*Ibid.*, pp.56-57). 프랑스는 ① EU 비회원국 국민에 의한 농업회사의 설립 및 양조장의 취득, ② 항공회사(EU 회원국 또는 회원국민에 의하여 과반수가 소유되어 실효적으로 지배되어야 한다. 단, EU가 서명한 국제협약에서 별도로 규정된 경우는 제외), ③ 회사취득 후의 프랑스 선적의 49% 이상의 소유(EU에서 설립된 기업을 통한 경우를 제외), ④ EU영역 내에 본부가 없는 보험인수업의 지점 설립(특별한 허가요건을 부과), ⑤ 양도가능증권에의 집단투자사업(EU 투자신탁지침(directive)에 근거하는 UCITS)의 수탁자는 등기된 사무소가 EU 회원국 내에 있을 것을 유보하고 있다(*Ibid.*, p.75). 독일은 ① 자본투자회사의 투자펀드를 위한 기탁은행의 역할(EU영역 외에 본거지를 가지는 비거주 금융기관의 지점은 인정되지 않는다), ② 항공회사(프랑스의 ②와 같음), ③ 독일선적의 취득(독일에서 설립된 회사를 통한 경우를 제외), ④ 독일에서 설립된 자회사를 통한 방송(라디오, 텔레비전)분야에의 투자, ⑤ UCITS(프랑스의 ⑤와 같다)를 유보하고 있다(*Ibid.*, p.77). 이탈리아는 ① 일간신문을 발행하는 회사에의 과반수의 참가 또는 그 지배적인 권리의 취득, ② EU 비회원국에 본부를 소유하는 AV 통신회사에 부여되는 라이센스, ③ EU 비거주자에 의한 텔레비전·라디오 방송회사의 과반수 참가, ④ 항공회사(프랑스의 ②와 같은 비행기), ⑤ EU 거주자 이외의 외국인에 의한 이탈리아 선적의 과반수의

코드 제8조에서는 제2조의 유보를 첨부한 회원국도 다른 회원국이 취한 자유화 조치로 인하여 혜택을 받는 것, 즉 어느 회원국의 유보내용을 다른 회원국은 전자에 대하여 상호주의적으로 원용할 수 없다고 규정한다.13) 그러나 이에 대하여, 예외로서 1986년 7월 16일 '대내직접투자 및 거점설립 분야의 OECD 회원국들의 투자자간 상호주의 또는 차별을 포함한 조치 및 관행에 관한 이사회결정'14)에서 OECD에 미리 통지하여 두면 회원국간에도 상호주의에 따라 외국자본규제가 인정된다.

이 결정은 전문에서 "II. 상호주의가 적어도 현재까지 몇 가지 사안에서 다른 요인과 함께 자유화의 실효적 범위를 확대하도록 작용하여 온 것을 승인한다.", "III. 그러나 상호주의 … 의 보다 확장적인 사용은 회원국간 자유화의 실효적 범위를 감소시킬 수 있음을 확인한다"라고 한 뒤에 "I. 본 결정을 한 날에 존재하는 대내직접투자 및 거점설립 분야에서 OECD 회원국들의 투자자간의 상호주의 또는 차별을 포함한 모든 조치 및 관행은 기구에 미리 통지되어 있어야 한다. 그것들은 본 결정의 paragraph 5에 기록되어 있다", "2. 본 결정에 기록된 조치 및 관행은 대내직접투자 또는 거점설립의 제한범위를 확대하지 않고 점진적으로 폐지하여야 한다"라고 결정하였다. paragraph 5의 각국의 조치에 관하여 일본은 통지하고 있지 않으나 G7 중 일본 이외의 6개국은 다음과 같은 통지를 하고 있다. 캐나다는 외국은행의 자회사 설립을, 프랑스는 ① 은행·금융 서비스에 있어, 비거주자인 EU 비회원국의 투자자에

권리취득 또는 이탈리아에 본거지가 있는 선박소유회사의 지배적인 권리의 취득, ⑥ 이탈리아의 영해 내의 수역에서 어업에 종사한 이탈리아 선적의 구매, ⑦ 증권투자회사의 지점, 대리점 등의 설립, ⑧ UCITS(프랑스의 ⑤와 같다)를 유보하고 있다(*Ibid.*, p.91). 영국은 ① 항국사(프랑스의 ②와 같다), ② EU 회원국의 국민 또는 회사 이외의 사람에 의한 방송 인가(특히 상업 텔레비전, 텔레텍스트, 라디오 인가를 포함한다)에의 투자, ③ 영국선적의 취득(영국에서 설립된 사업체를 통한 경우를 제외한다), ④ UCITS(프랑스의 ⑤와 같다)를 유보하고 있다(*Ibid.*, p.133). 미국은 ① 원자력, ② 방송(라디오, 텔레비전), 운송업, 항공로 정보제공, 항공연락용 지상통신의 라이센스, ③ 항공운송, ④ 연안 및 국내해운, ④ 해양열에너지, 수력, 지열, 광업, EEZ 내에서의 어업, ⑤ 외국보험회사의 지점을 유보하고 있다(*Ibid.*, p.137).

13) 따라서 외환법 제27조 3항 2(일본과의 사이에 대내직접투자에 관한 조약 기타 국제약속이 없는 나라가 일본으로의 직접투자를 제한하고 있는 경우, 일본도 해당 국가에서 직접투자에 관하여 상호주의적으로 동등한 제한을 할 수 있는 국내법상의 근거규정)은 OECD 회원국에는 적용되지 않는다. 外国為替貿易研究グループ編, "逐条解説 改正外為法," 「通商産業調査会出版部」(1998년), 478, 483면. 이 규정이 적용되는 것은 대내직접투자 등에 관한 명령 별표 제1(2011년 8월 현재, 163개국을 명시)로 게재하고 있지 않은 국가이며, 아제르바이잔, 카자흐스탄, 아프가니스탄, 이라크, 리비아, 북한, 보스니아·헤르체고비나, 유고슬라비아 등 소수에 머무르고 있다.

14) C (86) 119, *supra* note 11, pp.150-152.

의한 거점설립, ② EU 비회원국의 보험회사 설립, ③ EU 비거주자에 의한 정보, AV, 보험중개, 탄화수소탐사·개발, 스위스 국경부근의 농지구입을, 독일은 외국에 본부를 가지는 항공회사의 설립을, 이탈리아는 ① 액체·가스의 탄화수소 탐사 및 개발, ② EU 비회원국의 여행 오퍼레이터(tour operator), 여행 에이전트(agent), 여행회사에 대한 라이센스 부여를, 영국은 EU 비회원국으로부터 투자에 관계되는 회사합병 및 경영권의 승인을, 미국은 ① 석유·가스 파이프라인의 비거주자에 의한 취득 또는 광물자원 개발을 위한 토지 임대, ② 항공화물운송 및 항공기 전세사업에의 외국투자, ③ 비거주기업에의 해저케이블 부설권의 부여를, 상호주의의 요건에 따른다고 하고 있다.[15)]

공공질서 및 중대한 안전보장상의 이익에 관하여 OECD 투자위원회는 '내국민대우 문서의 명확화'라고 제목을 붙인 문서에서 다음과 같이 지적한다. ① 공공질서 및 중대한 안전보장 개념의 해석은 적용되는 특정 문맥에 의존하여 상황에 따라 진전될 수 있다. ② 공공질서 및 안전보장은 일정한 경우 공중위생을 포함한다고 해석될 수 있다. ③ 경제, 문화 또는 다른 이유에 근거하여 취해지는 조치는 공공질서 및 중대한 안전보장상 이익의 과도한 확대해석에 의하여 은폐되어서는 안 된다. ④ 운송 및 통신분야 등에 대하여 상황이 진전되고 외국투자에 관한 규제가 완전히 국가안전보장상의 고려만으로 정당화된다고 간주하는 것은 곤란하다. ⑤ 사업적 동기와 국가안전보장상의 동기가 모두 존재하고 있는 경우, 조치는 투명성의 문제가 아닌 예외로서 표시되는 것이 바람직하다.[16)]

국가안전보장에 근거하는 외국자본규제에 관하여 OECD 이사회는 2009년 5월 25일 '국가안전보장에 관한 투자유치국의 투자정책을 위한 가이드라인'[17)]을 채택하였다. 이 가이드라인은 국가안전보장에 근거하는 외국자본규제의 이른바 선진국기준을 제시한 것이라고 할 수 있다. 가이드라인에서 shall 대신 should가 사용된 것에서도 알 수 있듯이 법적 구속력은 갖지 않으나 이에 따른 행동은 다른 회원국에 대하여 대항력이 있으며, 반대로 회원국이 이에 명백히 위배되는 행동을 취하는 것은 실제로는 곤란할 것이다. OECD 이사회는 "이 가이드라인은 자본자유화코드를 비롯한 국제협정상의 기존의 권리 및 의무를 변경하는 것을 예정하는 것은 아니다"라고 한 후, "I. 정부들이 국가안보를 지키는 것을 도모한 투자정책(조치를 포함)을 검토·도입할

15) *Supra* note 11, pp.153-155.

16) OECD, *National Treatment of Foreign-Controlled Enterprises* (2005 Edition), pp.112-113.

17) http://www.oecd.org/dataoecd/11/35/43383386.pdf

경우에는 가이드라인에 규정된 것과 같이 비차별, 정책의 투명성, 결과의 예측가능성, 조치의 균형성 및 실시당국의 설명책임이라고 하는 원칙에 의거하여야 할 것을 권고한다", "II. 비회원국이 이 권고에 따라 회원국과 같은 조건으로 후속조치에 참가하도록 권유한다"고 하였다. 이 가이드라인의 내용은 다음과 같다.

"1. 비차별: 정부는 비차별원칙을 준수하여야 한다. 일반적으로 정부는 동일한 상황에 놓인 투자자를 동일하게 취급하는 일반적 적용조치에 의거하여야 한다. 해당 조치가 국가안전보장을 보호하기 위하여 불충분한 경우, 개별 투자자에 대하여 취한 구체적인 조치는 국가안전보장에 위험을 제기하는 개별 투자의 특정한 상황에 기초하여야 한다.

2. 투명성/예측가능성: 민감한 정보의 기밀을 유지하는 것은 투자자 및 정부의 이익이지만, 규제의 목적 및 실행결과의 예측가능성을 증대시키기 위하여 가능한 한 투명해야 한다.

- 법전화 및 공표: 상위 및 하위 법이 법전화 되어 편리한 형식으로 공표되어야 한다. 특히 검토에 사용되는 평가기준이 공중에 이용 가능한 것이어야 한다.
- 사전통지: 정부는 투자정책을 변경하는 계획에 대하여 관계자에게 통지하는 조치를 취하여야 한다.
- 협의: 정부는 투자정책의 변경을 검토할 경우 관계자에게 그에 대한 의견을 요구하여야 한다.
- 절차적인 공평성 및 예측가능성: 엄격한 시간의 제한이 외국투자에 대한 검토 절차에 적용되어야 한다. 투자자에 의하여 제공되는 상업상의 민감한 정보는 보호되어야 한다. 가능한 경우, 거래를 제한하거나 조건을 부여하는 행동이 특정한 시간의 범위 내에 존재하지 않았다면 거래가 승인된다고 규정하는 규칙을 검토하는 것은 당연하다.
- 투자정책행동의 공개(開示)는 설명책임을 확보하는 첫 단계: 정부는 투자정책 행동을 충분히 공개하는 것을 확보하여야 하나 동시에 상업적으로 민감하거나 기밀인 정보를 보호하여야 한다.

3. 규제상의 균형성: 투자에 관한 규제 및 거래에 관한 조건은 국가안전보장을 지키는 데 필요한 수준보다 높아져서는 안 되고, 기존의 다른 조치가 국가안전보장상의

염려에 대응하는데 충분하고 적절한 경우에는 그 규제 및 조건을 피할 수 있어야 한다.

- 반드시 필요한 안전보장의 개념은 자기판단에 따른다: OECD 투자문서들은 무엇이 자국의 국가안전보장을 지키는 데 필요한가를 결정할 권리를 각국이 가지는 것을 인정하고 있다. 이 결정은 엄격하며 해당 국가의 사정, 제도 및 자원을 반영한 위험평가기술을 이용하여 행하여져야 한다. 투자규제로 인정되는 국가안전보장상의 위험과의 관계는 명확하여야 한다.
- 한정된 초점: 투자규제는 국가안전보장에 대한 우려에 한정하여 초점을 맞추어야 한다.
- 적절한 전문지식: 안전보장관련 투자규제는 적절한 국가안전보장의 전문지식 및 열린 투자정책에 관한 행동의 시사점(implication)과 규제의 영향(impact)을 비교형량하는데 필요한 전문지식을 이용할 수 있도록 설계되어야 한다.
- 개별적합적인 반응: 만약 제한적 투자조치가 이용되는 경우, 특정한 투자제안에 의하여 생기는 특정 위험에 적합한 것이어야 한다. 이는 안전보장상의 우려에 대응할 수는 있으나, 투자를 저지할 수준에는 이르지 않는 정책조치(특히 위험완화합의)를 포함한다.
- 최후의 수단: 제한적 투자조치는 비록 시행된다고 하여도 다른 정책(예컨대 분야별로 라이센스, 경쟁정책, 금융시장규제)이 안전보장과 관련된 우려를 제거하는 데 이용될 수 없는 경우 비로소 최후의 수단으로 이용되어야 한다.

4. 설명책임: 내부적인 정부에 의한 감시, 의회에 의한 감시, 사법상 검토 및 정기적인 규제의 영향평가 및 투자금지결정을 포함하는 중요한 결정은 정부 고위수준에서 채택되어야 한다. 요구조건을 충족시키기 위한 절차는 실시당국의 설명책임을 확보하도록 고려되어야 한다.

- 시민에 대한 설명책임: 제한적 투자정책에 책임을 가지는 당국은 그를 대신하여 이러한 조치의 시행대상인 시민에 대하여 책임을 져야 한다. 국가들은 투자의 검토절차의 중립성과 객관성을 유지하면서도 정치적 설명책임을 확보하기 위하여 정치적 및 사법적 감시메커니즘의 융합을 이용한다. 의회에 대하여 실시당국의 설명책임을 높이기 위한 조치가 검토되어야 한다.
- 국제적인 설명책임의 메커니즘: 모든 국가는 투명하고, 정당하며 공정한 국제투자정책을 유지하는 것에 집단적인 이익을 공유하고 있다. 다양한 국제표준을

통하여 여러 정부들은 집단적인 이익을 승인하고, 관련된 국제적인 설명책임 메커니즘에 참여하기로 합의하고 있다(예컨대 제한적인 투자정책에 관한 OECD의 통지 및 상호검토(peer review)의 의무). 특히 이러한 지원은 제한적 및 차별적인 정책을 지지하는 국내의 정치적 압력을 억제한다. 투자유치국의 정부는 이러한 메커니즘에 참가하고 이를 지지하여야 한다.

- 외국투자자의 구제: 외국투자자가 행정절차를 통하여 또는 사법·행정법원에서 외국투자를 제한하는 결정의 재검토를 요구할 가능성은 설명책임을 높일 수 있다. 그러나 국가안전보장에 관한 몇몇 국가의 헌법상 권한배분은 법원의 권한범위에 제한을 둘 수도 있다. 아울러 재판상 및 행정상의 절차는 투자유치국의 정부와 투자자 쌍방에게 높은 비용과 많은 시간을 소비시키는 것이 될 수 있으므로, 메커니즘을 작동시켜 결정의 실효성, 연대성 및 객관성을 확보하고 그러한 절차에 따른 구제를 점점 줄여나가는 것이 중요하다. 구제를 요구할 가능성은 행정부가 국가안전보장을 보호하기 위하여 그 책임을 완수하는 것을 방해하는 것은 아니다.
- 외국투자의 저지 등 중요한 결정에 관한 최종적인 권한은 높은 정치수준에서 보유하여야 한다. 그러한 결정은 시장경제의 중요한 기둥인 재산권의 자유로운 표명을 제한할 가능성도 있으며 많은 경우 정부의 여러 분야간 조정을 필요로 하는 높은 수준의 관여를 필요로 한다.
- 실효적인 공공분야의 관리: 보다 광범위한 공공분야의 관리시스템은 안전보장 관련 투자정책에 책임을 지는 정치기관의 고관 및 공무원들이 자신들의 책임수행에 주의를 기울이도록 적당한 인센티브와 통제에 직면하도록 하고, 부패, 부당한 영향 및 이익의 상충으로부터 자유롭게 하는 것을 확실하게 돕는다.

Ⅲ. 주요국 정상회의, GATS, BIT에 있어서의 국가안전보장에 기초한 외국자본규제의 취급

최근 주요국 정상회의(G8)에서도 국가안전보장에 근거한 외국자본규제에 대한 언급이 있었다. 2007년 6월 7일의 하일리겐담(Heiligendamm) 정상회담선언 paragraph 11에서 “우리는 외국투자에 대한 국가규제를 최소화 할 것을 계속하여 약속한다.

이러한 규제는 주로 국가안전보장에 관련된 극히 제한된 사례에만 적용되어야 한다. 그러한 사례에 있어서 따라야 할 일반원칙은 비차별성, 투명성 및 예측가능성이다. 어떠한 경우에도 규제조치는 필요한 범위, 정도 및 기간을 초과하여서는 안 된다"고 선언하고 있다. 또한 2008년 7월 6일 도야코(洞爺湖) 정상회담선언 paragraph 6에서는 "어떠한 외국투자의 규제도 주로 국가안전보장상의 우려에 초점을 맞춘 매우 한정된 것이어야 하며, 투명성 및 예견가능성, 비례성, 설명책임(accountability)의 원칙들에 따른 것이어야 한다"고 선언하고 있다. 정상회담의 선언들은 법적 구속력이 있는 것은 아니나 이에 따른 행동에는 다른 구성원에 대하여 대항력이 부여되고, 반대로 이것에 반하는 행동을 취하면 정치적으로 곤란하게 되는 효과가 있다.

서비스 분야에서의 투자의 외국자본규제는 GATS와 관련된다. 동 분야에서의 투자는 제3모드의 서비스무역(제1조 2항(c))에 해당한다. GATS에서는 최혜국대우가 일반적 의무(제2조)로서 시장접근과 내국민대우가 구체적 약속(제16조, 제17조)으로 정해져 있으므로 외국자본만의 규제는 여기에 위배되는 것이 된다. 단, 제14조의 2(b)에서 "회원국이 자국의 안전보장상의 중대한 이익의 보호를 위하여 필요하다고 인정하는 다음의 조치를 취하는 것"은 금지할 수 없다고 하고, "(ⅰ) 군사시설에 직접 또는 간접적으로 발생하는 서비스의 제공에 관한 조치, (ⅱ) 핵분열물질과 핵융합물질 또는 이들의 생산원료가 되는 물질에 관한 조치, (iii) 전시, 기타 국제관계의 긴급상황에서 취해지는 조치"를 들고 있다. 투자와 관련하여서는 (ⅰ)에 해당하는 군사시설에 대한 서비스를 하는 기업과 (ⅱ)에 해당하는 원자력·핵융합관련 기업의 외국자본규제를 상정할 수 있으며 (iii)은 국제관계의 긴급상황이라는 특정한 상황의 발생을 전제로 하여 외국자본규제에 근거를 부여하는 것이라고 할 수 있다. 그리고 동항은 '자국의 안전보장상의 중대한 이익을 보호하기 위하여 필요하다고 인정하는' 이라는 문구에서도 볼 수 있듯이 자본자유화코드 제3조의 경우와 같이 자기판단에 의하여 발동할 수 있는 것이다.

다음으로 BIT(EPA의 투자챕터를 포함)에서의 국가안전보장 조항에 대하여 살펴본다. 2011년 8월, 일본이 한국(제16조 1항(a)), 베트남(제15조 1항(a)), 라오스(제18조 1항(a)), 우즈베키스탄(제17조 1항(d)), 페루(제19조 1항(d)) 등 16개국과 체결한 BIT에는 "자국의 안전보장상의 중대한 이익의 보호를 위하여 필요하다고 인정하는 다음의 조치 "(ⅰ) 전시, 무력분쟁 기타 자국 또는 국제관계에서의 긴급상황에서 취해지는 조치, (ⅱ) 무기의 비확산에 관련되는 국내정책이나 국제협정의 실시에 관련되어 취하는 조치"

를 취할 수 있다는 취지의 규정이 있다. 또한 일중투자협정 의정서 3에서 "(내국민대우를 규정하는) 협정 제3조 2의 규정을 적용함에 있어서 어느 일방 당사국이 관계법령에 따라 공공질서, 국가안보 또는 국민경제의 건전한 발전을 위하여 진정으로 필요한 경우에 타방 당사국의 국민 및 기업에 차별적인 대우를 하는 것은 '불리한 대우'로 간주하여서는 안 된다"라고 규정한다. 일본이 체결한 EPA의 투자챕터 중, 일본-필리핀 EPA 제99조 1항(c)에서는 전술한 투자협정들과 같은 조항이, 일본-말레이시아 EPA 제10조, 제87조 및 일본-스위스 EPA 제95조에서는 GATS 제14조의 2 "필요한 변경을 한 후, 이 협정에 편입시켜 협정의 일부를 이룬다"라고 하며 이에 근거하여 조치를 취하는 경우에는 상대국에 통보하여야 한다고 규정한다. 또한 일본-싱가포르 EPA 제83조 1항(a)에서는 '공중도덕의 보호 또는 공공질서의 유지를 위하여 필요한 조치'는 취할 수 있다고 규정하나, 국가안전보장에 대해서는 언급하고 있지 않다. 동항의 주석에서는 "공공질서를 이유로 하는 예외는 사회의 어떠한 기본적 이익에 대하여 심각하고 중대한 위협이 초래되는 경우에만 한정하여 적용한다"고 하고 있다.

국가마다 BIT 및 EPA의 투자챕터에서 언급하고 있는 국가안전보장 조항에 대하여 OECD 국가 등 43개국을 조사한 결과에 의하면 ① 동 조항을 두지 않는 캐나다, 이탈리아, 노르웨이, 브라질, 남아프리카공화국 등 10개국, ② 대부분 항상 동 조항을 두는 독일(88개 조약 중 79개), 인도(24개 조약 중 20개), 멕시코, 벨기에, 룩셈부르크, ③ 항상 동 조항을 두는 미국, ④ 상대국이 ②·③에 해당하는 등의 경우에만 동 조항을 두는 일본(2007년 시점에서는 19개 조약 중 3개), 영국(91개 조약 중 1개), 프랑스(91개 조약 중 3개), 호주(20개 조약 중 1개), 중국(59개 조약 중 10개), 러시아(26개 조약 중 5개) 등 27개국으로 정리할 수 있다.[18] 한편, 채택되지 못한 MAI 통합초안(DAFFE/MAI(98) 7/REVI, 1998)에서도 공공질서 및 안전보장에 언급한 '일반적 예외'규정이 있다.[19] 동 규정의 제2항에서는 중대한 안전보장상의 이익의 보호를 위하여 필요하다고 판단되는 행동은 금지할 수 없다는 취지를 규정하고,[20] 제3항에서는 자의적인 혹은 정당

18) *Supra* note 4, pp.98, 112-134.

19) *Supra* note 4, p.96, http://www.oecd.org/daf/mai/pdf/ng/ng987rle.pdf (p.76).

20) MAI 통합초안의 코멘터리(DAFFE/MAI(98) 8/REVI)에서는 동항에 대하여 한 대표가 '필요하다고 생각한다(which it considers)'라는 문언은 괄호로 묶고, 그렇게 함으로써 ICJ판결(니카라과사건 본안판결을 가리키는 것으로 생각된다)의 취지에서도 이 조항의 자기판단적인 성격을 제거할 수 있으므로 잠재적인 남용에 대한 제동이 될 수 있음을 지적한다. http://www.oecd.org/dag/mai/ng/ng988rle.pdf

화 할 수 없는 차별의 수단 또는 위장된 투자규제는 안 된다는 조건을 충족시키는 한에서, 공공질서의 유지를 위하여 필요한 조치는 금지할 수 없다는 취지를 규정한다. 또한 주석에서는 공공질서의 예외는 진정으로 심각한 위협이 사회의 기본적 이익에 대하여 발생하는 경우에만 원용할 수 있다고 지적한다. 제4항에서는 이 조항에 따라 취한 조치는 당사국들에게 통지하도록 규정하고, 제5항에서는 다른 당사국에 의하여 이 조항에 따라 취한 조치가 순수하게 경제적 이유에 근거하는 또는 보호되는 이익과 균형을 이루고 있지 않다고 생각하는 당사국은 상대 당사국에 협의를 요청할 수 있다고 규정한다.

이러한 투자협정 및 EPA의 투자챕터에서 국가안전보장 조항은 특정한 상황의 발생을 발동요건으로 하는 것이며 특정 업종에 대한 외국자본의 참여를 사건에 배제하기 위한 근거가 되는 것은 아니라고 해석할 수 있다.

Ⅳ. 일본의 외국자본규제

일본에서의 외국자본규제는 개별업종에 관한 법에 근거하는 것과 외환법에 근거하는 것으로 구별된다. 개별업종에 관한 법에 근거하는 것으로는 항공법(외국인이 대표자 또는 외국인 임원 또는 외국자본에 의한 의결권이 1/3 이상인 회사의 항공운송사업은 허가되지 않는다. 제101조 1항), 화물이용운송사업법(외국인이 대표자 또는 외국인 임원 또는 외국자본에 의한 의결권이 1/3 이상인 회사는 제1종·제2종 화물이용운송사업은 허가되지 않는다. 제6조 1항, 제22조), 광업법(광업권·조광권(租鑛權)을 일본법인에 한정한다. 제17조), 선박법(일본의 선적은 일본법인으로 그 대표자의 전원 및 업무집행임원의 2/3 이상이 일본국민일 것이 그가 소유하는 선박에 부여된다. 제1조), 전파법(외국인 임원이 있는 경우 또는 외국자본에 의한 의결권이 1/5 이상이 되는 무선국에게 면허가 부여되지 않는다. 제5조 4항), 방송법(일반방송사업자는 외국인 임원이 있는 경우 또는 외국자본에 의한 의결권이 1/5 이상이 될 경우에는 명의변경이 거부될 수 있다. 제52조 81항), 일본 전신전화주식회사법(NTT의 외국자본에 의한 의결권을 1/3 미만에 한정, 이사·감사는 일본국민에 한정한다. 제6조, 제10조) 등이 있다(위의 의결권 규제에는 이른바 간접출자규제도 포함된다). 외환법에 근거한 외국자본규제 업종은 제II절에서 본 것과 같이 '국가의 안전을 해치고, 공공질서의 유지를 방해하거나 공중의 안전보호에 지장을 초래할 우려가 있는 대내직접투자에 해당하는 업종'과 '자본자유화코드 제2조 (b)항에 근거하여 유보하고 있는 대내직접투자에 해당하는 업종'으로 분류된다.

각 국가마다 외국자본규제[21]의 방식은 ① 일본, 프랑스, 독일과 같은 사전신고방식인지, 미국, 영국과 같은 사후개입방식인지, ② 일본, 프랑스, 독일과 같이 대상업종이 특정되는지, 미국, 영국과 같이 전체 업종을 대상으로 하는지, ③ 일본(외환법으로는 10%), 프랑스(33%), 독일(25%)과 같이 규제대상 주식취득비율이 명시되는지, 미국, 영국과 같이 자국기업의 합병·인수 일반을 규제대상으로 하는지, 이러한 3가지 기준으로 분류가 가능하다.

이하에서는 2008년에 발생한 외국자본규제를 둘러싼 두 가지 사안(외환법이 관련된 J파워 사건 및 개별업법이 문제가 되는 공항회사에 대한 규제의 바람직한 방향)을 통하여 일본에서의 외국자본규제의 방향에 대하여 검토한다.

*J*파워 사건[22]은 영국계 투자펀드 TCI가 J파워의 주식매수증가(10% 이상의 주식취득)를 목표로 2008년 1월 15일에 사전신고(외환법 제27조 3항)를 하였는데, 재무성 및 경제산업성이 같은 해 4월 16일에 중지권고[23](동조 5항)를 하고 이에 응하지 않는 TCI에 대하여 같은 해 5월 13일에 중지명령(동조 10항)을 내린 것이다.

중지명령에 대하여 요약하면 다음과 같다. "외환법에서는 '공공질서의 유지'등의 관점에서 전기사업을 사전신고업종으로 지정하고 있다. 해당 기준은 OECD 자본자유화코드 제3조에서 국제적으로 넓리 인정된 규제사유이다. 다른 선진국에서는 안전보장의 관점에서 중요기간시설로서 투자규제의 대상이 되고, 정부에 의한 주식보유의 대상이 되고 있는 경우가 있으나 실질적인 규제범위는 일본과 대체로 같다(2면)." 또한 '공공질서를 저해할 우려'[24]의 인정에 대하여 "주식의 추가취득 및 이에

21) 각 국가에 따른 외국자본규제의 개요에 대하여 経済産業省, "電源開発(株)に対するTCIの投資に係る外為法に基づく中止命令について," 별첨 2 보충자료설명, http://www.meti.go.jp/press/20080513001/04_02.pdf (p.2) 및 JETRO 해외비즈니스 정보 http://www.jetro.go.jp/biz/ 참조.

22) 이러한 경우에 대해서는 古城誠, "TCIファンドによるJパワー株式の取得,"「法学教室」337호(2008년), 8-12면; Noboru Kashiwagi, "Foreign Direct Investment, Public Order National Security," University of Tokyo Journal of Law and Politics, vol.6 (2009), pp.45-59; 中谷 和弘, "Restrictions on Foreign Investment in the Energy Sector for National Security Reasons: the Case of Japan," in Aileen Mac Harg et al. (eds.), *Property and the Law in Energy and National Resources* (Oxford University Press, 2010), pp.311-325; 本郷隆, "外資規制法の構造分析,"「東京大学法科大学院ローレビュー」제6권(2011년), 127-162면을 참조.

23) "TCI ファンドに対する命令について," http://www.meti.go.jp/press/20080513001/03_01.pdf

24) '가. 국가의 안전을 해치고, 공공질서의 유지를 방해하거나 공중의 안전보호에 지장을 초래

수반되는 주주권의 행사를 통하여 발행회사의 경영과 송전선·원자력 발전소를 비롯한 핵심설비에 관한 계획·운용·유지에 영향을 미치고, 이를 통하여 전기의 안정적인 공급과 원자력·핵연료 주기(cycle)에 관한 우리나라(일본)의 정책에 영향을 미칠 우려가 있다고 인정된다(4면).”

전기산업은 자본자유화코드 제3조(ⅰ)에 해당하는 ‘공공질서의 유지’에 관련되는 업종으로 설명되어 온 것이며, OECD 국가 중 11개국이 전기사업에 대하여 외국자본규제를 마련하고 18개국이 주요전력·송전회사를 국가 등에서 보유하고 있다[25]는 ‘국제적 판단기준’에서 본다고 하여도, *J* 파워 사건은 전혀 특이한 것은 아니다. 무엇보다 이 사건은 ‘공공질서를 저해할 우려’의 해석기준이 전혀 명시되어 있지 않으므로 ‘투명성이 결여된 규제가 아닌가’ 하는 우려가 나온다.[26] 이에 대하여 참고가 될 수 있는 것이 미국법이다. 미국의 현행법(2007년 외국투자 및 국가안전보장법[27])은 외국기업이나 펀드에 의한 미국기업의 취득에 대하여 대통령이 고려할 수 있는(may) 11가지 요소[28]를 명시하고 있다. 이러한 요소 자체도 명확한 것이라고는 말하기 어렵겠지만

할 수 있는 것’ 또는 ‘나. 우리나라 경제의 원활한 운영에 현저한 악영향을 미치게 되는 것’인 언젠가는 사태를 발생시킬 수 있는 우려가 있는 대내직접투자(제27조 3항)가 중지권고·명령의 대상으로 되어 있다.

25) 각주 21의 보충자료설명 3면 참조.

26) 덧붙여 중지명령은 “TCI펀드는 변명에 있어서 재무장관 및 경제산업장관은 ‘우려가 충분히 불식될 수 없다’며 투자의 중지를 명하려고 하고 있어서, 이러한 생각은 ‘우려’를 인정하기 위해서는 ‘명백한 법익 침해의 임박’과 ‘구체적 예견’이 필요하다고 한 이즈미사노(泉佐野) 시민회관사건에 관한 최고재판소 판결(최고재판소 제3소법정 平成7년 3월 7일 판결)에 반한다고 주장하고 있다. 이에 대하여 TCI펀드가 지적하는 최고재판소 판결은 이즈미사노시(市)가 조례상의 ‘공공질서를 어지럽히는 우려’라고 하는 요건에 기초를 두어 특정 단체의 휴일에 시민회관의 사용을 거부한 처분과 헌법 제21조에서 보장하는 ‘표현의 자유’와의 관계를 판단하는 것이지 헌법 제29조에서 보장하는 재산권에 관한 외환법의 해석운용과는 관련성을 가지지 않는다(6면)”로 한다.

27) 미국법에 대하여 渡井理恵子, “アメリカにおける対内直接投資規制の現状,” 「慶應法学」제19호(2011년), 117-137면 참조.

28) ① 국방상의 요구에 필요한 국내생산, ② 국방상의 요구에 부합하는 국내산업의 능력, ③ 외국인에 의한 국내산업 및 상업활동의 통제, ④ 테러지원 국가, 미사일 기술, 화학·생물무기확산 국가에 대한 군사물자·장비·기술의 판매에 해당 거래가 미치는 잠재적 효과, ⑤ 미국의 안전보장에 영향을 주는 분야에서 해당 거래가, 그 기술에 대하여 미국이 리더로서 작용하는 것에 미치는 잠재적 효과, ⑥ 주요 에너지자산을 포함한 미국의 주요 인프라에 대한 잠재적인 국가안전보장과 관련된 효과, ⑦ 미국의 중요한 기술에서의 잠재적인 국가안전보장과 관련된 효과, ⑧ 해당 거래가 외국정부에 의하여 통제된 거래인지 여부, ⑨ 해당국의 비확산통제체제에의 준수, 반테러리즘에의 협력에서 미국과 해당국과의 관계 및 수출관리법령을 포함한 군사응용기술의 적체(積替)·전용(転用)가능성에 대한 현재의 평가를

'국가의 안전을 해치고, 공공질서의 유지를 방해하거나 공중의 안전보호에 지장을 초래할 우려'에 대한 투명성과 설명책임을 확보하는 관점에서는 아무런 기준이 없는 것보다는 비교적 바람직하다고 할 수 있다. 외환법을 개정하여 이러한 기준을 명시하는 것이 바람직하나, 법 개정이 무리라면 정령(政令, 내각에서 제정하는 명령)수준으로라도 규제하는 것이 더 나을 것이다.

다음으로, 공항회사에 대한 규제의 바람직한 방향에 대하여 일본에는 공항운영회사에 대한 외국자본규제의 근거가 되는 국내법이 없었던 와중에 호주펀드 Macquarie Airports의 일본공항빌딩(하네다공항의 터미널빌딩 등을 소유·운영, 도쿄증권거래소 1부 상장)에 대한 주식매수량이 증가하였다. 2008년 초에 국토교통성은 공항정비법 개정과정에서 공항운영회사에 대하여 외국자본규제(1/3의 의결권규제)를 도입하려고 한 정부의 부(部) 내에서도 찬반이 나뉘었으므로 이 문제를 포함하여 동 회사와 완전민영화를 검토하는 나리타공항회사에 대한 규제의 적합한 자세에 대하여 '공항인프라에 대한 규제방향에 관한 연구회'에서 검토를 진행하였다.[29] 이 연구회의 같은 해 12월 11일 최종보고서에서는 나리타공항회사에 관하여 "자본규제에 대하여 우리나라(일본)의 열린 투자환경의 정비라는 요청과 외국자본이 나리타공항회사의 운영을 실질적으로 지배하였을 경우에 예상되는 폐해를 종합적으로 검토한 결과, 외국자본만 취급을 달리하는 것이 합리적이지 않은 점, 나리타공항회사 책무의 확실한 실시를 도모하는 관점에서 외국자본만을 규제하는 것은 불충분한 면도 존재한다는 점 등을 이유로 공항인프라에 관한 자본규제의 검토에서는 내외 비차별을 전제로 하였다(7면)." 아울러 자본규제에 대하여 20% 이상의 주식보유규제를 제안하였다(9면). 하네다공항빌딩회사에 대하여는 나리타공항회사와 같이 내외 비차별을 전제로 자본규제의 필요성에 대한 검토를 실시하여 새로운 자본규제를 부과하여서는 안 된다는 의견이 과반수를 차지하였으나, 여러 위원으로부터 자본규제를 부과하여야 한다는 의견이 있었으므로 양론을 병기하였다. 새롭게 외국자본규제를 마련하는 것과 외국자본규제를 강화하는 것은 전술한 OECD나 정상회담의 합의와 걸맞지 않다는 것 이외에, 일본에의 적극적인 투자를 장려하는 정부의 정책(Invest Japan)과도 상응하기

검토, ⑩ 에너지원 및 다른 중요한 자원·물자에 대한 미국의 필요성에 대한 장기적인 예측, ⑪ 대통령 또는 CFIUS(대미외국투자위원회)가 일반적으로 또는 특정한 검토 또는 조사와 관련하여 적당하다고 결정할 수 있는 다른 요인.

29) http://www.kantei.go.jp/jp/singi/kuukou/index.html(최종보고서에도 게재). 저자도 연구회의 회원이다.

어려운 것이므로 이러한 방식은 채택할 수 있는 선택사항이 아니며, 다만 필요한 자본규제와 행위규제는 내외 비차별원칙하에 도입한다는 방침이 제시되었다. 이러한 방침은 다른 분야에서도 적용 가능할 것이다.

V. 결 론

마지막으로 다음의 3가지를 언급하고자 한다.

첫째, 일본에서 외국자본규제의 법제 및 심사기관을 단일화할 가능성에 대하여 살펴본다. 현재 외국자본규제의 법적 근거는 업종에 따라 외환법 및 개별업종에 관한 법으로 나뉘어 있으며, 심사기관도 외환법에서는 '재무장관 및 사업담당장관', 개별업종에 관한 법에서는 해당 법의 담당장관으로 되어 있다. 이에 비하여 미국의 경우는 규제의 법적 근거는 기본적으로 외국투자 및 국가안전보장법이고 심사기관도 모든 관청을 아우르는 기관인 CFIUS(대미외국인투자위원회)로 일원화되어 있다. 일본에서도 외국자본규제의 일관성 있는 운영과 투명성의 확보를 중시하는 경우에 규제의 법적 근거를 외환법으로 단일화하고, 통일적 심사기관을 마련하는 것을 검토할 가치가 있다. 한편 경제제재에 대하여서도 외환법을 법적 근거로 하는 조치와 개별업종에 관한 법을 법적 근거로 하는 조치가 혼재하므로, 특히 UN안보리의 비군사적 강제조치의 이행을 위하여 짜맞추기식의 대응을 피할 수 없게 되어 있다. 이러한 점을 개선하기 위하여 미국의 UN 참여법 같은 경제제재법을 새로 입법하는 것을 검토함이 적합하다고 지적한 적이 있으나,[30] 외국자본규제와 아울러 '경제안전보장(기본)법'이라는 새로운 입법을 하는 것을 고려하여 볼 수 있을 것이다.

둘째, 향후 증가가 예상되는 신흥국에 의한 일본의 '전략산업'에 대한 투자에 어떻게 대응할 것인가에 대하여 살펴본다. 투자에 어떻게 대응할지에 대하여 특히 유의해야 하는 것이 신흥국의 국부펀드(SWF)에 의한 일본의 이른바 전략산업에 대한 투자이다.[31] 외국자본규제 일반규칙이 SWF에도 적용되는 것은 말할 필요도 없으나,

30) 中谷和弘, "経済制裁と国際法(ロースクール国際法第8回)," 「法学教室」 제338호(2008년), 130-131면.

31) SWF에 대하여는 中谷和弘, "政府系ファンドと 国際法," 秋月弘子·中谷和弘·西海真樹編, 「人類の道しるべとしての国際法(横田洋三先生古稀記念論文集)」(国際書院, 2011년), 623-654면 참조.

SWF가 경제적인 동기뿐만 아니라 그 밖의 동기에 의해서도 움직이는 것이 아니냐는 우려를 불식시킬 수 없는 이상, 일반론으로 심사가 더 엄격해질 것이 예상된다. 미국 재무부는 2008년에 아부다비투자청(ADIA) 및 싱가포르투자청(GIC)과 정책원칙에 대하여 합의하였다. 일본에서도 이와 같은 것을 참고할 수 있는데, 중국의 SWF인 중국투자유한책임공사(CIC) 등과의 합의가 용의하지 않을 수도 있으므로 재무성이 SWF의 투자유치에 관한 정책원칙을 밝히는 것이 효과적일 것이다. 그 중에서는 ① 국가안전보장의 보호나 공공질서의 유지에 근거하는 외국자본규제는 안전보장과 공공질서에 대한 위험과 균형을 취할 것, ② SWF에 대하여 산티아고원칙 제19원칙 세칙1(투자결정이 경제상의 고려 이외의 것에 따르는 경우에는 투자정책에 대하여 명시·공표되어야 한다)에 따르도록 요구하는 것, ③ SWF에 관한 주권면제와 과세원칙을 명확하게 언급할 것이 요구될 것이다.

셋째, 전략업종의 황금주(거부권부 종류주식)의 도입에 대하여 살펴본다. 외국자본규제를 필요최소한으로 하면서 공공질서와 국가안전보장에 관련되는 전략업종을 외국자본으로부터 보호하기 위한 수단으로 황금주의 도입은 검토할 가치가 있다. 일본에서는 유일하게 국제석유개발제석(帝石)홀딩스(INPEX corporation)에 대하여만 황금주가 도입되고 있으나 만약 J파워가 황금주를 도입하고 있었다면 2008년의 '사태'는 애초에 발생하지 않았을 것이다. 황금주는 주주평등원칙에 반하며 주가를 낮춘다는 관점에서 외면당하고 있으나, 전략업종의 자주방위 수단이자 비용이 들지 않는 규제라는 관점에서 검토할 필요가 있을 것이다.[32)]

---

32) 아울러 공항인프라에 대한 규제방향에 관한 연구회 최종보고서(전게주 29)는 나리타공항회사에 대한 자본규제와 관련하여 "황금주에 대하여 주주 사이의 권리의 평등성을 방해할 우려가 있는 것, 한정된 사태에 대한 대처인 것 등의 문제가 있으므로 도입에 대하여 신중하여야 한다(9면)"고 지적한다.

V

국제경쟁법

제19장

국제적 기업결합과 역외적용

根岸 哲 (네기시 아키라)

Ⅰ. 서 론

기업활동의 세계화와 더불어, 외국회사간의 기업결합이나 외국회사와 국내회사간의 기업결합 등과 같은 국제적 기업결합이 증가하고 있다. 그런데 국제적 기업결합도 국내회사들의 기업결합과 마찬가지로 국내시장에서 반경쟁효과가 발생하는 경우가 있다. 따라서 각국 또는 각 지역은 해당 독점규제법 또는 경쟁법을 적용함에 있어, 각국 시장의 경쟁질서를 유지하기 위하여 시장 내의 경쟁을 제한하는 국제적 기업결합에 규제를 가하는 시도를 하고 있다. 그러나 첫째로, 외국회사가 외국에서 행한 국제적 기업결합에 대해 자국의 독점규제법을 역외적용하는 것이 가능한지의 문제가 발생한다. 또한 둘째로, 외국회사가 외국에서 행한 국제적 기업결합에 대한 역외적용이 실제로 효용성을 갖기 위해서는 적절한 절차를 확보하는 것은 물론, 당해 외국회사에 대한 조사를 시행하여 배제조치명령*)에 따르게 하기 위한 절차의 시행이 필요하

*) 역자주: '배제조치명령'은 일본독점금지법에서 사용하는 표현으로서, 한국독점규제 및 공정거래에 관한 법률은 제5조에서 '시정조치'라는 표현을 쓰고 있다. 이 책은 일본어 원문을 번역한 것임을 감안하여 이하 '배제조치'로 용어를 통일함을 알린다.

다. 독점규제법의 역외적용의 문제는[1] 각국이 영역 외(外)에 있는 사람·재산 또는 행위에 대하여 국가관할권을 행사하는 국제법상의 '국내법의 역외적용'의 문제의 일부를 구성한다. 하나는 국가관할권 내의 입법관할권의 문제이고, 다른 하나는 집행관할권의 문제이다.

전통적으로 국제법상의 입법관할권은 자국의 영토 내에서 이루어진 행위에 대해서만 영향이 미치는 속지주의가 채택되어 왔다. 그러나 기업활동에 따른 현저한 세계화에 따라, 엄격한 속지주의에만 의존해서는 국내시장의 경쟁질서유지라는 법익의 보호를 포기하는 결과로 귀결될 수도 있으므로, 근래에는 외국에서 이루어진 외국회사의 행위라고 하더라도 자국시장에 반경쟁효과가 있는 경우라면 자국의 독점규제법이 적용되는 이론, 이른바 효과이론(effect doctrine)을 채택하는 것이 국제적으로 용인되고 있다. 집행관할권의 행사는 기본적으로 타국의 주권을 침해하여 타국의 동의가 없는 한에서는 허용될 수 없는 것이므로, 당해 외국회사의 행위를 자국 독점규제법의 집행절차에 따라 중지시키기 위해서는 집행관할권의 문제를 해결해야 할 필요성이 발생한다. 그 전제가 되는 외국회사에 의한 문서·서류의 송달 등도 집행관할권의 문제 중 하나이다.

입법관할권이나 집행관할권이라는 국제법상의 제약에도 불구하고, 특히 '효과이론(effect doctrine)'을 적용하고 국제 카르텔과 관련된 판결인 *Alcoa* 사건(1945년)[2] 이후에 가장 실효적으로 독점규제법의 역외적용을 시도해 온 것은 미국의 독점금지법(Antitrust law)이다. 국제적 기업결합의 경우도 예외가 아니다. 1982년 이후, 대외거래독점금지개선법(Foreign Trade Antitrust Improvement Act, FTAIA)이 '효과'를 명확히 하고 한정하려 하고, 미국의 독점금지법은 미국의 국내거래와 수입·수출 등 각각의 거래에 대한 직접적이고 실질적이며 합리적으로 예측가능한 효과(direct, substantial and reasonably foreseeable effect)를 미치는 행위에 대해서만 적용할 수 있다는 것을 명문화하였다. 역외송달이나 역외적 증거수집 등에 있어서도 입법적 수단(독점규제 민사절차법, 연방거래위원회법 제9조)을 통해서, 또는 미국 내의 자회사를 통하여 실질적으로 역외에 있는 모회사에 대해 시행하는 등의 시도가 이루어지고 있다. EU 경쟁법도 제정 초기부터 역외적용을 적극적으로 시도해 왔지만, 재판소가 명백하게 효과이론에 기초하

1) 저자는 이제까지 독점금지법의 역외적용에 대하여 논하여 왔으나, 비교적 최근의 집필로는 根岸哲, "独禁法の国際的執行·協力," 日本経済法学会 編, 「経済法講座」(独禁法の理論と展開, 第2巻)(三省堂, 2002년), 126면.

2) *United States v. Aluminum Co. of America* (*Alcoa*), 148 F 2d 416 (2d Cir, 1945).

여 역외적용을 인정한 것은 남아프리카에서 플래티넘, 로듐 등 플래티넘 계열의 금속 사업을 포함한 두 회사의 국제적 기업결합(JV 지배)에 대한 *Gencor* 사건의 EU(당시 EC)의 1심법원(Court of First Instance) 판결(1999년)[3]이었다. 역외송달이나 역외적 증거 수집 등에 대해서도 역내 자회사를 통하여, 또는 일반적으로 우편을 통하여 시도해 오고 있다.[4]

일본은 독점금지법의 역외적용에 대해 종전에는 극히 소극적이었고 최근에 이르러서야 독점금지법의 역외적용을 시도하기 시작하였다. 일본 공정위가 독점금지법의 역외적용을 근거로 외국회사에 대한 배제조치를 명령하기 시작한 사건이 마린호스(marine hose) 국제 카르텔 사건(2008년)[5]이었다. 국제적 기업결합에 대한 독점금지법의 역외적용은 오랫동안 독점금지법 자체가 인정하지 않았으나 비교적 최근에 해금되었다.

Ⅱ. 국제적 기업결합에 대한 독점금지법의 역외적용의 용인

1. 외국회사간의 기업결합규제의 실체적 규정

일본독점금지법은 종래부터 일정한 거래분야에서 경쟁을 실질적으로 제한하는 것이 되는*) 기업결합을 위법한 것으로 보았으나, 일찍이 국제적 기업결합에 규제를 가하는 것이 곤란했던 시기가 있었다. 그 중에서도 특히 외국회사간의 기업결합에 규제를 가하는 것이 불가능하였다.

구(舊)독점금지법은 주식보유에 대해서는 국내회사 및 외국회사에 의한 국내회사의 주식보유(제10조 1항)에, 임원겸임에 대해서는 국내회사 및 외국회사의 임원 또는 종업원에 의한 국내회사 임원겸임(제13조 1항)에, 합병에 대해서는 국내회사의 합병(제

3) *Gencor Ltd. V. Commission*, [1999] ECR Ⅱ-753. 재판소는 기업결합이 EC 역내에 직접 또는 실질적인 효과를 미치는 것이 예측가능한 경우에 합병규정을 적용하는 것은 국제공법에 비추어 합법이라고 판시하고 있다.

4) 역외적용에 관한 미국 공정금지법 및 EU 경쟁법의 종전까지의 전개와 관련해서는, 小原喜雄, "第1部 競争法の域外適応,"「国際的事業活動と国家管轄権」(有斐閣, 1993년) 참조.

5) 일본 공정위, 배제조치명령, 平成 20年 2월 20일, 審決集, 제514권, 512면.

*) 역자주: 한국독점규제 및 공정거래에 관한 법률은 제7조에서 "일정한 거래분야에서 경쟁을 실질적으로 제한하는 행위"로 유사하게 규정하고 있다.

15조 1항)에, 사업인수 등에 대해서는 국내에서의 사업인수 등(제16조)에 각각 그 적용을 한정하고 있었기 때문이다. 그러나 "국제적인 상호의존도가 높아지고, 일본기업의 해외진출도 증가하고 있는 만큼, 국외에서의 기업결합이 우리나라(일본) 시장에 반경쟁효과를 가져올 가능성도 부정할 수 없다. 이처럼 국내시장에 큰 영향을 미칠 행위가 자국의 독점금지법으로 규제될 수 없다는 것은 문제가 아닐 수 없으며, 또한 국외기업결합규제를 독점금지법 이외의 금지규정과 구별하여 다르게 취급할 이유도 없다고 생각한다"[6]고 하여 1998년의 독점금지법 개정시 기업결합의 제한을 규정하고 있는 제4장 규정의 적용대상을 '국내회사'에서 '회사'로 개정하여 외국회사까지 포함할 것을 분명히 하여, 외국회사간의 외국에서의 기업결합에 대한 독점규제법의 역외적용을 명시적으로 인정하는 데에 이르렀다.

2. 외국회사에 대한 문서·서류 송달규정

이전의 일본독점금지법은 국제적 기업결합의 규제를 포함한 규제절차를 발동하기 위한 전제로서 외국에 소재한 외국회사에 대한 조사를 목적으로 하는 보고명령서, 배제조치명령을 목적으로 하는 사전통지서, 배제조치명령서 등의 문서·서류를 송달하는 것을 인정하지 않았다.

구(舊)독점금지법은 서류의 송달에 있어 일본 민사소송법의 송달규정 가운데 외국에 체류하고 있는 재외자에 대한 서류 송달에 관한 일본 민사소송법 제108조(외국에 있어서의 송달) 등의 규정을 준용하고 있지 않았기 때문에 외국에 소재한 외국회사에 대하여 독점금지법상의 서류를 송달하는 것이 불가능하였다. 그러나 "경제의 세계화에 발맞추어 재외자에 대한 서류 송달이 요구되는 사안이 증가할 것이 예상되는 만큼, 독점금지법상의 송달규정 마련을 검토한다"[7]고 하여, 2002년의 독점금지법 개정에서 일본에 영업소, 사무소 등을 두고 있지 않은 외국회사에 대해서도 일본 공정위에 의한 서류 송달을 가능하게 하는 절차상의 준비를 위하여, 일본 민사소송법 제108조의 '외국에서의 송달'을 준용하는 규정을 추가(현 제70조의 17)함과 동시에, '외국에서의 송달'이 효력을 갖지 못하는 경우의 보충적 송달방법으로서 공시송달규정(현 제70

6) 「企業結合規制の手続き規定の在り方に関する報告書」(独占禁止法, 第4章 改正問題研究会, 1997년 7월), 15면.

7) 「独占禁止法研究会手続関係等部会報告書」(独占禁止法研究会 手続関係等部会, 2001년 8월), 13면.

조의 18 1항 2호·2항·4항, 구(舊) 제69조의 4)을 새롭게 도입하였다.[8)]

Ⅲ. 국제적 기업결합의 사전신고·심사제

1. 기업결합의 사전신고·심사제

기업결합은 카르텔과는 달리 법적 안정성의 관점에서 일단 성립된 후에는 원상태로 되돌리는 것이 곤란한 경우가 많다. 그러므로 독점규제법을 제정한 국가들 중 많은 수가 기업결합에 대하여 일정한 기준을 정하여 미리 집행당국에 사전신고를 할 것을 정하고, 그 후 일정한 기간 동안 집행당국이 심사를 하는 사전신고·심사제를 채택하고 있다. 사전신고의 기준은 당해 국내시장에 반경쟁효과를 야기할(일본독점금지법은 "일정한 거래분야에 있어서 경쟁을 실질적으로 제한하고 있다"라고 규정하고 있다) 가능성이 있는 기업결합을 심사의 대상으로 선별하기 위한 기준이며, 국제적 기업결합에 있어서도 이와 동일한 기준을 적용하게 된다.

2. 일본독점금지법의 기업결합 사전신고·심사제

일찍이 일본독점금지법은 기업결합 가운데서도 주식보유에 대해서는 사후신고(사후보고)제를 채택하고 있었으나, 2009년에 독점금지법이 개정됨에 따라 주식보유에 대해서도 합병 등 다른 형태의 기업결합과 동일하게 사전신고·심사제를 채택하기에 이르렀다. 또한 구(舊)독점금지법은 기업결합의 신고기준에 있어, 국내회사와 외국회사에 대해 서로 다른 기준을 정하고 있었다. 예를 들어 외국회사가 주식을 취득하는 회사인 경우에는 총자산합계액이, 그리고 외국회사가 주식을 발행하는 회사인 경우에는 당해 외국회사 및 자회사의 국내영업소 매출액이 기준이 되었는데,[9)] 두 가지

8) 이와 같은 송달규정의 정비는 국제적 기업결합에 한해서만 대응하는 것이 아니라 국제카르텔 등과 같이 독점금지법에 위반되는 외국에서 행해진 외국회사의 행위 전반에 대응하는 것이다. 그러나 이와 같은 송달규정에 의하지 않고 외국회사가 일본에 서류의 수령권을 부여한 대리인으로 변호사를 지정하여 서류송달문제를 해소하는 경우도 많다.

9) 당해 외국회사가 일본의 기업에 직접 상품을 판매하는 경우, 또는 일본의 영업거점이 손자회사인 경우 등에는 일본의 시장에 커다란 영향력을 갖고 있음에도 불구하고 신고기준을

경우 모두 일본시장에 있어서의 영향력을 반드시 적절하게 반영하고 있다고 보기 어려운 기준이었다. 그러나 2009년의 독점금지법 개정에서 외국회사가 주식취득회사인지 또는 주식발행회사인지 여부와 상관없이 국내회사와 마찬가지로 일본시장에서의 영향력을 적절하게 반영할 수 있는 국내매출액(당해 외국회사 및 그 자회사·손자회사 등을 포함함(제10조 6항)의 국내매출액(원칙적으로 일방 당사회사가 200억엔 이상이고 타방 당사회사가 50억엔 이상))을 신고기준으로 정하였다. 또한 외국회사가 합병하고자 하는 경우에 있어서도 구(舊)독점금지법은 당해 외국회사 및 직접적인 자회사의 국내영업소의 매출액이 기준이었으나, 2009년의 독점규제법 개정에 의하여 합병 당사회사가 외국회사라 하더라도 국내회사의 경우와 마찬가지로 합병 당사회사의 국내매출액 합계를 신고기준으로 정하고 있다.

기업결합의 해당 회사는 일본 공정위의 신고수리 후 30일(단축되는 경우도 있음)의 대기기간 중에 기업결합의 이행이 금지된다. 한편, 일본 공정위는 당해 30일간 또는 상세심사를 위한 추가보고 등이 요구되는 경우에는 신고수리일로부터 120일 또는 당해 보고 등을 전부 수리한 날로부터 90일 중에서 더 늦은 날까지의 기간 내에 배제조치를 명하기 위한 사전통지를 하여야 하고, 이 기간 내에 통지를 하지 않을 경우 당해 기업결합을 위법으로 보아 배제조치를 명할 수 없도록 하고 있다(제9항).

사전신고를 하지 않거나 허위로 기재한 신고서를 제출한 경우, 또는 대기기간 중에 기업결합을 이행한 경우에는 200만엔 이하의 벌금에 처해진다(제91조의 2 제3호와 제4호, 제95조 1항 3호 등). 또한, 일본 공정위의 행정조사를 거부·방해하는 등의 경우에는 1년 이하의 징역 또는 300만엔 이하의 벌금에 처해진다(제94조, 제95조 등). 일본 공정위가 기업결합을 위법으로 보는 경우 배제조치를 명해야 하며, 당해 명령을 위반한 경우에는 50만엔 이하의 과료에 처해지고(제97조), 당해 명령이 확정된 후에도 이를 따르지 않는 경우에는 2년 이하의 징역 또는 300만엔 이하(법인의 경우 3억엔 이하)의 벌금에 각각 처해진다(제90조 3호, 제95조 등).

그러나 일본독점금지법은 사전신고의 대상이 되지 않는 기업결합이라고 하더라도, "일정한 거래분야에 있어서의 경쟁을 실질적으로 제한하는 것이 되는" 경우에는 위법으로 간주될 수 있음을 인정하고 있다. 이러한 점은 미국독점금지법(클레이튼 법 제7조, 제7A조)과 동일하지만 EU 경쟁법의 합병규칙(EU Merger Regulation)과는 다르다.

충족시키지 못하는 경우가 있었다. 藤井宣明·稻態克紀, 「逐条解説 平成 21年(2009년)改正独占禁止法-課徵金制度の拡充と企業結合規制の見直し等の解説」(商事法務, 2009년), 107면.

EU 경쟁법의 합병규칙은 공동체 규모(Community dimension)라는 사전신고기준을 충족하는 기업에 한해 적용하고 있기 때문이다(제1조). 법적 안정성의 관점에서는 EU 경쟁법의 합병규칙과 같은 입장이 바람직할 수도 있다. 그러나 원칙상 200억엔 또는 50억엔의 국내매출액을 사전신고기준으로 하고 있기 때문에, 사전신고기준을 충족하지 못하는 기업의 결합이 위법이라고 지목될 수 있는 경우는 일반적으로 지방기업의 결합에 한정되므로, 사전신고기준을 충족하지 않는 국제적 기업결합으로서 "일정의 거래분야에 있어서의 경쟁을 실질적으로 제한"하는 것에 해당하여 위법으로 볼 수 있는 경우는 적을 것으로 생각된다.

또한, 일본독점금지법은 EU 경쟁법의 합병규칙(제3조, 주식·자산의 취득 또는 계약 이외의 방법으로 직접적 또는 간접적 지배(control)를 취득하여 결정적인 영향력 행사가능성(the possibility of exercising decisive influence)이 있는 것)과 같은 포괄적인 기업합병 개념을 두지 않고, 주식보유·합병·분할·사업인수 등 기업결합의 형태별로 각각의 규정(제10조, 제15 ~16조)을 정하고 있기 때문에, 실질적으로 기업결합에 해당하는 경우라 하더라도 이와 같은 형태에 해당되지 않는다면 기업결합으로 문제삼기는 어렵다. 실제로 후술하는 국제적 기업결합의 사안인 *BHP Biliton/Rio Tinto* 사건에서는 생산합작회사(joint venture)가 법인형태가 아닌 계약형태로 되었다는 점에서 이 문제가 발생하였다. 따라서 포괄적인 기업결합 개념의 도입 검토가 요구된다.[10)]

Ⅳ. 국제적 기업결합에 대한 독점금지법의 역외적용 사례

1. 최초의 역외적용 사례

외국회사간의 기업결합에 대하여 독점금지법의 역외적용을 인정하는 1998년의 독점금지법 개정 이후, 일본 공정위가 외국회사간의 기업결합에 대하여 독점금지법상의 검토를 실시하기 시작한 최초의 사례는 *Exxon/Mobil* 사건(1999년)이었다. 이 사건은 미국의 엑손과 모빌간의 기업결합에 관한 사전문의에 대해 일본 공정위가 독점금지법을 위반할 우려가 없을 것이라고 답변한 사례이다(일본 공정위 1999년 10월 18일).

이 사건에서는 두 회사의 기업결합에 의하여 일본에서는 엑손의 손자회사인

10) 白石忠志, "平成 22年度 企業結合事例集の検討,"「公正取引」, 제733호, 61, 64, 66, 69면.

Esso 석유와 모빌의 손자회사인 모빌석유 이외에도, 제너럴석유(General Petroleum)·키그나스석유(キグナス石油)·토넨(東燃)·극동석유공업(極東石油工業) 등과 같은 각 회사의 그룹회사가 결합되었다. 그 결과 당사 회사그룹의 석유제품 전체의 판매분야의 점유율은 약 20% 전후로서 2위에 해당하였지만, 일본 내 몇몇 현에서는 25%를 넘고, 30%를 넘는 지역도 있을 정도였다. 또한 당사 회사그룹의 아스팔트 판매분야의 점유율은 킨키(近畿) 지방과 오키나와(沖縄県)현에서 25%를 넘어 1위를 차지하고 있었다. 그러나 일본 공정위는 어느 쪽의 거래분야에 대해서도 그 밖의 유력한 경쟁자가 여럿 존재하고 있는 점 등을 들어, 이 사건의 결합이 경쟁을 실질적으로 제한하지는 않는다고 판단하였다.

2. 그 후의 역외적용 사례

그 후에도 외국회사간의 국제적 기업결합에 대한 역외적용 사례가 발생하였다. ① 의료기기에 관한 *Johnson & Johnson*(미국)/*Guidant*(미국) 사건(일본 공정위 2005년 주요기업결합사례: 사례9), ② *HDD*(하드디스크 드라이브)에 관한 *Seagate*(케이먼 제도)/*Maxtor*(미국) 사건(일본 공정위 2006년 주요기업결합사례: 사례9), ③ 의료기기에 관한 *Boston*(미국)/*Guidant*(미국) 사건(일본 공정위 2006년 주요기업결합사례: 사례10), ④ 철광석에 관한 *BHP Biliton/Rio Tinto* 사건 *I*(2008년) 및 *II*(일본 공정위 2010년 주요기업결합사례: 사례1), ⑤ 분석기기에 관한 *Agilent*(미국)/*Varian*(미국) 사건(일본 공정위 2010년 주요기업결합 사례: 사례7), ⑥ *HDD*와 관련하여 병행적으로 이루어진 *WDI*(케이먼 제도)/*Viviti*(싱가폴, 히다치의 100% 자회사) 사건과 *STI*(케이먼 제도)/삼성(한국) 사건(2011년 12월 28일) 등이 있다.

기업결합 규제에 있어서 [일정한 거래분야 = 시장의 획정]이 필요하지만, 국제적 기업결합에 해당하는지 여부와 별개로 시장획정의 방법이 달라지는 경우는 없다. 시장은 주로 상품의 범위와 지리적 범위에 의해 구성되지만, 그와 상관없이 기본적으로 수요자의 입장에서 그리고 보충적으로 공급자의 입장에서 본 대체성의 관점에 의해 획정되는 것으로서 그 중 지리적 범위는 국경을 초월하여 획정되는 경우도 있다. 기업결합가이드라인(일본 공정위 2004년 5월 31일, 최신개정 2011년 6월 14일)에 따르면, "특정 상품에 대하여 국내외의 수요자가 국내외의 공급자와 차별 없이 거래하고 있는 경우에는 일본 내의 가격이 인상되었다고 하더라도 일본의 수요자가 해외의 공급자로부터 해당 상품의 구입을 대체할 수 있기 때문에 일본 내의 가격인상이 방해받을 수 있으므로 이와 같은 경우에는 국경을 초월한 지리적 범위가 획정된다. 예를 들어, 국내외의 주요한 공급자가 전 세계(혹은 동아시아)에서 판매를 하고 있고, 수요자가 세계(혹은 동아시아) 각지의 공급자로부터 주요한 조달처를 선정하고 있는 경우에는 세계적 시장(혹은 동아시아 시장)이 획정된다."

그러나 국제적 기업결합은 국내적 기업결합과 비교하여 상대적으로 국경을 초월하여 시장의 지리적 범위가 획정되는 경우가 많다. 그러나 국제적 기업결합이라고 하더라도 일본국내가 시장의 지리적 범위로서 획정되는 경우가 있고, 국내적 기업결합이라고 하더라도 국경을 초월하여 시장의 지리적 범위가 획정되는 경우도 있다.[11] 상기의 국제적 기업결합 사례 가운데 국경을 초월하여 시장의 지리적 범위가 획정된 것은 '세계해상무역시장'으로 획정된 사건 ④와 세계 전체가 지리적 범위로서 획정된 사건 ⑥ 및 ②이며, 사건 ①·③ 및 ⑤의 사례는 어느 쪽이라도 시장의 지리적 범위가 일본 전역으로 획정되고 있다.

일본 공정위는 종전까지 기업결합에 대한 기업 측의 요청도 있었던 만큼 법률상의 사전신고 이전에 이용할 수 있는 비공식 사전상담제도를 마련하였고, 기업결합을 계획하는 기업은 사전상담 후 사전신고를 행하는 것이 일반적이었다. 국제적 기업결합에 있어서도 상기의 사건 ①, ②, ③ 및 ④ II는 사전상담을 거친 사례였으나, 사건 ⑤와 ⑥ 같이 사전상담을 거치지 않고 법에 따라 사전신고를 실시하는 사례도 있었다. 2011년 7월 1일 이후부터는 기업결합 심사의 신속성과 투명성을 높이자는 취지에서 비공식적인 사전상담제도는 폐지되었다.[12] 사전상담제도의 폐지가 국제표준이라는 주장도 있지만 EU 경쟁법의 합병규칙에 기초하여 심사를 행하는 EU집행위원회는 종전부터 일관적으로 상당히 장기간에 걸쳐 비공식적 사전상담을 제도화하고 있다. 사전상담제도에 따라 심사의 방향을 일찍부터 내다보는 것이 가능해지며, 문제해결을 위한 조치의 검토를 포함한 유연하면서도 적절한 대응을 가능케 하는 등의 장점도 크기 때문이다.[13]

---

11) 예를 들어, "'平成 21年度における主要な企業結合事例' について"(平成 22年 6月 2日, 事務総長 定例記者会見配付資料) 참조.
12) "企業結合審査の手続に関する対応方針について"(公取委, 平成 23年 6月 14日).
13) 파나소닉/산요전기의 사례에서는 EU집행위원회에서 사전신고 전에 7~8개월에 걸친 비공식의 사전상담이 실시되었다고 한다. 根岸哲, "'競争法'のグロバールスタンダード論に関する覚書,"「甲南法學」, 제51권 4호, 1, 11면.

3. 일본 공정위의 국제경쟁네트워크에 관한 기업결합심사의 협력을 위한 체제구축 제안

일본 공정위는 상기 사건 ① 또는 ⑥의 사례에서는 연방거래위원회 및 EU집행위원회, 사건 ⑤의 사례에서는 연방거래위원회, 호주 경쟁·소비자위원회 및 EU집행위원회 그리고 사건 ④의 사례에 관해서는 호주 경쟁·소비자위원회, EU집행위원회, 독일 카르텔청, 한국 공정거래위원회와 같은 시기에 병행적으로 심사를 실시하고 있었으므로 이들 기관 전부 또는 일부의 경쟁당국과 정보를 교환하면서 심사를 진행하였다.[14] 이 가운데 사건 ①과 ⑤의 사례에서는 연방거래위원회 및 EU집행위원회의 심사과정에서 지적된 경쟁제한의 우려를 해소하기 위하여, 해당 회사가 문제해결을 위한 조치로 특정 사업부문의 제3자 매각을 제의하여 그 매각의 합의가 이루어져 있었기 때문에 일본 공정위는 경쟁이 실질적으로 제한되지 않는다고 판단하고 있다.[15]

일본 공정위는 해외의 경쟁당국과 협력이 이루어진 최근의 기업결합 사례의 경험도 판단근거로 삼아 국제경쟁네트워크(International Competition Network, ICN)[16]에 기업결합심사에 관한 국제협력 체제구축을 제창하여, 'ICN을 위한 기업결합심사에 관한 국제협력체제'란 이름으로 종합하여 제안하였고, 이는 제11회 연차총회에서 승인되었다.[17]

---

14) 상기 사례 ④에서도 EU집행위원회를 포함한 복수의 경쟁당국이 병행적으로 심사를 진행한 것으로 보일 수 있으나, 그 정황이 반드시 명백하진 않다. 「日本経済新聞」, 2011년 12월 24일자 월간, EUROPEAN COMMISSION-PRESS RELEASE, Mergers: Commission opens in-depth investigations into two proposed acquisitions in the hard disk driver sector Reference: IP/11/660, Date: 30/03/2011.

15) 특히 상기 ⑤의 사례에 관해서는 荻野舞, "アジレント・テクノロジー・イソンクによるバリアント・インンクの株式取得について," 「公正取引」, 제719호, 64-65면.

16) ICN은 2001년 10월, 자발적으로(voluntarily) 각국 또는 각 지역의 경쟁법의 수렴·평준화를 시도하기 위해 일본·미국·유럽을 포함한 10개의 국가·지역으로부터 16개 기관에 의하여 설립되어, 2012년 4월 현재 참가당사국이 108개의 국가·지역의 123개 기관으로 증가하고 있다. 根岸哲, "競争法の収斂と多様性," 「日本国際經濟法学会年報」, 제21호(2012년, 近刊)에 게재 예정.

17) 公取委 HP 報道発表資料, "企業結合審査に係る国際協力枠組みの構築について"(2012년 4월 25일). 이 자료에 첨부된 '기업결합심사에 관한 국제협력 체제구축(개요)'에 의하면, 해외 경쟁당국과 협력을 실행한 최근의 기업결합 사례로서 상기 ④, ⑤의 사례와 더불어 2009년의 파나소닉/산요전기 사건을 들고 있다.

그 제안의 배경과 목적은 기업활동의 국제화와 더불어 국제적인 기업결합사안이 증가하고 있어 사안에 따라 경쟁당국간의 협력이 실시되기에 이르렀지만, 개별적인 국제적 기업결합사안에 관한 경쟁당국간의 실질적인 협력이 보다 체계적으로 실행될 필요가 있다는 점에서 국제적인 기업결합사안에 관한 신속하면서도 효율적인 심사촉진을 목적으로 하는 체제를 구축한다는 것이다. ICN은 설립 후 10년에 걸쳐 기업결합심사의 절차적 측면의 수렴이라는 성과를 거두었다고 스스로 평가를 하고 있고,[18] 일본 공정위의 제안은 이를 더욱 진전시키려는 것이다. 제안의 특징과 구체적 내용은 ① 기업결합심사를 실행하는 모든 ICN 가입 경쟁당국의 참가가 가능하지만, 참가하는 경쟁당국을 구속하지 않고 법적 구속력을 갖는 권리나 의무를 창출하지 않는다. ② 일본 공정위가 각 경쟁당국의 연락처 리스트의 작성·관리를 총괄하는 역할을 맡고, ③ 개별적인 정보교환은 각국의 법률이나 규칙, 중요한 이익과 양립하는 범위 내에서, 또한 합리적으로 이용가능한 정보의 범위 내에서 기업결합사안의 관련정보(비밀정보가 아닌 것 또는 공개를 허락 받은 비밀정보)를 교환하고, ④ 시행개시 후, 향후 ICN 기업결합작업반에서 보다 발전적인 방향의 설정을 검토하자는 취지이다.[19]

Ⅴ. *BHP Biliton/Rio Tinto* 사건 Ⅰ·Ⅱ의 문제제기

상기 사건 ④의 철광석에 관한 *BHP Biliton/Rio Tinto* 사건Ⅰ·Ⅱ는 독점규제법의 실효적인 역외적용 관점에 대한 몇 가지 중요한 문제를 제기하였다.[20]

사건Ⅰ은 BHP Biliton에 의한 Rio Tinto의 주식 공개매입 사례였으나, 당시 주식취득은 사전심사의 대상이 아니었고 이 사건 주식취득은 사후보고의 기준을 충족하고 있지 않은 부분도 있어서, 일본 공정위는 본 사례가 일본독점금지법 제10조 1항의 '일정의 거래분야에 있어서의 경쟁을 실질적으로 제한하는 것'에 해당하는 사례가

18) THE ICN'S VISION FOR ITS SECOND DECADE Presented at the annual conference of the ICN, the Hague, Netherlands, May 17-20 2011, pp.1-2.

19) 전게주 17, "企業結合審査に係る国際協力枠組みの構築について".

20) 川合弘造, "域外企業の企業結合に対する日本の独占禁止法の適用,"「NBL」, 제905호, 47면은 독점규제법의 실효적인 역외적용의 관점에서 특히 사건Ⅰ에서 제기된 문제를 상세하게 서술하고 있다.

될 가능성이 있는지 스스로 심사할 필요가 있었다. 일본의 제철소들은 이 기업결합이 철광석 등의 해상 비즈니스를 지배하는 CVRD, BHP Biliton, Rio Tinto의 3사 중 2사의 결합으로, 당해 2사 모두 호주에 광산을 소유하고 있고 일본의 제철소 등과 같은 철광석 수요자에게 커다란 가격상승의 위협이 될 수 있다고 하여 일본 공정위에 심사개시를 요청하였다. 일본 공정위는 2008년 말부터 이 사건 주식취득계획에 의한 해상무역에 의해 공급되는 철광석 및 코크스용 원료탄의 거래분야의 경쟁이 실질적으로 제한되었다는 의심이 있었기 때문에, 심사를 개시하여 BHP Biliton에게 본 계획의 내용에 대한 임의보고를 요청하였다. 그러나 BHP Biliton이 이에 응하지 않았던 까닭에 일본 공정위는 독점금지법 제47조 1항 1호에 근거한 보고명령을 발하였다. BHP Biliton은 일본에 사무소나 영업소를 가지고 있지 않았고, 또한 일본에 문서·서류의 수령권한을 부여한 대리인 변호사도 지정하지 않았기 때문에 보고명령서를 일본에서 송달할 수 없었다. 이에 따라 일본 공정위는 일본 민사소송법 제108조(외국에서의 송달)를 준용하는 독점금지법 제70조의 17에 기초하여 외무성을 통하여 호주정부의 동의를 얻어, 호주 국내에서의 영사송달을 시도하였다. 그러나 BHP Biliton은 이 수령도 거부함에 따라 일본 공정위는 독점금지법 제70조의 18을 근거로 일본 공정위의 공식게시판에 상기 보고명령서를 첨부하여 공시송달을 시행하였다. 외국회사에 대해 이와 같은 절차에 의해 송달이 이루어진 것은 처음이었다.

그 후, 다행히도 2008년 11월 27일에 이 사건 주식취득계획을 BHP Biliton이 철회한다는 뜻을 발표하였고,[21] 일본 공정위는 2008년 12월 2일 이 사건 심사를 중단하게 되었다. 그러나 만약 이 사건 주식취득계획을 BHP Biliton이 속행하였다면, 일본 공정위는 그 계획내용의 보고를 받을 수 있다는 보증도 없이 위반요건의 입증이 가능했을 것인지, 또한 만약 위반요건의 입증이 가능하였다고 할지라도 배제조치명령에 의한 이 사건 주식취득계획을 중지시키는 것이 가능하였을지 의문이 남는다. 보고명령에 따르지 않을 경우에는 1년 이하의 징역 또는 300만엔 이하의 벌금(제94조, 제95조)이 부과되며, 배제조치명령에 위반한 자는 50만엔 이하의 과료(제97조)에, 확정된 배제조치명령에 따르지 않을 경우에는 2년 이하의 징역 또는 300만엔 이하(법인에 따라서는

21) 公取委 HP 報道発表資料, "ビーエイチピ・ビリトン・リミテッドに対する独占禁止法の違反被疑事件の処理について"(公取委, 2008년 1월 3일). 사례 I 의 주식취득계획 철회이유는 분명하지 않지만, 川合, "전게논문"(각주 20), 51면은 EU집행위원회가 지적한 경쟁상의 우려를 해소하기에 충분한 문제해결조치를 취할 수 없다고 생각했기 때문이 아닌가라고 서술하고 있다.

3억엔 이하의)의 벌금이 각각 부과된다(제90조 3호, 제95조). 그러나 이와 같은 처벌 등을 신속하게 부과하여 그 실효성을 높이는 것은 어려웠을 것이다. 또한 문서·서류의 송달장소를 당사회사 자체의 사무소 또는 영업소로 한정하고 있지만, 많은 자회사·손자회사 등을 통하여 사업활동을 전개하는 글로벌기업의 현실에 비추어 볼 때 독점금지법의 적용대상을 엄격하게 법인격 단위로 이해하는 것도 독점금지법의 실효적인 역외적용을 곤란하게 하고 있으며, 이 사건에서도 이러한 점이 나타나고 있다. 이 점은 송달규정에 한정되지 않고 독점금지법의 실체적 규정·절차적 규정 전반에 적용되는 문제이다.

오늘날에는 주식취득도 사전신고의 대상이 되며, 또한 그 신고기준도 상기 사건의 당시와 다르기 때문에, 전술한 것과 같이 외국회사가 주식취득회사이거나 주식발행회사라고 하더라도 당해 외국회사 및 그 자회사(손자회사 포함)의 국내매출액(원칙적으로 일방 당사회사가 200억엔 이상, 타방 당사회사는 50억엔 이상)을 신고기준으로 하는 것으로 변경되었다.[22] 따라서 현재의 경우라면, 사례 I 은 사전신고기준을 충족하게 되어 사전신고를 해야 하기 때문에 일본 공정위의 심사가 곤란하게 되는 일이 없었을지도 모른다. 그러나 오늘날에는 사전신고의무 위반시 200만엔 이하의 벌금에 처해지지만(제91조의 2 제3호, 제95조), 사전신고의무를 실효적으로 확보하는 것이 어렵다는 점에는 차이가 없다.

사례 II 는 상기 두 회사가 사례 I 과는 형태가 다른 기업결합, 즉 철광석 생산합작회사를 계획한 사례이다. 일본 공정위는 사례 I 의 경우와는 달리 이 사건에서는 2010년 1월 20일에 당사회사의 사전상담신청을 받아 심사를 하였지만 같은 해 9월 27일에 이 사건 생산합작회사의 설립으로 인해 해상무역을 통하여 공급된 철광석의 괴석 및 분말광석의 생산·판매 사업의 경쟁이 실질적으로 제한될 우려가 있다는 문제점을

22) 川合弘造, "独禁法実務を志す若手法律家の法に 第6回·完 企業結合審査対応実務の今後に課題,"「公正取引」, 제729호, 69, 73면은 개정된 사전신고기준하에서도, 기업결합계획방식에 따라 최종적인 거래계획(scheme)이 동일하거나 유사한 것임에도 불구하고, 일방의 방법을 채택하면 사전신고가 필요하지만 타방의 방법을 채택하면 사전신고가 불필요해지는 경우가 있음을 지적하고 있다. 또한 川合弘造, 전게주 20, 52면에서는 수많은 외국기업이 사전신고의무가 없는 이상 규제도 미치지 않는다고 생각하여 신고대상과 규제대상을 일치시켜야 한다는 점을 지적한다. 그러나 미국의 클레이튼 법 제7조·제7A조도 일본독점금지법과 마찬가지로 사전신고의무의 대상이 되지 않는 기업결합까지도 위법이 될 가능성이 있다는 것을 인정하고 있다. 실제의 사례로 井上朗, "ハート·スコット·ロデイノ反トラスト改善法が適用されない企業結合に対する競争当局審査傾向及びその手法についての一考察,"「公正取引」, 제714호, 54, 57면 이하.

지적한 바, 같은 해 10월 18일에 두 회사가 이 사건 생산합작회사의 설립계획을 철회하는 뜻을 발표하여 이 사건의 사전상담에 따른 심사가 중단되었다.[23)]

본 사례의 생산 JV는 법인형태가 아닌 일종의 조합과 유사한 계약형태였기 때문에, 독점규제법의 기업결합의 규제대상에 해당하지 않아 사전신고대상도 아니었을 것이라는 의문의 여지가 있어, 당사회사가 '기업결합사안'으로 사전상담을 위한 신고를 행하였던 것이라고 추측된다.[24)] 그러나 일본 공정위는 본 사례의 관계법이 독점금지법 제10조라고 밝히고 있다.

일본독점금지법은 기업결합의 규제대상을 주식보유, 임원겸임, 합병, 분할, 공동주식이전, 사업인수 등의 형태로 한정하고 있다. 따라서 예로 들었던 기업결합의 형태에 속하지 않는 것을 '기업결합사안'으로 취급할 수 없으며, 부당한 거래제한으로만 검토·규제할 수 있을 것으로 보인다. 이러한 문제를 해소하기 위해서 EU 경쟁법의 합병규칙과 같은 '지배의 취득·이전'이라는 포괄적인 기업결합 개념의 도입을 검토하는 것이 필요할지도 모른다.[25)] 그러나 그러한 경우, '지배의 취득·이전'에 해당하지 않는 소수의 주식취득 등에 의하여 '일정한 거래분야에 있어서의 경쟁을 실질적으로 제한'하는 경우에 해당한다고 하더라도 기업결합의 대상으로부터 배제해야만 하는 상황이 될 수도 있다. 또한 특허권의 양도나 특허권의 독점적 라이센스의 양도 등도 기업결합의 규제대상이 되는 미국독점금지법(클레이튼법 제7조)을 어떻게 평가할 것인지의 문제를 검토하는 것도 필요하다.

Ⅵ. 결 론

기업활동의 급속한 세계화에 따라 국제적 기업결합의 급속한 증가는 필연적인 현상이 되어, 국제적 기업결합에 대해 일본독점금지법을 역외적용해야 할 장면이 증가되어 왔다. 일본독점금지법은 국제적 기업결합에 대응하는 법개정과 아울러 국

---

23) 公取委 HP 報道発表資料, "ビーエチピー·ビリトン· ピーエルシー及びビーエチピー·ビリトン·リミテッド並びにリオ·テイント·ピーエルシー及びリオ·テイント·リミテッドによる鉄鉱石の生産 JVの設立に関する事前相談の審査の中止について"(公取委, 2010년 10월 18일).

24) 川合弘造, 전게주, 22, 73-74면.

25) 川合弘造, 전게주, 22, 74면.

제적 기업결합에 대한 역외적용 사례를 차차 증가시켜 나가 이들을 통한 경험과 식견을 축적하고 있고 국제적 기업결합의 역외적용에 관해 ICN 내에서의 역할의 중요성 또한 높여가고 있다.

그러나 일본독점금지법의 국제적 기업결합에 대한 실효적인 역외적용은 아직까지는 발전단계에 있다. 역외적용이 국제적 기업결합에서 실효성을 확보하는 관점에서 보면, 일본 공정위에 의한 국제적 기업결합의 심사에 비협력적일 경우의 제재를 형사적 처벌 일색의 대처에서 보다 신속하게 발동가능한 행정상의 과태료를 도입할 필요는 없는지, 독점규제법의 엄격한 법인격 단위의 적용에서 글로벌기업 단위의 적용으로 이행해 갈 필요는 없는지, 또한 기업결합을 포괄적으로 이해할 수 있는 포괄적인 기업결합 개념을 도입할 필요는 없는지, 국제적 기업결합에 만전을 기하여 대응할 수 있는 사전신고기준을 개정할 필요는 없는지 등 많은 검토과제가 있다. 독점금지법만으로는 해결할 수 없는 과제도 있지만, 과제해결을 위한 독점금지법의 선도적 역할도 기대된다.

일본독점금지법의 실효적인 역외적용은 다른 국가 및 지역의 독점금지법의 역외적용과 마찰을 일으킬 우려도 있고, 또한 다른 국가 및 지역의 경쟁당국과의 제휴 없이는 실현불가능하다. 개별적인 사안별 제휴 및 조정, ICN·OECD 등의 국제기구, 미국·유럽·캐나다 등의 국가와의 독점금지협력협정이나 다른 많은 국가와의 경제제휴협정, 경쟁당국간 정기협의 등 다양한 채널의 활용이 기대된다.

제20장

국제카르텔과 역외적용

泉水 文雄 (센스이 후미오)

Ⅰ. 서론 – 전개와 과제

국제카르텔에 독점금지법을 적용하려는 시도는 늦어도 1909년 *American Banana* 사건[1]까지 거슬러 올라간다. 이 사건에서는 결과적으로 미국독점금지법(Antitrust Law)을 적용하지 않았지만 1945년 *Alcoa* 사건 판결[2]을 계기로 미국독점금지법의 국제집행이 적극적으로 실시되었다. 또한 '직접적이고 실질적이며 합리적으로 예견가능할 것(a direct, substantial, and reasonably foreseeable)'을 요건으로 하는 1982년 대외무역독점금지개선법(FTAIA)[3] 각주 159에서 미국소비자에게 경쟁제한효과가 미치는 것에만 기소 적용의 범위를 좁힌 1988년 가이드라인과 1992년 가이드라인을 개정하여 각주 159를 삭제하여 효과이론의 파급범위[4]가 정해졌고, *Timberlane* 사건

1) *American Banana Co. v. United Fruits Co.*, 213 U. S. 347 (1909).
2) *U. S. v. Aluminum Co. of America*, 148 F. 2d 416 (2d Cir. 1945).
3) Foreign Trade Antitrust Improvements Acts of 1982.
4) 여기에 대한 경위는 E. Elhauge & D. Geradin, *Global Competition Law and Economics* (2nd *ed.*, 2011), pp.1141-1145.

판결,[5] *Hartford* 화재보험회사 사건 판결에[6] 따라 국제예양의 범위가 정해졌다.[7] 또한 1992년 가이드라인처럼 미국소비자에 대한 영향을 요구하지 않고 효과대상에 '미국 내의 수출업자'를 추가하는 것을 두고 미국 내의 '경쟁' 대신 '경쟁자'를 보호하는 것이라는 비판이 있었지만,[8] *Timberlane* 사건 판결로 일정한 제한이 가해졌다고 해석된다.

EU는 1988년의 *Wood Pulp* 사건(EC 재판소 판결),[9] 기업결합에 관한 *Gencor* 사건(EC 1심 재판소 판결[10])을 통하여 객관적 속지주의를 취하는 것이 확립되었다.

일본도 국제카르텔에 대해서는 화합섬(化合繊) 국제카르텔 사건[11]에서 일본독점금지법 제6조를 적용하여 일본사업자인 제3자에게 권고심결을 내렸다. 그러나 21세기가 되기 전에는 카르텔 관련 경고 사건인 인조흑연전극(人造黑鉛電極) 국제카르텔 사건,[12] 비타민 국제카르텔 사건[13]만 발생했다.

국제카르텔에 일본독점금지법 적용이 활발하지 않은 몇 가지 이유가 지적되고 있다.[14] 첫째, 입법관할권에 대한 견해가 정립되어 있지 않다. 특히 외교당국이 취한다고 여겨지는 엄격한 속지주의의 극복문제이다(이하 입법관할권 문제). 둘째, 절차 특히

---

5) *Timberlane Lumber Co. v. Bank of America*, 549 F. 2d 597 (9th Cir. 1976).

6) Hartford Fire Ins. Co. v. California, 509 U. S. 764 (1993).

7) 또한 민사사건이긴 하나 *Empagran* 사건 연방대법원 판결에서는 미국에 직접효력과 관계없는 피해를 받은 해외주재 피해자가 미국독점금지법에 기인한 손해배상을 받지 않는 것이 논점이 되었으나 부정되었다. *F. Hoffmann-La Roche Ltd. v. Empagran S. A.*, 542 U. S. 155 (2004).

8) 1995년 가이드라인 제정시에도, 1992년 가이드라인의 각주 159 삭제를 계속 비판하고 1988년 지침의 계속을 요구하는 의견이 있었지만, '미국의 수출을 제한하는 효과가 있는 경우' 대인관할권이 있는 경우는 미국독점금지법 위반을 구성한다는 입장을 유지하였다(D. Wood. The 1995 Antitrust Enforcement Guidelines for International Operations: An Introduction Before the ABA Antitrust Section Spring Meeting Washington, D. C. 1995).

9) *A. Ahlströ Osakeyhitiö v. Commission (Wood Pulp)*, [1988] ECR. 5193.

10) *Gencor Ltd V. Commision* [1999] ECR. Ⅱ-753.

11) 일본 공정위, 권고심결 昭和47年(1972년) 12월 27일 심결집, 제19권, 124, 133, 136, 140면; 권고심결 昭和48年(1973년) 1월 12일 심결집, 제19권, 144면.

12) 일본 공정위, 경고 平成11年(1999년) 3월 18일 平成10년도 연차보고, 122면.

13) 일본 공정위, 경고 平成13年(2001년) 4월 5일 平成13년도 연차보고, 105면, 伊藤裕隆·安納正生, "ビタミンの製造販売業者に対する警告について,"「公正取引」, 제608호(2001년), 84면.

14) 일본 공정위 직원의 지적으로는 山田昭雄,「国際カルテルに対する規について」,『法学新報』, 제109권 11=12호(2003년), 147-149면. 그 외 栗田誠,「国際企業活動に対する競争法規制」,『日本国際經濟法学会年報』, 제4호(1995년) 35면; 東條吉純,「国境を越える競争制限·競争阻害の規制」,『法律時報』, 제71권 10호(1999년), 56면도 참조.

집행관할권에 대한 개념 및 관련규정이 미흡하다는 점이다. 구 권고, 배제조치명령, 과징금납부명령의 송달문제와 배제조치명령 등의 집행문제 등이 있다(이하 절차정비문제). 셋째, 배제조치의 제척기간이 1년으로 짧다(이하 제척기간의 문제). 넷째, 위반행위자의 범위 및 지리적 시장획정 등에 관해 논의가 계속되고 있다(이하 위반행위자, 시장획정 등의 문제). 다섯째, 심사의 어려움이다. 특히 국제카르텔의 단서를 잡는 것이 어렵고 외국소재 사업자로부터 증거를 수집하고 사정을 청취하는 것이 어렵다는 점이 지적된다(이하 심사의 문제).

1990년대부터 특히 2000년대 들어 이러한 문제는 해결되는 방향으로 나아가고 있다. 동시에 유럽, 캐나다 등의 경쟁법이 적극적으로 국제카르텔에 적용되었다. 그 과정에서 경쟁당국간의 국제협력문제와 추가적으로 고액으로 부과되는 과징금, 제재금, 형사처벌(이하 과징금 등)의 산정방법, 위법행위의 파악방법, 시장획정방법 등의 새로운 문제가 제기되었다. 본장에서는 이러한 새로운 문제를 대상으로 한다.

본장에서는 제II절에서 첫 번째에서 세 번째 및 다섯 번째 문제에 대응해가는 경위를 개관한 다음, 새로운 과제로 현재 주목받고 있는 네 번째 문제를 제III절 이하에서 검토 한다.

Ⅱ. 견해와 규정의 정비

1. 입법관할권 문제

2000년대 중반까지는 ① 입법관할권과 ② 집행관할권 문제, 즉 국내경쟁법을 역외적용할 수 있는지의 문제가 주된 논점이었다. ①에 대해서는 효과주의와 객관적 속지주의의 채택 여부 등이 논점이었고 ②에 대해서는 송달 등에 관한 법률정비가 논점이었다.

일본 공정위에서 이 문제를 본격적으로 검토한 것은 1990년 일본 공정위의 「독점금지법 섭외문제연구회 보고서」(이하 보고서)[15]이다. 이 보고서는 역외적용이 가능하다는 것을 보여주었다. 즉 보고서는 속지주의와 효과주의를 검토한 후 ① 외국기업

15) 일본공정거래위원회 사무국편, 『ダンピング規制と競爭政策, 独占禁止法の域外適用 ― 独占禁止法涉外問題研究会報告書』(大蔵省印刷局, 1990년), 51면 이하 수록.

이 일본 내에 물품을 수출하는 등의 활동을 실시하고 그 활동이 일본독점금지법 위반을 구성할 만한 행위에 해당하면 규제의 대상이 되고 ② 외국기업의 지점이나 자회사가 일본 내에 소재하는 것이 필요조건이 아니며 ③ 일본독점금지법 위반을 구성하는 충분한 사실이 있으면 외국소재기업도 일본독점금지법 규제의 대상이 된다고 했다. 절차에 관해서는 외국소재기업에 직접 송달하는 문서송달규정의 정비 또는 송달이 가능한 범위를 확대하는 법률해석이 필요하다고 하였다.[16)]

이후 국제카르텔에 대한 위 2건의 경고사건이 나오고 그 후 2건의 국제카르텔 사건, 그리고 사적독점, 불공정한 거래방법에 대해서도 역외적용한 사건이 나왔다. 1998년의 *Nordion* 사건,[17)] 2000년의 기계보험료 카르텔 사건,[18)] 2008년 *Microsoft* 비계쟁조항 사건,[19)] *Marine Hose* 국제카르텔 사건,[20)] 2009년 *QualComm* 사건,[21)] 특정브라운관 국제카르텔 사건[22)]이 있고, 외국사업자에 대해 배제조치명령뿐만 아니라 과징금납부명령을 내리는 사례도 나오고 있다(기계보험연맹요율 카르텔 사건, 특정브라운관 국제카르텔 사건). 이 배제조치명령 등은 입법관할권에 대해 어떤 입장을 취하는지 명시하고 있지 않지만 계약체결지와 계약교섭지를 포함하여 일본 내에서 활동이 이루어진 사실이 기록되지 않은 사안이 있어 엄격한 속지주의(행위지주의)로 설명하지 못하고 효과이론이나 객관적 속지주의 중 하나로 설명할 수 있다.

2. 집행절차의 정비문제

2002년 법률개정으로 집행절차가 정비되었다. 즉 2002년 일본독점금지법 개정은 송달해야 할 서류에 관한 제70조의 16을 두었고, 일본민사소송법 제108조에서 말하는 '외국에서의 송달(외국송달)' 규정을 준용하는 등(제70조의 17) 공시송달 규정을

16) 국제법에 따른 검토로 小寺彰, "独禁法の域外適用·域外執行をめぐる最近の動向,"「ジュリスト」, 제1254호(2003년), 64면.

17) 일본 공정위, 권고심결 平成10年(1998년) 9월 3일 심결집, 제45권, 148면.

18) 과징금심결 平成12年(2000년) 6월 2일 심결집, 제47권, 141면.

19) 일본 공정위, 심판심결 平成20年(2008년) 9월 16일 심결집, 제55권, 380면.

20) 일본 공정위, 배제조치명령·과징금납부명령 平成20年(2008년) 2월 20일 심결집, 제54권, 512, 623면.

21) 일본 공정위, 배제조치명령 平成21年(2009년) 9월 28일 심결집, 56-52권, 65면.

22) 일본 공정위, 배제조치명령·과징금납부명령 平成21年(2009년) 10월 7일 심결집, 56-52권, 71면, 173면.

신설했다(제70조의 18).[23] 다만 외국송달을 위한 구체적인 법률정비가 없기 때문에[24] 대리송달이 많이 이용되는 것 같지만 공시송달도 이용되고 있다. 예를 들어 *Marine Hose* 국제카르텔 사건은 일본에 소재하는 대리인에게 대리송달이 이루어졌고[25] 특정 브라운관 국제카르텔 사건은 일본소재 대리인이 선임되지 않거나 해임되었기 때문에 배제조치명령 등의 공시송달이 이루어졌다.[26]

기업결합에서 제4장은 '국내회사'의 합병 및 주식취득 등에 한정되어 있었지만, 1999년 일본독점금지법 개정에 따라 '국내'라는 제한이 없어져 외국회사간 기업결합도 규제대상이 되도록 하였다. *Johnson & Johnson/Guidant* 사건,[27] *Seagate Technology/Maxtor Corporation* 사건,[28] *Boston Scientific Corporation/Guidant Corperation* 사건,[29] 호주의 철광석 생산자간의 합병계획[30]·업무제휴계획에[31] 관한 *BHP Billiton/Rio Tinto* 사건이 있다. *BHP Billiton/Rio Tinto* 사건의 합병계획은 행정조사에 관한 것이긴 하지만 공시송달이 이루어지고 있다.[32]

3. 제척기간의 문제

일본독점금지법 제정 이후 제척기간은 위반행위 종료 후 1년이라는 단기로 되어 있었지만, 2005년 개정에 따라 3년으로 연장되었고 2009년 개정으로 5년으로 연장되어 심사기간이 확대되었다.

---

23) 입안담당자 해설로 菅久修一·小林渉, 「平成14年改正独占禁止法の解説」(商事法務, 2002년), 34-50면.

24) 상게서, 42-43면.

25) "座談会," 「公正取引692号」(2008년), 6면(山田務 발언).

26) 公取委, "テレビ用ブラウン管の製造販売業者らに対する排除措置命令及び課徴金納付命令について(追加分)," 平成 22年 3月 29日의 "経緯," 2면 참조.

27) 「平成17年度における主要な企業結合事例」, 사례 9.

28) 「平成18年度における主要な企業結合事例」, 사례 9.

29) 「平成18年度における主要な企業結合事例」, 사례 10.

30) "ピーエイチピー·ビリトン·リミテッドらに対する独占禁止法違反被疑事件の処理について"(平成 20年 12月 3日).

31) 「平成22年度における主要な企業結合事例」, 사례 1.

32) 公取委事務総長会見記録(平成 20年 9月 24日), http://www.jftc.go.jp/teirei/h20/kaikenkiroku080924.html.

4. 심사의 문제

심사에 관해 2005년 개정에 의해 리니언시(leniency, 담합 자진신고자 감면제도), 즉 과징금 감면제도가 도입되었고, 2009년 개정에 따라 감면신청권자가 최대 3명에서 최대 5명으로 증가하는 등 제도의 이용가능성이 확대되었다. 따라서 외국소재 사업자로부터 리니언시의 이용과 그에 따른 심사협력도 이루어지게 되었다.[33] 또한 양자간 협정이[34] 체결될 때 적극예양규정이 들어옴에 따라 국제집행협력이 쉬워졌다. EPA(Economic Partnership Agreement, 경제제휴협정)에도 경쟁분야에서의 협력이 규정되어 있다.

본장에서는 국제카르텔의 입법관할권, 집행절차에 관한 논점이나 규정은 일단 정비가 된 것을 전제로[35] 새롭게 드러난 문제에 관해 *Marine Hose* 국제카르텔 사건과 특정브라운관 국제카르텔 사건을 중심으로 살펴본다.

한편 입법관할권에 관한 논점으로 수요자의 소재국의 경쟁에 악영향이 있는 경우에만 일본독점금지법이 적용된다는 견해가 1996년 시라이시 타다시(白石忠志) 교수에 의해 발표되었다.[36] 이에 대한 비판적 견해가 있지만,[37] 이 견해는 수출카르텔 등의 예를 차용하고 있다. 그러나 수출카르텔에 국내독점금지법이 적용된다고 보면 업체간의 수출카르텔에 의해 그 수요자인 국내상사 등의 구입가격이 높아지는 등 국내수요자에게 경쟁의 영향이 있는 경우로 해석되어[38] 논의가 맞물려 있지 않은

---

33) 예를 들어, 과징금 감면제도의 도입 이전 비타민 국제카르텔 사건 경고에 대해 伊藤裕隆·安納正生, "전게논문"(각주 13), 87면은 유럽 제조 본사로부터 협력을 얻을 수 없었다면 방안을 강구했는지를 검토하여야 한다고 한다.

34) 反競争的行為に係る協力に関する日本国政府とアメリカ合衆國政府との間の協定(1999년), 反競争的行為に係る協力に関する日本国政府と欧州共同体との間の協定(2003년), 反競争的行為に係る協力に関する日本国政府とカナダ政府との間の協定(2005년).

35) 국제집행에는 여전히 많은 과제가 있는데 구체적인 지적으로는 河合弘造, "独占禁止法の海外企業·外国人への執行の課題," 西村利郎先生追悼論文集, 「グローバリゼーションの中の日本法」(2008년), 461면. 역외적용 사례 전체에 대해 星正彦, "独占禁止法の域外適用"(一橋大学機関リポジトリ, 2011년).

36) 白石忠志, "自国の独禁法に違反する国際事件の範囲 (上)(下)," 「ジュリスト」, 제1102호(1996년), 68면; 제1103호(1996년), 116면.

37) 山田, "전게논문"(각주14), 166면, 각주 21; 平林英勝, "最近の国際的な企業結合·カルテル事件の検討," 「判例タイムズ」, 제1239호(2007년), 82면.

38) 여기서 논의된 '수출거래분야'의 경쟁제한에 대한 일본 공정위의 견해는 변화하고 있다. "国際的技術導入契約に関する認定基準"(昭和 43年)은 특허제품, 실용신안제품의 수출지역 제한, 수출가격, 수출수량 등의 제한을 불공정한 거래방법에 해당할 우려가 있는 행위라며

것으로 보인다.39) 적어도 수요자의 소재국에 경쟁에 악영향이 없는 경우 일본독점금지법이 적용되지 않는다는 것에는 현재 이의가 없어 보인다. 그러나 ① 수요자의 소재국이 복수국인 경우 ② 수요자의 소재국을 관념할 수 없는 경우에 대해서는 과제로 남아있다. 최근의 움직임은 이러한 과제에 관한 것이다. 이에 대하여 저자 나름대로 정리하자면, 일정한 거래분야는 수요자가 소재하는 국가에 한정되는지, 즉 초국경적 시장획정을 할 수 있는지, 외국에서 외국소재 사업자간 가격카르텔이 이루어지고 전전 유통 또는 그것을 부품으로 사용한 완제품이 자국에 수입되어 자국수요자에게 경쟁의 악영향을 미치는 경우에도 일본독점금지법이 적용되는가이다. 이하에서는 이에 관하여 살펴본다.

수출지역제한에 관하여 실시권자가 ① 특허권 등을 등록한 지역, ② 경상적인 판매활동을 실시하고 있는 지역, ③ 제3자의 독점판매지역으로 인정하는 지역을 예외로 한다(1(1)). 입안담당자 해설은 미국과 달리 '시장에 미치는 영향은 고려대상이 되지 않는다'고 한다. 즉 분명히 국내경쟁에 영향이 없는 행위를 원칙으로 불공정한 거래방법의 우려가 있다고 하였다. 이것은 불공정한 거래방법에 '해당 사항을 내용으로 하는' 국제협정 또는 국제계약을 체결하는 것을 금지하는 제6조의 문언을 의식한 것일지도 모른다(川井克倭, 「国際的要約と独占禁止法」, 国際商事法研究所 昭和 53년, 80-81면). "特許·ノウハウライセンス契約における不公正な取引方法の規制に関する運用基準"(平成 2年)도 이러한 입장을 계승하고 있지만 '수출거래시장의 경쟁을 감소시키는 경우에 문제가 된다'고 설명을 추가하고 있다(제1의 2(7)(8), 上杉秋則 編著, 「Q&A特許·ノウハウライセンス契約ガイドライン」, 商事法務研究会 平成 1年 168면). 그러나 上杉 編著, 상게서, 172면은 '자국시장에 미치는 영향이 다르다'고 부연하고 있다. 반면, 白石, "전게논문"(각주 36), 73면, 각주 14는 '자국시장'이 의미하는 바가 무엇인지를 명확히 할 필요가 있다고 비판한다. 덧붙여 根岸哲 外編, 「技術取引契約の実務」, 商事法務研究会 平成2年, 295-299면(根岸 발언, 上杉 발언) 참조. 이러한 비판을 받아들여 "特許·ノウハウライセンス契約に関する独占禁止法上の指針"(平成11年)은 수출할 수 있는 지역, 수출가격, 수출할 수 있는 수량제한에 대해 '해당 제한에 의한 일본시장 경쟁질서에 미치는 영향에 따라 개별적으로 공정경쟁 저해가능성이 판단된다. 이 경우 제한을 받는 수출지역에서' 라이센서(licensor)가 ①에서 ③에 해당하는지 '등의 사정도 고려된다'고 하면서(제4의 5(1)ウ(エ)), 일본 시장경쟁질서에 대한 영향을 요구하고 있다(山水康孝, 「Q&A特許ライセンスと独占禁止法」, 별책 NBL, 제59호, 商事法務研究会 平成 12年, 285-290면에서는 라이센시(licensee)가 일본사업자인 경우 외국 수출제한은 이루어지지 않았고 그 외의 일본에 대한 수출제한만을 문제로 국내경쟁 감소 이외에는 라이센시의 수출거래시장의 경쟁저해만을 문제 삼는 것이라고 생각할 수 있다). 지적재산의 이용에 관한 일본독점금지법상의 지침(2007년)에서는 원칙적으로 불공정한 거래방법에 해당하지 않는다고 규정되어 국내시장의 경쟁에 영향을 미치는 경우에는 문제가 되는 것으로 규정되었다(제4의3(3)).

39) 白石, "Empagran判決と日本独禁法," 「NBL」, 제796호(2004년), 47면 각주 11 참조.

Ⅲ. *Marine Hose* 국제카르텔 사건이 제기하는 문제

1. *Marine Hose* 국제카르텔 사건

이 사건은 자국시장(사용지)은 자국기업이 독점한다는 자국시장독점원칙(Home Market Rule)을 기본으로 하는 국제카르텔(국제시장분할카르텔) 사건이다. 8개사는 1999년 12월 10일 이후 특정 Marine Hose*)에 대해 ① (i) 일본, 영국, 프랑스 및 이탈리아 4개국(이하 '본점소재국')을 특정 Marine Hose의 사용지로 하는 경우에는 사용지가 되는 국가에 본점을 둔 자를 수주예정자로 하고 복수사업자가 여기에 해당하는 경우에는 당해 복수사업자 중 한 회사를 수주예정자로 한다. (ii) 그 외의 경우에는 미리 각 회사가 수주할 특정 Marine Hose의 비율을 정하고, 해당 비율 등을 감안하여 카르텔 컨설턴트(coordinator)가 선정하는 회사를 수주예정자로 한다. ② 수주할 가격은 수주예정자가 정하고 수주예정자 외의 자는 수주예정자가 정한 가격으로 수주할 수 있도록 협력한다는 취지의 합의하에 수주예정자를 결정해 수주예정자가 수주할 수 있도록 함으로써 공공이익에 반하고, 특정 Marine Hose 중 일본에 소재하는 Marine Hose의 수요자가 발주하는 거래분야에서 경쟁을 실질적으로 제한하였다.

위반행위 인정에 관한 이 사건의 특징은 '특정 Marine Hose'를 Marine Hose 제조판매업자 중에서 복수의 판매업자에 대해 견적가격제시를 요구하는 방법으로 발주되는 Marine Hose로 한 후 일정한 거래분야를 '특정 Marine Hose 중 일본에 소재하는 Marine Hose의 수요자가 주문하는 거래분야'라고 함에 따라 첫째, 상품시장에서 '1사 견적·1사 발주' 안건을 배제한 것과 둘째, '일본에 소재하는 Marine Hose의 수요자가 발주하는 것'으로 국제카르텔임에도 불구하고 일본에 소재하는 수요자들에 한정하여 시장을 획정한 특징이 있다.

과징금은 Bridgestone사에 238만엔이 부과되었다. 나머지 일본사업자 요코하마고무(横浜ゴム)는 리니언시(leniency, 자진신고자 감면제)에 의해 과징금납부명령과 배제조치명령을 면해 Bridgestone사도 과징금을 30% 감액받았다.[40] 배제조치명령은

---

*) 역자주: Marine Hose(해상 석유운반 특수 고무호스)란 원유나 석유제품을 유조선과 비축시설 사이에 운반하기 위해 사용되는 특수한 형태의 고무호스이다.

40) http://www.jftc.go.jp/dk/genmen/itiran20.html#k080222

Bridgestone사와 외국 4개사 등 5개사에 내려졌지만 일정한 거래분야가 제한되었기 때문에 제7조의 2 1항에 따른 과징금 산정대상이 되는 매출액은 일본의 수요자를 위한 매출액만 산정되었다고 생각한다. 이러한 점은 후술하는 EU와 상당한 차이가 있다.

입법관할권에 대해서는 어떨까. "위반행위지에 관하여(違反行為地について)"라는 제목의 담당관의 해설[41]을 보면 카르텔 컨설턴트를 통해 일본사업자 및 기타 위반행위자에 대해 연락을 하고 있었고, 위반행위자는 일본에 소재하는 수요자에 대해 견적가격을 제시하는 등으로 수주예정자가 수주할 수 있었다고 추정한다. 일본수요자와 견적을 합의함으로써 '합의에 기초한 행위가 국내에서 이루어지고 있다'고 판단하여 입법관할권이 미친다고 하는 취지로도 파악할 수 있다.[42] 그러나 많은 평석이 지적한 대로 효과주의와 객관적 속지주의 어떤 것으로도 설명할 수 있으므로 이 사건 카르텔의 실태도 그러할 것이다. 이는 후술하는 특정브라운관 국제카르텔 사건과도 통한다. 그러나 만일 심사관이 견적합의를 일본에서 한 사실이 이 사건에 일본독점금지법이 적용되기 위한 필수요소라고 생각하였다면, 효과이론을 채택할 경우는 견적에 의하지 않는 거래도 이 사건 위반행위 대상이 되어 과징금액이 증액될 가능성이 있다.[43][44] 정보가 부족해 추측할 수밖에 없지만 입법관할권에 대한 일본 공정위의 입장이 명확하지 않기에 법률구성 및 과징금액이 변경될 가능성이 있다.

시장획정에 관한 담당관해설은 '일본독점금지법의 보호법익이 일본의 공정하고 자유로운 경쟁의 촉진 등에 있다고 생각하는 것 외에 외국 경쟁당국에서도 Marine Hose 제조판매업자들에 대한 심사를 하고 있는지 등을 고려한 것으로 생각된다'고 한다.[45]

---

41) 大川進·平山賢太郎, 「公正取引」, 제693호(2008년), 71면.

42) 「前掲座談会」(각주 25), 6면(山田務 발언) (「合意に基づく行為が国内行われている」).

43) 河合, 「전게논문」(각주 35), 468면은 견적합의 방법은 주일미군만으로 일반사업자는 채용하지 않는다는 것을 지적하고(또한 이에 따라 과징금액이 낮아지고 있음을 시사하는) 이러한 제한에 의문이 있다며 '일본에 소재하는 Marine Hose의 수요자가 발주하는' 시장획정이 일으키는 문제에 날카로운 지적을 하고 있다.

44) 한편 1사 견적·1사 발주 안건을 제외하는 것은 복수제조사의 경쟁을 생각할 수 없다는 견해에 따랐을 가능성이 있다. 그러나 수요자에게 어느 정도의 독자적인 수단을 요구하고 있었는지에 따라 다르지만, 일반적으로는 이 경우에도 경쟁은 제한되어 있다고 생각한다. 또한 전주(前住)와의 관계에서는 '사용지'가 외국거래를 포함하는 것으로 생각하며 이 사건 카르텔이 사용지를 기준으로 하는 카르텔에 있어서는(Ⅲ 1 (1)) 과징금이 역으로 더 적어질 가능성이 있다.

45) 大川·平山, "전게논문"(각주 41), 71, 69면; 川島, "国際市場分割と入札談合の"一定の取引分野,"" 「ジュリスト」, 제1376호, 282면은 앞의 이유는 자국소재수요자설과 일치하지만, 뒤의 이유는 '해외에서 병행심사가 없으면 다른 나라에 소재하는 수요자도 포함하여 관련 시장을 획정할 것인가라는 의문을 야기한다'고 지적하였다.

2. 시장분할카르텔과 과징금 – 미국과 유럽의 경우

EU집행위원회는 Bridgestone사를 포함한 5개 기업그룹에 총 1억 3,151만 유로의 제재금을 부과했다. 요코하마 고무는 여기서도 리니언시에 따라 과징금을 면제받았다. Bridgestone사와 Parker ITR사는 카르텔을 주도했기 때문에 제재금이 30% 증액되었다.[46] 이 사건을 통해 시장분할카르텔에 대한 EU집행위원회의 제재금 산정방법을 확인해 보도록 하겠다.

'제재금 산정방법에 관한 가이드라인'은 다음과 같이 서술하고 있다.[47] 제1단계에서 기준액(basic amount)을 결정하고 제2단계에서 그것을 증감한다(paras. 9-10). 그 기준액은 당해 위반행위가 EEA(European Economic Area)의 관련 지리적 시장에 직접 또는 간접적으로 관련된 상품용역 해당 사업자의 매출액에 의한다(para. 13). '그러나 위반행위의 지리적 범위가 EEA을 초과하는 경우(예를 들어 세계규모 카르텔) EEA 내 해당 사업자의 매출액은 위반행위에 대한 각 사업자의 기여도(weight)를 적절히 반영하지 않을지도 모른다. 세계규모 시장분할카르텔의 경우 특히 그러하다. 이러한 상황에서 EEA 내 매출액 전체와 각 사업자 위반행위의 상대적인 기여도를 반영하기 위해 위원회는 먼저 관련 지리적 시장의 위반행위에 대한 상품용역의 매출총액을 계산한 다음 해당 시장에 위반행위 당사자의 시장점유율을 결정하고 마지막으로 위반행위에서 EEA의 매출총액에 그 시장점유율을 적용시킬 수 있다. 이 계산결과는 제재금 기준액을 계산하기 위한 매출액으로 여겨진다(para. 18).'

우선 2007년의 *Gas Insulated Switchgear* 사건에 관한 EU집행위원회 결정 및 EU 일반재판소(General Court) 판결을 살펴보자.[48] 이 사건은 시장분할카르텔이며 유럽을 자기의 시장으로 하지 않았기 때문에 EU와 EEA에 매출액이 없는 일본의 사업자에게도 제재금이 부과되었다. 이 결정에 따르면 그 기준액 계산방법은 세계매출액으로 시장점유율을 계산하고 그것을 EEA의 매출액에 곱하여 EEA의 카르텔 기여도

46) EU집행위원회 2009년 1월 28일 보도자료.

47) Guidelines on the method of setting fines imposed pursuant to Article 23(2)(a) of Regulation No. 1/2003, OJ C 210/02, 1. 9. 2006. 이 지침과 Marine Hose 국제카르텔 사건 결정에 대해서는 伊永大輔, "国際市場分割カルテルにおける課徴金の算定について,"「修道法学」, 제34권1호(2011년), 115면.

48) Commision Decision of 24. 1. 2007, Case COMP/38899-Gas Insulated Switchgear; Case T-112/07 Hitachi and others v. Commision [2011] 5 CMLR 19등 4건. 이 판결에 관해 井上朗,「公正取引」, 제753호(2012년), 71면; 伊永大輔,「公正取引」, 제737호(2012년), 9면.

에 따라 제재금 기초액을 계산하고 있다. 이는 세계규모 카르텔이라는 성격에서 전 세계 매출액이 위반사업자의 EEA 내 사업자에게 가져온 중대한 손해에 기여한 정도를 가장 적절히 설명한다. 이 사건은 세계규모 시장분할카르텔이며 카르텔 당사자의 전 세계 매출액이 카르텔에의 기여한 정도를 나타내기 때문에 일본의 사업자가 유럽에서 경쟁하지 않는다는 공통이해가 존재한 것으로부터 EEA에서의 매출액만 반영하는 것은 일본 카르텔참가자의 역할을 과소평가하게 될 것이라고 한다(결정 para. 481). EU 일반재판소 판결은 평등원칙 위반을 이유로 일본기업에 대한 결정 일부를 파기했지만 위 부분은 유지하였다.

Marine Hose 국제카르텔 사건의 결정도 같은 방법으로 이루어졌다.[49)] Bridgestone사는 일본 국내는 이 사건 카르텔 대상 외이며 일본에서의 매출액이 포함되어서는 안된다고 주장하였지만 배척되었다. 즉 이 사건에서는 제재금의 산정방법에 관한 지침의 위 부분에 따라 각 사업자의 세계시장 시장점유율을 EEA 내의 전체 매출액에 대입하여 계산한다(para.429). 또한 Bridgestone사는 일본이 협정대상이 아닌 증거를 제출하지 않았다고 한다(para.431). 이 카르텔의 세계적인 성격으로부터 세계 전체 매출액이 EEA 내에서 사업을 하고 있는 사업자에게 중요한 손해를 가져올 가능성이 있음을 가장 적절히 알 수 있다. 이러한 접근법은 카르텔의 목적이 세계시장의 분할이라는 사실에 의해 설명된다. 따라서 각 위반행위자의 세계매출액이 카르텔 전체의 유효성 기여도를 보여주고 반대로 말하면 그 사업자가 참여하지 않았으면 카르텔이 받았을 불안정성의 정도를 나타내고 있다(para.432). 이렇게 위반행위를 한 3년간 각각의 세계매출액 및 EEA 시장매출액을 계산하고 EEA 내 모든 매출액에 각각의 시장점유율을 곱하여 기준액을 계산하였다(paras.434-436).[50)]

미국의 경우 셔먼법 제2조 위반으로 인한 법정벌금액 상한은 위반행위로 얻은 이익 또는 초래한 손해의 2배로 되어 있다. 2010년 양형가이드라인(2010 Federal Sentencing Guidelines Manual)이 양형방법을 규정하고 있다.[51)] 법인에 대한 벌금액 산정은 ① 기초벌금액(base fine)의 결정 ② 책임점수(culpability score)에 의한 벌금액

49) Commission Decision of 28. 1. 2009, Case COMP/39406-Marine Hoses.

50) 또한 川合, "전게논문"(각주 35), 467면, 각주 22, 484면은 실무자간에는 실제로 세계시장 매출액이 기준으로 되었다고 하는 사람이 많다고 한다.

51) 2010 Federal Sentencing Guidelines Manual, http://www.ussc.gov/Guidelines/2010_guidelines/index.cfm 泉水, "米国反トラスト法における課徴金減免制度,"「公正取引」, 제629호(2003년), 33면.

의 상·하한 산출 ③ 산출벌금액 조정과 구체적인 벌금액 결정으로 이루어진다. 이 중 기초벌금액 결정에서 평균피해액은 받은 위반행위에 의해 영향을 받은 거래액의 20%로 추정된다. 이 영향을 받은 거래액은 미국 내 거래뿐이다. 다만 국외거래를 더하는 경우가 있고, 과거 1건만 세계시장을 포함하는 것이 있었으나 그것은 프랑스 회사의 미국 내 점유율이 1%이며 공모역할이 과소평가된 사례이다. 또한 국제시장분할카르텔은 미국에서 판매금액이 제로가 될 수 있으며 이 경우 양형지침상의 악화요인으로 고려된다.[52] 이처럼 미국에서도 국내매출액을 기본으로 하면서 시장분할카르텔 등 국내매출액이 과소평가되는 경우에는 조정을 하고 있다.

3. 시장분할카르텔의 검토

앞의 설명을 발전시킨 이른바 자국소재수요자설은 국제카르텔에서도 지리적 시장을 국내시장에 한정(절단)하여 국내소재의 수요자를 위한 매출액만 과징금으로 한다.[53] 이에 대해 국내수요자를 포함하되 더 넓은 해외수요자를 포함한 시장획정을 할 수 있는지, 국경을 넘는 시장획정을 할 수 없는지가 논점으로 존재한다.

시장획정에서 국경을 넘는 시장획정을 하지 않고 일본사업자로 제한한 거래에 한정해 시장획정을 한다고 해도 행위가 일본독점금지법 위반 여부에 직접 영향을 미치는 것은 없다. 기업결합가이드라인이 2007년 개정에서 집행방침을 변경하고, 보호법익의 관점에서 일본시장을 넘지 않는 것을 원칙으로 하고 있던 것에 대해 국경을 넘는 시장획정을 실시하게 하였을 때, '수입'이라는 고려요소가 수입에서 시장획정으로 일부 이동했지만 이를 통해 기업결합규제의 범위가 달라진 것이 없는 것과 마찬가지이다.[54] 또한 집행에 관해서도 자국소재수요자설은 국외공급자에게 배제조치명령·형사벌을 부과할 수 있다고 한다.[55] 따라서 ① 위반행위대상자 ② 위반행위의 인정 ③ 배제조치명령·형사벌 등의 과징금을 제외한 집행에는 실질적인 위반이 없다

52) 司法省におけるヒアリング調査 (2002년)에 따른다(泉水, "전게논문"(각주 51), 41면 각주 8).

53) 白石忠志, 「独占禁止法」(第2版)(2010년), 408, 412면; 동 「独禁法の勘所」(第2版)(2010년), 318면; 동 "전게논문"(각주 39), 48면.

54) 川浜昇 외, 「企業結合ガイドラインの解説と分析」(商事法務, 2008년), 158-161면(泉水). 국경을 넘는 시장획정이 되는 경우 일정한 거래분야 획정의 고려요인(1년 정도의 수입, 참가)으로 여겨지는 것이 국경을 넘는 시장획정이 되지 않는 경우 '수입', '참가'라는 고려요인이 된다.

55) 白石, "전게논문"(각주 39), 48면.

고 할 수 있다. 차이가 있는 것은 현행법하에서 과징금이지만 입법론적으로는 모두 국내매출액에 한정하지 않을 가능성을 인정한다.

다음으로 현행법에서는 어떻게 규정되어 있는지 살펴보도록 한다.

첫째, 과징금에 관한 것이다. 일본에서는 '관련상품 또는 용역(이하 관련상품)'의 매출액(관련매출액)이 과징금 산정의 기초가 되고(일본독점금지법 제7조의 2 1항), 과징금 대상 매출액을 국내에 한정하는 문구는 보이지 않으며 1977년 제7조의 2의 제정 이후의 자료 등에서도 그런 배려가 검토된 기술은 찾을 수 없고, 국경을 넘는 시장획정이 된 경우 그 일정한 거래분야에서 관련상품의 매출액 모두가 과징금의 대상이 된다고 해석하는 것이 정확하다.[56] 이에 대해서는 독점금지법 보호법익의 관점에서 일본시장에 반경쟁적 효과에 대응한 매출액에 한정된다는 반대설도 있지만[57] 현행법은 이러한 해석을 당연한 전제로 한다고 할 수 없다. 그러나 이 견해에 따르면 세계시장 매출액이 과징금 대상이 되어 일본 공정위에 재량이 없는 과징금제도하에서는 과징금액이 부당하게 고액이 될 수 있다는 우려가 생긴다.

일본 공정위는 그런 우려를 고려하여 국제카르텔은 일본소재 수요자를 위한 거래에 한정하여 시장을 획정하고 있다고 생각한다.[58] 그러나 과징금 등의 대상을 국내매출액으로 한정하면 시장분할카르텔에서 외국을 자기의 시장으로 하는 외국사업자는 그 행위가 없었으면 반경쟁효과가 발생하지 않았다는 의미로 위반행위자임에도 불구하고 과징금이 부과되는 효과적인 제재(sanction)를 받지 않는 문제가 있다.[59] 또한 외국사업자는 리니언시를 이용할 인센티브가 없어 심사협력을 하지 않게 된다는 문제도 있다.[60] 그렇다고 하면 적어도 EU처럼 위반행위에 기여한 외국소재 사업자의 매출액에 어떠한 방법에 의하든 국내매출액으로 의제하는 등 과징금을 부과할 필요가 있다고 생각한다. 이처럼 현행법은 과징금의 범위가 과대이거나 과소라는 딜레마에 있다. 이 문제에 대해 굳이 현행법의 해석으로 대응하려면 일본독점금지법 제1조

56) "座談会,"「公正取引」, 제723호(2011년), 51면(上杉 발언); 小畑徳彦, "米国およびUのインテル事件,"「公正取引」, 제727호(2011년), 106면; 川合, "전게논문"(각주 35), 480면, 각주 37도 참조.

57) "전게논문"(각주 56), 51면(滝川敏明 발언, 川浜昇 발언).

58) 白石, "전게논문"(각주 35), 46면 참조.

59) 다만 자국소재수요자설도 위법행위와 집행을 준별하고 입법론적으로 이 같은 과징금 부과 여지를 인정하기 때문에 본질적인 차이는 없다.

60) 河合, "전게논문"(각주 35), 479-480면; "전게좌담회"(각주 56), 51면(河合 발언). 須網隆夫, "市場分割を目的とした国際カルテルに対する独占禁止法の適用,"「法学セミナー臨時増刊速報判例解説経済法」, 제3호, 272면, 각주 33도 참조.

의 목적(보호법익)에 따른 규범적인 해석을 할 수밖에 없다고 생각한다.[61] 근본적 해결은 입법적 해결에 의한 것이다.[62] 또한 자국소재 수요자설에 대해 '일본수요자가 존재하지 않는 경우 일본독점금지법을 적용하는 것은 적당하지 않다'고[63] 여겨지기도 하지만 국경을 넘는 시장획정을 하는 견해에서도 국내(의 어딘가)는 반드시 지리적 시장에 포함되어 국내법 보호법익의 문제로 직접 해석하는 것은 아니다. 일정한 거래분야가 국경을 넘는, 즉 경쟁의 실질적 제한의 발생범위가 국경을 넘는 경우에도 국내에서 경쟁의 실질적 제한(시장지배력의 형성·유지·강화)은 발생한다고 할 수 있다.

둘째, 독점금지법 위반행위 인정에 대해서이다. 국내사업자는 좁은 시장으로 한정하여도 독점금지법 위반을 인정할 수 있고, 카르텔 등의 실태에 따라 위반행위나 반경쟁효과를 인정하는 것이 바람직하고[64] 공정위의 자의적 법집행을 방지할 수도 있다고 생각한다. 물론 국외에서의 증거수집의 어려움 등으로 국내에 한정하여 시장을 획정하고, 국내에 한정된 위반행위로 법률구성을 할 수밖에 없는 사안도 있을 것이다. 또한 국외매출액 정보가 부족해 국내의 매출액이 과징금 산정의 기초가 될 수밖에 없는 경우도 있을 것이다. 이런 상황은 일본에도 있으며 시코쿠로드 서비스(四国ロードサービス) 사건 공정위 권고심결이 이러한 문맥에서 자주 언급된다.[65] 그러나 국외증거가 충분히 있어 이러한 법률구성을 할 필요가 없는 경우에는 굳이 복잡한 구성을 할 필요가 없다고 생각한다.[66] 과징금에 대해서도 시장분할카르텔을 전형으로 하는 국제카르텔로 인한 부당이득이 국내거래에서의 것에 한정되는 것은 아니며 독점금지법이 규제하지 않거나 집행력이 약한 나라간의 시장분할카르텔은 예외적으로 타국의 독점금지법에 의한 억제효과에 의존할 수밖에 없다.

---

61) 예를 들어 외국에서의 매출액은 시장분할카르텔과 효과적인 집행방법이 없는 경우를 제외하고는 보호법익의 관점에서 원칙적으로 카르텔의 결과 '경쟁제한효과 발생에 이르지' 않는다고 해석하는 (最判 平成24年 2月 20日 裁時, 제1550호, 7면(多摩談合事件) 참조) 등으로 생각할 수 있다.

62) 伊永, "전게논문"(각주 47), 120면은 EU의 시장분할카르텔형의 과징금 산정방법을 제안한다.

63) 矢吹公敏, "国際市場分割カルテルの当事者である外国事業者に対する独禁法の適用," 「ジュリスト別冊(経済法判例·審決百選)」, 제199호(2010년), 187면.

64) 이 사건에서도 만일 견적합의 외의 경쟁이 활발하면 경쟁의 실질적 제한이 없는 경우가 있을 수 있다. 이처럼 시장을 한정하여도 경쟁의 실질적 제한 유무를 판단하기 위해 실질적인 동일시장 내 경쟁상황을 확인하지 않으면 결론을 얻을 수 없는 경우가 대부분일 것이다.

65) 平成14年(2002년) 12월 4일 심결집, 제49권, 243면.

66) 일본에서는 Hard Core 카르텔도 포함해 '공동' 상호 구속, 일정한 거래분야, 경쟁의 실질적 제한이라는 요건을 충족할 필요가 있어 미국이나 유럽보다 일반적으로 입증책임이 무겁다.

Ⅳ. 특정브라운관 국제카르텔 사건이 제기하는 문제

1. 특정브라운관 국제카르텔 사건

11개사는 일본 브라운관 TV 제조판매업자가 현지제조 자회사 등에 구입하게 하는 TV용 브라운관(이하 특정브라운관)에 대해 늦어도 2003년 5월 22일까지는 2개월에 1회 정도 CPT 회의를 지속적으로 개최하고 대략 분기별로 다음 분기에 현지제조 자회사 등 각 회사가 준수해야 하는 최저목표가격 등을 설정할 것을 합의함에 따라 공공의 이익에 반하였고, 특정 브라운관 판매분야에서 경쟁을 실질적으로 제한하였다.

일본 공정위는 11개사 중 2개사에 대해 배제조치명령을, 다른 5개사에 대해 과징금납부명령을 내렸지만(합계 33억엔) 명령서 송달을 할 수 없었던 사업자에 대해서는 2010년 3월 27일까지 공시송달에 의해 1개사에 배제조치명령을, 2개사에 과징금납부명령을 내렸다.

위반행위 인정에 관련한 이 사건의 특징은 '일본 브라운관 TV 제조판매업자가 현지제조 자회사 등에 구입시킨 … TV용 브라운관'을 '특정브라운관'이라고 하여 특정브라운관의 판매분야를 일정한 거래분야로 한 점에 있다. 세계에서 거래되는 브라운관 중에서 '일본소재 사업자'의 '현지 자회사 등'에 '구입하게 하는' 브라운관의 거래는 일정한 거래분야를 한정하고 있어 *Marine Hose* 국제카르텔 사건과 유사한 구성을 보이고 있다.

과징금과 관련하여 과징금납부명령을 살펴보면 실행기간 동안 특정브라운관의 매출액은 최종 완성품으로 일본에 물리적으로 들어간 브라운관을 포함해 과징금 산정대상이 되는 매출액으로 하였다.

2. 부품에 관한 국제카르텔과 과징금 – EU의 경우

카르텔 사건은 아니지만 제재금 범위에 중요한 판단을 하는 것으로 EU의 인텔 사건 결정이 주목된다.[67] 이 사건에서는 인텔에 의한 CPU 공급시의 컴퓨터 제조업체에 대한 로열티 리베이트(royalty rebate) 설정, 경쟁제품(AMD가 제조한 CPU)이 탑재된

67) Commission Dicision of 13.5. 2009, Case COMP/C-3/37.990-Intel.

PC의 판매제한 등이 구 EC조약 제82조를 위반하는 시장지배적 지위남용으로 10억 6천만유로의 제재금이 부과되었다. 이 사건에서 상품시장은 X86CPU의 지리적 시장을 세계시장으로 인정하였으나 모든 컴퓨터용인지 데스크탑, 노트북, 서버용으로 나뉘는지는 판단하지 않았다.

이 사건에서 인텔의 X86CPU는 아시아 또는 미국에 소재하는 컴퓨터 제조업체에 공급되어 그곳에서 제조 또는 조립된 PC가 EEA 내로 출하되었다. 그런 의미에서 이 결정은 X86CPU를 공급하는 시장을 '세계시장'이라 하였다(para.836). 그러나 위반행위가 이루어진 장소(행위지) 또는 실행지는 대부분 EEA 역외이며 완성품인 PC 공급(거래)이 EEA에 영향을 미치는 것이 문제가 되었다. 이 결정은 '회원국의 거래에 영향을 미칠 가능성이 있다(in so far as it may affect trade between Member States)'라는 요건을 충족함으로써 이를 긍정하는 것처럼 보인다. 그러나 이른바 사물관할 내지 입법관할에 관한 효과주의의 입장에서도 이러한 경우에 효과주의에 따라 이것이 긍정되는지에 대해서는 논의가 있을 수 있다.[68] 그러나 다음에서 보듯 X86CPU PC의 일부는 EEA 내에서 생산(조립)되었기에 적어도 효과/객관적 행위지가 있다고는 할 수 있다 생각한다.[69]

이 사건 제재금의 기준이 되는 매출액은 EEA 역내 매출액으로 하였다. 인텔은 EEA 소재기업에 출하한(운송장의 행선지가 유럽) X86CPU의 연간 판매액에 대한 자료를 제출하였다. 이에 대해 EU집행위원회는 최종적으로 EEA에서 EEA 고객에게 판매되는 경우에도 PC는 아시아나 미국에서 조립되었기 때문에 EEA 밖에서 고객에게 판매되거나 조립된 완제품으로 EEA에 판매되는 컴퓨터에 탑재된 X86CPU가 인텔의 공급액에 산입되지 않게 되어 매출액이 직접 또는 간접적으로 영향을 주는 EEA 내에서의 위반행위보다 과소평가된다고 하였다. 이러한 이유로 EMEA(유럽, 중동, 아프리카)에 출시된 CPU와 전 세계 매출액의 비율을 비교하였다. 그러나 이 결정에서 EU집행위원회는 인텔이 제출한 유럽 출하분 X86CPU를 기준으로 한 수치를 이용하면서도 인텔에 유리하다고 하여 일정한 수정을 가하고 있다(paras.1773-1777).[70]

미국에서도 특히 FTAIA의 '직접적' 요건을 둘러싸고 흥미로운 판결이 나오기

68) 小畑, "전게논문"(각주 56), 104-105면 참조.
69) 저자가 조사한 바로 이 사건의 관할권에 의문을 가지는 영문 문헌은 보이지 않았다.
70) 공표된 결정은 수정 부분이 가려져 있어 자세한 것은 알 수 없지만 과소(過少)로 하기 위해 일정한 수정을 했다고 밝히고 있다. para.1777(그러므로 위원회는 과징금의 기본 금액의 계산을 위해 계산을 […]에 근거로 하였다).

시작하였다. 국외에서 부품(원료)카르텔이 이루어져 완성품이 미국에 수입된 사례에 대한 집단소송(class action)에서 직접적인 효과를 인정한 사례(In re TFT-LCD(Flat Panel) Antitrust Litigation, 822 F. Supp.2d 953(N. D. Cal. 2011))와 인정하지 않은 사례(Minn-Chem, Inc. v. Agrium Inc. 657 F. 3d 650(7th Cir. 2011))가 있다. 이 결론의 차이는 이 문제에 대한 재판소 견해의 차이뿐만 아니라 개별 사안의 특수성 때문이라고 생각되지만 이러한 검토는 별고에서 논하겠다. 그리고 시정단계에서 직접적인 효과를 인정하는 Minn-Chem, Inc. v. Agrium, Inc. 683 F.3d 845(7th Cir. June 27, 2012)에 접하게 된다.

3. 부품 국제카르텔과 과징금 검토

일정한 거래분야가 지리적 시장으로 국내를 포함하지 않지만 독점금지법을 적용해야 하는 경우가 있을 수도 있다. 어느 제품에 관한 일정한 거래분야가 일본을 포함하지 않는 지리적 시장으로 획정된 다음 거기서 가격카르텔이 이루어져 경쟁의 실질적 제한이 생기고 그 상품이 구매자로부터 제3자에게 판매되어(경우에 따라서는 전전유통) 국내에 판매된 경우 등이 그러하다. 이 경우 역외적용을 할 수 있는지에 대해 견해가 대립하는데[71] 독점금지법 적용을 전면적으로 배제할 이유는 없다고 생각된다. 그러나 현행 일본법상 해당 제품의 매출액이 외국에서 발생한 경우에도 과징금이 부과되는지, 부과된다면 그것은 타당한지, 보호법익의 관점에서 과징금이 부과되지 않는지 등의 논점이 추가적으로 발생한다.

EU 인텔 사건은 상품시장을 CPU 거래로 설정했지만 지리적 시장을 세계시장으로 정하여 적어도 일부 CPU는 EEA에 수입되고 있다는 점에서 EU도 시장에 포함되어 있다고 할 수 있었다. 이 사건의 브라운관도 그 중 일부는 물리적으로도 국내에 유입되었다고 한다면 일본을 포함한 시장에서 거래가 있었다고 파악할 수 있었을 것이다. 이러한 경우 일정한 거래분야 및 경쟁의 실질적 제한은 일본을 포함한 일정한 거래분야에서 경쟁을 실질적으로 제한하기 때문에 일본에서의 경쟁도 실질적으로 제한되어 제2조 6항의 효과요건을 충족시킨다. 이 경우 입법관할권이 존재하는 것은

---

71) 외국소재 카르텔 당사자로부터 자국소재 수요자에게 직접 판매된 경우 독점금지법이 적용된다. 일본 감열지(感熱紙) 카르텔 민사 사건에서는 형사벌은 역외적용할 수 없다고 한 원심 판결(*US v. Nippon Paper Industries Co., Ltd.* 944 F. Supp.55 (D. Mass. 1996))을 기각하고 환송한 것에는 *US v. Nippon Paper Industries Co., Ltd.* 109 F. 3d 1 (C. A. 1 (Mass.), 1997)가 있다.

당연하지만 입법관할권은 물론 역외적용의 고유한 문제는 절차를 제외하면 존재하지 않는다.

그러나 이 배제조치명령 등에는 브라운관이 일본 내에 수입되었다는 사실이 적혀있지 않다.[72] 그렇다면 브라운관이 물리적으로 국내에 들어와 있지 않은 경우는 어떠한가. 일본의 모회사가 계약조건의 교섭이나 구입을 지시한 것이기에 행위지를 일본으로 보더라도 일정한 거래분야가 일본을 포함하지 않게 되고, 경쟁의 실질적 제한이 일본 내에서 발생하지 않게 되는 경우에도 국내법상 독점금지법 문제가 되는지에 대해서는 논란이 있을 수 있다. 속지주의 입장에서도 일본에 보호법익의 침해가 없는 경우에 당연히 입법관할권이 존재한다고 하지는 않을 것이다.[73]

구체적인 사례를 통해 보면 부품에 대한 일정한 거래분야를 일본을 포함하지 않는 지리적 시장으로 획정한 다음 거기에 경쟁의 실질적 제한이 생겼지만 부품은 일본 내에 수입되지 않고 완성품 일부가 국내에 수입되어 완성품의 가격 상승으로 일본 내에 효과가 발생한 경우는 어떻게 되는가(사례 1). 국내에의 효과가 예를 들어 직접적, 실질적이고 합리적으로 예견가능한 경우에 독점금지법이 적용된다고 하면 순수하게 역외적용 문제라고 할 수 있다. 다만 국내 독점금지법을 적용하기 위해서는 국내에서 경쟁의 실질적 제한이 발생하는 것이 필요하다는 입장에 따르면 위반행위는 성립하지 않게 된다. 이하에서는 이 입장에 따르지 않는 경우에 어떻게 되는지에 대한 이론을 전개한다. 사례 1을 단순화시켜 완성품에 대한 일정한 거래분야를 일본을 포함하지 않는 지리적 시장으로 획정하고 거기서 가격카르텔이 형성되어 경쟁의 실질적 제한이 생긴 후에 상품이 구매자로부터 전전 유통되어 국내에서 판매된 경우(사례 2)도 역외적용 할 수 있는지에 대해서는 견해가 대립한다.

나아가 부품에 대한 일정한 거래분야를 일본을 포함하지 않는 지리적 시장으로 획정한 다음 거기에서 경쟁의 실질적 제한이 발생했지만 부품은 일본 내에 수입되지 않고 완성품도 일절 국내에 수입되지 않았던 경우는 어떠한가(사례 3). 이 경우에는

---

72) 현지제조 자회사 등이 특정 브라운관을 이용하여 제조한 브라운관 TV는 '대부분 일본 브라운관 TV 제조판매업자 또는 국내판매 자회사 등이 구입하고 국내외에 판매'하고 있다고 하고(배제조치명령 제1의 1(2)イ(エ)), 브라운관은 물리적으로 일본에 유입되어 있지 않고 브라운관 TV의 일부가 일본에 들어가 있는 것에 그칠 것이다.

73) 小畑, "전게논문"(각주 56), 105면은 "이 사건 특히 TV용 브라운관 사건을 보면 카르텔에 의해 일본시장에서 경쟁에 영향을 받는 것이 아니라 일본기업이 카르텔의 대상이 된 것을 근거로 독점금지법을 적용하고 있는 것으로 보인다. 이러한 운용은 일본시장이 아니라 일본기업을 보호하는 것처럼 보여 문제가 있다고 생각한다"고 한다.

일반적으로 직접적, 실질적이고 합리적으로 예견가능한 효과는 없다고 여겨진다. 예를 들어 EU에 소재하고 EU에서만 사업활동을 하는 일본사업자의 완전 자회사가 EU에서 부품을 조달하고 EU에만 완성품을 판매하며 이 부품 및 완성품은 EU 역외에서는 수요가 없어 판매하지 않는다고 가정하자. 이 경우 EU에서만 부품카르텔이 이루어지면 어떠할까(사례 4). 이러한 예는 국외생산이 진행되는 현상으로 볼 때 충분히 있을 수 있는 일이다. 이때 일본소재의 모회사가 계약조건의 교섭을 하더라도 일본독점금지법을 적용할 수 없다. 적어도 보호법익의 관점에서 일본법을 적용하는 것은 곤란하다고 생각한다. 이 경우에도 일본독점금지법을 적용하면 경쟁이 아니라 경쟁자를 보호하는 것이 된다는 비판에 반론을 제기하기가 어려울 것이다. 지리적 시장 개념을 굳이 쓰지 않고 브라운관의 '일본에 소재하는 수요자의 현지 자회사용으로 판매되는 상품거래분야'라고 하는 것은 긍정적으로 보이지만 적절하지는 않다.

특정브라운관 국제카르텔 사건의 배제조치명령 및 과징금납부명령은 특정브라운관이라는 특수한 시장획정방식을 취하였지만 ① 실질적으로는 일본의 모회사가 계약조건의 교섭이나 현지 자회사에 대한 지시를 한 것으로부터 행위지가 일본을 포함하는 것,[74] ② 적어도 완성품의 일부는 일본에 수입되어 효과가 발생했다고 생각할 수 있는 것[75] 때문에 일본법을 적용했다고 추정할 수 있을 것이다. 적어도 ②의 의미에서 이 사건은 사례 3과 사례 4의 순수한 예는 아니다. 또한 부품거래가 이루어진 아시아지역 내에서는 비교적 경쟁법집행이 약하고 국제적용을 하더라도 국제문제가 되기 어렵기 때문에 일본독점금지법의 집행만 기대할 수밖에 없는 사안이었는지도 모른다. 그러나 자국 독점금지법이 적용가능한지가 미묘한 사안이고 만일 완성품이 전혀 일본에 수입되지 않았다고 하는 사례 3과 사례 4의 경우에는 위에서 설명한 바와 같이 적절하지 않다고 생각한다.

게다가 특정브라운관 국제카르텔 사건에 관한 일본 공정위의 법률구성은 과징금에 대한 문제를 포함한다. 이미 살펴보았듯 *Marine Hose* 국제카르텔 사건 담당관해설에서 일본 공정위는 '일본에 소재하는 수요자에게 판매되는 상품의 거래'라고 하여 사용지가 일본인지 여부는 묻지 않는다는 입장을 취하는 것으로 여겨진다.[76] 특정브

74) 일본 Victor사에 교섭 및 지시를 그만둔 후에는 '특정브라운관'에 해당하지 않게 된다. 위반행위 대상 외에도(배제조치명령 제1의 1(2)ウ) 이 사건 독점금지법의 적용에는 교섭 및 지시를 필요로 하고 있기 때문이다.

75) 전게주 72.

76) 大川·平山, "전게논문"(각주 41), 71면.

라운관 국제카르텔 사건 과징금납부명령서에 나타난 과징금 대상이 되는 매출액의 계산방법에 관한 자세한 사항은 명확하지 않지만 과징금납부명령에 대해서는 '실행기간 동안 특정브라운관에 관한 … 매출액'이라고만 할뿐 더 이상 한정하고 있지 않다. 만약 해당 일정한 거래분야에서의 브라운관 매출액을 전체로 한 것이라면 브라운관 TV 출하처의 대부분은 일본 역외이기 때문에 위와 같이 '일본에 소재하는 수요자에게 판매되는 상품거래분야'라며 일본에의 효과와 무관한 매출액에 과징금이 부과되어 *Marine Hose* 사건뿐만 아니라 앞에서 살펴본 EU 및 미국의 계산방법을 취할 때 보다 과다해질 우려가 있다. 게다가 일정한 거래분야를 획정하는 여러 방법이 있는 경우에 어떤 방법을 취하느냐에 따라 과징금이 크게 바뀌는 것은 재량을 인정하지 않는 과징금제도하에서는 적절하다고 할 수 없다. 이 부분도 입법에 의한 해결이 필요하다.

Ⅴ. 결　　론

현행 과징금제도(제7조의 2 1항)에 따르면 일정한 거래분야를 국경을 넘어 획정하지 않으면 외국매출액에 대해서도 과징금을 부과할 수 없어 일본독점금지법의 집행상의 문제가 된다. 그 문제를 해결하는 해석론이 있을 수 있지만 부당한 거래제한행위 요건, 효과요건의 해석 및 적용에 있어 지나치게 기교적이고 복잡하게 될 위험이 있다. 실질적으로도 한편으로는 국제카르텔의 실태에 맞추어 국경을 넘는 시장획정을 해야 할 경우가 있고, 다른 한편으로는 국내에의 효과(경쟁의 악영향)와는 무관한 행위까지 과징금이 부과될 가능성이 있어 시정해야 한다고 생각한다. 보다 본질적으로는 입법론적으로 제7조의 2 1항을 개정하여 국제적 사안을 고려한 과징금제도를 구축하여야 할 것이다.

* 본 논문은 무라타 학술진흥재단(村田学術振興財団)의 지원을 받은 연구 성과의 일부이다.

제21장
규제개혁과 경쟁정책

- 전력자유화의 비교법학적 검토

土田 和博 (츠치다 카즈히로)

Ⅰ. 서 론

본장은 국제경제법학회 설립 20주년을 맞이하여 공익사업의 규제개혁과 관련된 20여년간의 동향을 비교법학적인 관점에서 검토하기 위한 것이다. 대상으로 삼는 공익사업은 에너지산업, 특히 전기사업에 중점을 두고자 한다. 여러 국가와 지역에서 규제개혁이 진행되고 있는 가운데, 주요 법의 영역에서 '규제개혁과 경쟁정책'에 대한 비교가 흥미로운 대조를 보이고 있다고 생각되기 때문이다. 다시 말하자면, 경쟁정책이란 독점금지법과 경쟁법에 따라 공정하면서도 자유로운 경쟁을 유지·촉진시키기 위한 정책만을 의미하는 것은 아니다. 이른바 사업법(전기사업법, 가스사업법 등과 같은 경제규제법, 특정영역규제법)은 과거에 경쟁제한적인 인·허가제에 따라 시장진입 및 가격을 규제하였지만, 최근에는 세계적으로 이와 같은 규제가 철폐·완화되면서 신규진입을 촉진시켜 경쟁적인 요금을 허용하는 방향으로 바뀌고 있으며, 분야에 따라서는 이러한 경향이 이미 허용되어 있다.[1] 따라서 에너지 분야의 규제개혁에 있어 경쟁정

1) 저자의 "獨禁法と事業法による公益事業規制のあり方に關する一考察," 土田和博·須網隆夫 編著, 「政府規制と經濟法-規制改革時代の獨禁法と事業法」(2006年), 153면 이하 참조. 이 글

책을 비교법학적으로 논할 경우 독점금지법뿐만 아니라 사업법을 통한 경쟁정책의 시행 및 추진도 문제 삼을 필요가 있다.

전기사업에 있어서 규제개혁의 키포인트를 미리 살펴보면, ① 어떻게 하면 발전시장(도매시장)의 판매자 집중도를 저하시킬 수 있는가(예를 들어 기존 전기사업자의 발전부문의 수평적 분할이 대책이 될 수 있다), ② 전력도매거래에 관하여 어떻게 제도를 설계할 것인가(장기공급계약, 단기현물시장 등을 어떻게 조합할 것인가, 단기현물시장에서 공급자의 오퍼가격에 상한을 둘 것인가 등), ③ 애로(Bottleneck)시설인 송배전망(送配電網)에 대한 신규진입자의 공평한 접근(access)을 어떻게 확보할 것인가(기존 전기사업자의 발전부문과 송배전부문의 수직적 분리 등), ④ 탁송요금이나 혼잡요금을 어떻게 설정할 것인가(신규진입의 촉진과 인프라투자 인센티브의 균형 또는 수급조절이나 송전선 투자에 대한 신호(signal) 기능을 어떻게 확보할 것인가), ⑤ 소매공급을 어떤 범위에서 어느 정도 자유화할 것인가(가정용 공급도 자유화할 것인가, 자유화대상 사업자용에도 최종보장규제를 부과할 것인가 등), ⑥ 독점금지법과 사업법을 어떻게 집행할 것인가(기존 사업자의 위반행위에 대한 조치 또는 기업결합 등을 위반하지 않는 조건으로 구조적인 시정조치(remedy)을 명한다면, ①이나 ③을 시행하는 것이 된다) 등이다. 이하에서는 이들 중 몇 가지 항목에 대하여 제II절에서는 미국 연방차원에서의 전기사업 규제개혁의 전개를, 제III절에서는 EU의 에너지 분야 규제개혁의 진전 상황을 개관하고, 제IV절에서는 양자를 비교법학적으로 검토하기로 한다.

Ⅱ. 미국의 전기사업 규제개혁

1. 규제개혁의 전개

미국에서 연방정부의 전기사업에 대한 규제는 1935년 연방전력법(Federal Power Act, FPA)까지 거슬러 올라간다. 이에 따라 설립된 연방전력청(Federal Power Administration)은 발전·송전·배전을 수직적으로 통합한 전기사업자의 주간(州間) 전력요금을 중심으로 규제해 왔다. 그 후 1970년대의 에너지위기를 계기로 제정된 공익사업규제정책법(Public Utility Regulatory Policies Act of 1978)은 기존 전력회사에게 소규모

에서는 지면 관계상 뛰어난 연구가 많기는 하지만 일본어 문헌의 인용은 생략하기로 한다.

재생가능에너지 사업자나 열병합 발전소(cogeneration plant) 중에서 적격 사업자의 전력을 구매하도록 의무화하였지만, 이는 발전(도매전력거래)차원에서 새로운 경쟁을 부추기는 결과를 낳았다. 아울러 1992년 에너지정책법(Energy Policy Act of 1992)은 공익사업지주회사법(Public Utility Holding Company Act of 1935)의 적용을 받지 않는 적용제외 도매발전사업자(exempt wholesale generators, EWGs)를 인정함으로써 신규 발전사업자의 시장진입을 더욱 확대함과 동시에 복제가 어려운 애로시설인 송전선에 의한 탁송규정을 개선하여 접근의 촉진을 도모하였다.[2)]

그러나 송전선 개방정책이 본격적으로 시작된 것은 연방에너지규제위원회(Federal Energy Regulatory Commission, FERC)의 명령 888호(1996년)[3)] 이후이다. 이는 수직적으로 통합된 전기사업자에게 발전시설과 송전선망의 소유분리를 의무화한 것이 아니라 (일부 전력회사는 자발적으로 이를 시행하였지만) 송전선망의 소유권은 전력회사에 남겨 두고, 독립계통운영자(independent system operator, ISO)에게 이를 제어(control)하도록 한 것이다(기능분리). ISO는 일반적으로 송전선망의 이용자에게 송전능력을 할당하는 비영리단체이다. ISO는 1997년에 캘리포니아에서 처음 설립되었고, 이후에 후술하는 PJM(1997년), 뉴잉글랜드(1999년), 뉴욕(1999년)으로 이어졌는데, ISO 설립 후에도 '수직통합회사가 소유하는 송전선망의 이용에 대해 경쟁자를 차별적으로 취급한다는 우려와 증거가 확인'[4)]된 것으로 밝혀졌다. 명령 2000호(1999년)[5)]에서는 복수의 주에 걸쳐 있는 지역송전기관(Regional Transmission Organization, RTO)으로까지 송전제어기능을 확대하도록 하였지만 여전히 의무사항은 아니었다. RTO는 일부 지역에서 형성되었지만,[6)] 2000년부터 2001년에 걸쳐 발생한 캘리포니아의 전력위기 이후, RTO의

---

2) 1992년 에너지정책법의 제정을 서두른 요인은 원자력 발전소의 설치, 수요의 과대평가로 인한 발전능력의 과잉, 시장가격 이상으로 책정한 장기재생가능에너지의 매입가격에 따른 전기요금의 상승, 1980년대 말 천연가스 파이프라인 개방정책의 경험 등이었다(R. O'neil & U. Helman, *Regulatory Reform of the U. S. Wholesale Electricity Markets,* in M. K. Landy, M. A. Levine & M. Shapiro ed., CREATING COMPETITIVE MARKETS-THE POLITICS OF REGULATORY REFORM 131-132 (2007)).

3) Order no.888, Promoting Wholesale Competition Through Open Access Non-discriminatory Transmission Services by Public Utilities; Recovery of Stranded Costs by Public Utilities and Transmitting Utilities (Apr. 24, 1996).

4) R. O'neil & U. Helman, *supra* note 2, at 134.

5) Order no.2000, Regional Transmission Organizations (Dec. 20, 1999). 여기에서는 RTO의 조건으로 발전시설 소유자로부터의 독립, 광범위한 지역에 걸쳐 있을 것, 송전선을 차별 없이 운영하는 권한을 가질 것, 단기적인 신뢰성을 확보하는 송전선 운영을 할 것이 요구되었다.

6) 예를 들어 1927년 펜실베니아, 뉴저지, 메릴랜드 각 주 전력회사의 power pool로 출발한

설립은 물론 전력자유화 역시 정체를 겪고 있다.[7)]

2005년 에너지정책법(Energy Policy Act of 2005)은 캘리포니아의 전력위기 및 뉴욕을 포함한 북동지역 여러 주의 대정전(2003년 8월) 이후 제정되었는데, ① 송전신뢰성의 확보, ② 송전인프라의 근대화, ③ 시장조작의 금지, ④ 기업결합 심사권한의 강화 등을 내용으로 한다.[8)] ①에 대해서는 종래 송전에 대한 신뢰성을 확보하기 위한 법규의 확립이 자발적이었다는 점을 반성하면서 미국 전역에서 적어도 하나 이상 설립되는 전력신뢰성확보기관(Electric Reliability Organization, ERO)에서 강제적인 송전신뢰성 확보규칙을 정하고, FERC는 송전선망의 사용자, 소유자, 운영자들이 이를 준수하도록 하였다.[9)] ②에 대해서는 송전선의 혼잡을 완화시키기 위해 에너지부(Department of Energy)가 송전선시설이 필수불가결한 지역을 National Interest Electric Transmission Corridor(NIETC)로 지정하고, 해당 주나 자치단체에서 이 지역에 송전선의 부설을 거절할 경우, FERC는 해당 주가 주 상호간의 이익을 검토할 권한이 없다는 점, 주(州) 등이 부설신청 후 1년 이상 경과해도 승인을 해주지 않을 것, 주 등이 경제적으로는 시행할 수 없는 것을 조건부로 승인한 점 등을 인정한 후에 송전선의 부설을 승인할 수 있도록 하였다.[10)] ③은 FERC가 시장조작을 금지하는 근거규정을 연방전력법 제222조와 천연가스법 제4A조에 도입하고, 이를 근거로 명령 670호에서 일정한 시장조작을 위법으로 하는 것으로 후술하기로 한다. ④는 종래 FERC의 관할권이 미치지 않는 발전시설만을 거래할 때에도 시장가격 1,000만달러가 넘는 기존 발전시설의 구입, 임차, 취득 등을 FERC의 합병심사 대상으로 하는 것이다.[11)]

PJM은 1997에 FERC가 인증하는 RTO가 되었다. C. H. Koch, Jr., *Collaborative Governance : Lessons for Europe from U. S. Restructuring,* 51 Administrative L. Rev. 71, pp.80-81 (2009)에 의하면, PJM은 15개주 450멤버로 구성되며, 1,271개의 발전시설, 5,100만명의 고객, 56,000마일 이상의 송전선망을 관리한다. 시장의 이해관계자는 PJM 운영의 중심인 관리이사회(Board of Managers)의 멤버가 될 자격은 없지만, 이사회에 조언하는 Member Committee의 구성원은 될 수 있다.

7) R. O'neil & U. Helman, *supra* note 2, at 135.

8) K. J. McIntyre, M. V. Kirkwood & J. F. Leif, ENERGY POLICY ACT OF 2005 (2006)에 의하면, 본법의 목적은 경쟁을 촉진함과 동시에 그 남용(competitive abuses)을 억제하는 것, 바꿔 말하면 '보다 더 견고하고, 그러나 공정한 전력시장'을 만드는 것이었다(149면).

9) *Ibid.*, at 150-153.

10) *Ibid.*, at 155-156.

11) *Ibid.*, at 182-183.

2. FERC를 통한 에너지경쟁정책의 시행

(1) 개방적 접속(open access) 규제

FPA 제211조[12]는 일반 전기사업자와 전력재판매를 목적으로 판매하기 위하여 발전하는 자가 FERC에 대해 송전하는 전기사업자에게 송전서비스를 제공하도록 명할 것을 요청할 수 있다고 규정하고 있다. 제212조[13]에서 규정하는 요건(송전을 하는 전기사업자에게 필요한 모든 비용을 지불할 것, 공공의 이익에 합치될 것)을 충족할 경우 FERC는 송전을 명할 수 있다. 처음에는 이 규정에 따라 개별적으로 탁송을 명하였는데, 그 후 송전에 관한 부당한 차별을 금지하고 FERC가 공정하고도 합리적인 규정, 규칙(rule, regulation)을 정할 수 있도록 하는 FPA 제205조 (b)항,[14] 제206조 (a)항[15]을 근거로 명령 888호가 등장하였다. 이후 FERC의 관할권이 미치는 전기사업자에게 탁송요금 등의 거래조건을 신고하도록 해서 이 약관에 따라 일반적으로 탁송을 시행하고 있다. 재판소는 특정의 차별행위를 인정하지 않더라도 포괄적으로 자기와 동등한 조건에 따른 개방적 접근을 요구할 수 있도록 하는 FERC의 정책을 대체로 인정하고 있다.[16]

(2) 경쟁적 에너지 요금체계(market-based rates)

FPA 제205조 (a)항은[17] 일반 전기사업자가 FERC의 관할권이 미치는 송전 또는 전력의 판매를 통해 수수하는 모든 요금은 '공정하고 합리적(just and reasonable)'이어야 한다는 것, FPA 제206조 (a)항은 FERC가 위 요금이 불공정하고 불합리하며 부당하게 차별적이거나 우대적이라고 인정하는 경우, 공정하고 합리적인 요금을 정하도록 규정하고 있다. 재판소는 제205조에서 말하는 '공정하고 합리적인' 요금이란 단일 방식을 근거로 하는 점에 한정하지 않고 한편으로는 너무 비싸서 소비자(구매자)의 이익을, 다른 한편으로는 너무 싸서 투자자의 이익을 침해하지 않도록 일정한 합리적인 범위 내(zone of reasonableness)에 있는 요금이어야 함을 반복적으로 판시하고 있으

12) 16 U.S.C.A. §824j(a) (2010).
13) 16 U.S.C.A. §824k(a) (2010).
14) 16 U.S.C.A. §824d(b) (2010).
15) 16 U.S.C.A. §824e(a) (2010).
16) *Transmission Access Policy Study Group v. FERC*, 225 F. 3d 667, 683-690 (D. C. Cir. 2000).
17) 16 U.S.C.A. §824d(a) (2010).

며, 전통적인 원가방식의 요금(cost-based rates)뿐만 아니라 시장상황에 따라 달라지고 상대방과 교섭해서 결정되는 요금, 즉 경쟁적 요금(market-based rates)까지 포함한다고 해석하여 왔다.[18] 그러나 경쟁적 요금이 '공정하고 합리적'이라고 인정되는 것은 그 것이 시장지배력에 따라 형성된 것이 아니라는 사실(경쟁적 견제하에 형성된 것)뿐만 아니라 사후적으로도 시장조작의 대상이 되지 않음을 확인하기 위해 지속적인 보고 의무가 요구되기 때문이다.[19] 이렇게 해서 FERC의 요금규제의 역할은 개별사업자의 전기요금 인가로부터 일반적으로 적용되는 규칙을 정하여 시장가격을 규율하는 방식으로 변화하여 왔다.[20]

(3) 시장조작(market manipulation) 규제

시장조작의 규제는 늦어도 2003년의 "Market Behavior Rules"라고 하는 규칙 이후에 이루어졌는데, 2005년 에너지정책법은 FERC의 시장조작 규제의 법률상 근거를 명확히 하였다. 즉 FPA 제222조[21]에서 FERC의 관할권이 미치는 전력의 매매 또는 송전역무의 거래에 대하여 FERC가 공공의 이익 또는 요금부담자를 위해 필요하다고 정한 명령이나 규칙에 반하는 '조작적 또는 기만적인 책략 또는 계략(any manipulative or deceptive device or contrivance)'의 사용을 위법으로 규정하였다. 이를 근거로 제정된 명령 670호[22]는 FERC의 관할권의 대상이 되는 전력의 매매 또는 송전역무의 거래에 대하여 고의로 시장을 조작[23]하는 것을 위법이라고 하였다. 또한 FPA 제222조 및 이를 근거로 하는 FERC의 명령, 규칙 등을 위반한 자에 대하여 FERC는 1건의 위반에 대해 1일당 최고 100만 달러의 과징금(civil penalty)을 부과할 수 있게

18) J. T. Kelliher, *Market Manipulation, Market Power, and the Authority of the Federal Energy Regulatory Commission,* 25 Energy L. J. 1, 3-4 (2005); J. T. Kelliher & M. Farinella, *The Changing Landscape of Federal Energy Law*, 61 Administrative L. Rev. 611, 644 (2009).

19) *California v. FERC*, 383 F. 3d 1006, 1012-3 (9th Cir. 2004)는 FERC가 경쟁적 전기요금을 청구하는 전기사업자가 시장지배력이 없다는 점을 사전에 인정할 뿐만 아니라 해당 요금이 시장조작에 따른 것이 아니라는 점을 확인하기 위해 지속적 보고의무를 부과함으로써 FPA 제205조 a항과 정합적이라고 판시하였다.

20) J. T. Kelliher, *supra* note 18, at 11.

21) 16 U.S.C.A. §824v(a) (2010).

22) Prohibition of Energy Market Manipulation (Jan. 19, 2006).

23) 2005년 에너지정책법이나 명령 670호도 시장조작(manipulation)에 대하여 정의하지 않았다. ABA Section of Antitrust, ENERGY ANTITRUST HANDBOOK(2d. 2009)는 조작적 행위(manipulative conduct), 허위보고와 가격지수(false reporting and price indices), 가공거래(fictitious transactions)로 분류하고 있다(p.203 이하).

되었다.[24] 이는 이익의 환수(disgorgement of profits), 에너지자유화 거래자격의 취소, FERC의 관할권이 미치는 거래와 운송에 종사하는 회사의 임원자격 금지, 형사처벌과는 별도로 부과되는 것이다.

Ⅲ. EU의 에너지 규제개혁

1. 에너지산업의 자유화진전

(1) 제1차, 제2차 자유화지침과 에너지 분야 조사

유럽의 경우, 전력중심의 에너지 분야에 대한 규제개혁 및 민영화는 일부 선행하는 회원국(1990년대 전반에 민영화나 수평·수직 분리를 실시한 영국, 북유럽 국가)과 이에 저항하는 회원국 사이에서 파행적으로 진행되어 왔다. EU차원의 전력자유화는 1996년 제1차 자유화지침[25]으로 거슬러 올라간다. 이는 회원국에게 송전계통운영자(transmission system operator, TSO)를 지정하도록 하고, 이 사업자가 탁송을 원하는 자를 차별하지 못하도록 하며(제7조), 동시에 소매공급의 자유화범위를 단계적으로 확대하였다(제19조). 또한 2003년 제2차 자유화지침[26]은 TSO를 적어도 발전사업자 등과 별도의 법인이 담당하도록 하고(제10조 1항, 법적 분리) 가정용까지 포함해서 2007년 7월 1일까지 소매분야도 자유화하도록 회원국에게 요구하였다(제21조 1항 (c)호).

그러나 이와 같은 자유화지침 이후에도 상당수의 회원국에서 순조롭게 진행되지 못하고 있는 에너지 분야의 규제개혁 현황과 개선책을 모색하기 위하여 회원국간 거래경향, 가격경직성 등이 경쟁의 제한 또는 왜곡을 시사한다고 판단되는 경우에 규칙 1/2003(Council Regulation (EC) No. 1/2003 of 16 December 2002 on the implementation of the rules on competition laid down in Articles 81 and 82 of the Treaty)의 제17조를 근거로

---

24) 16 U.S.C.A. §825o-1(b) (2010).

25) Directive 96/92/EC of the European Parliament and of the Council of 19 December 1996 concerning Common Rules for the Internal Market in Electricity, [1997] OJ L 27/20 (30. 1. 1997).

26) Directive 2003/54/EC of the European Parliament and of the Council of 26 June 2003 concerning Common Rules for the Internal Market in Electricity and repealing Directive 96/92/EC, [2003] OJ L 176/37 (15. 7. 2003).

에너지사업에 대한 분야별 실태조사(sector inquiry)를 실시하도록 결정되어, 약 1년 반에 걸친 조사 후 최종보고서가 2007년 1월 10일자로 공표되었다.[27] 특히 중요하다고 생각되는 사항의 요지는 다음과 같다. ① 시장집중도(시장지배력)에 대해서는 가스도매거래에서 지배적인(dominant) 기존업자가 수입·생산을 지배하고 있으며, 전력도매거래에서도 발전차원의 집중도가 높은데, 이것이 피크(peak)시에는 물론 오프피크(off peak)시에도(성수시간대에는 물론 비수시간대라 가격이 저렴한 때에도) 가격을 인상하는 형태로 시장지배력을 행사할 여지가 있다. ② 수직적 시장봉쇄(network와 공급의 불충분한 분리)에 대하여 네트워크(송배전망, gas pipeline, 도관망), 인프라(가스저장시설, LNG terminal)의 현행 분리는 시장기능과 네트워크 인프라에 대한 투자의욕에 부정적인 효과가 있어 이것이 신규진입을 저해하고 안정적인 공급을 위협하고 있다. 전력분야에서 TSO는 자신의 자회사를 우대하고 있다는 의혹을 받고 있으며, 가스분야에서는 이 외에도 기존 수입업자가 같은 그룹에 속해 있는 가스생산자와 맺는 장기계약이 신규진입을 어렵게 하고 있다.

이와 같은 현황분석을 바탕으로 최종보고서에서는 경쟁적 조치와 규제적 조치 양자 모두가 필요하다고 하였다. 전자에 대해서는 나중에 설명하기로 하고, 후자(규제적 조치)에 대해 살펴보면, ⓐ 가스 및 전력시장의 구조적 결함인 경쟁부문과 비경쟁(네트워크)부문의 분리에 대응하기 위해서는 소유분리가 가장 효과적인 조치라고 밝혔다. 그러나 ISO 방식[28]은 현상을 개선하겠지만, 보다 더 상세하고 입법비용이 드는(prescriptive) 규제를 필요로 하며 네트워크 투자의욕을 감소시키는(disincentive) 문제를 해결하기에는 충분하지 않다. 또한 ⓑ 회원국의 독립에너지규제당국의 권한강화와 당국간 및 TSO간의 협력관계 강화, 국경을 초월하는 문제에 대응하기 위한 조치의 필요성을 지적한다. 나아가 ⓒ EU집행위원회는 제3자 접근의무면제규정에 대해 이것이 경쟁의 발전을 해치지 않도록 함과 동시에 투자 인센티브를 저해하지 않도록 적절한 균형을 유지하는 것이 중요하다고 하였다.

---

27) European Commission, DG Competition Report on Energy Sector Inquiry, SEC (2006) 1724, 10 January 2007.

28) ISO는 수직통합사업자로부터 송전시스템의 관리·운영기능이 분리된 것이며 이와 자본관계를 갖지 않는다. Communication from the Commission to the Council and the European Parliament-Prospects for the Internal Gas and Electricity Market, COM (2006) 841의 11면 참조. 또, 유럽에서 말하는 ISO, TSO는 보통 영리사업자이며(TSO는 수직기업 그 자체), 미국의 ISO, RTO가 대부분 비영리단체인 점과 다르다. 송전선운영자의 영리성·비영리성은 송전망에 대한 투자 인센티브와 관련이 있다.

(2) 제3차 자유화패키지

이상과 같은 최종보고서를 바탕으로 유럽의회와 이사회는 네트워크의 분리, 회원국 규제당국의 독립성 확보 및 권한 강화, 유럽차원의 협력기관 창설 등을 위하여 일련의 지침과 규칙을 정하였다. 그 중 2009년 전력지침[29]은 전력의 역내시장 기능부족 등에 대처하기 위하여 EU집행위원회가 공정한 경쟁을 촉진해서 소비자 보호를 도모하기 위한 규칙과 조치에 대해 다시 정의하고, 발전·송전·배전에 관한 역내 공통규칙을 도입함과 동시에 보편적 서비스의무와 소비자의 권리를 정해 경쟁에 필요한 조건을 명확히 하는 것을 목적으로 한다. 회원국은 전기사업자에게 안전성, 공급의 안정성, 공급의 규칙성과 품질, 가격, 환경보호, 에너지효율 등의 확보를 내용으로 하는 공공서비스의무를 부과할 수 있다.

중요한 논점 중 하나인 수직적 분리에 대하여 본 지침은 3가지의 방식을 정하였다. 첫째, 소유분리를 의미하는 것으로 생각되는 방식인데, 동일인이 발전기능을 보유한 사업체에 대한 제어와 TSO 또는 송전시스템에 대한 제어를 동시에 직접 또는 간접적으로 행사할 수 없도록 한다(제9조 1항 (b)호). 둘째, ISO 방식으로 송전시스템이 2009년 9월 3일을 시점으로 그룹을 포함한 수직통합사업자에 속해 있는 경우, 회원국은 ISO를 지정하도록 한다(제9조 8항 (a)호). ISO는 제9조 1항 b호 등을 준수함을 증명한 다음 당해 사업자의 신청을 바탕으로 회원국이 지정하며 EU집행위원회가 승인한다(제13조 1항, 2항 (a)호). ISO는 접근요금, 혼잡요금 징수를 포함해 제3자 접근의 승인과 관리, 합리적인 수요에 투자계획을 통해서 대응하기 위하여 송전시스템의 장기적 능력확보 등에 책임이 있다(제13조 4항). 셋째, 독립송전운영자(independent transmission operator, ITO) 방식이다. 송전시스템이 2009년 9월 3일을 시점으로 수직통합사업자(그룹을 포함한다)에 속하고 동시에 ISO가 지정되지 않은 경우, 회원국은 본 지침 제5장의 규정을 준수해야 한다(제9조 8항 (b)호). 즉 TSO-수직통합기업그룹의 송전사업자가 동일그룹의 다른 사업체와 법인격, 커뮤니케이션, 브랜딩, 사업소 등에서 혼동이 생기지 않도록 해야 하며(제17조 4항), TSO는 수직통합기업그룹에서 독립하여 송전시스템을 운영하고, 유지하고 발전시키는 데에 필요한 자산에 관한 유효한 의사결정권(effective

29) Directive 2009/72/EC of the European Parliament and of the Council of 13 July 2009 concerning Common Rules for the Internal Market in Electricity and repealing Directive 2003/54/EC, [2009] OJ L 211/55 (14. 8. 2009).

decision-making rights)을 가져야 한다(제18조 1항 (a)호). 또한 TSO는 수직통합기업을 대표하는 위원, 제3자 주주를 대표하는 위원 및 회원국이 인정하는 경우 TSO의 종업원 등 이해관계자를 대표하는 위원으로 이루어진 감독평의회(Supervisory Board)를 구성해야 한다(제20조). 아울러 TSO는 매년 회원국 규제당국에 10년 동안의 송전선망 확장계획을 제출해야 하며, 당국은 송전선사용자와 협의를 거친 후 당해 10년 계획이 모든 투자요구를 포함하고 있는지 여부를 검토하도록 한다(제22조 1항, 4항, 5항).

2. EU 경쟁법의 적용에 따른 규제개혁

에너지 분야 조사단계에서 EU집행위원회는 수직적 분리에 대해 우선적으로 소유분리 방식, 차선책으로 ISO 방식의 채택을 요구하고 있었지만, 그럼에도 불구하고 2009년 전력지침은 제3의 선택항목으로 ITO 방식도 용인하였으며 2009년 가스지침[30]도 마찬가지이다. 이는 소유분리나 ISO에 반대하는 프랑스, 독일 등 회원국의 요구에 따라 도입된 것으로 알려져 있다.[31] 그러나 EU집행위원회는 제3차 자유화패키지가 등장하기 이전부터 에너지 분야에 경쟁법(EU기능조약, TFEU 제101조, 102조 등)을 적극적으로 적용하고 있으며, 이에 따라 이 분야의 규제개혁을 추진하고 있다. 이와 같은 경쟁법의 적용에는 ① 경쟁법 위반을 공식적으로 인정하지 않는 동의의결(commitments decision)에 의할 것, ② 사업자로부터 신청을 받아 구조적 시정조치가 취해지는 사례가 많아지도록 할 것, ③ 기업결합을 위반하지 않는 조건뿐 아니라 시장지배적 지위남용과 잠정적으로 결정되는 행위에 대해서도 구조적 시정조치(혹은 '시정방안')을 확약하도록 하는 것 등이 전반적인 경향으로 나타나고 있다. 이하에서는 최근의 주요 사건을 살펴보도록 한다.

(1) 전략적 과소투자를 포함한 사례

이탈리아의 국유가스사업자인 ENI는 천연가스를 수입하는 국제파이프라인을 단독 또는 공동으로 소유하고 있는데, 파이프라인의 수송능력 중 상당한 비율을 사용

30) Directive 2009/73/EC of the European Parliament and of the Council of 13 July 2009 concerning Common Rules for the Internal Market in Natural Gas and repealing Directive 2003/55/EC, [2009] OJ L 211/94 (14. 8. 2009).

31) M. Piergiovanni, *Competition and Regulation in the Energy Sector in Europe in the Post-Sector Inquiry Era,* 5-2 Competition Law International 3 (2009).

할 권리를 보유하고 있으며, 장기적으로 상당량의 천연가스수송을 예약한 사업자로 TSO이기도 하다. EU집행위원회는 ENI가 이탈리아에서 천연가스시장 전체, 가스발전사업자시장, 대규모 산업수요자시장 및 천연가스수송(gas transmission)시장에서 지배적인 지위에 있음을 잠정적으로 결정하였다. 남용행위에 대해서는 ① 용량비축(capacity hoarding, 알제리에서 TENP/Transit-gas와 러시아에서 TAG의 각 파이프라인의 미사용 수송능력을 다른 공급자에게 제공하는 것을 거절하거나 또는 다른 공급자에게 할당가능한 수송능력을 고의로 낮게 견적하는 것), ② 용량저하(capacity degradation, 새로 이용할 수 있게 된 수송능력의 할당을 고의로 지연시키거나 파이프라인의 장기이용이 가능하지만 단기기반(base)의 제공만을 제의하는 행위), ③ 전략적 과소투자(자사가 새롭게 필요하게 된 경우를 제외하고 다른 회사를 위해 파이프라인의 수송능력을 확충하지 않거나 다른 회사에서 그것을 위한 자금제공의 신청이 있어도 이를 검토하지 않은 것)를 잠정적으로 결정하였다.[32)]

시정방안(commitment)의 내용에는 TENP/Transitgas, TAG의 각 국제파이프라인을 소유한 회사에 대한 ENI의 지분을 독립된 제3자 및 독일, 스위스, 오스트리아의 TSO에 양도하는 것이 포함되어 있다. 사실상의 접근거절에 대한 처리방안으로 구조적 조치가 동의의결에 따라 취해졌다는 점이 주목된다.

(2) 수입시설에 대한 제3자 접근의 장기적 배제행위

GDF Suez그룹에는 산하에 프랑스의 천연가스 수직통합기업(GDF), 프랑스의 가스수송망 대부분을 보유한 GRT gaz사, 액화천연가스 터미널을 보유한 Elengy사 등이 있다. GDF Suez그룹은 GRT gaz사 수송네트워크의 각 밸런싱 존(balancing zone)에 있어서의 가스수입 및 도·소매 공급분야에서 시장지배적 지위를 보유하고 있음이 잠정적으로 결정되었는데, ① GRT gaz사 수송네트워크의 각 밸런싱 존(balancing zone)에서 대부분의 가스수입시설 사용능력을 장기간에 걸쳐 예약한 것(제3자는 가스를 수입하기 위해 필요한 시설을 이용할 수 없는 것), ② Fos Cavaou의 새로운 액화천연가스 터미널의 저장·수송 능력을 제3자에게 할당하지 않은 것(제3자가 터미널 건설자금을 공동으로 출자하고 싶다고 신청했음에도 이를 거절하고 전략적인 자산의 제공을 교환조건으로 요구한 것) 등에 의하여 가스수입시설에 대한 접근을 장기간에 걸쳐 배제한 결과, 하류(下流)의 프랑스 가스공급시장에서 경쟁을 제한한 것으로 잠정적으로 결정되었다.

시정조치의 내용은 ① 2010년 10월 1일 이후 일정기간(2026년 내지 2027년)까지

32) ENI, Case COMP/39. 315 (29. 9. 2010).

GDF Suez사는 GRT gaz사의 진입부(entry point)인 Obergailbach 등 3곳에서 장기가스 수송능력을 제3자에게 개방하고, ② Fos Cavaou 등 액화천연가스 터미널의 장기수송 능력을 제3자에게 개방하며, ③ 늦어도 2014년 10월부터 10년 동안 GRT gaz사 수송 네트워크의 북부, 남부 밸런싱 존(balancing zone) 및 프랑스 전역에 있어서의 고열칼로리가스수송에서 차지하는 자사의 장기수송능력 예약을 50% 미만으로 억제하는 것 등이다.[33] 본 사건에서는 남용과 잠정적으로 결정된 행위에 비례하지 않아 구조적 처리방안은 마련되지 않은 것으로 생각된다.

(3) 발전의 유보, 경쟁자에 의한 발전설비 투자의 방해 등

주로 독일에서 전기사업 및 가스사업을 하는 E. ON그룹은 발전·송전·배전을 그룹 내 기업에서 수행하여 왔다. EU집행위원회는 독일의 전력도매거래시장에서 E. ON그룹, RWE 및 Vattenfall이나 E. ON그룹 및 RWE 중 어느 한 쪽은 공동지배적 지위를 가지고 있음을 잠정적으로 결정하면서, ① E. ON그룹은 자신의 발전소를 이용해 발전할 수 있었음에도 불구하고 수요가 많았던 2003년과 2004년에 단기전력거래시장의 가격을 올리기 위해 일정량만을 발전하여 1～3년간 전력선물시장의 가격에도 영향을 끼쳤으며, ② E. ON그룹은 고객과 장기공급계약을 맺거나, 발전설비에 대한 투자를 계획한 경쟁자에게 자사 전력플랜트계획에 참여할 것을 신청하도록 하여 경쟁자의 발전능력 증대를 저지한 것으로 잠정적으로 결정하였다. 또한, E. ON그룹에 속하는 E. ON Net은 TSO이지만, 송전선의 전압을 적정한 수준으로 유지하기 위한 2차밸런싱전력의 구입에 대하여 지배적인 지위에 있다고 잠정적으로 결정되었다. E. ON Net이 TSO인 지리적 범위에 있어서의 2차밸런싱전력 거래분야에 있어, E. ON Net은 동일한 기업그룹에 속하는 E. ON Sale & Trading으로부터 2차밸런싱전력을 높은 가격에 구입하여 최종소비자의 이익을 저해함과 동시에 독일 이외의 회원국 발전업자로부터 2차밸런싱전력의 거래신청이 있었지만 이를 거절하였다. EU집행위원회는 이를 구 EC조약 제82조에서 말하는 남용행위라고 잠정적으로 결정하였다. 이상과 같은 경쟁에 있어서의 문제에 대응하기 위하여 E. ON그룹은 약 5,000㎿ 발전소(하천, 원자력, 갈탄, 무연탄, 가스, 펌프를 이용한 발전소)의 분리와 송전사업의 분리를 신청하였는데, EU집행위원회는 이를 적당하다고 인정하여 동의의결을 하였다.[34]

33) Gaz de France, Case COMP/39. 316 (3. 12. 2009).

34) German Electricity Wholesale Market, Case COMP/39. 388 & German Electricity Balancing

Ⅳ. 규제개혁시 사업법중심주의와 경쟁법중심주의

1. 양자의 관계

지금까지 살펴 본 것처럼 에너지산업의 규제개혁은 미국에서 FERC가 사업법(연방전력법 및 천연가스법)에 의해 진행하여 왔다. 독점금지법은 시장이 자유화된 후에 경쟁을 보호하고 독점의 형성을 방지하는 것으로, 시장경쟁을 창출해 내는 것 자체를 목적으로 한다고 생각되지 않기 때문에 규제개혁을 담당하는 중심적인 역할을 수행한다고 할 수는 없다.[35] filed rate doctrine 및 state action doctrine 등 규제산업에 대한 독점금지법의 적용을 제외하는 법리도 적지 않다. 이에 반해 EU에서는 주요 회원국의 저항 속에서 에너지 분야의 규제개혁은 EU집행위원회 내의 경쟁총국(Directorate General Competition)이 경쟁법을 이용해 추진하고 있다. 규제개혁에서 경쟁법중심주의(EU)와 사업법중심주의(미국) 내지 Regulatory Antitrust[36] vs. Competitive Regulation이라고도 할 만한 상황이 나타나고 있는 것이다.[37]

이와 같이 파악할 수 있다면 양자는 어떤 관계에 있는 것인가. 미국의 사업법중심주의 및 EU의 경쟁법중심주의는 모두 기존 사업자의 시장지배적 지위가 잔존하는 전기사업에 경쟁을 적극적으로 창출해 내려는 점에서는 공통적이다. 게다가 그 기법은 모두 사전규제적이다. 사전규제와 사후규제의 구별은 해당 법규에 위반되는 행위가 발생하기 전인지 후인지에 따라 달라지는데, FERC의 개방적 접속을 요구하는 명령 및 경쟁적 요금을 용인하는 명령도 특정의 위반을 개별적으로 인정하지 않고,

---

Market, Case COMP/39. 389 (26. 11. 2008).

35) OECD, Competition Issues in the Electricity Sector 414, DAFFE/COM (2003) 14.

36) M. Cave & P. Crowther, *Co-ordinating Regulation and Competition Law-Ex Ante and Ex Post*, in Konkurrensverket (Swedish Competition Authority), The Pros and Cons of Antitrust in Deregulated Markets 28 (2004), http://www.kkv.se/upload/filer/trycksaker/ rapporter/pros&cons/rap_pros_and_cons_deregulated_markets.pdf#search='The Pros and Cons of Antitrust in Deregulated Markets'

37) 이는 정보통신 분야 규제개혁에 있어서의 경쟁법중심주의(EU) 및 사업법중심주의(미국)와 유사하다. D. Geradin & J. G. Sidak, *European and American Approaches to Antitrust Remedies and the Institutional Design of Regulation in Telecommunications,* in S. K. Majumdar, I. Vogelsang & M. E. Cave, HANDBOOK OF TELECOMMUNICATIONS ECONOMICS, vol.2, 517 (2005).

EU집행위원회의 동의의결도 공식적으로는 위반을 인정하지 않기 때문에 사전규제라 할 수 있지만, FERC의 시장조작 규제 및 EU집행위원회의 정식 위반결정 등 사후규제로 평가되는 것이 일부에는 존재할 수 있다. 한편, 사업법은 전력도매거래시 단기현물시장의 가격변동이 매우 커질 수 있다는 점을 감안하여 오퍼가격에 상한(price cap)을 설정하거나 사업자에게 도매전력가격을 보고하도록 해서 지속적인 감시하에 둘 수도 있지만, 경쟁법에서는 이런 개입주의적인 규제가 매우 곤란하기 때문에 이 점에서 양자의 차이가 있다.

그런데 경쟁법중심주의, 사업법중심주의라고 할 때, '중심주의'라는 말은 주변적인 규율의 존재라는 의미를 내포하고 있다는 점에 유의해야 한다. 즉 미국에서는 독점금지법이 사업법을 보완할 여지가 있고, EU에서도 회원국에 의한 영역규제의 필요성이 인정되고 있다. 일정한 보완관계는 어느 법의 영역에 대해서도 승인되고 있어, 경쟁법과 사업법 모두 어느 쪽에 더 비중(weight)을 두고 있는지에 차이가 있을 뿐이라고 말할 수 있다. 예를 들어 미국에서 독점금지법이 사업법을 보완하는 사례로 연방전력법이나 천연가스법이 적용되지 않는, 즉 FERC가 관할권을 가지지 못하는 행위에 독점금지법이 적용되는 것,[38] 전력도매거래시장에서 가공거래(架空去來)를 위해 허위가격을 가격지수 발행인(price index publishers)에게 보고하는 것은 이 가격을 FERC가 승인했다고 볼 수 없으므로 filed rate doctrine에 의하여 독점금지법의 적용이 제외되지 않는다는 점[39] 등을 들 수 있다.

2. 경쟁법중심주의와 사업법중심주의에 대한 비판

그렇다면 경쟁법중심주의와 사업법중심주의는 어떻게 평가되는가. 유럽에서는 경쟁법중심주의에 대한 일정한 비판이나 의문이 제기되고 있다. Diathesopoulos는 미국과 대조적으로 경쟁법중심주의로 가게 된 요인 중 하나를 법규범의 계층성(hierarchy of norms), 즉 TSO 방식도 허용하는 지침과 규칙에 대하여 경쟁법이 근거를

38) 미국의 전기사업에 대한 독점금지법의 적용에 대해서는 우선 저자의 "規制改革期における獨占的電氣事業者とシャ一マン法2條,"「ジュリスト」, 제1330호(2007년), 113면 이하 참조. FERC가 관할권을 가지는 기업결합에 대해서는 Clayton법 제7조의 적용이 부정되지 않지만, 재판소는 사업법이 적용되는 그 외의 행위에 대해서는 전반적으로 독점금지법의 적용에 신중하다.

39) ABA Section of Antitrust, EERGY ANTITRUST HANDBOOK 207 (2d. 2009).

가지는 조약(EU기능조약, TFEU)이 우선한다는 EU법 고유의 계층적 구조에서 찾으면서,[40] EU 경쟁법의 에너지 분야에 대한 적용에 비판적이다. 그 이유는 위와 같은 EU 경쟁법의 적용이 에너지 분야에서 고유한 요소(에너지의 안정적인 공급 및 공급능력의 확대 등)에 대한 고려는 제쳐두고 영역규제의 일반적인 목적을 사실상 무시하게 되고,[41] 에너지의 안정적인 공급과 관련된 인프라 투자결정에서 위험(risk) 및 의욕감소(disincentive)와 혼란을 가져오며,[42] 나아가 영역규제가 자각적으로 규제해 오지 않았던 문제(장기공급계약 등)에 경쟁법을 이용하여 개입할 수 있도록[43] 한 점에서 찾을 수 있다. 여기에서 경쟁법은 사후적인 보정적 역할(*ex post* corrective role)이 아니라 회원국의 영역규제를 대신하는 사전적인 준규제적 역할(*ex ante* quasi-regulatory role)을 담당하기에 이르렀다고 분석하고 있다.[44]

또한, 독일의 경험을 바탕으로 한 문제도 제기되고 있다. 1998년 독일경쟁제한방지법(Gesetz gegen Wettbewerbsbeschränkungen, GWB) 개정에서는 下流(하류)시장에서의 경쟁을 위해 필수적인 네트워크와 그 밖의 인프라(infrastructure)에 대한 적절한 가격으로의 접근을 실질적 이유를 제시하지 않고 거절하면 시장지배적 지위의 남용이라고 규정하였다(제19조 4항 4호). 연방카르텔청(Bundeskartellamt)은 송전선망에 대한 접속거절을 이 규정에 따라 남용행위로 인정하고 접근을 보장하도록 하였지만, 그 결과는 '무참하게 끝났다'.[45] 즉 카르텔청에서 '적절한 가격'에 대한 입증책임을 지게 되었으

---

40) M. Diathesopoulos, *Third Party Access and Refusal to Deal in European Energy Networks: How Sector Regulation and Competition Law Meet Each Other* 22-23 (2010), http://works.bepress.com/cgi/viewcontent.cgi?article=1000&context=michael_diathesopoulos

41) *Ibid.*, at 33, 36.

42) *Ibid.*, at 28-29, 33. 정보통신 분야에서도 EU집행위원회의 2002년 이후 정책은, 당초 시내회선망에 대한 접속요금을 낮게 억제해서 신규진입을 촉진시키고, 그 후 복제가능한 시설부터 요금을 올리면 신규진입자는 해당 시설을 복제하게 되어 단기적, 정태적, 서비스기반 경쟁에서 장기적, 동태적, 인프라기반 경쟁으로 이행한다는 '투자의 사다리(ladder of investment)' 이론에 근거하고 있다고 하면서 이를 실현하기 위한 전제인 이행을 관리하기 위한 정보와 능력이 결핍되었다는 등으로 비판을 받는 경우가 많다. A. Oldale & A. J. Padilla, *From State Monopoly to the "Investment Ladder": Competition Policy and the NRF*, in Konkurrensverket (Swedish Competition Authority), The Pros and Cons of Antitrust in Deregulated Markets 66-76 (2004), http://www.kkv.se/upload/filer/trycksaker/rapporter/ pros&cons/rap_pros_and_cons_deregulated_markets. pdf#search='The Pros and Cons of Antitrust in Deregulated Markets'

43) *Ibid.*, at 27.

44) *Ibid.*, at 38.

45) M. Hellwig, *Competition Policy and Sector-Specific Regulation for Network Industries,* in Xavier Vires ed., COMPETITION POLICY IN THE EU-FIFTY YEARS ON FROM THE

며, 재판소는 접속가격이 비용보다 현저하게 높다는 사실을 제시하는 것만으로는 불충분하며 어느 개별가격이 현저하게 높은지 특정해서 제시할 필요가 있고(그러나 이를 제시하지 않았다), 전력판매비용 등 특정 비용항목이 부당하게 높게 평가되었을 뿐만 아니라, 높게 평가되었다고 판단되는 해당 비용을 부정하기 위하여 다른 비용항목을 낮게 평가하지 않았다는 사실도 입증할 필요가 있다고 판시하여 하급심에서는 카르텔청이 모두 패소하였다. 그러나 최고재판소가 카르텔청의 산정방식을 인정할 무렵에 와서는 2005년 에너지법(Energiewirtschaftsgesetz, EnWG)에 따라 탁송료 산정권한이 규제당국으로 이전되었다. 요컨대 경쟁법은 대부분 금지체계이기 때문에 시장참가자에게 일정한 행위를 특정하여 요구하도록 설계되어 있지는 않다고 지적되고 있다.[46]

전기사업(전력도매거래시장)에서는 시장지배력을 일반산업과 마찬가지로 파악하여 시장을 획정해서 시장점유율(market share) 등을 검토한 다음 시장지배력을 인정하는 경쟁법에서 형성된 틀을 전력도매거래에 적용하는 것이 타당한지의 여부에 대해서도 의문이 제기되고 있다. 즉 수요의 비탄력성, 저장의 곤란성, 송전의 혼잡, 송전능력의 제약, 각종 발전업자의 한계비용의 다양성, 경쟁자에 의한 신속한 증산(增産)의 곤란성 등 전기시장의 특징은 혼잡으로 인해 송전이 일정지역으로 한정되는 경우, 특정한 좁은 구역을 지리적 시장으로 인식하도록 만들 수 있으며, 또 시간적으로도 연월주일(年月週日) 단위뿐 아니라 시간별로도 수요가 변동하기 때문에 매우 짧은 시간단위(time span)로 평가하도록 만들지도 모른다는 점, 즉 시장지배력의 유무가 순간적으로 변할 수 있다는 점이 지적된다. 단순하게 일정지역 내의 발전능력 등으로 점유율(share)이나 HHI(Herfindahl-Hirschman Index)를 산정해서 시장지배력 유무를 판단하는 기법에는 큰 한계가 있다.[47] 이는 반드시 경쟁법중심주의에 대한 비판으로 지적되는 것이 아니라 이러한 틀을 채택한다면 사업법에 따른 시장지배력 규제에도 그대로 타당하다.

한편, 미국에서도 사업법중심주의에 대한 비판이 일고 있다. 예를 들어 미국의 법체계하에서는 영역규제가 어떤 행위에 대응하고 있는 한, 독점금지법 위반의 적용은 제한된다고 파악하여 다음과 같은 비판이 제기된다. 규제가 독점금지법에 비해

TREATY OF ROME 203, 210 (2009).

46) *Ibid.*, at 210-211.

47) OECD, Competition Issues in the Electricity Sector 31-32, DAFFE/COM (2003) 14.

적용범위(coverage) 및 유효성(effectiveness)이 떨어지는 경우, 독점금지법의 적용을 배제하는 것이 더 적확(targeted)하고 비용이 덜 드는 규제라는 점을 고려하면 부정적인 영향을 초래하게 된다.[48] Shelanski는 규제의 공통적인 폐단이라 할 수 있는 일반적 폐해(규제당국보다 피규제사업자가 해당 사업에 관한 정보를 더 많이 보유하고 있다는 정보의 비대칭성, 규제당국이 피규제자에 의해 제어된다는 규제포획(regulatory capture)의 가능성, 총괄원가방식하에서 사업에 필요한 비용을 고의로 늘려서 요금을 인상하는 도덕적 해이) 외에 공익사업에서 경쟁이 도입됨에 따라 다음과 같은 형태로 규제비용이 증가하는 문제를 지적한다.[49] 즉 규제산업에서 요금규제의 오류는 자유화=규제완화 전의 비용기반규제(cost-based regulation)가 이루어졌던 시대에는 규제를 받는 사업자와 고객, 소비자에게 긍정적이거나 부정적인 영향을 주었지만, 자유화가 진행됨에 따라 이들 주체뿐 아니라 신규진입자에게도 영향을 미치게 된 것이고, 접속요금규제에 대해서도 느슨한 접속규율(너무 싼 접속요금)로는 신규진입자가 경쟁할 인프라를 구축하는 데 투자하는 인센티브를 상실하고 소비자는 존재했을수도 있는 경쟁과 혁신을 잃게 되며, 지나치게 엄격한 접속규율(너무 비싼 접속요금)하에서는 시장진입을 촉구하여 경쟁을 촉진시킨다는 목적을 달성할 수 없다고 한다.[50]

또한, 사업법중심주의는 접속비용의 산정, 지속적인 정보수집, 적시개입 등의 관점에서 유리하지만 다음과 같은 문제가 지적되기도 한다. 즉 지속적으로 정보를 수집해도 그 정보가 사업자에 의해 조작되었거나 규제당국이 정보를 처리하는데 시간이 많이 걸릴 수 있고, 행정조직상의 차이(관청과 독립행정위원회 등)에 따라 경쟁당국보다 규제당국이 포획되기 쉬우며, 캘리포니아의 전력위기에서 경험한 것처럼 규제당국의 제도설계나 일정한 작위·부작위 명령은 잘못된 판단을 할 위험성을 수반한다.[51]

---

48) H. A. Shelanski, *The Case for Rebalancing Antitrust and Regulation,* 109 Michigan L. Rev. 683, 718 (2011).

49) *Ibid.,* at 725-727.

50) *Ibid.,* at 724.

51) M. Hellwig, *supra* note 45, at 216-217. 캘리포니아의 전력위기 당시 상류(上流) 도매전력시장은 자유화되어 있었지만 상대거래는 금지되었고, 하류(下流) 소매시장에는 가격규제가 존재하였기 때문에 상류(上流)시장의 전력구입가격이 현저하게 급등하여도 하류시장에서는 판매가격을 올릴 수가 없어 기존의 여러 지배적인 배전회사가 파산하였다.

Ⅴ. 결　　론

지금까지 미국과 EU의 에너지 규제개혁과 경쟁정책을 개관하였다. 입장을 바꿔서 일본의 현황을 살펴보면, 일본은 가장 보수적인(conservative) 위치에 있는 국가 중 하나이다. 일본에서는 1995년 전기사업법의 개정으로 독립전기사업자(independent power producer, IPP)의 도매전력거래가, 1999년 개정으로 특정규모전기사업자(power producer and supplier, PPS)의 소매공급과 탁송제도가 인정되어 발전부문과 소매부문이 자유화되기 시작하였는데, 자유화된 대규모 수요자 대상의 공급 중 신규참여자가 차지하는 비율은 3% 정도에 머무르고 있다. 수직적으로 통합된 기존 사업자의 시장지배적 상태가 지속되고 있는 것이다. 또한, 3.11 이후 원자력발전에 대한 거부감으로 인하여 자연에너지 전기의 개발 및 촉진도 중요한 과제가 되고 있다. 2011년 8월에 제정된 '전기사업자에 의한 신재생에너지전기 조달에 관한 특별조치법'은 자연에너지별 매입가격과 매입기간을 정하였다. 이는 모두 발전부문과 송배전부문에 한층 더 개혁을 요청하는 것이라고 말할 수 있다.

그러나 일본에서는 종래 전기사업의 규제개혁을 추진하는 방향으로 사업법이나 독점금지법이 이용되지 않았다. 캘리포니아의 전력위기나 북동지역 여러 주의 대정전 등의 사례에 비춰 보면, 전력자유화의 구체적인 제도설계에 세심한 주의가 필요하다고 할 수 있는데 일본의 현황은 너무나 보수적인 것처럼 보인다. 규제개혁은 사업법과 독점금지법을 조합해서 보완적으로 이용할 수밖에 없지만, 이때 전력시장은 시장지배력에 대하여 일반산업보다 현저하게 취약하다는 점, 송배전망에 대한 접근은 단기적·정태적·가격중심경쟁과 장기적·동태적·혁신중심경쟁과의 균형을 확보하는 점이 매우 중요하다는 사실에 유의할 필요가 있다.

* 본장에서 논의된 내용 중 일본의 전기사업법과 관련된 사항은 2014년 6월에 개정되어 2016년부터 적용될 전기사업법 개정 내용에 따라 상당부분 달라질 수 있다.

제22장

지적재산권과 경쟁정책

- 국제상사중재에서의 국제경쟁법개념의 역할

村上 政博 (무라카미 마사히로)

I. 서 론

경쟁법(독점금지법)은 국제법이 아니라 국내법이다. 그런 만큼, 각국 경쟁당국 등에 의하여 집행되고 그 법규는 각국의 국내에서 실효성을 가진다.

경쟁법은 국내법이지만 1980년대 이후 규범의 조화가 진행되어 각국 경쟁법의 기본체계, 행위유형마다의 경쟁법규가 동일한 것으로 수렴하고 있어 국제적인 공통사업활동규칙으로서 의식되고 있다. 각국 내의 경쟁당국·법원에 의하여 집행되므로 조약에 의한 규칙보다 매우 유효하게 기능한다. 국제적으로도 양자간 협력협정, 집행원조협정에 의한 경쟁당국간의 협력이 진행되어 국제적 집행체제가 강화되고 있다.

독점금지법 전반뿐만 아니라 지적재산권과의 조정의 법규에 대하여도 경쟁법의 기본체계·경쟁규칙에 맞추는 형태로 국제적인 조화가 진행되고 있다. 따라서 지적재산권과의 조정법규에서 판례법의 전개를 본장 전반 부분에서 먼저 다루겠다. 이것이 이른바 국제공통사업활동 법규의 일부를 구성하게 되는 독점금지법상의 실체법규이다.

한편, 아무리 공통사업활동규칙이라고 하더라도 경쟁법은 어디까지나 국내법이기 때문에 완전하게 동일할 수 없고 국제경쟁법이라고 하는 추상적인 개념은 이념상

이던 이론상이던 실효성이 없었다. 그러나 최근의 국제상사중재에서 경쟁법이 차지하는 기능을 보면 경쟁법의 핵심공통규칙을 정리한 것이 마치 국제경쟁법과 같은 개념으로 탄생하고 있다. 본장의 후반 부분에서는 이러한 새로운 움직임에 관하여 해설한다.

Ⅱ. 적용제외와 독점금지법 제21조

미국독점금지법, EU경쟁법 등 주요 경쟁법에는 일본 독점금지법 제21조와 같은 지적재산권의 행사행위에의 적용제외규정이 존재하지 않는다. 지적재산권의 행사에 해당하는 것이 하나의 판단요소로서 고려될 뿐이다. 일본의 독점금지법에서도 판결·심결이 축적됨에 따라 독점금지법 제21조가 본질적으로 불필요한 규정이며, 지적재산권의 행사행위가 관련된 사건에서 해당 지적재산권제도의 취지와 관련규정의 내용을 충분히 고려할 것을 요구하는 규정으로 이해되고 있다.

지적재산권의 행사가 관련된 사건에 대해서도 제품시장 또는 기술거래시장에서 경쟁제한효과가 인정되는 경우에 독점금지법 위반이 인정되는 것이 명백해지고 있다. 개별 라이센스계약의 제한조항이 문제되는 경우에도 예전처럼 개별 라이센스계약의 제한조항에 대하여 반경쟁적 성격을 이유로 독점금지법 위반이라고 하는 사례가 사라지고 있다.

Ⅲ. 독점금지법상의 판례법의 전개

1. 판례법의 기본적 동향

최근의 사례에 따라 형성된 판례법을 경쟁법체계에 맞추어 공동행위·단독행위 등으로 분류하고, 그 행위유형별 법규에 대하여 간단하게 정리하면 다음과 같다. 최근의 판례를 살펴보면 미국독점금지법과 EU경쟁법의 지적재산권의 행사에 관한 판례법이 명확하게 합치하는 방향으로 나아가고 있다.

지적재산권제도의 취지나 규정내용의 위법 여부를 판단할 때 고려하는 요소로서 중요성을 갖는 사례로는[1] 복수의 라이센스(multiple license)에 관한 퀄컴(*QualComm*) 사건, 히노데스이도키키(日之出水道機器) 사건, 음악저작권제도와 집중관리단체의 행위에 관한 일본음악저작권협회(*JASRAC*) 사건 등을 들 수 있다.

또한 제품시장 또는 기술거래시장에 경쟁제한효과를 가져오는지가 검토되고 있다. 라이센스계약상의 주요 제한조항으로서 문제가 되었던 경합제품취급제한, 그랜트백(grant back), 부쟁의무 등의 개개(해당 라이센스 계약으로서의) 제한조항에 대하여 그 성격으로부터 위법성을 판단하는 것은 없어졌다.

2. 공동행위규제

(1) 카 르 텔

카르텔인 가격협정, 수량제한협정, 시장분할협정, 입찰담합은 지적재산권제도의 취지나 규정내용을 고려하였다고 하더라도, 바꾸어 말하면 해당 행위가 권리의 행사에 해당하는 것이라고 하더라도, 즉시 상호 구속에 의한 일정한 거래분야상의 경쟁의 실질적 제한에 해당하므로 부당한 거래제한이 된다. 콘크리트파일(*Concrete Pile*) 사건 권고심결[2] 및 후쿠오카시 공공하수도용 맨홀덮개(鉄蓋) 카르텔 사건 심판·심결[3]이 이를 나타내는 기본 선례이다. 콘크리트파일 사건 권고심결은 권리의 행사에 해당하는지 여부의 판단조차 하지 않았다. 후쿠오카시 공공하수도용 맨홀덮개 카르텔 사건 심판·심결은 "상호간에 경쟁없이 결정된 할당수량까지 판매량이 확보 및 보장되어, 후쿠오카지구에 있어서의 도시형 맨홀덮개거래의 경쟁을 실질적으로 제한하여, … 동법 제3조에 위반하는 것임은 분명하다"고 하고 있다.

(2) 공동의 거래거절

착신음 사건 도쿄고등법원 판결이 기본선례이다. 이 사건에서 5개의 레코드회사

1) 고려요소로서의 지적재산권제도의 취지, 규정내용이 어느 정도의 중요도를 갖는가에 대해서는 해당 사안에 따른다. 지적재산권제도의 취지, 규정내용은 고려요소의 하나에 불과하므로 쟁점이 되지 않은 사건에서는 이러한 점을 언급할 필요도 없다.
2) 公取委勧告審決, 1970년 8월 5일(昭和 45年 8月 5日), 審決集, 제17권, 86면(콘크리트파일 사건).
3) 公取委審判審決, 1993년 9월 10일(平成 5年 9月 10日), 審決集, 제40권, 3면(후쿠오카시 공공하수도용 맨홀덮개카르텔 사건).

는 라벨모바일(Label Mobile)을 설립하여 착신음 제공사업을 개시하였고 라벨모바일에 의한 착신음 제공사업이 궤도에 오른 후에는 다른 착신음 제공업자의 진입으로 착신음의 서비스가격의 안정이 위협받지 않도록 하기 위하여, 다른 착신음 제공업자에 대하여 이용허락의 방법으로는 악곡을 제공하지 않기로 하였다. 결과적으로도 5개 회사는 다른 착신음 제공업자가 서비스가격을 설정할 수 있는 이용허락의 형태로는 악곡을 거의 제공하지 않았다.[4)]

이 사건에서 도쿄고등법원은 5개 회사가 각각 개별적으로 실시하는 음원권(原盤權)의 이용허락 거절행위가 적법하고 자연스러운 행위라고 평가할 수 있는 것이라고 하여도, 5개 회사가 의사를 주고 받으며 공동으로 거래를 거절한다면 이는 구(舊)일반지정 제1항 1호에 해당한다고 하였다. 또는 (지적재산권제도의 취지와 목적에 일탈하였는지 등에 대해 어떠한 언급도 없이) 5개 레코드회사 각각이 가지는 저작인접권에 근거하는 음원권(原盤權)의 이용허락의 거절행위도 그것이 의사를 주고 받으며 공동으로 이루어졌을 경우에는 저작인접권으로 보호되는 범위를 넘는 것으로 저작권법상 '권리의 행사라고 인정되는 행위'에는 해당하지 않는다고 하였다.[5)]

(3) 특허풀(Patent Pool)

파칭코기계 특허풀 사건 권고심결과 특허풀 사건 도쿄고등법원 판결이 기본선례이다. 두 사건만을 해설하면 특허풀은 독점금지법의 문제가 생기기 쉬운 것이라는 오해를 줄지 모르지만, 특허풀은 신기술이나 신제품의 보급을 촉진하는 것이며 보통은 경쟁을 촉진한다.

특히 규격설정단체에 의한 규격설정의 경우 필수특허로서 승인된 특허에 의한 특허풀이 형성되는 것도 많다. 풀특허 관리회사가 풀특허 사용자로부터 판매금액의 5％ 정도의 실시료를 징수하고 관리비를 공제한 후, 필수특허의 수(혹은 계통별로 분류된 특허의 수)에 따라 특허권자에게 배분하는 방법을 채택한다. 이러한 특허풀은 신제

4) 도쿄고등법원은 5개사의 행위가 다른 착신음 제공업자가 가격경쟁의 원인이 되는 형태로 진입하는 것을 배제하기 위해서는 다른 착신음 제공업자에게의 음원권의 이용허락을 거절하는 것이 유효하다는 것을 서로 인식하고, 그 인식에 따른 행동을 취하는 것이 서로 묵시적으로 인용하고 서로 보조를 맞출 의도였음을 인정하였다. 즉 5개 회사에는 음원권의 이용허락을 거절하는 것에 대하여 의사의 연락이 있었다고 인정할 수 있다고 하고 있다.

5) 公取委勧告審決, 1997년 8월 6일(平成 9年 8月 6日), 審決集, 제44권, 238면(도시바 EMI 착신음 사건); 東京高判, 2010년 1월 29일(平成 22年 1月 29日), 審決集, 제56호 각권 2분책, 498면(착신음 사건).

품을 신속하게 보급시키는 것이라 원칙적으로 경쟁법상의 문제가 생기지 않는다.[6)]

특허풀의 위법성 판단기준은 미국독점금지법상의 판례법과 마찬가지로 다음 네 가지 요소를 종합적으로 판단하여 결정한다.

첫째, 해당 특허풀이 형성된 목적이 무엇인가
둘째, 풀된 특허에 의해서 제조되고 있는 제품의 시장점유율은 몇 %인가. 해당 제품의 제조를 위해서 풀특허의 실시허락을 받는 것이 반드시 필요한가
셋째, 실시희망자에게 합리적인 요율로 허락되고 있는가
넷째, 관련시장에서 제품가격의 상승, 획일화 등 경쟁제한효과가 생기고 있는 것인가

공정거래위원회는 파칭코기계 특허풀에 대하여 “타 업계로부터의 신규참가방지를 위하여 조합원의 자본이 매수되는 것을 방지하려고 실시허락계약에 있어 실시허락의 상대방의 회사에 상호, 표장, 대표자 및 임원의 구성 등에 변경이 있었을 경우에는 일본오락기특허운영연맹(日本遊技特許運営連盟)에 신고하여 승인을 받지 않으면 계약이 해제될 수 있는 것으로 하고, 또한 기업의 구성 또는 영업상태에 변경이 있는 경우에는 특허권 등의 권리자에게 신고하여 그 승인을 받지 않으면 특허권자가 실시허락을 거부할 수 있는 것으로 하고 있었다. 나아가 1985년 가을 무렵까지 신규로 참가하기를 희망하는 기업이 증가함에 따라 상기 10개사 중 9개사는 새롭게 특허권 등을 취득하여 일본오락기특허운영연맹 및 상기 9개사에 있어서의 특허권 등의 집적에 노력하여 일본오락기특허운영연맹의 이사회 등에서 신규참가방지를 위한 장벽을 강화한다는 방침을 확인하고 이 방침에 근거하여 신규참가를 배제하여 왔다”는 점에서 간단하게 배제형 사적 독점에 해당한다고 하고 있다.[7)] 법령의 적용에 있어 “특허법 또는 실용신안법에 의한 권리의 행사로는 인정되지 않는 것”이라고 기재할 뿐이다.

6) 게다가 특허풀까지 형성되지 않는 경우에도 규격에 관한 관련 필수특허를 가지는 규격설정단체의 회원에게는 그 특허의 조속한 개시의무를 부과하고, 나아가 공평, 합리적이고 비차별적인 조건으로 사용허락하는 취지의 선언을 실시할 의무가 부담된다. 이 선언의 법적 효과는 사용허락의 제의(신청)을 받고, 이러한 조건에 합치하는 사용허락계약의 체결을 향하여 성실하게 협의할 의무를 부과하는 것이라고 해석되고 있다.

7) 公取委勧告審決 1997년 8월 6일(平成 9年 8月 6日), 審決集, 제44권, 238면(파칭코기특허풀사건).

그러나 이 사건에서는 특허풀의 실시에 수반하여 특허연맹 및 10개사에 의해서 어느 정도까지 의도적인 가격유지행위, 수량제한행위가 이루어지고 있었던 것이다.[8]

그런데 도쿄고등법원은 유사한 폐쇄형 특허풀인 파칭코기계 특허풀에 관하여 "일본전동식오락기계특허주식회사(日本電動式遊技機特許株式会社)가 설립된 목적은 파칭코기계의 제조업자간에 특허권 등을 둘러싼 분쟁이 끊이지 않았던 점에서 특허권 등을 일본전동식오락기계에 집중시켜 상기 제조업자간의 이해를 조정하여 특허권 등을 둘러싼 분쟁을 미연에 방지하고 파칭코기계 제조업계의 건전한 발전을 기하는 것에 있었다"고 판단하여 본 사건 특허풀은 "그 운용에 있어 판매수량의 제한이나 판매가격의 통제, 경합기종의 제조판매에 대한 선행업자의 사전승인, 판매업자의 등록제라고 하는 경쟁제한적인 내부규제가 존재하지 않고, 또 일본전동식오락기계공업협동조합(日本電動式遊技機工業協同組合)과 일본전동식오락기계특허주식회사가 신규참가의 방지를 하나의 방침으로서 내걸어 이 방침을 확인한 것 같은 일은 없었던 것이 인정된다"고 하여 독점금지법에 위반되지 않는다고 하였다.[9]

도쿄고등법원은 본 사건 특허풀의 운용은 "특허법 등의 기술보호제도의 취지를 일탈하여 일정한 제품분야 또는 기술분야에 있어서의 경쟁을 실질적으로 제한하는 것이 아니고, 특허권 등의 행사라고 인정되는 범위 내에 있는 것으로 생각할 수 있다"고 하였지만, 이 사건에서도 제21조에 해당하는지 여부와 독점금지법에 위반하는지 여부의 종합판단은 동시에 이루어지고 있다.

3. 단독행위규제

단독행위에 대해서는 다이이치코쇼오(第一興商) 사건 심결이 기본선례이다.

이 사건에서 해당 관련시장에 제1위 업체인 다이이치코쇼오는 제3위 업체인 에크싱(Xing)의 모회사 브라더(Brother)공업에서 제기한 특허침해소송에 관하여 2001년 5월경부터 화해교섭을 하고 있었는데, 이 화해교섭이 결렬되자 2001년 11월경 에크싱의 사업활동을 철저히 공격하여 나간다는 방침을 결정하였다. 따라서 자기의 자회사

8) "증지에 관한 조항에 근거해 판매상대방과의 매매계약서를 보는 것으로 판매가격의 감시가 이루어지는 것과 동시에, 난매금지조항 등을 근거로 유기기공조의 회합 등에 있어 조합원에 대해서 염가판매를 실시하지 않게 지도가 이루어져 왔다", "형식시험에 대한 신청대수에 대해서 조합원마다 동 대수의 상한범위 설정이 이루어지게 되었다"고 인정하고 있다.

9) 東京高判, 2003년 6월 4일(平成 15年 6月 4日), 審決集未登載.

로 되어있던 레코드회사인 크라운(Crown), 토쿠마(德間)에게 본 사건의 관리악곡의 사용을 에크싱에 대하여 승낙하지 않도록 지시하고, 에크싱의 통신노래방기기에서는 크라운 및 토쿠마 관리악곡을 쓰지 못하게 하도록 도매업자 등에 공지하였다. 공정위는 ① 단독의 거래거절과 ② 그 고지행위로부터 이루어진 다이이치코쇼오의 행위가 구(舊)일반지정 제15항의 경쟁자에 대한 거래방해에 해당한다고 하였다.[10)]

공정위는 심판심결에서 "레코드제작회사가 그 관리악곡의 통신노래방기기에 의한 권리행사에 해당하는지 여부를 결정하는 것이 저작권법에 의한 권리의 행사에 해당하는지에 대해서는 당사자간에 분쟁이 있으므로, 관리악곡 사용 여부에 관한 레코드제작회사의 결정이 저작권법에 의한 권리행사에 해당하지 않으면 독점금지법 제21조의 적용 여부를 논의할 필요가 없으므로, 이하에 있어서는 당해 결정이 저작권법에 의한 권리행사에 해당된다고 하는 경우에 대하여 검토한다"고 하고 있다. 그런 다음, "해당 갱신거절은 에크싱의 사업활동을 철저히 공격하여 나가겠다는 피심인의 방침 아래 이루어진 것이고 피심인에 의한 도매업자 등에 대한 앞의 공지와 일련의 행위로서 에크싱의 통신노래방기기의 거래에 영향을 끼칠 우려가 있는 것이므로 지적재산권제도의 취지 및 목적에 반하며, 저작권법에 의한 권리행사라고 할 수 없다"고 하였다. 관리악곡 사용가능 여부에 관한 레코드제작회사의 결정이 저작권법에 의한 권리행사에 해당하는지에 상관없이 독점금지법상의 평가는 바뀌지 않는다. 즉 권리행사에 해당하는지 여부를 판단할 필요도 없다고 말하는 것과 마찬가지이다.

일본음악저작권협회(*JASRAC*) 사건에서 음악저작물의 저작권에 관한 저작권 등 관리사업을 영위하는 JASRAC은 모든 방송사업자와의 사이에서 방송 등 사용료의 징수방법을 본 사건 포괄징수(包括徵収)라는 내용의 이용허락에 관한 계약을 체결하고 이를 실시하였다. 2001년 10월 1일 관리사업법 시행 후에 모든 방송사업자로부터 해당 방송 등 사용료의 금액을 해당 방송사업자의 방송사업수입에 일정률을 곱하는 등의 방법으로 산정하는 포괄징수의 방법에 의하여 방송 등 사용료를 징수한 것이다. 구체적으로 JASRAC은 민간방송사업자와의 사이에서 협의를 거친 후, 2006년 4월 1일부터 2013년 3월 31일까지를 계약기간으로 하여 민간방송사업자로부터 방송 등 사용료를 징수하는 방법으로 상기 포괄징수라는 내용의 계약을 체결하였다.

이 사건에서는 음악저작권의 특성이나 음악저작권의 집중관리, 포괄허락, 포괄

---

10) 公取委審判審決, 2009년 2월 16일(平成 21年 2月 16日), 審決集, 제55권, 500면(다이이치코쇼오 사건).

징수 시스템에 제시된 사회적 필요성, 정당화사유를 고려하여 보면 "일정한 거래분야에서의 경쟁을 실질적으로 제한하는 것"에 해당하는지가 유일한 쟁점이라고 생각된다. 이 사건에서의 JASRAC의 행위가 위탁자 보호 및 이용의 촉진에 이바지하는 것으로, 적절하고 효율적인 음악저작물관리와 이용을 확보하는 가장 합리적이고 권리자와 이용자 쌍방에게 이익이 되는 방법으로서 허용되어야 하는지 여부가 문제된다.

JASRAC의 이 사건 행위가 허용되는 경우에는 일정한 신규참가제한효과를 갖지만, 음악저작권제도의 취지 및 특성이나 JASRAC이 가지는 그 영역에서의 집중관리단체의 역할을 고려하여 JASRAC의 행위를 감안하면 일정한 거래분야에 있어 경쟁의 실질적 제한에 해당하지 않는 것으로 판단된다. 일본음악저작권협회사건의 행위가 음악저작권제도의 취지나 관리사업법의 규정 등 정당화사유를 감안하면 '일정한 거래분야에서의 경쟁을 실질적으로 제한하는 것'에 해당하지 않는다는 것과 같다.[11)]

또한 JASRAC의 이 사건 행위가 금지되는 경우에는 JASRAC의 행위는 음악저작권제도의 취지 및 특성, 그 영역에서의 집중관리단체의 역할을 고려요소로서 감안하더라도 일정한 거래분야에서의 경쟁의 실질적 제한에 해당하는 것으로 판단될 것이다.

4. 단독행위와 공동행위의 혼합형, 복수의 라이선스

비계쟁조항과 관련된 퀄컴 사건의 배제조치명령과 수량제한조항과 관련된 히노데스이도키키 사건 지적재산권 고등재판소 판결이 기본선례이다.

퀄컴 사건[12)]에서 퀄컴은 CDMA 휴대무선통신에 관한 지적재산권의 실시권 등을 허락할 때에 국내단말기제조판매업자와의 사이에서 ① 관련반도체집적회로 등의 제조, 판매 등을 위한 지적재산권에 관해 퀄컴에 대하여 그 실시권 등을 무상으로 허락하고, ② 관련반도체집적회로 등의 제조, 판매, 사용 등에 관하여 퀄컴 등의 고객에 대하여 권리주장을 하지 않는다는 것을 약속하고, ③ 관련반도체집적회로 등의 제 조·판매 등에 관하여 퀄컴의 라이센시(licensee)에 대하여 권리주장을 하지 않는다는 약속을 내용으로 하는 규정(이하 이 사건 비계쟁조항)을 포함하는 라이센스계약을 체결하였다.

공정거래위원회는 이 사건 비계쟁조항으로 국내단말기 등 제조판매업자 등이

11) 배제형 사적 독점에 관한 지침에서 정당화사유를 '일정한 거래분야에서의 경쟁을 실질적으로 제한하는 것'의 판단요소로 열거하는 것에 의의가 있다.

12) 公取委排除措置命令, 1993년 9월 28일(平成 21年 9月 28日), 審決集, 제56권, 제2분책, 65면 (퀄컴 사건).

지적재산권에 기초하여 금지청구소송을 제기하고 라이센스료 청구 등의 권리주장이 제한됨에 따라 관련반도체집적회로 등에 관한 기술의 연구개발의욕이 저하되고 또한 퀄컴이 당해 기술과 관련된 시장에서 가지는 유력한 지위가 강화되며, 당해 기술에 관한 시장에서 공정한 경쟁이 저해될 우려가 있다고 하여 퀄컴의 본 사건 행위가 불공정한 거래방법의 구(舊)일반지정 제13항에 해당한다고 하였다.

퀄컴은 규격책정된 무선통신규격에 채택된 다수의 필수특허를 보유하고 있으며, 관련기술거래시장에서 시장지배력(시장지배적 지위)을 가지고 있다. 또한 이 사건 비계쟁조항은 라이센시의 관련회사를 당사자로 하여 라이센서(licensor)뿐만 아니라 그 라이센시나 그 고객도 보호대상으로서 허락지역을 전 세계로 하고, 계약시점에 보유하는 특허나 출원 중인 특허뿐만 아니라 장래 발생하는 특허나 새로운 라이센시의 관련회사인 기업도 대상으로 하는 등의 그 효력이 미치는 범위가 매우 광범위한 것이었다.

구체적인 경쟁제한효과로서 퀄컴은 그 반도체집적회로에 유력 라이센시의 특허기술을 무상으로 편입시키는 형태로 라이센시의 특허대상기술을 사용하고 있는 것으로 보인다. 당해 기술거래시장에서 경쟁관계에 있는 국내단말기 등 제조판매업자 등은 다른 라이센시 등으로부터 이 사건 비계쟁조항의 존재를 이유로 실시권의 허락을 내용으로 하는 계약의 체결이나 실시료의 지불을 거절당하거나, 실시료의 요율 등에 관해서 감액이 청구되는 등 이 사건 비계쟁조항에 의하여 많은 액수의 경제적 이익을 상실하였다.

정당화사유로서 비계쟁조항에 의하여 퀄컴은 국내단말기 등 제조판매업자 등이 개발한 CDMA 휴대전화단말기 등에 관한 기술 및 기능에 관한 지적재산권을 자유롭게 퀄컴의 반도체집적회로에 사용할 수 있었다. 나아가 '하류(川下)'의 단말기 등 제조판매업자가 비계쟁조항으로 다른 단말기 등 제조판매업자가 보유하거나 보유하게 되는 지적재산권을 라이센스료 기타 권리주장을 받지 않고 사용할 수 있게 되었다. 따라서 '하류'의 단말기 등 제조판매업자에게 있어서는 특허분쟁을 방지하고 실시료를 경감하여 첨단제품을 단기간에 보급시키는 것에 도움이 되는 등의 경쟁촉진효과를 가졌다.

이 사건은 현재 심리 중에 있지만 비계쟁조항에 관하여 관련기술거래시장에서 구체적인 경쟁제한효과나 정당화사유를 종합적으로 판단하여 공정한 경쟁을 저해할 우려가 있는지를 판단하게 되기 때문에, 비계쟁조항에 관한 기본선례가 될 것이라고 예상된다.

마이크로소프트 비계쟁조항 사건 심결[13]에서, 마이크로소프트는 배제조치명령 이전에 비계쟁조항을 삭제하여, 이 사건 배제조치명령의 효과는 과거의 비계쟁조항의 장래적 효력(잔존효과)에 관한 조항의 애매한 내용에 한정되었다. 이 사건에서 공정거래위원회는 과거의 비계쟁조항의 효력으로 마이크로소프트의 허락제품 OS소프트웨어에 있어 마츠시타전기(Panasonic) 등 유력 라이센시의 관련특허기술을 차지했을 개연성이 높았다는 것을 인정한 것에 머물렀다. 또한 마이크로소프트는 이미 불필요하다고 하여 비계쟁조항을 삭제하였기 때문에 그 정당화사유나 경쟁촉진효과를 주장·입증할 수 있는 가능성이 없었다.

마이크로소프트 사건 비계쟁조항 심결의 가치는 ① 일본에서 처음으로 기술거래시장을 획정한 것, ② 마이크로소프트가 1994년 이후 이 사건 비계쟁조항을 사용하여 왔으나 2001년 1월 이후의 것을 문제로 하여 비계쟁조항의 삽입 그 자체가 불공정한 거래방법의 구속조건부거래에 해당하여 제19조에 위반하는 것은 아니기 때문에 지금까지 관련시장에는 언급하지 않고 전적으로 외형이나 일반적인 특질로 개별제한조항의 위법성을 논하여 온 것에 비하여, 라이센스상의 개별제한조항에 관하여 관련기술거래시장을 획정하고 그곳에서의 경쟁관계의 실태, 시장의 상황 등을 감안하여 개별적이고 구체적으로 위법인지 여부를 판단한 것에 있다.

히노데스이도키키 사건에서 히노데스이도는 맨홀덮개를 제조·판매하는 사업자이며, 맨홀덮개에 관한 특허권 등을 가지고 있었다. 큐슈 북부의 각 지방자치단체에서는 각 지역 내에서 사용하는 맨홀덮개에 관하여 히노데스이도가 소유하는 본건 특허권 등을 실시하여 히노데형 맨홀덮개를 규격제품으로 지정한 곳이 많다.

히노데스이도는 각 지방자치단체에서 1년간의 맨홀덮개의 총수요를 추정하고 그 추정치의 75%를 해당 지방자치단체에서 히노데스이도 이외의 인정업자 수로 균등분할한 수량을 허락수량의 상한으로 하는 취지의 계약을 각 인정업자와 체결하였다.

각 계약에서는 ① 기간 중 본건제품의 최고수량 및 제한허락수량의 한도 내의 제조·판매에 관해서는 실시료를 청구하지 않을 것, ② 인정업자가 제조·판매한 이 사건 제품의 수량을 4분기마다 히노데스이도에 보고하고 이 사건 제품의 수량이 허락수량에 달하는 경우 히노데스이도에 대하여 바로 보고할 것, ③ 인정업자가 허락수량을 초과하여 이 사건 제품을 판매하는 경우 초과수량 상당의 본건제품에 관하여 히노

13) 公取委審判審決, 2008년 9월 16일(平成 20年 9月 16日), 審決集, 제55권, 300면(마이크로소프트 비계쟁조항 사건 심결 사건).

데스이도에게 OEM 제조를 위탁할 것을 규정하였다.

이 사건에서 지적재산권 고등재판소는 수량제한조항에 관하여 "상수도용의 맨홀덮개에 관하여 히노데형 맨홀덮개를 규격제품으로 지정한 각 지방자치단체에서 이 사건 특허권 등의 실시허락을 통하여 그 시장을 지배할 수 있는 지위에 있다면 히노데스이도가 그 지배적 지위를 배경으로 허락수량의 제한을 통하여 시장에서 실질적인 수급조정 등을 하고 있는 경우에는 그 구체적인 사정에 의해 특허권 등의 부당한 권리행사로서 허락수량제한에 관하여 독점금지법상의 문제가 생길 수 있는 가능성이 있다" 그러나 "이 사건에 있어서는 통상실시권허락계약에서 이 사건 특허권 등을 무상으로 실시할 수 있는 허락수량의 상한이 각 지방자치단체에서 추정하는 총수요(이것이 실제보다 현저하게 낮게 견적 받는 등 추정 총수요의 설정 자체가 불합리함을 짐작할 수 있는 증거는 없다)의 75 %를 기준으로 하여 결정되고, 그 상한을 초과하는 분량에 관해서는 의무적으로 히노데스이도에게 제조·위탁하여야 함에 따라 각 지방자치단체에서 덮개시장에 그 결과로서의 수급조정효과가 실제로 실현되고 있는지와 업자간의 공정한 경쟁이 실제로 저해되었다는 사정을 인정하기에는 충분히 정확한 증거가 없고, 이 사건 각 계약에서 허락수량의 제한이 이 사건 특허권 등의 부당한 권리 행사에 해당하며, 독점금지법에 위반한다고 인정하기에는 충분하지 않다"고 판시하였다.[14)]

이 사례는 다른 인정업자의 경우에 동일한 최고수량제한이 있는 실시허락이 이루어지는 것을 인식하면서 그 실시허락을 받을 때 당해 제품시장에서 수량제한합의와 동일한 효과를 갖는 실질적 경쟁제한효과가 있다고 판단되는가에 관하여 경계사례에 해당한다. 이 판결은 사업자간의 수량할당합의, 지분분할합의와 동일시 되는 수급조정효과를 생기게 하는 때는 부당한 거래제한에 해당하는 것을 부정하지는 않으나, 본건에서는 그 입증이 불충분하다고 본 것으로 평가된다.[15)]

---

14) 또한 "이 사건 특허권 등에 관하여 무상실시할 수 있는 상한액의 제조판매량을 정하여 이를 넘는 부분에 관하여 히노데스이도에 대한 제조위탁의무를 부과한 것은 위탁제조에 의한 이익의 상당액을 취득하는 것에 의하여 본 사건 특허권 등의 실시료 상당분을 확보하려고 한 것이고, 그 자체는 특허권 등의 권리행사로서 부당한 것이라고 할 수 없고, 또한 히노데스이도에서 맨홀덮개의 가격을 조정하고 있다는 것을 뒷받침하는 정확한 증거는 없다"고 판시하였다.

15) 知財高判, 2006년 7월 20일(平成 18年 7月 20日), 審決集未登載(히노데스이도기기 사건); 大阪地判, 2006년 1월 16일(平成 18年 1月 16日), 判例時報, 제1947호, 108면.

Ⅳ. 국제중재와 국제라이선스계약

1. 국제중재관할사항과 경쟁법

미쓰비시자동차(三菱汽车) 사건 미국대법원 판결(1985년[16])과 시무라 사건 미국항소심 판결(1999년[17])이 국제상사중재에서 경쟁법 위반의 주장·항변의 취급에 관한 기본 선례이다.

미쓰비시자동차 사건에서 미국대법원은 국제적인 계약에서 국제예양, 외국중재기관의 권한존중 및 국제거래에서 분쟁해결에 관한 예측가능성의 필요를 고려하면, 경쟁법을 포함한 제정법상의 모든 분쟁을 대상으로 하는 중재조항이 정해진 경우, 경쟁법상의 권리에 관한 다툼도 중재에 부탁되는 것이 가능하다고 하였다.

이 대법원 판결은 어떤 국가의 경쟁법에 의하여 판단되는가에 관해서는 중재지법(법정지의 경쟁법)에 의하여 판단되는 것을 전제하고 있다.

이 사건에서는 일본법인과 푸에르토리코법인간의 푸에르토리코법인을 판매대리점으로 하는 국제판매대리점계약이 중재대상계약이며, 중재지는 일본이기 때문에, 중재지법(법정지의 경쟁법)인 독점금지법에 의하여 판단되는 것을 전제하고 있다.

다만, 최고재판소는 미국대법원이 중재판정의 집행의 단계에서 경쟁법에 의한 정당한 이익이 보호되는지 여부를 확인할 수 있으며, 중재판정의 승인 또는 집행이 미국의 공공정책에 반하는 경우에는 그 승인 또는 집행을 거부할 수 있다는 취지의 판시를 하여 상기 판단에 큰 제약을 두고 있다.

따라서 중재인으로서는 일본독점금지법을 적용하는 외에, 미국의 공공정책에 반하지 않는 필요한 범위에서 미국독점금지법도 감안·적용하여야 한다. 반대로 일본독점금지법과 미국독점금지법의 기본법규가 일치한다면 일본독점금지법만을 적용하는 것으로 충분하다.

한편, 시무라 사건에서 미국법인 시무라는 자동차용 에어백 시스템(airbag system)을 개발하여 독일 자동차회사 BMW의 관련 미국법인 오토리브(Autoliv)에 대하여 모

16) *Mitsubishi Motor Corp. v. Solar Chrysler-Plymouth, Inc.* 105 S. Ct. 3346 (1985). 高桑昭, Sherman법에 의한 사인의 손해배상청구를 외국의 중재로 해결하는 것에는 별다른 문제가 없다. 「美國法」(1986년), 510면 참조.

17) *Simula, Inc. v. Autoliv, Inc.* 175F. 3d 716 (9th Cir. 1999) 1999-1 Trade Cases, p.72.

든 자동차회사에 관한 배타적인 판매라이선스를 부여하는 취지의 계약을 체결하였다. 이 국제라이선스계약에서 당해 계약으로부터 생기는 분쟁은 스위스의 중재판정부에서 해결한다는 중재조항이 규정되어 있었다.

이 사건에서 미국항소심은 당해 분쟁에 관하여 중재조항에 따라 스위스 중재판정부에 부탁되는 것이 상당(정당)하다고 하였다.

미국항소심은 전문감정증인의 의견에 따라 ① 스위스 중재판정부는 미국시장에 영향을 주는 경우에 미국독점금지법을 적용할 가능성이 높다는 점, ② 스위스법이 적용되는 경우에도 충분한 법적 보호가 부여된다는 내용을 중시하여 스위스 중재판정부가 적용하는 법에 의하여 충분한 경쟁법상의 구제가 부여된다고 판단하였다.

스위스 중재판정부는 이 사건 분쟁에서 중재지법으로서 중재지의 경쟁법인 스위스 경쟁법을 적용하고, 이 사건 라이센스가 미국시장에서 실시되기 때문에 필요에 따라 미국독점금지법을 적용하여 중재판정을 내리는 것이라고 생각하였다.

이들 양판결에 의하여 국제상사중재에서 경쟁법상의 쟁점에 관해서는 우선 중재지의 법이나 경쟁법을 적용하고 적절한 중재지 이외의 국가에서 계약이 실시되거나, 중재판정이 집행된다고 예상되는 경우에는 실무상으로도 그 국가의 경쟁법을 적용 또는 감안하는 것이 채택되었다.

또한 당사자에 의한 선택, 합의가 존중되어야 하는 것과 같이 당사자가 선택하는 준거법과 중재지법이 일치하는 것을 전제로 한다. 실무상에서도 당사자가 선택한 준거법과 중재지법이 일치하는 것이 일반적이다.

2. 국제계약과 국내계약의 차이

경쟁법과의 관계에서 국제중재의 판정사항은 계약사항에 한정되지 않고, 경쟁법(한 국가의 공공정책의 대표로서)상의 권리에 관한 분쟁도 포함된다. 그 결과로 국제계약과 국내계약에서 중재, 중재조항의 가치에 큰 격차가 발생한다.

국제계약에서는 중재사항에 경쟁법상의 문제를 포함한다.[18] 이러한 이유로 라이센서, 라이센시 등의 계약당사자가 자국 경쟁법을 적용하는 유리한 대우를 요구하며 자국 재판소에 소송을 제기하여도 중재합의·중재사항의 존재를 이유로 그 소송은

18) 다만, 유효기간, 제3자대항요건 등의 특허권에 고유한 권리관계에 관해서는 당연히 특허권을 등록하고 있는 나라의 법률이 적용된다.

각하 또는 정지된다. 즉 국제중재에서는 중재판정이 우선한다.

한편, 국내계약에서는 중재사항이 계약사항 및 그로부터 발생하는 불법행위사항에 한정되고 경쟁법 등에 기초한 항변은 재판소의 판단사항이며 소송에서 실시지의 경쟁법이 전면적으로 적용된다. 즉 국내계약에 관하여 실시지의 계약당사자가 그 국가의 경쟁법 위반을 이유로 하는 무효, 손해배상청구, 금지청구를 구하며 제소하면, 재판소는 중재조항이 정해져 있더라도 그대로 소송을 진행시켜 그 국가의 경쟁법을 전면적으로 적용한다.

이에 대해서 라이센서가 실시지인 라이센시의 국가에 현지법인을 설립하여 그 현지법인이 라이센스계약의 당사자인 경우에는 국내라이센스계약이 되며, 실시지인 라이센시의 경쟁법이(그 경쟁법에서 특유한 법규를 포함시켜) 전면적으로 적용된다.

3. 적용되는 경쟁법의 선택

국제상사중재에서 경쟁법상의 권리에 관한 분쟁이 중재판정사항에 포함되어도 경쟁법은 국내법이기 때문에 어느 한 국가의 경쟁법을 선택, 적용하여 판단하게 된다.[19] 이러한 경우 국제유통계약, 국제라이센스계약, 경쟁법 위반에 관해서도 중재판정부의 중재의 대상사항으로서 포함한 다음, 우선 준거법 그리고 중재지의 경쟁법인 라이센서의 국가의 경쟁법을 적용한다.

오늘날 경쟁법은 공통사업활동법규로서 주요국에서 동일하게 형성되고 있기 때문에 라이센서국의 경쟁법이 (이 쟁점에 관하여) 라이센시국의 경쟁법과 동등한 것이라고 평가되면 적용되는 경쟁법의 선택은 별다른 의미가 없다. 다만, 라이센시가 주장하는 실시지인 라이센시의 국가의 경쟁법 법규가 라이센서의 국가의 경쟁법에 존재하지 않거나 다른 경우 라이센시의 국가의 경쟁법의 규칙이 적용되는 경우는 있을 것이다. 이 경우 기본적으로 준거법 또는 중재지법인 라이센서의 국가의 경쟁법이 적용되지만, 실지지인 라이센시의 국가의 경쟁법도 판단사항에 포함된다.

19) 이 문제에 관해서는 각국의 국제중재조항의 효력해석(특히 문제가 되는 중재규정의 구체적인 규정내용)이 얽혀있기 때문에 지극히 난해한 논의가 이루어질 수 있는데 여기에서는 생략한다.

4. 중재판정의 대상이 되는 경쟁법규의 선별

예외적으로 실시지인 라이센시국의 경쟁법도 판단사항에 포함되는 경우 라이센시가 주장하는 라이센서국의 경쟁법에 관련 규칙이 존재하지 않을 경우 다른 라이센시국의 경쟁법규가 적용되어 중재판정이 내려지는가는 당해 특정 규칙이 라이센서국의 경쟁법규에 없더라도 경쟁법의 주요법규에 해당한다고 판단되는가에 의하여 결정된다.

요컨대, 주장되는 라이센시국의 경쟁법의 당해 특정 법규가 경쟁법의 주요법규·예외적인 특이한 규칙 중 어떤 것에 해당한다고 판단되는가에 의하여 현실적으로 해당 규칙이 적용되는지가 결정된다.

이 문제에 관해서는 다음의 가정 사례로 검토하는 것이 가장 이해하기 쉽다. 두 사례에서 모두 당해 특허는 의약품의 물질특허이며, 당해 제품이 특허권의 범위에 포함된다고 가정한다.

사례 1

일본법인 라이센서, 미국법인 라이센시간에 미국특허를 미국라이센시에 대하여 미국 국내에서 실시를 허락하는 취지의 국제라이센스계약이 체결되었다.

이 국제라이센스계약에서는 국제중재조항이 규정되어 중재지는 일본으로, 준거법은 일본법으로 지정되었다.[20)]

미국라이센시가 본 사건 라이센스계약에서 미국판례법상의 특허남용(misuse, 미국법상 특유한 법규)에 해당한다고 하여 로열티 지불을 거절하였다. 따라서 로열티 지불의무의 이행을 구하며 일본에서 국제중재가 개시되었다.

사례 2

미국법인 라이센서, 일본법인 라이센시간에 일본특허를 일본국 라이센시에 대하여 일본 국내에서 실시를 허락하는 취지의 국제라이센스계약이 체결되었다.

이 국제라이센스계약에서는 국제중재조항이 규정되어 중재지를 미국으로, 준거법을 미국 뉴욕주법으로 지정하였다.

이 사건 라이센스계약에서 로열티(royalty) 산정방법에 의하면 로열티 요율이 보통의 요율 및 다른 라이센시의 요율의 2배가 되는 것으로 하였기 때문에 일본국 라이센시가

20) 이 경우에도 사용언어는 영어가 되는 경우가 많다.

해당 로열티 산정방법의 규정은 우월적 지위의 남용에 해당한다고 하여 로열티의 지불을 거절하였다. 따라서 이 사건 로열티 지불의무의 이행을 구하며 미국에서 국제중재가 개시되었다.

이 경우 중재인과 중재판정부는 <사례 1>에서는 그 특정 규칙이 미국독점금지법에서 기본경쟁규칙에 해당하는 것인가, 그렇지 않으면 미국독점금지법상 특수한 미국 특유의 법규로서 자리매김하고 있는 것인가, 심지어는 그 특정 규칙이 국제적으로 경쟁에 대한 공통사업활동법규로서 파악되고 있는지를 살펴보아 그 법규를 중재판정에서 적용할지 여부를 판단해야 한다. 마찬가지로 <사례 2>에서는 주장된 우월적 지위의 남용의 금지가 독점금지법에서 기본경쟁규칙에 해당하는지 또는 독점금지법상 특수한 일본 특유의 규칙으로 자리매김하고 있는지, 심지어는 그 우월적 지위의 남용의 금지에 기초한 특정 규칙이 국제적으로도 경쟁에 의한 공통사업활동 규칙으로서 파악되고 있는지를 보아 그 규칙을 중재판정에서 적용할지 여부를 판단하여야 한다.[21)]

5. 국제상사중재와 경쟁법의 비중의 증대

국제중재에서 중재인과 중재기관(이하, 중재판정부)은 다음의 두 가지 상반된 요인을 반드시 고려하여야 한다. 국제중재에 회부하기 위해서는 고액인 중재비용을 부담하고(각 당사자가 사전에 지불하는 예납금도 상당한 금액이 된다), 또한 장기의 시간을 소비하여 국제중재를 실시하기에 분쟁을 1회의 중재판정으로 해결할 것이 요구된다.

이를 위해서도 각국 재판소가 중재판정의 자국 내에서의 집행을 승인함에 있어서, 자국의 공공정책에 반하는 것에 관해서는 승인을 부여하지 않을 수 있다는 것을 고려하여야 한다. 따라서 중재판정부로서도 1회로 그 분쟁을 해결하기 위해서는 계약 당사국의 공공정책을 반영한 법,[22)] 그 대표로서의 경쟁법을 고려요인으로서 광범위하게 감안하여야 한다.

---

21) 특허 남용이 역사적으로 과거의 유물로서 평가되고 있어 미국독점금지법상의 규칙을 대체하고 있는 것인가. 마찬가지로 일본독점금지법에서 우월적 지위의 남용이 독점금지법상의 지위이나 일반민사법상의 규칙과의 관계가 논점이 된다. 아울러 당해 특정 규칙이 국제적으로도 경쟁법에서 공통법규이라고 평가되고 있는지가 큰 쟁점이 된다. 이와 같은 논의에서는 오늘날 주요 경쟁법에서는 경쟁법의 실체 규칙으로서의 경쟁규칙으로서는 동일한 것이 형성되어있다는 것, 즉 공통의 경쟁규칙이 존재하는 것이 대전제가 되고 있기 때문이다.

22) 따라서 공공정책을 반영한 법으로는 부정경쟁법, 일본 민법에서의 권리남용의 법리, 공서양속에 관한 판례법 등이 있다.

한편, 국제거래의 특색으로서 국제계약으로 대기업들이 성실하게 교섭하여 합의한 내용은 사적자치의 원칙, 계약자유의 원칙에서 볼 때도 비즈니스상 당연히 유지되어야 한다. 그 결과, 국제계약에서 대기업들간에 성실하게 교섭하여 합의한 내용은 중재지 또는 실시지의 어느 쪽의 경쟁법을 따르더라도 경쟁법상 사소한 또는 독특한 법규에 의하여 그 효력이 부정되어서는 안 된다. 국제중재에서 이와 같은 경쟁법의 취급은 국제거래에서 대기업들이 교섭하여 합의한 계약내용이 경쟁법상의 특이한 규칙에 의하여 번복되거나 부정될 여지를 적게 하는 것이며, 국제중재의 가치를 높임과 더불어 합리적인 규칙이다.[23)]

바꾸어 말하면, 일방당사자가 계약당사자들이 교섭하여 합의한 내용에 관해서 자국의 극히 독특한 경쟁법상의 규정을 논거로 하여 번복하거나 부정하는 것은 사적자치의 원칙, 계약자유의 원칙, 공평함의 확보라는 관점에서 간단하게 허용되어서는 안 된다.

현실에서는 중재판정부에 큰 재량권이 부여되어 있다. 중재판정부의 식견에 의하여 합의내용의 효력을 부정하는 경쟁법상의 규칙이 경쟁법상의 핵심적인 경쟁규칙에 해당하는지 여부를 판단하여 결론을 이끌어내는 것은 타당하다고 생각된다. 나아가 실제로는 중재판정부가 당해 사건에 관련된 여러 사정 모두를 감안하여 전체로서의 공평함을 확보하는 관점에서 결론을 이끌어내는 경우도 많다고 생각된다.

실제로 이와 같은 분쟁 사례에 관해서 계약내용을 무효라고 주장하는 당사자도 그 주장이 100% 통할 것이라고는 생각하지 않는 경우가 많다. 일응 사업자간에서 교섭하여 합의한 것이어서 완전하게 뒤엎는 것은 어렵다는 것도 이미 알고 있다. 결국, 로열티 요율의 인하 등 조건개정을 함으로써 화해로 해결하는 것이 기대되고 있다 하겠다.[24)] 실제로 국제중재에서는 최종판정까지 가는 데 거액의 비용이 들기 때문에 집중심리 전의 화해로 종료하는 경우가 많다.

사안에 따라서는 경쟁법이 최대의 쟁점이 되어 라이센서, 라이센시의 국가의 경쟁법의 해석, 당해 법규의 각국 경쟁법상의 평가를 둘러싼 감정의견서가 제출되기도 한다. 그러나 중재판정부는 양당사자간에 있어 거래의 공평함의 확보라는 보다

23) 그럼에도 최근에는 다국적 기업간에 전 세계를 실시지로 하는 국제라이센스계약이 체결된 사례도 있으며, 그 경우 특정 국가의 경쟁법상의 독자적인 규칙 때문에 특정국을 실시지로 하는 부분만을 잘라내어 그 부분의 계약내용을 변경하는 부담도 무겁다.

24) 다만 비즈니스상의 그러한 시도는 장래에 걸쳐 상대방과의 장기적 비즈니스관계를 해칠 우려가 있어 그 위험을 어떻게 평가할지가 문제된다.

넓은 관점에서 결론을 이끌어내는 경우가 많고 또한 최종적으로는 화해로 해결하는 경우가 많으며 보통 중재판정(중간중재판정을 포함한다)에 대해서 비밀유지의무가 부과되기 때문에 판례법이라고 하기에는 어려운 분야이다.

Ⅴ. 결 론

이상에서 살펴본 바와 같이, 경쟁법의 규칙 중에서 가장 어렵다고 여겨지는 지적재산권과의 조정에 관해서도 독점금지법은 국제적인 표준을 형성해 나가고 있다.

본장에서는 국제라이센스계약에 관한 국제상사중재의 중재판정형성에 미치는 경쟁법의 역할을 살펴보았다. 국제적인 공통사업활동규칙으로서의 경쟁법의 역할과 비중이 커짐에 따라 그 핵심 규칙으로 구성된 국제경쟁법(경쟁법의 본질 부분)을 의식하여 중재판정을 내리는 경향이 나타나고 있다. 중재는 반드시 엄밀한 법해석으로부터 결론을 이끌어내는 것은 아니고, 또한 중재판정은 공표되지 않기 때문에 일반적으로 표면화되지는 않지만, 오늘날 중재조항이 삽입되지 않는 국제라이센스계약은 거의 없으며, 실무적으로는 국제상사중재에 있어서 국제경쟁법적인 발상과 사고방식이 큰 역할을 해오고 있다.

제23장
경쟁법의 국제적 집행 및 국제적 집행협력

瀬領 真悟 (세료 신고)

Ⅰ. 서 론

기업활동의 국제화와 국가에 의한 경제장벽 감소에 따라 국경을 초월한 경제활동이 가능하게 되고 한 국가 내에서의 행위가 타국에 직·간접적으로 영향을 미치는 것이 일반적인 현상이 되고 있다. 국제거래 또는 국제적 기업활동에 대하여 자국 시장에서의 경쟁 그리고 경쟁질서의 보호법규인 경쟁법의 관여가 더욱 중요하게 되었다.[1] 현재 선진국뿐만 아니라 대부분의 개도국들도 동일한 법령을 가지게 되었고, 국제거래에 적용되는 경쟁법의 양적 확대도 두드러진다. 과거에는 국제거래에 대한 경쟁법 적용이 일부 국가에서 드물게 시행되었기 때문에 간단했을지도 모른다. 현재는 비교적 새롭게 경쟁법을 제정한 국가에서조차 국제거래에 대해 법을 적용하고

1) 경쟁의 유지·촉진 및 경쟁질서유지를 도모하는 경쟁법의 명칭은 국가별로 다르다(일본에서는 독점금지법, 미국에서는 반트러스트법, 독일에서는 경쟁제한금지법 등). 본장에서는 경쟁법이라고 명칭하고, 필요에 따라 국가별 고유 명칭을 기입한다. EU에 대해서는 EU 발전시기에 따른 명칭을 붙이는 것도 적절하지만 이하에서는 EU로 통일한다. 단 자료인용에서 EU라고 되어 있지 않은 경우에는 원문을 그대로 사용한다. 정해진 원고 매수가 있는 관계로 자료 인용은 많은 부분 생략한 점에 대하여 양해를 바라는 바이다.

있다. 경쟁법의 적용형태가 변화됨에 따라 경쟁법을 적용하는 국가간·당국간의 관계도 변화되었고, 경쟁법 적용에 의해 국제거래를 하는 기업과 기업활동에 미치는 영향도 확대되었다. 본장에서는 경쟁법의 국제적 집행과 국제적 집행협력 양상의 한 측면을 검토하여 그 현황과 도달점을 제시하도록 한다.

Ⅱ. 국제적 집행의 전제로서의 역외적용과 관할권 문제

1. 관할권 및 예양

경쟁법의 국제적 집행검토를 하기 위한 전제로써 역외적용과 관할권 문제를 정리한다. 경쟁법은 주권국가의 권한하에서 제정되고 운용된다. 자국기업이 자국 내 경쟁질서에 영향을 미치는 자국 내에서의 행위에 경쟁법이 적용되는 경우에는 문제가 되지 않는다. 국제적 사업활동 등에 대하여 법의 적용이 문제가 되는 것은 이 전제에서 벗어난 거래를 대상으로 하기 때문이다. 자국에 소재하고 있지 않는 기업이 자국 외에서 한 행위로 자국 내 경쟁질서에 영향을 미친 경우이다. 이러한 기업과 행위에 대하여 자국 경쟁법을 적용하는 경우가 국내법(경쟁법)의 역외적용이라 하며 국가관할권의 역외적용이라고 하기도 한다.

경쟁법의 국제적 집행이 관할권 문제를 표방하는 경우는 첫째, 관할권의 내용, 둘째, 집행수단이 문제가 된다.

먼저 관할권 내용에 대해서 살펴본다. 국가관할권에는 몇 가지 측면이 있다.[2] 경쟁법 역외적용의 경우 입법관할권과 강제관할권이 문제된다. 입법관할권에 관해서는 입법대상 사항에 적용가능한 입법을 규율하는 권원이 문제된다. 강제관할권에는 구체적인 분쟁에 대한 법적용권원을 나타내는 사법관할권과 법적용을 위한 조사, 수사, 억류와 판결, 명령의 강제집행 등의 권원을 나타내는 집행관할권이 있다.

입법관할권에 관한 국내법 적용의 범위확정을 위한 다수의 견해가 있다. 경쟁법

2) 경쟁법과 관련된 역외적용과 관할권을 둘러싼 최근의 논의에 대한 정리와 이해를 위해서는 小寺 彰, "獨禁法の域外適用·域外執行を巡る最近の動向," 「ヅュリスト」, 제1125호(2003년); 동 "(パラダイム国際法) <8> 国家管轄權の構造—立法管轄權の重複とその調整," 「法學教室」, 제254호(2001년).

분야에서는 속지주의, 효과주의, 객관적 속지주의가 소개되어 왔다. 속지주의는 자국 영역 내에서의 행위에 대해서만 자국법을 적용하는 견해이다. 역외적용을 선도해 온 미국에서도 독점금지법의 적용을 속지주의에 의존한 시기도 있었듯이 국가주권이 국가의 영역에만 미친다는 원칙에 입각하여 살펴보면 당연하고 전통적인 원칙이라 할 수 있다. 효과주의는 자국영역 외에서의 행위라 하더라도 자국시장에 어느 정도 효과가 있다면 자국법을 적용할 수 있다는 견해이다. 객관적 속지주의는 위반을 구성하는 행위의 일부가 자국영역 내에서 이루어진 경우에 행위 전체에 대한 관할권을 인정하는 견해이다.

속지주의의 관점에서는 행위 장소에 따른 적용법률의 구분과 1행위-1국가법에 의한 적용법의 확정을 원칙적으로 하고 있어 법적용의 불안전성 및 불투명성과 법적용을 둘러싼 마찰 등을 해소하는 장점이 있다. 그러나 현대의 경제활동은 국경을 초월한 효과를 목적으로 하거나 그러한 효과가 큰 경우도 있을 수 있다. 자국시장에 영향을 미치는 역외에서의 행위에 자국법을 적용할 수 없도록 하는 기준은 그 국가에게는 불만족할 것이며 경제적 실태에도 적합하지 않다. 한편, 효과주의는 경제활동의 국제화에 대응한 견해라 할 수 있다. 자국시장에 대한 효과에 대해서 간접적이고 사소한 것으로는 불충분하며 직접적이고 실질적 효과를 요구하는 것이 보통이다. 직접성 및 실질성의 정도를 엄격하게 요구한다면 역외적용이 가능한 경우가 줄어들 것이다. 직접성 및 실질성을 요구하지 않고 법을 적용하게 되면 타국 국가주권과 심각한 분쟁을 발생시킬 가능성이 있다. 경쟁법 분야에서는 규율대상인 경제활동이 국제화됨에 따라 속지주의와 괴리되는 법을 항시적으로 적용할 필요성이 생겨서 그에 따른 문제와 마찰이 발생되어 왔다. 미국의 *Alcoa* 사건 판결[3])을 효시로 한 미국독점금지법의 동향과 타국의 대항입법 등이 전형적인 예이다.

입법관할권이 긍정되더라도 법적용에는 기업에 대한 절차적 대응이 요구된다. 기업에 대한 법적 절차집행은 국가권력의 직접행사이기 때문에, 상대방이 해외에 소재할 경우에는 외국주권과의 충돌이 문제가 되어 법적용이 불가능하거나 실효적이지 않을 가능성도 있다. 역외적용의 경우에 외국소재기업 등에 대하여 법을 적용하기 위해서는 적법한 관할권 행사가 가능해야만 법을 적용하거나 집행할 수 있다. 먼저 강제관할을 행사할 수 있기 위하여는 대상기업이 법원 등의 관할권과 최소한의 접점을 가질 필요가 있다. 구체적으로는 자회사 등이 관할권 내에 존재해야 한다. 다음으

3) *United States v. Aluminum Co. of America* 148 F. 2d 416 (2d Cir. 1945).

로 경쟁법 적용은 실제로 조사를 필요로 하고 외국소재기업에 대한 조사협력요구와 강제조사 가능성도 문제가 된다(조사관할권이라고도 한다). 메일 등에 의한 임의조사는 광범위하게 활용할 수 있지만, 상대국의 승낙없이 강제력을 가진 현장검사 등의 조사를 하는 것은 국제법상 문제가 될 수 있다. 절차개시 등 각종 절차 단계에서 기업에 문서를 송부하고 송달하는 것이 의무화되어 있고 경쟁당국과 법원결정의 집행권한 유무도 문제가 된다. 이상에 대해서는 국내법 정비가 필요하지만 정비된 후에 외국소재기업이 임의로 대응하지 않는 경우나 판결집행 등에 따르지 않는 경우에 법집행에 관한 문제가 발생한다.

역외적용으로 발생하는 국제마찰을 해소하기 위한 조정을 하려는 움직임이 있다. 먼저 예양 또는 국제예양(comity or international comity)에 의한 대응을 들 수 있다. 예양이란 자국의 강제행위에 앞서 타국과의 중요한 이해관계를 감안하면서 행위하는 것을 의미한다. 예양은 사용되는 상황별로 다른 기능을 한다.[4] 첫째, 소극적 예양(negative comity)이라고 하여 타국과의 중요한 이해관계에 영향을 미치는 경우 자국법의 강제행위를 삼가는 것을 말한다. 이는 전통적인 예양이라고도 한다. 후술하는 양자간 협력협정에서의 자국법 집행행위의 통보, 자국법 집행시 타국의 이익에 손해를 끼치지 않는 방법의 고려 등이 이 예양에 포함된다. 둘째, 적극적 예양(positive comity)이다. 어떤 나라의 이익에 실질적으로 악영향을 미치는 반경쟁행위를 배제하기 위하여 타국에 타국법의 집행을 요청하는 경우 등을 말한다. 양자간 협정 중 1991년 EU-미국의 경쟁법 적용에 관한 협정을 그 예로 들 수 있다.[5] 셋째, 관할권의 배분에 관한 예양(enhanced comity)이다. 최적의 형태로 위반행위를 적발하여 조치의 발동이 가능한 국가가 관할권을 가지는 것이다. 이 예양의 구체적인 예로 European Competition Network(ECN)을 들 수 있지만 이는 EU 경쟁법하에서 전개되는 것으로 현 시점에서는 한정적일 것이다.

---

4) 이 정리는 다음을 참조. OECD, Improving International Co-Operation In Cartel Investigations Background Note. DAF/COMP/GF (2012) 6 (Feb. 13, 2012), pp.4-9, http://www.oecd.org/officialdocuments/displaycocumentpdf/?cote=DAF/COMP/GF(2012)6&doclanguage=en

5) Agreement between the Government of the United States of America and the Commission of the European Communities regarding the Application of their Competition Laws Article V.

2. 경쟁법 집행의 다양함과 역외적용

다음으로 경쟁법의 집행방식이 다양하다는 점을 인식하고 식별할 필요가 있다. 경쟁법 집행의 형태는 행정처분, 형사처벌, 민사소송 등 다양하다. 첫째, 행정처분으로는 경쟁당국의 위법행위 제거명령과 제재금 징수가 있다. 둘째, 형사처벌에는 개인과 법인에 대하여 벌금을 부과하는 것 이외에 개인을 수감하는 것도 포함된다. 셋째, 민사소송에서는 위반행위의 피해자에 대한 손해배상과 압류가 법원명령을 통해 이루어진다. 이용가능한 수단은 각국의 법에 따른다. 나아가 어떤 수단을 취하는 가는 국가별로 다르다. 채택수단(예를 들어, 민사인지 형사인지)에 따라 발생하는 문제내용과 정도가 다르다고 이해할 수 있을 것이다.

각국 경쟁법의 역외적용기준 표명과 집행규정의 정비 상황은 다양하다. 법령에 역외적용을 명시하는 경우도 있고[6] 일본처럼 명문규정이 없는 경우도 있다. 미국과 EU처럼 판례법에 따라 역외적용 관련법이 발전한 경우도 있다. 판례법이 발전함에 따라 별도의 법률을 제정하여 그 법률의 해석을 둘러싸고 역외적용기준과 예양 관련법이 전개되고 있는 미국과 같은 국가도 있다.[7] 경쟁법의 국제적인 집행에 대한 요청은 이상과 같은 관할권에 대한 견해를 신중히 선택하여 주권의 대립으로부터 발생하는 문제에 대해서 예양과 국내조치를 통해 해결하는 하나의 방향성을 볼 수 있다. 그러나 이들은 일반적인 원칙이기도 하고 한 국가의 정책이기도 하다. 또는 다양한 경쟁법 집행 시스템 가운데 상세함이 결여된 경우도 있다. 당국간 국제적 협력을 통해 법집행에서 발생하는 문제의 해결체계를 형성하고, 경우에 따라서는 의무화하려는 시도가 보다 더 구체적으로 이루어지고 있다. 이하에서는 이러한 체계에 대하여 검토한다.

---

6) 예를 들어 중국독점금지법 제2조.

7) Foreign Trade Antitrust Improvement Act of 1982 (FTAIA). FTAIA는 셔먼법의 "외국과의 거래 또는 통상에 관련된 행위에 적용하지 않는다"라는 원칙을 서술하고, 예외로서 "이 같은 행위가 [외국과의 거래에는 해당되지 않는 통상과 미국에서의 수출] … 에 대하여 직접적, 실질적, 그리고 합리적으로 예측가능한 효과를 보였고("such conduct has a direct, substantial, and reasonably foreseeable effect … ") 또한 이 효과는 [셔먼법]의 규정에 근거한 청구원인이 된다"("such effect gives rise to a claim under the provisions of [the Sherman Act]")하여 이러한 경우에 셔먼법이 적용된다(15 USCS 6a). 미국의 역외적용 및 예양에 관한 판례법의 전개에 대해서는 松下満雄·渡邊泰秀 編, 「アメリカ獨占禁止法」(第2版)(東京大學出版会, 2012年), 12章.

Ⅲ. 국제적 집행협력체계

1. 국제적 집행협력의 필요성과 의의

경쟁법의 국제적 집행협력의 필요성은 다음에서 비롯된 것으로 보인다. 첫째, 각국 경쟁법의 규정과 해석 등 법내용에 차이가 있다. 동일한 경제활동에 대해 다른 법이 적용될 가능성이 있다. 둘째, 자국 경쟁법 적용시에 필요한 증거와 증거수집상의 문제가 있다는 점이다. 셋째, 다른 경쟁법하에서는 다른 절차가 취해진다는 점과 결과발생에 대한 다른 대응으로 따라 국제적 경제활동에 눈에 띄는 부담이 발생할 우려가 있다는 점이다. 넷째, 법적용시 발생하는 국가간 이해관계의 충돌을 조정하는 시스템이 존재하지 않기 때문에 이들을 조정할 필요가 있다는 점이다. 문제 대응법에는 다양한 방법이 있다. 그 첫 번째 방법으로 각국 법내용의 차이를 해소하기 위해 전 세계가 통일된 경쟁법제도와 세계적 조정제도를 창설하는 것이 있다. 우선 이러한 시도에 대하여 살펴보도록 한다.

2. 다각적인 국제체계에서 경쟁법의 통합 및 수렴의 시도와 좌절

WTO 설립 이전에 다자적인 무역체제와 경쟁법을 관련시켜 경쟁법의 국제적인 체계를 구축하려는 움직임이 있었다. 하바나 헌장(ITO 헌장) 제5장 경쟁제한적 거래관행규정이 이에 해당한다.[8] 기업결합규제를 제외한 행위를 대상으로 상품에 대해 권고에 따라 가입국에 규제시정을 요구할 수 있다. 권고시정제도는 국내경쟁법의 정비를 요구하였다고 할 수 있다. ITO가 성립되지 않자 GATT에서도 이에 대한 검토가 이루어졌지만 국제협정은 체결되지 않았고[9] 경쟁제한적 거래관행의 협의기회 확보 등의 취급을 제시하는 데 그쳤다.[10]

---

8) Havana Charter for an International Trade Organization, 24 March 1948 (United Nations Conference on Trade and Employment held at Havana, Cuba from 21 November 1947, to 24 March 1948 Final Act and Related Documents).

9) "Report of the Group of Experts: Restrictive Practices-Arrangements for Consultations," 9 GATT BISD 170 (1961).

10) *Decision on Restrictive Business Practices: Arrangements for Consultations* (Nov. 18, 1960), 9

WTO에서도 경쟁법에 관한 국제적 체계 형성의 움직임이 있었다.[11] 싱가포르 각료회의에서 무역과 경쟁의 상호관계 검토가 각료회의선언에 포함되어[12] 일반적 반경쟁관행을 대상으로 한 작업반 설치 등이 결정되었다.[13] 작업반에서의 검토 이후[14] 도하각료회의에서 다각적인 경쟁법협정의 작성을 염두에 둔 예비검토가 선언되었지만[15] 최종적으로는 무역교섭대상으로 삼지 않겠다는 결정이 내려졌다. 제안의 특징은 경성카르텔 규제에 초점이 맞춰져 집행에 대한 협력규정이 포함된 점이다.[16]

WTO는 경쟁법에 관련된 체계가 아니라 행위의 무역왜곡적 측면에 초점을 맞춘 분산적 경쟁법 규정만 가지고 있다. 이들은 국가의 행위만을 규율하고 사기업의 반경쟁행위의 시정에는 초점이 맞추어져 있지 않다. WTO 이외의 국제적 체계로 법의 국제적 통일을 도모하려는 움직임도 있지만,[17] 국제적인 차원에서 경쟁법 제정 촉진, 법내용의 수렴 통합 및 투명성을 강제적으로 실현하는 체계는 성립되지 않았다.

3. 현재의 국제적 집행협력체제

국제적 집행협력체계는 다층적이고 다양한데 이에 대한 관점을 정리한다.[18] 첫째, 경쟁법 특정적으로 구축된 것과 비경쟁법 사항도 포함하여 일반적으로(경쟁법에 특정되지 않는) 구축된 것이 있다. 다만 경쟁법에 특정되지 않았다고 하더라도 특정적인 것에 비해 경쟁법상 의의가 낮은 것은 아니다(OECD와 EU의 경쟁법에 대한 취급과

GATT BISD 28 (1961).

11) WTO에서는 경쟁법 관련 규정이 협정내용 중에 산재되어 있다. 그러나 이들을 일반적 경쟁법 규정이라고는 할 수 없다. GATT 제17조, 6조, 20조 (b)항 등. GATT 제8조, 제9조, 통신서비스 부속서, 참조문서. TRIPS 제8.2조, 40조 등. 더 포괄적인 규정으로 TRIPS 제40조, GATS 제8조, 제9조, 통신서비스 부속서, 참조문서를 들 수 있다. 텔레콤서비스 참조문서는 경쟁촉진적 규제법과 경쟁법 채택 장려와 규제관련 내용 등의 공통화 기능도 가진다.

12) Singapore Ministerial Declaration, WT/MIN(96)/DEC, 18 December 1996.

13) *Ibid.*, para.20.

14) WTO Working Group on the Interaction between Trade and Competition Policy, Report (1997) to the General Council, WT/WGTCP/1, 28 November 1997.

15) Doha Ministerial Declaration, WT/MIN(01)/DEC/1, 20 November 2001.

16) WTO Working Group on the Interaction between Trade and Competition Policy, Study on Issues relating to a Possible Multilateral Framework on Competition Policy, WT/WGTCP/W/228, 19 May 2003.

17) 다음 예를 참조. 国際反トラストワーキソググループ著, 正田彬·柴田潤子訳, "国際反トラスト規約草案," 「ヅュリスト」, 제1036호(1993년), 46면.

18) 이하의 분석의 대부분은 다음 문헌에 근거하였다. OECD, *supra* note 4.

발전에서 보았을 때 명백하다). 둘째, 다자간, 지역적, 양자간에 구축된 것과 국내법에 의거한 것이 있다. 셋째, 국제조약 등에 따라 공적체계와 협정 등에 의거하지 않고 개별사건 또는 일상적 당국간 접촉을 통해 실시되는 비공식적 체계이다.

(1) 경쟁법 특정적인 국제적 결정

(a) 다자간 협정

국제경쟁네트워크(International Competition Network, ICN)는 2001년 발족하였고,[19] 90개 이상의 국가 및 지역에서 100개 이상의 경쟁당국이 회원으로 가입하고 있으며, 국제기구와 연구자들도 참여하고 있다. 경쟁법만을 다루는 글로벌 조직으로는 유일하지만 국제기구가 아니기 때문에 상설 사무국이 없다. ICN은 경쟁주창, 기구실효성, 카르텔, 기업결합, 일방적 행동의 분과 등을 보유하고 있으며 권고 등을 한다. 첫 번째 특징은 OECD와 달리 개도국을 포함한 전 세계적 조직이라는 점이다. 두 번째는 비구속적 조직으로 OECD와 마찬가지로 권고에는 법적인 구속력이 없다. 법적 구속력은 없지만 OECD와 ICN의 권고 등은 각국 법제도의 형태와 국제협력 및 조정에 관여하며 많은 영향을 미친다. ICN의 목적은 경쟁정책에서 바람직한 기준과 절차 채택을 위한 제안과 실체적이고 절차적인 경쟁정책의 수렴을 제안하고 효과적인 국제협력촉진을 요구하는 것이다.

(b) 양국간 협력 및 공조협정

현재 양국간 협력협정은 이하와 같은 내용을 포함하는 것이 다수 있다. 물론 모든 협정이 이하의 내용을 포함하고 있는 것은 아니고 협정별로 차이가 있다.

첫째, 경쟁당국의 모든 집행활동이 협력대상이 되는 경우가 많다. 다만 기업결합 심사 등의 신고심사가 예외가 되는 경우도 있다. 둘째, 협력절차로서 통보제도, 집행협력, 집행조정 등이 규정된다. 통보는 조사개시, 절차참가, 소송제기, 법개정 등을 대상으로 하고 다른 쪽 당사국 정부의 중요한 이익에 영향을 미치는 조사개시시에 당국이 다른 쪽 당사국 당국에 통보하는 제도로 집행협력과 예양의 계기가 되기도 한다. 집행협력은 다른 쪽 당사국의 법집행활동 지원을 규정하여 그 때에 한 쪽 당사국의 법령과 중요한 이익의 합치와 자원상의 제약 등을 감안하기도 한다. 집행조정은

---

19) ICN 성립 경위는 松下·渡邉, 「전게서」(각주 7), 357-359면 및 다음 ICN 홈페이지 http://www.internationalcompetitionnetwork.org/about/history.aspx를 참조.

관련 사건에서 양당사국이 집행활동을 하는 경우 상호의 영향을 고려하고 협력하여 집행활동을 하도록 되어 있다. 집행조정을 할 때에는 타방 당사국의 집행활동 목적에 대해 신중하게 고려하여 기밀보호법제에 대응한 기밀정보공유에 대해서 당사자의 동의를 요구하는 등의 조건 등이 규정되는 경우가 많다. 셋째, 예양규정이다. 소극적 예양 및 적극적 예양 모두 또는 양자가 각각 규정되는 경우가 있다.

양자간 협력협정에 대해서 이하의 평가가 있다.[20] 첫째, 협정에 따라 국제적 집행과 그에 대한 협력의 강한 의사가 표명되고 있다. 둘째, 통보, 비기밀정보의 공유, 집행협력 및 조정 등은 비교적 성공적이며 당국간의 일상적인 업무가 되었다. 다음과 같은 결점도 지적된다. 첫째, 협정은 주로 다국적 기업이 위치하고 있는 선진국간에는 공통적으로 적용되지만 개도국 등과의 사이에서는 그렇지 않다. 둘째, 협정은 각 당사국의 국내법에 영향을 주고 해석변경과 개정을 요구하는 구속력을 가지지 않는다. 셋째, 기밀정보제공에 대해서는 당사자의 동의를 전제로 하고 있어 기밀정보의 공유가 어렵다. 협력 정도를 발전시킨 공조협정도 체결되고 있다.[21] 특히 정보공유와 역외에 위치한 증거에 대한 접근을 개선하는 것을 목적으로 한 것이다.

(c) 양해각서

당국간에 양해각서(memorandum of understanding)가 체결되는 경우도 있다.[22] 양해각서는 행정협정이며 법적 구속력이 없는 경우도 있다.[23] 다음과 같은 기능과 내용이 지적된다.[24] 첫째, 기존의 협력관계 확인이다. 둘째, 새로운 협력관계 구축을 시작한다는 상징이다. 두 번째 경우는 장기적 협력관계 확립의 첫 단계가 되는 경우와[25]

---

20) OECD, *supra* note 4, pp.18-19.

21) 1999 Agreement between the Government of the United States of America and the Government of Australia on Mutual Antitrust Enforcement Assistance: 1994 Co-operation and Co-ordination Agreement between the Australian Competition and Consumer Commission and the NewZealand Commerce Commission (updated in 2007). 협력공조협정에 대해서 예양과 정보 교환의 발전에 근거하여 1세대부터 3세대까지 분류가 이루어졌다. 村上·政博, "競爭法の國際的執行体制 ― 二國間協力協定の役割1·2,"「貿易と關稅」, 4월호(1999년) 78면; 5월호(1999년), 24면.

22) 러시아 당국과 미국 당국(2009년), 중국 당국과 미국 당국(2011년)간에 체결된 양해각서 등이 있다.

23) OECD, *supra* note 4, pp.19-20.

24) 이하에 대해서 다음을 참조. Christine A. Varney, Remarks on the Occasion of the Signing of the Memorandum of Understanding on Antitrust Cooperation, 2 (Jul. 27, 2011), http://www.justice.gov/atr/public/speeches/273347.pdf

25) 미국과 중국간에는 각서체결 후 기업결합규제에 대한 가이던스가 맺어져 있다. 다음을 참

양국간의 협정내용을 가지는 것도 있다.[26)]

(2) 경쟁법 관련 규정사항

(a) 다자간 협정

경제개발협력기구(OECD)는 34개국(주로 선진국)이 가입한 다자간 조직으로 경쟁정책 작업반을 설립하여 경쟁정책 및 법에 대해서 조사연구 및 권고를 한다.[27)] 권고에 강제력은 없다. OECD에는 가입국 경쟁법에 관한 통보, 협의, 조정제도가 있다.[28)]

(b) 지역적 경제통합

복수 국가에 의해 일정 지역 내에서의 무역자유화와 관련된 제도조정 및 통합을 목표로 한 협정체결이 계속 이루어지고 있고 경쟁법에 관한 규정이 포함되는 경우도 많다.[29)]

전형적인 예로는 EU를 들 수 있다. EU 경쟁법은 실체규정의 측면에서는 회원국 전역에 적용되는 경쟁법 규정을 가지고 있고, 절차상으로는 법집행을 위해 중앙기관과 사법기관을 가진 독자집행절차를 가진다. 그러나 EU 경쟁법은 특수한 것이다. 대부분의 지역통합의 경쟁법 규정은 회원국에 대해 반경쟁행위규제의 일반의무를 규정하여 절차적 측면에서 회원국의 경쟁당국간에 협의 및 협력을 중심으로 한다. 단 실체적 규정 측면에서는 특정 유형의 규제에 대해서 회원국간 조정을 요구하는 경우와 회원국에 법제정에 대한 의무와 장려를 하는 것도 있다.[30)] 후자에 대해서는

조. Guidance for Case Cooperation between the Ministry of Commerce and the Department of Justice and Federal Trade Commission on Concentration of Undertakings (Merger) Cases (Nov. 29, 2011).

26) 캐나다와 칠레간 양해각서 내용을 참조. Memorandum of Understanding Between the Commissioner of Competition (Canada) and the Fiscal Nacional Economico (Chile) Regarding the Application of their Competition Laws (Dec. 17, 2001).

27) 개도국의 역할이 높은 비중을 차지하는 UN무역개발회의(UNCTAD)도 있지만 생략한다.

28) Recommendation of the Council concerning Co-operation between Member Countries on Anticompetitive Practices affecting International Trade. 단, 이용은 임의로 결과는 가입국을 구속하지 않고 이용실적은 없다.

29) 이하에 대해서는 다음을 참조. 瀨領真悟, "地域經濟統合と競爭定策·独禁法," *Rieti Discussion papers series* 06-J-052, http://www.rieti.go.jp/jp/publications/dp/06j052.pdf

30) 가입국간 조정을 요구한 것으로 호주 및 뉴질랜드간 ANZCERTA(또는 CER)(Australia New Zealand Closer Economic Relations Trade) 제12조(본 지역통합에서는 실체규정 및 절차규정 조정도 실시), 제정의무를 부과하는 것으로 NAFTA 제1501조 (1)항, 미국 싱가포르 자유무역협정 제12장이 있다. 협정자체는 아니지만 통합계획안에 장려규정을 두는 것으로 ASEAN,

협정에서의 제정의무에 따른 경쟁법의 제정운용 예가 있다.[31] 한편, 전자에 대해서는 EU 이외의 지역경제통합에 대해 실효적인 법집행이 이루어졌는지의 여부가 불투명한 경우도 많다.[32]

(c) 형사공조협정

형사사건 조사, 소추 기타 형사절차에 대한 양자간 조약이다. 이 협정에 의거한 경우에는 당사국은 다른 당사국에 대해서 예외적 규정에 따라 피청구 당사국이 거부하는 경우를 제외하고 정식으로 조사권한행사와 기밀정보공유 등을 포함한 광범위한 지원을 청구할 수 있다. 이 협정이 사용 가능하다면 위반행위 적발과 인정을 위한 강력한 수단이 될 수 있다. 그러나 경쟁법 위반행위에 대해서는 공조협정의 활용 여지에 한계가 있다. 첫째, 위반행위가 형사처벌 대상인 국가와 그렇지 않은 국가가 있다. 공조협조에는 쌍방가벌성을 전제로 하지 않는 경우도 있지만[33] 이러한 협정하에서는 위반행위가 형사범죄에 해당되지 않는 국가에서도 타국의 협력요청에 대응할 수 있다. 다른 한편으로 쌍방가벌성을 요건으로 하는 경우에는 형사범죄에 해당되는 것에만 사용할 수 있다. 둘째, 국가별로 이용가능한 조사방법 등에 차이가 있고 한 국가에서 위반행위 적발 등에 유효한 조사 및 수사방법이라도 다른 국가에서는 이용할 수 없는 경우가 있다. 셋째, 공조협정에서 담당부서는 각국의 법무당국이고 형사사법절차에 준거해 공조가 진행된다. 이러한 이유로 조사와 증거취득에 시간이 걸린다. 넷째, 개도국 등 이용자원문제 때문에 이용하기 힘든 경우가 있다.

(d) 범죄인 인도조약

경쟁법 위반행위가 형사처벌 대상이 되고 유죄판결이 내려진 경우라 하더라도 예를 들어 회사 임원 등의 자연인이 자국영역 외에 있으면 형의 집행은 불가능하다.

ASEAN Economic Community Blueprint, 18-19 (2008) 등을 참조.

31) NAFTA에 대한 멕시코 법(1993년 제정), 미국 싱가포르 자유무역협정에 대한 싱가포르 법(2004년 제정).

32) 카르텔 규제 및 기업결합규제에 대한 지역통합기능과 문제점에 대해서 다음을 참조. 특히 개도국 통합의 문제점이 크다는 점을 지적한다. OECD, *supra* note 4, pp.19-17; OECD, Cross-Border Merger Control: Challenges for Developing and Emerging Economies (2011), pp.36-42.

33) 미일 형사공조협정 제1조 참조. 국제카르텔을 염두에 두고 미일 형사공조협정을 분석한 것으로 다음 문헌을 참조. 梅林啓, “国際的經濟犯罪事件の捜査と日米刑事共助条約”, 「NBL」, 제862호(2007年), 52면.

당사국간에 범죄인 인도조약이 체결되어 있을 경우에는 법집행의 공조가 가능하다. 다만, 범죄인 인도조약은 양당사국에서 형사처벌 대상이 되는 경우에만 이용할 수 있다는 점에서 앞에서 나온 형사공조협정보다 활용의 여지가 더 적다고 할 수 있다. 경쟁법 위반이 형사범죄 대상이 아닌 국가가 있어 반드시 모든 경쟁법 위반행위가 형사처벌 대상이 되는 것은 아니라는 점도 인도조약 이용상의 제약이 된다. 미국과 영국간에는 미국독점금지법 위반에 해당되는 가격카르텔 행위에 관해서 영국의 2003년 범죄자 인도법에 근거해 인도가 시도된 예가 있다.[34] 일본은 미국, 한국과 조약을 체결하고 있지만 현재까지 경쟁법 위반에 근거한 사안은 없다.

4. 각국법제와 국제적 집행협력

자국의 경쟁법에 국제적 집행협력과 그 지원제도를 정비하는 것으로 경쟁법의 국제적 집행을 지원하고 장려하는 국가도 있다.

미국의 1992년 국제독점금지집행지원법(International Antitrust Enforcement Assistance Act)은 미국 당국에 외국 당국과의 공조협정 체결 권한을 부여한다. 협정의 내용은 미국 당국이 외국 당국에게 받은 요청에 근거해 외국경쟁법 위반에 대한 형사수사 및 민사조사를 하는 것으로 외국 당국을 지원하고, 조사 등에서 획득한 정보를 외국 당국에 제공하는 것을 인정하는 것이다. 다만, 이 법은 제공하는 기밀 정보의 보고, 제공 정보의 취급 등에 대해서 상호주의를 요구한다.[35] 1999년에 체결된 미국-호주 공조협정은 이 법에 근거한 것이다.

경쟁법 자체에 정보 제공 권한을 규정하는 것도 있다. 독일법은 ECN 회원국 및 EU 비회원국과의 협력을 위해 정보를 제공하는 것을 규정하고 있다.[36] 다만, 기밀정보제공은 당사자의 동의를 전제로 한다. 호주법에서는 경쟁당국이 외국 정부조직의 권한행사를 위해서 보호정보(protected information)를 외국 정부조직에 제공할 수

34) *Norris v. Government of the United States of America and others* (2008), UKHL 16. Cf. *Norris v. Government of the United States of America* (2010), *UKSC 9*. 사건 경위는 다음 문헌을 참조. Julian M. Joshua, Peter D. Camesasca. and Youngjin Jung, "Extradition and Mutual Legal Assistance Treaties: Cartel Enforcements Global Reach," *Antitrust Law Journal,* vol.75, issue 2 (2008), pp.353-378.

35) 15 USC 6211(2).

36) 경쟁제한금지법 제50조 (a)항, 제50조 (b)항.

있다고 규정하고 있다.[37)]

법을 제정하는 것 이외에도 각국 당국 등이 국제적 집행협력을 위한 검토를 실시하고 그에 따른 정책과 제도를 추구하는 경우도 있다. 미국 International Competition Policy Advisory Committee(ICPAC)[38)]의 검토와 그 최종보고서[39)]는 미국 독점금지법의 국제적 집행과 국제협력시 제안의 기초가 되거나 정책의 방향성을 설명하는 도구가 되기도 한다.

5. 비공식협력

경쟁법의 국제적 집행의 실태에서는 협정 등을 통한 공적 협력체제의 경유와 함께 비공식수단에 의한 협력관계의 의의와 영향도 크다. 비공식협력은 기밀정보 제공과 타국을 위한 조사권한 행사를 포함하지 않은 당국간의 모든 협력행위로 볼 수 있다.[40)] 비공식협력의 근거는 다양하다. 양자간 협정, 각종회의(국제조직과 지역적 조직의 회의, 사적·공적인 심포지엄 등), 기술지원 등을 통해 형성된 당국간의 개인적 네트워크가 개별 사건에서 정보교환에 기여하는 것이다. 이렇게 형성된 네트워크에 의한 비공식적인 협력이 사건을 처리하는 데 중요한 역할을 하였다고 할 수 있다.[41)]

6. 규제기준 및 절차 수렴을 위한 움직임

국제거래에 대한 경쟁법 적용문제에는 각국 법의 규제기준과 절차에 차이가 있어 그에 따라 동일한 행위에 대해 다른 결과가 발생하는 것 또는 복수 절차의 병행

---

37) 2010년 경쟁소비자법 제155AAA조. 그 외에 이하를 참조. Australia's Mutual Assistance in Business Regulation Act of 1992: the Netherlands' Competition Act of 1997, Article 91; France's Commercial Code of 2003, Article L462-9.

38) 1997년 11월에 21세기 국제적 독점금지문제 대응의 검토를 목적으로 설치되었고 2000년 2월에 최종보고서를 제출하고 그 후 해산하였다(2000년 6월).

39) 최종보고서는 다음을 참조. International Competition Policy Advisory Committee. Final Report to the Attorney General and Assistant Attorney General for antitrust (2000), http://www.justice.gov/atr/icpac/finalreport.html

40) OECD, *supra* note 3. p.23.

41) 라이신 및 비타민 카르텔 사건 당시 브라질 사안에 대해서 다음을 참조. Mariana Tavares de Araujo, "The Brazilian Experience on International Cooperation on Cartel Investigation," 2002, pp.5-7, http://www. seae.fazenda.gov.br/document_center/working-papers/2002-2

및 연속에 의해 사업상 및 행정상의 비용이 발생하는 것이 있다. 국제적 통일법과 국제적 협력체제 구축은 이러한 문제해결을 위한 첫걸음이다. 그 외에 현재는 OECD와 ICN 또는 주요 경쟁당국간에서 규제기준과 절차의 괴리를 시정하기 위한 움직임으로서 권고와 Best Practices라는 형태로 문서가 작성되고 공표되고 있다.

카르텔 규제분야에서는 OECD의 경성카르텔에 관한 권고와 보고 등이 있다. Recommendation of the Council Concerning Effective Action Against Hard Core Cartels(25 March 1998-C(98)35/FINAL)[42]에서는 경성카르텔의 유형을 명시하고 경쟁상 폐해를 지적하여 각국 경쟁법의 수렴과 실효적 규제조치 제공, 가입국간 국제협력과 적극적 및 소극적 예양을 요구함으로써 기밀정보 보호와 정보 교환을 장려해 양자간·다자간 협력협정에 의한 협력체계확립을 장려한다. OECD Best Practices for the Formal Exchange of Information Between Competition Authorities in Hardcore Cartel Investigations(DAF/COMP(2005)25/Final)[43]에서는 당국간 정보 교환상의 장벽 극복을 위해서 기밀정보보호제도의 확립과 범위의 확정, 정보교환의 원칙적 승인의 비의무적 교환, 개별 사건에 대한 당국의 정보 제공 여부에 대한 재량권 보장, 목적 외 사용에 대한 유의사항, 형사절차시 정보이용과 관련된 은닉특권보장 등의 정보제공자의 권리보장, 정보제공자에 대한 사전·사후 통보 등에 대해서 언급하고 있다. ICN의 카르텔분과에서는 조사에 관한 기초적인 방법 등이 템플릿(template) 등의 형태로 공표되어 조사수준 향상과 통일화에 기여할 것으로 보고 이것이 미래 당국간 협력기반이 되리라고 기대되고 있다.[44]

기업결합규제 분야에서는 ICN의 Recommended Practices for Merger Analysis (June 2009),[45] Merger Guidelines Workbook(April 2006),[46][47] Waivers of Confidentiality in Merger Investigations[48] 등이 있다. 미국 EU간에서는 US-EU Merger Working Group, Best Practices on Cooperation in Merger Investigations가 작성되고 있

42) http://acts.oecd.org/Instruments/ShowInstrumentView.aspx?InstrumrntID=193&InstrumentPID=189&Lan g=en &Bool=False
43) http://www.oecd.org/dataoecd/1/33/35590548.pdf
44) 다음 ICN문서를 참조. Anti-Cartel Enforcement Manual. *at* http://www.internationalcompetitionnetwork .org/current/cartel/maanual.aspx
45) http://www.internationalcompetitionnetwork.org/uploads/library/doc316.pdf
46) http://www.internationalcompetitionnetwork.org/uploads/library/doc321.pdf
47) Christine A. Varney, Our Progress Towards International Convergence, p.5, *http://www.justice.gov/* atr/public/speeches/250264.pdf
48) http://www.internationalcompetitionnetwork.org/uploads/library/doc330.pdf

다.[49] 이 문서는 양당국간에서의 동일합병 사건심사에서의 Best Practices를 규정한 것이다. 양기관간의 커뮤니케이션 시기와 방법, 증거수집과 평가, 문제해결조치에 대해서 다룬다. 일본의 공정거래위원회도 기업결합심사에 관한 국제협력체계 구축을 제안하였고, 공정거래위원회를 기점으로 한 연락리스트 작성, 각국법과 규칙, 중요한 이익과 양립하고 또한 합리적으로 이용가능한 자원의 범위에서 기업결합사안의 관련 정보(비밀이 아닌 정보 또는 비밀정보(의무면제(waiver) 취득이 전제))교환 등을 제안한다.[50]

Ⅳ. 국제적 집행 – 카르텔규제와 기업결합규제의 양상

경쟁법의 국제적 집행대상에는 국제카르텔, 국제적 기업결합, 국제적 기술거래, 수출입총판거래, 병행수입 등이 있다. 본장에서는 국제카르텔과 국제적 기업결합에 대해서 국제적 집행협력에 관해서만(양분야에 대해서는 본서 타 논문 참조) 국제적 집행의 도달점과 문제점의 일부를 간단하게 지적하도록 한다.

1. 국제카르텔규제

국제카르텔은 한 국가의 수출입업자가 수출입 관련해서 체결하는 수출입 카르텔을 포함하지만 최근에는 복수 국가의 기업이 관련된 국제카르텔 사안이 두드러진다. 또 카르텔에는 경쟁자간에 상품의 가격 등을 제한하는 경성카르텔과 연구 개발과 관련된 연성카르텔이 있지만 국제카르텔로서 엄격한 규율하에서 다뤄지는 경우가 많은 것은 경성카르텔이다. 국제카르텔 사건에서는 동일한 사건일 경우 각국 당국이 자국법을 동시에 적용해 조사 등을 하는 사례가 증가해 국제협력의 성과라고 보고 있다.[51]

49) http://www.justice.gov/atr/public/international/docs/276276.pdf
50) 공정거래위원회, 기업결합심사에 관한 국제협력체계의 구축에 대해서는(2012년 4월 25일), http://www.jftc.go.jp/pressrelease/12april/120425.pdf
51) 비타민, 라이신, 액정디스플레이, 항공운임 등의 카르텔 사건에서 협력이 권고되고 있다.

(1) 당국간 협력이 이루어지는 사례

Marine Hose 카르텔 사건에서는 미국, EU, 영국, 호주, 한국, 브라질, 일본 등이 법적 조치를 취하였다. 미국, 일본, 유럽의 마린호스 제조판매업자가 코디네이터를 중심으로 가격설정, 수량제한협정, 시장분할 및 입찰을 담합하였다. 참가자 중 한 곳이 미국, EU, 일본에서 리니언시(leniency, 자진신고자 감면제)를 신청하였다. 국제적 집행에 대해서는 다음과 같은 특징이 있다.[52] 첫째, 참가자 중 한 곳이 미국, EU, 일본에서 리니언시를 신청하였고 이는 조사당국들이 협력하여 행동하게 되는 계기가 되었다. 둘째, 경쟁당국의 조사가 동시병행적으로 또는 연속해서 이루어졌다.[53] 셋째, 영미간의 형사사건 처리에 새로운 대응이 이루어졌다. 넷째, 당국간 정보 및 증거 제공을 통하여 사건이 효과적으로 처리된 점이 주목된다.

(2) 리니언시 및 앰네스티와 국제적 집행협력

리니언시 또는 앰네스티제도(이하 리니언시제도)는 카르텔 참가기업에 자진신고와 정보제공 등의 조사협력 인센티브를 줌으로써 카르텔 규제의 강력한 수단이 되고 있어 이 제도를 도입한 국가가 많다. 국제카르텔에 대한 복수 관할권에서의 법적용이 통상적인 현상이 되었기 때문에 기업이 복수국간 경쟁법하에서 신청하는 경우도 많아졌다. 국제카르텔의 경우, 당사자가 제공한 정보 가운데 타국에서 경쟁법을 적용할 때 유용한 것이 포함되어 있는 것도 있다. 이러한 정보가 당국간에 공유되면 동시병행적 조사가 가능해지고 카르텔 적발의 입증을 쉽게 할 수 있으며 비동시병행적 조사의 경우에 발생하는 당사자의 증거 인멸 등의 방지가 가능하다는 지적이 있다.[54] 이러한 점 때문에 리니언시제도를 통해 국제협력의 바람직한 모습도 검토과제가 된다. 첫째, 각 당국이 획득한 정보를 당국간에 교환하도록 승인을 얻을 수 있다는 점이다. 신고를 전제로 한 기밀정보교환을 조건으로 하는 경우라면 이 문제는 간단히 해결된다. 둘째, 리니언시제도가 기능하는 것은 엄격한 규제조치의 존재 및 적용이 전제가 된다. 셋째, 리니언시제도의 적용요건 등이 많은 부분에서 공통될

52) OECD, *supra* note 4, p.25.

53) Scott D. Hammond, "The Evolution of Criminal Antitrust Enforcement Over the Last Two Decades," Remarks at the 24th Annual National Institute on White Collar Crime (Feb. 25, 2010), p.15, http:// www.justice.gov/atr/public/speeches/255515.pdf

54) OECD, *supra* note 4, p22. 이하의 기술에 대해서도 OECD, *supra* note 3, pp.22-23 참조.

필요가 있다.[55] 만약 차이가 많이 난다면, 신고자는 신고 여부를 선택해야 하기 때문이다.

2. 국제적 기업결합규제

합병과 주식취득 등을 통해 국경을 초월하여 국제적 기업결합이 이루어지는 경우가 많다. 기업결합규제와 다른 위반행위규제의 차이점에는 일정 규모 이상의 결합에 대해 사전신고 및 사전심사제의 채택이 많다는 점에 있다. 당국간 조사협력 사례가 보고되고 있다.[56]

(1) 당국간 협력이 이루어지는 사례

톰슨 로이터 사건은 캐나다 기업인 톰슨이 영국 기업인 로이터를 인수한 사건이다.[57] 미국 및 유럽 당국은 매수가 3 또는 4시장에서 반경쟁적이라고 하였지만 당사자로부터의 분리조치제안을 받아들였다. 조사는 당국간의 협력하에 이루어졌고 유럽위원회의 결정 중에도 시장획정과 시장점유율 평가시에 미국 당국을 통한 당사자가 제공하는 정보를 이용한 사실이 인정되고 있다.[58] 다만, 당국의 조사협력 등이 이루어지더라도 심사대상시장의 차이를 이유로 당국간에 결론이 달라지는 것은 당연한 것이다.[59] 또 심사기준 등의 수렴이 이루어지고 있다고는 해도 규정의 차이와 규제

55) 리니언시 설계의 제언으로 다음을 참조. ICN, Drafting and Implementing an Effective Leniency Program (2009).

56) 일본의 최근 사안으로는 다음 내용이 있다. 2009년 파나소닉/산요전기 사건(미국 FTC, 유럽위원회와 협력. 공정거래위원회는 당시 회사의 양해를 얻어 구미 경쟁당국과의 연락 조정을 하여 심사하였다고 한다. 공정거래위원회, 2009년도 주요기업결합 사례), 2010년 BHP 빌리톤/리오틴토 사건(호주경쟁소비자위원회, 유럽위원회, 독일 연방카르텔청, 한국공정거래위원회와 협력. 공정거래위원회, 2010년도의 주요기업결합 사례, 1-17면), 2011년 하드디스크 드라이브 제조판매 분야 등에 관련된 2건의 기업결합계획(공정거래위원회, 2011년 12월 28일 하드디스크 드라이브의 제조판매업자의 통합계획에 관한 심사결과에 대하여(ber/111228. pdf) 과 미국에 대해서 본장에서 다룬 것 외 *Ticketmaster-Live Nation* 사건.

57) DOJ, Justice Department Requires Thomson to Sell Financial Data and Related Assets in order to Acquire Reuters (Feb. 19, 2008), http://www.justice.gov/atr/public/press_releases/2008/230250.pdf (미국, EU, 캐나다간 협력).

58) M.4726 Thomson Corporation/Reuters Group, Commission Decision (Feb. 19, 2008), p.13 & n.20, p.43 & n.54.

59) 독일증권거래소/NY증권거래소 유로넥스트 사건의 예가 있다. 미국 사법부와 유럽위원회의 협력하에 심사가 진행되었기 때문에 당사자가 동의한 문제해결조치의 미국 사법부에 의한

방침의 차이에 따른 결론의 차이가 발생하는 점에도 유의하여야 한다.

(2) 신고기준

신고에는 신고의무를 부과하는 경우 또는 임의신고의 경우가 있다. 신고기준의 설정에는 제출기준이 각국법의 관할권 행사의 계기가 될 수 있다는 점과 기준이 불투명하고 부적절하다면 기업활동에 대한 부당한 개입과 부당한 부하를 부과할 수 있다는 점 등이 그 과제가 된다. 수치상으로는 세계적으로 통일된 기준이 없다. 어떠한 기준 설정이 바람직한지에 대해서 ICN과 OECD에서 권고가 이루어지고 있고 관할권 행사의 적절한 기준 설정이 힘들다는 지적이 나오고 있다. 게다가 기준의 명확성과 객관성의 확보, 수량적으로 비주관적인 기준 설정 등을 제안하고 있다.[60)]

(3) 문제해결조치

기업결합규제에서는 결합계획 변경과 행위당사자에 대한 의무(시정조치)에 따라 반경쟁효과가 소멸되는 경우, 결합을 금지하지 않는 해결이 이루어지는 경우가 있다. 국가별로 부과되는 시정조치에 차이가 있기 때문에 관할권간 충돌이 발생하는 경우가 있다. 국가별로 문제가 되는 상품 등이 다른 경우에는 국가별로 취해지는 시정조치의 차이가 생기는 것은 회피할 수 없다. 예를 들어 파나소닉/산요전기 사건에서는 당사자에게 정보 공유의 협력을 얻으면서 시정조치에서 미국, 유럽, 일본 당국간에 차이가 발생하였다.[61)] 동일한 상품이 문제가 될 경우에 시정조치의 설계하에 조정이 이루어지면 발생하는 문제는 적어진다. 최근에는 시정조치 설계시에도 다른 관할권에 대한 배려를 요구해야 한다는 움직임이 있다.[62)]

몇몇 협력사안이 보고되고 있다.[63)] 상술한 톰슨/로이터 사건에서는 문제해결조

처리절차 중에 유럽위원회가 기업결합을 금지했다. DOJ, Justice Department Dismisses Antitrust Lawsuit against Deutsche Borse and NYSE Euronext (Feb. 9, 2012), http://www.justice.gov/atr/public/press_releases/2012/ 280066.pdf

60) ICN, Recommended Practices for Merger Notification, http://www.internationalcompetitionnetwork.org library/doc588.pdf; OECD Recommendation on Merger Review (2005).

61) 미국 FTC 결정은 다음을 참조. FTC. In the Matter of Panasonic Corporation, a corporation, and Sanyo Electric Co., Ltd., a corporation, Decision and Order (Jan. 8, 2010). 유럽위원회 결정은 다음을 참조. M. 5421 Panasonic/Sanyo, Decision(s): Decision 29.09.2009: Art. 6(1)(b) with conditions & obligations. 일본에 대해서는 각주 56 참조.

62) ICN. *supra* note 60, at 31.

63) GE와 Instrumentarium(2003년) 안건(미국과 EU의 협력), Yahoo와 Google(2008년) 안건(미국

치 협상도 EU집행위원회와 미국 사업부에서 동시병행적으로 실시하였고 결정도 동일하였다. 사법부는 EU집행위원회에서 결정한 문제해결조치와 자신들이 결정한 조치가 일치한다는 성명을 발표했다.[64)]

다른 한편으로 다른 국가가 경쟁법에 의거한 시정조치를 적용함에 따라 조사를 중지하는 예도 있다. 미국 사법부는 *Cisco/Tandberg* 사건에서 EU의 시정조치를 감안하여 절차를 종료했다.[65)] 사법부는 유럽위원회와 동시병행적 조사를 실시하여 당사자에게 면책을 얻은 공유 정보도 사용하여 심사한 후 시정조치를 고려하였다. 화상회의 비지니스를 하는 경쟁자인 Cisco와 Tandberg간의 기업결합이 제안되었지만 유럽위원회는 타사에서 제공하는 시스템과 호환성 확보와 표준공개를 촉진하는 등의 내용의 시정조치를 조건으로 기업결합을 승인하였다.[66)]

Ⅴ. 결 론

과거 경쟁법의 역외적용에 대한 검토는 주로 근거와 적용에서 발생하는 주권대립문제를 중심으로 다루어졌다. 본장에서 살펴본 바와 같이 현대 경쟁법의 국제적 강제의 주요 과제는 경제활동의 국제화와 경쟁법의 세계적인 확산에 따라 각국 시장에서 경쟁유지·촉진을 위해 위반행위를 적절하게 규율할 수 있는지에 대한 것이다.[67)] 이로 인하여 다양한 수단을 통한 경쟁당국간의 협력을 구축하고 각국법의 적용기준과 절차를 수렴하기 위해 점진적 방법이 채택되고 있다. 적용기준과 절차 수렴은 중복법 적용회피와 법집행의 투명성 향상이라는 점에서는 기업활동에 대한 과도한 부담을 경감하는 측면을 갖는다. 그러한 방향으로 가기 위한 경쟁법의 세계적 통합시

과 캐나다의 협력) 등이 있다.

64) DOJ, *supra* note 57.

65) DOJ, press release 29 March 2010, Justice Department Will Not Challenge Cisco's Acquisition of Tandberg, *at* http://www.justice.gov/atr/public/press_releases/2010/257173.pdf

66) EU에 대해서 다음을 참조. M, 5669 Cisco/Tandberg,. Commission Decision (Mar. 29, 2010).

67) 개별사건을 둘러싸고 입법 및 강제관할문제는 현재도 존재한다. 입법관할권에 대해서지만 다음 사건 등을 참조. 특정 브라운관 국제카르텔 사건(국내수입이 근소해 보이는 상품을 대상으로 한 카르텔. 公取委, 배제조치명령, 2009년 10월 7일, 審決集, 제56권, 제2분책, 71면), 자동차부품가격카르텔 사건(미국을 대상으로 수출되고 있는 완성품에 들어가 일본에서 제조판매된 부품도 대상으로 한 카르텔. United Statesv, Yazaki Corporation, Information(at http://www.justice.gov/atr/cases/f280000/280050.pdf)에 제시된 소인(count)3과 관련된 사실).

도는 좌절되었지만 국제협력체제 속에서 형태를 바꾸어 점차 구축되는 방향으로 향하고 있는 것으로 보인다. 그 예로 경성카르텔 규제와 기업결합규제의 견해와 절차수렴을 들 수 있다. 그러나 독점기업 등에 대한 일방적 행위규제는 국가별로 원칙과 기준에 차이가 있어서 수렴에는 높은 장벽이 있다고 지적되고 있다. 법집행의 경험과 법집행에 투입할 수 있는 자원에 큰 차이가 있는 국가별로 법이 존재하는 체제하에서는 개도국과는 협력할 수 있는 전제가 결여된 경우가 있다는 문제도 남아 있다.[68] 선진국간에도 정보 교환과 기업결합심사 및 시정조치의 조정, 형사처분문제 등에 과제가 남아 있다.

68) OECD, *supra* note 4, pp.30-32: OECD, *supra* note 32.

제24장
동아시아 경쟁법상 공정경쟁과 자유경쟁의 균형

稗貫 俊文 (히에누키 토시후미)

Ⅰ. 서 론

경쟁법이 추구하는 것은 공정거래, 공정경쟁, 자유경쟁의 3가지로 분류할 수 있다. 불공정거래는 거래상대방에게 심각한 피해를 가한다. 불공정경쟁도 불공정거래를 야기하므로 거래상대방에게 심각한 피해를 가한다. 가격카르텔과 같은 자유경쟁의 제한도 불공정거래를 야기하므로 역시 피해는 심각하다(카르텔이 없는 경우보다 높은 가격을 지불). 이와 같이 불공정거래뿐만 아니라 불공정경쟁이나 자유경쟁저해를 모두 불공정거래규제의 과제로 환원할 수 있다면 동아시아에서 경쟁법은 넓은 지지를 받을 수 있을 것이다. 왜냐하면 동아시아에서는 자유경쟁저해의 폐해보다 불공정거래의 피해가 심각하다고 받아들여져 규제에 대한 이해를 얻기 쉽기 때문이다. 이는 이미 서울대학교의 권오승 교수에 의해 지적되고 있다.[1]

그러나 경쟁법의 주요 역할은 시장의 자유로운 경쟁을 유지하는 것이며 공정거래를 추구하는 것은 부수적인 역할에 지나지 않는다. 그것이 구미를 중심으로 한

---

1) 權五乘, "競争秩序の確立を阻害する諸要因,"「神戸法学雑誌」, 제55권 1호(2005년 6월), 9-21면.

경쟁법의 글로벌 기준일 것이다. 시장의 자유로운 경쟁은 생산의 효율성과 혁신의 효율성을 가져오며, 무엇보다도 자원배분의 효율성을 가져오게 된다고 한다. 자유로운 경쟁이 저해되면 소비자의 후생을 높이는 자원배분이 왜곡된다. 그러나 이렇다 하더라도 동아시아의 많은 사람들은 절실함을 느끼지 못할 것이다.

분명히 동아시아에 있는 많은 국가들의 경쟁법상 금지행위의 체계적 외형은 구미의 경쟁법을 계수함으로써 자유경쟁의 유지를 중심으로 하는 세계적 기준에 가까운 것으로 되어 있다. 그러나 그 운용은 공정경쟁의 유지에 행정자원(resource)의 많은 부분을 할애하고 있는 것이 현실이다. 향후 경쟁법뿐만 아니라 광의의 경쟁정책(규제개혁)에서 공정거래 보호에 중점을 둔다면, 자유로운 통상에 과도한 제약을 가한다는 이유로 미국과의 통상협상 등에서 개선의 압력이 가해질 것이다. 1997년의 일본의 지주회사 금지해제와 1998년의 대규모소매점포법 폐지에는 미국의 요구도 있었다고 한다. 그러나 본래 시장 자체가 경쟁적 상태에 있지 않으면 경쟁법만으로 효율성을 가져올 수는 없다. 따라서 광의의 경쟁정책으로서 규제개혁이 주창되는 것은 그러한 이유 때문이다. 그러나 동아시아에서 시장의 경쟁기능을 중시하여 규제개혁을 서두르면 사람들은 준비도 없이 자본·자원의 과잉 유동성에 노출될 것이다. 이러한 딜레마가 존재한다는 것에 입각하여 자유경쟁과 공정경쟁의 균형이라는 관점에서 동아시아에서 경쟁정책과 경쟁법의 존재형태를 검토하는 것이 본 장의 과제이다.[2)]

Ⅱ. 동아시아의 경쟁정책 균형을 정하는 국내적 요인

1. 자유경쟁과 공쟁거래

거래는 경쟁인가? 물론 일반적인 이해로는 판매자와 구매자간에 경쟁은 성립하

2) 본장에서는 통상마찰로 '자유(효율)'의 관점에서 미국의 개선압력이 계속되는 동아시아 경쟁법에 있어서 동아시아에 있어야 할 공정과 자유(효율)의 균형을 탐구한다. 한편, 동아시아 경쟁법의 법으로서의 특징을 구미의 경쟁법 법규범의 존재형식(실체법과 절차법, 법률과 판례, 가이드라인 등)과 사회규범, 거래관행의 존재형식과 비교·검토하는 방법의 필요성에 대해 논의하면서 그러한 검토를 거치지 않고 글로벌 기준의 존재를 상정하는 것의 안이함을 암시적으로 비판한 것으로는 根岸哲, ""競争法"のグローバルスタンダード論に関する覚書,"「甲南法学」, 제51권 4호(2011년), 1-19면 참조.

지 않는다. 그러나 거래를 위한 협상이 이익(富) 배분의 다툼이라 한다면 그것도 경쟁이라고 할 수 있을 것이다. 거래는 쌍방 모두에게 유리한 행위라고 할 수 있으나, 배분되는 이익의 크기에 극단적인 차이가 있다면 이익충돌이 된다. 노사간 협상이나 독점자와 비독점자의 거래에는 그러한 충돌 가능성이 있다.

기업의 수익성은 경쟁관계뿐 아니라 거래관계에도 의존한다. 경영학자 마이클 포터(M. E. Porter)는 그의 저서 「경쟁의 전략」[3]에서 어떤 기업의 수익성은 경쟁관계뿐 아니라 그 고객의 구매력이나 판매자측의 판매력에도 의존한다고 하고 있다. EU 경쟁법에서 시장지배적 지위는 '어떤 사업자가 지닌 경제적 힘의 상태이며 자기 경쟁 상대인 사업자, 자기 고객 그리고 최종적으로는 소비자로부터 인지가능할 정도로 독립해서 행동하는 힘을 얻어 관련시장에서 유효한 경쟁을 방해할 수 있는 지위를 뜻한다'라고 정의되어,[4] 자기 고객과 일반 소비자의 협상력도 고려하는 것으로 보인다. 이는 시장지배력도 거래상대방의 협상력에 영향을 받는다는 의미일 것이다. 이러한 정의는 경쟁과 거래를 동일시하고 있지는 않지만 양자가 밀접하게 관련되어 있다는 점을 시사한다.

과거에는 거래를 경쟁과 동일시하는 견해가 있었다. 리카도(Ricardo) 등 고전파 경제학자는 노동자와 사용자간 협상을 경쟁으로 보았다. 그리고 미국의 홈즈(O. W. Holmes) 판사는 당시의 경제학에 정통하였으나 경쟁의 수직적 국면과 수평적 국면을 구별하지 않았다고 한다. 예컨대, 재판매가격유지행위에 관한 *Dr. Miles Medical Co.* 사건 판결(1910년)[5]에서 홈즈 판사의 소수의견은 판매자와 구매자는 서로 경쟁한다는 견해에 기초하고 있다. 홈즈 판사는 전부터 경쟁은 '모든 일시적인 이익의 충돌을 말하는 것'이며 '동일한 목적을 향해 싸우는 동일 계층(class)의 인간의 투쟁만을 말하는 것이 아니다'라고 주장하였다.[6]

학자들이 경쟁을 수평적 관계로만 보게 된 것은 마샬(A. Marshall) 등 신고전파 경제학의 등장 이후이다. 판매자간 또는 구매자간의 수평적인 다툼은 경쟁으로서 엄밀한 경제적 연구대상이었으나, 판매자와 구매자간 수직적인 다툼은 협상력

3) M. E. Porter, 土岐坤·中辻高治·服部照夫訳, 「新訂 競争の戦略」(ダイヤモンド社, 1995년), 17-54면.
4) 中村民雄·須網隆夫 編著, 「EU法基本判例集」(日本評論社, 2010년), 304면, 박덕영·이주윤 옮김, 「EU법 기본판례집」(연세대학교출판문화원, 2012) 참조.
5) *Dr. Miles Medical Co. v. John D. Park & Sons Co.*, 220 U. S. 373 (1911).
6) Rudolph J. R. Peritz, *Competition Policy in America 1888-1992* (Oxford University Press, 1996), p.94-96.

(bargaining power)에 의한 부의 분배라는 정치문제로 다루어지게 되었다.7) 그러나 이는 정의의 문제이다. 홈즈 판사와 같이 경쟁을 이익의 충돌이라는 관점에서 정의한다면 노사협상 및 독점자와 비독점자간 거래도 경쟁이라 할 수 있다.

효율적인 자원배분이 어느 지방과 어떤 산업을 급격하게 쇠퇴시키는 일이 발생하는 상황에서, 이러한 논의는 동아시아에서 중요한 함의가 있다고 생각한다. 자유경쟁이 가져오는 효율적인 자원배분이 동아시아 사람들에게 받아들여지려면 거래가 공정하게 이루어지는 것이 전제가 되어야 한다는 것이다. 거래가 이익(부) 배분을 둘러싼 다툼이라면 거래가 성립되면 다툼은 일단 끝나고 일정 이익(부)의 분배가 거래 당사자 쌍방 모두에게 일어나게 된다. 효율적인 자원배분은 그러한 이익배분을 전제로 이루어진다. 즉 수요자 측의 선호와 한계효용을 결정짓는 것은 이익의 배분상태이며, 이익배분이 바뀐다면 수요자의 선호와 한계효용도 변화한다. 이러한 경우 이익분배의 격차가 적다면 효율적인 자원배분은 많은 사람들을 똑같이 풍요롭게 할 것이다. 그러나 이익분배의 격차가 크다면 효율적인 자원배분은 이익(부) 분배의 격차를 더욱 확대시킬 것이다. 시장지배적 사업자와 거래하는 영세사업자는 터무니없이 낮거나 비싼 가격을 강요받아 거래에 의한 이익의 폭이 낮아지게 된다. 이것은 공정한 거래가 아니라고 말하는 사람도 있을 것이다. 그러한 격차가 커지는 사회에서는 자원배분의 효율성보다도 공정한 거래를 요구하는 목소리가 커질 것이 분명하다.

이러한 점에서 경쟁법이 고려하여야 할 자유경쟁과 공정경쟁의 균형은 이익(부)의 분배상태에 의존하고 있다고 해도 좋을 것이다. 급속히 경제성장을 하고 있는 동아시아에서는 기업간 격차도 커져서 사람들의 빈부격차도 커진다. 이러한 경우에는 공정거래 추구가 중시될 것이다.

2. 동아시아에서 공정거래의 중요성

분명히 동아시아의 경쟁법은 공정거래 보호에 치우치는 경향이 있으며 그 법의 운영을 보면 시장의 자유로운 경쟁유지와 더불어 혹은 그 이상으로 공정경쟁의 추구에 무게를 두고 있는 것처럼 보인다.8)

---

7) *Ibid.*, p.95.

8) 中山武憲, “東アジア諸国経済法における不公正な取引方法規制の現状と課題,” 「名経法学」, 제28호(2010년), 119-147면.

(1) 대 만

대만은 이러한 경향이 현저하다. 국립대만대학의 황민지에(黄銘傑)교수에 의하면[9] 대만의 공정거래위원회(Taiwan Fair Trade Commission, TFTC)가 지금까지 처리한 사건의 88 %는 '부당표시'(공정교역법 제21조), '다른 사업자의 신용을 해치는 허위정보의 유포'(동법 제22조), '다단계판매'(동법 제23조), '기만적 또는 명백히 불공정한 행위'(동법 제24조)라고 한다. 또한 TFTC는 독점행위 규제나 카르텔 규제이든 수직적 거래제한의 규제이든 간에 가격 매커니즘에 간섭하는 경향이 강하다고 본다. 예컨대, 공정거래법에서 독점적 지위에 해당된다고 인정된 사업자는 일정 행위를 하는 것이 금지되는데(동법 제10조), 예시된 금지행위의 하나로 '가격의 부당한 설정, 유지 또는 변경'(동법 제10조 2항)이 있다. 대만에서 현재까지 9건의 독점규제 사례 중에 절반 이상이 제10조 2항의 사례라고 한다. 카르텔 사례를 보면, 3개사의 우유 소매가격이 인상되었을 경우와 대형 4개사의 편의점에서 카운터판매 커피가격이 인상되었을 경우에도 합의한 직접증거나 간접증거도 없어 동조적 인상으로 보였으나, TFTC는 이를 가격카르텔로서 규제하였다고 한다. TFTC의 전신이 물가감시관청이었다는 점에서 지금까지 소비자를 위한 가격남용규제가 주된 행정활동의 하나로 되어 있다. 여기에 중소규모의 기업을 보호하는 법운용이 더해져 현재도 TFTC는 가격감시기관과 같은 역할을 하고 있다고 한다. 황민지에 교수는 여기에 동아시아의 다른 법역의 경쟁법과는 다른 특징이 있다 하여 그것을 경쟁법의 토착화(localization)라 부른다.

(2) 한 국

한국에서도 불공정거래규제가 중요하게 다루어진다. 혈족에 의한 재벌지배로 한국은 큰 경제성장을 달성하였으나[10] 이는 정부에 의한 차별적인 자원배분의 결과였다. 그러한 경제에서 경쟁법이 시장의 자원배분의 효율성을 보완한다고 하여도

9) 대만의 공정거래법의 현황과 과제에 대해서는 국립대만대학의 황민지에 교수의 "the Past and Future of Fair Trade Act of Taiwan"(2012년 3월 18일)을 참조하였다. 이는 제8회 동아시아 법철학 심포지움 「ポスト継受時代の東アジア法文化」(政治大学法学院, 타이베이, 2012년 3월 17-18일)에서 보고된 PPT자료이며 색인정보는 존재하지 않는다. 그러나 그 내용이 본장의 집필에 필요하였으므로 소개한다.

10) 한국의 공정거래법의 제정에 대해서는 朱舜傑, "韓国における経済法制定の要因分析-1980年独占規制および公正取引に関する法律の制定," 「新世代法政策学研究」, 제17호(2012년 7월)을 참조.

공허하게만 들릴 것이다. 이 법의 운영은 대만정도는 아니지만 불공정거래를 중심으로 한 규제로 되어 있다. 그 중에서도 민사분쟁과 같은 불공정거래규제의 건수가 많아 행정자원 배분의 중점을 카르텔규제와 시장지배적 지위의 남용규제로 이동시키기 위하여 불공정거래 문제를 한국공정거래위원회(Korea Fair Trade Commission, KFTC) 내부에 만든 민사조정제도에 맡기는 개혁이 이루어졌다.[11] 또한 일본법의 부분적 계수에 따라 일본법과 마찬가지로 사업자의 단독행위로 구성되는 재판매가격유지행위나 끼워팔기, 배타조건부거래, 구속조건부거래를 구미와 같이 수직적 공동행위로 해석해서 규제해야 한다고 하는 학자들의 논의도 나오고 있다.[12] 그리고 사업자의 단독행위도 거래거절에 관한 포스코 사건 대법원판결을 계기로 시장지배적 지위의 남용규제를 불공정거래의 위법요건과 명확히 구별하는 사고방식이 도입되었다.[13] 이러한 것들은 모두 경쟁법 운용을 불공정거래와 불공정경쟁의 규제에서 자유경쟁저해의 규제로 초점을 이동시키려는 것이다.

(3) 중국[14]

중국은 법집행의 실태가 명확하지 않다는 점도 있지만, 대만에서 문제가 될 수 있는 불공정거래는 1998년에 시행된 가격법과 2004년에 제정된 반부정당경쟁법(反不正当競争法)의 규제대상에 포함되어 반독점법(反壟断法)의 규제대상은 아니다. 그리고 유럽의 법제를 모델로 하였기 때문에 수직적인 거래제한은 자유경쟁을 저해하는 수직적 공동행위로서 규제하고, 일본이나 한국과 같이 공정한 경쟁을 저해하는 단독행위로는 취급하지 않는다.[15] 그러나 중국에서 불공정거래의 실태는 상당히 심각한 부분이 있을 것이다.[16]

---

11) 鄭浩烈, "韓国公正取引法における最近の動向"(李折淑訳), 「新世代法政策学研究」, 제8호(2010년 11월), 137면 이하 참조.

12) イ·ホヨン, "韓国公正取引における垂直的共同行為と単独行為の規制体系の改編"(李如淑訳), 「新世代法政策学研究」, 제13호(2011년 11월), 85면 이하 참조.

13) "資料: 韓国の鉄鋼会社ポスコの市場支配的地位の濫用事件に関する大法院判決とソウル高等法院判決の紹介"(李妨淑訳), 「新世代法政策学研究」, 제3호(2009년 11월), 141-189면 참조. 대법원 판결에 대해서는 イ·ホヨン, "전게논문"(각주 12) 참조.

14) 중국의 반독점법의 제정과 적용을 둘러싼 상황에 대해서는 王暁曄, "中国反壟断法の施行3年と法治国家," 「新世代法政策学研究」, 제17호(2012년 7월), 257면 참조.

15) 王建, "不公正取引の規制に関了するコメント"(韓懿訳), 「新世代法政策学研究」, 제13호(2011년 11월), 113-116면; 栗田誠, "日本から見た中国独占禁止法と東アジア競争法の課題," 「新世代法政策学研究」, 제13호(2011년 11월), 117-166면 참조.

(4) 일 본

일본에서는 지금까지 공정거래위원회의 활동 중 여전히 거래상의 우월적 지위 남용규제와 하청규제가 차지하는 비율이 높다고 한다.17) 역사적으로 보아도 카르텔 규제 등 공정거래위원회의 자유경쟁제한의 규제가 정체된 소화30년대(1955~1964년)에는 소비자 보호와 중소기업 보호활동이 이루어져 '하청대금지불지연등 방지법(1956년)'과 '부당경품류 및 부당표시 방지법(1962년)'이 제정되었다. 이는 당시 공정거래위원회의 활동을 국민이 인지하고 지지하는 계기가 되었다. 불황이 계속되는 지금도 공정거래위원회의 법운용상 중점화 과제로서 거래상의 우월적 지위남용규제와 하청규제가 거론되고 있다. 그러나 카르텔·담합규제 등 자유경쟁을 중시하는 독점금지법의 운용이 평성(平成, 1989년 이후)에 들어와 현격하게 강화되어 일본의 경쟁정책은 오늘날 자유경쟁 추구에 중점을 두고 있다고 하여야 할 것이다.

Ⅲ. 동아시아의 경쟁정책과 경쟁법의 내용을 정하는 국제적 요인

동아시아 지역은 큰 경제성장을 이루고 있는 지역이며, 구미의 이 지역에 대한 관심이 크고 경쟁정책과 경쟁법의 내용에 미국의 압력이 크게 작용한다.18) 미국의 통상협상을 통한 요구와 압력은 어디까지나 미국 국익의 확보를 위한 것이나 동아시아 지역의 경쟁법 강화에 공헌하고 있는 면이 있다는 것은 부정할 수 없을 것이다. 그러나 구미와 동아시아간에는 산업화의 역사가 다르므로 정부와 시장에 대한 사고방식이 상당히 다르며, 미국과 IMF, WTO 등 국제기구의 압력과 요구가 반드시 동아시아 지역에 적합한 내용의 압력과 요구를 수반하지 않는 부분이 있다.

---

16) 王建, "전게논문"; 韓懿, "中国競争法における "相対的な支配的地位" の濫用理論について," 「新世代法政策学研究」, 제8호(2010년 11월), 239-250면 참조.

17) 中山武憲, "東アジア諸国経済法における不公正な取引方法規制の現状と課題," 「名経法学」, 제28호(2010년), 119-147면 참조.

18) 동아시아의 법현상은 ① 국내의 사회·경제구조와 문화의 요인만으로는 설명할 수 없는 것이 많으며, ② 국제관계로부터의 영향을 받는 경우가 많다고 한다. 高見沢麿·鈴木賢, "はじめに," 「中国にとって法とは何か統治の道具から市民の権利へ」(叢書·中図的問題群3)(岩波書庖, 2010年). 동아시아의 경제법(경쟁법)도 동일하다.

1. 동아시아의 독점금지법 제정에 있어서 국제관계의 영향

원래 동아시아의 경쟁정책 및 경쟁법의 제정과 개정은[19] 미국의 압력 등 국제적인 요인이 크게 작용하여 왔다. 대만의 공정거래법은 미국과의 통상마찰을 계기로 주로 독일의 경쟁제한방지법을 모델로 하여 1992년에 시행되었다고 한다.[20] 한국의 공정거래법은 재벌의 경제지배에 불만이 커지는 국민을 진정시키기 위하여 독일법과 일본법을 참고하여 1981년에 제정되었다.[21] 그 후 1997년의 아시아 통화위기와 한국 통화인 원화의 폭락에 의해 IMF가 한국의 경제구조조정에 개입하는 와중에도 재벌규제 강화를 통해 카르텔 규제 등 적극적인 법운용을 하게 되었다.[22] 중국은 1978년 덩샤오핑(鄧小平) 주석 정권하에 외국자본을 도입하여 연해(沿海) 지역을 먼저 발전시킨다(先富論)는 개혁개방정책을 주창하여 1992년에 사회주의시장경제의 구상을 내세웠다. 이러한 전개의 연장선상에 WTO 가입에 따른 경쟁법 제정이 과제가 되어 긴 논의결과 2007년에 EU 경쟁법을 모델로 하여 반독점법을 제정하였다.[23]

일본은 미국점령기인 1947년에 미국의 강력한 영향하에서 독점금지법을 제정하였다. 그 후 독일의 경쟁제한방지법의 초안을 참조한 1953년 개정과 석유카르텔 사건의 경험을 살린 1977년 개정이 이루어졌다. 1989～1990년에는 미일구조문제협의로[24] 다시 미국이 등장하여 일본의 독점금지법 운용강화 외에 넓은 의미의 경쟁정책을 강화하는 과제가 논의되어 대부분이 시행되었다. 그 후에도 미일간에는 '미일규제개혁 및 경쟁정책 이니셔티브(Initiative)'를 토대로 양정부가 서로 '개혁요구서'를 제시하여 논의하고 시행하였는데, 이는 자민당 정권하에 1994년부터 2008년까지 계속되었다.[25] 이 협의는 요구항목의 상세함으로 보나 그 결과로 보나 미국의 열의가 많이

19) 동아시아 각국의 경쟁법 제정과 개정을 둘러싼 상황에 대해서는 黃銘傑, "전게논문"(각주 9); 朱舜傑, "전게논문"(각주 10); 鄭浩烈, "전게논문"(각주 11); イ・ホヨン, "전게논문"(각주 12) 참조.

20) 顔廷棟, "台湾の公平交易法と競争文化について,"「新世代法政策学研究」, 제17호(2012년 7월), 335면 참조.

21) 朱舜傑, 전게주 10의 논문 참고.

22) 李湖暎, "韓国競争法の課題 経済不況と競争政策,"「新世代法政策学研究」, 제17호(2012년 7월), 323면 참조.

23) 王曉曄, 전게주 14의 논문 참조.

24) 일본독점금지법의 미국으로부터의 영향과 일미구조문제 협의의 평가에 대해서는 柴田誠, "国際的脈絡における日本の独占禁止法ー日米構造問題協議以降の発展の功罪,"「新世代法政策学研究」, 제17호(2012년 7월), 239면 참고.

25) 미일의 구조개혁요구보고서와 관련하여, "日米規制改革および競争政策イニシアテイブ(The U. S.-Japan Regulatory Reform and Competition Policy Initiative) に基づく要望書"(年次改革要

반영된 것으로 보인다.

이와 같이 미국의 영향이 크지만, 동아시아에서 제정 또는 개정된 경쟁법은 일본을 제외하면 독일과 EU 경쟁법을 모델로 한 것이었다. 이는 판례법 국가보다 대륙법 국가의 법을 계수하기가 쉽다는 점과 후발로 근대화된 독일의 경쟁법 규제가 남용규제주의 등 동아시아의 경제발전에 적합한 면이 있었다는 점 때문일 것이다. 일본은 미국의 독점금지법을 이어받음으로써 동아시아에서는 이례적인 일이지만 미국의 독점금지법을 대륙법 형식으로 이어받는데 성공하였다고 할 수 있다.

2. 국제관계에서의 미국의 영향과 동아시아의 지배적 사고방식의 차이

미국과의 통상협상을 생각할 때, 영국과 미국은 동아시아와 다른 시대에 산업화를 이루어 시장과 정부에 대한 지배적 사고방식이 동아시아와 다르기 때문에 미국의 압력이 만들어내는 긴장관계에 주목할 필요가 있다.

(1) 영국과 동아시아의 차이

동아시아는 산업혁명을 최초로 경험한 영국과는 다르다. 산업혁명은 다음과 같이 설명된다.

> "… 사적 창의와 사적 에너지의 엄청난 폭발을 동반하며 이 나라에 도래하여 영국을 … 세계에서 일류의 공업국으로 만들었다. 이러한 상황에서는 국내경제에 대한 정부규제와 구속은 가끔은 사실상 그 심오한 곳에서 급속한 변화의 원인이기보다는 오히려 그 장애가 되었다. 마찬가지로 국제무역에서 영국은 외국무역에 대한 정부의 금지령과 간섭으로 인해 잃는 부분은 많고 얻는 부분은 적었다. … 이러한 경우 자유무역과 경쟁 및 국가에 의한 '불간섭정책'을 역설하는 이상으로 어떠한 훌륭한 정책이 있을까."[26)]

그러나 동아시아는 이러한 경험이 없다.

望書)에 관한 보고서가 경제산업성 홈페이지에 게재되어 있음. 2004년도 보고서는 http://www.meti.go.jp/policy/trade_policy/n_america/us/data/report_Japanese.pdf, 2005년도 보고서는 http://www.meti.go.jp/policy/trade_policy/n_america/us/data/report_Japanese4.pdf 참조.

26) リチャード·T·ギル(久保芳和訳), 「経済学史」(東洋経済新報社, 1969년), 36-37면 참조.

(2) 미국과 동아시아의 차이

동아시아는 미국과도 다르다. 미국에는 동아시아에 존재하지 않는 독자적인 보수주의 전통이 있다. 보통법(common law)의 전통을 이어받아 재산권의 보장과 계약의 자유를 옹호하는 사고방식은 정부의 경제간섭을 악으로 본다. 산업화 시대 노동조건의 악화와 독립자영농민과 영세기업의 몰락 등 사회불안을 야기하는 문제가 생기더라도 여전히 입법부의 구제입법과 정부의 시장개입은 허용되지 않는다는 견해가 우위였다. 여기에는 보통법의 전통에 더하여 시민의 종교적 또는 윤리적인 태도도 관련된다.[27] 프로테스탄트(Protestant, 개신교)에서는 빈곤과 질병은 신의 구제를 받을 수 없는 불운을 뜻하는 것이었으므로, 사람들은 신의 구제의 증표를 찾아서 부지런히 일하여 부를 축적하였다. 그것을 입법으로 변경하는 것은 신의 의사에 반하는 것이었다. 이것이 청교도(puritan) 등 다수의 종파를 지닌 미국 프로테스탄트의 시민윤리이며, 경제에 대한 정부간섭을 악으로 보는 것이 정부에 대한 지배적인 사고방식이었다.

1890년 미국의 셔먼법 제정은 카르텔과 트러스트 형태의 거대기업 출현으로 위협받는 농업인과 중소기업의 계약자유(공정한 계약)를 지키기 위한 인민당(People's Party)의 운동을 계기로 하고 있다. 셔먼법은 부당한 거래제한과 독점행위에 법원의 구제를 부여하지 않는다는 보통법의 법리를 이어받으면서 그것에 형사벌과 민사법상의 금지청구를 더한 것이었다.[28] 셔먼법은 전통적인 보통법상의 용어를 사용하므로 지배적인 사고방식을 변경하는 법률로는 보이지 않았다.

미국의 지배적인 사고방식을 잘 나타내는 것으로 *Lochner* 사건 연방대법원 판결(1905년)의 다수의견을 들 수 있다.[29] 제빵공장 직원의 노동시간을 10시간으로 제한하는 뉴욕주 법률의 합헌성이 연방법원에서 문제되었다. 계약의 자유를 제한하는 입법은 헌법 위반이라는 것이 연방대법원 다수의견의 판단이었다. 제빵공장의 직원에게

---

27) 미국의 종교와 보수주의에 대해서는 堀内一史, 「アメリカと宗教 — 保守化と政治化のゆくえ」(中央公論新社, 2010년); 飯山雅史, 「アメリカの宗教右派」(中央公論新社, 2008년) 참조.

28) 셔먼법의 제정 경위에 대해서는 Rudolph J. R. Peritz, ibid., pp.9-26; A. D. Neale and D. G. Goyer, The Antitrust Laws of USA, *A Study of Competition Enforced by Law*, 3rd ed. (Cambrige University Press, 1980), pp.14-32; Herbert Hovenkamp, Federal Antitrust Policy, 4th ed. (West, 2011), pp.57-79 참조.

29) *Lochner* 사건 연방대법원 판결(*Lochner v. New York*, 198U. S. 45 (1905))에 대해서는 Rudolph J. R. Peritz, ibid., pp.45-48; M. L. Benedict(常本照樹訳), 「アメリカ憲法史」(北海道大学図書刊行会, 1994년), 119-128면; 亀本羊, 「法哲学」(成文堂, 2011년 6월), 217-251면 참조.

는 자신의 근무시간을 자신이 정할 자유가 있으며, 특별한 사정없이 이를 제한하는 것은 헌법상의 정당한 법의 절차(due process of law)에 반한다는 것이었다. 이는 동아시아에는 존재하지 않는 사고방식일 것이다.

(3) 동아시아 산업화에서의 지배적 사고방식

동아시아에서 정부의 시장개입에 대한 지배적 사고방식을 보면, 정부의 개입은 서구의 근대사회도 극복할 수 없었던 산업화 이후의 어려움에 대응하는 세계적으로 새로운 법현상으로 그것은 구미나 동아시아나 차이가 없다고 생각되었다. 이는 경제법을 정의하는 전후 일본의 논의에 자주 나타나 있다.[30] 카나자와 요시오(金沢良雄) 박사는 경제법을 “주로 경제순환에 관련하여 생기는 모순, 곤란(시민법에 의한 자동조절작용의 한계)을 사회조화적으로 해결하기 위한 법”이라고 하였다. 이마무라 시게카즈(今村成和) 박사는 경제법을 “독점의 진행에 의해 자율성을 잃게 된 자본주의경제체제를 정부의 힘으로 지탱함을 목적으로 하는 법”이라고 하였다. 또한 쇼다 아키라(正田彬) 박사는 경제법을 “독점자본주의 단계에 고유한 독점체(獨占體)를 중심으로 한 경제적 종속관계를 규제하는 법”이라고 하였다. 설명의 차이는 있으나 호황·불황의 경제순환과 경제독점에서 소비자와 영세기업의 사업활동의 자유를 지키기 위한 입법부와 행정부의 활동은 필수적이라는 사고방식이 나타나 있다. 이러한 학설이 한국과 중국에서도 경제법의 정의로 소개되어 받아들여졌다.

이러한 견해는 자유방임이 과거의 사상이며 산업화 이후의 근대사회는 정부의 적극적인 개입 없이는 정체된다는 인식을 기초로 하고 있다. 그러나 이것은 자유방임의 경험이 없고 처음부터 정부가 개입함으로써 시작된 동아시아 지역 경제발전의 독자적 경위를 간과하는 것으로, 동아시아 국가가 후발국가인 독일의 산업화를 모방한 경위를 잊고 있다. 이러한 견해로는 1980년대에 시작된 구미의 규제완화 움직임은 시대착오로 밖에 보이지 않았을 것이다.

3. 미국의 지배적 사고방식의 변경

영미에서는 지배적인 견해를 수정하는 사고방식이 생기기 시작하였다. *Lochner*

30) 전후 경제법의 정의학설에 대해서는 丹宗昭信·厚谷襄児 編, 「現代経済法入門(第3版)」(法律文化社, 1994년), 3-14면 참조.

사건 판결의 다수의견과 같은 견해는 차츰 영향력이 줄어들어간다. 1917년의 러시아 혁명과 1920년대 말의 대공황을 거쳐 F. 루즈벨트 대통령 정권하에 미국정부는 경제에 대한 개입을 강화하여 갔다. 전국산업부흥법(National Industrial Recovery Act, NIRA)이 위헌으로 된 후에는 미국독점금지법의 운용강화라는 궤도수정을 거쳐 이 흐름이 정착되었다. 제2차 세계대전 후의 냉전구조가 이러한 사고방식을 길게 지속시켰다. 독점금지법의 집행이 강화되어 지금은 생각할 수 없는 일이지만 효율성을 희생하더라도 공정거래를 추구하는 사고방식과 중규모 체인점의 합병 등 시장구조의 맹아(萌芽)적인 집중을 엄하게 규제하는 사고방식이 지배하게 되었다.[31]

4. 미국과 동아시아의 규제완화

그러나 미국에서는 시장에 대한 간섭을 꺼리는 사고방식이 뿌리깊이 남아 있어 상황이 크게 되돌아간다. 1970년대에 미국 카터 정권하에서 시작된 행정규제 재검토가 레이건 정권하에서 규제완화의 움직임이 되었다. 이는 미국에서 F. 루즈벨트 대통령 이래 '큰 정부'에서 '작은 정부'로의 레이건 혁명이 만든 규제완화가 되었다.

1980년대 후반에는 미국의 통상협상이 동아시아에 대한 시장개방 요구로 전환되어 규제완화 요구가 동아시아에도 미치게 되었다. 당연히 동아시아의 규제완화 문맥은 미국과는 다른 것이었다. 일본을 포함한 동아시아에서 규제완화는 전술한 경제법의 통설적 학설이 의미를 잃고 지금까지 경험하지 못한 법적 영역에 돌입하게 되었다.

그러나 정부개입의 역사적 불가피성을 사고의 시발점으로 하는 동아시아 국가들은 지금도 정부가 경제에 개입하는 부분이 많으며, 규제완화의 시행은 용이하지 않았다. 과거의 행정지도에 의한 카르텔과 최근의 관제담합(官製談合)은 일본에서만 일어난 것이 아니다. 한국과 중국에서도 관제담합이 이루어지고 있으나 아직 일본과 같이 크게 문제시되고 있지 않을 뿐이다.[32]

---

31) H. Hovenkamp, *supra note* 28, at 67, 579-550.

32) 카르텔과 담합을 용인하는 편인 동아시아의 경쟁문화에 대해서는 顔廷棟, "台湾の公平交易法と競争文化について,"「新世代法政策学研究」, 제17호(2012년 7월), 335면; 李胡暎, "韓国競争法の課題 ― 経済不況と競争政策,"「新世代法政策学研究」, 제17호(2012년 7월), 323면; 稗貫俊文, "日本の行政機関における競争文化の欠如-公共入札談合を例として,"「新世代法政策学研究」, 제17호(2012년 7월), 311면; 徐士英, "東アジア競争文化と競争法の施行,"「新世代法政策学研究」, 제17호(2012년 7월), 293면 참조.

5. 전통적 사고방식이 뿌리 깊은 배경

국가(정부)가 경제성장에 개입하는 상태가 계속되면 그 주변에 여러 관행이 정착하여 안정되고 균형을 이룬다. 일본의 입찰담합을 예로 생각해 보자.[33] 정부가 산업정책에 카르텔을 이용하면 업계의 카르텔이 경제관료와의 협력으로 성립되는 형태가 되어 그곳에 낙하산인사나 표모으기 등 여러 관행과 제도가 결부된다. 그러한 유착이 안정화되면 제도에 수반되는 관행이 생겨나 존속가능성을 얻게 된다.[34] 여기에 카르텔을 금하는 법제도를 도입하거나 외국과의 통상협상을 통한 압력으로 카르텔 제재가 강화되는 등 강력한 카르텔 규제가 이루어져도 그것이 카르텔을 금지하는 제도에 적합한 관행을 만들어 내어 새로운 균형이 형성되지 않으면 카르텔은 좀처럼 없어지지 않을 것이다. 뿌리 깊은 관행을 파괴하기 위해서는 이제까지의 기대와 예상은 불가능하고 새로운 기대와 예상이 가능해지는 '공통지식(common knowledge)'[35]의 형성이 필요하다.

위법한 카르텔도 제도(관행)이다. 제도(관행)라면 관계자의 '공통지식'으로 지탱해 온 상호의 기대와 예상이 그것을 지탱하고 있다. 예컨대, 어떤 사람 A는 다른 사람 B가 A의 기대와 예상대로 카르텔적 행동을 해준다면 A도 똑같은 행동을 하려고 생각하고 있다고 하자. 다른 사람 B도 A가 B의 기대와 예상대로 카르텔적 행동을 해준다면 B도 똑같은 행동을 하려고 생각하고 있다고 하자. 그러나 이것만으로는 카르텔이라는 제도(관행)는 성립되지 않으며 A와 B 사이에는 아무것도 일어나지 않는다. A가 카르텔 행위를 한다면 B도 같은 행동을 할 것이라는 것을 A가 알고 또 B의 그러한 반응을 A가 예상하여 기대하고 있다는 것을 B가 알고 있을 때 거기에 '공통지식'의 계기가 생겨나 카르텔 제도(관행)가 성립하게 된다.[36] 입찰담합의 기본합의는 이러한 '공통지식'을 인위적으로 형성함으로써 상호 기대와 예상이 충족되어

33) 일본의 입찰담합 분석에 대해서는 稗貫, "전게논문"(각주 31)을 참조. 이 논문은 2012년 1월 21일에 있었던 北大経済法研究会에서 上智大学의 楠茂樹씨가 보고한 "公共調達と競争政策"으로부터 귀중한 시사를 받았음.

34) 青木昌彦, "経済システムの進化と多元性比較制度分析序説"(東洋経済新報社 2001년 8월) 참조.

35) '공통지식'에 대해서는 マイケル·S-Y·チウェ(安田雪訳), 「儀式は何の役に立つのかゲーム理論のレッスン」(新曜社, 2003년), 1-23면 참조.

36) 상호 인식이 형성되는 메카니즘에 대해서는 今回高俊·友枝X敏雄 編, 「社会学の基礎」(宮台真司執筆部分)(有斐閣, 1991년), 57-96면 참조.

성립하는 원시적인(primitive) 제도(관행)이다.

1990년대부터 일본에서는 미일구조문제협의와 그 후의 미국의 연차개혁요구서를 둘러싼 협의를 거쳐 규제개혁(시장에 맡기는 부분의 확대)과 사법개혁(행정에 의한 분쟁예방에서 사법에 의한 사후해결), 재정개혁이 시도되었다. 그러나 독점금지법의 개정 등 일부 개혁을 제외하고 그것들이 반드시 성공하였다고는 할 수 없을 것이다. 그리고 미국이 요구하는 사항의 전부가 과연 동아시아에서 시급히 개혁해야 하는 과제인가라는 문제도 있다.

Ⅳ. 동아시아의 경쟁정책을 위한 대응방안

동아시아의 경쟁법은 카르텔과 담합을 금지하고 있는 데 반하여, 사업자의 카르텔과 담합이 만연해 있다. 정부의 관료와 지방의 공무원도 경쟁법의 집행기관을 제외하고는 이러한 것에 무관심하며, 그보다 더 나쁜 경우 카르텔을 산업정책에 이용하고 지역진흥을 위해 입찰담합을 장려한다. 이러한 오래된 '공통지식'이 존속하는 사태는 동아시아에서 실제로 일어나는 일이며 일본의 경우에도 아직 완전히 없어졌다고는 할 수 없을 것이다. 이러한 사태를 도대체 어떻게 하면 될 것인가? 대응방안은 두 가지를 생각할 수 있다. 첫 번째는 국가에 따라 정도의 차이는 있으나 경쟁정책과 경쟁법의 인지와 신뢰를 얻고자 불공정거래의 규제를 강화하는 것이다. 두 번째는 경쟁당국이 법집행과 병행하여 행정과 국민에 대하여 경쟁주창(competition advocacy, CA)의 운동을 하는 것이다.

1. 불공정거래의 규제와 시장지배적 지위의 남용(착취형) 규제의 전개

동아시아의 독과점적 시장구조는 공급자측과 정부와의 결탁 및 부정한 자금배분에 의하여 생겨났다. 한국의 재벌이나 중국의 국유기업과 같이 자원배분을 왜곡시켜 국민간에 소득격차가 있을 경우에는 시장에 맡겨서는 소비자가 원하는 자원배분을 할 수 없다. 오히려 자유경쟁체제를 급격히 진행시키면 과잉적 유동성이 준비되지 않은 사람들을 어렵게 한다. 그렇게 된다면 경쟁법과 경쟁당국은 일거에 신뢰를 상실할 것이다.

동아시아와 같이 독자적 역사발전을 경험한 지역에서는 국민으로부터 경쟁법의 지지를 얻기 위하여 법의 운용을 강화해 나가는 전략이 필요하다. 불공정거래의 규제와 시장지배적 지위의 남용(착취형)규제에 초점을 맞추는 것이 현실적이다. 대만에서는 소비자를 위한 불공정거래규제와 중소기업을 위한 불공정거래규제라는 '토착화된 법운용'이 이루어지고 있으나 그것은 당분간 긍정적으로 받아들여야 할 것이다. 중국도 당분간 자유경쟁의 자원배분기능(효율성)보다 사회적 공정(공평성)에 규제의 축을 옮겨 국민의 신뢰를 얻는 것이 중요할 것이다. 그렇게 한다면 한국처럼 점차적으로 자유경쟁의 유지에 법운용의 초점을 옮기는 것이 가능해질 것이다.

2. 경쟁법의 운용과 병행하는 경쟁주창(Competition Advocacy)의 추진

한국과 일본처럼 경쟁당국의 활동이 어느 정도 영향력이 있는 곳에서는 경쟁당국은 경쟁법 위반 사건의 적발강화와 병행하여 다른 중앙관청과 지방자치단체의 규제개혁이 원활히 시행되도록 필요한 제언(경쟁주창)을 하는 기회와 장소를 확보하여야 한다.

경쟁주창(Competition Advocacy, 이하 CA)이란 원래 미국의 연방거래위원회와 법무부가 1980년대부터 규제개혁에 관여하여, 소비자이익의 옹호를 구실로 한 주법(州法) 등의 규제강화와 규제신설을 검토하여 규제로 인한 소비자에 대한 부작용을 명확히 해서 불필요하고 유해한 규제를 철회하는 활동을 의미한다.[37] 즉 CA란 경쟁법의 집행기관이 경쟁당국의 경험을 살려서 통상의 법집행과 병행하여 규제산업 등의 분야에 있어 경쟁의 조건을 만들어 가는 활동이다. 그 활동은 경쟁당국이 규제당국으로의 서한송부, 주의회 등에서의 증언, 법원에서 제3자(amicus curiae)로서의 의견서 제출, 경제조사의 공표, 공적인 워크샵과 공청회(hearing)의 개최, 규제당국과의 비공식 연락으로 이루어지고 있다. 투명성과 공개성이 효율적인 전략이라고 한다.

그러나 동아시아의 경쟁당국과 미국의 경쟁당국은 처한 환경이 다르다. 동아시

37) FTC의 경쟁창도에 대해서는 2002년 당시 Muris 위원장의 ICN 나폴리 회의에서의 강연을 들 수 있다. Timothy J. Muris, "Creating a Culture of Competition: The Essential Role of Competition Advocacy," (Sep. 28, 2002), http://www.ftc.gov/speeches/muris/020928naples.shtm을 참조. 또한 FTC의 직원인 David Pender가 2006년 8월에 태국 방콕에서 한 제2회 APEC의 경쟁정책 교육과정의 강연자료 "Competition Advocacy"(PPH파일)은 인터넷(http://www.jftc.go.jp/eacpf/05/APECTrainingCourseAugust2006/Group2/Penter_USA.pdf)에서 검색할 수 있다.

아 경쟁당국의 사회적 영향력과 경쟁정책과 경쟁법에 관한 국민의 인지도는 높지 않을 것이다. 그리고 합리적인 규제개혁을 위하여 규제의 메카니즘을 조사하고 폐해가 있는 부작용을 조사하는 인력과 그것을 공표하는 적당한 장소와 기회가 적을 것이다.

일본에서는 종적인 구조로 움직이는 행정이 경쟁주창을 방해하고 있다. 그러나 일본의 공정거래위원회는 최근 이러한 활동을 적극적으로 하고 있는 것으로 보인다. 예컨대, 전기통신사업과 전력사업에 있어서 경쟁을 촉진하는 제언을 하고 있다. 또한 관제담합 방지를 위한 지방자치단체 등의 입찰담당 직원의 연수, 발주기관에 대한 강사 파견, 대학과 고등학교에서의 독점금지법 강연, 초등학교와 중학교에서의 경쟁법 교육 등을 하고 있다. 사무총장의 공개 정례기자회견 개최와 인터넷상의 회견기록 공개도 그러한 장으로 활용되고 있다. 그리고 사건에 직접 관련된 것으로 홋카이도 카미카와(上川)지구 토목공사의 관제담합시 공정거래위원회는 관제담합의 방지를 위하여 사무총국의 이름으로 홋카이도 도청에 대한 '개선조치를 강구할 것을 강력히 요청하는' 문서를 공표하여 조치의 보고를 도청에 요구했다.[38] 이것이 관제담합방지법의 제정으로 이어졌다.

이러한 활동은 아직 확장할 여지가 있다. 예컨대, 2000년에 제정된 저작권등관리사업법은 저작권관리사업의 등록제, 사용료의 신고제를 시행하였다. 문화청은 어떤 문제가 있을 경우 사업의 개선명령을 내릴 수 있는 권한을 유보하고 있다(동법 제20조). 공정거래위원회는 일본음악저작권협회(JASRAC)에 의한 다른 음악저작권관리사업자의 배제행위를 사적독점으로 적발하였다.[39] 공정거래위원회는 만약 위법행위가 있다면 사건처리와 병행해서 권한이 있는 문화청에 대해 신고된 사용료가 신법의 취지에 적합하지 않으므로 개선명령을 내려야 한다는 요청이 가능할 것이다.

38) 홋카이도 도청(北海道庁)에 대한 요청문서는 実方謙二 외, 「教材解説独占禁止法」(第2版)(弘文堂, 2001년), 58면에 게재되어 있음.

39) (사)일본음악저작권협회(JASRAC)의 사적독점(私的独占) 사건에 대해서는 2009년 2월 27일의 배제조치명령(심결집, 55권, 712면)을 참조. 그러나 2012년 6월 12일에 공정거래위원회는 JASRAC 위반행위는 존재하지 않았다하여 배제조치명령을 취소하는 심결을 내렸다.

V. 결　론

동아시아의 경쟁법 운영은 행정기관으로서의 경쟁당국의 활동에 크게 의존하고 있다. 미국에서는 독점금지 사건의 대부분이 사적 소송으로, 법무부가 독점금지조사를 개시하는 경우는 10 %에도 이르지 못한다는 것과 대조적이다.[40] 동아시아에서는 경쟁당국에 대한 기대가 커질 수밖에 없다. 그러나 동아시아 일국의 경쟁당국만으로는 국내의 경쟁정책과 경쟁법의 거버넌스(governance)가 아직 취약하며, 한편으로는 구미로부터의 부적절한 규제완화의 압력에 반론할 만한 지식과 경험이 부족한 경우도 있다. 그러한 경우 동아시아 지역의 경쟁당국간의 협력이 요구되어야 할 것이다. 그것이 동아시아의 공동시장 형성의 전망과 결부된 것이라면 더욱 바람직하다.[41] 동아시아 지역에서는 센카쿠제도 등 영토분쟁과 북한의 핵문제, 중국대륙과 대만의 해협을 사이에 둔 긴장관계가 안전보장의 중대한 현안사항으로 되어 있다. 동아시아의 공동시장 형성을 향한 당국과 학회의 견실한 협력은 이러한 심각한 우려의 해결로 이어질 가능성을 가지고 있다.

* 본 논문은 2012년 과학연구비보조금(기반연구 A, '지배적 지위의 남용규제와 불공정거래의 규제가 개척한 동아시아 경쟁법의 새로운 지평으로')의 지원을 받아 작성되었다.

---

40) 동아시아의 경쟁당국을 중심으로 하는 경쟁법의 집행(enforcement)에 대해서는 「公正取引」, 第722호(2010년 12월호)의 특집, "競争法の多元的エンフォースメントとについて考える"의 權五乘 논문, 徐土英 논문, 顏廷棟 논문 참조.

41) 이 점에 대해서는 栗田誠, "東アジア地域統合と競争法の役割」稗貫俊文編"競争法の東アジア共同市場"(日本ト評論社, 2008년), 37-55면; 須網隆夫, "東アジア地域統合の展望とその法的諸問題," 「競争法の東アジア共同市場」(日本評論社, 2008년), 57-91면; 稗貫俊文, "東アジアの自由貿易協定(FTAs)と東アジア経済の構造調整," 「競争法の東アジア共同市場」(日本評論社. 2008년), 93-103면 참조.

제25장

중국의 개혁개방과 경제법 발전

- 경쟁법 및 WTO가입에 따른 법정비를 중심으로

川島 富士雄 (가와시마 후지오)

Ⅰ. 서 론

덩샤오핑(鄧小平)의 리더십하에서 중화인민공화국(이하 중국이라 함)이 1970년대 말에 개혁개방노선으로 그 정책방향을 크게 전환한 후 벌써 30년 이상의 세월이 흘렀다. 그 동안 중국의 빠른 경제발전과 국제경제에서의 위상변화는 문자 그대로 눈이 휘둥그레질 정도였다.[1)] 30년 가운데 1991년 11월 일본국제경제법학회 설립 이후 20년간은 1992년 1～2월의 덩샤오핑에 의한 "남순강화(南巡講話)"의 영향으로 일시적으로 정체위기에 빠져있던 개혁개방노선에 다시 탄력이 붙고 "사회주의시장경제"확립이라는 슬로건을 내걸어 다양하고 중요한 시장경제개혁이 추진된 전반기 10년과, 2001년 12월 11일 WTO 가입 이후 시장개방을 추진하는 동시에 빠른 경제발전을 실현하여 중국국내에서 "황금의 10년"이라 불리는 후반기 10년으로 나눌 수 있다.

1) 중국의 국민총생산(GDP)는 1979년 4,063위안(약 2,413억 달러, 같은 해 평균 환율 1달러=1.6836위안으로 환산)에서 2010년에는 39조 7,983억 위안(약 5조 8,791억 달러, 같은 해 평균 환율 1달러=6.7703위안으로 환산)으로까지 확대되어(약 98배, 연평균 9.9%) 그 GDP의 세계순위는 1978년 10위에서 2010년에는 일본을 제치고 2위까지 올랐다. 日本貿易振興機構編, "中國データ.ファイル2011年版"(日本貿易振興機構編, 2011년) 51면 및 中日經濟協會, "中國經濟データハンドブック2011年版"(中日經濟協會, 2011년) 52면 참조.

본장에서는 주로 1991년 이후의 20년간의 중국의 경제법 발전에 초점을 맞추어,[2] 그 발전과정에서 첫 번째로 어떠한 국내적 요인과 국제적 요인이 작용하였는지, 두 번째로 어떻게 개혁개방이 실현되어 왔는지에 대하여 검토한다. 이 연구에 대해서는 국제적 요인 중에서도 특히 국제경제법과 그 구조적 변화가 어떠한 작용을 해 왔는지에 주목하였다. 세 번째로 이 20년간을 통해 중국의 개혁개방이 국제경제법에 어떠한 영향을 주었는지도 아울러 검토한다. 국제경제에서 중국의 현 영향력에 비추어 보면, 상기와 같이 중국에 초점을 맞추어 양방향의 작용을 파악하는 것은 향후 10년, 20년이라는 장기적인 국제경제법의 과제와 행방을 전망하기 위해 중요한 작업의 일환이 될 것이라고 기대하고 있기 때문이다.

이와 같은 논의주제에 따라 먼저 제II절에서는 중국의 개혁개방이 시작된 이래 경제법의 발전을 시대 순으로 살펴본다. 제III절과 제IV절에서는 시장경제를 지탱해주는 경제법(국내경제법) 및 시장개방에 따른 경제법(대외경제법)에 각각 초점을 맞추어 첫째, 그 발전과정에 어떠한 국내적 및 국제경제법을 포함한 국제적 요인이 작용하여 왔는지 둘째, 국내경제법과 대외경제법의 영역이 서로 어떻게 작용해 왔는지 셋째, 두 법의 영역이 현재 어떠한 과제를 가지고 있는지를 분석하도록 한다. 또한 제V절에서는 이상의 분석을 정리하고 과거 중국의 개혁개방이 국제경제법의 본 모습에 어떠한 영향을 미쳐왔는지에 살펴보고 미래에 어떠한 작용을 할 것인지에 대하여 전망하고자 한다.

Ⅱ. 개혁개방과 경제법의 발전[3]

1. 1970년 말 이후 개혁개방의 요람기

1978년 12월 당시 덩샤오핑 부주석의 리더십하에 중국공산당 제11기 중앙위원

2) 중국의 '經濟法'은 일본의 '經濟法' 보다 더 넓은 개념이다. 鈴木賢, "中國における民法經濟法論爭の展開とその意義," "北大法學論集," 제39권 4호(1986년), 182-183면. 본장에서는 일본의 '經濟法' 개념에 포함된 경쟁법 및 통상법을 주로 검토대상으로 하지만 중국의 '經濟法' 개념에 포함되는 계약법과 회사법 등의 발전도 적절히 다루도록 한다.

3) 본절에서 경제정책 및 법제의 도입과정에 대해서 吳敬璉, "現代中國の經濟改革"(NTT 출판, 2007년) 및 孔麗 編著, 「現在中國經濟政策史年表」(日本經濟評論社, 2008년) 참조. See also Clarke, Donald *et al.*, "The Role of Law in China's Economic Development," in Brandt, Loren and Rawski, Thomas G. de. *China's Great Economic Transformation* (Cambridge University Press, 2008), pp.380-392.

회 제3차 전체 회의에서 소위 개혁개방노선이 채택되었다. 이에 따라 대외개방정책 및 국내경제체제개혁이 도입되었고 동시에 중국의 "경제법"이 차례로 입안 및 입법되었다.[4)]

(1) 대외경제법

대외개방정책을 구현한 "대외경제법" 분야에서는[5)] 우선 1979년에 "중외합자경영기업법"이 시행되었고 다음으로 1980년 이후 광둥성(廣東省) 선전(深圳), 주하이(珠海), 산토우(汕頭), 푸젠성(福建省) 샤먼(厦門) 및 하이난성(海南省)에 경제특구가 설치되었다. 또한 1984년 이후 다롄(大連), 텐진(天津), 상하이(上海) 등 15개 연해도시가 대외개방도시로 지정되는 동시에 1986년 외상(外商)투자장려규정이 시행되어 각종 세금감면을 포함하여 적극적인 외자유치정책이 도입되었다. 또한 1985년에는 "대외경제계약법"이, 1986년에는 100% 외자를 인정하는 "외자기업법"이, 1988년에는 "중외합작경영기업법"이 각각 시행되었다.[6)] 대외개방정책 도입은 주로 중국에 절대적으로 부족한 자본과 기술을 해외(주로 대만, 홍콩 등 화교자본)에서 도입하고 이를 통하여 수출촉진과 외화획득을 도모하려는 자발적 동기에 의한 것이었다.[7)] 그러나 그 구체적인 모습에 대해서는 예를 들어 "중외합자경영기업법"에는 개혁기의 소련법과 동유럽법이,[8)] "대외경제계약법"에는 국제물품매매계약에 관한 비엔나협약이 각각 영향을 주었다.[9)]

---

4) 중국의 '經濟法' 개념은 개혁개방노선 도입 후에 발생하였다. 鈴木, '前揭論文'(각주 2), 180-181면 및 高見澤磨·鈴木賢, 「中國にとって法とは何か」(岩波書店, 2010년), 102면.

5) 중국의 대외경제법 또는 대외경제법과 국내경제체제 관계의 변천에 대해서는 三村光弘, "對外經濟法," 西村幸次郎 編, 「現代中國法講義」(第3版)(法律文化社, 2008년), 148-153면 참조. 개혁개방 당시에는 '計劃經濟と外國資本の橋渡し(=計劃指令經濟體制をとる國內經濟と市場原理によって動く外國資本の間の大きなギャップ橋渡し)' 대외경제법이 그 기능을 담당하였다. 상동 140 및 148면.

6) 그 후 중국외상투자기업법의 전개에 대해서는 徐治文, "グローバル化と中國外商投資法," 西村幸次郎 編著, 「グローバル化の中の現代中國法」(第2版)(成文堂, 2009년), 170-193면.

7) 大橋英夫, 「シリーズ現代中國經濟5 經濟の國際化」(名古屋大學出版會, 2003년), 6면; 下野壽子, 「中國外資導入の政治過程」(法律文化社, 2008년), 89면.

8) 高見澤, 鈴木, 「전게서」(각주 4), xiii면.

9) 상동, 104면.

(2) 국내경제법

국내경제체제개혁에 주목해보면, 첫째, 1979년 농가의 생산도급제가 예외적으로 해금되었다. 이는 순식간에 전국으로 퍼져 1985년에는 인민공사가 해체되었다. 둘째, 1979년 이후 일부 실험 등을 거쳐 1984년에는 국영기업의 경영자주권이 확대되는 동시에 경영도급제 도입이 진행되었고 1988년에는 "전인민소유제공업기업법"에 의해 소유권과 경영권 분리 및 경영자주권이 법으로 정해졌다. 이 시기에 전체적으로 정부와 기업을 분리하여 각 경제단위의 생산의욕을 자극하고자 하는 각종 개혁이 잇따라 도입되었다. 이러한 개혁에 근거가 되는 새로운 헌법이 1982년에 제정되고[10] 법제의 건전화, 헌법 및 법률 준수, 외국투자자의 합법권익의 법률상 보호가 강조되었을 뿐만 아니라 1988년의 헌법 제1차 개정에서는 "사영경제(私營經濟)"가 인정되고 "시장의 역할"에 대해서도 언급하기에 이르렀다.[11] 이에 따라 같은 해에 사영기업잠정조례가 시행되었고 사실상 갑자기 세력이 강해진 신흥 사영기업을 법제화하여 그 존재를 공인하였다.

당시 소위 향진기업과 사영기업 및 외자기업이 경제성장을 이끌었고 이들과의 경쟁에 직면한 대부분의 국영기업은 적자경영에 빠지게 되었다. 그러나 보수파 등의 저항으로 개혁은 지지부진하여 진척되지 않았고 국영기업의 사영화도 착수되지 못하였다. 이 시기에는 상기와 같이 분권적 경제시스템을 부분적으로 도입하였지만 여전히 계획경제체제를 포기하지 않은 채 계획과 시장의 공존을 도모하였다고 평가된다.[12]

(3) GATT 가입신청과 천안문사건 후의 개혁개방의 정체

1986년 7월에 중국은 GATT의 "당사국 지위 복귀(resumption)"를 요구하는 형태로 GATT 가입을 정식으로 신청하였다.[13] 1987년 "세관법"이 제정되는 등 그 이후의

10) 1982년 헌법 제6조는 '사회주의 경제제도의 기초는 생산수단의 사회주의적 공유제'라고 규정하였으며 동법 제11조는 '법률이 규정하는 범위 내의' 개별 경제는 '사회주의 공유경제에서는 일반적'이라고 규정하였다.

11) 1988년 헌법개정 후 제11조는 '국가는 사영경제의 법률에 규정된 범위에서의 존재와 발전을 인정하고, 사영경제는 사회주의 공유제경제를 보완하는 것이다. 국가는 사영경제에 대한 합법적인 권리와 이익을 보호한다'고 규정하였다.

12) 中兼和津次, 「シリーズ現代中國經濟1 經濟發展と体制移行」(名古屋大學出版社, 2002년), 137, 149면.

13) 복귀신청의 배경에 대해서는 중국 WTO 개입에 관한 일본협상팀, 「中國 WTO加盟一交涉經

중국 경제법 개혁은 GATT 가입협상 및 GATT상의 의무를 의식하였다.[14] 그러나 1989년 6월 천안문사건 이후 개혁에 저항하는 보수파의 영향력이 높아지고 개혁개방 노선은 일시적으로 정체 또는 후퇴기를 맞이하게 된다.[15] 또 이 사건을 계기로 미국과 EU 각국은 중국에 대한 경제제재를 발동하게 되고 GATT 가입협상도 실질적으로 정체기에 접어들게 된다.

2. 1992년 "남순강화(南巡講話)" 이후 개혁개방 가속기

1992년 1~2월에 덩샤오핑에 의한 "남순강화(南巡講話)"의 영향으로[16] 일시적으로 정체 또는 후퇴위기에 직면해 있던 개혁개방노선에 새로이 탄력을 받게 된다. 그 이후 연해부의 경제특구 등의 성공에 따라 1980년대 연해개방전략에서부터 내륙부도시(경제기술개발구)도 포함한 전방위 개방전략으로 전환되었다.[17] 이와 함께 대외경제법 영역(=대외개방 영역)에서 국내경제법 영역(=국내개혁 영역)으로 각종 법제도가 급속도로 침투하기 시작하였다.[18]

(1) 국내경제법

1992년 10월에 제14차 중국공산당 전국대표대회에서 개혁개방정책을 계속 추진하기로 하고 사회주의 시장경제확립을 목표로 하는 방침을 내세움에 따라 1993년 3월에 제8기 전국인민대표대회에서 헌법 제2차 개정이 이루어졌다. 이 개정에서는

緯と加盟文書の解說」(蒼蒼社, 2002년), 34-35면 참조.

14) GATT 가입 협상에 앞서 중국국내개혁파에게 '외부 국제사회의 제도개혁요청을 "외압"으로 활용함에 따라 국내적 개혁을 더욱 가속화하여 추진한다'는 기대가 작용한다는 내용의 분석에 대해서는 菱田雅晴, "ガット加盟の政治經濟學一中國にとっての外壓," 毛里和子 編, 「市場經濟化の中の中國」(日本國際問題研究所, 1995년), 253면 참조.

15) 中兼, 「전게서」(각주 12), 151면; 田中修, "中國經濟政策過程の問題點," 深尾 光洋, 「中國經濟のマクロ分析」(日本經濟新聞社, 2006년), 49면.

16) 이 정책시행 바로 이전인 1991년 12월에 소비에트연방이 해체된 것은 시사적이다.

17) 陣雲·森田憲, 「中國の體制移行と發展の政治經濟學」(多賀出版, 2010년), 70-73면. GATT협상에서 연해부만의 개방정책이 '무역정책의 전국적 통일성'이라는 원칙에 위반된다는 비판이 제기된 것이 1990년대 전방위 개방전략으로의 전환을 촉진하였다고 보는 견해로 상동, 74면.

18) 高見澤鈴木, 「전게서」(각주 4), 104면에서는 1992년의 '사회주의 시장경제론이 출현한 것에서부터(중략) 사회주의법에서 데지마(出島)와 같은 대외법은 국내법에도 침투를 시작'하였다 고 평가한다. 吳, 「전게서」(각주 3), 61-62면 참조.

"계획경제"라고 하는 문장이 모두 삭제되고 "사회주의시장경제"가 이를 대체하였다.[19] 동년 11월까지 "국가의 거시적 통제하에서 시장이 자원배분의 기초적 역할을 하게 한다"는 원칙이 확립되었다. 이에 따라 "반부정당경쟁법(1993년)(Ⅲ. 2에서 후술)", "회사법(1996년)", "어음 수표법(1995년)", "담보법(1995년)", "민법통칙(1996년)", "가격법(1997년)(Ⅲ. 2에서 후술)", "계약법(1999년)",[20] "증권법(1999년)"과 같은 시장경제에 근거가 되는 경제법이 연달아 제정되었다.

이 시기에 가장 중요한 국내경제체제개혁은 1993년 11월의 제14기 중국공산당 중앙위원회 제3차 전체회의인 "사회주의시장경제확립에 관한 일련의 문제에 관한 결정"에서 주창된 "국유기업의 경영 메커니즘 전환과 현대 기업제도의 확립"이며 이때부터 국영기업을 국유기업이라 하게 되었다. 해당 개혁은 "국유기업의 회사화"를 의미하고 종래 국내경제의 근간을 이루었던 국유기업에 대해 경제특구 및 대외경제법이라는 "전초기지(出島)"에서의 실험을 거쳐 국내 전반으로 확산된 회사법 규율하에서 법인에 실체를 부여하고 국가 이외의 출자자의 참여, 주식상장, 나아가서는 민영화 가능성을 열어두는 것이다. 이러한 의미에서 대외개방 영역에서 국내개혁 영역으로의 법제도 침투 사례 가운데에서 가장 중요한 것으로 자리매김하였다. 해당 개혁은 국유기업의 비효율성에 대한 자기반성에 바탕을 둔 것으로 자발적인 개혁이라고 이해할 수 있다. 그러나 "국유기업의 회사화"가 곧 "민영화"를 의미하는 것이 아니며 민영화를 추진하면서도 국유에 속하는 기업규모와 산업영역을 신중하게 선택하고 확보하여 온 것을 간과하여서는 안 된다.[21]

또한 1999년 헌법 제3차 개정에서는 "개인경영체제와 사영경제 등의 비공유제경제는 사회주의 시장경제의 중요한 구성 부분이다(제11조)"라고 규정하기에 이르렀다. 실제 국유, 집단소유 및 그 외(개인소유를 포함)의 공업총생산액에서 차지하는 비율은

---

19) 1993년 헌법 개정 제7조에 따른 제15조.

20) 1999년 계약법은 계획경제를 전제로 한 소비에트법 이론의 영향이 농후하였던 1981년 경제계약법에서 순수한 민사계약으로의 전환을 달성한다고 평가된다. 高見澤·鈴木, 「전게 서」(각주 4), 107면.

21) 1996년에 "抓大放小, 大を掴み, 小を放つ(큰 것을 쥐고 작은 것을 놓아준다)"라는 방침을 내세우고 중소 국유기업의 사영화의 길을 열었다. 中兼, 「전게서」(각주 12), 156면. 다른 한편으로 1999년 9월 중국공산당 제15기 중앙위원회 제4차 전체 회의에서 채택된 "國有企業の改革と發展の若干の重大な問題に関する決定"은 국유기업이 주도적인 역할을 하는 업종을 국가 안전보장, 자연독점, 중요 공공서비스, 전략적 및 하이테크와 관련된 산업으로 한정해 그 이외의 업종에는 다양한 형태의 발전을 인정한다.

1985년에 64.86%, 32.08% 및 3.06%에서 2000년에는 23.53%, 13.90% 및 62.57%가 되어 문자 그대로 주종이 역전되고 있다.[22)]

(2) 대외경제법과 GATT 및 WTO 가입협상

대외경제법에 대해서는 1991년 "외상투자기업 및 외국기업소득세법"이 시행되고 "2면3감 제도" 등의 외자유치세제가 도입되는 움직임이 보였다.[23)] GATT 및 WTO 가입협상에 주목해보면[24)] 1993년 3월 천안문광장 사건 이후 처음으로 실질적인 중미 협상이 진행되는 등 협상이 다시 궤도에 오르기 시작하였다. 또한 1993년 12월에 우루과이라운드는 최종합의에 도달하였고 1994년에 들어서자 WTO 출범과 동시에 원 회원국으로 중국을 가입시키기 위한 협의가 급류를 탔으며 같은 해에 "대외무역법"을 공포하고 시행하는 준비를 진행하였다. 그러나 많은 부분에서 중국과 기존 회원국간의 의견차이가 남아있는 채로 1995년 1월에 WTO가 출범하였고, 이에 따라 중국은 원 회원국 자격으로 WTO에 가입하는 기회를 놓치게 되었다.

1995년 7월에 중국은 WTO 가입을 다시 신청하여 워킹그룹이 설치되었고 협상이 재개되었다. 이와 병행해서 1996~1997년에 걸쳐 중국은 발 빠르게 수입규제조치 철폐와 관세인하(일반적으로 개발도상국 수준의 평균관세율 23%)를 시행하였고, 또 1997년 3월 "반덤핑 및 반보조금조례"를 공포하고 시행하였다. 1999년 7월 중일 양국간 협상 타결 및 같은 해 11월 미국과 중국 양국간 합의 등을 거쳐 2001년 11월 10일에 도하에서 개최된 WTO 제4차 각료회의에서 중국의 가입이 만장일치로 승인되어 다음날인 11일 중국의 가입의정서 수락문서의 기탁과 함께 같은 해 12월 11일 중국의 WTO가입효력이 발생하였다.

3. 2001년 WTO 가입 이후가 개혁개방의 원숙기인가?

국경조치에 규율의 중심을 두고 있던 GATT에 비해 서비스 및 지적재산권도 규율의 대상으로 하고 있는 WTO협정은 국내법 영역에의 개입 및 영향력이 크

22) 中兼, 「전게서」(각주 12), 157면, 표 4-1 참조.

23) 2면3감제도는 투자 후 이익이 나온 다음 2년간 법인세를 면제하고, 그 후 3년간 50% 감면하는 외자유치제도이다.

24) 이 기간 동안의 WTO 가입 협상에 대해서는 중국의 WTO 가입에 관한 일본협상팀, 「前揭書」(각주 13), 39-58면.

다.[25] 따라서 그 의무를 이행하기 위해서는 많은 국내법령의 정비 및 개정이 필요하였다. 실제로 2001년 12월 WTO 가입 전후로 중국은 WTO 가입에 따른 약속 및 의무를 이행하기 위하여 방대한 양의 법령을 정리 또는 개정하였다.[26] 중국의 가입 약속에는 전국 범위의 "법령 통일 적용 및 운용"이 의무화되었다.[27] 또한 외자관련 법령 등에 대해서는 국내기업에 허용하지 않는 세금감면 등 "내국민을 초월한 대우"라고 할 수 있는 우대조치를 해주었지만 2007년 이것이 수출보조금 금지규율 등에 저촉된다는 미국 등의 의견을 수렴하여(China-Certain Measures Granting Refunds, Reductions or Exemptions from Taxes and Other Payments[28]), 외자기업와 국내기업의 세제를 통일한 기업소득세법이 제정되었고(2008년 1월 1일 시행), 외자우대조치는 경과기간이 지난 후 폐지되었다. WTO에 가입에 의한 이상의 3가지 요청이 개혁개방 개시 이후 대외경제법과 국내경제법의 구별을 한층 더 애매하게 하여 양자를 조화롭게 통합시키는 방향으로 작용하였다.[29]

WTO 가입 전후로 시장개방에 따른 법정비에 대해서는 제IV절에서 후술할 예정이기 때문에 여기서는 생략하도록 한다. 한편 그 시기의 시장경제에 근거가 된 법의 정비로는 "물권법(2007년)," 포괄적인 경쟁법 규율을 처음으로 도입한 "반독점법(2008년. III. 3참조)"과 WTO 가입 후 국내시장에서 경쟁이 치열해 짐에 따라 국유기업개혁의 촉진 특히 국유기업의 기업지배구조 개선을 목표로 한 "기업법 개정(2006년)" 등이 있다.

---

25) Sylvia Ostry, "The Uruguay Round North-South Grand Bargain, Implications for Future Negotiations," *in* Daniel L. M. Kennedy and James D. de Southwick, *The Political Economy of International Trade Law* (Cambridge University Press, 2002), pp.287-288; *See also* Lang, Andrew, *World Trade Law after Neoliberalism* (Oxford University Press, 2011), p.223.

26) 2005년 12월 시점에서 중앙정부의 법령 약 3,000건이 정리 또는 개정되었다. 中華人民共和國國務院新聞辦公室, '中國的和平發展道路'(2005년), at http://www.gov.cn/zwgk/2005-12/22/content_134060.htm. 또한 일설에 따르면 2001년부터 2002년에 걸쳐 지방법령까지 포함하면 약 200만건의 법령이 재검토대상이 되어 그 중 20만건이 제정, 개정, 또는 폐지되었다. 射手矢好雄·石本茂彦 編著, 「中国ビジネス法必携 2005/2006」(ジェトロ, 2005년), 9면.

27) 中國對外經濟關係法, WT/L432, 23 November 2001, para.2(A) 2.

28) *China-Certain Measures Granting Refunds, Reductions or Exemptions from Taxes and Other Payments*, WT/DS358 및 359.

29) 중국 "대외경제관계법"이 '점차적이기는 하지만 소멸되는 노선으로 갈 가능성이 높다'는 견해로 三村, "전게논문"(각주 5), 153면.

Ⅲ. 시장경제화와 경제법의 발전

여기에서는 시장경제화의 진전과 함께 발전하여 온 시장경제의 근거가 되는 경제법 가운데 시장경쟁을 규율하는 법(경쟁법)에 초점을 맞추어 첫째, 그 발전경과에 어떠한 국내적 및 (국제경제법을 포함) 국제적 요인이 작용해 왔는지 둘째, 제IV절에서 검토할 시장개방에 따른 경제법과 그것이 서로에게 어떻게 작용해왔는지 셋째, 동법의 영역이 현재 어떠한 과제를 가지고 있는지 분석하도록 한다.

1. 가 격 법

제II절 1에서 소개한 개혁개방 직후의 농촌개혁, 국영기업의 경영자주권 확대 및 사영경제의 용인 등의 결과로 국영부문 내 거래가 서서히 시장거래를 대신하려고 하고 있고 그와 함께 국가의 가격통제개혁이 필요하게 되었다. 1985년에 이미 시장가격이 용인되었으며 1987년에 "가격관리조례"가 제정되었고, 이를 토대로 1997년에 "가격법(1998년 시행)"이 제정되었다. 가격법은 가격을 정부고정가격, 정부지도가격 및 시장가격의 3가지의 범주(category)로 나누어 각각에 필요한 규율을 정하고 있다. 상품소매총액에서 차지하는 시장가격의 비율은 1979년에 3%에서 1985년에는 34%로,[30] 또 2008년에는 95.7%까지 늘어났다.[31]

2. 반부정당경쟁법

시장가격의 범위확대(전술1), 사유경제의 비율증가(전술Ⅱ. 2(1)) 및 국유기업의 경영자주권확대(전술Ⅱ. 1(2))의 결과, 시장에서의 경쟁이 치열해지고 그에 따라 가격카르텔과 수량제한협정, 생산자(maker)와 유통업자와의 공모를 통한 경쟁상대배제 등의 경쟁제한행위, 상표도용, 허위광고, 고가현상판매 등 부정경쟁행위가 만연하게 되었다. 동시에 계획경제에서 시장경제로 전환하는 전환기에 정부의 경제관리능력은 여

30) 상품소매총액에서 차지하는 정부고정가격과 시장가격의 비율은 1978년에는 97% 대 3%였지만 1985년에는 47% 대 34%(나머지는 정부지도가격)였다. 中兼, 「전게서」(각주 12), 135면.

31) 北京師範大學經濟与資源管理研究院, 「2010中國市場經濟發展報告」(北京師範大學出版社, 2010년), 205면.

전히 높고 행정권력을 남용한 부문 독점 및 지역봉쇄와 같은 현상도 보편적으로 발생하고 있다. 기업간 공정한 경쟁환경유지 및 전국적으로 통일된 시장을 형성하기 위한 경쟁법 규율의 확립이 시급한 과제가 되었다.[32)]

1987년 8월, 당시 국무원 법제국은 반독점법 기안그룹을 설치하고 1988년에 "반독점법 및 부당경쟁방지 잠정 조례초안"을 제출하는 등 경쟁법 기안 작업을 추진하였다. 1989년 6월의 천안문 사건을 계기로 일시적으로 이 작업이 정체기에 빠지는 우여곡절도 겪으면서 1993년 9월 2일에 "반부정당경쟁법"이 제정·공포되었다(같은 해 12월 1일 시행[33)]). 동법은 기존 상표의 무단사용(제5조), 영업비밀침해(제10조), 일본의 부정경쟁방지법의 규제대상인 부정경쟁행위를 규제하는 것 외에 일본의 독점금지법의 규제대상인 경쟁제한행위 중 일부(공익기업 등의 구매처 지정(제6조), 원가이하판매(제11조), 끼워팔기(제12조), 입찰담합(제15조)) 등과 행정권력의 남용에 의한 구매처 지정 및 지역봉쇄(행정독점, 제7조)를 규제대상으로 삼고 있다. 그러나 선진국가들의 독점금지법 등과 비교하였을 때 가격카르텔 등 공동행위와 기업결합이 규제대상에서 벗어난 불완전한 법제였다.[34)]

이를 보완하기 위해 앞에서 전술한 가격법 및 동 시행규정이 가격카르텔과 재판매가격 유지를 포함한 부정당가격행위를 금지하고 나아가서는 "외상투자기업에 의한 국내기업 합병 및 인수에 관한 잠정규정(2003년 공포시행)"이 (시장) 과도하게 집중되어 있다는 기준하에서 외자기업과 국내기업간 및 외국기업간 결합을 심사하는 절차를 두었다.

---

32) 王暁曄, "競爭法," 王家福·加藤雅信 編, 「現代中國法入門」(勁草書房, 1997년), 234-239면.

33) 동법의 일본어역은 魏啓学, "中國不正當競爭防止法ー1993年9月2日第8期全國人民代表大會常務委員會第3回會議採択," 「國際商事法務」, 제21권 12호(1993년), 1433-1436면 참조 및 동법 제정과정 소개는 張 輝, "中國競爭法(反不正當競爭法) についてー "反不正當競爭行為" を中心にして," "公正取引," 제520호(1994년), 53-60면.

34) 동법이 기업결합규제를 도입하지 않은 이유로는 당시 중국기업의 규모가 작고 동 규제 도입에 의해 기업규모를 확대하는 산업정책에 악영향을 줄 우려한 점을 들 수 있다. 王, "전게논문"(각주 32), 251면 및 전게주 5.

3. 반독점법의 제정 및 집행상황

(1) 제정과정[35]

2.에서 설명하고 있는 반부정당경쟁법은 선진국들의 독점금지법 및 경쟁법의 중요 부분에 대응하는 실체적 규정이 결여되어 있고 법집행 권한이 충분하게 갖춰지지 않았다는 인식하에 동법 제정 직후인 1994년부터 국가경제무역위원회 및 국가공상행정관리국(모두 당시)에 의해 더욱 포괄적인 반독점법의 초안작성을 시작하였다. 그 후 수차례에 걸친 의견수렴 과정을 거쳐 2003년부터 초안작성을 주도한 상무부가 2004년 2월 26일에 국무원에 대해 반독점법 조례개정초안을 제출하였다. 2006년 6월 7일에 국무원 총리 원자바오(溫家寶)가 주최하고 소집한 국무원상무회의는 토론을 거쳐 "반독점법(초안)"을 원칙적으로 통과시켰다. 그 후 3차에 걸친 심의를 하고 2007년 8월 30일의 제10기 전국인민대표대회 상무위원회 제29차 회의에서 반독점법이 통과되어 동법은 이듬해인 2008년 8월 1일부터 시행되었다.

동법은 제1장(총칙), 제2장(독점협정), 제3장(시장지배적 지위 남용), 제4장(기업결합), 제5장(행정독점), 제6장(조사절차), 제7장(법적 책임) 및 제8장(부칙) 등 전체 8장, 55개조로 구성된다.[36] 독점협정, 시장지배적 지위의 남용 및 기업결합이 규제의 주요한 기둥이 되어 EU경쟁법의 영향이 농후하다.

동법 제정 전의 경쟁법제(전술2)에 대해 지적되었던 법령의 분산과 체계성, 전체성 및 통일성의 결여 등에 비춰보면[37] 체계적이고 포괄적인 동법의 제정 및 시행은 중국의 시장경제화 개혁역사에서 획기적인 사건이었다. 그러나 그 초안작업에는 위에서 살펴본 바와 같이 13년이라는 오랜 시간이 필요하였다. 첫째, 동법은 경제활동 전반에 걸쳐 매우 중요한 법률이므로 외국의 모든 전문가를 포함한 폭넓은 의견을 청취할 필요가 있었다. 둘째, 행정독점규제의 필요 여부를 둘러싸고 정부 내 논쟁이 있었으며 셋째, 동법의 집행권한을 둘러싸고 중앙정부 부문간 권한 분쟁이 있어 이러

---

35) 동법의 제정과정에 대해서는 川島富士雄, "中国独占禁止法2006年草案の選択と今後の課題ー改革と開放の現階段," 「國際開發研究フォーラム」, 제34호(2007년), 103-122면 참조.

36) 동법의 개요는 川島富士雄, "中国独占禁止法ー執行體制.實施規則.具體的事例(上)," 「國際商事法務」, 제37권 3호(2009년), 359-368면 참조.

37) 王曉曄, "入市与中国反壟斷法的制定," 「法學硏究」, 제25권 2호(2003년), 123면; 王達·韓暁非, "中国における反独占法の現状およびその立法に関する提案," 「國際商事法務」, 제33권 5호(2005년), 666면.

한 두 가지 요인이 복잡하게 얽혀있는 점이 동법의 작업을 장기화시킨 주요 요인으로 보인다.38)

이와 같은 난항의 요인에도 불구하고 2006년 반독점법 제정 작업이 탄력을 받은 배경에는 2001년 말에 WTO 가입에 따른 시장개방의 결과로 중국시장 내 외자의 영향력이 높아져 외자의 독점적 지위 또는 시장지배적인 지위의 남용이 두드러졌다.39) 또한 2005년 말부터 국내여론에서 과도한 외자경제 의존과 지나친 외국자본 유입에 대한 경계감이 표명되자,40) 외자의 중국자본 인수와 시장지배적인 지위의 남용을 규제하고,41) 국가경제안전에 대한 위험을 방지한다는 목표로 중국정부 내에서 반독점법 조기제정에 대한 요청이 높아졌다. 그 결과, 행정독점규제의 필요 여부에 관한 논쟁이 보류되고 반독점법 집행권한을 둘러싸고 쟁탈전을 벌이던 세 부문(국가공상행정관리총국, 국가발전개혁위원회 및 상무부) 사이의 권한 분담체제를 고려한 "타협의 산물"의 성격이 짙은 2006년 초안이 형성된 것으로 보인다.42)

(2) 법시행 후의 집행상황43)

2008년 시행 직후에는 시행규정도 충분히 정비되지 않았지만, 2009년 초부터 기업결합(상무부가 담당)에 관한 시행규정에 대한 정비가 진행되었다. 동시에 2009년 3월에 처음으로 기업결합 금지결정이 내려져44) 갑자기 중국 반독점법에 관심이 집중

38) 川島, "전게논문"(각주 35), 112-113면.

39) 国家工商行政管理總局公平交易局 2004년 4월 Microsoft, Tetra Pak, Kodak, Michelin 등의 외자기업이 중국시장에서 시장지배지위를 가지는 것을 지적하고 독점금지제정의 필요성을 주장하는 보고서를 공표한다. 国家工商行政管理總局公平交易課題組, "在華跨國公司限制競爭行為表現及對策,"「工商行政管理」, 2004년 제5기.

40) 細川美穂子, "貿易·投資," 国分良成 編,「中国の統治能力—政治, 經濟, 外交の相互連関分析」(慶應義塾大學出版会, 2006년), 185-187면.

41) '外国投資者による域内企業の合併及び買収に関する規定'(2006년 8월 8일 공포, 같은 해 9월 8일 시행) 제12조 2항에는 '國家經濟安全'에 대한 영향을 없애기 위해 심사당국이 외국투자자에 대하여 합병·인수의 중지, 자산의 이전 등을 요구하는 것을 인정하는 규정이 포함되었다.

42) 川島, "전게논문"(각주 35), 113-114면. See also Zheng, Wentong, "Transplanting Antitrust in China: Economic Transition, Market structure. And State Control," Pennsylvania University Journal of International Law, vol.32, no.2 (2011), pp.718-723.

43) 동법의 집행상황에 대해서는 川島富士雄, "中国独占禁止法—執行體制·實施規定·具體的事例(下),"「國際商事法務」, 제37권 7호(2009년), 947-955면; 동, "中国独占禁止法—施行后3年の法執行の概観と今後の展望,"「公正取引」, 제728호(2011년), 2-10면.

44) "中華人民共和國商務部公告 2009年," 제22호(コカコーラによる中國匯源買収を禁止する審

되었다. 기업결합에 관해서는 해당 금지결정 이외에 2012년 6월의 시점에 14개의 조건부 결정이 내려져 집행이 매우 활발하게 진행되고 있다.

한편 독점협정 및 시장지배적 지위의 남용에 대한 규제권한은 가격독점(국가발전개혁위원회가 담당)과 비가격독점(국가공상행정관리총국이 담당)으로 나뉘어 모두 2011년 2월까지 리니언시규정을 포함하는 대강의 시행규정이 정비되었다. 인플레이션에 대한 우려가 고조되었던 2010년 국가발전개혁위원회는 시장가격 조작행위와 가격카르텔 등을 단속할 때 반독점법이 아니라 오히려 가격법 및 가격위법행위 행정처벌규정을 활용하였다.[45] 그러나 2011년 11월에 동 위원회는 의약품의 원재료 판매업자의 시장지배적 지위의 남용에 대해 반독점법을 근거로 고액의 제재금 등을 부과한다는 결정을 내린 것 외에,[46] 같은 달 中國電信(China Telecom) 및 中國聯通(China Unicom)이라는 2대 국유전신회사에 의한 브로드밴드(broadband) 상호접속요금 차별 등에 의한 경쟁자 배제행위에 대한 조사를 진행 중이라고 공표하는 등 적극적으로 법을 집행하고 있는 태도를 보이고 있다.[47] 공식화된 지방공상행정관리국에 의한 법집행 사례는 장쑤성(江蘇省) 롄윈강(連雲港)시 콘크리트 점유율 할당 및 시장분할카르텔 사건(장쑤성(江蘇省) 공상행정관리국)) 및 광둥성(廣東省) 허웬(河源)시 GPS 자동차운행기록장치행정독점 사건(광둥성(廣東省) 공상행정관리국)밖에 없다.[48]

4. 시장경제를 지지하는 경제법의 과제

시장경제에 근거가 되는 경제법 중 본절에서 소개한 경쟁법 과제로는 첫째, 독립되고 통일된 집행당국의 필요성 둘째, 행정독점을 없애기 위한 엄정한 법집행과 법개정의 필요성[49] 셋째, 국유기업에 대한 반독점법의 엄정한 적용 등을 지적할 수 있다.

査決定の商務部公告), 2009년 3월 18일.

45) 川島, "전게논문(2011년)"(각주 43), 9면.

46) 國家發展改革委員會價格監督檢查与独占禁止, "両醫藥公司壟斷複方利血平原料藥受到嚴厲處罰" (2011년 11월 15일).

47) 동 조사를 받은 中國電信의 약속 제출에 대해서는 中國電信集團公司聲明(2011년 12월 2일), at http://www.chinatelecom.cn/news/02/t20111202_80346.html 참조.

48) 周萍, "工商機關第一起予以行政處罰壟斷案件結案," 「中國工商報」 2011년 1월 26일, 제5판; 周萍·潘傳龍, "《反壟斷法》劍指地方政法排除限制競爭," 「中國工商報」, 2011년 7월 27일, 제5판.

49) 현행 반농단법 제51조에서는 행정독점의 시정을 명령하는 것은 상급기관으로 되어 있고 독점금지법 집행기관은 상급기관에 대해 시정제안을 할 수 있을 뿐이다.

이 세 부분에 대해서는 3(2)에서 소개한 中國電信 및 中國聯通 사건 이전에는 국유기업은 반독점법의 적용이 면제된다는 오해가 확산되어 있어 예를 들어 현재 中國聯通을 형성한 中國聯通 및 中國網通(China Netcom)간의 기업결합(2008년 10월)은 상무부의 요청에도 불구하고 신청조차하지 못하였다.[50] 약 30년의 개혁개방을 거쳤음에도 여전히 중국경제에서 중요한 지위를 차지하며 각종 우대대우를 받고 있는 국유기업에 대해 엄정하게 반독점법이 적용되지 않는 한 공정한 경제환경은 유지할 수 없다. 그러나 그 정치적 영향력이 너무 강하기 때문에 이를 실현하기까지는 많은 어려움이 있다고 할 수 있다.[51]

Ⅳ. 시장개방과 경제법의 발전

여기에서는 시장개방에 따른 경제법의 정비 중 중국 WTO 가입에 따른 법정비에 초점을 맞추어 첫째, 법정비가 WTO 의무 및 약속을 실행하기에 충분한지 둘째, 그 법영역에서 어떠한 분쟁이 발생하였고 어떠한 과제에 직면하고 있는지 분석하도록 한다.

1. 관세 및 수량제한

중국은 WTO에 제출한 관세양허표에 따라 2001년 12월의 가입 전에 평균 15.3%였던 수입관세율을 2006년 7월까지 대부분의 양허품목에 대하여 인하를 실시하였고 2011년 1월 현재는 평균 9.8%까지 인하하였다. 또한 자동차, TV 등 약 300가지 품목에 대한 수입수량제한을 약속대로 2005년까지 철폐하였다. 수입관세인하 및 수입수량제한 철폐의 이행상황에 대해서는 각국에서도 높게 평가하고 있다.[52]

한편, 가입 당시 일부를 제외하고 전면폐지를 약속한 수출세 부과와 GATT 제11조 1항에 위반되는 수출제한 도입 등의 문제점이 지적되었다. 2009년에 협의요청을

---

50) 載龍, "中国的独占禁止法における国有企業の取扱い,"「日本國際經濟法學會年報」, 제20호(2011년), 181면.

51) 상동, 184-185면.

52) Office of the USTR, *Report to Congress on China's WTO Compliance* (2010), pp.28, 32; 経済産業省通商政策局 編,「2011年版不公正貿易報告書」(日経出版, 2011년), 26면.

받은 WTO 분쟁에서는 이미 위반이 확정된 것 외에(*China-Raw Materials* 사건[53]), 2012년 유사 분쟁도 발생하였다(*China-Measures related to the Exportation of Rare Earth* 사건[54]).

2. 무역관련 투자조치(TRIMs)

중국은 WTO TRIMs협정상 금지된 국내물품사용비율(local content) 요구와 함께 수출요구와 기술이전요구를 가입 당시부터 폐지하기로 약속하였다. 이에 따라 2001년까지 "외자기업법", "중외합작경영기업법", "중외합자경영기업법" 및 각 실시세칙이 개정되고, 국내물품사용비율요구, 수출요구, 외화수지균형요구 등이 폐지되었다.

그러나 투자허가와 정책은행의 융자승인시에 국내물품사용비율과 수출이행요건(performance)이 부과된 사례,[55] 중앙정부 수준에서의 신에너지산업, 석유화학산업 등에 대해 국내물품사용비율증가를 요구하는 조치 등이 공표되는 사례 등이 지적되고 있다.[56] 또한 2006년 사실상 자동차업체에 대해 국내물품사용비율을 요구하는 법령이 도입되어 WTO 분쟁을 더욱 가속화시켰고 최종적으로 위법판정이 확정되었다(*China-Measures Affecting Imports of Automobile Parts* 사건[57]).

3. 보 조 금

중국은 SCM협정에서 금지된 수출보조금을 가입 당시 전면폐지하겠다고 약속하였다. 그러나 중국은 동 협정상 의무화 되어 있는 보조금통보를 하지 않았고, 이에 따라 대부분의 가입국이 수출보조금을 전면폐지하였는지 여부에 대해 우려하였다. 2006년 4월에 중국은 보조금에 대해서 처음으로 통보를 하였지만[58] SCM협정이 금지하는 수출보조금 및 국산품 우선사용보조금에 해당하는 것으로 보이는 보조금이 게

53) *China-Raw Materials*, WT/DS394, 395 및 398.
54) *China-Measures related to the Exportation of Rare Earths, Tungsten and Molybdenum*, WT/DS431, 432 및 433.
55) Office of the USTR, *supra* note 52, p.67.
56) 經濟産業省通商政策局 編, 「전게서」(각주 52), 38면.
57) *China-Measures Affecting Imports of Automobile Parts*, WT/DS339, 340 및 342.
58) Subsidies, New and Full Notification Pursuant to Article XVI: 1 of the GATT 1994 and Article 25 of the ACM Agreement, People's Republic of China, G/SCM/N/123/CHN, 13 April 2006.

재되어 있었고 또한 통보하지 않은 보조금이 있다는 지적이 있었다. 이 가운데 일부 각종 세금감면조치 등에 대해서 2007년 미국 및 멕시코는 SCM협정 위반을 이유로 WTO협의를 요청하였고 패널이 설치되기까지 하였지만 합의로 해결하였다(중국-각종 세금감면조치 사건[59]). 이외에도 중국이 SCM협정 위반에 관한 협의 요청을 받고 합의하에 해결한 사건은 2건이 더 있다.[60]

4. 서비스 무역

중국은 약 160개의 서비스 부문 중 100개 이상에 대해서 5～6년 이내에 단계적으로 시장을 개방하겠다고 약속하였다. 이에 따라 예를 들어 도매 및 소매 등 유통서비스 분야에서는 2004년에 "외상투자상업영역관리변법"이, 2005년에 동법의 세칙이 각각 제정되어 외자제한과 지리적 제한을 철폐하는 등 거의 약속대로 법정비가 추진되었다. 건설, 운송, 금융, 전기통신 각 분야에 대해서도 마찬가지였다.[61]

그러나 전기통신 분야에서는 "외상투자전신기업관리규정" 제정(2002년 1월 시행) 등에 의해 단계적으로 제한이 철폐되었고 표면적으로는 약속을 이행하는 것처럼 보였지만 실제로는 외국투자기업에 대해서 엄격한 자본금요구와 사실상 국유기업과의 합병요구 등이 있어 시장진입장벽이 여전하다는 지적을 받았다.[62] 또한 은행의 위안화 업무에 대해서는 2006년 12월까지 지리적 제한과 법인업무 한정제한이 철폐되었지만 이와 동시에 100만 위안을 밑도는 개인대상 위안화업무에 대해서는 현지 법인화가 전제조건이 되었고 결과적으로 국내은행과 외국은행 지점간의 차별이 발생하였다.[63] 또 *China-Electronic Payment Services* 사건에서는 은련카드(Union Pay)에 의한 위안화 결제독점이 금융서비스에 관한 시장접근 및 내국민대우의무에 위반되는지의 여부가 분쟁화되었다.[64]

---

59) 전게주 28.

60) 2008년 *China-Grants, Loans and other Incentives* (WT/DS 387, 388 및 390)과 2010년 *China-Measures concerning Wind Power Equipment* (WT/DS419). 이러한 중국의 보조금 제공을 둘러싼 WTO 분쟁에 대해서는 川島富士雄, "中国 による補助金供与の特徵と實物的課題—米中間紛爭を素材に," 獨立行政法人経濟産業省通商政策局 토론 논문 11-J-067(2011년), 10-23면.

61) 経濟産業省通商政策局 編, 「전게서」(각주 52), 50-51면.

62) Office of the USTR, *supra* note 52, pp.100-102.

63) 経濟産業省通商政策局 編, 「전게서」(각주 52), 55면.

64) *China-Electronic Payment Services*, WT/DS413.

5. 소 결

이상과 같이 상당히 대략적이지만 WTO 가입 후 의무 및 약속에 대한 국내이행 상황을 보면 WTO약속에 따라 제품의 무역자유화와 적극적인 법정비가 이루어졌고 그 노력은 세계에서 높은 평가를 받았다. 그러나 같은 중앙정부라 하더라도 국가발전개혁위원회 등 산업정책부문과 금융, 통신과 같은 국유기업이 지배적인 서비스시장의 담당부문에 대해서 시장개방의 진전에 대응하는 형태로, 특히 2006년을 기점으로 하여 대체보호수단을 도입하고 수입대체 등의 산업정책적 조치를 도입하는 등의 움직임을 보여 분쟁의 원인이 되고 있다.65)

V. 중국의 개혁개방과 국제경제법의 과제

1. 중국의 개혁개방에 따른 법정비에 대한 국제경제법의 영향

이상의 분석을 통해 중국의 개혁개방에 따른 법정비의 대부분이 외부의 강제에 의한 것이 아니라 오히려 자발적으로 채택한 것이라는 것을 알게 되었다.66) 예를 들어 아시아, 아프리카 각국 등의 식민지 시대의 법이식, 1997년 아시아 금융위기 당시 태국, 한국, 인도네시아 등이 국제통화기금(IMF)에 긴급지원을 조건으로 시장경제화를 지향하는 법정비를 단기간에 실시하도록 의무화한 경험 등과 비교해보면 중국의 법정비는 실험단계를 거치면서 점진주의적이고 자발적으로 이루어졌다고 총평할 수 있다.

그러나 WTO 가입에 따른 법정비는 중국 스스로 협상에 참여할 수 없었던 우루과이라운드의 성과로 WTO설립협정을 일괄적으로 받아들일 수밖에 없었던 사실을

65) 중국에 관한 WTO 분쟁의 개관과 분석으로 川島富士雄, "WTO加盟後10年を経た中国における法制度及び事業環境─グローバルスタンダードと中国的特色ある制度の衝突?,"「組織科學」, 제45권 2호(2011년), 19-22면.

66) 예를 들어 경영자주권의 확대 등이 가격제도개혁을 필연화한 과정(Ⅲ. 1)과 사영경제 용인의 결과, 국유기업개혁이 필연화된 과정(Ⅱ. 2)과 같이 하나의 개혁이 경제현상을 발생시키고 나아가서 다른 개혁의 계기가 되고 상호 작용을 통해 내생적 개혁이라 할 수 있는 현상을 발생시켰다고 평가할 수 있다.

고려하면 중국의 법정비 역사에 있어 상당히 드문 "비자발성"이라는 특징을 가진다. 점진주의적이고 자발적인 정비는 부작용을 조절하면서 결과적으로 큰 경제성장을 이루어낸 한편 GATT 이상의 국내법제도의 개입 및 영향력이 강화된 WTO설립협정 이행을 위해서 필요해진 비자발적인 법정비는 통제불능이라는 충격을 주었다. 그 결과로 이러한 개방충격을 완화하기 위한 일련의 법제도(전술Ⅲ. 3(1)의 반독점법 제정을 포함함)와 산업정책 등을 도입한 것 자체가 WTO협정의 적합성을 의심할 여지를 남겨 되었다(전술Ⅳ 참조).

2. 중국의 개혁개방을 초래한 국제경제법에 대한 영향

중국 WTO 가입의정서(실무작업반 보고서 포함. 이하 "의정서")는 WTO설립협정상의 의무를 뛰어 넘는 다수의 "WTO플러스"의 규정을 가지고 있다.[67] 거기에는 무역권 자유화(의정서 제5조), 국유기업에 대한 보조금에 관한 특별규정(의정서 제10.2조), 덤핑 계산에 관한 비시장경제 예외(의정서 제15조) 등, 중국이 시장경제로 이행해 가는 시기에 있다는 특수성을 받아들여 특별하게 제정된 규정도 대거 포함되었다. 이러한 특정국에 한정된 WTO플러스 규정은 비차별원칙을 표방하는 다자적 무역체제의 이념에 반할 우려가 있다. 그러나 사회주의국가의 GATT 가입시 특수한 의무와 규칙이 도입된 과거의 경험에 입각하여[68] 이를 계획경제체제국가와 시장경제체제국가라는 상이한 경제체제국가의 GATT체제 속에서의 공존을 도모하기 위한 "인터페이스 메커니즘"이라고 적극적으로 평가하는 견해도 있다.[69] 과거 사회주의국가에 대한 특수한 규칙이 거의 활용되지 않았지만 중국가입의정서의 WTO플러스 규정은 빈번하게 원용되어 *WTO* 분쟁해결 사건의 대상이 되기도 하였다.[70] 국제경제법의 발전이라는

---

67) 川島富士雄, "中国のWTO加盟に関する研究: 対中国経过的セーフガード規定のWTO法における位置付け(1)," 「金沢法學」, 제45권 1호(2002년), 76-80면.

68) 상동 (2), 「金沢法學」, 제45권 2호(2003년), 68-70면; 상동 (3), 「金沢法學」, 제46권 2호(2004년), 3-7면.

69) Jackson John H., *The World Trading System: Law and Policy of International Economic Relations* (MIT Press, 1989), pp.280, 291-292.

70) 예를 들어 중국이 이의제기국가가 된 미국, 대중*AD*세 및 *CVD*사건(WT/DS379), EC, 중국산 지퍼*AD*세 사건(WT/DS397), 미국, 중국산 다이아몬드 세이프가드 사건(WT/DS399) 및 EU, 중국산 신발*AD*세 사건(WT/DS405)에서는 반덤핑에 대한 비시장경제 예외, 대중특별 세이프가드규정(의정서 제16조)이 문제가 되었고 다른 한편에서는 중국이 피제소국가가 된 자동차부품 수입조치 사건(WT/DS339, 340 및 342), 출판물 등 무역권 사건(WT/DS363), 원자재

관점에서 중국에 대한 WTO플러스 규정은 과거 "인터페이스 메커니즘"과 비교할 수 없는 중요성을 내포하고 있다.

3. 중국의 개혁개방의 향후 행방과 국제경제법에 대한 영향

1978년 이후 개혁개방 가운데 "개방"에 대응한 대외경제법 영역이라는 "전초기지(出島)"가 1992년 이후의 개혁개방 가속기에 국내경제법 영역에 침투하였다(전술Ⅱ. 2). 그리고 WTO 가입(2001년 12월)을 계기로 GATT 이상의 국내법제도의 영역에 대한 개입 및 영향력이 강화된 WTO법이 국내제도개혁을 더욱 압박하게 되었다(전술Ⅱ. 3 및 Ⅳ). 그러나 대외영역에서 국내영역으로의 급격한 침투에 노출된 "개혁"은 "개방"의 강력한 충격을 눈앞에 두고 2006년부터 정체기에 빠졌다.[71] 또한 2008년 세계금융경제위기 후 4조위안(당시 환율로 약 57조엔)의 재정 출동을 수반하는 "國進民退(국유부문이 진전되고 민간부문이 후퇴한다)"라고 표현되는 개혁의 역전현상을 거쳐[72] 현재 중국은 개혁을 포기할 것인지, 촉진할 것인지의 중대한 기로에 놓여있는 것처럼 보인다.

다시 말하면 반독점법을 포함하는 국내경제법 영역 및 WTO의무 이행을 포함하는 대외경제법 영역의 양면에 걸쳐 중국은 국유기업개혁을 추진하여 정부의 역할을 거시적 통제로 좁히고, 외자기업을 포함한 사영기업의 발전을 한층 더 촉진하여 시장경제화를 더 철저히 할 수 있느냐는 큰 과제에 직면하게 되었다. 그러나 해당 과제의 해결은 단기적으로는 어렵고 중국은 "사회주의시장경제"의 특수성을 당분간 계속 유지할 것으로 보인다.

이러한 중국적 특색이 있는 경제체제는 미국과 EU 각국은 국가들로부터 "국가자본주의(State Capitalism)" 또는 "국가주도경제(State-led Economy)"라고 비판적으로 묘사되는 동시에 그것이 초래하는 경쟁왜곡에 대처하기 위한 새로운 규율을 도입해야 한다는 논의가 활발하게 전개되고 있다.[73] 그 현상은 WTO의 출범으로 상징되는

수업제한 사건(WT/DS394, 395 및 398), 희토류 등 수출제한 사건(WT/DS431, 432 및 433)에서는 무역권 자유화, 수출세 금지 '의정서' 제11.3조)) 등의 규정이 문제가 되었다.

71) 川島富士雄, "貿易分野における中国の多国間主義—"協力と自主" の現れとしてのWTO對応," 大矢根 聡 編著, 「東アジアの國際關係—多国間主義の地平」(有信堂高文社, 2009년), 69-70면; 동, 전게주 65, 23-24면.

72) 川島, '前掲論文'(각주 65), 23-24면.

73) 川島富士雄, "中国における市场と政府をめぐる國際経濟法上の法現象と課題—自由市場国と国家資本主義国の対立?," 「日本國際経濟法學會年報」, 제21호(2012년, 近刊).

신자유주의에 근거한 법의 조화(harmonization) 또는 수렴(convergence)이라고 하는 국제경제법 규율의 장기계획이 현재 그 한계에 직면하고 있어 그 역전현상으로 다른 경제체제 사이의 인터페이스 구축이 현재의 더욱 중요한 과제라는 것을 시사하고 있는 것으로 보인다.

Ⅵ. 결 론

1992년 이후의 개혁개방 가속기 및 2001년 WTO 가입 이후의 "황금의 10년"을 거쳐 중국의 국제경제에 대한 존재감은 그 일거수일투족이 국제경제법 규율의 미래를 좌우할 정도로까지 커졌다. 또한 중국이 "세계의 투자처" 및 "세계의 공장"에서 "세계의 시장" 및 "세계로의 투자모국"으로 그 지위를 변화시키고 있는 것에 대해 그 영향이 미치는 범위도 수출국시장에서 중국국내시장으로 그리고 중국에 의한 투자처시장으로 확대되고 있다.

지금 개혁개방의 도중에 있는 한편 세계경제에서 큰 존재감을 과시하고 있는 중국이 국제경제법 규율을 어떻게 인식하고(불필요한 장해, 유용한 도구, 또는 준수해야 할 규범?), 동 규율에 대해서 어떠한 태도로 임해야 할 지(무시, 적극적 활용, 또는 묵인?)에 대해서는 향후 진지하게 연구되어야 한다.[74] 동시에 중국에 대한 경제법의 본 모습과 향후 발전이 국제경제법 규율에 어떠한 과제가 남겨질 것인지에 대하여 주시할 필요가 있다.

* 본 논문은 과학연구비 보조금/기반연구(B) "동아시아의 시장과 정부를 둘러싼 법적 규율에 관한 종합연구"(연구대표자: 가와시마 후지오(川島 富士雄), 과제번호: 24330013) 성과 중 일부이다.

---

74) 이러한 시도로 川島, "전게논문"(각주 71) 및 동, "전게논문"(각주 65) 참조.

판 례 색 인

V

W

사 항 색 인

ㅁ

ㅂ

ㅅ

영 문 색 인

집필자 소개 (집필순)

柳赫秀 (유혁수)　요코하마국립대학 대학원 국제사회과학연구과 교수
村瀬信也 (무라세 신야)　죠치대학 법학부 교수
東條 吉純 (도조 요시즈미)　릿쿄대학 법학부 교수
內記 香子 (나이키 쿄코)　오사카대학 대학원 국제공공정책연구과 준교수
濱田 太郎 (하마다 타로)　긴키대학 경제학부 준교수
川瀬 剛志 (카와세 츠요시)　죠치대학 법학부 교수
伊藤 一頼 (이토 카즈요리)　시즈오카현립대학 국제관계학부 전임강사
平 覚 (타이라 사토루)　오사카시립대학 대학원 법학연구과 교수
福永 有夏 (후쿠나가 유카)　와세다대학 사회과학부 교수 · 상설중재재판소 법무관보좌
松下 滿雄 (마쓰시타 미츠오)　도쿄대학 명예교수 · 전 WTO 상소기구 위원
米谷 三以 (코메타니 카즈모치)　호세이대학 대학원 법무연구과 교수 · 경제산업성 통상정책국 국제법무실장,
間宮 勇 (마미야 이사무)　메이지대학 법학부 교수
中川 淳司 (나카가와 쥰지)　도쿄대학 사회과학연구소 교수
順網 隆夫 (스아미 다카오)　와세다대학 대학원 법무연구과 교수
小寺 彰 (코테라 아키라)　도쿄대학 대학원 종합문화연구과 교수
阿部 克則 (아베 요시노리)　가쿠슈인대학 법학부 교수
森川 俊孝 (모리카와 토시타카)　세이죠대학 법학부 교수
中谷 和弘 (나카타니 카즈히로)　도쿄대학 대학원 법학정치학연구과 교수
根岸 哲 (네기시 아키라)　고난대학 대학원 법학연구과 교수
泉水 文雄 (센스이 후미오)　고베대학 대학원 법학연구과 교수
土田 和博 (츠치다 카즈히로)　와세다대학 법학학술원 교수
村上 政博 (무라카미 마사히로)　히토츠바시대학 대학원 국제기업전략연구과 교수
瀨領 真悟 (세료 신고)　도시샤대학 법학부 교수
稗貫 俊文 (히에누키 토시후미)　홋카이가쿠엔대학 대학원 법무연구과 교수
川島富士雄 (가와시마 후지오)　나고야대학 대학원 국제개발연구과 교수

역자 및 감수자 약력

박 덕 영 (Deok-Young PARK)

연세대학교 법과대학 졸업
연세대학교 대학원 법학석사, 법학박사
국비유학시험 합격(국제법 분야)
영국 University of Cambridge 법학석사(LL.M.)
영국 University of Edinburgh 박사과정 마침
프로그램 심의조정위원회 수석연구원/지적재산권팀장
숙명여자대학교 법과대학 조교수
사법시험, 외무고시, 행정고시, PSAT 출제위원
대한국제법학회 연구이사, 부회장
Yonsei Law Journal 편집위원장
외교통상부 FTA 민간자문위원
국방부 국방기관 평가위원
한국국제경제법학회 회장

연세대학교 법학전문대학원 부교수(현)
연세대학교 EU법센터장(현)
법무부 국제투자/지식재산권 자문위원(현)
국회 입법자문위원/법제처 법제자문위원(현)
산업통상자원부 통상교섭민간자문위원(현)

〈주요 저서〉

국제법기본판례 50, 박영사, 2014.3
국제비즈니스를 위한 영미법입문, 박영사, 2014.1
환경문제와 국제법, 세창출판사, 2013.6
기후변화시대 기업의 대응전략, 세창출판사, 2013.6
국제사회와 법, 연세대 출판부, 2013.3
신 국제경제법(개정판), 박영사, 2013.1
EU법강의(개정판) 박영사, 2012.10
국제투자협정과 ISD 분쟁해결, 한국학술정보, 2012.9
EU법 기본판례집, 연세대 출판부, 2012.8
세계 주요국의 기후변화 대응법제, 한국학술정보, 2012.6
기후변화와 통상문제, 박영사, 2012.6
국제투자법, 박영사, 2012.4
법학입문, 박영사, 2011.2
국제법 기본조약집(개정판), 박영사, 2011.1
국제경제법 기본조약집, 박영사, 2010.9
EU법강의, 박영사, 2010.9
국제환경조약집, 세창출판사, 2010.7
국제법, 박영사, 2010.3
국제저작권과 통상문제, 세창출판사, 2009.3
미국법과 법률영어, 박영사, 2009.2

〈주요 논문〉

"WTO EC-석면사건과 첫 환경예외의 인정", 국제법학회논총(2006.12) 외
국제법, 국제통상법, 저작권 분야 논문 다수

오 미 영 (Mi-Young OH)

日本 神戸(Kobe)大學 法學部 法律學科
日本 神戸(Kobe)大學大學院 法學研究科 公法(國際法)專攻 (法學修士)
日本 神戸(Kobe)大學大學院 法學研究科 公法(國際法)專攻 (法學博士)
강릉대학교 법학과 전임강사, 조교수
중앙인사위원회 시험위원

동국대학교 법과대학 법학과 부교수(현)
대한국제법학회 이사(현)
한국평화연구학회 편집위원(현)
한국무역보험공사 비상임이사(현)

〈주요 저서〉

국제법 기본판례 50, 박영사, 2014.3
환경문제와 국제법, 세창출판사, 2013.6
국제투자협정과 ISDS, 한국학술정보, 2012.10
외국군의 법적지위, 2003.11
국제인권기준에 비추어본 재일한국인의 문제, 『한일간 역사현안의 국제법적 재조명』, 동북아역사재단, 2009.1
普遍的国際社会への法の挑戦, 『韓国における未承認国家の法的地位』, 信山社, 2013.3
韓国の国内裁判における国際人権, 『国際人権法の国内的実施』, 信山社, 2011.3

〈주요 논문〉

良心的兵役拒否についての判断基準' 手続的保障' 『国際人権』(2008.10)
국제법의 국내적용에 관한 일본의 법체계와 경험, 국제법평론(2008.10) 외
국제법, 국제인권법, 국제인도법 분야 논문 다수

이 경 화 (Kyoung-Hwa LEE)

연세대학교 법과대학 졸업
연세대학교 대학원 법학석사, 법학박사
전북대학교 법과대학 강사

외교부 국제법률국 외무행정관(현)

〈주요 논문〉

“국제환경법과 WTO법상 의무의 충돌 해소에 관한 연구 - 1969년 조약법에 관한 비엔나협약 해석 규정의 적용을 중심으로”, 국제법평론회(2014.4)
“우리나라의 우회적 덤핑의 문제점과 해결방안에 대한 비교법적 연구”, 지식경제부 주최 제9회 무역구제제도 논문대회 입상(2008.11)
“우리나라에서의 조약의 국내법적 효력 - WTO 협정의 국내법적 효력을 중심으로”, 외교부 주최 제6회 국제법논문대회 입상(2006.12)

김 경 우 (Kyung-Woo KIM)

서울대학교 법과대학 졸업
연세대학교 대학원 법학석사
연세대학교 대학원 법학박사과정

연세대학교 SSK 기후변화와 국제법센터 연구원(현)

〈주요 저서〉

기후변화시대 기업의 대응전략, 세창출판사, 2013.6.

유 혁 수 (Hyucks-Soo YOO)

연세대학교 정법대학 법학과 졸업
일본정부 국비(문부성) 장학생으로 도일
東京大学大学院法学政治学研究科 석사과정 수료(법학석사)
東京大学大学院法学政治学研究科 박사과정 수료(법학박사)
전공: 국제법, 국제경제법, 한일관계

横浜国立大学 経済学部, 大学院国際経済法学研究科를 거쳐 현재 大学院国際社会科学研究院 교수

日本国際法学会회원
日本国際経済法学会 국제교류위원장(현)
한국국제거래법학회 국제이사(현)

〈주요 저서〉

『ガット１９条と国際通商法の機能』(東京大学出版会, 1994年)
『講義国際法』(有斐閣, 2011年)

〈주요 논문〉

「国際経済法の定義について」『日本国際経済法学会20周年記念論文集 第1巻, 通商·投資·競争編』(法律文化社, 2012年)
「国際経済法における『政府vs.市場』についての一考察」『日本国際経済法学会年報 第21号』(法律文化社, 2012年)
「基礎法·特別法講義Ｘ—国際経済法①~④」法学教室 275号, 276号, 279号, 280号(2003年, 2004年)
「WTOと『貿易と労働』問題」, 小寺 彰編著, 『転換期のWTO: 非貿易的関心事項の分析』(2003年)所収
「WTOと途上国—途上国の『体制内化』の経緯と意義」『貿易と関税』1998年7月号·10月号, 2000年7月号·9月号 등 다수

국제경제법의 쟁점

초판발행 2014년 10월 31일
중판발행 2017년 2월 10일

편저자 일본국제경제법학회
공역자 박덕영 · 오미영 · 이경화 · 김경우
펴낸이 안종만

편 집 김선민 · 김효선
기획/마케팅 정병조
표지디자인 홍실비아
제 작 우인도 · 고철민

펴낸곳 (주) 박영사
서울특별시 종로구 새문안로3길 36, 1601
등록 1959. 3. 11. 제300-1959-1호(倫)
전 화 02)733-6771
f a x 02)736-4818
e-mail pys@pybook.co.kr
homepage www.pybook.co.kr
ISBN 979-11-303-2611-5 93360

정 가 33,000원